《申报》中的上海大學（1922—1927）

洪佳惠 编

上海大学出版社
·上 海·

图书在版编目(CIP)数据

《申报》中的上海大学：1922—1927 / 洪佳惠编. -- 上海：上海大学出版社，2022.7
（红色学府　百年传承）
ISBN 978-7-5671-4491-0

Ⅰ.①申… Ⅱ.①洪… Ⅲ.①上海大学-校史-史料-1922-1927 Ⅳ.①G649.285.1

中国版本图书馆CIP数据核字(2022)第106725号

责任编辑　傅玉芳　刘　强
装帧设计　柯国富
技术编辑　金　鑫　钱宇坤

《申报》中的上海大学（1922—1927）
洪佳惠　编
上海大学出版社出版发行
（上海市上大路99号　邮政编码 200444）
（https://www.shupress.cn　发行热线 021-66135112）
出版人　戴骏豪
*
上海颛辉印刷厂有限公司印刷　各地新华书店经销
开本 710mm×1000mm 1/16　印张 32.75　字数 655千
2022年7月第1版　2022年7月第1次印刷
ISBN 978-7-5671-4491-0/G·3447　定价：78.00元

“红色学府　百年传承”丛书
编委会

总序：传承红色基因，办好一流大学

成旦红　刘昌胜

1922年10月23日，在风雨如晦的年代，一所由中国共产党与国民党合作创办的高等学府“上海大学”横空出世。而就在前一年，中国共产党宣告成立，揭开了中国历史的新篇章。如今我们回顾历史，上海大学留下的史迹与中国共产党的发展紧密相连。

《诗经・小雅》有诗云：“鹤鸣于九皋，声闻于野。”20世纪20年代的上海大学，发轫于闸北弄堂，迁播于租界僻巷，校舍简陋湫隘，办学经费拮据，又屡遭反动势力迫害，但在中国共产党和国民党左派以及进步人士的共同努力下，屡仆屡起，不屈不挠，使上海大学声誉日隆，红色学府名声不胫而走，吸引四方热血青年奔赴求学。在艰难办学的五年时间里，为中国革命和建设培养出一大批杰出人才，在当时就赢得“文有上大、武有黄埔”之美誉。在波澜壮阔的五年时间里，老上海大学取得的成就值得我们永远记取，老上海大学的办学传统和办学精神值得我们永远继承和发扬光大。

1994年11月，学校党委常委会决定“上海大学成立日期确定为1922年5月27日”。1997年5月，钱伟长老校长在为上大学生作关于“自强不息”校训的报告时指出，“我们学校的历史上，1922年到1927年期间里有过一个上海大学，这是我们党最早建立的一个大学。”他又以李硕勋、何挺颖两位烈士为例讲道：“没有他们的牺牲，没有那么多革命志士的奉献，我们上海大学提不出那么响亮的名字，这是我们上海大学的光荣。”

1983年合并组建原上海大学和1994年合并组建新上海大学之时，得到了老上海大学校友及其后代的热烈支持和响应，他们纷纷题词、致信，祝贺母校“复建”“重光”；党中央、国务院及上海市委、市政府也殷切希望新上海大学继承和发扬老上海大学的光荣革命传统，时任中共中央总书记的江泽民同志为新上海大学题写了校名，老上海大学校友、后任国家主席的杨尚昆同志题词“继承和发扬上海大学的光荣传统，为祖国的建设培养人才”。

新上海大学自合并组建以来，一直将这所红色学府的“红色基因”视作我们的办学优势之一，将收集、研究老上海大学的历史资料，学习、传承老上海大学的光荣传统作为自己的使命和责任。2014年，学校组织专家编撰出版了《20世纪20年代的上海大学》，这是迄今为止搜集老上海大学资料最为丰富、翔实的一部文献；同年在校园里建立的纪念老上海大学历史的“溯园”，如今已成为上海市爱国主义教育基地。

为了更全面地收集老上海大学的档案资料，更深入地研究老上海大学的历史，更有效地继承和发扬老上海大学的光荣传统，我们推出了这套“红色学府 百年传承”丛书，既是为2021年中国共产党100周年光辉诞辰献上一份贺礼，也是对2022年老上海大学诞生100周年的最好纪念，并希望以此揭开新上海大学“双一流”建设的新篇章。

是为简序。

前 言

1872年4月30日，《申报》在上海创刊。至1949年5月27日，《申报》经营了77年，经历晚清、北洋政府、国民政府三个时代，共计出版27000余期。《申报》是近代中国发行时间最久的报纸，也是社会影响最广泛的报纸之一，是中国现代报纸的开端。《申报》在创刊号上即刊登了“本馆告白”：“凡国家之政治，风俗之变迁，中外交涉之要务，商贸贸易之利弊，与夫一切可惊可愕可喜之事，足以新人听闻者，靡不毕载，务求其真实无妄，使观者明白易晓。不为浮夸之辞，不述荒唐之语，庶几留心时务者，于此可以得其概，而出谋生理者，于此亦不致受其欺。”自20世纪初梁启超在其主编的《新民丛报》上提出报界“天职”的说法后，《申报》就一直以“有闻必录”作为“天职”，记录了大量的一手资料，由此，《申报》被称为研究中国近现代史的“百科全书”。

20年代上海大学的办校历程被《申报》详细记录，自1922年至1947年，《申报》报道上海大学相关消息360余次，内容涵盖建校风潮、招生毕业、校务会议、延聘教师、名人讲演、校舍建设、社会运动、学生团体、平教工作、学历追认、呼吁复校等各个方面。《申报》刊登于1945年9月17日第一版的简讯“上海大学复校招生”及刊登于1947年6月30日第五版的消息“二十年前旧学府上海大学将重建”是目前在民国报纸中不太常见的、明确“上大复校”的报道。《申报》对上海大学的报道堪称上海大学20年代的“大事记”，为当前研究上大校史留存了大量宝贵的史料。

编　者

2021年4月

编辑说明

一、本书以上海图书馆馆藏报刊《申报》为资料来源，共收录了 363 条四种报纸上刊登的与上海大学相关的报道。

二、本书以时间为排序依据，时间跨度为 1922—1947 年，涵盖学校在教学、师资、附中、学生社团、社会活动等各个方面的内容。

三、本书以所在版面、局部放大图、转录文字为一般体例，务求从档案角度做到最大限度地保留原文的样式和内容。

四、本书转录文字，一律改用简化字并用现代汉语标点符号；具体内容尊重当时的行文习惯，除明显的错别字改在［ ］内、漏字增补在〈 〉内、难以辨认的字用□代替以外，其余一仍其旧。

五、每条史料均标注日期与所在版面。

目录

1927 年 / 435

1922 年

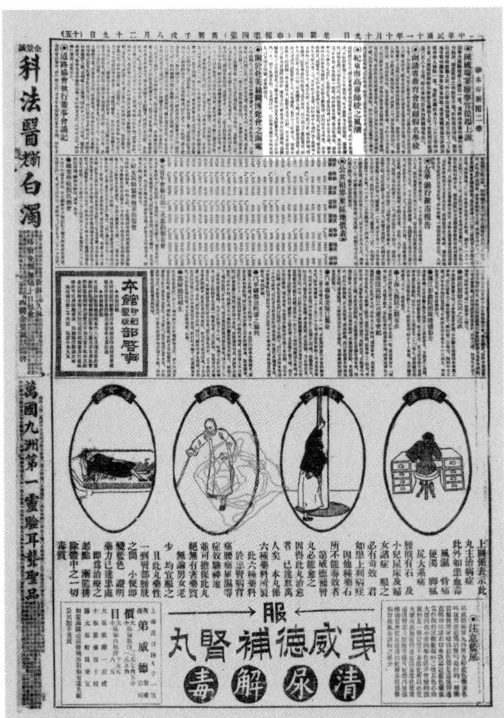

紀東南高專師校之風潮

國聞通信社云、閘北寶興路東南高等專科師範學校、於昨日起罷課、其原因實緣十五日午飯夾生、有少數學生主張罷飯、擲碗翻櫈、聲勢兇湧、有學生朱聞白、因腹飢異常、未曾服從、衆加以非詔、朱甚忿、事後即寫一紙條、粘於膳堂反譏、詎此條揭後、該校學生周學文・孔慶仁・吳懷民等、邀集同學、以自治會名義、請求學校當局將朱某開除、否則即全體罷課、該校校長王理堂、以考察教育、逗留東京、代理者爲會務主任陳勁武、未加允准、僅宣布將朱某記大過二次、周等堅不允從、同時校中有趙吟秋・湯鏡明・在前晚八時自治會中、起而反對、周某等堅阻不許、稍加辯論、即生衝突、結果將湯鏡明毆傷、逃出校外、赴中國公立醫院醫治、校中其他同學、見此情形、知將釀成大禍、因往五區警察署報警、旋由該署派來武裝警察五名、當場彈壓、直至十二時始去、該校多數學生、因組織一學生維持會、監督周某等行動、周某等益加忿怒、又要求將趙吟秋開除、陳某不許、學生乃宣布改造學校、請陳獨秀或于右任爲校長、令陳某將學校文具及經費交出、不許出校門一步、刻下風潮甚烈、正在相持中、已由學生維持會致電校長、請其即日回國、從事解決云、

纪东南高专师校之风潮

国闻通信社云：闸北宝兴路东南高等专科师范学校于昨日起罢课，其原因实缘十五日午饭夹生，有少数学生主张罢饭，掷筷翻台，声势凶［汹］涌。有学生朱间白，因腹饥异常，未曾服从，众加以非语。朱甚忿，事后即写一纸条，粘于膳堂反讥。讵此条揭后，该校学生周学文、孔庆仁、吴怀民等，邀集同学，以自治会名义，请求学校当局将朱某开除，否则即全体罢课。该校校长王理堂，以考察教育逗留东京，代理者为会务主任陈勣武，未加允准，仅宣布将朱某记大过二次。周等坚不允从。同时校中有赵吟秋、汤镜明，在前晚八时自治会中，起而反对，周某等坚阻不许。稍加辨［辩］论，即生冲突，结果将汤镜明殴伤，逃出校外，赴中国公立医院医治。校中其他同学，见此情形，知将酿成大祸，因往五区警察署报警。旋由该署派来武装警察五名，当场弹压，直至十二时始去。该校多数学生，因组织一学生维持会，监督周某等行动，周某等益加忿怒，又要求将赵吟秋开除。陈某不许，学生乃宣布改造学校，请陈独秀或于右任为校长，令陈某将学校文具及经费交出，不许出校门一步。刻下风潮甚烈，正在相持中，已由学生维持会致电校长，请其即日回国，从事解决云。

1922 年 10 月 19 日第十五版

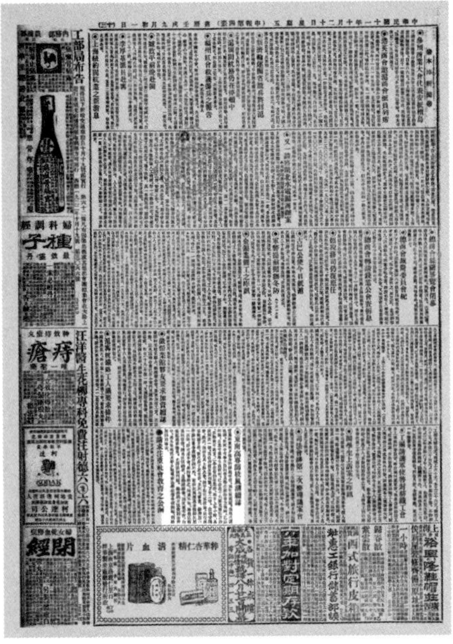

◉東南高專師校風潮續誌

寶興路東南高等專科師範學校、因吃飯問題、而起罷課風潮、致校中有學生自治會及學生維持會之對峙、已誌昨報、茲悉受傷學生湯鏡明、已改赴十六舖某醫院就診、傷勢尚不甚重、二學生會仍在堅持、昨日上午十時、本欲解決一切、爲自治會反對而罷、下午二時、自治會開會、議決、改校名爲上海大學、請于右任爲校長、胡寄塵爲教務主任、聞已由于君允許、至所有經費、除將原有學膳宿費令舊職員繳出外、更由教員陳東阜捐助民田一百畝、以充基本金、維持會聞之、深爲不服、即赴江蘇省教育會、請見沈信卿君、呈遞請願書、因沈君不在、由書記顧君接見、允將該校問題、提出明日該會討論會中、與本埠專科大學及樂羣華英學校等各校問題、同時加以討論云、

东南高专师校风潮续志

宝兴路东南高等专科师范学校，因吃饭问题，而起罢课风潮，致校中有学生自治会及学生维持会之对峙，已志昨报。兹悉受伤学生汤镜明，已改赴十六铺某医院就诊，伤势尚不甚重。二学生会仍在坚持。昨日上午十时，本欲解决一切，为自治会反对而罢。下午二时，自治会开会，议决：改校名为上海大学，请于右任为校长，胡寄尘为教务主任。闻已由于君允许，至所有经费，除将原有学膳宿费令旧职员缴出外，更由教员陈东阜捐助民田一百亩，以充基本金。维持会闻之，深为不服。即赴江苏省教育会，请见沈信卿君，呈递请愿书，因沈君不在，由书记顾君接见。允将该校问题，提出明日该会讨论会中，与本埠专科大学及乐群、华英学校等各校问题，同时加以讨论云。

1922年10月20日第十三版

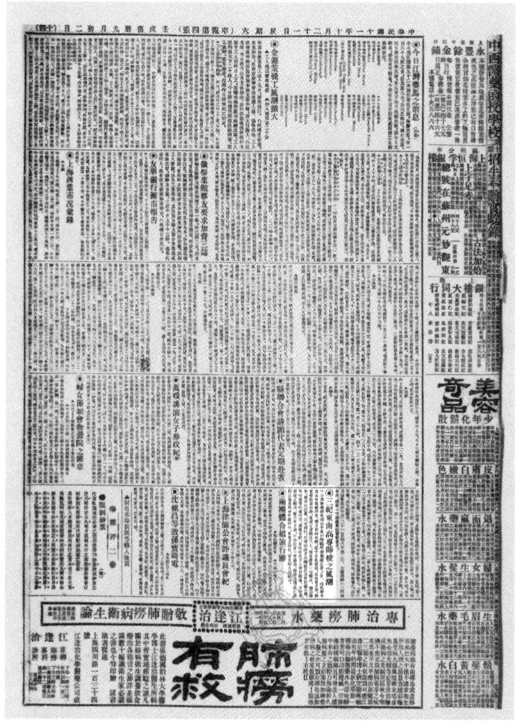

◉三紀東南高專師校之風潮

昨日爲寶興路東南高等專科師範學校罷課之第三日、該校學生自治會與維持會、雙方對峙局勢、迄今未見發展、自治會方面、既宣佈改造學務、復派定清帳員六人、從事清算一切帳目、刻已竣事、惟所有經費、向存銀行、代理校務主任陳勱武及會計湯石庵、堅持渠等均屬代理、無權交卸、非俟校長王公燮回國後、不能爲澈底之解決、維持會方面、以自治會一再逼迫、滋爲不滿、除已請願江蘇省教育會維持外、再電王校長、望其即日回國云、

三纪东南高专师校之风潮

昨日为宝兴路东南高等专科师范学校罢课之第三日，该校学生自治会与维持会，双方对峙局势，迄今未见发展。自治会方面，既宣布改造学务，复派定清账员六人，从事清算一切账目，刻已竣事。惟所有经费，向存银行，代理校务主任陈勱武及会计汤石庵，坚持渠等均属代理，无权交卸，非俟校长王公燮回国后，不能为彻底之解决。维持会方面，以自治会一再逼迫，滋为不满，除已请愿江苏省教育会维持外，再电王校长，望其即日回国云。

1922 年 10 月 21 日第十四版

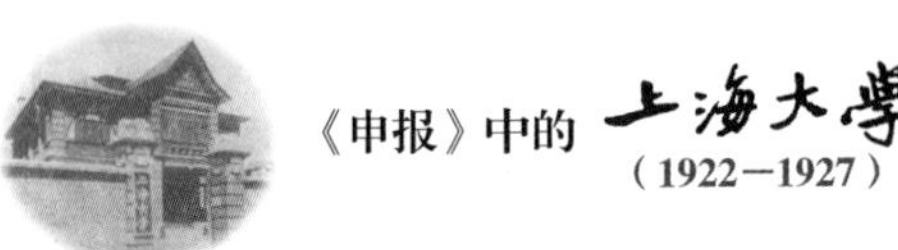

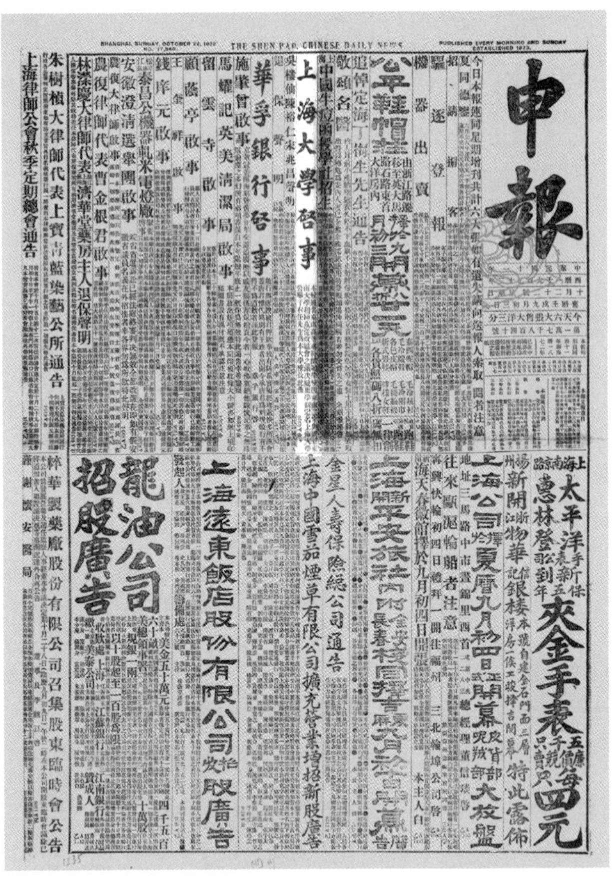

上海大學啓事

本校原名東南高等專科師範學校因東南二字與國立東南大學相同茲從改組會之議決變更學制定名上海大學公舉于右任先生爲本大學校長此佈

上海大学启事

本校原名东南高等专科师范学校，因东南二字与国立东南大学相同，兹从改组会之议决，变更学制，定名上海大学。公举于右任先生为本大学校长。此布。

1922年10月22日第一版

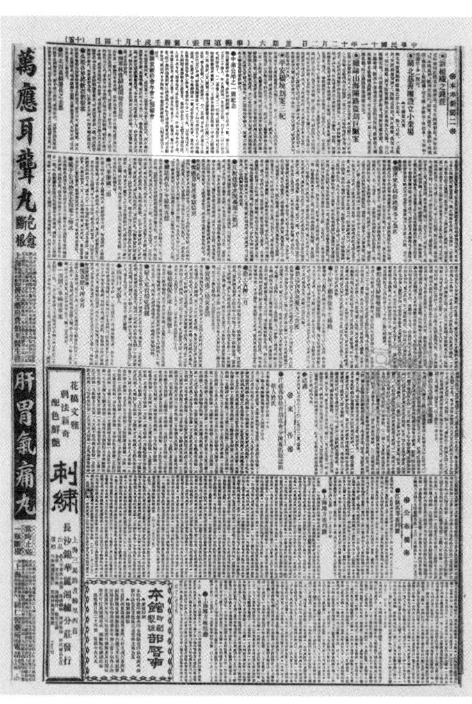

中華公學之一周紀念

閘北寶通路中華公學、由朱和鈞創辦、成立甫及一載、學生已達三百二十餘人、昨日爲該校一周紀念之期、於下午二時行紀念式、秩序如下、(一)來賓入座、(二)唱歌、(國歌校歌立校紀念歌校慶歌歡迎來賓歌)、(三)主席朱和鈞校長報告一年來之經過情形、(四)演說、(五)娛樂、(學生表演雙簧及三弦拉戲)、(六)來賓茶點、學生叙餐、(七)提燈游行、(八)影戲、開會時、由滬北工巡捐局代表汪仲瑛、校董奚陳蓮貞女士、上海大學校長于右任相繼演說、大致謂中華公學創辦僅一載、而蜚聲已著社會、實由於校長暨教職員等熱心教育、貫徹知行合一之主義、以故成績斐然、于君演詞、畧謂教育之最要者、爲授以生活上必需之智識技能、人誰不求生活、欲求生活、非具創造力不可、中華公學本此主義、得美滿之效果、將來之進步、誠未可限量云云、晚餐後、舉行提燈會、經中興路鴻興路寶山路界路火車站天通庵路寶通路、沿途觀者如堵、聞該校力求刷新、明年擬採達爾頓制、以期養成相當人材云、

中华公学之一周纪念

闸北宝通路中华公学，由朱和钧创办，成立甫及一载，学生已达三百二十余人。昨日为该校一周纪念之期，于下午二时行纪念式，秩序如下：（一）来宾入座；（二）唱歌（国歌、校歌、立校纪念歌、校庆歌、欢迎来宾歌）；（三）主席朱和钧校长报告一年来之经过情形；（四）演说；（五）娱乐（学生表演双簧及三弦拉戏）；（六）来宾茶点，学生叙餐；（七）提灯游行；（八）影戏。开会时，由沪北工巡捐局代表汪仲瑛、校董奚陈莲贞女士、上海大学校长于右任相继演说，大致谓中华公学创办仅一载，而蜚声已著社会。实由于校长暨教职员等热心教育，贯澈［彻］知行合一之主义，以故成绩斐然。于君演词，略谓教育之最要者，为授以生活上必需之智识技能。人谁不求生活，欲求生活，非具创造力不可。中华公学本此主义，得美满之效果，将来之进步，诚未可限量云云。晚餐后，举行提灯会，经中兴路、鸿兴路、宝山路、界路、火车站、天通庵路、宝通路，沿途观者如堵。闻该校力求刷新，明年拟采达尔顿制，以期养成相当人材［才］云。

1922年12月2日第十五版

1923 年

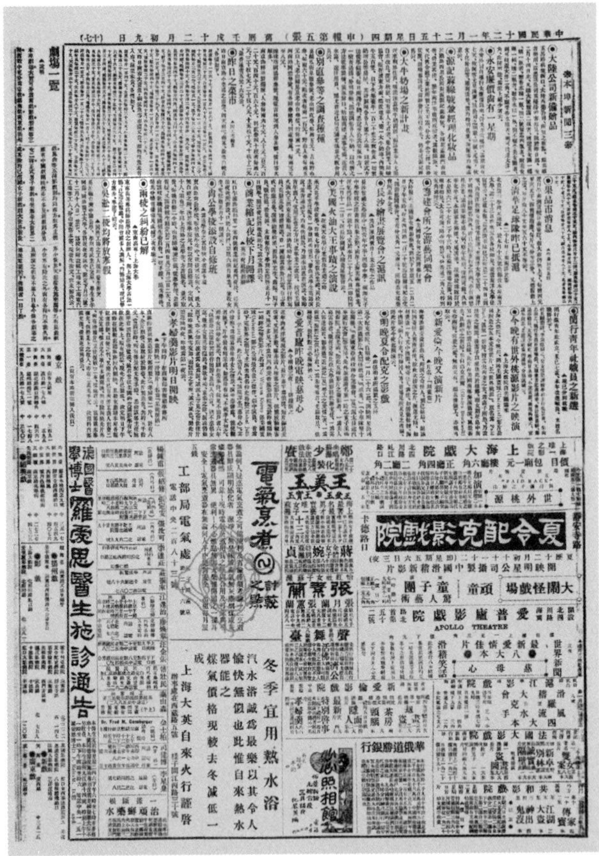

◉兩校之糾紛已解

▲東南高專……上海大學

東南高等專科師範學校之創辦人、與上海大學訴訟一節、已迭誌報端、中間曾經多人調解、均無結果、現已雙方讓步、事遂了結云、

两校之纠纷已解·东南高专—上海大学

东南高等专科师范学校之创办人，与上海大学诉讼一节，已迭志报端，中间曾经多人调解，均无结果，现已双方让步，事遂了结云。

1923 年 1 月 25 日第十七版

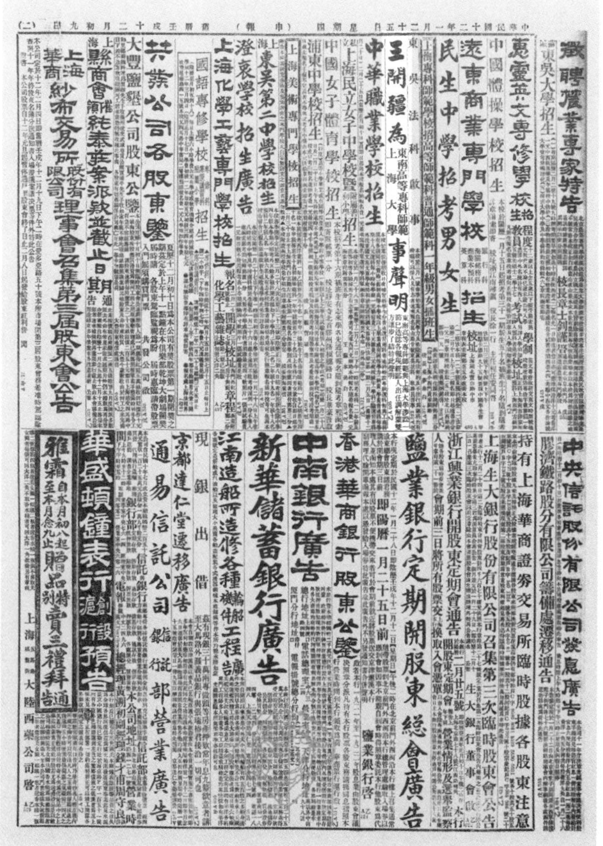
徵聘職業專家特告
東吳大學招生
惠靈英文專修學校
中國體操學校招生
遠東商業專門學校招生
民生中學招考男女生
王開疆為東南高等專科師範上海大學事聲明
中華職業學校招生
上海民立女子中學校招生
中國女子體育學校招生
浦東中學校招生
上海美術專門學校招生
東吳第二中學校招生
澄衷學校招生廣告
上海化學工藝專門學校招生
國語專修學校招生
中央信託股份有限公司
鹽業銀行定期開股東總會廣告
香港華商銀行股東公鑒
中南銀行廣告
新華儲蓄銀行廣告
通易信託公司儲蓄部營業廣告
華盛頓鐘表行

王開疆為東南高等專科師範上海大學事聲明

東南高等專科師範與上海大學涉訟一節已迭誌各報現經鄙人出任調解蒙雙方讓步了結特此聲明

王开疆为东南高等专科师范上海大学事声明

东南高等专科师范与上海大学涉讼一节已迭志各报，现经鄙人出任调解，蒙双方让步了结。特此声明。

1923年1月25日第二版

滬北中學招生
遠東商業專門學校招生
惠靈英文專修學校招生
上海大學招生
上海文科專門學校通告
浦東中學校招生
滬海商業專門學校招生
上海公學招生
東吳大學招生
上海東吳第二中學校招生
上海華英公學招生
佑尼干公館律師代表丁聲明
總商會公斷處清理大有廠帳務第二次派款通告
大德油廠股東鑒
中央信託股份有限公司第二屆定期會
中華教育工藝廠公司定期股東會公告
上海華商紗布交易所股份有限公司發給第三屆紅利公告
通豐麵粉公司發息廣告
中國棉業銀行股份有限公司召集第一屆股東大會通告
大陸銀行分配十一年份股東正息紅利並召集股東常會通告
金城銀行分配十一年份股利召集股東常會廣告
中華勸工銀行舉行股東常會通告
鹽業銀行分配十一年份股東官餘利廣告
中國實業銀行付息廣告
新亨銀行發息通告
新華儲蓄銀行廣告
浙江興業銀行儲蓄處存款廣告
通易信託公司之四大特色
北京裕華商業儲蓄銀行五年定期特別獎勵儲蓄券廣告
國民銀行有獎儲蓄准明日抽籤
山東興業債券新正月念一日開籤
山東興業債券局啓事
上海大利元獲中海民債券頭等獎誌禧

上海大學招生
招考科目 高級中學一年級師範部美術系英文系國學系各級插班生
考期 陽曆三月三日
考試地點 上海卡德路寰球學生會
報名處 上海山東路民國日報館
校址 閘北青島路
報名手續 繳納四寸照片一張報名費一元試驗費一元
學膳宿費 初級中學六十二元高級中學六十八元大學七十四元師範七十四元
簡章 函索即寄
校長于右任啓

上海大学招生

招考科目：高级中学一年级、师范部、美术系、英文系、国学系各级插班生。考期：阳历三月三日。考试地点：上海卡德路寰球学生会。报名处：上海山东路民国日报馆。校址：闸北青岛路。报名手续：缴纳四寸照片一张、报名费一元、试验费一元。学膳宿费：初级中学六十二元，高级中学六十八元，大学七十四元，师范七十四元。简章函索即寄。

校长于右任启

1923 年 2 月 10 日第二版

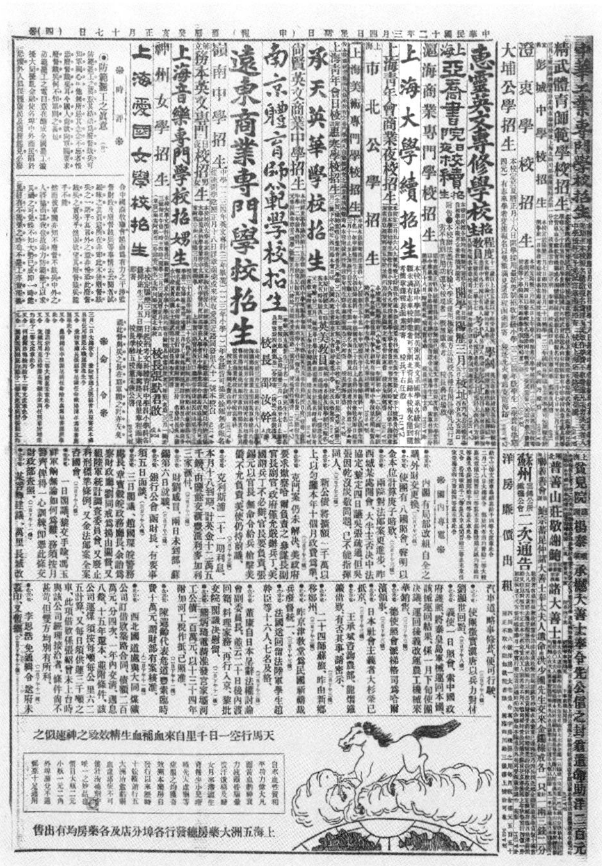

上海大學續招生

本校高級中學部師範部美術系英文系國學系各級尚有餘額未滿有志來校肄業者可至閘北青島路本校報名隨到隨考簡章課程表函索即寄

校長于右任啟

ZA1743

上海大学续招生

本校高级中学部、师范部、美术系、英文系、国学系各级尚有余额未满，有志来校肄业者，可至闸北青岛路本校报名。随到随考，简章、课程表函索即寄。

校长于右任启

1923年3月4日第四版

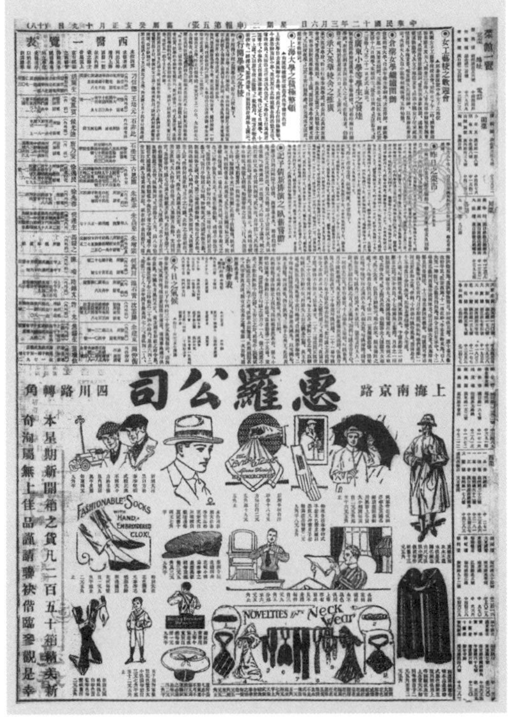

◎上海大學之積極整頓

▲由陳德徵張君謀洪禹仇等擔任教授

上海大學自去歲風潮平息後、由校長于右任積極整頓、今歲添辦高級中學、並於原有之師範部各科添設主任、增聘教員、美術科主任爲洪禹仇君、文學科主任爲張君謀博士、中學科主任爲陳德徵君、現已定七日開學、十二日上課、又以原有校址隘陋、不敷應用、現方在物色新校舍、一經擇定、即將遷移、目前則仍在原址上課云、

上海大学之积极整顿·由陈德徵、张君谋、洪禹仇等担任教授

上海大学自去岁风潮平息后，由校长于右任积极整顿，今岁添办高级中学，并于原有之师范部各科添设主任，增聘教员。美术科主任为洪禹仇君，文学科主任为张君谋博士，中学科主任为陈德徵君。现已定七日开学，十二日上课。又以原有校址隘陋，不敷应用，现方在物色新校舍。一经择定，即将迁移，目前则仍在原址上课云。

1923年3月6日第十八版

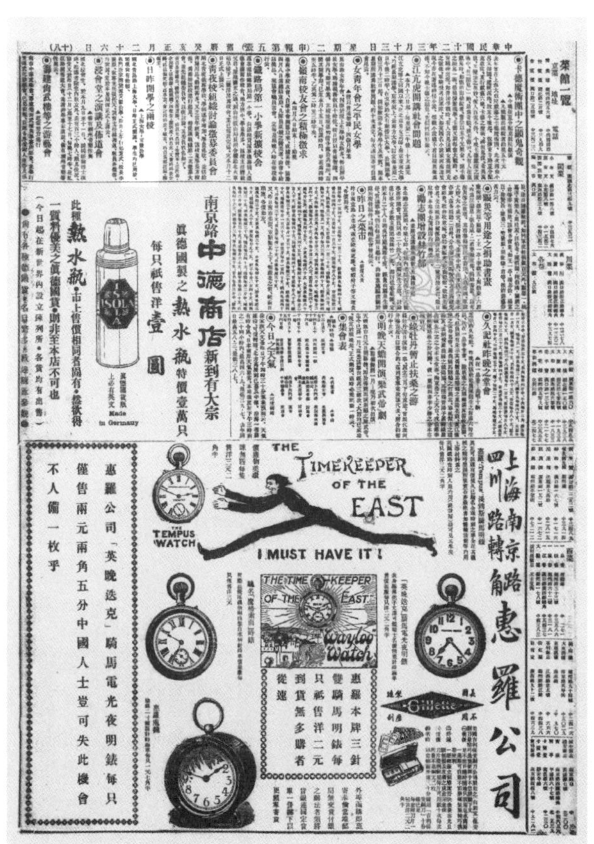

◉日昨開學之兩校

◉女青年會之平民女學

◉今日之天氣

◉集會表

南京路中德商店新到有大宗
眞德國製之熱水瓶特價壹萬只
每只祇售洋壹圓

此種熱水瓶・市上售價相同者倘有・縂欲得
一質料優美之眞德國貨・則非至本店不可也
（今日起在新世界內設立陳列所・各貨均有出售）

THE TIMEKEEPER OF THE EAST
THE TEMPUS WATCH
I MUST HAVE IT!
THE TIME-KEEPER OF THE EAST
Wayloo Watch

上海南京路四川路轉角惠羅公司

惠羅本牌三針
雙騎馬明錶每
只祇售洋二元
到貨無多購者
從速

Gillette

惠羅公司「英晚迭克」騎馬電光夜明錶每只
僅售兩元兩角五分中國人士豈可失此機會
不人備一枚乎

◉日昨開學之兩校

▲上海大學・安徽公學

閘北青島路上海大學、日昨正式開課、學生均已到校、聞現尚有餘額、

日昨开学之两校・上海大学

闸北青岛路上海大学日昨正式开课，学生均已到校，闻现尚有余额。

1923 年 3 月 13 日第十八版

◉國民對日游行大會紀

▲游行時情形　出發時約二點十分、按次排隊、由總指揮前導、次爲救國十人團、橫額曰『國民對日外交游行大會』、直書大旗二面、一爲『不承認二十一條約』、一爲『收回旅順大連主權』、佐以自由車隊、傳遞消息、往來照料、中國紅十字會汽車救護隊、隨隊防護、尙有紹興公學・寗波公學・勤業女師・童子軍、沿途站立、維持秩序、故自出發至散隊、頗爲嚴肅、各隊隊員均執警句小旗、或用寓意畫、發人感觸、途中大呼『中華民國萬歲』、及『否認二十一條』・『收回旅大』・『經濟斷交』・『努力奮鬭』・『堅持到底』・等語、聲如雷動、足以表見國民示威精神之一斑、茲將各團體隊次詳誌如下、南洋甲種商業學校、東三省旅滬學生會、勵志隊、雙十醫院、平民學校、平民自治會、賬員公會、平民女工讀學校、南洋大學、承天英華學校、恒豐紗廠、南洋醫專學校、中國商業公學、民國公學、國語傳習所、開智學校、惠靈學校、安徽公學、招商局公學、中華救國十人團、滬江大學、復旦義務學校、復旦大學、復旦中學、紹興旅滬公學、中華女子公學、北山西路唐家弄兩聯會、蘇常旅滬公學、中華職業學校、省立第一商校、洋務公學、紹興同鄉會第二校、私立郁氏義學、曹家渡商業公會、時霖學校、市西公學、洋務職業公會華民學校、逹才小學、鐵華商業學校、上海印刷公會、寶成紗廠、商報館印刷工人會、寗波旅滬學會、東亞體育學校、綸華紗廠、約翰大學、電器升降同志會、同志勸戒嗜好閱報社、務本女學、第二師範、精勤學校、天潼福德路商聯會、中華道路建設協會、亞東公學、五馬路商聯會、五馬路義校、民立女子中學、勤業女子師範、志明學校、涵德學校、清心實業學校、民國路商聯會、恒豐紗廠、北唐義校、滬北六路商聯會、廣東旅滬金銀器工會、潮惠高小學校、少年宣講團、廣濟義校、勵志宣講團、機器工會、粵僑工會、東吳二中、東吳大學法科、韓國國民互助社總社、大韓獨立新聞社、工商友誼會、愛多亞路商聯會、女子法政講習所、女權運動同盟會、救國聯合會、國民對日外交大會、滬西九路聯合會、西服業同志會、通惠小學、少年協進會、華英公學、安徽駐滬勞工總會、崇明路聯合會、壬戌友誼社、吳淞路聯合會、河南路聯合會、大東門商聯會、女子參政協進會、滬南粂和社、滬西九路聯合會、北區公學、福建路商聯會、滬北五區聯合會、大同學校、中華工業專校、大埔旅滬同鄉會、大埔公學、海門工商友誼會、澄衷中學、國民自廠會、江陰米商公會、天后宮商市公會、自勵公學、浙江路商聯會、淞滬糧食維持會、全皖厚生會、少年自勵會、中華書局、商科大學、譯志學校、青年會、女界聯合會、滬西商聯會、邑廟豫園聯合會、新閘九路聯合會、競志學校、百老匯路商聯會、緯文女學、中國勞工同盟會、旅滬粵僑協助會、松江旅滬協會、南洋烟草同志會、西華德路商聯會、法租界聯合會、志成學校、中華勞動會、閘北五路會、寗紹台工商協會、競新小學、滬北義校、楊樹浦聯合會、青年會日校、電器工會、引溪義校、上海大學、中華印刷工會、上海星社、文科專校、海寗路商聯會、中西女塾、山西路聯合會、閘北商務中學、民生協濟會、嚴氏第一二公學、基督公學、順天學校、神州醫會、綢綾染業公會、北城東北城兩聯會、滬東聯合會、漢口路聯合會、志達學校等團體、（未簽名者尙不在內）

国民对日游行大会纪・游行时情形

出发时约二点十分，按次排队，由总指挥前导，次为救国十人团。横额曰“国民对日外交游行大会”，直书大旗二面，一为“不承认二十一条约”，一为“收回旅顺大连主权”。佐以自由车队，传递消息，往来照料，中国红十字会汽车救护队随队防护。尚有绍兴公学、宁波公学、勤业女师、童子军沿途站立，维持秩序。故自出发至散队，颇为严肃。各队队员均执警句小旗，或用寓意画，发人感触。途中大呼“中华民国万岁”及“否认二十一条”“收回旅大”“经济断交”“努力奋斗”“坚持到底”等语，声如雷动，足以表见国民示威精神之一斑。兹将各团体队次详志如下：南洋甲种商业学校、东三省旅沪学生会、励志队、双十医院、平民学校、平民自治会、账员公会、平民女工读学校、南洋大学、承天英华学校、恒丰纱厂、南洋医专学校、中国商业公学、民国公学、国语传习所、开智学校、惠灵学校、安徽公学、招商局公学、中华救国十人团、沪江大学、复旦义务学校、复旦大学、复旦中学、绍兴旅沪公学、中华女子公学、北山西路唐家弄两联会、苏常旅沪公学、中华职业学校、省立第一商校、洋务公学、绍兴同乡会第二校、私立郁氏义学、曹家渡商业公会、时霖学校、市西公学、洋务职业公会华民学校、达才小学、铁华商业学校、上海印刷公会、宝成纱厂、商报馆印刷工人会、宁波旅沪学会、东亚体育学校、纶华纱厂、约翰大学、电器升降同志会、同志劝戒嗜好阅报社、务本女学、第二师范、精勤学校、天潼福德路商联会、中华道路建设协会、亚东公学、五马路商联会、五马路义校、民立女子中学、勤业女子师范、志明学校、涵德学校、清心实业学校、民国路商联会、恒丰纱厂、北唐义校、沪北六路商联会、广东旅沪金银器工会、潮惠高小学校、少年宣讲团、广济义校、励志宣讲团、机器工会、粤侨工会、东吴二中、东吴大学法科、韩国国民互助社总社、大韩独立新闻社、工商友谊会、爱多亚路商联会、女子法政讲习所、女权运动同盟会、救国联合会、国民对日外交大会、沪西九路联合会、西服业同志会、通惠小学、少年协进会、华英公学、安徽驻沪劳工总会、崇明路联合会、壬成友谊社、吴淞路联合会、河南路联合会、大东门商联会、女子参政协进会、沪南众和社、沪西九路联会、北区公学、福建路商联会、沪北五区联合会、大同学校、中华工业专校、大埔旅沪同乡会、大埔公学、海门工商友谊会、澄衷中学、国民自儆会、江阴米商公会、天后宫商市公会、自励公学、浙江路商联会、淞沪粮食维持会、全皖厚生会、少年自励会、中华书局、商科大学、译志学校、青年会、女界联合会、沪西商联会、邑庙豫园联会、新闻九路联合会、竞志学校、百老汇路商联会、裨文女学、中国劳工同盟会、旅沪粤侨协助会、松江旅沪协会、南洋烟草同志会、西华德路商联会、法租界联合会、志成学校、中华劳动会、闸北五路会、宁绍台工商协会、竞新小学、沪北义校、杨树浦联合会、青年会日校、电器工会、引溪义校、上海大学、中华印刷工会、上海星社、文科专校、海宁路商联会、中西女塾、山西路联合会、闸北商务中学、民生协济会、严氏第一二公学、基督公学、顺天学校、神州医会、绸绫染业公会、北城东北城两联会、沪东联合会、汉璧礼路联合会、志达学校等团体。（未签名者尚不在内）

1923年3月26日第十三版

◉上海大學今日請人演講

閘北青島路上海大學、自于右任接辦後、對於校務方面、認眞改革、故四方來學者、非常踴躍、現學額已滿、新生於昨日停止錄取、今日上午十時請張溥泉君在該校演講云、

上海大学今日请人演讲

闸北青岛路上海大学，自于右任接办后，对于校务方面，认真改革。故四方来学者，非常踊跃，现学额已满，新生于昨日停止录取，今日上午十时请张溥泉君在该校演讲云。

1923年4月1日第十七版

◉上海大學昨日之演講記

本埠上海大學、昨日由該校校長于右任君、聘請張溥泉君在該校演講、講題爲「個人與社會」、大旨謂中國爲家族制度所束縛、現在仍未脫離宗法時代、吾於青年時、不知家族之累人、故於改良社會上思想甚爲發達、其後日銷磨於家庭之擔負、前後幾判若兩人、若略仿歐美家族制度、縮小範圍、發展個人偉大之懷抱、再於政治學術上、加以研練、足以左右一世、出而爲社會之領袖、如華盛頓・林肯諸人、非青年之責乎、又云個人對於社會須重精神、不在形式、以自由活潑其志趣、以紀律範圍其個人、折衷於英美德日之民性、以藥我散漫推諉之痼疾、始終如一、貫澈宗旨、若不能超過於列强之文明、吾未之信也云云、

上海大学昨日之演讲记

本埠上海大学，昨日由该校校长于右任君，聘请张溥泉君在该校演讲，讲题为“个人与社会”。大旨谓中国为家族制度所束缚，现在仍未脱离宗法时代，吾于青年时不知家族之累人，故于改良社会上思想甚为发达，其后日销［消］磨于家庭之担负，前后几判若两人。若略仿欧美家族制度，缩小范围，发展个人伟大之怀抱，再于政治学术上，加以研练，足以左右一世，出而为社会之领袖，如华盛顿、林肯诸人，非青年之责乎。又云个人对于社会须重精神，不在形式，以自由活泼其志趣，以纪律范围其个人，折衷于英、美、德、日之民性，以药我散漫推诿之痼疾，始终如一，贯澈［彻］宗旨。若不能超过于列强之文明，吾未之信也云云。

1923年4月2日第十七版

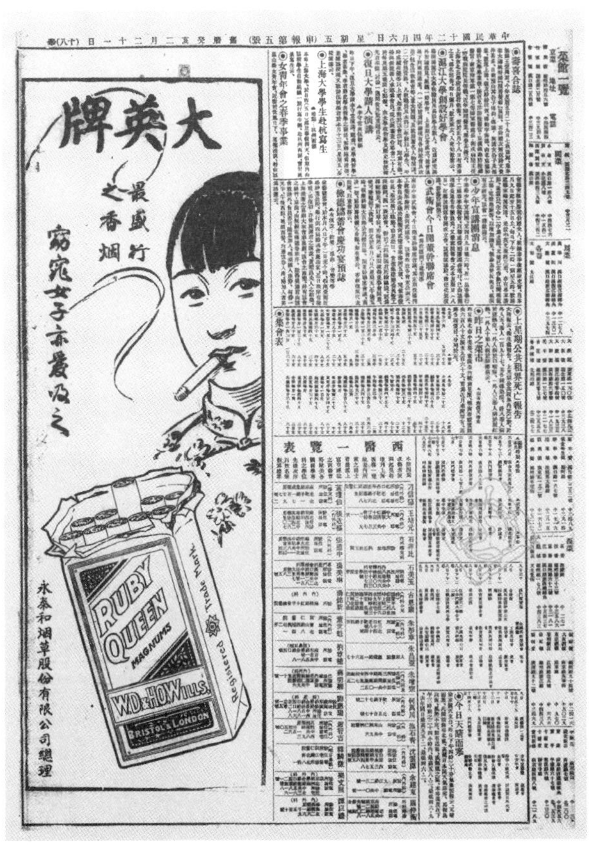

大英牌

最盛行之香烟

窈窕女子亦爱吸之

RUBY QUEEN

MAGNUMS

W.D.&H.O.WILLS.

BRISTOL & LONDON

永泰和烟草股份有限公司總理

◎上海大學學生赴杭寫生

▲地點…杭州西湖

本埠上海大學、於日昨（五日）起放春假四天、假期內由該校學生自動組織一旅行寫生團、赴杭州西湖、實習風景寫生云、

上海大学学生赴杭写生

地点：杭州西湖

本埠上海大学，于日昨（五日）起放春假四天。假期内由该校学生自动组织一旅行写生团，赴杭州西湖，实习风景写生云。

1923 年 4 月 6 日第十八版

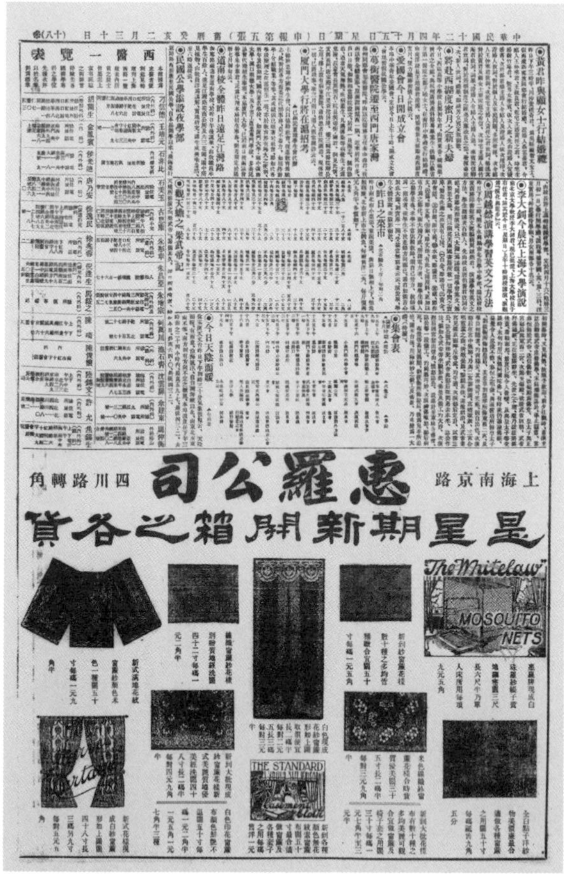
上海南京路 惠羅公司 四川路轉角

星期新開箱之各貨

◉李大釗今晨在上海大學演說

前北京大學教授李大釗君、現已抵滬、上海大學校長于右任君、請其於今日（星期日）上午十時到校講演、演題爲「演化與進步」云、

李大钊今晨在上海大学演说

前北京大学教授李大钊君现已抵沪，上海大学校长于右任君请其于今日（星期日）上午十时到校讲演，演题为“演化与进步”云。

1923年4月15日第十八版

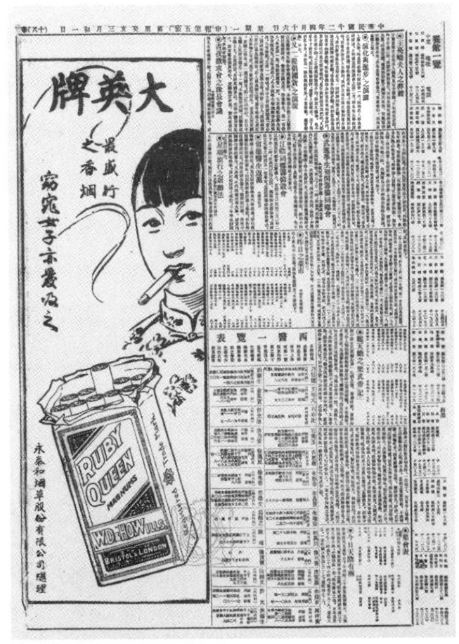

◎「演化與進步」之演講

上海大學、每星期必舉行演講會一次、延聘名人學者來校演講、日昨爲該校演講會之第二次、請北京大學教授之李守常君演講「演化與進步」略謂、「演化是天然的公例、而進步却靠人去做的、我們立足在演化論和進步論上、我們便會像馬克斯創造一種經濟的歷史觀、我們知道這種經濟的歷史觀、係進步的歷史觀、我們當沿着這種進步的歷史觀、快快樂樂地去創造未來的黃金時代、黃金時代不是在那背後的、是在前面迎着我們的、人類是有進步的、不是循環而無進步的、即就文藝論、也不是今下於古的、所以無論如何、應當上前進去、用了我們底全力、去創造一種快樂的世界、不要悲觀、應當樂觀」云云、

“演化与进步”之演讲

上海大学每星期必举行演讲会一次，延聘名人学者来校演讲。日昨为该校演讲会之第二次，请北京大学教授之李守常君演讲“演化与进步”。略谓“演化是天然的公例，而进步却靠人去做的。我们立足在演化论和进步论上，我们便会像马克斯创造一种经济的历史观。我们知道这种经济的历史观，系进步的历史观，我们当沿着这种进步的历史观，快快乐乐地去创造未来的黄金时代。黄金时代不是在那背后的，是在前面迎着我们的。人类是有进步的，不是循环而无进步的。即就文艺论，也不是今下于古的。所以无论如何，应当上前进去，用了我们底全力，去创造一种快乐的世界。不要悲观，应当乐观”云云。

1923年4月16日第十八版

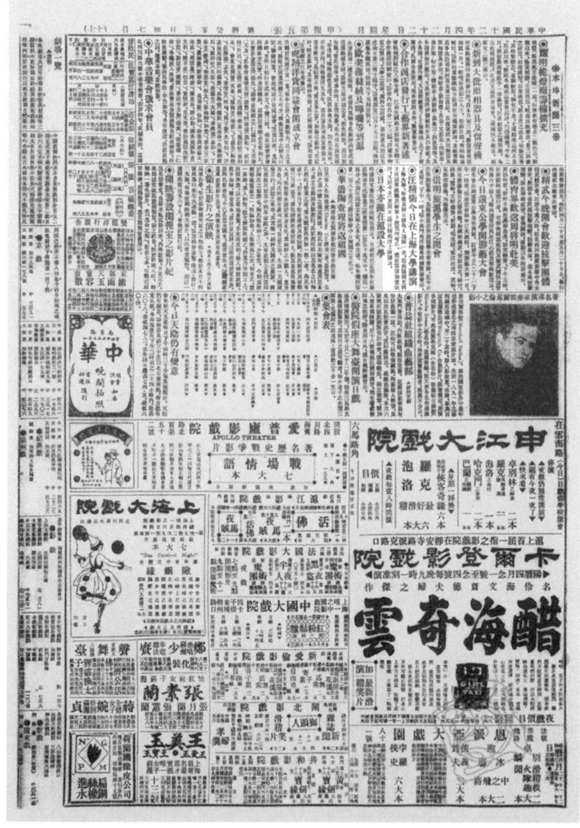

◉汪精衛今日在上海大學講演

上海大學、每逢星期日請名人講演一次、近由該校文科主任請來俄國美術家卜脫兒四略氏、擔任該校油畫教授、又於今日（星期日）請汪精衛博士演講云、

汪精卫今日在上海大学讲演

上海大学，每逢星期日请名人讲演一次，近由该校文科主任请来俄国美术家卜脱儿四喀氏担任该校油画教授，又于今日（星期日）请汪精卫博士演讲云。

1923 年 4 月 22 日第十七版

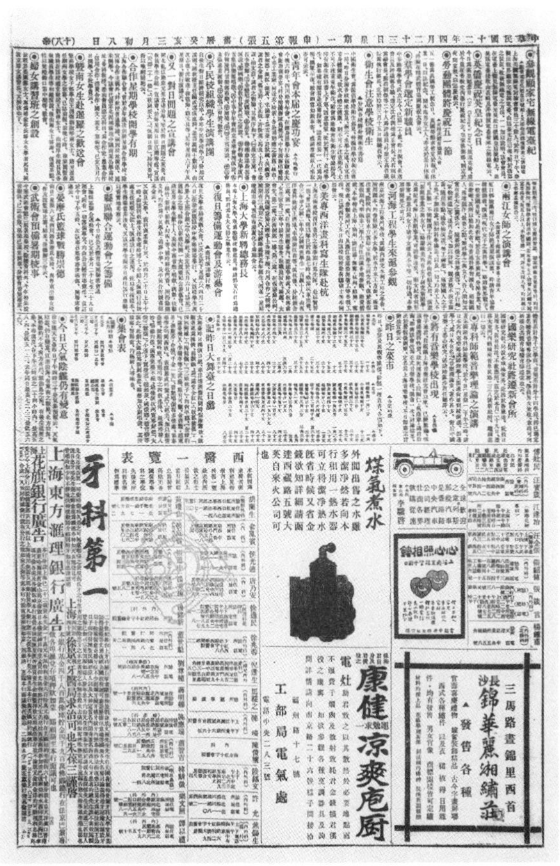

◉上海大學新聘總務長

本埠上海大學、現爲整頓校務起見、特請鄧安石君爲總務長、鄧君爲北大文科之畢業生云、

上海大学新聘总务长

本埠上海大学，现为整顿校务起见，特请邓安石君为总务长。邓君为北大文科之毕业生云。

1923年4月23日第十八版

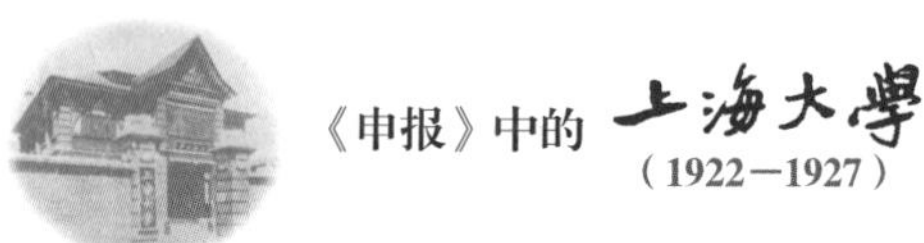

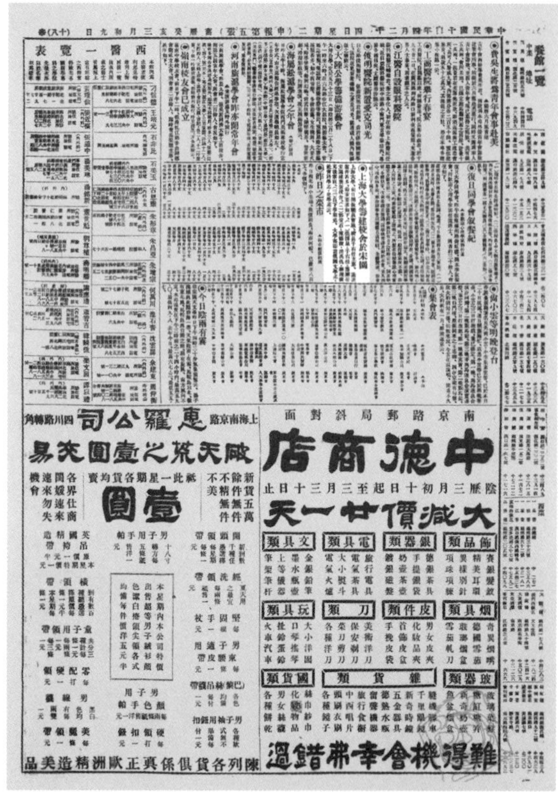

◉上海大學籌建校舍於宋園

上海大學、前日開教職員會議、校長于右任主席、議決案件甚多、最重要者如下、(一)張溥泉·于右任·籌辦在宋園建築新校舍、(二)鄧安石·陳德徵·洪禹仇·辦理擴充後章程、(三)自下學期起、大學部添設俄國文學系·社會科學系·史學系云、

上海大学筹建校舍于宋园

上海大学，前日开教职员会议，校长于右任主席。议决案件甚多，最重要者如下：（一）张溥泉、于右任筹办在宋园建筑新校舍；（二）邓安石、陈德徵、洪禹仇办理扩充后章程；（三）自下学期起，大学部添设俄国文学系、社会科学系、史学系云。

1923 年 4 月 24 日第十八版

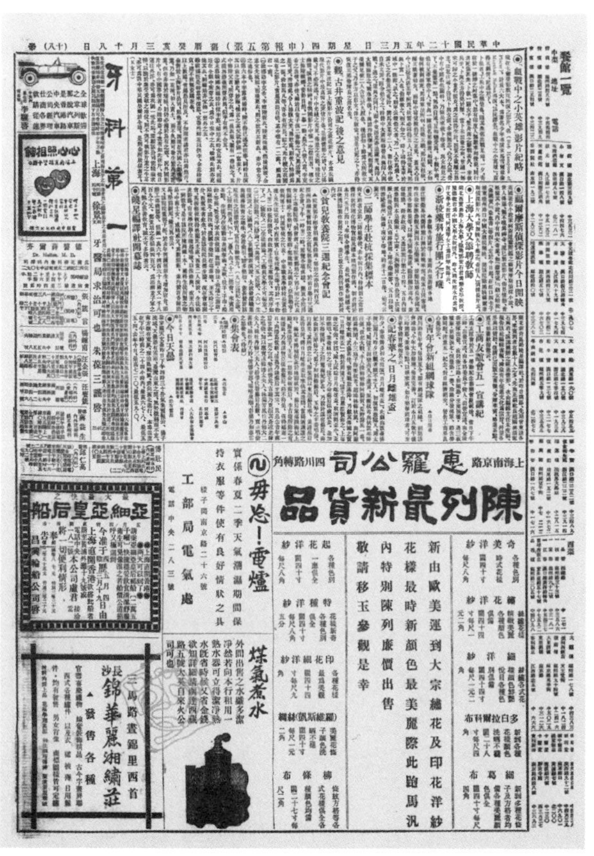

◉上海大學又添聘教師
閘北西寶興路上海大學、除聘鄧安石君爲歷史學教授、陳德徵君爲中國文學史教授外、昨又聘沈雁冰君爲西洋文學史教授、何連琴女士爲洋琴教師云、

上海大学又添聘教师

闸北西宝兴路上海大学，除聘邓安石君为历史学教授、陈德徵君为中国文学史教授外，昨又聘沈雁冰君为西洋文学史教授、何连琴女士为洋琴教师云。

1923年5月3日第十八版

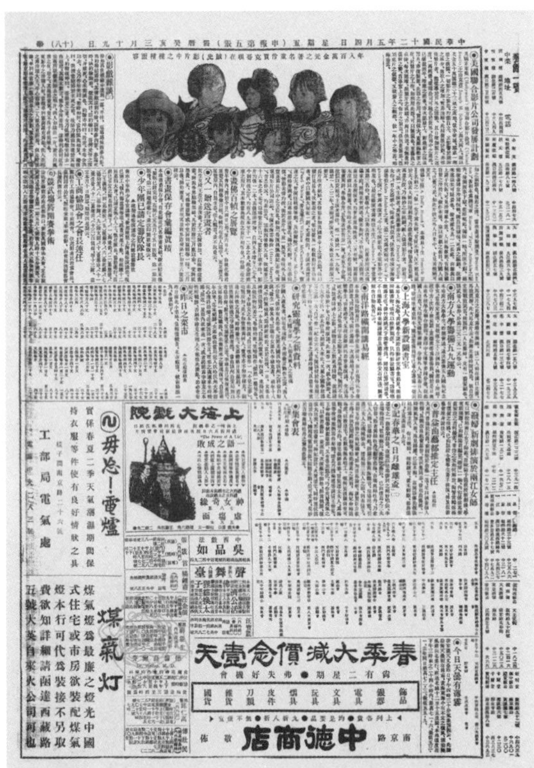

◉上海大學新設圖書室

本埠上海大學、爲使學生課餘自動研究學業起見、擬創辦圖書館、惟現以經濟關係、只得暫設圖書室、請陳德徵爲主任、徐竹虛姚天宇爲管理員、聞現已籌辦竣事、不日開幕、屆時並擬請陳君及總務長鄧安石演講「圖書館與自動教育」云、

上海大学新设图书室

本埠上海大学，为使学生课余自动研究学业起见，拟创办图书馆。惟现以经济关系，只得暂设图书室，请陈德徵为主任，徐竹虚、姚天宇为管理员。闻现已筹办竣事，不日开幕。届时并拟请陈君及总务长邓安石演讲“图书馆与自动教育”云。

1923年5月4日第十八版

◉慶祝雙五節紀

▲國民黨本部　昨午十二時、中國國民黨在法租界莫利愛路二十九號、舉行雙五節慶祝大會、除該黨在滬黨員赴會外、本埠男女各界到者、共六百餘人、各團體代表、計到救國聯合會・中華海員聯合會・國會議員通訊處・中華武術會・全國道路建設會・金銀工人聯合會・基督教救國會・旅滬安徽公學・全國各界聯合會・勵志宣講團・女子法政講習所・輪船棧房公會・僑日華工共濟會・天潼福德兩路聯合會・中國公會上海部・參戰華工會・民生協濟會・上海大學・履業公會・工商友誼會・湖南工會駐滬辦事處・江西自治促進會・浙民公社・東亞體育專科・等五十餘團體、次序㈠搖鈴開會、奏樂、㈡由主席居覺生君宣佈開會宗旨、謂今日係民國十二年五月五日孫大總統在廣州就職之期、吾人追念既往、以勵將來、特開雙五紀念會、以誌慶祝、今日慶祝之要義、可分為二、一祝民國國基鞏固、孫大總統主義貫徹、二祝孫大總統康健、本黨勝利、望到會同人、共抒偉見、以彰盛會云云、㈢奏樂、全體向國旗及大總統玉照並國民黨黨旗、行三鞠躬禮、後高呼中華民國及大總統中國國民黨萬歲、㈣演說、首由國會議員劉雲昭演說、謂今日乃孫大總統就職之期、亦即中華民國存亡關頭之日、我人選舉孫公為大總統、目的係在打倒北方之假總統及假政府、當時孫大總統行使護法勘亂之責任、一時因種種艱難而未達目的、吾人實深痛心、今孫總統繼續奮鬥、吾同人應是散各地、仍當一致擁護、以期孫大總統達護法勘亂之目的、北京總統與政府之措施、國人想能洞悉、願大家一致擁護正義云、次陳炳生君演說、謂今日係十二年五月五日孫大總統就職之日、亦即吾人謀脫離惡政府之專橫而恢復自由之紀念、我工人係一致翼誠、擁護孫大總統者、我人嘗憶想孫大總統今日尚在廣東砲火中奮鬪、我人對孫公此種精神、各當擁護之而贊助之、使孫大總統達最後之目的而剷除軍閥云、　孫鏡亞君略謂、我人在此開會、已達三次、此次與以前不同、前次純係本黨同志、此次係有各界及各團體代表到者甚多、吾人須知孫總統係主張與民衆携手者、孫總統之護法、亦以民衆為主體、今不得已而用武、亦係為民衆造幸福起見、結合民衆之力量、終能打倒害民之惡勢力、故吾民黨天天與民衆携手、以期達到光明燦爛之共和目的云、　鄧仲輝君演說云、今日紀念雙五、固屬盛舉、但余以為凡屬本黨黨員、則甚慚愧、吾黨黨魁、固有犧牲奮鬪之精神、而黨員則無功可述、即如鄙人辦報、原為宣傳本黨之精神、然自覺徒負其名、一無成績、此吾人所不可不自勉者也、昨日為五四紀念、余曾在各處演說、以為五四運動、錯誤有二、一空言不談內政、祇爭外交、二不知與本黨合作、須知內政不良、決無良好外交、不知與本黨合作、則為他方所利用、五四運動、至今不能復振、即此故也、最後希望諸君一面慶祝孫總統勝利、一面仍須自己努力云、　末由鄧石如君演說、謂中華民國至今未能完全實現者、其重大原因有二、㈠受國際帝國主義所牽制、如袁世凱・吳佩孚・陳炯明・等禍國殃民、大半均係國際帝國主義所促成、㈡羣衆不能盡立於民黨旗幟之下、今後救國、須從此兩點入手、則一切不良現狀、均可破除云、

庆祝双五节纪·国民党本部

昨午十二时，中国国民党在法租界莫利爱路二十九号，举行双五节庆祝大会。除该党在沪党员赴会外，本埠男女各界到者，共六百余人，各团体代表，计到救国联合会、中华海员联合会、国会议员通讯处、中华武术会、全国道路建设会、金银工人联合会、基督教救国会、旅沪安徽公学、全国各界联合会、励志宣讲团、女子法政讲习所、轮船栈房公会、侨日华工共济会、天潼福德两路联合会、中国公会上海部、参战华工会、民生协济会、上海大学、履业公会、工商友谊会、湖南工会驻沪办事处、江西自治促进会、浙民公社、东亚体育专科等五十余团体。次序：（一）摇铃开会，奏乐。（二）由主席居觉生君宣布开会宗旨。谓今日系民国十二年五月五日孙大

总统在广州就职之期，吾人追念既往，以励将来，特开双五纪念会，以志庆祝。今日庆祝之要义，可分为二：一祝民国国基巩固，孙大总统主义贯彻；二祝孙大总统康健，本党胜利。望到会同人，共抒伟见，以彰盛会云云。（三）奏乐，全体向国旗及大总统玉照并国民党党旗行三鞠躬礼，后高呼中华民国及大总统、中国国民党万岁。（四）演说。首由国会议员刘云昭演说，谓今日乃孙大总统就职之期，亦即中华民国存亡关头之日。我人选举孙公为大总统，目的系在打倒北方之假总统及假政府。当时孙大总统行使护法勘乱之责任，一时因种种艰难而未达目的，吾人实深痛心。今孙总统继续奋斗，吾同人虽星散各地，仍当一致拥护，以期孙大总统达护法勘乱之目的。北京总统与政府之措施，国人想能洞悉，愿大家一致拥护正义云。次陈炳生君演说，谓今日系十二年五月五日孙大总统就职之日，亦即吾人谋脱离恶政府之专横而恢复自由之纪念。我工人系一致真诚拥护孙大总统者，我人当忆想孙大总统今日尚在广东炮火中奋斗，我人对孙公此种精神，各当拥护之而赞助之，使孙大总统达最后之目的而铲除军阀云。孙镜亚君略谓，我人在此开会，已达三次。此次与以前不同，前次纯系本党同志，此次系有各界及各团体代表到者甚多。吾人须知孙总统系主张与民众携手者，孙总统之护法，亦以民众为主体。今不得已而用武，亦系为民众造幸福起见，结合民众之力量，终能打倒害民之恶势力。故吾民党天天与民众携手，以期达到光明灿烂之共和目的云。邵仲辉君演说云，今日纪念双五，固属盛举，但余以为凡属本党党员，则甚惭愧。吾党党魁，固有牺牲奋斗之精神，而党员则无功可述。即如鄙人办报，原为宣传本党之精神，然自觉徒负其名，一无成绩，此吾人所不可不自勉者也。昨日为五四纪念，余曾在各处演说，以为五四运动错误有二：一忘言不谈内政，只争外交；二不知与本党合作。须知内政不良，决无良好外交；不知与本党合作，则为他方所利用。五四运动，至今不能复振，即此故也。最后谓望诸君一面庆祝孙总统胜利，一面仍须自己努力云。末由邓石如君演说，谓中华民国至今未能完全实现者，其重大原因有二：一被国际帝国主义所牵制，如袁世凯、吴佩孚、陈炯明等祸国殃民，大半均系国际帝国主义所促成；二群众不能尽立于民党旗帜之下。今后救国，须从此两点入手，则一切不良现状，均可破除云。

1923 年 5 月 6 日第十三版

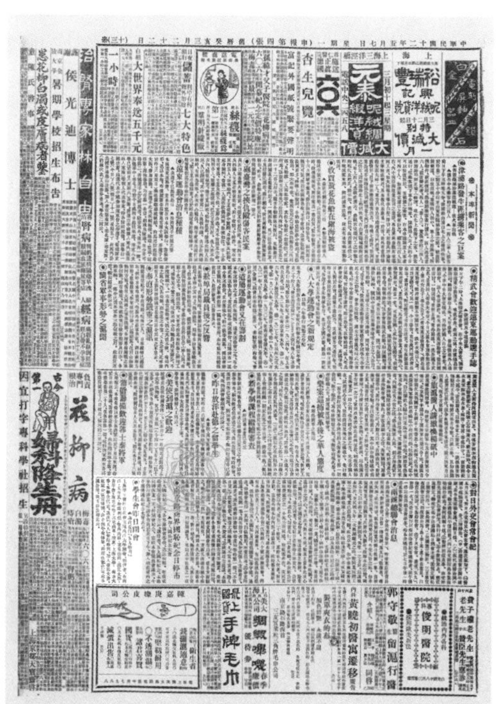

◎學生會昨日開會

▲議決發印『五九特刊』

上海學生會昨日在徐家匯南洋大學開會、到會者、有南洋・文生氏・聖瑪利亞・暨南商科・東吳法科・滬江大學・青年會・復旦中學・遠東商專・澄衷・上海大學・南方大學・等學生代表、議決『五九』發印特刊、加入市民大會、組織分區宣傳團、由各團分發傳單、幷用快郵代電致各國公使、請主持公理云云、

学生会昨日开会・议决发印《五九特刊》

上海学生会昨日在徐家汇南洋大学开会，到会者，有南洋、文生氏、圣玛利亚、暨南商科、东吴法科、沪江大学、青年会、复旦中学、远东商专、澄衷、上海大学、南方大学等学生代表，议决“五九”发印特刊，加入市民大会，组织分区宣传团，由各团分发传单，并用快邮代电致各国公使，请主持公理云云。

1923年5月7日第十三版

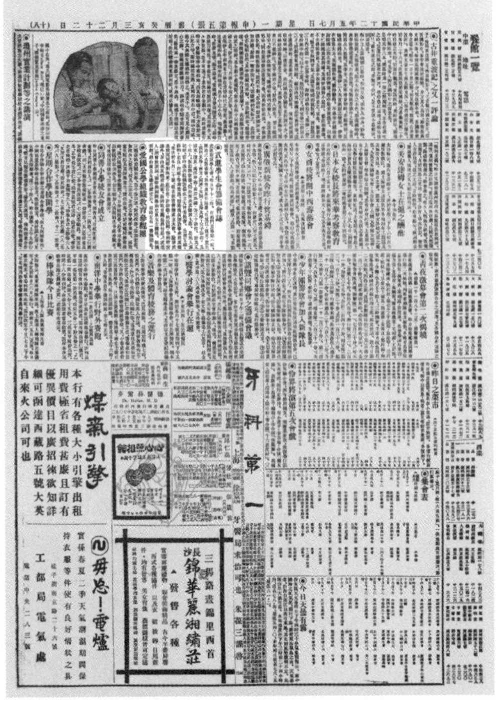

◎武進學生會籌備會誌

武進旅滬學生會、昨日下午二時、在西門美術第一院、開第三次籌備會、到會者甚形踴躍、有滬江・復旦・震旦・商科大學・南方・同濟・大同・上海大學・女子法政・及浦東・澄衷・南洋甲商・南洋路礦・等三十餘校、計共五十餘人、振鈴開會後、仍公推承其德爲主席、是旭人爲記錄、當時議決組織籌備成立大會委員會、公推王緯・薛明・史良・許超・等爲委員、而委員長則公舉承君其德、並決於本月二十號、假省教育會開成立大會、除請武進旅滬同鄉劉海粟・莊百俞・許指嚴・姚公鶴・等到會演講外、並由承其德君赴甯、面請教育廳長蔣竹莊、(武進人)到會致訓詞、而餘興則跳舞由史良女士擔任、組織新劇、則由復旦朱曦君擔任云、屆時定有一番熱鬧也、

武进学生会筹备会志

武进旅沪学生会，昨日下午二时，在西门美术第一院开第三次筹备会。到会者甚形踊跃，有沪江、复旦、震旦、商科大学、南方、同济、大同、上海大学、女子法政及浦东、澄衷、南洋甲商、南洋路矿等三十余校，计共五十余人。振铃开会后，仍公推承其德为主席，是旭人为记录。当时议决组织筹备成立大会委员会，公推王纬、薛明、史良、许超等为委员，而委员长则公举承君其德。并决于本月二十号，假省教育会开成立大会，除请武进旅沪同乡刘海粟、庄百俞、许指严、姚公鹤等到会演讲外，并由承其德君赴宁，面请教育厅长蒋竹庄（武进人）到会致训词。而余兴则跳舞，由史良女士担任，组织新剧，则由复旦朱曦君担任云。届时定有一番热闹也。

1923 年 5 月 7 日第十八版

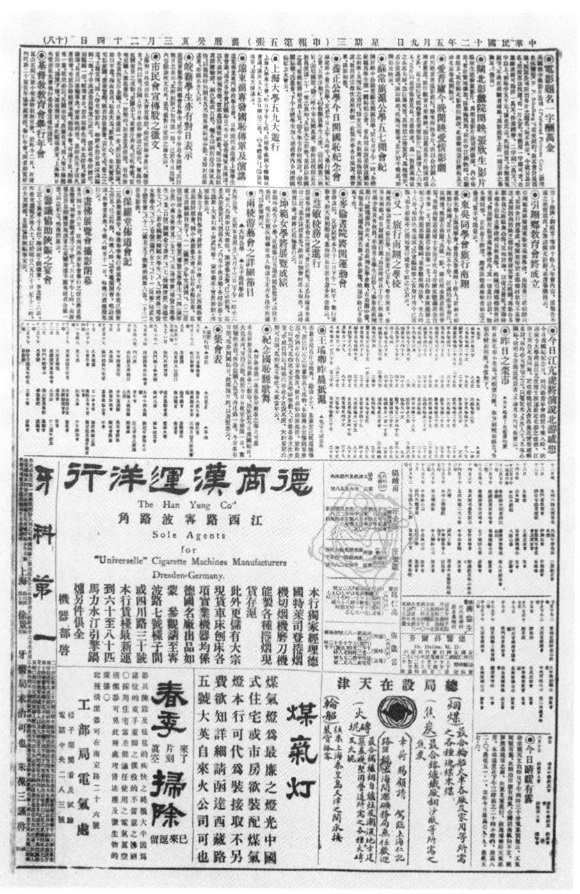

◉上海大學五九大遊行

上海大學學生會、昨日下午七時、在辦事處開全體職員會議、議決五九紀念日辦法三項、㈠全體遊行、㈡散佈傳單、㈢露天演講云、

上海大学五九大游行

上海大学学生会，昨日下午七时，在办事处开全体职员会议，议决五九纪念日办法三项：（一）全体游行；（二）散布传单；（三）露天演讲云。

1923年5月9日第十八版

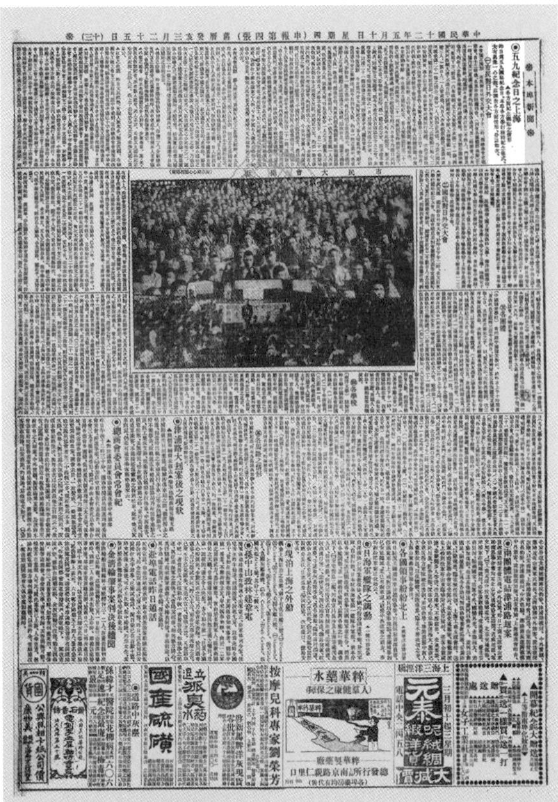

◎五九紀念日之上海
㈣各學校
（上海大學）上海大學學生於昨日上午十時、出發游行、由青島路・青陽橋・經過東寶興路・寶山路・北火車站・王家旱橋・天通庵・沿途演講、語極沉痛、聽者莫不動容、

五九纪念日之上海·（四）各学校·上海大学

上海大学学生于昨日上午十时出发游行，由青岛路、青阳桥，经过东宝兴路、宝山路、北火车站、王家旱桥、天通庵，沿途演讲，语极沉痛，听者莫不动容。

1923年5月10日第十三版

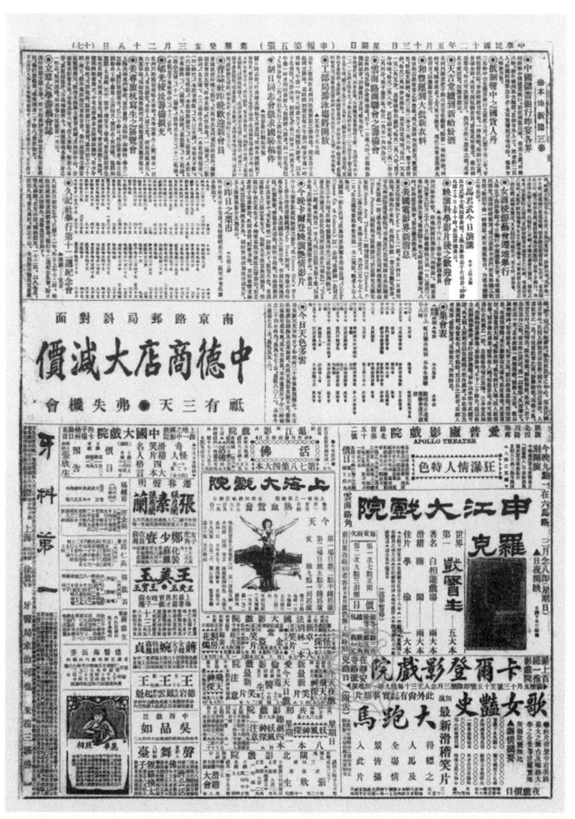
南京路郵局斜對面
中德商店大減價
祇有三天◉弗失機會
愛普廬影戲院 APOLLO THEATER
申江大戲院
上海大戲院
卡爾登影戲院

◉馬君武今日演講

▲在上海大學

馬君武博士現因事蒞滬、上海大學校長于右任君、特請馬博士今日上午十時、在該校講演云、

马君武今日演讲·在上海大学

马君武博士现因事莅沪，上海大学校长于右任君，特请马博士今日上午十时在该校讲演云。

1923年5月13日第十七版

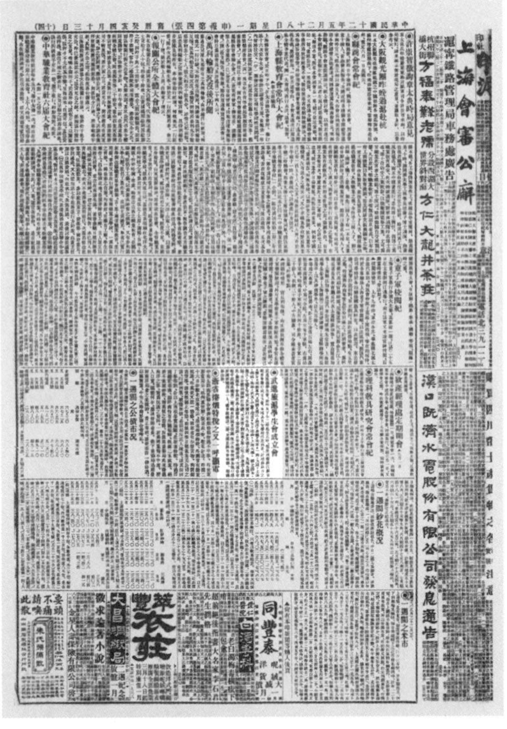

◉武進旅滬學生會成立會

武進旅滬學生會、於昨日下午二時起至五時、假座林蔭路江蘇省教育會舉行成立大會、本埠各男女學校代表到者、計招商局公立・震旦・美術專門・同濟・滬江・南洋・惠靈・英專・一商・大同・上海・商科・英華・承天・中醫・澄衷・女子法政・上海大學・郇立務本・滬江・女體・等校、及來賓約百有餘人、承其德主席、先報告開會詞、次全體向國旗行敬禮、次來賓・劉海粟・屠心矩・段連琛・潘競民・蘇演平・會員史良・湯蘊眞・盛世談・君等相繼演說、次通告章程中組織與職員二條、稍有討論更改處、復次由每校推出執行部評議部職員各一人、從事組織該二部、其部長則另會推舉、即攝影而散、

武进旅沪学生会成立会

武进旅沪学生会，于昨日下午二时起至五时，假座林荫路江苏省教育会举行成立大会。本埠各男女学校代表到者，计招商局公立、震旦、美术专门、同济、沪江、南洋、惠灵、英专、一商、大同、上海、商科、英华、承天、中医、澄衷、女子法政、上海大学、郇立务本、沪江、女体等校及来宾约百有余人。承其德主席。先报告开会词，次全体向国旗行敬礼。次来宾刘海粟、屠心矩、段连琛、潘竞民、苏演平，会员史良、汤蕴真、盛世谈君等相继演说。次通告章程中组织与职员二条，稍有讨论更改处。复次由每校推出执行部、评议部职员各一人，从事组织该二部，其部长则另会推举。即摄影而散。

1923 年 5 月 28 日第十四版

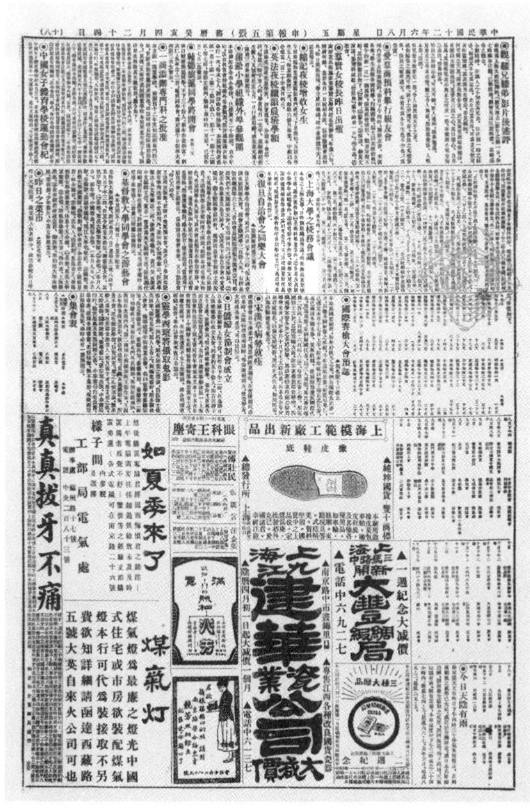

◉上海大學之校務會議

本埠之上海大學、日昨開教職員會議、由教務長葉楚傖君主席、議決案件如㈠美術科畢業事件、㈡各系及高級中學學年試驗事件、㈢招考新生事件等、並推定葉楚傖陳德徵周頌西等諸君爲招考委員、又、該校圖畫教授萬古蟾君、現爲晨光美術會推任暑期學校主任、萬君現並未兼南方大學教授云、

上海大学之校务会议

本埠之上海大学日昨开教职员会议，由教务长叶楚伧君主席。议决案件如：（一）美术科毕业事件。（二）各系及高级中学学年试验事件。（三）招考新生事件等，并推定叶楚伧、陈德徵、周颂西等诸君为招考委员。又该校图画教授万古蟾君，现为晨光美术会推任暑期学校主任，万君现并未兼南方大学教授云。

1923年6月8日第十八版

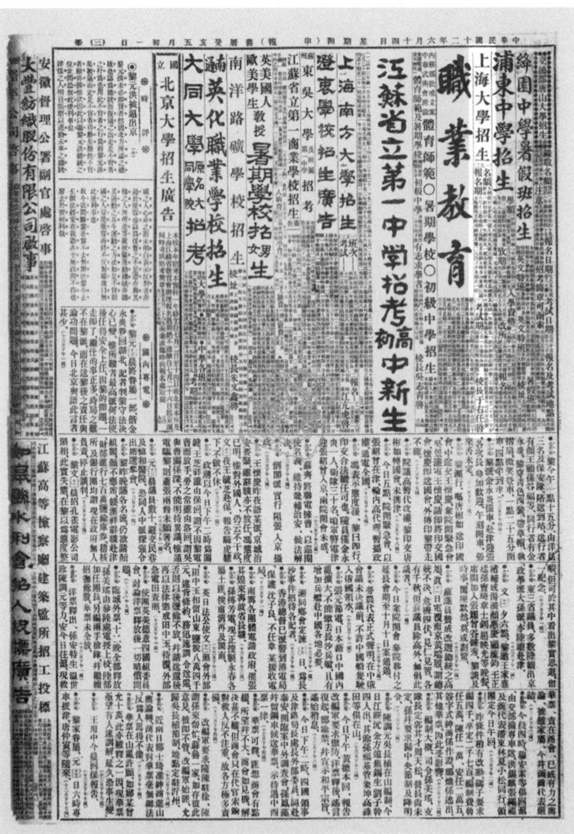

上海大學招生 （一）名額 大學部社會學系中國文學系英國文學系俄國文學系繪畫系各招一年級新生一班中學部高級中學二年級插班生二十名一年級新生一班初級中學一年級新生一班各班男女兼收又原有中國文學系英國文學系各級尚有餘額有相當程度者亦可投考插班 （二）報名期 六月十日起地點上海閘北青島路本校及山東路民國日報館報名時須納報名費二元四寸半身照片一張 （三）考試期 七月一日地點本校函索章程須附郵票四分 校長于右任啓

上海大学招生

（一）名额：大学部社会学系、中国文学系、英国文学系、俄国文学系、绘画系各招一年级新生一班。中学部高级中学二年级插班生二十名、一年级新生一班，初级中学一年级新生一班，各班男女兼收。又原有中国文学系、英国文学系各级尚有余额，有相当程度者亦可投考插班。（二）报名期：六月十日起，地点上海闸北青岛路本校及山东路民国日报馆。报名时须纳报名费二元、四寸半身照片一张。（三）考试期：七月一日，地点本校。函索章程须附邮票四分。

校长于右任启

1923 年 6 月 14 日第三版

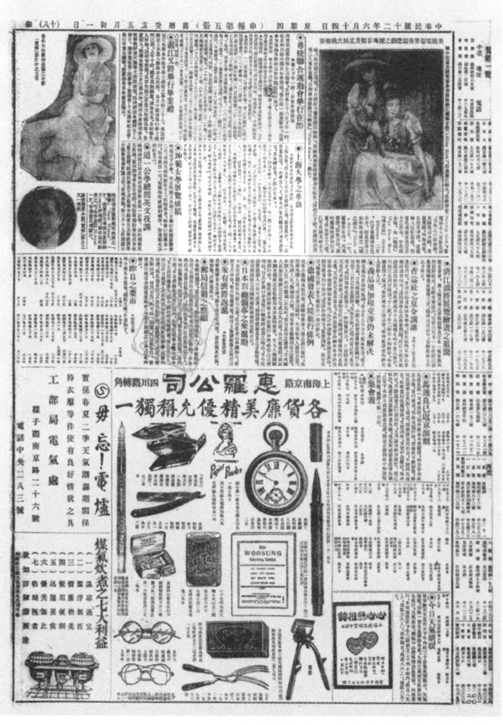

◉上海大學之革新

▲擬建社會科學院及文藝院…定宋園爲建築新校舍地點

上海大學、自去冬于右任君接辦之後、銳意革新、一面籌募款項、一面羅致人才、屢次召集教職員討論革新事宜、其大體計畫、已經決定如下、

共計分三期擴充辦理、每期定爲兩年、第一期(自民國十二年秋起至十四年夏止、)(一)編定本校組織學系及計畫、(二)籌定基金、(三)建築校舍、(一社會科學院、二圖書館、三學生寄宿舍、四運動場、)(四)添辦學系、除文藝院中之中國文學英國文學兩系仍續招一班外、并添辦社會科學院中之社會學系•及文藝院中之繪畫系•俄國文學系•共三系、第二期、(十四年秋起至十六年夏止、)(一)建築校舍、(一文藝院、二中學部、三體育館兼大會堂、)(二)添辦學系、添辦社會科學院中之經濟學系•政治學系•史學系•及文藝院中之德國文學系•音樂系•共五系、第三期、(十六年秋起至十八年夏止、)(一)建築校舍、(一行政廳、二教員寄宿舍、三美術館、)(二)添辦學系、添辦社會科學院中之法律學系•哲學系•心理學系•教育學系•及文藝院中之法國文學系• 雕刻系•共五系、除大學部外、附設中學部、 亦按年添招高級中學及初級中學各一班、

該校前次會議、議決由于右任張溥泉兩君交涉宋園(即宋教仁氏之墓地)爲建築新校舍地點、已得各方贊成、 宋園地基聞共有一百零四畝、除宋氏墓地佔四十畝外、尙餘六十餘畝、建築校舍、綽乎有餘云、

上海大学之革新·拟建社会科学院及文艺院·定宋园为建筑新校舍地点

上海大学，自去冬于右任君接办之后，锐意革新，一面筹募款项，一面罗致人才，屡次召集教职员讨论革新事宜，其大体计画［划］，已经决定如下：

共计分三期扩充办理，每期定为两年。第一期（自民国十二年秋起至十四年夏止）：（一）编定本校组织学系及计画［划］；（二）筹定基金；（三）建筑校舍（一社会科学院、二图书馆、三学生寄宿舍、四运动场）；（四）添办学系，除文艺院中之中国文学、英国文学两系仍续招一班外，并添办社会科学院中之社会学系，及文艺院中之绘画系、俄国文学系，共三系。第二期（十四年秋起至十六年夏止）：（一）建筑校舍（一文艺院、二中学部、三体育馆兼大会堂）；（二）添办学系，添办社会科学院中之经济学系、政治学系、史学系，及文艺院中之德国文学系、音乐系，共五系。第三期（十六年秋起至十八年夏止）：（一）建筑校舍（一行政厅、二教员寄宿舍、三美术馆）；（二）添办学系，添办社会科学院中之法律学系、哲学系、心理学系、教育学系，及文艺院中之法国文学系、雕刻系，共五系。除大学部外，附设中学部，亦按年添招高级中学及初级中学各一班。

该校前次会议议决由于右任、张溥泉两君交涉宋园（即宋教仁氏之墓地）为建筑新校舍地点，已得各方赞成。宋园地基闻共有一百零四亩，除宋氏墓地占四十亩外，尚余六十余亩，建筑校舍，绰乎有余云。

1923 年 6 月 14 日第十八版

◉行將出國之留學生

暑假將屆、各校赴外留學者、已陸續預備、聞上海大學卒業生楊君秀濤、對於藝術、素有研究、近因研究高深藝術起見、特於本月放洋去法、又南通趙吟秋・常熟范曼雲、本亦定於本月出國、茲因護照未到、故一時不克成行、聞趙君係去瑞士研究文學哲學、范君係到法研究雕刻、又美專校唐君端鈺、林君培輿、不日亦將留學日本云、

行将出国之留学生

暑假将届，各校赴外留学者，已陆续预备。闻上海大学卒业生杨君秀涛，对于艺术，素有研究。近因研究高深艺术起见，特于本月放洋去法。又南通赵吟秋、常熟范曼云，本亦定于本月出国，兹因护照未到，故一时不克成行。闻赵君系去瑞士研究文学哲学，范君系到法研究雕刻。又美专校唐君端钰、林君培舆，不日亦将留学日本云。

1923 年 7 月 2 日第十四版

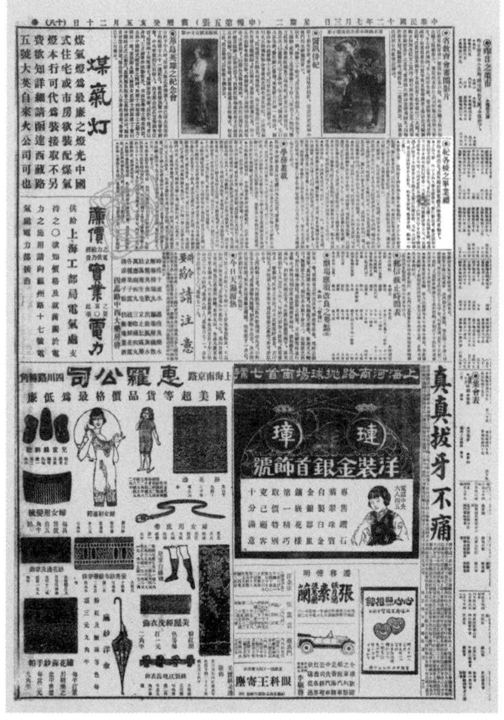

◎紀各校之畢業禮

昨得各校消息、其有關於畢業禮及休業式者如下、

▲上海大學 昨日上海大學全體學生、舉行歡送會、歡送該校美術科圖音組圖工組畢業生、首由該校學生陳子英致開會辭、略謂今日係本校美術科同學第一次畢[illegible]特開歡送會云云、次由圖音組畢業生奏樂、次請來賓曹芻[illegible]次由鄧安石・曾伯興・陳德徵・沈雁冰・末由畢業生朱鳳文王顯詔致謝而散、又昨日該校學生、爲送別該校畢業生起見、特集資聚餐、觥籌交錯、頗極一時之盛云、

纪各校之毕业礼·上海大学

昨日上海大学全体学生举行欢送会，欢送该校美术科图音组、图工组毕业生。首由该校学生陈子英致开会辞，略谓今日系本校美术科同学第一次毕业，故特开欢送会云云。次由图音组毕业生奏乐，次请来宾曹刍演说，次由邓安石、曾伯兴、陈德徵、沈雁冰，末由毕业生朱凤文、王显诏致谢而散。又昨日该校学生，为送别该校毕业生起见，特集资聚餐，觥筹交错，颇极一时之盛云。

1923 年 7 月 3 日第十八版

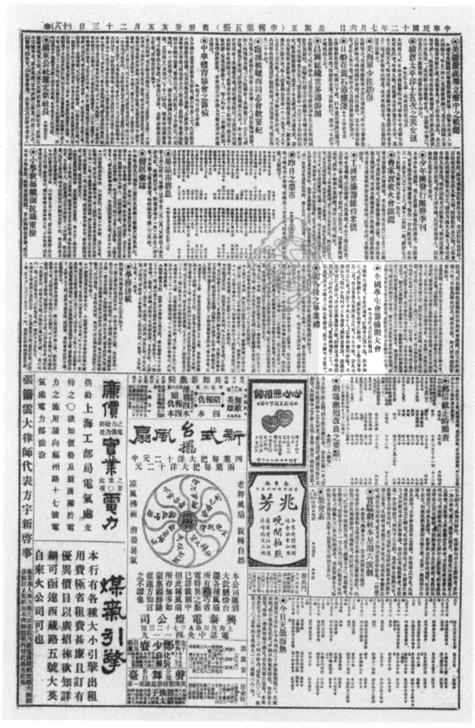

◉全國學生會籌備開大會

▲各省代表已紛紛報到

全國學生總會、本屆評議會、距開會之期不遠、故各地代表、俱聯翩莅止、閩陝晉湘皆已報到、留日學生會李馬二君、與山東學生會所派之代表、不日亦來、計此次所到之代表、總計不下四五十人、該會因會所狹隘、不能多容、故昨日龔何李王各理事、開緊急會議、商議招待各地代表辦法、議決先乘暑假之便、向附近各學校借寄宿舍、以作代表暫時寄寓之所、當即派理事二人、向徐家匯復旦中學及上海大學接洽、諒不日即可妥當云、

全国学生会筹备开大会·各省代表已纷纷报到

全国学生总会本届评议会距开会之期不远，故各地代表俱联翩莅止，闽陕晋湘皆已报到。留日学生会李、马二君，与山东学生会所派之代表，不日亦来。计此次所到之代表，总计不下四五十人。该会因会所狭隘，不能多容，故昨日龚、何、李、王各理事，开紧急会议，商议招待各地代表办法。议决先乘暑假之便，向附近各学校借寄宿舍，以作代表暂时寄寓之所。当即派理事二人，向徐家汇复旦中学及上海大学接洽，谅不日即可妥当云。

1923 年 7 月 6 日第十八版

◉紀各校之畢業禮

昨得各校消息、有關畢業或休業禮者如下、

▲上海大學美術科　上海大學美術科、圖工・圖音・甲組學生、於八日下午一時、開辭別會、到者爲校長于右任、及教職員二十餘人、畢業生三十餘人、同學百餘人、搖鈴開會後、首由張開元奏樂、朱鳳文致辭別詞、校長訓說博愛二字、陳望道邵力子等均有演說、次由高誠和勉畢業同學、以改造學校之精神、後由王德慶致謝、程嘉詠答詞、助以戲法、像聲、京曲、笑話等、奏樂散會後、復成立上海大學畢業同學會云、

纪各校之毕业礼・上海大学美术科

上海大学美术科图工、图音甲组学生，于八日下午一时开辞别会，到者为校长于右任及教职员二十余人、毕业生三十余人、同学百余人。摇铃开会后，首由张开元奏乐，朱凤文致辞别词，校长训说“博爱”二字，陈望道、邵力子等均有演说。次由高诚和勉毕业同学，以改造学校之精神。后由王德庆致谢，程嘉咏答词，助以戏法、像声、京曲、笑话等。奏乐散会后，复成立上海大学毕业同学会云。

1923 年 7 月 10 日第十八版

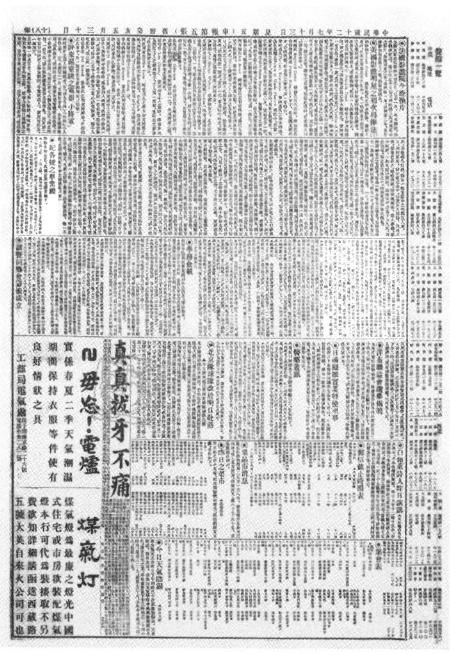

◉紀各校之畢業禮

昨得各校消息、其關於畢業禮者如下、

▲上海大學　上海大學、爲養成中等學校圖畫手工音樂師資起見、特設美術科圖音圖工兩組、定爲兩年畢業、本年爲畢業之期、前日（九日）該校舉行畢業式、下午二時開會、首由校長于右任致開會辭、次由教務長葉楚傖報告、次由美術科主任洪野報告畢、次由梓琴彭素民等演說、次李大釗演說、大意謂美術勿專供貴族階級之所賞、應將現代社會之困苦悲哀表現出來、企圖社會全部之改造、社會改造家、大分爲三派、一爲理想派、以人道主義爲徽識、如託爾斯泰便是代表、一爲科學派、以社會經濟改造爲目的、如馬克斯便是代表、一爲趣味派、以精神改造爲歸宿、如拉斯琴便爲代表、第一派至今已証明其徒爲空想、試驗失敗、姑置勿言、第二派與第三派乃相需爲用、庶可使社會改造易爲完成、一般謂馬克斯派絕對屏棄精神方面、實乃誤會、不過欲圖社會之澈底改造、惟有賴於社會經濟之澈底改革也、而啓發及鼓舞人精改造之精神、則有待於趣味社會改造家之努力、諸君爲美術科畢業生、應特別注意於此云云、敎職員王登雲、鄧力子、曾伯興、演說、最後由總務長鄧安石報告下年以後進行之計劃、末由畢業生代表程嘉詠致答辭、唱歌奏樂而散、旋由敎職員導來賓參觀成績展覽室、計分三所、一藏油畫、一藏木炭畫、一藏水彩畫、并將所製手工陳置其間、俾覺滿室生輝、清麗悅目、畢業生人名如下、（一）圖工組二十二人、劉德宣、戴炳宣、蕭純正、胡金培、詹春三、陳實、石補、王崑奎、程嘉詠、殷嗣仁、陳鈞、朱鳳文、劉劍秋、唐鏞、劉培根、張弦、陳璞如、田申、張守緒、劉祖偉、周濤、陳家樹、（二）圖音組十二人、王顯韶、王德慶、張開元、李蓮芬、范玉璇、蔡謙、蔡吉光、李士英、姚文雄、徐石麟、孫爲雨、楊秀濤、

纪各校之毕业礼·上海大学

上海大学为养成中等学校图画、手工、音乐师资起见，特设美术科图音、图工两组，定为两年毕业，本年为毕业之期。前日（九日）该校举行毕业式，下午二时开会。首由校长于右任致开会辞，次由教务长叶楚伧报告，次由美术科主任洪野报告毕。次田梓琴、彭素民等演说。次李大钊演说，大意谓美术勿专供贵族阶级之所赏，应将现代社会之困苦悲哀表现出来，企图社会全部之改造。社会改造家，大分为三派：一为理想派，以人道主义为徽识，如托尔斯泰便是代表；一为科学派，以社会经济改造为目的，如马克斯便是代表；一为趣味派，以精神改造为归宿，如拉斯琴便为代表。第一派至今已证明其徒为空想，试验失败，姑置勿言；第二派与第三派乃相需为用，庶可使社会改造易为完成。一般谓马克斯派绝对屏［摒］弃精神方面，实乃误会，不过欲图社会之澈［彻］底改造，惟有赖于社会经济之澈［彻］底改革也。而启发及鼓舞人精改造之精神，则有待于趣味社会改造家之努力。诸君为美术科毕业生，应特别注意于此云云。教职员王登云、邵力子、曾伯兴演说，最后由总务长邓安石报告下年以后进行之计划。末由毕业生代表程嘉咏致答辞，唱歌奏乐而散。旋由教职员导来宾参观成绩展览室，计分三所：一藏油画，一藏木炭画，一藏水彩画，并将所制手工配置其间，颇觉满室生辉，清丽悦目。毕业生人名如下：（一）图工组二十二人，刘德宣、戴炳宣、戴经正、胡金培、詹春三、陈实、石补、王星奎、程嘉咏、殷嗣仁、陈钧、朱凤文、刘剑秋、唐铠、刘培根、张弦、陈璞如、田申、张守绪、刘祖伟、周济、陈家楫；（二）图音组十二人，王显诏、王德庆、张开元、李莲芬、范玉骏、蔡谦、蔡吉光、李士英、姚文雄、徐石麟、孙为雨、杨秀涛。

1923 年 7 月 13 日第十八版

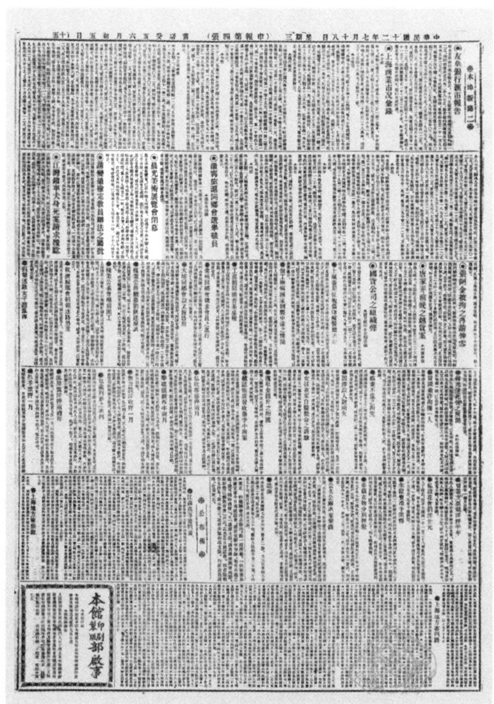

◉晨光美術展覽會閉幕

晨光美術展覽會、已於昨晚九時閉幕、計逐日中西參觀人數、達三千有餘、足見該會之成績、能引起多方面之注意、又聞該會附設之暑期學校、即可於閉幕後第六日開課（七月二十三日）主任由該會全體共推會員上海大學教授萬古蟾君、學程分油畫組・色粉畫組・木炭畫組・水彩畫組・鉛畫組・五組、由學者擇一而習之、授課時間、為上午九時至十一時、餘任自習、入學不拘年齡、不限男女、於此五天內尚可報名入會、會員方面、即可於今日起照常實習、惟研究時間、已改為上午九時至十一時、下午八時至十時云、

晨光美术展览会闭幕

晨光美术展览会已于昨晚九时闭幕，计逐日中西参观人数达三千有余，足见该会之成绩，能引起多方面之注意。又闻该会附设之暑期学校，即可于闭幕后第六日开课（七月二十三日）。主任由该会全体共推会员上海大学教授万古蟾君。学程分油画组、色粉画组、木炭画组、水彩画组、铅画组五组，由学者择一而习之。授课时间为上午九时至十一时，余任自习。入学不拘年龄，不限男女，于此五天内尚可报名入会。会员方面，即可于今日起照常实习，惟研究时间已改为上午九时至十一时，下午八时至十时云。

1923年7月18日第十五版

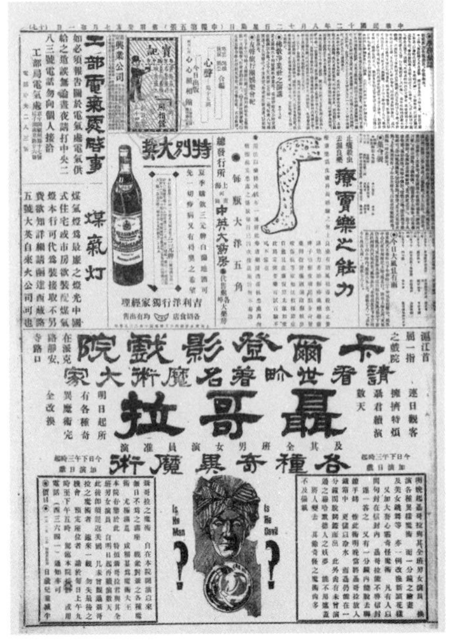

◎學務彙誌

教育界之各項消息，合載如次，

▲上海大學設國文系及講學　閘北青島路上海大學，新設中國文學系，以應時代需要，本學期共辦一二年級兩級，已聘定陳望道爲主任，兼授修詞學·美學·語法·文法學等，·沈仲九教授中國文學史及選文（語體），沈雁冰教授西洋文學史，葉楚傖邵力子教授歷代著名文選（包含羣經諸子及史傳），兪平伯教授詩歌小說戲劇，田漢教授文學概論及西洋戲劇，高冠吾教授文字學，李仲乾教授金石學，其英語及社會科學等，則由別系教授兼任，此外尚有章太炎褚理堂擔任特別講座，精神異常煥發，新學生除已投考錄取者外，連日報名尤極踴躍，又上海大學校長于右任，教授邵力子·陳望道，現被上虞白馬湖暑期講習會請去講學，教務長瞿秋白·總務長鄧安石，被如皐暑期講習會請去講學，于邵陳已於昨晚動身，瞿鄧後日即須動身云，

学务汇志·上海大学设国文系及讲学

闸北青岛路上海大学，新设中国文学系以应时代需要，本学期共办一、二年级两级，已聘定陈望道为主任兼授修词学、美学、语法、文法学等，沈仲九教授中国文学史及选文（语体），沈雁冰教授西洋文学史，叶楚伧、邵力子教授历代著名文选（包含群经诸子及史传），俞平伯教授诗歌、小说、戏剧，田汉教授文学概论及西洋戏剧，高冠吾教授文字学，李仲乾教授金石学，其英语及社会科学等，则由别系教授兼任。此外，尚有章太炎、褚理堂担任特别讲座。精神异常焕发，新学生除已投考录取者外，连日报名尤极踊跃。又上海大学校长于右任，教授邵力子、陈望道，现被上虞白马湖暑期讲习会请去讲学，教务长瞿秋白、总务长邓安石，被如皋暑期讲习会请去讲学。于、邵、陈已于昨晚动身，瞿、邓后日即须动身云。

1923年8月12日第十七版

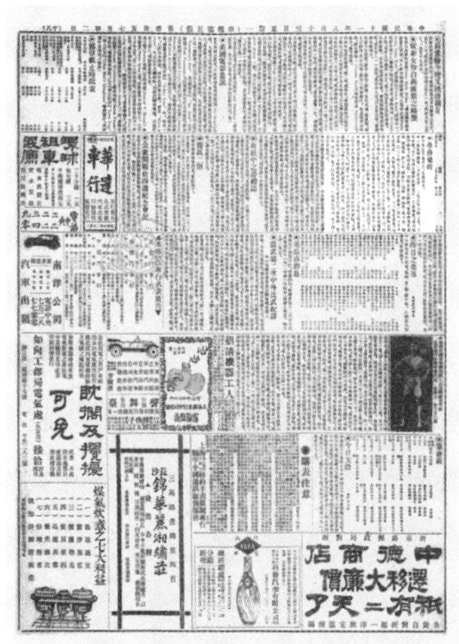

◉學務彙載

教育界之各項消息、合彙如次、

▲上海大學開第一次評議會　上海大學改組計畫、已紀前報、前日該校全體新教職員在一江春開會、議決組織評議會、處理全校一切根本重大事務、當塲推選葉楚傖・陳德徵・鄧安石・瞿秋白・洪野・周頌西・馮子恭・陳望道・邵力子等九人爲評議員、該評議會已於昨日下午在校開第一次會議、議決案件甚多、其中最重要者、(一)尅期組成校董會、校董資格决定五項、甲、全國國民所敬仰足爲學生模範者、乙、教育界上負有聲譽者、丙、出資助成學校經費及校舍者、丁、與宋君遯初有密切關係者、戊、於本校發展事項著有勞績者、并推定孫中山爲名譽校董、蔡孑民・汪精衛・李石曾・章太炎・張溥泉・馬素・張靜江・馬君武等二十餘人爲校董、限九月一日以前與各校董接洽妥當、限九月二十日以前成立校董會、(二)限半年內築成新校舍、該校深感現在校舍湫隘、另遷亦無相當房屋、擬儘半年內、在宋園建築社會科學院・圖書館・及學生寄宿舍、爲專責成起見、特另設校舍建築委員會、以該校總務長鄧安石兼委員長、陳德徵・曾伯興・錢病鶴・馮子恭爲委員、并延請張溥泉・邵子猷・爲該會顧問云、

学务汇载·上海大学开第一次评议会

上海大学改组计画［划］，已纪前报。前日该校全体新教职员在一江春开会，议决组织评议会，处理全校一切根本重大事务。当场推选叶楚伧、陈德徵、邓安石、瞿秋白、洪野、周颂西、冯子恭、陈望道、邵力子等九人为评议员。该评议会已于昨日下午在校开第一次会议，议决案件甚多，其中最重要者：（一）克期组成校董会。校董资格决定五项：甲、全国国民所敬仰足为学生模范者；乙、教育界上负有声誉者；丙、出资助成学校经费及校舍者；丁、与宋君遁初有密切关系者；戊、于本校发展事项著有劳绩者。并推定孙中山为名誉校董，蔡孑民、汪精卫、李石曾、章太炎、张溥泉、马素、张静江、马君武等二十余人为校董。限九月一日以前与各校董接洽妥当，限九月二十日以前成立校董会。（二）限半年内筑成新校舍。该校深感现在校舍湫隘，另迁亦无相当房屋。拟尽半年内，在宋园建筑社会科学院、图书馆及学生寄宿舍。为专责成起见，特另设校舍建筑委员会，以该校总务长邓安石兼委员长，陈德徵、曾伯兴、钱病鹤、冯子恭为委员，并延请张溥泉、邵子猷为该会顾问云。

1923 年 8 月 13 日第十八版

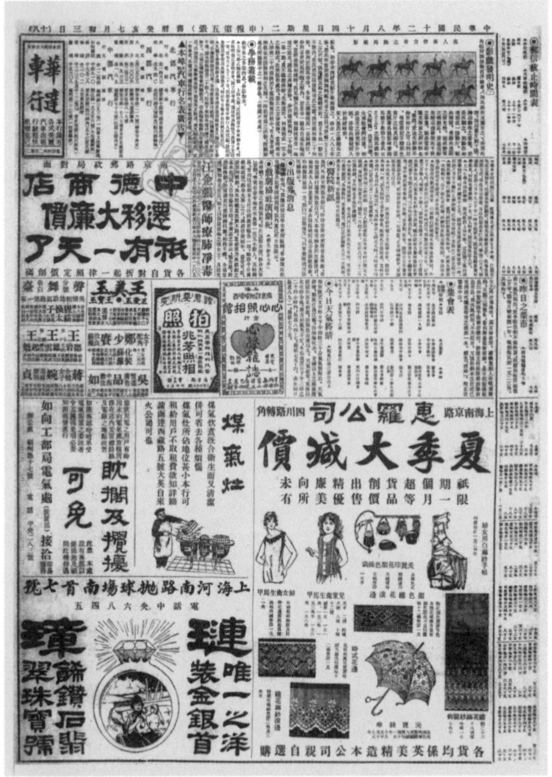

◉學務叢載

教育界之各項消息、合誌如次、

▲上海大學之擴充學額　上海大學、近因浙省子弟來學者多、特在杭州浙江省教育會、設立招考處、請該校講師張乃燕博士主持一切、定本月十九・二十日、假浙省教育會舉行入學試驗、該校招生委員會委員長陳德徵君、特於今日乘車赴杭親往監試云、

学务丛载·上海大学之扩充学额

上海大学近因浙省子弟来学者多，特在杭州浙江省教育会设立招考处，请该校讲师张乃燕博士主持一切，定本月十九、二十日假浙省教育会举行入学试验。该校招生委员会委员长陈德徵君，特于今日乘车赴杭亲往监试云。

1923年8月14日第十八版

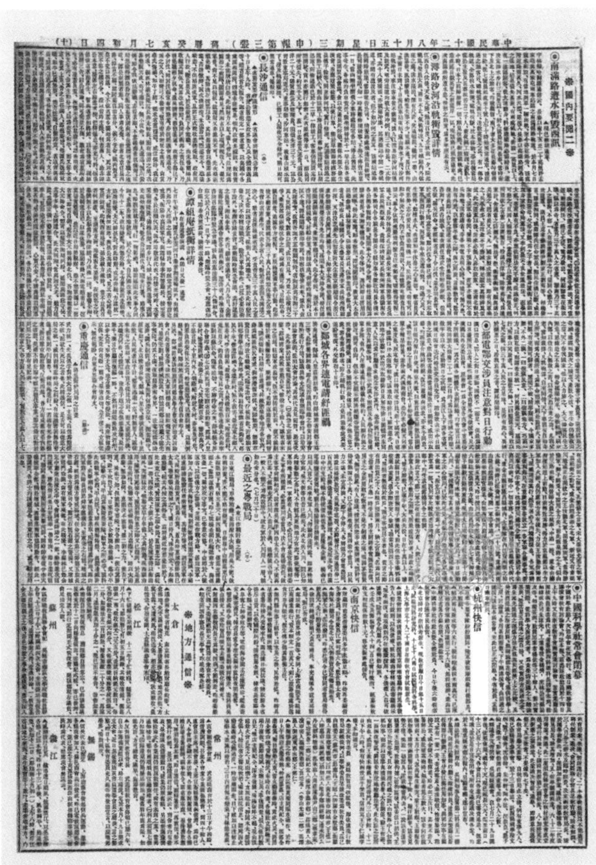

杭州快信

▲北京師校在浙招考新生、現教育廳自今日起十五日止、試驗預科研究科、十七十八兩日試驗預科各科學、上海大學亦定十九二十兩日在浙教育會試驗新生、

杭州快信·北京师校在浙招考新生

现教育厅自今日起十五日止，试验预科研究科，十七、十八两日试验预科各科学。上海大学亦定十九、二十两日在浙教育会试验新生。

1923 年 8 月 15 日第十版

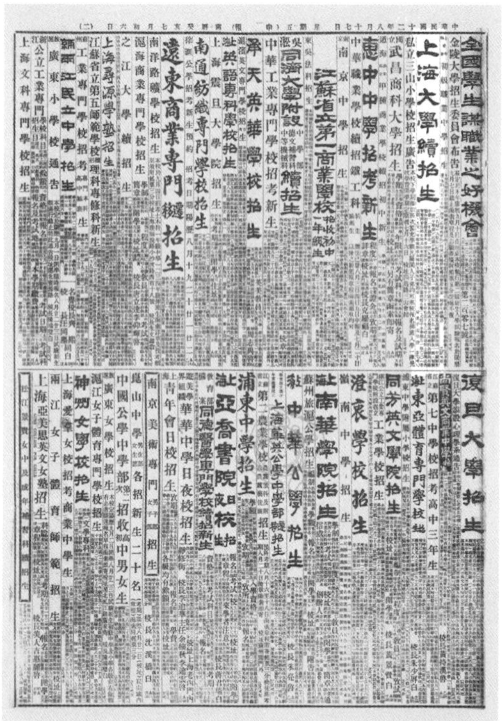

上海大學續招生

(一)(名額)(大學部)社會學系中國文學系英國文學系俄國文學系及繪畫系各招一年級新生一班(中學部)(高級中學)添設三年級新生一班二年級插班生二十名一年級新生一班(初級中學)一年級新生一班(各班男女兼收)又原有中國文學系英國文學系及美術科各級尚有餘額有相當程度者亦得投考插班(二)(報名期)每日上午九時起至下午三時止地點上海閘北西寶興路青島路本校及山東路民國日報館報名時須納報名費二元四寸半身照片一張(三)(考試期)九月一日起地點在本校投考須知函索即寄

校長于右任啓

上海大学续招生

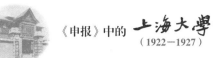

（一）名额：大学部社会学系、中国文学系、英国文学系、俄国文学系及绘画系各招一年级新生一班。中学部高级中学添设三年级新生一班、二年级插班生二十名、一年级新生一班；初级中学一年级新生一班。各班男女兼收。又原有中国文学系、英国文学系及美术科各级尚有余额，有相当程度者亦得投考插班。（二）报名期：每日上午九时起至下午三时止，地点上海闸北西宝兴路青岛路本校及山东路民国日报馆。报名时须纳报名费二元、四寸半身照片一张。（三）考试期：九月一日起，地点在本校。投考须知函索即寄。

校长于右任启

1923 年 8 月 17 日第二版

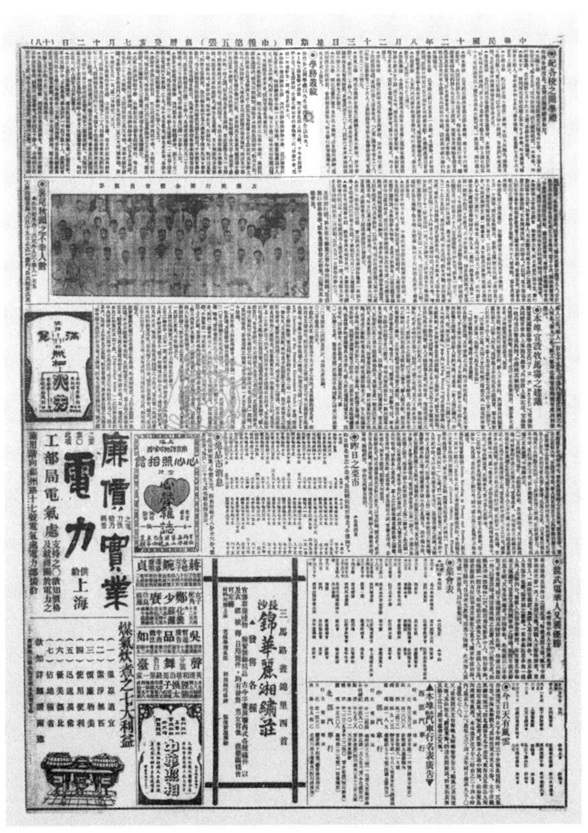

◉學務叢載

教育界之開學禮以外各項消息合誌如次、

▲上海大學整頓中學部　閘北青島路上海大學、下年在高級中學方面、注重選修制、分爲文學社會科學藝術三科、初級中學、現招一年級新生一班、報名者頗多云、

学务从载·上海大学整顿中学部

闸北青岛路上海大学下年在高级中学方面，注重选修制，分为文学、社会科学、艺术三科。初级中学现招一年级新生一班，报名者颇多云。

1923年8月23日第十八版

上海大學緊要通告◉本校定於本月十日開學凡新舊學生均須於九日十日到校繳費註册特此通告

8199
乙A

上海大学紧要通告

本校定于本月十日开学，凡新旧学生，均须于九日、十日到校缴费注册。特此通告。

1923 年 9 月 8 日第二版

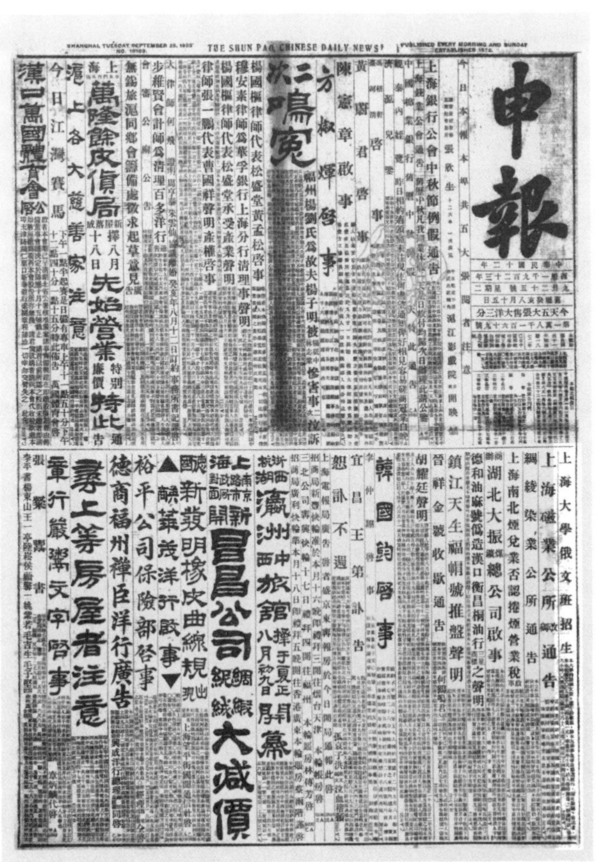
SHANGHAI TUESDAY SEPTEMBER 25, 1923 NO. 18169. THE SHUN PAO CHINESE DAILY NEWS PUBLISHED EVERY MORNING AND SUNDAY ESTABLISHED 1872.

申報

上海銀行公會中秋節例假通告

陳憲章啟事

方淑輝啟事

二次鳴冤

楊國樞律師代表松盛堂黃孟松啟事

上海萬隆餘皮貨局

滬上各大慈善家注意

漢口萬國體育會啟

上海大學俄文班招生

上海磁業公所通告

湖北大振總公司啟事

鎮江天生福帽號推盤聲明

韓國夠啓事

瀛洲西旅館

冒昌公司

新發明橡皮曲線規

裕平公司保險部啟事

德商福州禪臣洋行廣告

專上等房屋者注意

上海大學俄文班招生

本大學特設俄文班，從字母教起，除本大學學生得自認選修外，尚有餘額，有志者，可來本校報名○（入學手續）報名費一元，學費半年十元，於入學時繳清。（授課時數）每週六小時○（開課時期）陽歷十月十二日起○（校址）上海閘北青島路。

上海大学俄文班招生

本大学特设俄文班，从字母教起。除本大学学生得自认选修外，尚有余额，有志者可来本校报名。入学手续：报名费一元，学费半年十元，于入学时缴清。授课时数：每周六小时。开课时期：阳历十月十二日起。校址：上海闸北青岛路。

1923 年 9 月 25 日第一版

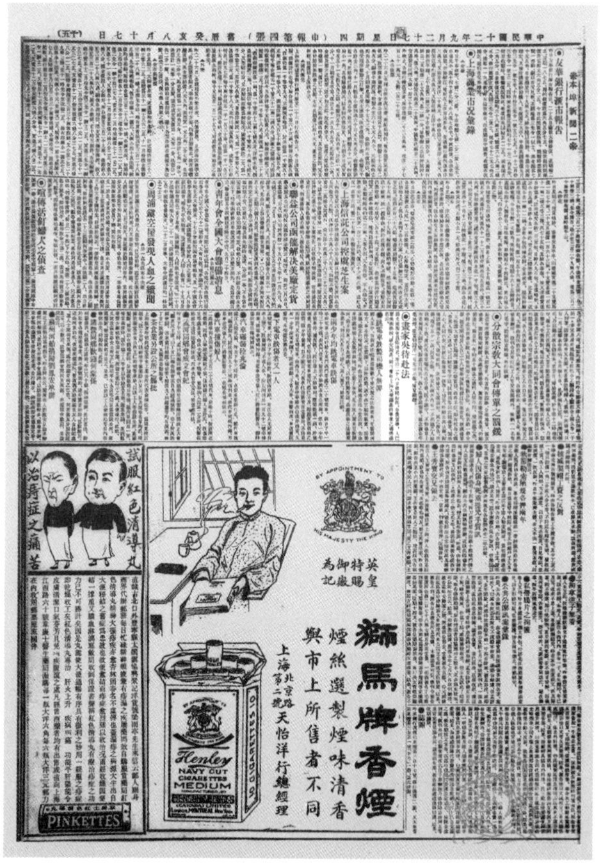

◉畫家吳待赴法

晨光美術會員吳待君、准於二十八日起程赴法、自費留學、入巴黎美術學校、硏究繪畫、同行者有上海大學圖畫科畢業之楊秀濤君云、

画家吴待赴法

晨光美术会员吴待君，准于二十八日起程赴法，自费留学，入巴黎美术学校研究绘画。同行者有上海大学图画科毕业之杨秀涛君云。

1923 年 9 月 27 日第十五版

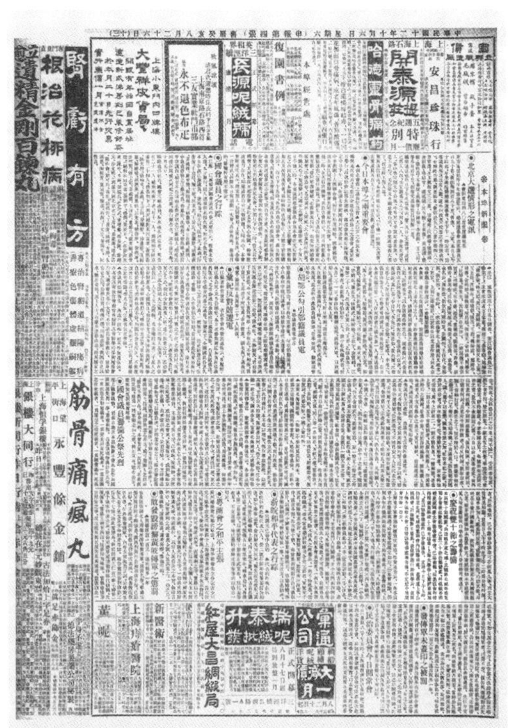

◉慶祝雙十節之籌備

本屆雙十節國慶、由法租界東北城·民國路北城等商業聯合會發起慶祝後、已有三十餘公團贊成、并組織各團體慶祝國慶大會籌備處等情、已誌前報、茲悉該會昨接得報關業學校·工商友誼會·上海大學等七團體來函加入、是以該籌備處昨已分發通告、定於今日下午七時、仍在老北門北城商業聯會內該籌備處、邀齊滬上各公團開會、討論國慶日盛典、並提燈遊行路由等云、並聞上海各區救火會、自接該籌備處函告後、亦定於今晚開會討論一切云、

庆祝双十节之筹备

本届双十节国庆，由法租界东北城、民国路北城等商业联合会发起庆祝后，已有三十余公团赞成，并组织各团体庆祝国庆大会筹备处等情，已志前报。兹悉该会昨接得报关业学校、工商友谊会、上海大学等七团体来函加入。是以该筹备处昨已分发通告，定于今日下午七时，仍在老北门北城商业联会内该筹备处，邀齐沪上各公团开会，讨论国庆日盛典，并提灯游行路由等云。并闻上海各区救火会，自接该筹备处函告后，亦定于今晚开会讨论一切云。

1923 年 10 月 6 日第十三版

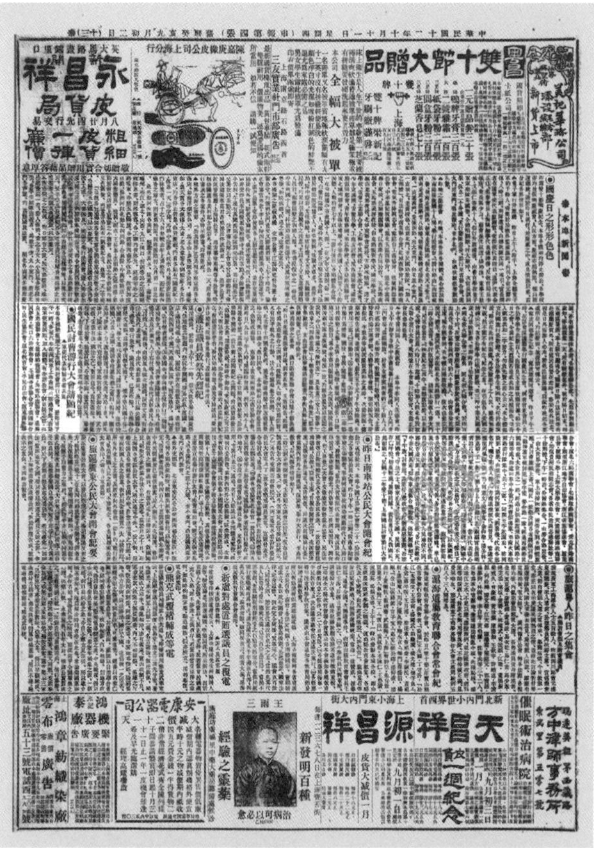

◉國民討曹游行大會請願紀

▲軍使代表答稱各盡其能

本埠各團體組織之上海國民討曹游行大會、於昨日下午一時、各乘汽車在滬杭車上海南站前隙地會集、齊赴淞軍使署請願、加入團體、有全浙公會・制日同志會・山東五團商聯會・文監師路商聯會・海寧路商聯會・嘉興同鄉會・虹口六路商聯會・全國各界聯合會・救國聯合會・民生協濟會・滬北教育會・平民自治會・滬東商界聯合會・滬北六路商聯會・北福建路商聯會・愛克界路商聯會・旅滬浙江地方自治協會・浙江省憲協進會・履業公會・競雄公學・上海大學學生會・天潼福德兩路商聯會・旅滬貴州民治同志會、各省旅滬民治同志總聯社等二十餘團體、下午一時許、分兩路集合、一由勞合路出發、一由大世界出發、 車上前插國旗、 兩旁分列各團體旗幟、及討曹旗幟上書、「國民一致堅決請各省將領討曹」「擁護軍使討逆」等字樣 勞合路一隊、經過西藏路民國路等處、大世界之一路、經過長浜路霞飛路民國路十六舖等處、沿途由車中分散反對曹錕傳單、至南火車站兩路游行隊集中、共十二部、一同開至半淞園前、 排列攝影、攝畢、由龍華路往謁何護軍使、到署後、代表各出名片、囑守衛者入報、一方商議推派代表晉見、當議定推出周佩箴・張一鳴・周憲文・倪學寬・余仰聖・潘冬林・鄧高翔・王一衡・于鋼・等九人爲總代表、嗣副官長偕衛者出言、何軍使適因事外出、特派代見、當由代表張心蕪・王登樓・周憲文等相繼發言、以賄選總統、騰笑中外、各方主持正義之軍民長官、亦俱爲有表示、惟目下賄選已成、故我等公意、惟盼各方出師討賊、以振國紀、我等特[illegible]此、故向軍使陳述此意云云、 副官長答謂、各公團愛國熱誠、至爲可佩、各方對於賄選總統、 早已表示不能承認、軍使亦必有表示、目下彼等既已告成、自當另有計議、與民意一致、惟官廳與人民地位不同、務盼各盡其能、諸君意旨、當爲代達、言畢、各代表歡呼中華民國萬歲、即乘車返集合地而散、 傳單照錄如下、「下半旗、討曹錕、誅猪仔、懲政客、打倒萬惡軍閥、否認延期國會、守法之士、國家正氣、正氣不滅、 民國不死、存亡呼吸、切莫輕視、興師討賊、 責在男兒、凡我國民、起而圖之、民國十二年雙十節、上海國民討曹游行大會公布、」

国民讨曹游行大会请愿纪·军使代表答称各尽其能

本埠各团体组织之上海国民讨曹游行大会于昨日下午一时，各雇汽车在沪杭车上海南站前隙地会集，齐赴护军使署请愿。加入团体有全浙公会、制日同志会、山克五路商联会、文监师路商联会、海宁路商联会、嘉兴同乡会、虹口六路商联会、全国各界联合会、救国联合会、民生协济会、沪北教育会、平民自治会、沪东商界联合会、沪北六路商联会、北福建路商联会、爱克界路商联会、旅沪浙江地方自治协会、浙江省宪协进会、履业公会、竞励公学、上海大学学生会、天潼福德两路商联会、旅沪贵州民治同志会、各省埠民治同志总联社等二十余团体。下午一时许，分两路集合，一由劳合路出发，一由大世界出发。车上前插国旗，两旁分列各团体旗帜，及讨曹旗帜上书"国民一致坚决请各省将领讨曹""吁请护军使讨逆"等字样。劳合路一队经过西藏路、民国路等处；大世界之一路经过长浜路、霞飞路、民国路、十六铺等处，沿途由车中分散反对曹锟传单。至南火车站两路游行队集中，共十二部，一同开至半淞园前，排列摄影。摄毕，由龙华路往谒何护军使。到署后，代表各出名片，嘱守卫者入报。一方商议推派代表晋见，当议定推出周佩箴、张一鸣、周宪文、倪学宽、余仰圣、潘冬林、邓嘉缙、王一衡、王纲等九人为总代表。嗣副官长偕卫者出言，何军使适因事他出，特为代见。当由代表张心芜、王亚樵、周宪文等相继发言，以贿选总统腾秽中外，各方主持正义之军民长官，亦俱迭有表示。惟目下贿选已成，故我等公意，惟盼各方出师讨贼，以振国纪。我等寄居沪滨，故向军使陈述此意云云。副官长答谓，各公团爱国热诚，至为可佩，各方对于贿选总统，早已表示不能承认，军使亦迭有表示。目下彼等既已告成，自当另有计议，与民意一致。惟官厅与人民地位不同，务盼各尽其能，诸君意旨，当为代达。言毕，各代表欢呼中华民国万岁，即乘车返集合地而散。传单照录如下："下半旗，讨曹锟，诛猪仔，惩政客。打倒万恶军阀，否认延期国会。守法之士，国家正气，正气不灭，民国不死。存亡呼吸，切莫轻视。兴师讨贼，责在男儿。凡我国民，起而图之。民国十二年双十节，上海国民讨曹游行大会公布。"

1923年10月11日第十三版

惠羅公司
新到各種衣料製作服裝最宜
先施公司 秋季貨品 大減價念壹天
由陰曆九月初六日起

◎「盜國記」新劇之表演

前日下午一時、閘北青島路上海大學開一週紀念會、該校校長于右任君及各教職員、暨全體學生三百餘人、完全出席、來賓約數百人、由校長主席、報告一週間之成績、次由馬君武・汪精衛・及其他來賓・相繼演說、其後則該校男女學生演劇、劇名「盜國記」、都十二幕、一次演完、頗有可觀、他如幻術・拳術・跳舞等游藝、各有精彩、直至夜深方散云、

《盗国记》新剧之表演

前日下午一时，闸北青岛路上海大学开一周纪念会，该校校长于右任君及各教职员暨全体学生三百余人完全出席，来宾约数百人，由校长主席，报告一周间之成绩，次由马君武、汪精卫及其他来宾相继演说，其后则该校男女学生演剧，剧名《盗国记》，都十二幕，一次演完，颇有可观。他如幻术、拳术、跳舞等游艺，各有精彩，直至夜深方散云。

1923年10月25日第十八版

◉歡樂之會務一束

▲上海大學　本埠上海大學、自于右任君接辦以來、於今一年、學生共有三百餘、本月二十三號爲該校一週紀念日、男女來賓、異常踴躍、上午九時開會、學生唱校歌、並向校旗行禮、學生余益文主席、報告開會宗旨後、於校長訓詞、並報告一年來內部之經過、及將來之進行、次張溥泉汪精衛兩君演說、教職員瞿秋白・何世楨・鄧安石・施存統・曾傑・程嘉詠及學生等、均有演說、再次餘興、爲國樂・跳舞・凡啞林獨奏・滑稽跳舞・京曲・西樂・拳術等、一切表演、均頗受大衆之歡迎、晚間由該校學生新劇團表演「盜國記」共十二幕、「女神」共五幕、所演一切、無不維肖維妙、觀者動容、鐘鳴二下、盡興而散、

欢乐之会务一束・上海大学

本埠上海大学，自于右任君接办以来于今一年，学生共有三百余。本月二十三号为该校一周纪念日，男女来宾，异常踊跃。上午九时开会，学生唱校歌并向校旗行礼。学生余益文主席，报告开会宗旨后，于校长训词并报告一年来内部之经过及将来之进行；次张溥泉、汪精卫两君演说，教职员瞿秋白、何世桢、邓安石、施存统、曾杰、程嘉咏及学生等均有演说；再次余兴，为国乐、跳舞、凡哑林独奏、滑稽跳舞、京曲、西乐、拳术等，一切表演均颇受大众之欢迎。晚间由该校学生新剧团表演《盗国记》共十二幕、《女神》共五幕。所表演一切无不维［惟］肖维［惟］妙，观者动容。钟鸣二下，尽兴而散。

1923 年 10 月 26 日第十八版

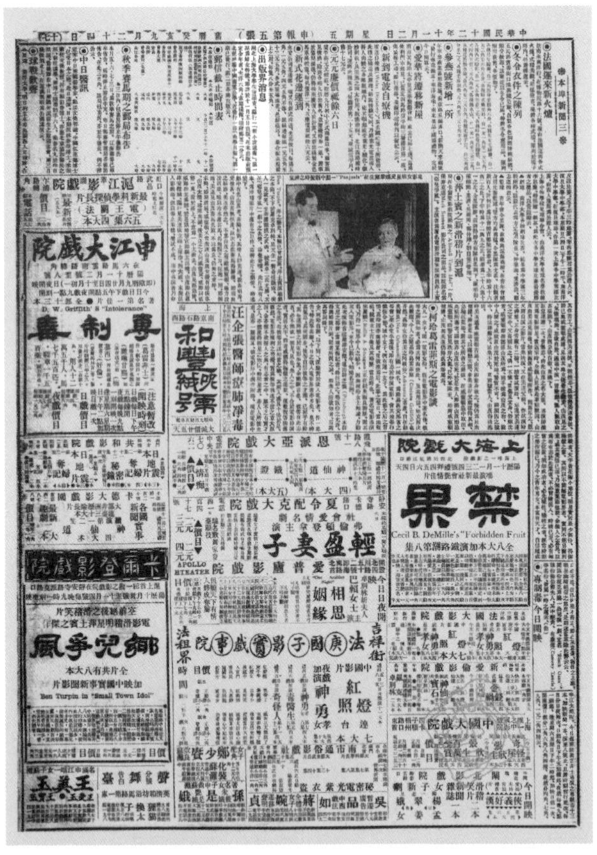
上海大戲院
禁果
Cecil B. DeMille's "Forbidden Fruit"
申江大戲院
專制毒
D. W. Griffith's "Intolerance"
鄉兒爭風
Ben Turpin in "Small Town Idol"

◉出版界消息

閘北上海大學學生唐頌安、編行一「新小說週報」、第一期爲婦女特號、即將於十一月五日出版、在未出版前預定全年者、大洋六角、索閱樣報、須附郵票二分云、

出版界消息

闸北上海大学学生唐颂安，编行一《新小说周报》，第一期为妇女特号，即将于十一月五日出版。在未出版前预定全年者，大洋六角。索阅样报，须附邮票二分云。

1923年11月2日第十七版

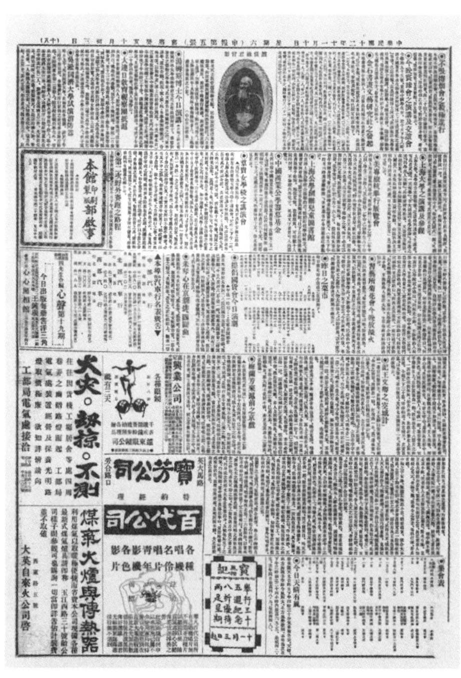

羣賢女學校之講演會

▲高冠吾講女性問題…童禹君講新家庭之組織

南市花衣街羣賢女學校學生講演會、於昨日下午二時、特請上海大學教授高冠吾講女性問題、先由該校敎務長童禹君致詞介紹、高君演講云、今日講題範圍太廣、女性云者、在今日尙可說、若在數十有年後、則聞之者且將笑之矣、蓋同是人也、何分乎男女、然今日男女之見尙深、男女之觀念又各異、故此問題遂有討論之必要矣、女性之內包甚廣、如生理學·人種學·法律政治學·社會學·經濟學等、均有連帶之關係、泛泛者且不具論、今日女子最要者莫如任務、須知人之生於世也、決非僅為衣衣食食而已、如曰僅爲操持井臼、生育子女、則外此家國重大之事將畀之何人、惟其如此、故一切男子不能以一身供二人之需、力有不逮、則燒殺刦奪、無惡不作、此種罪惡、雖爲男子所作、而女子實應負其責也、今女子參政之說紛爭已久、其實男女所以不能平權者、必有其不平之點也、如果學識能力平於男子、則政權可以不爭自得、故今日女子任務、凡力所能行之事、皆宜與男子並行、不可堅執舊說、自失人格也云云、次童禹君講新家庭之組織、略謂新者除舊布新之謂、我國家庭組織、流弊甚多、如昏喪喜慶、送往迎來、往往以辛苦之金錢、作無益之場面、至於內部、如醫藥敎育之具、游戲衛生之物、更宜設備完全、收支有預算、金錢有儲蓄、而後家庭始有圓滿之福云云、

群贤女学校之讲演会·高冠吾讲女性问题 童禹君讲新家庭之组织

南市花衣街群贤女学校学生讲演会，于昨日下午二时，特请上海大学教授高冠吾讲女性问题。先由该校教务长童禹君致词介绍，高君演讲云：今日讲题范围太广，女性云者，在今日尚可说，若在数十有年后，则闻之者且将笑之矣。盖同是人也，何分乎男女？然今日男女之见尚深，男女之观念又各异，故此问题遂有讨论之必要矣。女性之内包甚广，如生理学、人种学、法律政治学、社会学、经济学等，均有连带之关系。泛泛者且不具论，今日女子最要者莫如任务。须知人之生于世也，决非仅为衣衣食食而已。如曰仅为操持井臼、生育子女，则外此家国重大之事将畀之何人？惟其如此，故一切男子不能以一身供二人之需，力有不逮，则烧杀劫夺，无恶不作。此种罪恶，虽为男子所作，而女子实应负其责也。今女子参政之说纷争已久，其实男女所以不能平权者，必有其不平之点也。如果学识能力平于男子，则政权可以不争自得。故今日女子任务，凡力所能行之事，皆宜与男子并行，不可坚执旧说，自失人格也云云。次童禹君讲新家庭之组织，略谓新者除旧布新之谓，我国家庭组织流弊甚多，如昏丧喜戚、送往迎来，往往以辛苦之金钱、作无益之场面。至于内部，如医药教育之具、游戏卫生之物，更宜设备完全，收支有预算，金钱有储蓄，而后家庭始有圆满之福云云。

1923 年 11 月 10 日第十八版

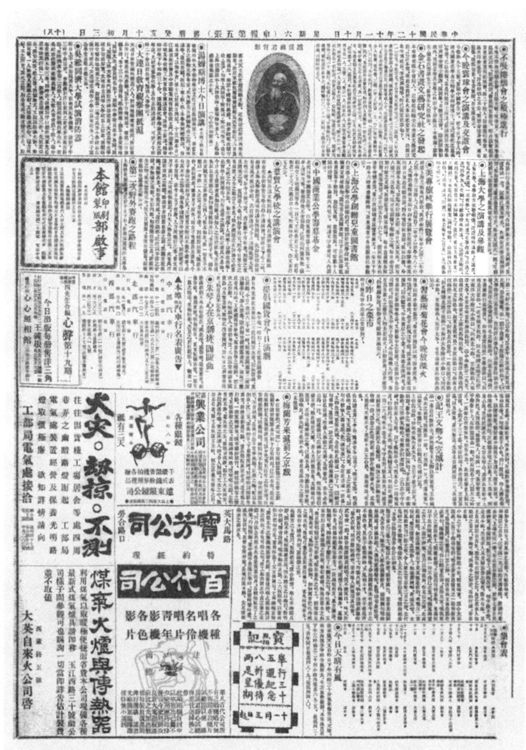

◎上海大學之演講及參觀

上海大學、本學期力求整頓後、近設特別講座、主講者、有馬君武講『一元哲學』、李大釗講『史學概論』、胡適之講『科學與人生觀』、幷歡迎校外聽講、又該校美術科、成績頗著、有新自日本歸國之王道源（東京美專畢業）王國源（日本廣島師範畢業）到校參觀、由該科洪主任招待、幷請其講演、題爲「日本美術界之狀況」及「藝術的文明」云、

上海大学之演讲及参观

上海大学本学期力求整顿后，近设特别讲座，主讲者有马君武讲“一元哲学”、李大钊讲“史学概论”、胡适之讲“科学与人生观”，并欢迎校外听讲。又该校美术科成绩颇著，有新自日本归国之王道源（东京美专毕业）、王国源（日本广岛师范毕业）到校参观，由该科洪主任招待并请其讲演，题为“日本美术界之状况”及“艺术的文明”云。

1923 年 11 月 10 日第十八版

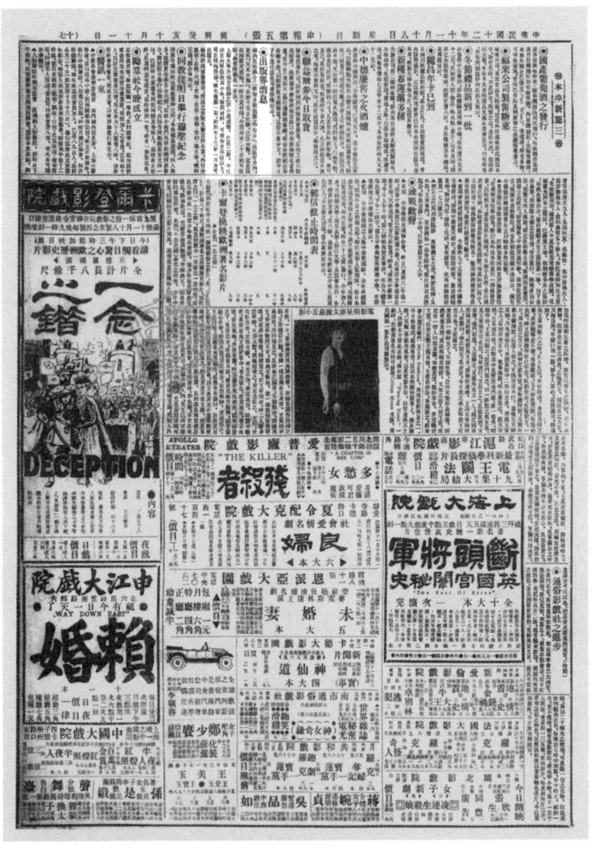

◉出版界消息

上海大學唐頌安倡辦之新小說週報、已出二期、今已決定由單張改爲小本、每期材料、可增加至四倍以上、現正積極籌備、擴充後第一期、約須至十三年一月方可出版云、

出版界消息

上海大学唐颂安倡办之《新小说周报》已出二期，今已决定由单张改为小本，每期材料可增加至四倍以上。现正积极筹备，扩充后第一期，约须至十三年一月方可出版云。

1923 年 11 月 18 日第十七版

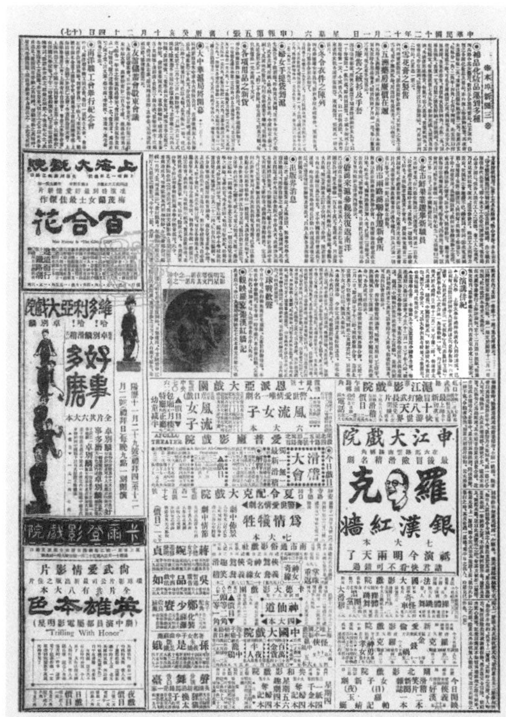

◉演講併紀

▲上海大學　上海大學每禮拜俱請名人到校講演、已誌前報、茲聞該校因李大釗君所講之「史學概論」(六次講畢)・馬君武君所講之「一元哲學」・及「非農村主義」・「經濟學史略」・「武力統一與道路統一」等、均已講畢、現又於本禮拜日(即十二月二日)午後二時、特請章太炎君講演、題爲「中國語言統系」、聞歡迎校外來賓往聽、無需入場券云、又、該大學因原有校址、不敷應用、特募捐購地、建築校舍云、

演讲并纪·上海大学

上海大学每礼拜俱请名人到校讲演，已志前报。兹闻该校因李大钊君所讲之“史学概论”（六次讲毕），马君武君所讲之“一元哲学”及《非农村主义”“经济学史略”“武力统一与道路统一”等，均已讲毕，现又于本礼拜日（即十二月二日）午后二时，特请章太炎君讲演，题为“中国语言统系”。闻欢迎校外来宾往听，无需入场券云。又该大学因原有校址不敷应用，特募捐购地建筑校舍云。

1923 年 12 月 1 日第十七版

1924 年

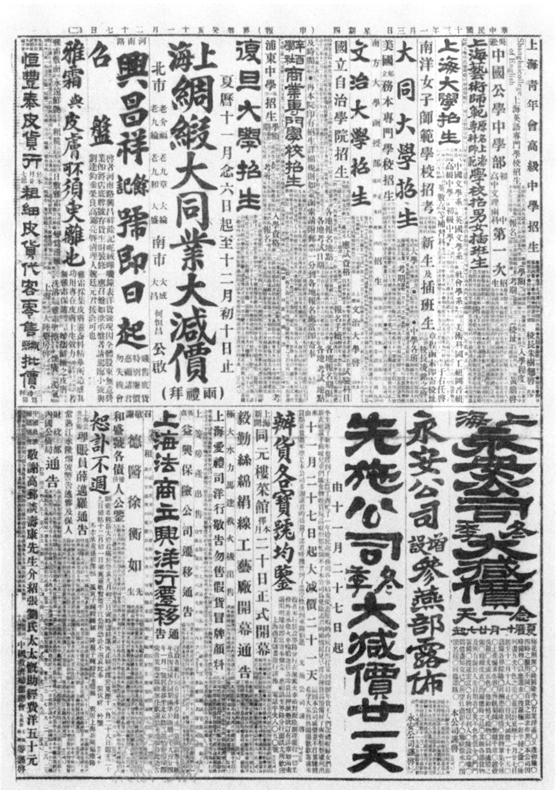
上海青年會高級中學招生

上海藝術師範專科師範學校招男女插班生

中國公學中學部

上海大學招生

南洋女子師範學校招考新生及插班生

大同大學招生

文治大學招生

國立自治學院招生

浦東中學招生

商業專門學校招生

復旦大學招生

上海綢緞大同業大減價

興昌祥

雅霜

恒豐泰皮貨行

上海永安公司冬季大減價

永安公司增設參燕部露佈

先施公司冬季大減價廿一天

上海法商立興洋行遷移通告

上海愛禮司洋行敬告勿售假貨冒牌顏料

辦貨各寶號均鑒

上海大學招生

本校大學部中國文學系一二年級英國文學系一二年級社會學系一年級又專門部美術科圖工組圖音組又附屬中學部高級中學一二年級初級中學一年級均招收插班生○凡程度相當者可於十三年一月六日起至十四日間隨帶報名費二元相片一張至閘北青島路本大學或望平街民國日報館報名○一月二十二十一兩日上午九時到校應試○又新辦英數高等補習科專為內地中學畢業或有中學相當程度而於英文數學兩門程度稍淺者謀速成補習之方便○報名及考試日期同上○

校長于右任啓

上海大学招生

本校大学部中国文学系一、二年级，英国文学系一、二年级，社会学系一年级，又专门部美术科图工组、图音组，又附属中学部高级中学一、二年级，初级中学一年级均招收插班生。凡程度相当者，可于十三年一月六日起至十四日间，随带报名费二元、相片一张，至闸北青岛路本大学或望平街民国日报馆报名。一月二十、二十一两日上午九时到校应试。又新办英数高等补习科，专为内地中学毕业或有中学相当程度而于英文、数学两门程度稍浅者，谋速成补习之方便。报名及考试日期同上。

校长于右任启

1924 年 1 月 3 日第二版

本埠各大學皖籍學生之通電

▲宣布馬聯甲摧殘教育

本埠各大學皖籍學生、昨推上海大學王赤華起草、發表通電云、全國各報館轉安徽省內外諸鄉先生公鑒、吾皖教育、橫被軍閥蹂躪者久矣、如慘殺學生、毆辱教員、極惡窮凶、擢髮難數、馬聯甲本爲姜案元兇、久稽顯戮、乃猶不自悔禍、凶燄益張、既攫督權、復盜民政、親承僞命、仇視皖人、蒞任之初、即行縮減六二加增之教育經費、恢復民八原案、陽言改組、實事摧殘、繼則指令各縣知事威迫學生家屬、偵騎密佈、羅織青年、以致省立各校、相繼解散、優秀學生、接踵逃亡、是其暴戾恣睢、非使全皖教育、陷於淪胥之境而不已、同人等遠在滬瀆、心關桑梓、對於馬聯甲、久已不共戴天、今其禍皖行爲、益變本加厲、亡省之痛、迫切燃眉、凡屬皖人、追忍坐視、爰揭其禍皖罪狀、泣籲於諸鄉先生之前、三戶亡秦、楚有人在、素稔諸鄉先生愛鄉心切、嫉惡情深、敢請仗義執言、一致憤起、同人等誓竭棉薄、矢志追隨、驅逐此獠、而抒皖難、臨電神往、不勝待命之至、上海南洋大學・約翰大學・東南商科大學・暨南商科大學・復旦大學・上海大學・大同大學・各校安徽同學叩支、

本埠各大学皖籍学生之通电·宣布马联甲摧残教育

本埠各大学皖籍学生，昨推上海大学王赤华起草，发表通电云：

全国各报馆转安徽省内外诸乡先生公鉴：吾皖教育横被军阀蹂躏者久矣，如惨杀学生、殴辱教员，极恶穷凶，擢发难数。马联甲本为姜案元凶，久稽显戮，乃犹不自悔祸，凶焰益张。既攫督权，复盗民政，亲承伪命，仇视皖人。莅任之初，即行缩减六二加增之教育经费，恢复民八原案，阳［扬］言改组，实事摧残。继则指令各县知事威迫学生家属，侦骑密布，罗织青年，以致省立各校相继解散，优秀学生接踵逃亡，是其暴戾恣睢，非使全皖教育陷于沦胥之境而不已。同人等远在沪滨，心关桑梓，对于马联甲，久已不共戴天，今其祸皖行为，益变本加厉，亡省之痛，迫切燃眉，凡属皖人，遑忍坐视，爰揭其祸皖罪状，泣吁于诸乡先生之前。三户亡秦，楚有人在，素稔诸乡先生爱乡心切，嫉恶情深，敢请仗义执言，一致愤起，同人等誓揭［竭］棉［绵］薄，矢志追随，驱逐此獠，而抒皖难。临电神往，不胜待命之至。

上海南洋大学、约翰大学、东南商科大学、暨南商科大学、复旦大学、上海大学、大同大学各校安徽同学叩支

1924 年 1 月 6 日第十三版

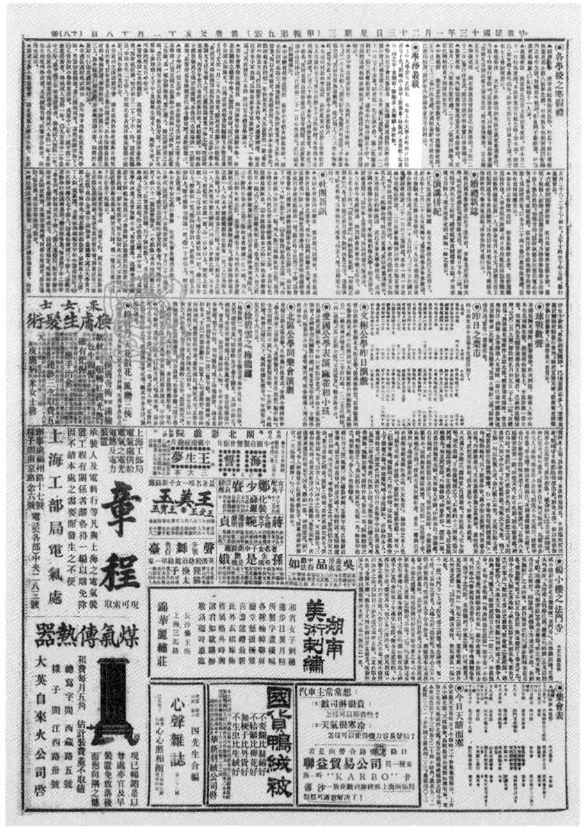

◉學務叢載

▲上海大學新生之錄取　本埠上海大學前昨兩日錄取新生十名、劉峻山·吳甲·賈春蕃·林振鏞·葉爲耽·馬凌山·楊之華·董開祥·張繼炎·吳耀麟·章松如、

学务丛载·上海大学新生之录取

本埠上海大学前昨两日录取新生十名：刘峻山、吴甲、贾春蕃、林振镛、叶为耽、马凌山、杨之华、董开祥、张继炎、吴耀麟、章松如。

1924年1月23日第十八版

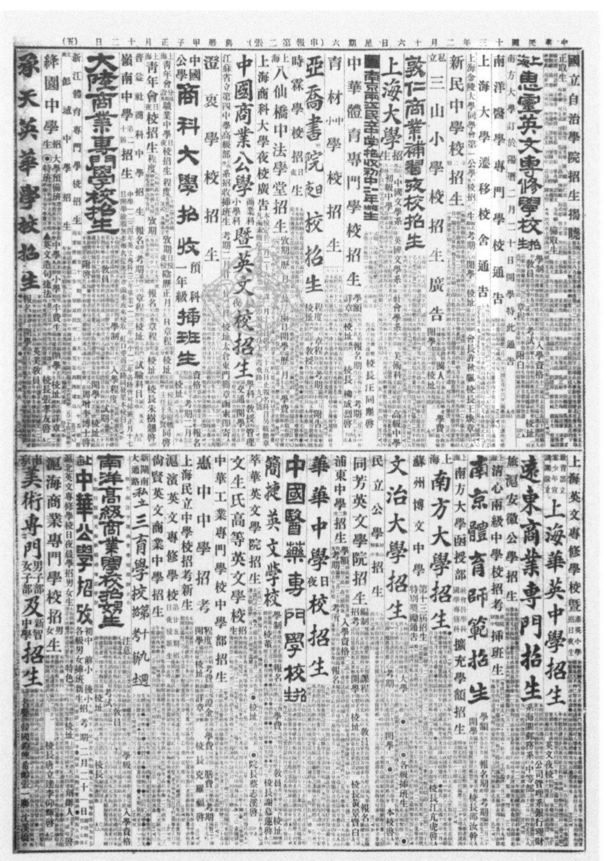

上海大學遷移校舍通告

本校已租定西摩路（南洋路口）二十九號洋房一大宅爲校舍定五日內遷入○五日後新舊學生及投考者均向該處接洽可也○又本校英文名（The University of Shanghai）各界如用英文寫信面請照此寫以免錯誤

上海大学迁移校舍通告

本校已租定西摩路（南洋路口）二十九号洋房一大宅为校舍，定五日内迁入。五日后新旧学生及投考者均向该处接洽可也。又本校英文名“The University of Shanghai”，各界如用英文写信，面请照此写，以免错误。

1924年2月16日第五版

◉將開學之各學校

▲上海大學　上海大學、因閘北原有校址、頗爲湫隘、不敷應用、爰租定西摩路南洋路口洋房一大所、聞五日內即行遷入、該地房舍極廣闊、尚有廣大餘地、可供操場之用、交通頗便利、聞該校照原定計劃、定於二十二、三兩日舉行第二次招生、二十四日開學云、

将开学之各学校·上海大学

上海大学因闸北原有校址颇为湫隘，不敷应用，爰租定西摩路南洋路口洋房一大所，闻五日内即行迁入。该地房舍极广阔，尚有广大余地可供操场之用，交通颇便利。闻该校照原定计划，定于二十二、三两日举行第二次招生，二十四日开学云。

1924 年 2 月 16 日本埠增刊第二版

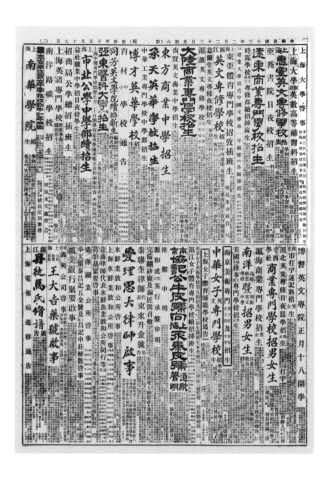

上海大学启事

本校已于昨日迁至公共租界西摩路南阳路口，如有投函本校或接洽事务者，请直向此处可也。

1924年2月23日第二版

◉學務叢載

▲上海大學最近之整頓　上海大學自遷入西摩路新校舍後、一切進行、極力整頓、報名者亦較上年增加、現共有五百餘人、中學部方面、又增聘敎員多人、胥爲國內外大學畢業生、敎務方面由何博士擔任、已於三日起正式上課云、

学务丛载·上海大学最近之整顿

上海大学自迁入西摩路新校舍后，一切进行极力整顿，报名者亦较上年增加，现共有五百余人。中学部方面，又增聘教员多人，胥为国内外大学毕业生。教务方面由何博士担任，已于三日起正式上课云。

1924 年 3 月 4 日本埠增刊第二版

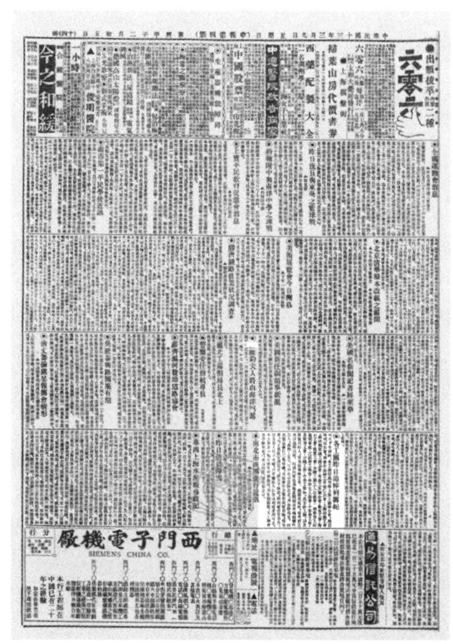

◉各工團昨日追悼列寧紀

昨日下午四時、各工團假兆豐路上海工團聯合會、開追悼列寧大會、到者有全國工界救亡大會・上海紡織工會・南洋烟草職工同志會・粵僑工界聯合會・實業工會・海員工會・機器工會・全國工團工人自救會・湖南勞工駐滬辦事處・江蘇勞工總會・絲紗女工協會・中華勞工會・安徽勞工會・中國工會・中華工會等、共廿餘工團、以及來賓百餘人、首推徐錫麟主席、陳鍾柔紀錄、謂我們之所以追悼列寧、因爲列寧是爲無產階級謀幸福而犧牲之人、故我工界不可不表示哀悼之意、乃全體起立、向列寧遺像行三鞠躬禮、次由謝作舟報告列寧史略、報告畢、由王奠世宣讀宣言、邵力子演說、謂列寧自甘辛苦、替多數人民謀幸福、並非犧牲人民自謀利益者所可比、次上海大學施存統等相繼演說、乃茶點而散、又工聯會並分贈列寧遺像百餘張、留作紀念云、

各工团昨日追悼列宁纪

昨日下午四时，各工团假兆丰路上海工团联合会开追悼列宁大会。到者有全国工界救亡大会、上海纺织工会、南洋烟草职工同志会、粤侨工界联合会、实业工会、海员工会、机器工会、全国工团工人自救会、湖南劳工驻沪办事处、江苏劳工总会、丝纱女工协会、中华劳工会、安徽劳工会、中国工会、中华工会等共廿余工团以及来宾百余人。首推徐锡麟主席，陈钟柔纪［记］录。谓我们之所以追悼列宁，因为列宁是为无产阶级谋幸福而牺牲之人，故我工界不可不表示哀悼之意。乃全体起立，向列宁遗像行三鞠躬礼。次由谢作舟报告列宁史略，报告毕，由王奠世宣读宣言，邵力子演说。谓列宁自甘辛苦，替多数人民谋幸福，并非牺牲人民自谋利益者所可比。次上海大学施存统等相继演说，乃茶点而散。又工联会并分赠列宁遗像百余张，留作纪念云。

1924 年 3 月 9 日第十四版

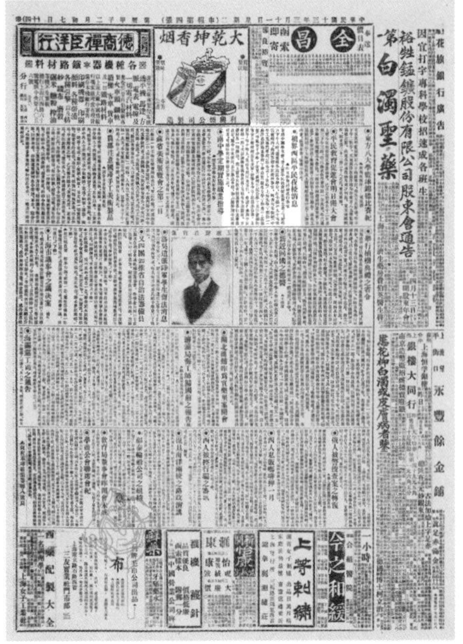

（◎）租界西區平民夜校消息

▲昨日開會討論進行事宜

寰球中國學生會、受上寳平民教育促進會之委託、於昨日下午六時、邀集租界西區各學校、在卡德路九十五號該會所內、商議籌辦平民夜校事宜、到者有朱怡劍（中華工業專門學校）程永言・卜世畸（上海大學）・鄭得一（南洋高級商業學校）・徐山民（競雄女學）・顧秀中・馮蘭馨（坤範女子中學）・金星（蘇州旅滬公學）・及該會總幹事兼日夜校校長朱少屏・幹事朱少章・教員李百書・朱秋岑・等十餘人、先由各校代表簽名、分認各承辦平民夜校一所、次討論徵求義務教員・及招生方法數種、至課程及一切辦法、俟上寳平民教育促進會舉行大會後決定、聞今日未派代表出席之各校、如志願辦理平民夜校者、可隨時向該會接洽加入云、

租界西区平民夜校消息·昨日开会讨论进行事宜

寰球中国学生会受上宝平民教育促进会之委托，于昨日下午六时，邀集租界西区各学校，在卡德路九十五号该会所内商议筹办平民夜校事宜，到者有：朱怡剑（中华工业专门学校），程永言、卜世畸（上海大学），郑得一（南洋高级商业学校），徐山民（竞雄女学），顾秀中、冯兰馨（坤范女子中学），金星（苏州旅沪公学），及该会总干事兼日夜校校长朱少屏，干事朱少章，教员李百书、朱秋岑等十余人。先由各校代表签名，分认各承办平民夜校一所；次讨论征求义务教员及招生方法数种，至课程及一切办法，俟上宝平民教育促进会举行大会后决定。闻今日未派代表出席之各校，如志愿办理平民夜校者可随时向该会接洽加入云。

1924 年 3 月 11 日第十四版

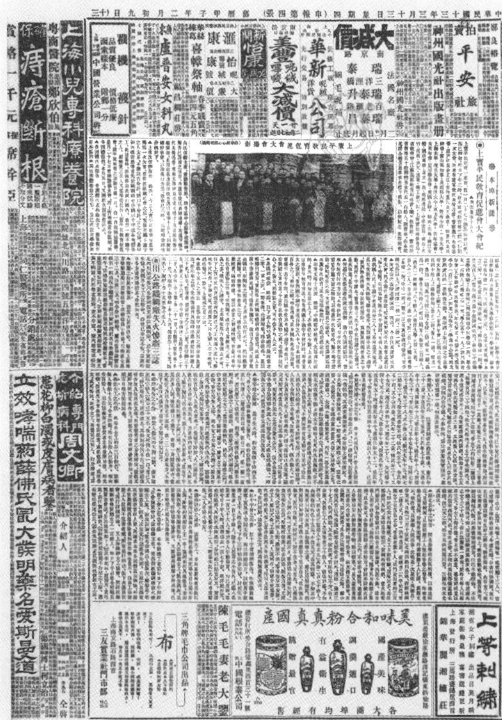

本埠新聞

上寶平民教育促進會大會紀

▲選出董事十五人

上寶平民教育促進會、自一月二十七日開籌備會以來、迄已四旬、昨日下午三時、在本埠省教育會三樓舉行第一次大會、到者有護軍使代表陸達權・警察廳代表嚴滋春・道尹代表余芷江・交涉署代表王焕章・縣署代表薛紳睿・寶山馮知事・及商科大學・暨南學校・南方大學・上海大學・復旦大學・南洋大學・東方大學・青年協會・女青年會・寰球學生會・愛國女校・招商・美專・南江女體・國語專修・省立一商・商務書館・中華書局・尚公・萬竹・道南・承天・浦東・職工教育館・上海寶山縣教育局・省教育會・江蘇義務教育期成會・職業教育社・寶山教育會等五十餘團體男女代表一百餘人、開會前、由本館邀請全體會員來賓在樓下攝影、以留紀念、旋即開會、

上寶平民教育促進會大會攝影（南京路心心照相館攝）

由沈信卿主席、致辭報告畢、請各區中心點學校開辦時、報告已籌備之情形、次護軍使代表陸達權・淞滬警察廳代表嚴滋春・東南大學校長郭秉文博士・及晏陽初等相繼演說、末用記名連記法投票選出董事十五人、以便組織幹事會、討論進行方法、散會已六時、茲將開會詳情分錄於下、

▲主席沈信卿報告　略謂、今日上寶平民教育促進會開第一次大會、原發起組織此會之故、實緣吾國不識字之人太多、不能以百分計、將以千分計、言之心痛、晏陽初與傅若愚等首先於歐戰時在法國以千字課本教授華工、此法甚佳、回國即以此試行國內、教授一般不識字之人、而熊秉三夫人又從事提倡吾上海平民教育促進會、故平民教育之運動日盛一日、自一月起開始籌備、是月二十七日曾開籌備大會、將上寶兩縣暨分區域、請各團體提倡、本月五日、又開數次預備會云云、

▲各團體代表報告　各團體代表相繼起立、簡單報告在本區內與其他團體接洽之情形、及已經設立學校與擬進行之計畫、茲摘要錄下、（西區）寰球中國學生會召集南洋高等商業上海大學蘇州旅滬公學開會、擬各設平民學校一所、（東區）擬辦三所、已成立者民國・本立二所、（閘北東區）國語師範一所、尚公學校一所、學生五百人、（寶山）縣立高小擬辦試驗班、（南市）中華職業學校與職工教育館已開設南市平民學校一所、學生有一百餘人、（飛虹）辦一班、學生五十一人、（四川路青年會）上年即辦平民教育班、年底畢業、成績甚佳、現有學生一百三十餘人、（西部）以南方大學爲中心點、因戈登路武昌路一帶較爲荒僻、現擬將上年所開之平民學校大加擴充、廣收工廠工人、（女青年會）已開六班有五百四十餘人、（縣教育局）崇正二級、養正一級、縣立一級、農壇一級、萬竹男校二級、女校二級、縣女一級、高昌一級、學生五百餘人、（虹口）同芳八教室二百餘人、（商大）一校兩班、六十餘人、（南洋大學義校）九班、一百八十三人、（晉昌社）已設一校、計二百人、（國語專修）本校一所、分校一所、（暨南）已與真茹鄉校接洽、至少辦五所以上、（漕河涇）一校一所、二校一所、

▲護軍使代表陸達權演說　略謂、今日代表護軍使列席大會、然不能代表演說、惟軍使對於平民教育之進行、極表贊同、苟須協助、無不樂予贊助、至個人意思、以爲我國人民、不識字者達百分之八十、不備遺笑他邦、且足使社會永久停頓、雖有進步、然默察平民之不識字、實因無此機會、平民教育運動、爲簡單而能普及之舉動、教授千字課本、實爲善法、此予平民覺識字之機會、是大事業、是大功德、深望大衆能以毅力提倡鼓吹云云

▲警廳代表嚴滋春演說致頌辭　嚴君先演說略謂、警察在教育行政方面、本有扶助之責、苟平民教育促進會需要警廳方面之輔助、以推廣平民教育時、無不竭力贊助、繼讀廳長之頌辭、大致謂願協助推廣平民教育、並希望積極進行、克底於成云云、

▲郭秉文博士演說　略謂、中國從前教育、大都爲片面的、貴族的、故所造就之人才、亦僅限於少數、上次鄙人出席世界教育會議、報告我國不識字者統計時、即受重大之激刺、蓋我國不識字者達百分之八十、日本則僅有百分之三、兩相比較、相去遠甚、且各國對此非常注意、準備於若干年間、設法減少世界各國不識字者數目、而於我國尤爲注意、今茲平民教育運動之興、苟能持以恒心、全力做去、則無恥之辱、可不假手外人云云、

▲晏陽初演說　略謂、目下西人對於我國所最注意者二事、一爲土匪、一爲雀牌、此種現象、殊非佳兆、蓋默察國內情形、實無事足使國家體面增高價值、故鄙人常謂中華號稱民國、可惜未有國民、故目下急需、在乎製造國民、而國民之製造、尤非普及教育不可、然因經費之難籌、使教育永無普及之望、補救之法、亦惟有用少數經費、極短時間、授以必要之智識技能、於是乎有平民教育運動之勃興、惟我國不識字者、爲數達三萬二千萬之多、欲使人人識字、尤非群策群力奮勇做去不可、目下上寶平民教育促進會既經成立、正宜竭力進行、務使平民教育、日漸發展、推而廣之、使全國人都受教育、則庶幾可一雪外人蔑視之羞云云、

▲董事十五人之選出　董事由甲種會員之到會投票選出、在未舉之前、先由籌備會及臨時出席者推出候選人三十名、結果、當選者、爲黃任之三十三票、沈信卿三十票、郭秉文二十六票、李平書・李頌唐・朱經農・各二十二票、朱少屏・余日章・各二十一票、袁觀瀾・賈季英・各二十票、方椒伯・李登輝・各十九票、傅若愚・十七票、姚紫若・丁淑靜・各十五票等十五人、

上宝平民教育促进会大会纪·选出董事十五人

上宝平民教育促进会自一月二十七日开筹备会以来，迄已四旬。昨日下午三时，在本埠省教育会三楼举行第一次大会。到者有护军使代表陆达权、警察厅代表严述斋、道尹代表余芷江、交涉署代表王焕章、县署代表钱绅斋、宝山冯知事及商科大学、暨南学校、南方大学、上海大学、复旦大学、南洋大学、东方大学、青年协会、女青年会、寰球学生会、爱国女校、招商、美专、两江女体、国语专修、省立一商、商务书馆、中华书局、尚公、万竹、道南、承天、浦东、职工教育馆、上海宝山县教育局、省教育会、江苏义务教育期成会、职业教育社、宝山教育会等五十余团体男女代表一百余人。开会前，由本馆邀请全体会员来宾在楼下摄影，以留纪念。旋即开会，由沈信卿主席，致辞报告毕，请各区中心点学校团体，报告已筹备之情形。次护军使代表陆达权、淞沪警察厅代表严述斋、东南大学校长郭秉文博士及晏阳初等相继演说。末用记名连记法投票选出董事十五人，以便组织干事会、讨论进行方法。散会已六时，兹将开会详情分录于下：

主席沈信卿报告。略谓今日上宝平民教育促进会开第一次大会，原发起组织此会之故，实缘吾国不识字之人太多，不能以百分计，将以千分计，言之心痛。晏阳初与傅若愚等首先于欧战时至法国以千字讲本教授华工，此法甚佳。回国即以此试行国内，教授一般不识字之人。而熊秉三夫人又从事提倡吾上宝平民教育促进会，故平民教育之运动日盛一日。自一月起开始筹备，是月二十七日曾开筹备大会，将上宝两处划分区域，请各团体提倡，本月五日，又开数次预备会云云。

各团体代表报告。各团体代表相继起立，简单报告在本区内与其他团体接洽之情形及已经设立学校与拟进行之计划，兹摘要录下：（西区）寰球中国学生会曾召集南洋高等商业、上海大学、苏州旅沪公学开会，拟各设平民学校一所；（东区）拟办三所，已成立者民福、本立二所；（闸北东区）国语师范一所、尚公学校一所，学生五百人；（宝山）县立高小拟办试验班；（南市）中华职业学校与职工教育馆已开设南市平民学校一所，学生有一百余人；（飞虹）办一班，学生五十一人；（四川路青年会）上年即办平民教育班，年底毕业，成绩甚佳，现有学生一百三十余人；（西部）

以南方大学为中心点，因戈登路武昌路一带较为荒僻，现拟将上年所开之平民学校大加扩充，广收工厂工人；（女青年会）已开六班，有五百四十余人；（县教育局）崇正二级、养正一级、县立一级、农坛一级、万竹男校二级、女校二级、县女一级、高昌一级，学生五百余人；（虹口）同芳八教室二百余人；（商大）一校两班，六十余人；（南洋大学义校）九班，一百八十三人；（普益社）已设一校，计二百人；（国语专修）本校一所，分校一所；（暨南）已与真茹［如］乡校接洽，至少办五所以上；（漕河泾）一校一所，二校一所。

护军使代表陆达权演说。略谓今日代表护军使列席大会，然不能代表演说，惟军使对于平民教育之进行，极表赞同，苟须协助，无不乐予赞助。至个人意思，以为我国人民，不识字者达百分之八十，不仅遗笑他邦，且足使社会永久停顿，难有进步。然默察平民之不识字，实因无此机会。平民教育运动，为简单而能普及之举动。教授千字课本，实为善法。此予平民觅识字之机会，是大事业，是大功德，深望大众能以毅力提倡鼓吹云云。

警厅代表严述斋演说致颂辞。严君先演说略谓警察在教育行政方面，本有扶助之责。苟平民教育促进会需要警厅方面之辅助，以推广平民教育时，无不竭力赞助，借观厥成云云。次宣读厅长之颂辞，大致谓愿协助推广平民教育，并希望积极进行，克底于成云云。

郭秉文博士演说。略谓中国从前教育，大都为片面的、贵族的，故所造就之人才，亦仅限于少数。上次鄙人出席世界教育会议，报告我国不识字者统计时，即受重大之激刺。盖我国不识字者达百分之八十，日本则仅有百分之三，两相比较，相去过甚。且各国对此非常注意，准备于若干年间，设法减少世界各国不识字者数目，而于我国尤为注意。今兹平民教育运动之兴，苟能持以恒心，全力做去，则涤耻之举，可不假手外人云云。

晏阳初演说。略谓目下西人对于我国所最注意者二事：一为土匪，一即雀牌。此种现象，殊非佳兆。盖默察国内情形，实无事足使国家体面增高价值。故鄙人常谓中华虽称民国，可惜未有国民。故目下急需，在乎制造国民，而国民之制造，尤非普及教育不可。然因经费之难筹，使教育永无普及之望。补救之法，亦惟有用少数经费、极短时间，授以必要之智识技能，于是遂有平民教育运动之勃兴。惟我国不识字者，为数达三万二千万之多，欲使人人识字，尤非群策群力奋勇做去不可。目下上宝平民教育促进会既经成立，正宜竭力进行，务使平民教育日渐发展，推而广之，使全国人都受教育，则庶几可一涤外人蔑视之羞云云。

董事十五人之选出。董事由甲种会员之到会投票选出。在未举之前，先由筹备会及临时出席者推出候选人三十名。结果当选者为：黄任之三十三票，沈信卿三十票，郭秉文二十六票，李平书、李颂唐、朱经农各二十二票，朱少屏、余日章各二十一票，袁观澜、贾季英各二十票，方椒伯、李登辉各十九票，傅若愚十七票，姚紫若、丁淑静各十五票等十五人。

1924 年 3 月 13 日第十三版

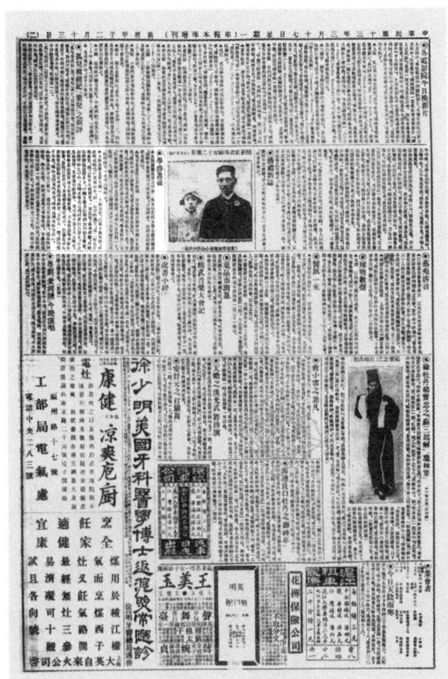

◎學務叢載

▲上海大學之新教職員 上海大學、已遷至西摩路、并在附近租賃民房爲宿舍、第一宿在時應里、第二宿舍在甄慶里、第三宿舍在敦裕里、一切設備、逐漸就緒、并聞該校新添教授甚多、中國文學系添聘劉大白教文學史、胡樸安教文字學、英國文學系添聘何世枚教散文、小說及論理學、董承道教經濟學、虞鴻勛教散文及文學史、社會學系添聘周建人教生物哲學、美術科添聘李驤教油畫、陳曉江教塑造、其選修之現代政治、已預定者有胡漢民汪精衛馬君武張溥泉四君、至校長一職、聞仍爲于右任、學務長仍爲何世楨、校務長則爲鄧安石云、

学务丛载 · 上海大学之新教职员

上海大学已迁至西摩路，并在附近租赁民房为宿舍。第一宿在时应里，第二宿舍在甄庆里，第三宿舍在敦裕里，一切设备，逐渐就绪。并闻该校新添教授甚多，中国文学系添聘刘大白教文学史，胡朴安教文字学；英国文学系添聘何世枚教散文、小说及论理学，董承道教经济学，虞鸿勋教散文及文学史；社会学系添聘周建人教生物哲学；美术科添聘李骧教油画，陈晓江教塑造。其选修之现代政治，已预定者有胡汉民、汪精卫、马君武、张溥泉四君。至校长一职，闻仍为于右任，学务长仍为何世桢，校务长则为邓安石云。

1924 年 3 月 17 日本埠增刊第二版

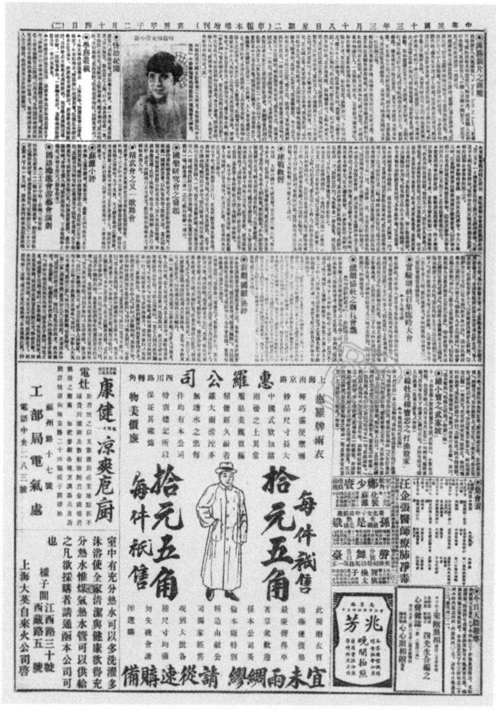

◎學務叢載

▲上海大學將新添學系　上海大學、因應社會之要求、擬於下年新添學系、聞該校行政委員會、已推定各新添學系之籌備員、經濟學系爲瞿秋白、政治學系爲劉廬隱、法律學系及商學系爲何世楨、教育學系爲陳望道・楊荃駿、一面編製學程、一面物色教授、暑假後想該校當另有一番新氣象也、

学务丛载·上海大学将新添学系

上海大学因应社会之要求，拟于下年新添学系。闻该校行政委员会已推定各新添学系之筹备员，经济学系为瞿秋白，政治学系为刘庐隐，法律学系及商学系为何世桢，教育学系为陈望道、杨荃骏。一面编制学程，一面物色教授，暑假后想该校当另有一番新气象也。

1924年3月18日本埠增刊第二版

◉西區平民教育講演會

公共租界西區平民教育聯合會、於昨晚(十九)七時、在新閘路辛家花園內中華工業專門學校舉行演講大會、加入者有中華工專・上海大學・坤範女學・競雄女學・南洋高級商校・寰球學生會日夜校・蘇州旅滬公學等七校、特請沈信卿・朱少屏・等演說「平民教育」、預由中華工專校務主任朱仰殷・學監朱怡劍・兩君布置就緒、即假該校北首大禮堂爲會場、是日到者約五百人、至十時半方散、

西区平民教育讲演会

公共租界西区平民教育联合会于昨晚（十九）七时，在新闸路辛家花园内中华工业专门学校举行演讲大会。加入者有中华工专、上海大学、坤范女学、竞雄女学、南洋高级商校、寰球学生会日夜校、苏州旅沪公学等七校。特请沈信卿、朱少屏等演说“平民教育”，预由中华工专校务主任朱仰殷、学监朱怡剑两君布置就绪，即假该校北首大礼堂为会场。是日到者约五百人，至十时半方散。

1924年3月20日第十四版

◉出版界消息

上海大學學生所組織之孤星社、成立以來、社員日益增多、公推于右任校長爲名譽社長、於二月二十五日起發行孤星旬刊、由安劍平編輯、現已出至第三期、銷數頗廣、第四期出「追悼列寧號」第五期出「戀愛號」、凡贊助該社宗旨者、均可加入爲社員云、

出版界消息

上海大学学生所组织之孤星社成立以来，社员日益增多，公推于右任校长为名誉社长，于二月二十五日起发行孤星旬刊，由安剑平编辑，现已出至第三期，销数颇广，第四期出“追悼列宁号”，第五期出“恋爱号”。凡赞助该社宗旨者，均可加入为社员云。

1924 年 3 月 20 日本埠增刊第二版

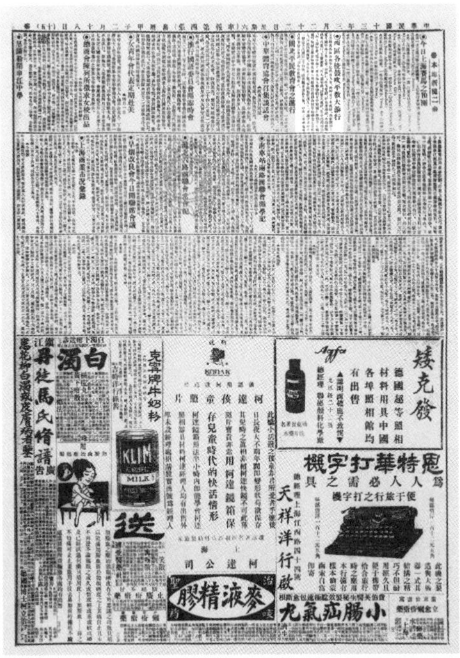

◉西區各校鼓吹平教大游行

公共租界西區各校平民教育大會、於昨日下午四時、由新閘路辛家花園中華工專出發、向西行、往戈登路、折東麥根路、再向新閘路東段進行、至醬園衖、折入派克路、經愛文義路、至卡德路而散、加入游行者、爲中華工專上海大學坤範女中競雄女學勤業女師蘇州旅滬公學寰球學生會日夜校南洋高級商校等校學生七百餘人、沿途散發傳單、各生並手執「平民亟宜讀書」「不識字不好算一個完全的國民」等白旗、沿途觀者途爲之塞、中華工專學生並沿途分散五更調、鼓吹平民教育云、

西区各校鼓吹平教大游行

公共租界西区各校平民教育大会于昨日下午四时，由新闸路辛家花园中华工专出发，向西行，往戈登路，折东麦根路，再向新闸路东段进行，至酱园衖，折入派克路，经爱文义路，至卡德路而散。加入游行者，为中华工专、上海大学、坤范女中、竞雄女学、勤业女师、苏州旅沪公学、环球学生会日夜校、南洋高级商校等校学生七百余人，沿途散发传单，各生并手执“平民亟宜读书”“不识字不好算一个完全的国民”等白旗，沿途观者途为之塞。中华工专学生并沿途分散五更调，鼓吹平民教育云。

1924年3月22日第十五版

◉學務叢載

▲上大職教員之聚餐會　昨日上午、上海大學假座大東酒樓宴請新舊職教員、校長于右任致開會詞、嗣撮影、即入座聚餐、盡歡而散云、

学务丛载·上大职教员之聚餐会

昨日上午，上海大学假座大东酒楼宴请新旧职教员，校长于右任致开会词，嗣撮影，即入座聚餐，尽欢而散云。

1924 年 3 月 24 日本埠增刊第二版

◎學務叢載

▲明日放洋之留法學生 上海大學美術系第一屆畢業生張弦君、定於明日乘包島斯號郵船赴法研究美術、擬入巴黎美術大學肄業、同行者有東方藝術會會員柳圃青君・張德榮君、聞三君對於藝術素有研究云、

学务丛载·明日放洋之留法学生

上海大学美术系第一届毕业生张弦君，定于明日乘包岛斯号邮船赴法研究美术，拟入巴黎美术大学肄业。同行者有东方艺术会会员柳圃青君、张德荣君，闻三君对于艺术素有研究云。

1924年3月26日本埠增刊第二版

上海大學女生援助保定女師

▲發出文電三件

本埠上海大學女生、昨爲保定第二女子師範學校風潮、發出文電數通、照錄如下、

(一)致保定二女師學生電　保定第二女師全體同學鑒、諸君爲女子教育前途、努力奮鬬、同人願爲後盾、上海大學全體女生叩、

(二)致直隸教育廳電　直隸教育廳鑒、保定女師校長毆辱女生、摧殘教育、釀成風潮、貴廳職事所在、務請速允女生要求、撤換校長、否則全國女學界將繼起力爭、誓去學界蟊賊、風潮擴大、貴廳亦不能不分任其咎也、上海大學全體女生叩、

(三)致各界通告　在現在女子教育萌芽的時候、無端的受老朽不堪的教育者摧殘、這是何等危險呀、請看這次保定女師的風潮、那流着堪咀咒的毒血的人、占着指導地位的校長及教員們、竟會率領工役、毆打學生、蠻橫的舉動、公然從二十世紀的女學校裡的校長和教職員們做出、這是多可恥的事、這算女師一齣的不幸嗎、恐怕全人類都濺着了那恥辱的毒汁了、並且這豈止關係着保定女師底前途嗎、恐怕我們女界教育大受影響呢、國內「政教育界」對女子的教育算什麼、他們除借以位置私人、弄做飯碗而爭奪外、一概不知不管、現在這種毆打學生、亂施威權、就是他們的能事、也是他們的熱心、這是怎樣地摧殘女子教育呵、我們不是永遠做弱者、我們要狂聲呼喊着、爲保定女師的後援、同情與公理、在人類中是可以找得到的、所以我們現在決定要出一分專刊、切迫地希望女界奮起狂呼作助、成保定女師奮鬬成功的雄師、並懇摯地請求各界一致贊助救援、那實是女子的萬幸了、上海大學全體女生、

上海大学女生援助保定女师·发出文电三件

本埠上海大学女生，昨为保定第二女子师范学校风潮，发出文电数通，照录如下：

（一）致保定二女师学生电

保定第二女师全体同学鉴：诸君为女子教育前途，誓死奋斗，同人愿为后盾。上海大学全体女生叩

（二）致直隶教育厅电

直隶教育厅长鉴：保定女师校长殴辱女生，摧残教育，酿成风潮。贵厅职事所在，务请速允女生要求，撤换校长，否则全国女学界将继起力争，誓去学界蟊贼。风潮扩大，贵厅亦不能不分任其咎也。上海大学全体女生叩

（三）致各界通告

在现在女子教育萌芽的时候，无端的受老朽不堪的教育者摧残，这是何等危险吓！请看这次保定女师的风潮，那流着堪诅咒的毒血的人，占着指导地位的校长及教员们，竟会率领工役殴打学生，蛮横的暴动，公然从二十世纪的女学校里的校长和教职员们做出，这是多可耻的事！这算女师一处的不幸吗？恐怕全人类都溅着了那耻辱的毒汁了，并且这岂止关系着保定女师底前途吗？恐怕我们女界教育大受影响呢！国内（政教育界）对女子的教育算什么？他们除借以位置私人、靠做饭碗而争夺外，一概不知不管。现在这种殴打学生、乱施威权，就是他们的能事，也是他们的热心，这是怎样地摧残女子教育呵！我们不是永远做弱者，我们要狂声呼喊着，为保定女师的后援，同情与公理，在人类中是可以找得到的。所以我们现在决定要出一分［份］专刊，切迫地希望女界奋起狂呼作助，成保定女师奋斗成功的雄师，并恳挚地请求各界，一致赞助救援，那实是女子的万幸了。上海大学全体女生

1924年4月4日第十四版

◉上海大學創辦平民學校

上海大學、自遷移西摩路以來、鑒於中國現社會實有提倡平民教育之必要、爰於四月一日、召集籌辦平民教育大會、首由校務長鄧安石說明開會宗旨、次由程永言君報告參預全國平民教育運動大會之經過情形、復次討論實施平民教育之種種方案、當場即通過上大平民夜校組織大綱、并於教授及學生中、公舉卜世畸・程永言・馬建民・劉劍華・郭鐵・楊國輔・朱義權・王秋心等八人、爲上大平民義務學校執行委員、尅日招生、籌辦一切云、

上海大学创办平民学校

上海大学自迁移西摩路以来，鉴于中国现社会实有提倡平民教育之必要，爰于四月一日，召集筹办平民教育大会。首由校务长邓安石说明开会宗旨；次由程永言君报告参与全国平民教育运动大会之经过情形；复次讨论实施平民教育之种种方案，当场即通过上大平民夜校组织大纲，并于教授及学生中，公举卜世畸、程永言、马建民、刘剑华、郭铁、杨国辅、朱义权、王秋心等八人，为上大平民义务学校执行委员，克日招生，筹办一切云。

1924 年 4 月 5 日第十四版

關於平民教育之消息

▲上海大學舉定平教委員　上海大學平民學校、已於兩星期前由該校職員學生開聯席會議、積極籌備、前由程永言主席、報告出席西區平民教育會及開成立大會經過、次言鄧安石報告、學校對於平民教育之重要及希望、再次由教職員學生討論簡章後、並選舉卜世畸・程永言・朱其五・郭滋・劉建華・馬達民・王秋心・楊國輔・八人、爲上大平民教育委員會委員、現在該委員等積極進行、定於四月八號開始招生云、

关于平民教育之消息·上海大学举定平教委员

上海大学平民学校，已于两星期前由该校职员学生开联席会议，积极筹备。前由程永言主席，报告出席西区平民教育会及开成立大会经过；次言邓安石报告学校对于平民教育之重要及希望；再次由教职员学生讨论简章后，并选举卜世畸、程永言、朱其五、郭滋［镃］、刘建［剑］华、马达［建］民、王秋心、杨国辅八人为上大平民教育委员会委员。现在该委员等积极进行，定于四月八号开始招生云。

1924年4月9日第十四版

中華民國十三年四月十三日 星期日 申報第四張

體虛白濁丸

白濁無憂

白濁丸

上海東南大旅社開幕

謀生奇術

國第一毛絨紡織廠

天廚味精廠出品

上海中華滙業銀行

優美國貨修飾香品

廣生行有限公司啓

◉上寶平民教育促進會消息

▲昨日召集學生代表會議

▲討論一星期大運動辦法

上寶平民教育促進會、因將於二十一日起舉行一星期大運動、特於昨日下午三時、假座四川路青年會舉行籌備會、本埠各校推派代表到會者、有敬業・縣一・大陸・普徵社商科・二師・中華公學・廣肇公學・復旦・坤範・南洋高商・承天英華・國語師範・尚公・上海商大・南大・養心・和安・本立・中華工專・基督・東吳二中・上大・仁思・北區職工教育館・中華職業・南市第一平民學校・道南・等代表百有餘人、由總幹事傅若愚主席、致開會詞後、即由彼之繼續演說、略謂、今日蒞會諸君、對於平民教育、已有深切之瞭解、似毋須再事贅述、惟有不能已於言者、即余在舊金山教育會議中所受之刺激是也、當時會場討論至普及教育一事、各國代表相繼報告、其識字人數之比例、東方國家、如日本識字者占百分之九十六、印度占百分之六十、乃中國不識字者占百分之八十、報告時爲之慚愧無地、後討論普及教育議案時、主張在十二年內使世界教育均告普及、中國代表以爲期太促、堅持不限定時期、後議決使世界教育普及、愈速愈妙、中國代表在會場中頗受各國歡迎、惟此事則甚爲丟臉、歸國後、與熊秉三夫人等談及、均謂何不照原案限定十二年、以全顏面、今熊夫人因設法推廣平民教育、致每日睡眠四小時、全國各界亦風起雲湧、熱心提倡、行見中國教育之普及、在十年八年內、即可告成云云、次由主席發言、對使用平民千字課及宣傳方法、多所闡發、後由復旦・中華工專・南市一平・國語師範・上海大學等代表、相繼述說其創辦平民學校經過、及其宣傳方法、惟有社會對於平民教育、不甚瞭解、故有主張至工廠及挨戶宣傳者、有主張於演講時即請其報名者、上海大學代表、謂㈠宣傳演講時、應有詳細地圖、載明各區平校地點、使不識字者向學有地、㈡由總會備有各種圖畫、俾易引起注意、㈢演講者應有一種徽章、以資識別云云、最後由主席提出於星期三晚七時、仍在青年會、再召集第二次籌備會、衆謂恐是晚青年會亦有演講會、故擬於本星期四晚舉行、然亦須發出通告、始作決定、在此期內、各校代表可從容思維如何宣傳方法、俾便於第二次會中提出、直至五時許、始散會云、

上宝平民教育促进会消息·昨日召集学生代表会议·讨论一星期大运动办法

上宝平民教育促进会因将于二十一日起举行一星期大运动，特于昨日下午三时，假座四川路青年会举行筹备会。本埠各校推派代表到会者，有敬业、县一、大陆、普益社商科、二师、中华公学、广肇公学、复旦、坤范、南洋高商、承天英华、国语师范、尚公、上海商大、南大、养心、和安、本立、中华工专、基督、东吴二中、上大、仁思、北区职工教育馆、中华职业、南市第一平民学校、道南等代表百有余人。由总干事傅若愚主席。致开会词后，即由殷芝龄博士演说，略谓今日莅会诸君，对于平民教育已有深切之了解，似毋须再事赘述。惟有不能已于言者，即余在旧金山教育会议中所受之刺激是也。当时会场讨论至普及教育一事，各国代表相继报告，其识字人数之比例，东方国家，如日本识字者占百分之九十六、印度占百分之六十，乃中国不识字者占百分之八十，报告时乃至惭悚无地。后讨论普及教育议案时，主张在十二年内使世界教育均告普及。中国代表以为期太促，坚持不限定时期。后议决使世界教育普及，愈速愈妙。中国代表在会场中颇受各国欢迎，惟此事则甚为丢脸。归国后，与熊秉三夫人等谈及，均谓何不照原案限定十二年，以全颜面。今熊夫人因设法推广平民教育，致每日睡眠四小时。全国各界亦风起云涌，热心提倡。行见中国教育之普及，在十年八年内，即可告成云云。次由主席发言，对使用平民千字课及宣传方法，多所阐发。后由复旦、中华工专、南市一平、国语师范、上海大学等代表相继述说其创办平民学校经过及其宣传方法。惟有社会对于平民教育不甚了解，故有主张至工厂及挨户宣传者，有主张于演讲时即请其报名者。上海大学代表谓：（一）宣传演讲时应有详细地图，载明各区平校地点，使不识字者向学有地；（二）由总会备有各种图画，俾易引起注意；（三）演讲者应有一种徽章，以资识别云云。最后由主席提出于星期三晚七时，仍在青年会，再召集第二次筹备会。众谓恐是晚青年会亦有演讲会，故拟于本星期四晚举行，然尚须会出通告，始作决定。在此期内，各校代表可从容思维如何宣传方法，俾便于第二次会中提出。直至五时许，始散会云。

1924 年 4 月 13 日第十四版

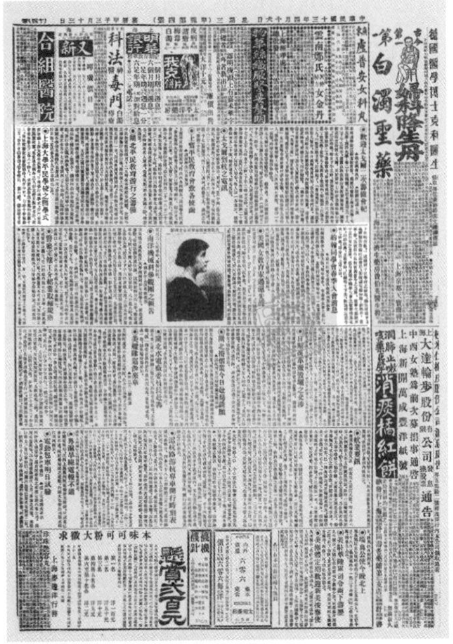

◉上海大學平民學校之開學式

西摩路上海大學平民學校、昨晚舉行開學式、校門前高懸國旗校旗、並置通告開學之五彩花燈及圖畫多種、到會者有學生二百八十餘人、來賓及學生家屬約百數十人、由該校職教員殷勤招待、秩序井然、七時十分振鈴開會、節目分㈠奏樂、㈡全體向國旗行禮、㈢該校主任卜世畸致辭、講述開辦平民學校之緣起、㈣該校總務朱義權報告籌備經過情形、㈤演講有邵仲輝・劉劍華・曹斌・等、大致謂平民教育爲當今之急務、使學生能瞭解平民教育之意義、㈥有寰球中國學生會之留聲機及電影、以助餘興、至散會時、已鐘鳴十下矣、聞該校定於今晚七時起、即分班上課云云、

上海大学平民学校之开学式

西摩路上海大学平民学校，昨晚举行开学式，校门前高悬国旗、校旗，并置通告开学之五彩花灯及图画多种。到会者有学生二百八十余人，来宾及学生家属约百数十人。由该校职教员殷勤招待，秩序井然。七时十分振铃开会。节目分：（一）奏乐；（二）全体向国旗行礼；（三）该校主任卜世畸致辞，讲述开办平民学校之缘起；（四）该校总务朱义权报告筹备经过情形；（五）演讲有邵仲辉、刘剑华、曹斌等，大致谓平民教育为当今之急务，使学生能了解平民教育之意义；（六）有寰球中国学生会之留声机及电影，以助余兴。至散会时，已钟鸣十下矣。闻该校定于今晚七时起，即分班上课云云。

1924年4月16日第十四版

(●)閘北平教運動大游行紀

▲團體八十餘起 ▲人數三千以上

昨日下午二時、閘北舉行平民教育運動大游行、參加團體學校八十餘起、人數在三千以上、奔走呼號、以期普遍人人讀書識字之目的、茲將當時情形、分誌於後、

▲加入學校 中華公學・震亞女學・震旦商校・華英・民[illegible]・男女校・滬北・明星・適中・公開・求智・十四平民・求智・啓賢・國民・新民・中商・亞東・第二新民・宋芝坊義校・文彬・致養・日進・承天附一・閘北・上海女校・瀛洲・江甯旅滬・民國英伦・國語傳習所・閘北市民・四川路商聯會義校・市北・滬北義校・道南・華英・寧波旅滬第一・愛國女校・浙屬旅滬一・二・兩校・南洋高商・進[illegible]・上海大學平民學校・萃英・華東北區・慈善團平民學校・閘北市立一・二・三・三校・啓英女校・虹口小學・進德・江灣息風・滬北三區商聯會義校・東方大學・尚賢・蔡常旅滬・滬南・潤如・崇義・四明・紹興旅滬・滬北・勵志・崇正・普志・上海平民義校・杭州旅滬・競華・商務中學・啓明・作民・濟競・廣木・及中華公義會・閘北公益社・十一路商聯會・中國紅十字會救護隊等八十餘團體、

▲游行以前 午後一時許、各校學生均整隊至、在寶山路商務印書館前休憩、由該社職員、按照簽名次序、發給隊旗臂章及傳單、該處街道不寬、難於容納、多數小隊、均在寶興寶通等路排列、九區警署、特派巡長三人、協同照料維持秩序、至二時半始出發、

▲出發之後 二時半出發、由寶山路折入新民路、經共和路、沿恒豐路至恒通路折入慈善團前散隊、沿途由各隊演講員、向觀衆演說讀書識字之利益、以喚平民求學之興味、同時並散發傳單、

▲散發之單 「甲」平民教育社辦補習學校的目的、是家家都有讀書聲、人人都是讀書人、㊀凡是十五歲以上沒有讀過書的成人、都可以到平民教育社辦的平民補習學校讀書、㊁凡來讀書的人不收學費、還有書本和紙筆奉送、㊂每天晚上讀書一點多鐘、讀滿四個月、平常的字都認識了、能夠看淺近的書信報紙、能夠寫信、能夠記賬、并得到一點兒普通的國民常識「乙」請君想想、㊀物質文明、天天發達、生活程度、日日增高、一般平民、十分痛苦、知識不多、謀生無計、修養太淺、煩惱易生、社會不安、都爲此故、㊁世界潮流、國家大局、不聞不問、不識不知、這樣國民、怎知愛國、既不愛國、怎能愛世、㊂知識階級、程度日高、平民方面、求學甚難、國民程度、越離越遠、既離平等、階級更嚴、愚智之爭、尤比可怕、㊃求知慾望、人人都有、有錢之人、可以入學、無錢之人、目不識丁、天下之事、何等不平、仁人志士、想應關心、同人憫此目個原因、請求各校、賜借課堂、分區舉辦、平民夜校、希望本埠男女同胞、無論老幼、都能來學、利用夜間、識字讀書、畢業之後、知識漸高、既可寫信、又能看報、國事易明、世情易曉、修身守法、也有根基、有此國民、中華之福、

又滬北六路商界聯合會、爲謀平民教育、不遺餘力、昨由滬北平民公學校董陸文韶等發起平民教育大游行、由該校教員鄧叔亮・魏冰如・率領全體學生、計男女一百五六十人、於昨日上午九時出發、先向北走七浦路、至鐵馬路、向東走海甯路、向南走北西藏路、至新垃圾橋、向東走蒙古路、再走阿拉白斯脫路、轉閘封路回校、沿途學生高唱勸學歌、手執小旗、上書不識字眞正苦、快快來讀書、不要學費、宣溢書等字樣、頗能引起一般人民讀書之觀念、下午該校全體學生、亦加入閘北平民教育大游行云、

闸北平教运动大游行纪·团体八十余起　人数三千以上

昨日下午二时，闸北举行平民教育运动大游行，参加团体学校八十余起，人数在三千以上。奔走呼号，以期普遍人人读书识字之目的。兹将当时情形分志于后：

加入学校。中华公学、震寰女学、震寰商校、华英、民福、男女校、沪北、明星、道中、公开、求智、十四平民、求智、启贤、国民、新民、中商、亚东、第二新民、采芝坊义校、文彬、教养、日进、承大附一、闸北、上海女校、瀛州、江宁旅沪、民国英夜、国语传习所、闸北市民、四川路商联会义校、市北、沪北义校、道南、华英、宁波旅沪第一、爱国女校、浙属旅沪一、二两校、南洋高商、进益、上海大学平民学校、萃英、华东北区、慈善团平民学校、闸北市立一、二、三三校、启英女校、虹口小学、进卫、江湾惠风、沪北三区商联会义校、东方大学、尚贤、苏常旅沪、沪海、渊如、崇义、四明、绍兴旅沪、沪北、励志、崇正、普志、上海平民义校、杭州旅沪、竞群、商务中学、启明、作民、务竞、广木及中华公义会、闸北公益社、十一路商联会、中国红十字会救护队等八十余团体。

游行以前。午后一时许，各校学生均整队至，在宝山路商务印书馆前休憩。由该社职员按照签名次序，发给队旗臂章及传单。该处街道不宽，难于容纳，多数小队均在宝兴、宝通等路排列。五区警署特派巡长三人，帮同照料维持秩序，至二时半始出发。

出发之后。二时半出发，由宝山路折入新民路，经共和路，沿恒丰路至恒通路折入慈善团前散队。沿途由各队演讲员向观众演说读书识字之利益，以唤平民求学之兴味，同时并散发传单。

散发传单。（甲）平民教育社办补习学校的目的，是家家都有读书声，人人都是读书人。（一）凡是十五岁以上没有读过书的成人，都可以到平民教育社办的平民补习学校读书；（二）凡来读书的人不收学费，还有书本和纸笔奉送；（三）每天晚上读书一点多钟，读满四个月，平常的字都认识了，能够看浅近的书信报纸，能够写信，能够记账，并得到一点最普通的国民常识。（乙）诸君想想：（一）物质文明，天天发达，生活程度，日日增高。一般平民，十分痛苦，知识不多，谋生无计，修养太浅，烦恼易生，社会不安，都为此故。（二）世界潮流，国家大局，不闻不问，不识不知。这样国民，怎知爱国？既不爱国，怎能爱世？（三）知识阶级，程度日高，平民方面，求学甚难。国民程度，越离越远，既难平等，阶级更严。愚智之争，尤其可怕。（四）求知欲望，人人都有。有钱之人，可以入学；无钱之人，目不识丁。天下之事，何等不平？仁人志士，理应关心，同人为此，同个原因，请求各校，赐借课堂，分区举办，平民夜校。希望本埠，男女同胞，无论老幼，都能求学。利用夜间，识字读书，毕业之后，知识渐高。既可写信，又能看报，国事易明，世情易晓，修身守法，也有根基。有此国民，中华之福。

1924 年 4 月 20 日第十四版

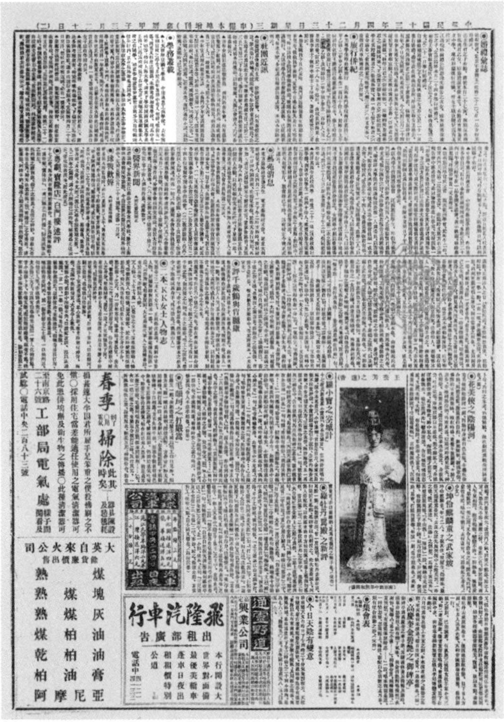

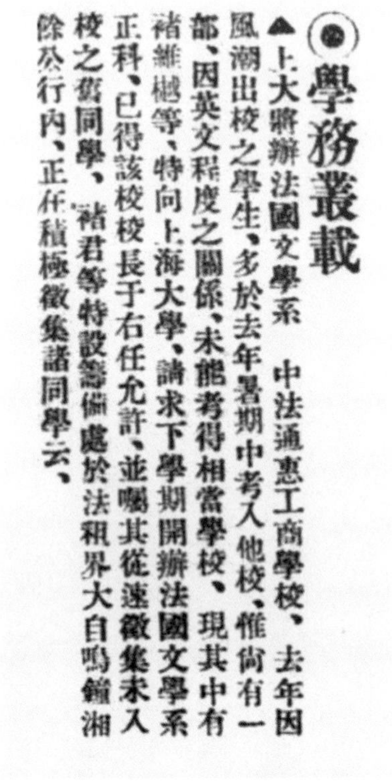

◎學務叢載

▲上大將辦法國文學系　中法通惠工商學校、去年因風潮出校之學生、多於去年暑期中考入他校、惟尙有一部、因英文程度之關係、未能考得相當學校、現其中有褚維樾等、特向上海大學、請求下學期開辦法國文學系正科、已得該校校長于右任允許、並囑其從速徵集未入校之舊同學、褚君等特設籌備處於法租界大自鳴鐘湘餘公行內、正在積極徵集諸同學云、

学务丛载·上大将办法国文学系

中法通惠工商学校去年因风潮出校之学生，多于去年暑期中考入他校。惟尚有一部，因英文程度之关系，未能考得相当学校。现其中有褚维樾等特向上海大学请求下学期开办法国文学系正科，已得该校校长于右任允许，并嘱其从速征集未入校之旧同学。褚君等特设筹备处于法租界大自鸣钟湘余公行内，正在积极征集诸同学云。

1924 年 4 月 23 日本埠增刊第二版

◉杭州快信

▲上海大學美術科學生旅行團、今日早車抵杭、

杭州快信

上海大学美术科学生旅行团，今日早车抵杭。

1924年4月29日第十版

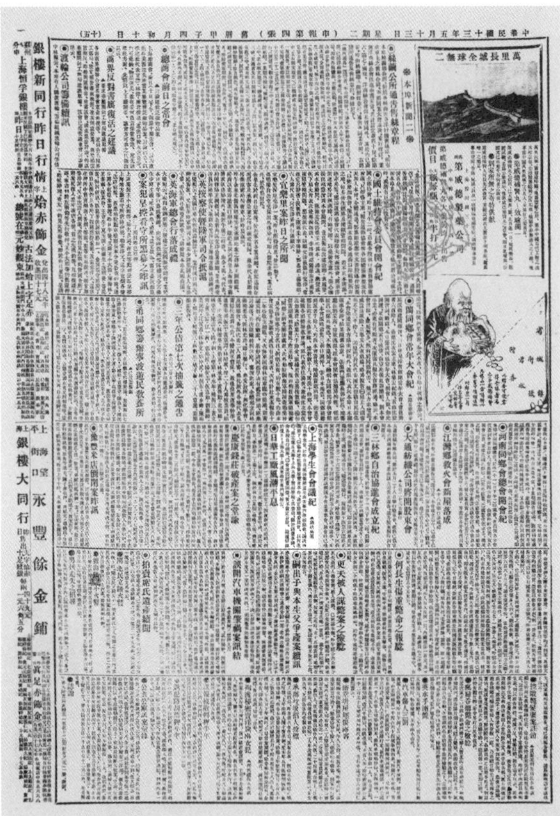

◎上海學生會會議紀 ▲議決兩案

上海學生會、於昨日在威海衛路遠東商業專門學校開會、議決兩案如下、㈠協助建社籌備展覽會事件、決定組織委員會、以利進行、推定復旦大學●上海大學●暨南學校●爲委員、關於經費事務、由各校自行捐募、㈡會址因經費困難、暫不賃定房屋、設通信處於復旦●上海大學●及遠東商業專門學校云、

上海学生会会议纪要·议决两案

上海学生会于昨日在威海卫路远东商业专门学校开会。议决两案如下：（一）协助建社筹备展览会事件，决定组织委员会，以利进行，推定复旦大学、上海大学、暨南学校为委员。关于经费事务，由各校自行募捐。（二）会址因经费困难，暂不赁定房屋，设通信处于复旦、上海大学及远东商业专门学校云。

1924年5月13日第十五版

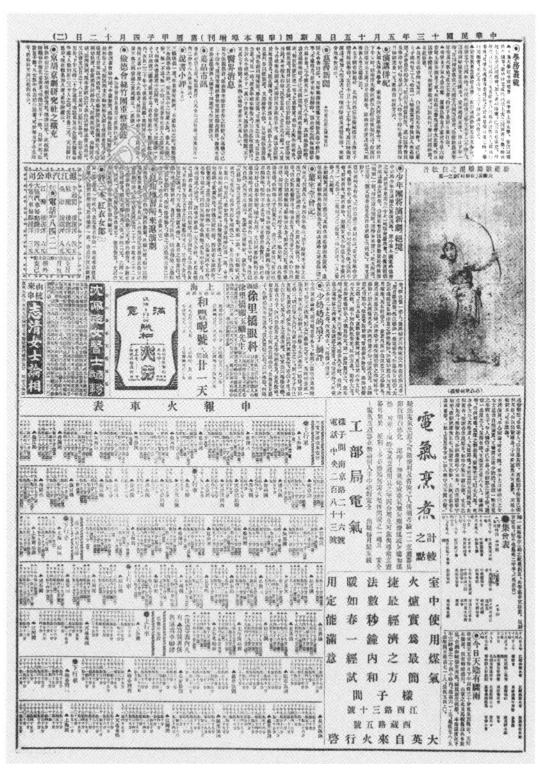

◉學務叢載

▲上海大學組浙同鄉會　西摩路上海大學、浙江同鄉邱青錢等、鑒於肄業或供職於上大之同鄉者日衆、特發起上大浙江同鄉會、加入者頗踴躍、已於日前成立、幷推選施存統楊之華朱義權李乃培邱青錢等五人爲執行委員、互推朱義權爲委員長、定於本星期日晚七時、舉行同樂會、並已議決加入浙江財政調査會云、

学务从载·上海大学组浙同乡会

西摩路上海大学浙江同乡邱青钱等，鉴于肄业或供职于上大之同乡者日众，特发起上大浙江同乡会，加入者颇踊跃。已于日前成立，并推选施存统、杨之华、朱义权、李乃培、邱青钱等五人为执行委员，互推朱义权为委员长。定于本星期日晚七时，举行同乐会，并已议决加入浙江财政调查会云。

1924 年 5 月 15 日本埠增刊第二版

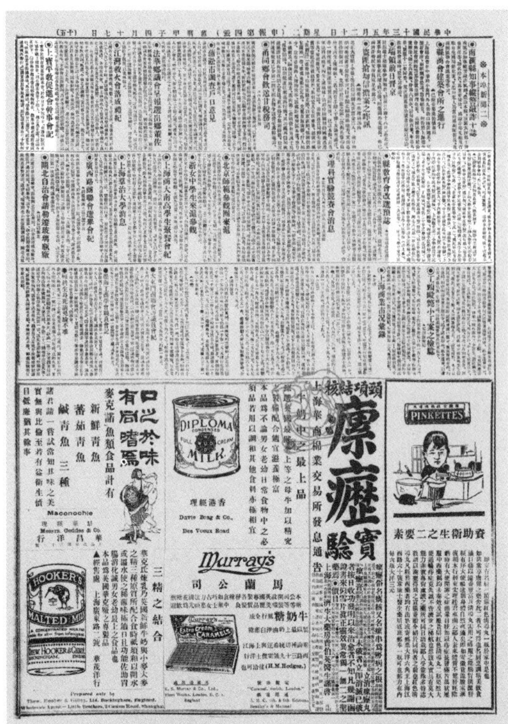

◉上實平教促進會幹事會記

上實平民教育促進會幹事會、於昨日下午四時半、在博物院路青年協會藏書樓開會、到有傅若愚等十餘人、傅若愚主席、討論各案如下、㈠徵募會起草委員鄒復梅報告、徵募事擬在端節後試行、但須由董事部通過後、再定辦法、徵募簡章已擬定、經董事會通過後再舉行、㈡調查委員會報告略謂、刻已調查者有三十餘校(校名附後)、但時間甚短、未及調查、或各平校未及報告者尚多、須從長時間再來調查、可得實數云、㈢幹事會細則、俟下次起草委員幹事會時、再行報告、

▲已設平民學校之名稱及負責人姓名如下 南洋商業附設平民夜校(勵拿諒鄒沈鑑)、上海大學平民學校(上海大學平民學校委員會)、日華平民學校(趙宗預)、南區平民學校(沈有瑤)、南洋平民夜校(凌銘之)、羣學會平民學校(高硯耘楊聘漁)、萬竹小學附設平民學校(朱連三)、普益社平民學校(金武烈)、飛虹平民夜校(姚惠泉)、農壇小學附設平民夜校(王福良)、 道南平民夜校(李背白)、高昌平民夜校(錢桂馨)、中工附設平民夜校(朱怡劍)、上海青年會平民學校(鮑思九)、辛酉學社第三平民夜校(莊誠棒)、辛酉學社第四平民夜校(莊誠棒)、 上海縣立第三小學附設平民夜校(王砥平)、 公立震修平民學校(顧昀)、西成平民學校(凌其瑞)、青年會平民學校 丁曉成)、東吳二中平民學校(馬以鐘)、崇正平民學校(葉袖東)、崇正平民義務夜校(曾洄)、敬業平民學校(潘會芸)、滬北平民公學平民學校、閘北五區第一平民學校(張叔良)、清心附設平民學校、中國女體育學校附設平民學校、中國商業公學附設平民學校、新閘路民國公學平民學校 (許上鑫)、常州旅滬公學附設平民義務校 (黃冠羣)、 南方大學男女平民學校、

上宝平教促进会干事会记

上宝平民教育促进会干事会于昨日下午四时半，在博物院路青年协会藏书楼开会，到有傅若愚等十余人。傅若愚主席，讨论各案如下：（一）征募会起草委员郁瘦梅报告，征募事拟在端节后试行，但须由董事部通过后，再定办法。征募简草已拟定，经董事会通过后再举行。（二）调查委员会报告略谓，刻已调查者有三十余校（校名附后），但时间甚短，未及调查，或各平校未及报告者尚多，须从长时间再事调查，可得实数云。（三）干事会细则，俟下次起草委员干事会时，再行报告。

已设平民学校之名称及负责人姓名如下：南洋商业附设平民夜校（励尊谅、邱沈镛）、上海大学平民学校（上海大学平民学校委员会）、旦华平民学校（赵宗预）、南区平民学校（沈有瑶）、南洋平民夜校（凌铭之）、群学会平民学校（高砚耘、杨聘渔）、万竹小学附设平民学校（朱连三）、普益社平民学校（金武周）、飞虹平民夜校（姚惠泉）、农坛小学附设平民夜校（王福良）、道南平民夜校（李肖白）、高昌平民夜校（钱桂馨）、中工附设平民夜校（朱怡剑）、上海青年会平民学校（鲍思九）、辛酉学社第三平民夜校（庄诚棒）、辛酉学社第四平民夜校（庄诚棒）、上海县立第三小学附设平民夜校（王砥平）、公立震修平民学校（顾昀）、西成平民学校（凌其瑞）、青年会平民学校（丁晚成）、东吴二中平民学校（马以钟）、养正平民学校（叶袖东）、崇正平民义务夜校（曹鸿）、敬业平民学校（潘宝书）、沪北平民公学平民学校、闸北五区第一平民学校（张叔良）、清心附设平民学校、中国女体育学校附设平民学校、中国商业公学附设平民学校、新闸路民国公学平民学校（许上鑫）、常州旅沪公学附设平民义务校（黄冠群）、南方大学男女平民学校。

1924 年 5 月 20 日第十五版

◎出版界消息

上海大學、在此半年內、傾注全力於內部之整飭、近日發行校刊一種、爲該校傳播校內消息教員學生共同發表研究所得之刊物、每週出版一次、現已出至第三期、材料豐富新穎、如胡漢民之「智識階級與勞動階級」、汪精衞之「對於學生運動之一感想」、立論皆極精深正確、售價每份僅銅元兩枚、定閱半年收洋五角、全年收洋九角、郵票在內、外間定閱、只須寄費至該校出版部、即可寄到云、

出版界消息

上海大学，在此半年内，倾注全力于内部之整饬，近日发行校刊一种，为该校传播校内消息、教员学生共同发表研究所得之刊物，每周出版一次，现已出至第三期。材料丰富新颖，如胡汉民之《智识阶级与劳动阶级》、汪精卫之《对于学生运动之一感想》，立论皆极精深正确。售价每份仅铜元两枚，定阅半年收洋五角，全年收洋九角，邮票在内。外间定阅，只须寄费至该校出版部，即可寄到云。

1924 年 5 月 22 日本埠增刊第一版

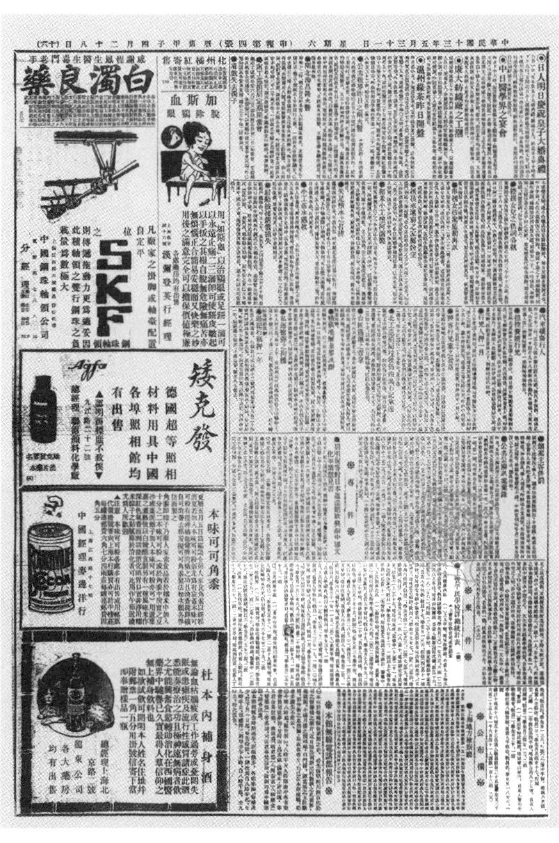

上寳平民學校詳細統計表（續）

▲上寳平民教育促進會調查

丙、公共租界西區　（一）上大平校、地址西摩路、負責人上海大學平校委員會、教員該校學生、學生男三〇一女六三、六班（二）南洋高業平校、地址山海關路 負責人顧倉諒邱沈鏞、教員十六、學生男一八二女六二、四班（三）中工平校、地址新閘路辛家花園、負責人朱怡劍、教員十七、學生男一三六、四班（四）第十一補習校、地址靜安寺路中華書局、教員及學生在接洽與招生中、（五）第三、地址愛文義路、教員三、學生男九女七、一班（六）第四、地址梅白格路、教員二、學生男四十二女三三、二班（七）第九、地址新閘路、教員三、學生男五八、一班（八）第十、地址靜安寺民厚里、招生中（九）第十五、地址徐家滙、籌備中（十）第二十一、地址卡德路張家宅、教員一、學生男十八女十二、一班以上七校皆由平教社負責（十一）明智平校、地址愛文義路戈登路口、籌備中、

丁、公共租界北區　（一）南洋平校、地址閘北開封路、負責人凌銘之、教員南洋女師學生、學生女八四、二班（二）道南平校、地址海甯路天鑫里、負責人李宵白、教員十九、學生男七八女九、二班（三）東嘉一中平校、地址崑山路二十號、負責人馬以鑣、教員該校學生、學生男五十女十五、四班（四）縣立第三小學平校、地址天后宮、負責人王砥平、學生男二八女二三、教員三、一班（五）承天平校、地址沈家灣、負責人周志禹、教員八七、學生男二百、一班（用幻燈）（六）飛虹平校、地址文監師路文昌閣、負責人姚蕙泉、教員六、學生男十一女一一五、二班（七）東區平校、地址提籃橋、負責人華豪吾、教員女體校教員、學生女三十、一班

戊、公共租界東區　（一）平教社第二十二補習校、地址浙江路華興坊、負責人平教社、教員一、學生男二三女一七、一班（二）滬太平校、地址松樹油、負責人仇子同、教員一百、學生男五五女三十、四班（三）同芳平校、地址虹口通州路底、負責人同芳學院、教員八、學生男一六三女六五、六班（四）第二十補習校、地址西華德路秩善里、負責人平教社、教員一、學生男二四女六、一班（五）第五、地址塘山路尚賢里口、負責人平教社、教員二、學生男二五女十五、一班

己、公共租界中區　（一）青年會平校、地址四川路青年會、負責人鮑九畢、教員一、學生男五十二、一班（二）第十九補習校、地址北泥城橋永吉里、教員四、學生男六十七女二十九、二班

庚、法租界　（一）第一補習校、地址法界霞飛路、教員四、學生男七二女三十六、一班（二）第十六、地址奧禮和路、籌備中　（三）第十六、地址敏體尼蔭路、教員六、學生男三九女三四、二班

辛、浦東　（一）震修平校、地址楊家渡震修路、負責人顧昀、教員十三、學生男六十、一班（二）青年會平校、地址爛泥渡、負責人丁曉破、教員四、學生男一三六、四班（三）浦中平校、地址六里橋、負責人李蔚唐、教員二三、學生男五四女十七、四班

壬、江灣　（一）辛酉社第四平校、地址新市路五十七號、負責人莊誠楼、教員二、學生男三四女一三、二班

癸、寳山　（一）寳山平校試驗班、地址寳山城內、負責人寳山平教促進會、教員二、學生男三十、一班

平教社第八補習校、負責人平教社、教員四、學生男一八女六、一班

總計十區五十八校五十三負責人教員四百二十五位學生男三千六百二十五人女一千六百四十一人班數一百十三班　（完）

上宝平民学校详细统计表（续）·上宝平民教育促进会调查

丙、公共租界西区：（一）上大平校，地址西摩路，负责人上海大学平校委员会，教员该校学生，学生男三〇一、女六三，六班。（二）南洋高业平校，地址山海关路，负责人励尊谅、邱沈镛，教员十六，学生男一八二、女六二，四班。（三）中工平校，地址新闸路辛家花园，负责人朱怡剑，教员十七，学生男一三六，四班。（四）第十一补习校，地址静安寺路中华书局，教员及学生在接洽与招生中。（五）第三，地址爱文义路，教员三，学生男九、女七，一班。（六）第四，地址海白格路，教员二，学生男四十二、女三三，二班。（七）第九，地址新闸路，教员三，学生男五八，一班。（八）第十，地址静安寺民厚里，招生中。（九）第十五，地址徐家汇，筹备中。（十）第二十一，地址卡德路张家宅，教员一，学生男十八、女十二，一班。以上七校皆由平教社负责。（十一）明智平校，地址爱文义路戈登路口，筹备中。

丁、公共租界北区：（一）南洋平校，地址闸北开封路，负责人凌铭之，教员南洋女师学生，学生女八四，二班。（二）道南平校，地址海宁路天鑫里，负责人李肖白，教员十九，学生男七八、女九，二班。（三）东吴二中平校，地址昆山路二十号，负责人马以钟，教员该校学生，学生男五十、女十五，四班。（四）县立第三小学平校，地址天后宫，负责人王砥平，学生男二八、女二二，教员三，一班。（五）承天平校，地址沈家湾，负责人周志禹，教员八七，学生男二百，一班（用幻灯）。（六）飞虹平校，地址文监师路文昌阁，负责人姚惠泉，教员六，学生男十一、女一一五，二班。（七）东区平校，地址提篮桥，负责人华豪吾，教员女体校教员，学生女三十，一班。

（下略）

1924年5月31日第十六版

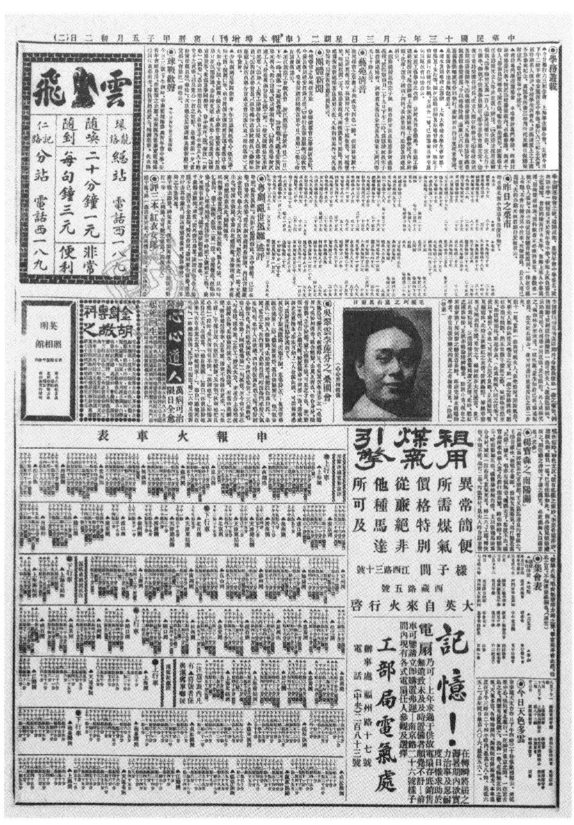

◉學務叢載

▲漣水暑期學校之籌辦　上海大學漣水學生曹奎恩・曹鴻恩・朱松等、擬在該縣創辦暑期補習學校、聘定于峻源蔣行化擔任教職、至校舍一層、已由籌備員曹奎恩向該縣教育局接洽云、

学务从载・涟水暑期学校之筹办

上海大学涟水学生曹奎恩、曹鸿恩、朱松等，拟在该县创办暑期补习学校。聘定于峻源、蒋行化担任教职。至校舍一层，已由筹备员曹奎恩向该县教育局接洽云。

1924年6月3日本埠增刊第二版

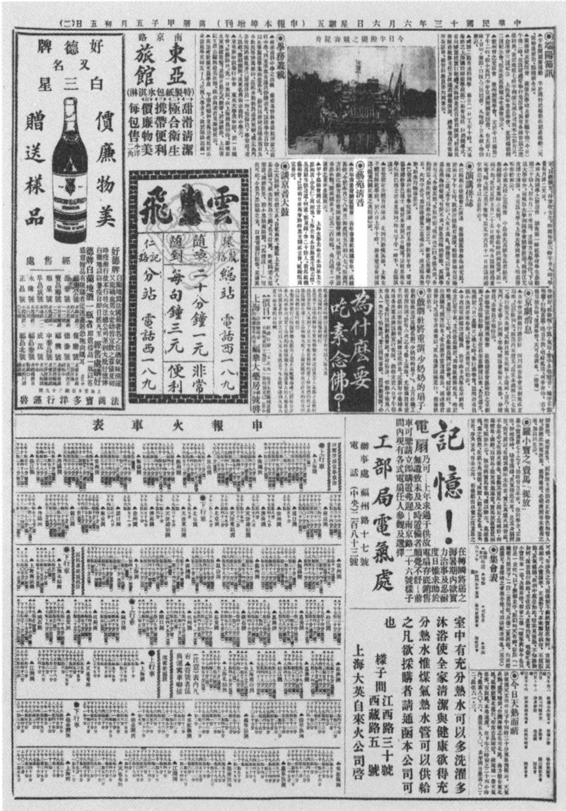

◉藝苑清音

▲甲子藝術會開成立會　上海大學美術系本期畢業生廖湘波・李安仁・周湘儁、上海美專本期畢業生魏志傑・及高級生張達道・何薫・鄧星鐔・等二十餘人、發起組織藝術會、已於前日在西摩路時應里開成立會、組織頗爲完善云、

艺苑清音・甲子艺术会开成立会

上海大学美术系本期毕业生廖湘波、李安仁、周湘俊，上海美专本期毕业生魏志杰及高级生张达道、何薰、邓星镡等二十余人，发起组织艺术会，已于前日在西摩路时应里开成立会，组织颇为完善云。

1924年6月6日本埠增刊第二版

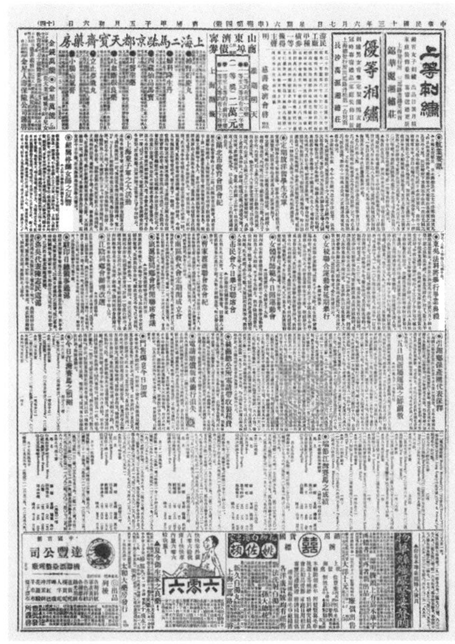

◎紹興停辦女師之反響

▲上海大學浙江同鄉會電爭

紹興縣議會議員毛鼎培等、提議停辦縣立女子師範、該議會業已將該案一讀通過、引起全紹人士之反對、迄無結果、上海大學浙江同鄉會、特於五日快郵代電該議會云、紹興縣議會議員諸君均鑒、閱報載、貴會有停辦縣立女子師範之提議、不勝詫異、竊思女子教育、爲家庭教育之基礎、師範教育、爲國民教育之根本、關係於社會國家、何等重大、竭力提倡、猶恐不及、乃議員毛某等、竟有此荒謬絕倫之提案、殊堪痛恨、吾浙爲文化卓著之區、斷不容此等敗類、任意摧殘、尙希速行打消、以平人心、如竟抹煞天良、甘冒不韙、則吾人爲桑梓教育計、不得不有以對待、毋謂言之不預也、上海大學浙江同鄉會徵、

绍兴停办女师之反响·上海大学浙江同乡会电争

绍兴县议会议员毛鼎培等提议停办县立女子师范。该议会业已将该案一读通过，引起全绍人士之反对，迄无结果。上海大学浙江同乡会，特于五日快邮代电该议会云。绍兴县议会议员诸君均鉴：阅报载，贵会有停办县立女子师范之提议，不胜诧异。窃思女子教育，为家庭教育之基础，师范教育，为国民教育之根本，关系于社会国家，何等重大，竭力提倡，犹恐不及。乃议员毛某等，竟有此荒谬绝伦之提案，殊堪痛恨。吾浙为文化卓著之区，断不容此等败类，任意摧残，尚希速行打消，以平人心。如竟抹煞天良，甘冒不韪，则吾人为桑梓教育计，不得不有以对待，毋谓言之不预也。上海大学浙江同乡会征。

1924 年 6 月 7 日第十四版

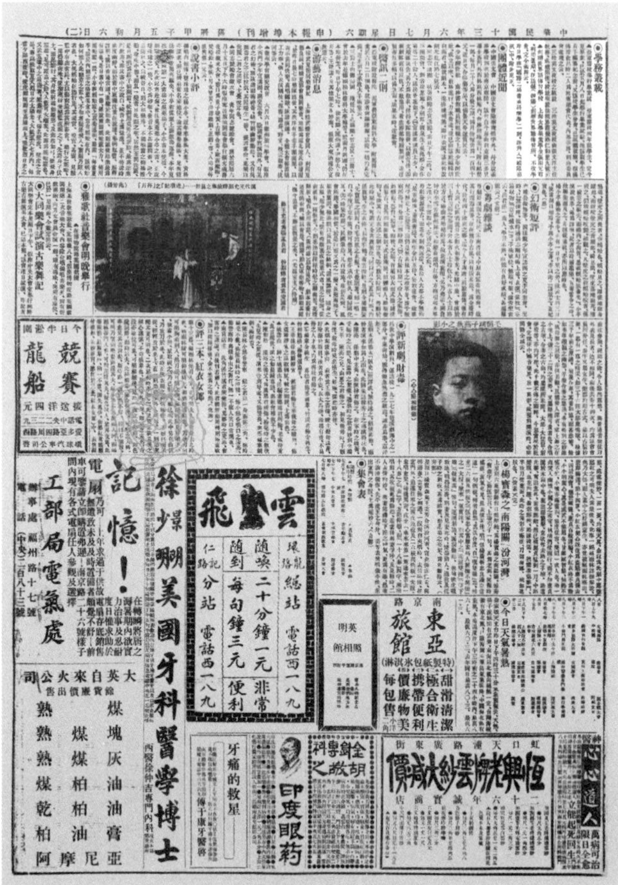

◎學務叢載

▲創辦世界語傳習學校　上海大學畢業學生張開元君、利用暑期、在該縣（泗陽）創辦世界語傳習所、不收學費、完全義務云、

学务丛载·创办世界语传习学校

上海大学毕业学生张开元君，利用暑假在该县（泗阳）创办世界语传习所，不收学费，完全义务云。

1924 年 6 月 7 日本埠增刊第二版

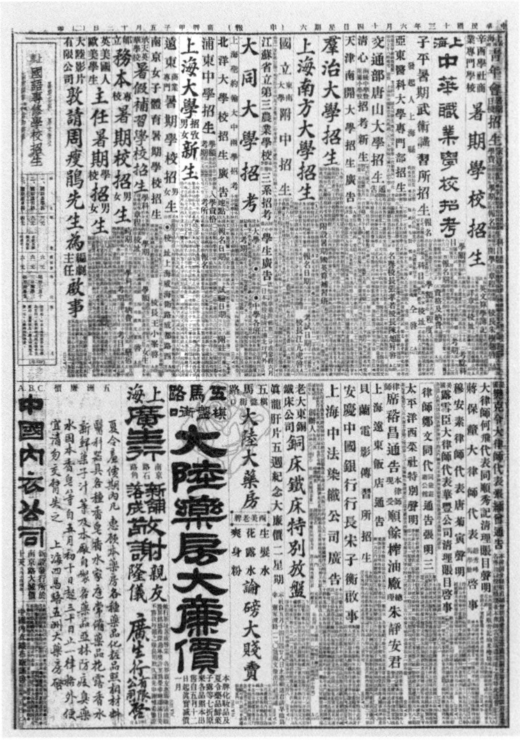

上海大学招考男女新生

本校本学期大学部文艺院之中国文学系、英国文学系及社会科学院之社会学系、政治学系、经济学系、商业学系、教育学系各招收新生一班；专门部之美术科招收新生一班；中学部之高级中学招收新生一班，初级中学招收新生两班。又原有之高中、初中及英算高等补习各班招收插班生。考试分三期：第一次为七月十一、十二两日；第二次为九月十五、十六两日；第三次为九月念［廿］四、念［廿］五两日。报名自六月十六日起。试验费二元，随带最近四寸照片及文凭或转学证书。函索简章者，须附邮票四分；索本校一览者，须附邮票十五分。空函恕不作复。地点在爱文义路西摩路本校。

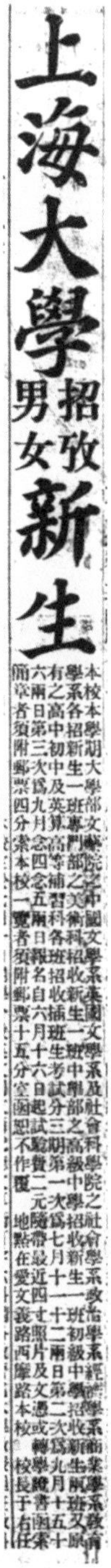

校长于右任

1924 年 6 月 14 日第二版

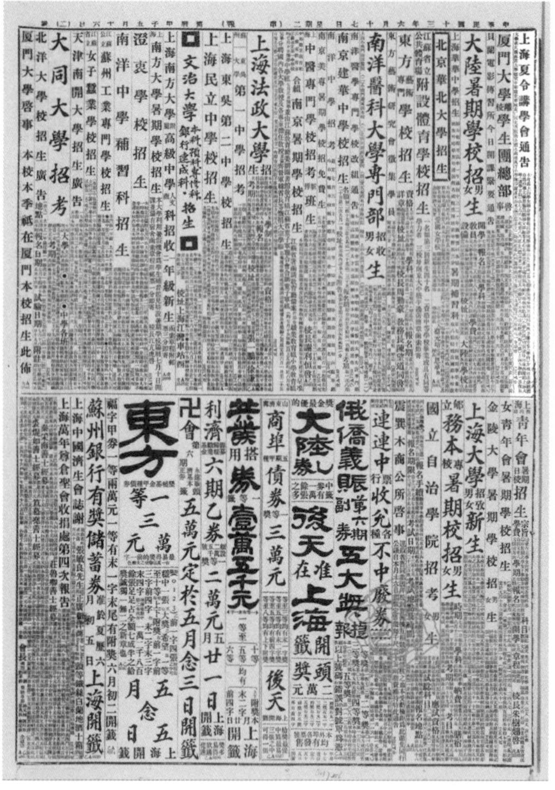

上海夏令講學會通告

本會爲上海學生聯合會發起以研究學術爲宗旨（講師）爲汪精衛吳稚暉何世楨何世枚李權時等（學科）分政治法律經濟自然科學文藝勞動問題婦女問題等凡有志研究者不論性別年齡均得與會聽講（小學教員）特別優待會址西摩路上海大學（講學日期）自七月六日起至八月底止（聽講費）每學程洋五角繳洋八元者得自由聽講（報名處）上海大學劉一清復旦大學承天蔭南洋大學繆斌中華職業學校黃仁同文書院唐公憲九畝地萬竹小學陳印廬遠東商專溫崇信省立二師孫祖基杭州薦橋街沈玄廬（簡章及課程詳表）附郵花一分即寄

上海夏令讲学会通告

本会为上海学生联合会发起，以研究学术为宗旨。讲师为汪精卫、吴稚晖、何世桢、何世枚、李权时等；学科分政治、法律、经济、自然科学、文艺、劳动问题、妇女问题等。凡有志研究者，不论性别、年龄均得与会听讲，小学教员特别优待。会址西摩路上海大学。讲学日期自七月六日起至八月底止。听讲费每学程洋五角，缴洋八元者得自由听讲。报名处上海大学刘一清、复旦大学承天荫、南洋大学缪斌、中华职业学校黄仁、同文书院唐公宪、九亩地万竹小学陈印庐、远东商专温崇信、省立二师孙祖基、杭州荐桥街沈玄庐。简章及课程详表附邮花一分即寄。

1924年6月17日第二版

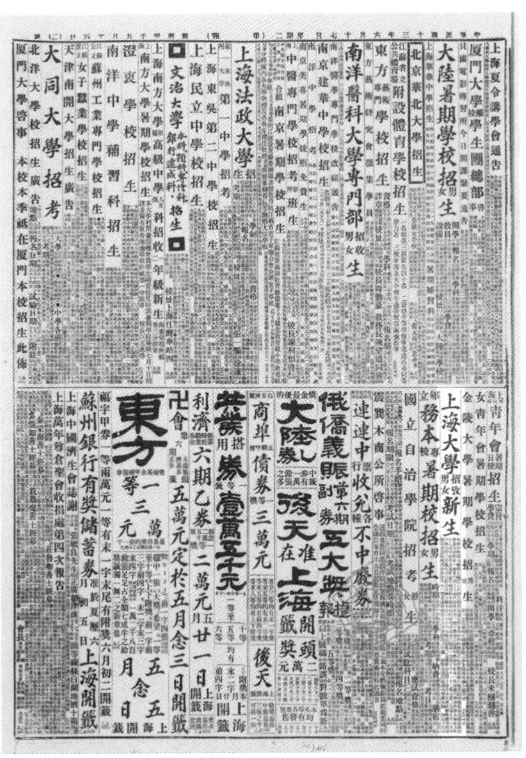

上海夏令講學會通告　廈門大學學生團總部　大陸暑期學校招生　北京華北大學招生　附設體育學校招生　東方藝術專門學校招生　南洋醫科大學專門部招收男女生　南京建華中學校招生　南京暑期學校招生　上海法政大學招生　上海東吳第二中學校招生　上海民立中學校招生　文治大學　上海南方大學高級中學　南洋中學補習科招生　澄衷學校招生　蘇州工業專門學校招生　女子蠶業學校招生　天津南開大學招生廣告　大同大學招考　北洋大學校招生廣告　廈門大學啟事

上海青年會招生　金陵大學暑期學校招生　務本暑期學校招女生　上海大學招考男女新生　國立自治學院招考　俄僑義賑　大陸券　東方　蘇州銀行有獎儲蓄券

上海大学招考男女新生

本校本学期大学部文艺院之中国文学系、英国文学系及社会科学院之社会学系、政治学系、经济学系、商业学系、教育学系各招新生一班；专门部之美术科招收新生一班；中学部之高级中学招收新生一班，初级中学招收新生两班。又原有之高中、初中及英算高等补习科各班招收插班生。考试分三期：第一次为七月十一、十二两日，第二次为九月十五、十六两日，第三次为九月念［廿］四、念［廿］五两日。报名自六月十六日起，试验费二元，随带最近四寸照片及文凭或转学证书。函索简章者，须附邮票四分；索本校一览者，须附邮票十五分。空函恕不作复。地点在爱文义路西摩路本校。

校长于右任

1924 年 6 月 17 日第二版

上海大學招攷男女新生

本校本學期大學部文藝院之中國文學系英國文學系及社會科學院之社會學系政治學系經濟學系商業學系教育學系各招新生一班專門部之美術科招收新生一班中學部之高級中學招收新生一班初級中學招收新生兩班又原有之高中初中及英算高等補習科各班招收插班生考試分三期第一次為七月十一十二兩日第二次為九月十五十六兩日第三次為九月念四念五兩日報名自六月十六日起試驗費二元隨帶最近四寸照片及文憑或轉學證書函索簡章者須附郵票四分索本校一覽者須附郵票十五分空函恕不作覆地點在愛文義路西摩路本校

校長于右任

◎各學校之畢業禮

▲上海大學　上海大學開辦美術科、去年夏畢業兩班、本屆畢業學生成績尤佳、定於本月二十一·二十二兩日自上午九時起至下午四時止、舉行成績展覽會、二十二日下午二時舉行畢業式云、

各学校之毕业礼·上海大学

上海大学开办美术科，去年夏毕业两班。本届毕业学生成绩尤佳，定于本月二十一、二十二两日自上午九时起至下午四时止，举行成绩展览会，二十二日下午二时举行毕业式云。

1924 年 6 月 21 日本埠增刊第二版

◉各學校之畢業禮

▲上海大學平校　西摩路上海大學附設平民學校、於昨日下午七時、在該校大敎室舉行畢業式及休業式、到會者有全體學生二百數十人、敎職員三十餘人、及來賓朱少屛王耀三朱琴馮蘭馨等、由該校主任朱義權主席、此次畢業者、僅成績最優之學生三十六名云、

各学校之毕业礼·上海大学平校

西摩路上海大学附设平民学校，于昨日下午七时，在该校大教室举行毕业式及休业式。到会者有全体学生二百数十人，教职员三十余人，及来宾朱少屏、王耀三、朱琴、冯兰馨等，由该校主任朱义权主席。此次毕业者，仅成绩最优之学生三十六名云。

1924年6月22日本埠增刊第二版

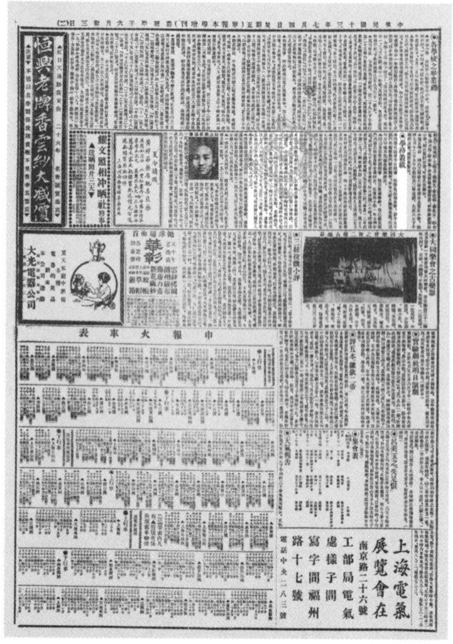

◉學務叢載

○夏令講學會學程排定 上海學生聯合會舉辦之夏令講學會、現已籌備完全、准於本月六號舉行開學禮、所請講員、有汪精衛李權時沈玄廬戴季陶何世楨何世枚吳稚暉陳望道周建人邵仲輝葉楚傖等、其講程各目、如全民政治、比較政治、科學概論、近代文學、美學概要、近代劇、消費合作、信用合作、中國財政問題、中國政治經濟概況及近世史、中國外交史、憲法史等等、講學期自七月六日起至八月三十日止、共計八星期、會址在愛文義路西摩路上海大學內、備有膳宿、現該會已報名入學者計有男女學員百人以上云、

学务丛载·夏令讲学会学程排定

上海学生联合会举办之夏令讲学会，现已筹备完全，准于本月六号举行开学礼。所请讲员，有汪精卫、李权时、沈玄庐、戴季陶、何世桢、何世枚、吴稚晖、陈望道、周建人、邵仲辉、叶楚伧等，其讲程各目，如全民政治、比较政治、科学概论、近代文学、美学概要、近代剧、消费合作、信用合作、中国财政问题、中国政治经济概况及近世史、中国外交史、宪法史等等。讲学期自七月六日起至八月三十日止，共计八星期。会址在爱文义路西摩路上海大学内，备有膳宿。现该会已报告入学者计有男女学员百人以上云。

1924 年 7 月 4 日本埠增刊第二版

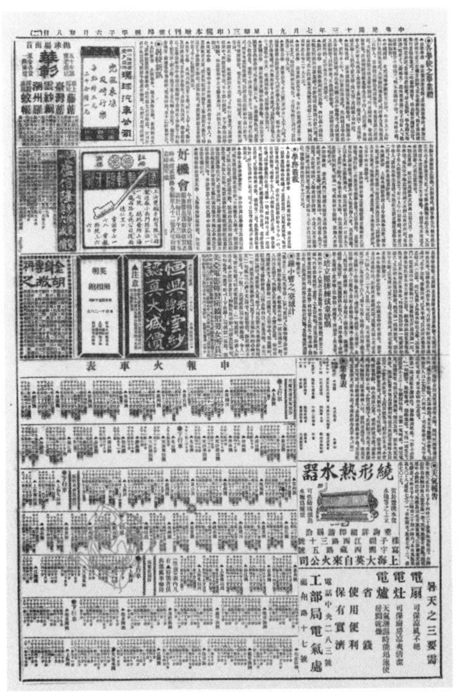

◉學務叢載

▲上海大學畢業同學會　上大畢業同學會、爲去夏第一屆畢業同學所組織、今夏該校第二屆畢業同學、對於該會章程、略有討論、遂由在滬同學於昨日下午一時、在母校開會、到者十五人、公推程永言君主席、修改章程後、以會務進行在即、選舉一切、尙待時日、遂一致議決、暫票舉臨時職員、計總務委員程永言君、交際委員史岩君、文牘委員孫君謀、戴炳宣二君、庶務委員張惠如君、會計委員涂竺筠君、聞不日該會再集議討論進行事項云、

学务丛载·上海大学毕业同学会

上大毕业同学会，为去夏第一届毕业同学所组织。今夏该校第二届毕业同学，对于该会章程略有讨论，遂由在沪同学于昨日下午一时在母校开会，到者十五人，公推程永言君主席。修改章程后，以会务进行在即，选举一切，尚待时日，遂一致议决，暂票举临时职员，计总务委员程永言，交际委员史岩君，文牍委员孙君谋、戴炳宣二君，庶务委员张惠如君，会计委员涂竺筠君。闻不日该会再集议讨论进行事项云。

1924年7月9日本埠增刊第二版

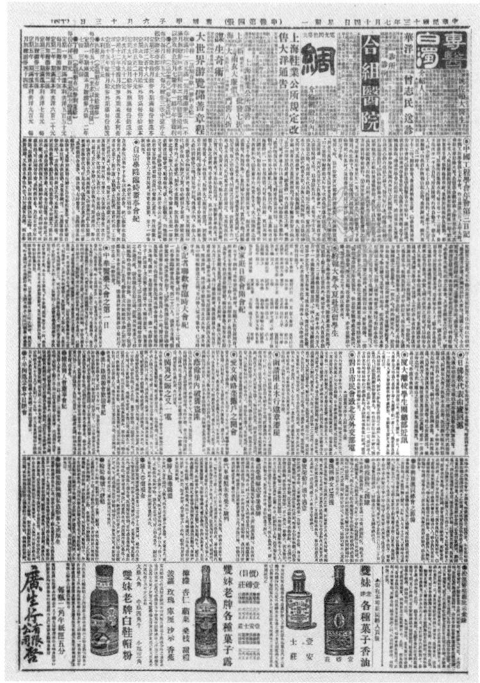

◎廈大離校學生團總部近訊

廈門大學離校學生團總部到滬以來、頗得各方援助、前日、上海大學學生又特派代表楊子華・朱義權・劉一清・三人、親至宜昌路一一五號大夏大學該總部辦事處慰問、並願盡力援助大夏大學之進行云、

又該部得福州來訊、謂林文慶私黨某教員近在福州大造謠言、淆亂黑白、以謀誣陷離校教職員學生、昨特開會討論對付辦法、議決推代表孫元曾君親携「血淚」多份、往福州剖白一切、俾該地人士得充分明瞭該校此次學潮眞相、及該部來滬後進行經過、聞孫君已於昨晚乘招商局新濟輪南行矣、

厦大离校学生团总部近讯

厦门大学离校学生团总部到沪以来，颇得各方援助。前日，上海大学学生又特派代表杨子华、朱义权、刘一清三人亲至宜昌路一一五号大夏大学该总部办事处慰问，并愿尽力援助大夏大学之进行云。

又该部得福州来讯，谓林文庆私党某教员近在福州大造谣言，淆乱黑白，以谋诬陷离校教职员学生。昨特开会讨论对付办法，议决推代表孙元曾君亲携“血泪”多份，往福州剖白一切，俾该地人士得充分明了该校此次学潮真相，及该部来沪后进行经过。闻孙君已于昨晚乘招商局新济轮南行矣。

1924 年 7 月 14 日第十四版

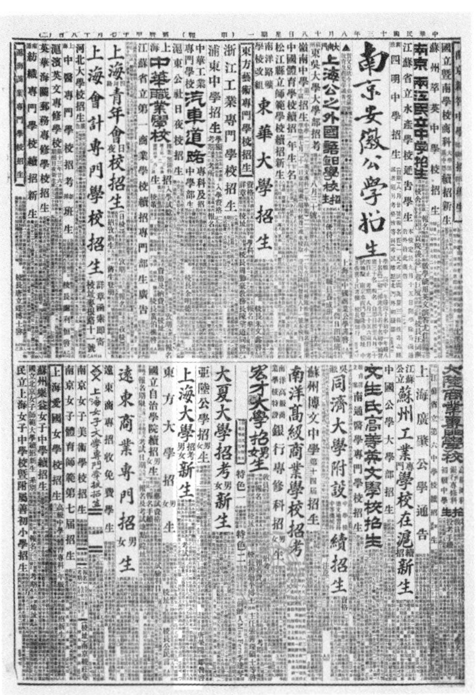

上海大学招考男女新生

本校本学期大学部文艺院之中国文学系、英国文学系及社会科学院之社会学系、政治学系、经济学系、商业学系、教育学系各招新生一班；专门部之美术科招收新生一班；中学部之高级中学招收新生一班，初级中学招收新生两班。又原有之高中、初中及英算高等补习科各班招收插班生。考试第二次为九月十五、十六两日，第三次为九月念［廿］四、念［廿］五两日。报名自六月十六日起，试验费二元，随带最近四寸照片及文凭或转学证书。函索简章者，须附邮票四分；索本校一览者，须附邮票十五分。空函恕不作复。地点在爱文义路西摩路本校。

校长于右任

1924年8月18日第二版

上海大學招考男女新生

本校本學期大學部文藝院之中國文學系英國文學系及社會科學院之社會學系政治學系經濟學系商業學系教育學系各招新生一班專門部之美術科招收新生一班中學部之高級中學招收新生一班初級中學招收新生兩班又原有之高中初中及英算高等補習科各班招收插班生

考試

第二次爲九月十五十六兩日第三次爲九月念四念五兩日報名自六月十六日起試驗費二元隨帶最近四寸照片及文憑或轉學證書函索簡章者須附郵票四分索本校一覽者須附郵票十五分空函恕不作復

地點在愛文義路西摩路本校

校長于右任

A8544 2

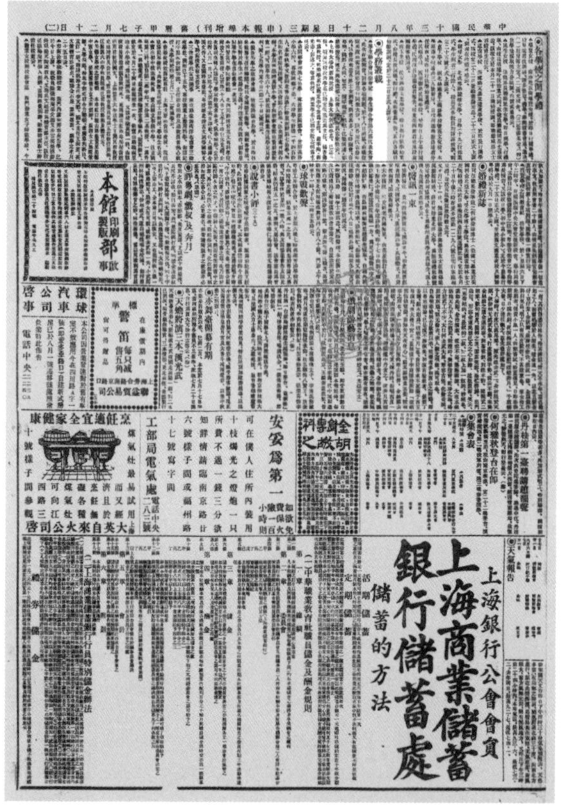

◎學務叢載

▲上海大學校新聘教授　上海大學新添學系、已誌前報、頃聞該校政治學系已聘定張奚若爲主任、楊杏佛爲教授、經濟學系已聘定李守常爲主任、戴季陶・蔣光赤・彭述之・等爲教授、商業學系已聘定殷志恒爲主任云、

学务从载 · 上海大学校新聘教授

上海大学新添学系，已志前报。顷闻该校政治学系已聘定张奚若为主任、杨杏佛等为教授；经济学系已聘定李守常为主任，戴季陶、蒋光赤、彭述之等为教授；商业学系已聘定殷志恒为主任云。

1924 年 8 月 20 日本埠增刊第二版

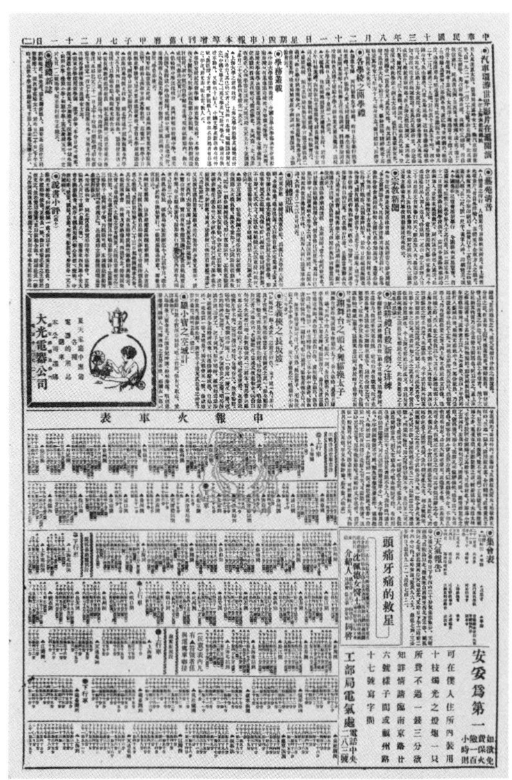

◉學務叢載

▲上海大學之新聘教授　上海大學新添學系延聘教授進行甚力、其已聘定者、已見昨日本報、頃聞該校原有之『中國文學系』、『英文學系』、『社會學系』、除原有教授不動外、又新聘十餘人、中國文學系新聘者有任仲敏、嚴既澄、方光燾、滕固數人、社會學系新聘者有彭述之、李達、蔣光赤、張太雷數人云、

学务丛载·上海大学之新聘教授

上海大学新添学系延聘教授，进行甚力，其已聘定者，已见昨日本报。顷闻该校原有之中国文学系、英文学系、社会学系，除原有教授不动外，又新聘十余人。中国文学系新聘者有任仲敏、严既澄、方光寿［焘］、滕固数人，社会学系新聘者有彭述之、李达、蒋光赤、张太雷数人云。

1924年8月21日本埠增刊第二版

雙十牌梁新記大減價廿一天

◉學務叢載

▲上海大學畢業同學會　上大畢業同學會、昨在本校開會、主席程永言君、首由史岩孫君謀提議母校學務長何世楨博士、應函請校長挽留回校、全體表决贊成、次議張惠如·楊澐提議於母校、美術科、應如何發展、結果公推代表史岩張惠如楊澐孫君謀四人進謁校長磋商云

学务丛载·上海大学毕业同学会

上大毕业同学会，昨在本校开会，主席程永言君。首由史岩、孙君谋提议母校学务长何世桢博士，应函请校长挽留回校，全体表决赞成；次议张惠如、杨沄提议于母校美术科应如何发展，结果公推代表史岩、张惠如、杨沄、孙君谋四人进谒校长磋商云。

1924 年 8 月 26 日本埠增刊第二版

上海國華化學製藥廠
開幕紀念大廉價一月
化學專家鄭平叔監製
真正杏仁精
▲潤肺降氣
▲清熱散寒
▲止咳聖品
▲除痰良將

五馬路寶善街
南洋襪廠啓事

◎學務彙載

▲上海大學學務之改進　上海大學、現將學務處改由學務委員會負責理事、學務委員即以中國文學系主任陳望道、英國文學系主任何世楨、社會學系主任瞿秋白等、及新設經濟政治等各系科部主任充之、日內正在舉行入學考試、與考者甚衆、所定委員業已全體負責辦事矣、

学务汇载·上海大学学务之改进

上海大学，现将学务处改由学务委员会负责理事，学务委员即以中国文学系主任陈望道、英国文学系主任何世桢、社会学系主任瞿秋白等及新设经济政治等各系科部主任充之。日内正在举行入学考试，与考者甚众，所定委员业已全体负责办事矣。

1924年9月2日本埠增刊第二版

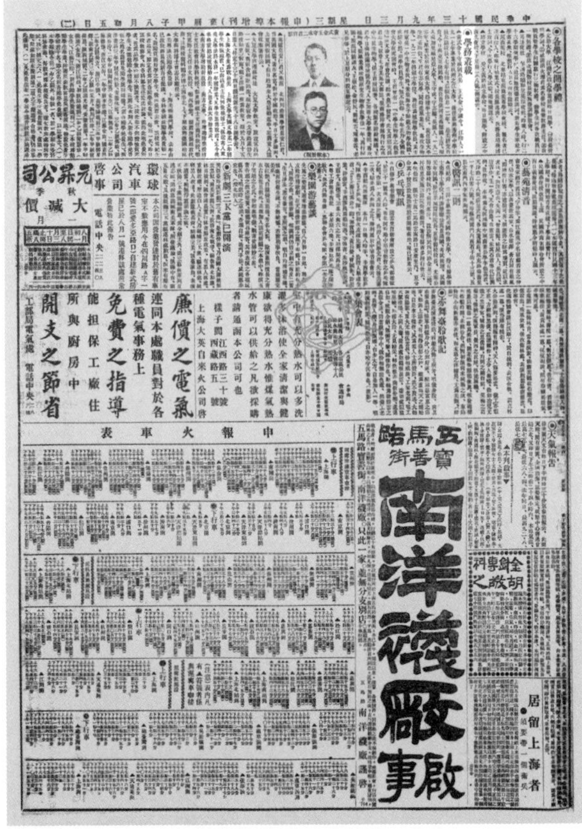

◎學務叢載

▲上海大學葉爲耽赴美　上海大學英國文學系二年級學生林振鏞君、已由該系主任何世楨博士、保送考入東吳大學法科本科一年級肄業、又學生葉爲耽君、定今晚乘格靈總統號郵船赴美、入波多茵大學肄業云、

学务丛载·上海大学叶为耽赴美

上海大学英国文学系二年级学生林振镛君，已由该系主任何世桢博士保送考入东吴大学法科本科一年级肄业。又学生叶为耽君，定今晚乘格灵总统号邮船赴美，入波多茵大学肄业云。

1924 年 9 月 3 日本埠增刊第二版

◎學務併載

▲上大中學部廣收新生　上海大學中學部、規定變通辦法、凡曾在公私立各中學肄業而願轉學該校者、祇須將修業證書、或各科成績證明書呈驗、經該校認可、便可免考收錄云、

学务并载·上大中学部广收新生

上海大学中学部，规定变通办法，凡曾在公私立各中学肄业而愿转学该校者，只须将修业证书，或各科成绩证明书呈验，经该校认可，便可免考收录云。

1924 年 9 月 14 日本埠增刊第三版

上海大學叢書之一

▲蔡和森先生著

社會進化史

大本一厚册　定價一元

蔡先生爲上海大學社會學系教授，於社會科學，研究有素。本書爲其經心之作。書凡三篇：一，家族之起源與進化；二，財產之起源與進化；三，國家之起源與進化。共十餘萬言，論述甚詳。

社會學大綱　一册　五角

民族主義　一册　二角

中國國民黨講演集　二册　一角八

購上列各書，照碼八折，外埠加寄費一成

上海棋盤街 民智書局發行

廣州永漢北路分局

各大書店均有分售

上海大学丛书之一·蔡和森先生著《社会进化史》

大本一厚册　定价一元

蔡先生为上海大学社会学系教授，于社会科学研究有素。本书为其经心之作。书凡三篇：一，家族之起源与进化；二，财产之起源与进化；三，国家之起源与进化。共十余万言，论述甚详。

1924 年 11 月 2 日第三版

中華民國十三年十一月十六日星期日（申報第四張）舊曆甲子年十月二十日

本埠新聞

●歡迎孫中山籌備種種

本埠各團體聯合會、昨因孫中山氏將於十七日（明日）抵滬、特於下午二時開執行委員會、討論歡迎孫氏之形式與儀節、各委員互商頗久、決定㈠歡迎時、不用任何旗幟、惟各人一律佩用各本團體徽章、以資識別、而誌盛況、㈡公推陳滋儀擬歡迎詞、屆時致頌、㈢未盡事宜、定今日下午二時、召集全體代表、公同討論之、議畢散會、發出通告如下、　孫中山先生定於本月十七日抵滬、本聯合會曾經前次召集各團體代表會議決歡迎、茲定於月之十六日下午二時、仍在本會開會討論歡迎秩序、屆時務希貴代表撥冗蒞蕭為要、

各工團因歡迎孫中山、於昨日下午二時、在天潼福德二路商界聯合會開第四次會議、到者六十餘公團代表九十餘人、公推陳廣海主席、議決㈠公推旅滬廣東自治會·上海大學學生會·工團聯合會·上海店員聯合會·學生總會·五團體、擔任探聽消息、俟得確信、即通知其餘公團前往歡迎、㈡每團體推指揮員二人、以徽章為標幟、再推總指揮一人、郭景仁君當選、㈢推舉陳廣海·林大松·丁義全·負責接洽歡迎會地點、㈣歡迎會定十九日下午舉行、㈤推定李逸為大會主席、王秋心為記錄、李誠為贊儀、㈥大會招待及糾察、由各工團代表分擔、㈦通過預算、由各公團自由認捐、不足之數、再由各公團均攤、㈧通過歡迎詞及意見書、㈨歡迎會憑入場券入場、按各公團人數分配、新加入團體、有大夏大學學生會·民治急進社·國民公學·上海粵僑工界聯合會·旅滬廣東自治會·女子參政協會·勤業女子師範·女界戰士慰勞會·女子體育師範·上海啓賢公學·等十八公團、

欢迎孙中山筹备种种

本埠各团体联合会，昨因孙中山氏将于十七日（明日）抵沪，特于下午二时开执行委员会，讨论欢迎孙氏之形式与仪节。各委员互商颇久，决定：（一）欢迎时，不用任何旗帜，惟各人一律佩用各本团体徽章，以资识别，而志盛况。（二）公推陈肃仪拟欢迎词，届时致颂。（三）未尽事宜，定今日下午二时召集全体代表，公同讨论之。议毕散会，发出通告如下：孙中山先生定于本月十七日抵沪，本联合会曾经前次召集各团体代表会议决欢迎。兹定于月之十六日下午二时，仍在本会开会讨论欢迎秩序，届时务希贵代表拨冗莅席为要。

各工团因欢迎孙中山，于昨日下午二时在天潼福德二路商界联合会开第四次会议，到者六十余公团代表九十余人，公推陈广海主席，议决：（一）公推旅沪广东自治会、上海大学学生会、工团联合会、上海店员联合会、学生总会五团体，担任探听消息。俟得确信，即通知其余公团前往欢迎。（二）每团体推指挥员二人，以徽章为标帜[识]。再推总指挥一人，郭景仁君当选。（三）推举陈广海、林大松、丁义全负责接洽欢迎会地点。（四）欢迎会定十九日下午举行。（五）推定李逸为大会主席，王秋心为记录，李诚为赞仪。（六）大会招待及纠察，由各工团代表分担。（七）通过预算，由各公团自由认捐，不足之数，再由各公团均摊。（八）通过欢迎词及意见书。（九）欢迎会凭入场券入场，按各公团人数分配。新加入团体，有大夏大学学生会、民治急进社、国民公学、上海粤侨工界联合会、旅沪广东自治会、女子参政协会、勤业女子师范、女界战士慰劳会、女子体育师范、上海启贤公学等十八公团。

1924 年 11 月 16 日第十三版

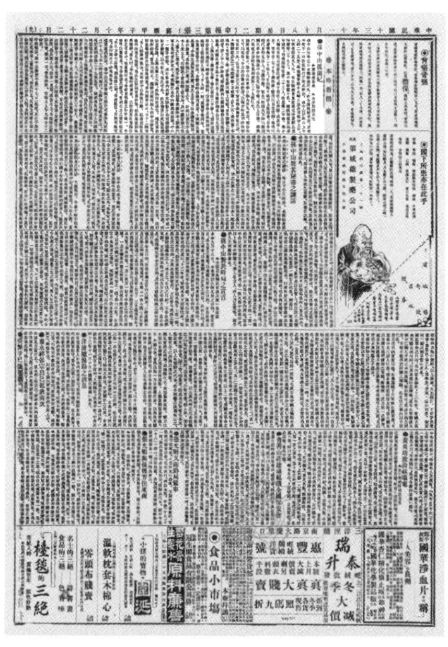

●孫中山抵滬紀

▲歡迎者甚衆　▲赴津期仍未定

孫中山所乘之日本郵船春洋丸、由香港開駛來滬、於前晚夜半一時許抵淞口三夾水停泊、 孫中山於昨日上午九時二十五分、乘袞爾登號小火輪至法公司碼頭上岸、同來者除其夫人外、 有汪精衛黃惠龍邵元冲黃穀昌盧師締等三十九人、 其中有婦孺十名、 聞張開儒及馬素亦同來、內乘頭等室者二十三人、餘悉乘二等艙、 乘小火輪往吳淞迎接孫氏者、爲于右任·石青陽·楊庶堪·居正·沈卓吾·宋子文·蔣作賓·暨段代表光雲卿·蘇齊代表淩鐵庵等二十餘人、在法租界碼頭上候迎者、有各團體代表約五百人、均携白旗、 寫有「歡迎大元帥」「歡迎國民革命領袖孫中山先生」等字樣、孫氏上岸後、 即乘汽車直至法租界莫利愛路二十九號住宅、

國聞通信社云、孫中山由粵乘日船春洋丸來滬、預計昨日可以抵埠、各方紛紛籌備歡迎、該輪於昨晨四時餘即抵吳淞口外、公司方面於五時半派專輪袞爾登號往迎、各團體歡迎之代表趙鐵橋·茅祖權·彭介石·蔣作賓·李鴻鈞·光雲錦·等、亦乘是船往輪上迎接、至各團體之歡迎者、於上午六時餘起、即陸續到法蘭西輪船公司碼頭聚集、到國民黨各區分部代表·及南洋烟草公司失業工人·上海大學·競雄女學·等代表計二千餘人、預由法捕房分派探捕程子卿等在場照料、歡迎者分立碼頭四旁、碼頭上禁絕閒人攙入、至九時一刻、袞爾登號到埠、 當由葉楚傖登台指揮、全體高呼孫總理萬歲、中國國民黨萬歲、中華民族解放萬歲、孫氏上埠後、向衆微笑點頭、表示謝意、其餘隨行者、亦陸續上岸、 計同行者有中山夫人宋女士、汪精衛·黃昌穀·邵元冲、及[illegible]獻君等十餘人、陳友仁偕來、然不同船、孫氏於羣衆歡呼中、即乘汽車至莫利愛路私宅、各團體代表亦陸續到來致敬、中山一一握手致答、 并在草場內由新大陸影片公司攝活動影片數幅、以示紀念、孫氏宅外、 由法捕房派武裝巡捕站立保護、上海大學之大隊、由碼頭赴孫宅、 捕房爲恐秩序紛亂、當加以阻止、 臨時法領并派人向中山致意、謂此舉純係出於保護誠意、幸勿誤會云云、至十二時後、各人始漸漸散去、至關於中山此後行動、 記者於晤見後即向孫氏詢問、孫氏之答詞至爲簡單、而其意態則極爲樂觀、孫氏曰、余此後所欲爲者、 已詳於吾在粵臨行前之宣言中、他蓋無所求、余前者唱道之和平統一、今殆可以實現矣、至余赴津之緩急、當視北方之情形而定、果北方發生紛擾、則赴津之期、亦將提早、否則局面安定、余行期自不必亟亟也云云、

孙中山抵沪纪·欢迎者甚众　赴津期仍未定

孙中山所乘之日本邮船春洋丸，由香港开驶来沪，于前晚夜半一时许抵淞口三夹水停泊。孙中山于昨日上午九时二十五分，乘褒尔登号小火轮至法公司码头上岸。同来者除其夫人外，有汪精卫、黄惠龙、邵元冲、黄谷昌、卢师缔等三十九人，其中有妇孺十名。闻张开儒及马素亦同来。内

乘头等室者二十三人，余悉乘二等舱。乘小火轮往吴淞迎接孙氏者，为于右任、石青阳、杨庶堪、居正、沈卓吾、宋子文、蒋作宾暨段代表光云卿［锦］、苏齐代表凌铁庵等二十余人。在法租界码头上候迎者，有各团体代表约五百人，均携白旗，写有“欢迎大元帅”“欢迎国民革命领袖孙中山先生”等字样。孙氏上岸后，即乘汽车直至法租界莫利爱路二十九号住宅。

国闻通信社云，孙中山由粤乘日船春洋丸来沪，预计昨日可以抵埠，各方纷纷筹备欢迎。该轮于昨晨四时余即抵吴淞口外。公司方面于五时半派专轮褒尔登号往迎，各团体欢迎之代表赵铁桥、茅祖权、彭介石、蒋作宾、李鸿钧、光云锦等，亦乘是船往轮上迎接。至各团体之欢迎者，于上午六时余起，即陆续到法兰西轮船公司码头聚集。到国民党各区分部代表及南洋烟草公司失业工人、上海大学、竞雄女学等代表计二千余人。预由法捕房分派探捕程子卿等在场照料。欢迎者分立码头四旁，码头上禁绝闲人搀入。至九时一刻，褒尔登号到埠。当由叶楚伧登台指挥，全体高呼“孙总理万岁”“中国国民党万岁”“中华民族解放万岁”。孙氏上埠后，向众微笑点头，表示谢意，其余随行者亦陆续上岸。计同行者有中山夫人宋女士、汪精卫、黄昌谷、邵元冲及张默君等十余人。陈友仁偕来，然不同船。孙氏于群众欢呼中，即乘汽车至莫利爱路私宅，各团体代表亦陆续到来致敬。中山一一握手致答，并在草场内由新大陆影片公司摄活动影片数幅，以示纪念。孙氏宅外，由法捕房派武装巡捕站立保护。上海大学之大队由码头赴孙宅，捕房为恐秩序纷乱，当加以阻止。临时法领并派人向中山致意，谓此举纯系出于保护诚意，幸勿误会云云。至十二时后，各人始渐渐散去。至关于中山此后行动，记者于晤见后即向孙氏询问，孙氏之答词至为简单，而其意态则极为乐观。孙氏曰：“余此后所欲为者，已详于吾在粤临行前之宣言中，他盖无所求。余前者唱道［倡导］之和平统一，今殆可以实现矣。至余赴津之缓急，当视北方之情形而定。果北方发生纷扰，则赴津之期，亦将提早，否则局面安定，余行期自不必亟亟也。”云云。

1924年11月18日第九版

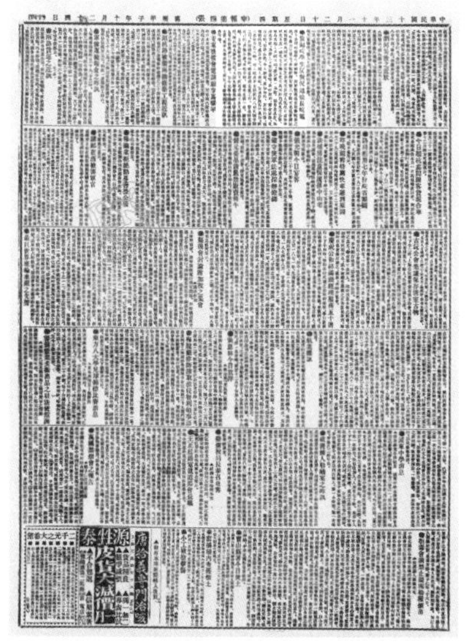

旅滬皖學生反對倪道烺長皖電

滬上各校皖籍學生謝碩等、因聞倪道烺有運動皖長之訊、昨發出代電云、各報館轉安徽六十縣父老昆季諸姑姊妹暨旅外同鄉天津段芝泉先生許俊人先生北京徐季龍先生高一涵先生王撫五先生廣州柏烈武先生公鑒、宰馬爲皖人共同目的、雖於銑日兎脫、而姜案具在、無倖逃斧鉞、乃殺人主兇倪道烺、乘時取利、摯金京津、竟謀長皖、聞將成熟、令人駭痛、道烺與馬、罪惡均等、而猾賊凶狠、或且過之、皖人救皖、宜速置倪馬於典刑、防止惡勢力之反動、使八皖再不至陷於民八前民賊宰割之局、此間憤慨相結、即當繼續姜案工作、誓達歸案論抵目的、爲虺不摧、爲蛇奈何、敬希主張一致、願効驅馳、上海大學謝碩劉一仍王弼孫君謀王步文濮德治吳霆、聖約翰大學許丙松、大同大學鄭象嶽王燮金滌環吳振環馬慰然涂均常聞初、法政大學余瑞高懷孫振華牧文農、東華大學孫柳村王靖民、安徽旅滬東方大學同鄉會叩嘯、

旅沪皖学生反对倪道烺长皖电

沪上各校皖籍学生谢硕等，因闻倪道烺有运动皖长之讯，昨发出代电云：各报馆转安徽六十县父老昆季诸姑姊妹暨旅外同乡，天津段芝泉先生、许俊人先生，北京徐季龙先生、高一涵先生、王抚五先生，广州柏烈武先生公鉴：宰马为皖人共同目的，虽于铣日兔脱，而姜案具在，无幸逃斧钺，乃杀人主凶倪道烺，乘时取利，辇金京津，竟谋长皖，闻将成熟，令人骇痛。道烺与马，罪恶均等，而猾贼凶狠，或且过之。皖人救皖，宜速置倪马于典刑，防止恶势力之反动，使八皖再不至陷于民八前民贼宰割之局。此间愤慨相结，即当继续姜案工作，誓达归案论抵目的。为虺不摧，为蛇奈何。敬希主张一致，愿效驱驰。上海大学谢硕、刘一仍、王弼、孙君谋、王步文、濮德治、吴霆，圣约翰大学许丙松，大同大学郑象岳、王燮、金涤环、吴振环、马慰然、涂均、常闻初，法政大学余瑞、高怀、孙振华、牧文农，东华大学孙柳村、王靖民，安徽旅沪东方大学同乡会叩啸。

1924 年 11 月 20 日第十四版

籃球消息

本埠每年有全滬華人籃球錦標之比賽、去年加入者、爲青年會全白隊・全黑隊・體育研究會・聖約翰大學・復旦大學・滬江大學等六隊、最後錦標、爲全白隊奪得、今年復由青年會發起、除去年加入之各隊外、新加入有上海大學・南方大學・及中國公學等、並定本月二十九日開始比賽、地點本擬在貝勒路體育場、但聞因多數贊成在青年會舉行、故現在尚未決定、本屆錦標、聞全白隊及全黑隊爲最有希望、屆時必有一番角逐也、

篮球消息

本埠每年有全沪华人篮球锦标之比赛，去年加入者，为青年会全白队、全黑队、体育研究会、圣约翰大学、复旦大学、沪江大学等六队，最后锦标为全白队夺得。今年复由青年会发起，除去年加入之各队外，新加入有上海大学、南方大学及中国公学等，并定本月二十九日开始比赛。地点本拟在贝勒路体育场，但闻因多数赞成在青年会举行，故现在尚未决定。本届锦标，闻全白队及全黑队为最有希望，届时必有一番角逐也。

1924 年 11 月 20 日本埠增刊第二版

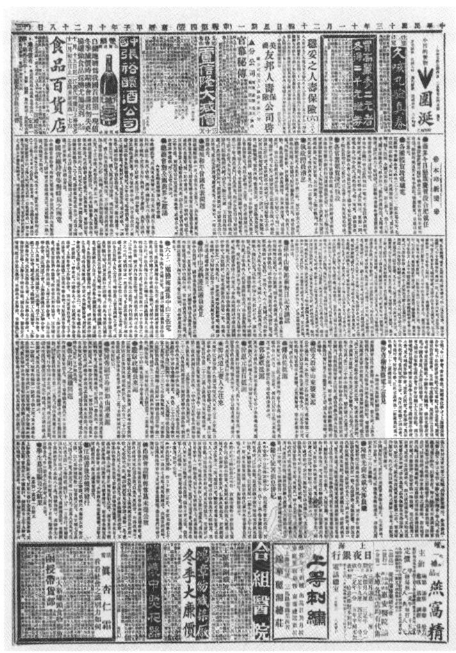

六十二團體擁護孫中山主張電

各報館轉全國各公團公鑒、伏讀中國國民黨對於時局之宣言、與該黨總理孫中山先生、對於新聞記者發表之政見、洞悉中國十三年來禍亂之癥結、並明示今後謀國之方針、在造成獨立自由之國家、以擁護國家及民衆之利益爲歸宿、舉其大者、如對外則取消一切不平等之條約及特權、變更內外債之性質、使列强不能利用此外債、以致中國半困於半殖民地之地位、對內則劃定中央與省之權限、使國家統一與省自治、各遂其發達而不相妨礙、同時確定縣爲自治之單位、以深殖民權之基礎、且當以全力保障人民之自治、輔助農工實業團體之發達、謀經濟教育狀況之改善、又反覆聲明、十三年來帝國主義與軍閥勾結、以爲其進行之障礙、遂使此等關係民國存亡國民生死之榮榮大端、無由實現、末復訴諸國民之公意、要求國民之自決、主張召集全國國民會議、解決國是、本公團等僉謂再四、認此主張、確爲救濟中國之良藥、用特通電擁護、（希於本公團籌備會、對於國民會議之具體主張、另有通電發表之）、並希全國各公團一致贊助、本會幸甚、中國幸甚、中華民國學生聯合會總會、上海粵僑工界聯合會、旅滬廣東自治會、女子參政協會、天潼福德二路商界聯合會、吳淞路商界聯合會、嘉興路商界聯合會、河南路商界聯合會、上海市民協會、閘北市民對外協會、南市市民對外協會、反帝國主義大同盟、非基督教同盟、上海工界聯合會、上海店員聯合會、浙江旅滬工會、上海船務棧房工界聯合會、機器工人俱樂部、松滬機械職工同志會、勞工青年會、金銀工人互助會、曉花業工會、楊樹浦工人進德會、上海大學學生會、大夏大學學生會、上海大學平民學校、上海啓賢公學、上海女子體育師範、國民公學、勤業女子師範、虹口平民女學校、林蔭路平民學校、安徽逃亡學生團、中江學會、青年學社、旅滬奉化學會、上海環球新青年社、平民教育研究社、平民導社、民治會進社、旅滬蘇民自治促進會、女界職工慰勞會、旅滬浙江自治協會、寧家濱支育報社、中國青年救國團、春雷文學研究社、中國孤星社、上大浙江同鄉會、天津留滬學生同志會、旅滬山東學生同志會、青年印刷工人互助社、同志勵戒嗜好閱報社、暨南大學學生自治會、楊樹浦平校校友會、東北城商界聯合會、地貨友誼會、晉賢學校、真茹平民教育社、貴州留滬學生會、南洋烟草職工同志會、失業後援會、明智公學、江西省議會第二屆議員駐滬辦事處、等六十二團體同啓、

六十二团体拥护孙中山主张电

各报馆转全国各公团公鉴： 伏读中国国民党对于时局之宣言，与该党总理孙中山先生对于新闻记者发表之政见，洞悉中国十三年来祸乱之症结，并明示今后谋国之方针，在造成独立自由之国家，以拥护国家及民众之利

益为归宿。举其大者，如对外则取消一切不平等之条约及特权，变更内外债之性质，使列强不能利用此外债，以致中国坐困于半殖民地之地位。对内则划定中央与省之权限，使国家统一与省自治，各遂其发达而不相妨碍，同时确定县为自治之单位以深殖民权之基础，且当以全力保障人民之自治，辅助农工实业团体之发达，谋经济、教育状况之改善。又反复声明，十三年来帝国主义与军阀勾结，以为其进行之障碍，遂使此等关系民国存亡、国民生死之荦荦大端，无由实现。末复诉诸国民之公意，要求国民之自决，主张召集全国国民会议，解决国是。本公团筹备会循诵再四，认此主张，确为救济中国之良药，用特通电拥护。（至于本公团筹备会，对于国民会议之具体主张，另有通电发表之。）并希全国各公团，一致赞助，本会幸甚，中国幸甚。 中华民国学生联合会总会、上海粤侨工界联合会、旅沪广东自治会、女子参政协会、天潼福德二路商界联合会、吴淞路商界联合会、嘉兴路商界联合会、河南路商界联合会、上海市民协会、闸北市民对外协会、南市市民对外协会、反帝国主义大同盟、非基督教同盟、上海工界联合会、上海店员联合会、浙江旅沪工会、上海船务机房工界联合会、机器工人俱乐部、淞沪机械职工同志会、劳工青年会、金银工人互助会、雕花业工会、杨树浦工人进德会、上海大学学生会、大夏大学学生会、上海大学平民学校、上海启贤公学、上海女子体育师范、国民公学、勤业女子师范、虹口平民女学校、林荫路平民学校、安徽逃亡学生团、申江学会、青年学社、旅沪兴化学会、上海琼崖新青年社、平民教育研究社、平民导社、民治急进社、旅沪赣民自治促进会、女界战士慰劳会、旅沪浙江自治协会、曹家渡亥育报社、中国青年救国团、春雷文学研究社、中国孤星社、上大浙江同乡会、天津留沪学生同志会、旅沪山东学生同志会、青年印刷工人互助社、同志劝戒嗜好阅报社、暨南大学学生自治会、杨树浦平校校友会、东北城商界联合会、地货友谊会、普暨［贤］学校、真茹［如］平民教育社、贵州留沪学生会、南洋烟草职工同志会、失业后援会、明智公学、江西省议会第二届议员驻沪办事处等六十二团体同启。

1924 年 11 月 24 日第十三版

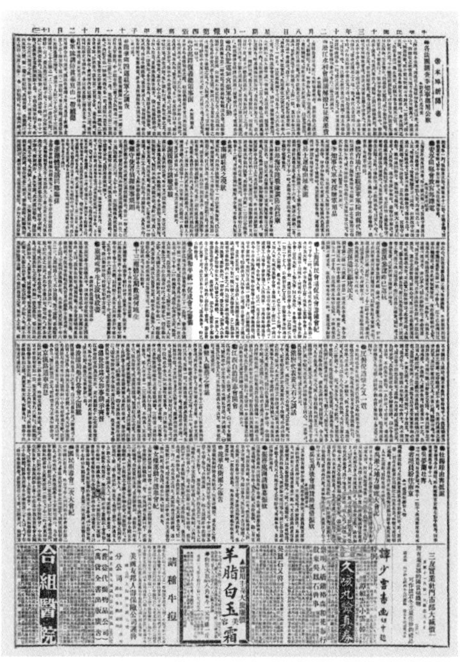

上海國民會議促成會籌備會紀

昨日下午二時、上海國民會議促成會籌備處、召集第二次代表大會、到中華海員工會・電氣工業聯合會・上海大學・山西路・法租界・河南路・天潼・福德路・各商界聯合會・法政大學・上海大學・同文書院・各學生團體・及上海民治協進會・旅滬廣東自治會・等九十二公團代表一百二十七人、公推郭景仁主席、首報告會務經過情形、加入之團體、截至昨日止、已有七十五公團、今日又加入東北城商業聯合會・參戰華工會・浙江一中旅滬同學會・湖南旅滬學會・上海法政大學法律系學生會・浦東工人協會・徐家匯工人俱樂部・雲南青年勵進社・等三十二團體、合前加入者、已達一百零七公團之多、但今日有各馬路商界聯合會等十餘團體、來函聲明、因爭不能到會、而所有決議則一律遵行、次討論問題、㈠通過草章、㈡議決加入該會各公團、即日發表宣言或通電、並決定原則、(甲)主張由人民團體召集國民團會議、預備會議、反對軍閥官僚之善後會議、(乙)預備會議應於最短期內召集之、(丙)預備會議召集後、現臨時執政機關、應即取消、一切政權、移交該會、㈢加入該會各公團、分頭接洽未加入該會之各團體、一致加入、㈣增加籌備委員八人、推選結果、邵力子・趙南公・鄭振生・唐公憲・冷僑・謝日新・林鈞・郭伯和・當選、㈤該會成立大會日期、決定於本月十四舉行、議畢散會、時已六時餘矣、

上海国民会议促成会筹备会纪

昨日下午二时，上海国民会议促成会筹备处召集第二次代表大会，到中华海员工会，电气工业联合会，上海大学，山西路、法租界、河南路、天潼福德路各商界联合会，法政大学、上海大学、同文书院各学生团体及上海民治协进会、旅沪广东自治会等九十二公团代表一百二十七人，公推郭景仁主席。首报告会务经过情形。加入之团体，截至昨日止，已有七十五公团，今日又加入东北城商业联合会、参战华工会、浙江一中旅沪同学会、湖南旅沪学会、上海法政大学法律系学生会、浦东工人协会、徐家汇工人俱乐部、云南青年励进社等三十二团体，合前加入者，已达一百零七公团之多。但今日有各马路商界联合会等十余团体来函声明，因事不能到会，而所有决议则一律遵行。次讨论问题：（一）通过草章。（二）议决加入该会各公团，即日发表宣言或通电并决定原则：（甲）主张由人民团体召集国民团会议预备会议、反对军阀官僚之善后会议；（乙）预备会议应于最短期内召集之；（丙）预备会议召集后，现临时执政机关，应即取消，一切政权移交该会。（三）加入该会各公团，分头接洽未加入该会之各团体，一致加入。（四）增加筹备委员八人，推选结果：邵力子、赵南公、郑振生、唐公宪、冷隽、谢日新、林钧、郭伯和当选。（五）该会成立大会日期，决定于本月十四举行。议毕散会，时已六时余矣。

1924年12月8日第十三版

女界籌備參與國民會議

本埠女界十餘團體、鑒於召集國民會議女界須參加之必要、提議組織上海女界國民會議促進會、以爲全國倡、發出通啓、已誌前報、昨日借上海大學正式開籌備會議、計出席者有大夏大學女生團・女子自悟會・上海婦女運動委員會・南方大學女生團・景平女學學生會・商務印書館總務處文函科女職員・東方藝術研究社女社員・東方藝術專門學校女生團・南洋職工同志會女會員・上海大學平民學校・虹口平民婦女學校・楊 浦婦女平民學校・勤業女子師範學校・愛國女學校・女子參政協會・滬北婦女節制會・競勵女校・上海女界戰士慰勞會・華商烟草公司女工等二十一團體代表、以及個人資格參加者十餘人、午後三時開會、當推定李劍秋女士主席、劉清揚女士報告上次十餘團體聚會討論情形畢、即由各團體代表發表意見、女子參政協會代表王立明女士首言促進會組織之必要、各團體均贊成組織上海女界國民會議促進會之提議、遂一致通過、當時出席團體、均認爲發起者、次討論組織、議決採用委員制、由各團體代表自行推舉各一人、再由以個人資格參加者推舉三人、當推定鍾復光・王立明・劉清揚・林蕙貞・朱劍霞・李劍秋・余秉淯・嚮警予・華豪吾・唐涼・楊之華・李一純・應令言・張惠如・蕭飛烈・范志超・湯潔如・吳光清・女士等十八人(尚有數團體未及舉出)、次討論進行宣傳方法、決定㈠發布宣言、㈡電催段祺瑞・馮玉祥、㈢致電孫中山、㈣通電全國婦女團體・女學校、促各地一致發起同樣團體、謀全國之大團結、各事均由委員會負責進行、再次討論舉行成立大會、決定在下星期日(即本月十四日)舉行、地點假寧波旅滬同鄉會會所、又決定開成立會時、當作規模之宣傳、以引起婦女對於政治注意、并預備種種游藝以助興趣、最 討論經濟問題、決定各團體分担與臨時募集兩種辦法、至六時、乃散會、

女界筹备参与国民会议

本埠女界十余团体，鉴于召集国民会议女界须参加之必要，提议组织上海女界国民会议促进会，以为全国倡，发出通启，已志前报。昨日借上海大学正式开筹备会议，计出席者有大夏大学女生团、群治大学女生团、上海大学女生团、女子自悟会、上海妇女运动委员会、南方大学女生团、景平女学学生会、商务印书馆总务处文通科女职员、东方艺术研究社女社员、东方艺术专门学校女生团、南洋职工同志会女会员、上海大学平民学校、虹口平民妇女学校、杨树浦妇女平民学校、勤业女子师范学校、爱国女学校、女子参政协会、沪北妇女节制会、竞励女校、上海女界战士慰劳会、华商烟草公司女工等二十一团体代表以及个人资格参加者十余人。午后三时开会，当推定李剑秋女士主席，刘清扬女士报告上次十余团体聚会讨论情形毕，即由各团体代表发表意见。女子参政协会代表王立明女士首言促进会组织之必要，各团体均赞成组织上海女界国民会议促进会之提议，遂一致通过，当时出席团体，均认为发起者。次讨论组织，议决采用委员制，由各团体代表自行推举各一人，再由以个人资格参加者推举三人。当推定钟复光、王立明、刘清扬、林蕙贞、朱剑霞、李剑秋、余秉清、闻［向］警予、华豪吾、唐景、杨之华、李一纯、应令言、张惠如、萧飞烈、范志超、汤洁如、吴光清女士等十八人（尚有数团体未及举出）。次讨论进行宣传方法，决定：（一）发布宣言；（二）致电段祺瑞、冯玉祥；（三）致电孙中山；（四）通电全国妇女团体、女学校，促各地一致发起同样团体，谋全国之大团结。各事均由委员会负责进行。再次讨论举行成立大会，决定在下星期日（即本月十四日）举行，地点假宁波旅沪同乡会会所。又决定开成立会时，当作大规模之宣传，以引起妇女对于政治注意，并预备种种游艺以助兴趣。最后讨论经济问题，决定各团体分担与临时募集两种办法。至六时，乃散会。

1924 年 12 月 9 日第十三版

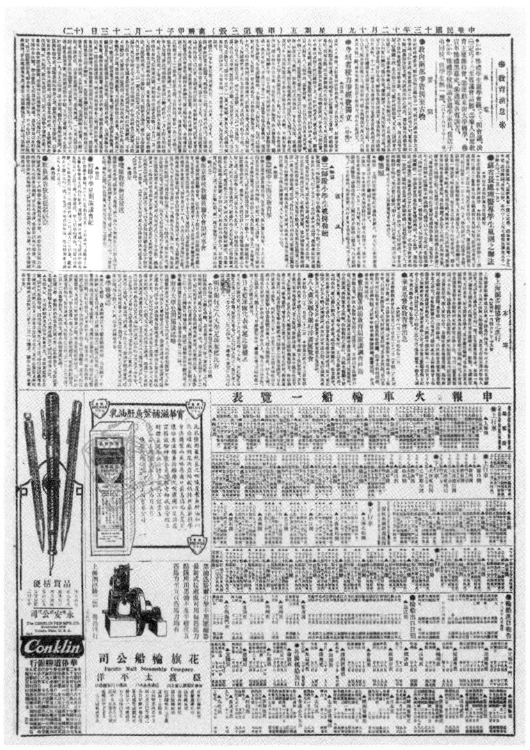

▲松江

◉初級中學星期演講會紀

松江初級中學校、昨(十四)星期日開第三次演講會、講師係上海大學社會學系主任施存統君、講題爲「國民會議」、先叙孫中山先生的言行、三民主義、五權憲法、使人信從的理由、次叙此次政變、只有孫先生所提出之「國民會議」一條、與人民有利益、能救現在千瘡百孔的中國、末復謂、中國貧窮原因、都爲關稅權力握在外人手内云云、

松江·初级中学星期演讲会纪

松江初级中学校昨（十四）星期日开第三次演讲会，讲师系上海大学社会学系主任施存统君，讲题为“国民会议”。先叙孙中山先生的言行、三民主义、五权宪法，使人信从的理由；次叙此次政变，只有孙先生所提出之“国民会议”一条与人民有利益，能救现在千疮百孔的中国；末复谓中国贫穷原因，都为关税权力握在外人手内云云。

1924年12月19日第十二版

邵力子被控案開審記

▲第一節仇洋註銷 ▲餘展期三禮拜再訊

西摩路上海大學代理校長邵力子（校長于右任往北京）被總巡捕房控訴出售含有仇洋詞句之嚮導報，其傳票所開案由，爲「於十二月八日出售嚮導報，內含仇洋詞句，犯刑律第一百二十七條，又不將主筆姓名刊明報紙，違犯報律第八條。」昨晨，由陸襄讞與英領事會訊，上海大學學生多到堂旁聽，克威律師代表邵君兼上海大學，由徐維繪君翻譯，先起立抗議捕房所引用之刑律第一百二十七條，該條文爲私與外國開戰者處一等至三等有期徒刑，與本案情節不合，又引英國法律，說明此等情罪等於謀叛國家，於本案萬不適用，請求將控案註銷，英副領事略詢捕房代表梅脫倫律師後，中西官即宣布所控第一節犯刑律第一百二十七條應即註銷，克威律師又稱嚮導刊印發行皆與敝當事人完全無涉，故違犯報律第八條，亦當然不成立，捕房律師聲稱，捕房所控尚有違反報律第十條及藏有多數有害於中華民國之書報云云，克威律師以案情尚待詳細研究，聲請展期，且時已近午，中西官判候展期三禮拜再訊。

邵力子被控案开审记·第一节仇洋注销　余展期三礼拜再讯

西摩路上海大学代理校长邵力子（校长于右任往北京）被总巡捕房控诉出售含有仇洋词句之《向导》报，其传票所开案由为“于十二月八日出售《向导》报，内含仇洋词句，犯刑律第一百二十七条，又不将主笔姓名刊明报纸，违犯报律第八条”。昨晨由陆襄谳与英领事会讯，上海大学学生多到堂旁听。克威律师代表邵君兼上海大学，由徐维绘君翻译。先起立抗议捕房所引用之刑律第一百二十七条，该条文为私与外国开战者，处一等至三等有期徒刑，与本案情节不合。又引英国法律，说明此等情罪等于谋叛国家，与本案万不适用，请求将控案注销。英副领事略询捕房代表梅脱伦律师后，中西官即宣布所控第一节犯刑律第一百二十七条应即注销。克威律师又称《向导》刊印发行皆与敝当事人完全无涉，故违犯报律第八条亦当然不成立。捕房律师声称，捕房所控尚有违反报律第十条及藏有多数有害于中华民国之书报云云。克威律师以案情尚待详细研究，声请展期，且时已近午，中西官判候展期三礼拜再讯。

1924年12月20日第十四版

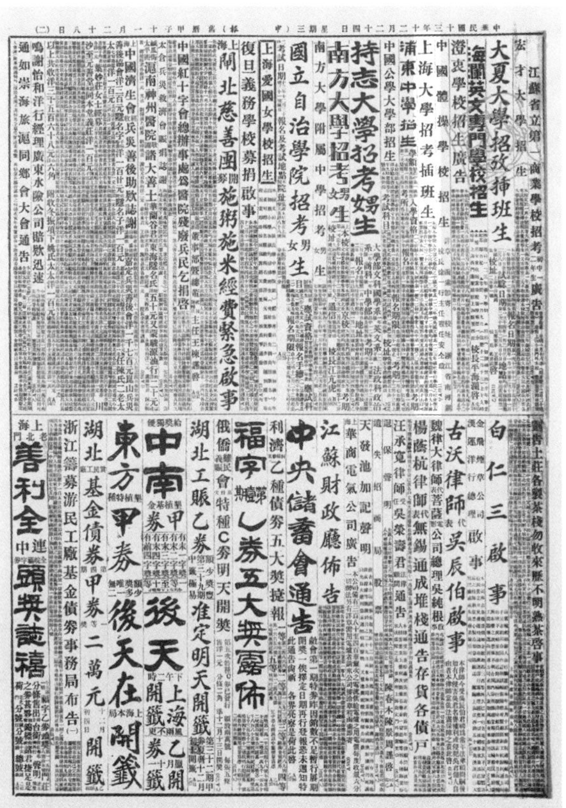
大夏大學招收插班生
海關英文專門學校招生
澄衷學校招生廣告
中國體操學校招生
上海大學招考插班生
浦東中學招生
中國公學大學部招生
持志大學招考男女生
南方大學招考男女生
南方大學附屬中學招考男生
國立自治學院招考男女生
上海愛國女學校招生
復旦義務學校募捐啟事
上海閘北慈善團施粥施米經費緊急啟事
中國紅十字會總辦事處為醫院殘廢兵民乞捐啓
中國濟生會兵災善後助款誌謝
鳴謝怡和洋行經理廣東水險公司賠款迅速
通知崇海旅滬同鄉會大會通告
白仁三啟事
古沃律師代表吳辰伯啟事
楊蔭杭律師代表無錫通成堆棧通告存貨各債戶
江承寬律師代表吳榮壽君通告
天發池加記聲明
華商電氣公司廣告
江蘇財政廳佈告
中央儲蓄會通告
利濟乙種債券五大獎揭報
俄僑義賑會特種C券明天開獎
湖北工賑乙券準定明天開籤
東方甲券後天在開籤
湖北基金債券甲券二萬元開籤
浙江籌募浙民工廠基金債券事務局布告

上海大學招考插班生

本校本學期大學部文藝院之中國文學系一二三年級英國文學系一二三年級社會科學院之社會學系一二年級中學部之高級中學一二三年級初級中學一二年級均招收插班生考期第一次為一月九十兩日報名自十二月二十二起須隨帶試驗費二元最近四寸半身照片及文憑或轉學證書函索簡章者須附郵票四分索本校一覽者須附郵票十五分空函恕不作覆地點在愛文義路西摩路本校

校長于右任啓

上海大学招考插班生

本校本学期大学部文艺院之中国文学系一、二、三年级，英国文学糸一、二、三年级，社会科学院之社会学系一、二年级；中学部之高级中学一、二、三年级，初级中学一、二年级，均招收插班生。考期：第一次为一月九、十两日。报名：自十二月二十二起，须随带试验费二元、最近四寸半身照片及文凭或转学证书。函索简章者，须附邮票四分；索本校一览者，须附邮票十五分。空函恕不作复。地点在爱文义路西摩路本校。

校长于右任

1924 年 12 月 24 日第二版

上海大學消息

上海大學、近以寒假期邇、亟待結束本學期一切及籌劃來年設施、該校最高機關行政委員會、特於日前開會、除討論年內招生及來年擴充圖書館與中學部、暨其他一切問題外、日昨該校代理校長邵仲輝君、又發表佈告、自下學期起、已聘定周越然君爲該校英國文學系主任、

上海大学消息

上海大学，近以寒假期迩，亟待结束本学期一切及筹划来年设施。该校最高机关行政委员会，特于日前开会，除讨论年内招生及来年扩充图书馆与中学部暨其他一切问题外，日昨该校代理校长邵仲辉君又发表布告，自下学期起，已聘定周越然君为该校英国文学系主任。

1924 年 12 月 24 日第十版

非基督教同盟明日開演講會

▲下午二時在復旦中學

非基督教同盟、已定於十二月二十五日下午二時、在徐家滙復旦中學、舉行反對基督教演講大會、講員爲北京大學教授張松年、商務印書館編輯董亦湘、國民會議促成會委員劉清揚女士、上海大學教授施存統諸人、

非基督教同盟明日开演讲会·下午二时在复旦中学

非基督教同盟，已定于十二月二十五日下午二时在徐家汇复旦中学举行反对基督教演讲大会。讲员为北京大学教授张松年、商务印书馆编辑董亦湘、国民会议促成会委员刘清扬女士、上海大学教授施存统诸人。

1924年12月24日第十版

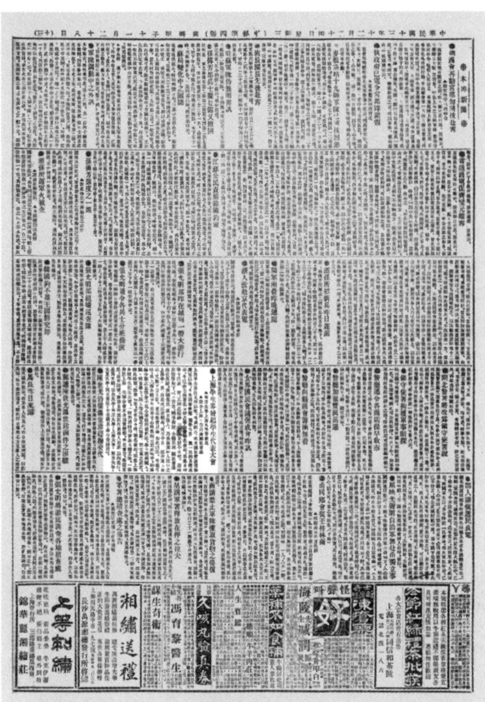

上海學生界發起學生代表大會

▲南洋大學上海大學等發起
▲請全上海學生討論國民會議

上海學生界自五四以來、殊爲銷沉、此次國民會議運動開始以後、各界同聲響應、獨學生界無一致的具體表示、今已由七個著名學校之學[illegible]聯名發起、召集各校學生代表會、五四之精神始[illegible]見於今日歟、茲錄其啓事如下、『逕啓者、國事溷濁、全國鼎沸、國民會議迫在眉睫、救國救民、誰肯後人、乃我素爲國人注目之上海學生界、自此次江浙戰起、直至今日、既少通電表示、又無宣言主張、更未集會討論、如此消沉、殊屬可怪、我上海全體學生果皆甘心墮落而至於此極乎、抑爲極少數之怠惰分子私心操縱所使然耶、學生能絕國人、國人何貴學生、同人等痛國是之混亂、憤士氣之消沉、際此時艱、終難緘默、爰集合各校、聯名發起、招集上海各校學生代表大會、一面對於時局發表具體主張、一面對於上海學生聯合會本身切實整頓、擴充實力、事關重要、諒荷同情、務期貴校選派代表兩人出席、以利進行、是爲至禱、法政大學·南洋大學·上海大學·南方大學·大夏大學·同文書院·中華職業·學生會同啓』、

上海学生界发起学生代表大会·南洋大学、上海大学等发起·请全上海学生讨论国民会议

上海学生界自五四以来，殊为消沉，此次国民会议运动开始以后，各界同声响应，独学生界尚无一致的具体表示。今已由七个著名学校之学生会联名发起，召集各校学生代表大会，五四之精神殆将复见于今日欤。兹录其启事如下：

径启者：国事湍激，全国鼎沸，国民会议迫在眉睫，救国救民，谁肯后人？乃我素为国人注目之上海学生界，自此次江浙战起，直至今日，既少通告表示，又无宣言主张，更未集会讨论。如此消沉，殊属可怪。我上海全体学生果皆甘心堕落而至于此极乎？抑为极少数之怠惰分子私心操纵所使然耶？学生能绝国人，国人何贵学生？同人等痛国是之混乱，愤士气之消沉，际此时艰，终难缄默。爰集合各校，联名发起，招［召］集上海各校学生代表大会，一面对于时局发表具体主张，一面对于上海〈学生〉联合会本身切实整顿、扩充实力，事关重要，谅荷同情，务期贵校选派代表两人出席，以利进行。是为至祷。 法政大学、南洋大学、上海大学、南方大学、大夏大学、同文书院、中华职业学生会同启。

1924 年 12 月 24 日第十三版

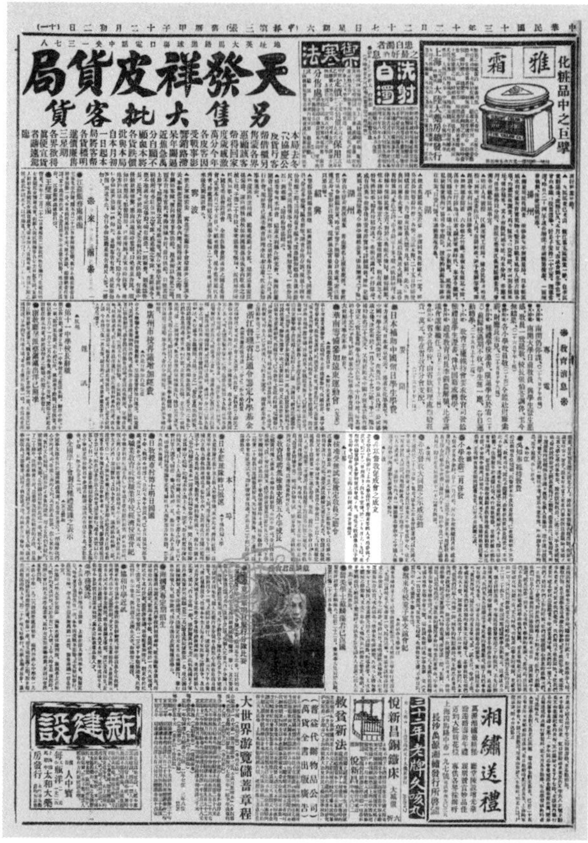

非基督教促成會之成立

非基督教在街游行、上海大學派代表干翔青等四人來甬參與、干氏等、於二十三日到甬後、向各方宣傳、於二十五日上午九時、在縣學明倫堂開非基督教促成會成立會、推吳文欽謝傳茂汪子望等爲幹事、閉會後、又在街上游行演說、並分發傳單、

非基督教促成会之成立

非基督教在街游行，上海大学派代表干翔青等四人来甬参与。干氏等于二十三日到甬后向各方宣传，于二十五日上午九时，在县学明伦堂开非基督教促成会成立会，推吴文钦、谢传茂、汪子望等为干事。闭会后，又在街上游行演说并分发传单。

1924 年 12 月 27 日第十一版

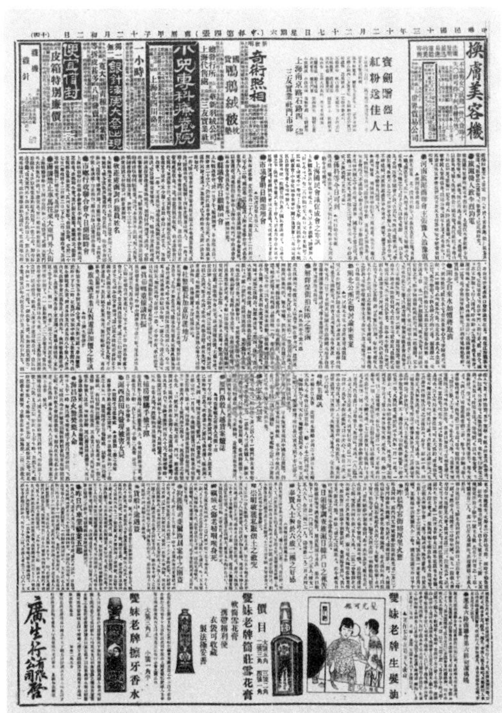

上海國民會議促成會之昨訊

上海國民會議促成會成立以來、滬上各團體、踴躍加入、計至今日、已有二百餘團體矣、昨日又有紅光報社・三民學社・浦東平民學校・上海大學 山東同鄉會・中華職工儲蓄會・中華民國參衆兩院國民後援會・江西旅滬贛民自治促進會・等團體加入、

又該會爲使一般國民明白眞正國民會議起見、已請定楊之華。張琴秋。孫庸武・等十餘人、於本月分赴各區平民學校演講、解釋國民會議之意義、及促成會之重要云

上海国民会议促成会之昨讯

上海国民会议促成会成立以来，沪上各团体踊跃加入，计至今日，已有二百余团体矣。昨日又有红光报社、三民学社、浦东平民学校、上海大学山东同乡会、中华职工储蓄会、中华民国参众两院国民后援会、江西旅沪赣民自治促进会等团体加入。

又该会为使一般国民明白真正国民会议起见，已请定杨之华、张琴秋、孙庸武等十余人，于本月分赴各区平民学校演讲，解释国民会议之意义及促成会之重要云。

1924年12月27日第十四版

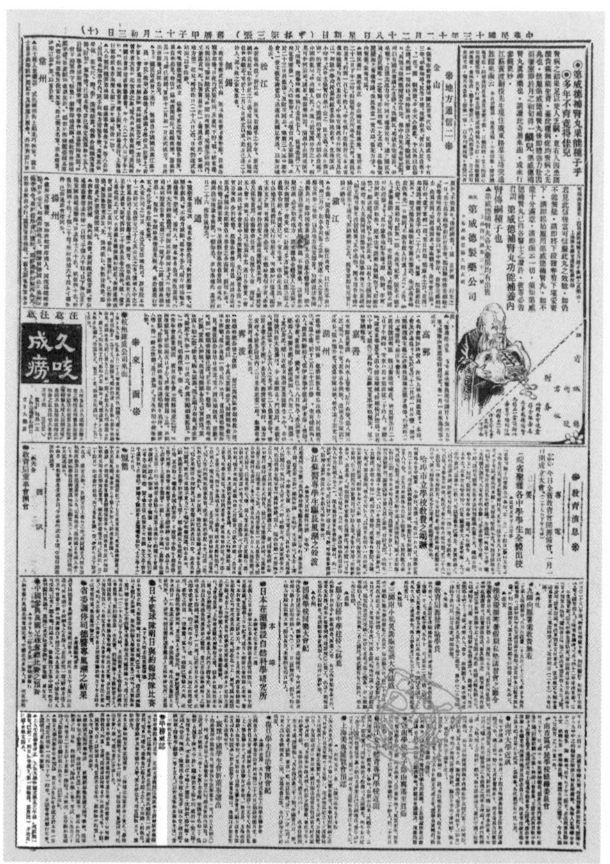

學務彙誌

▲上大壬戌級會成立　上海大學中國文學系三年級，現組織一級會，已於二十四日開會成立，第一屆職員、爲蔣抱一、李迪民、汪鉞、周學文四君、

学务汇志·上大壬戌级会成立

上海大学中国文学系三年级，现组织一级会，已于二十四日开会成立。第一届职员为蒋抱一、李迪民、汪钺、周学文四君。

1924年12月28日第十版

上海國民會議促成會消息

上海國民會議促成會、昨日下午二時、開第三次委員會、到唐公憲・陳廣海・冷雋・林鈞・李成・沈尚平・俞秀松・郭伯和・朱企民・孫廝武・何德顯・郭景仁・邵力子・劉刀心・等十四人、主席邵力子㈠總務委員郭景伯報告、一、演講隊已有寰紹台工商協會・南市工商學校・大夏新少年社・雲南青年勵進社・亞東醫科大學・雕花工會・上海大學・藝術師範大學・女界國民會議促成會・中華青年救國團等四十餘團體・共組六十餘隊、演講隊所用旗幟已製好、演講大綱、亦由總務處印發、二、前日代表大會議決各種通電、已交由文書起草、㈡討論全體大會問題、一、地點已決定兩處、接洽後再通告、二、游行示威、推唐豪郭景仁二君担任總指揮、三、主席決定趙南公君、四、請孫科・張繼・袁履登・葉楚傖・惲代英・等演講、㈢大會特刊推冷雋君編輯、㈣對於善後會議之表示、一、電中山先生堅持預備會議、明白表示反對善後會議、二、通電全國一致力爭預備會議、主張取消善後會議、㈤再電各省徵求對於全國國民會議促成會之意見、㈥派定宣傳員、無錫董亦湘・糜文溶、六合王紹虞・王立權、紹興周崝芳、松陽徐江左、南匯川沙林鈞、㈦臨時動議、致函本埠各學校各團體準赴全體大會、備函各委員請未加入之各團體從速加入、致函全國學生總會、請通告全國各校學生、在寒假中盡力爲國民會議宣傳、編輯小冊子、詳細解釋國民會議之眞意、及吾人所要求之國民會議、限十日內先出一種、第一種請邵力子君編輯、

上海国民会议促成会消息

上海国民会议促成会昨日下午二时，开第三次委员会。到唐公宪、陈广海、冷隽、林钧、李成、沈尚平、俞秀松、郭伯和、朱企民、孙庸武、何德显、郭景仁、邵力子、刘刀心［稻薪］等十四人，主席邵力子。（一）总务委员郭景仁报告。一、演讲队已有宁绍台工商协会、南市工商学校、大夏新少年社、云南青年励进社、亚东医科大学、雕花工会、上海大学、艺术师范大学、女界国民会议促成会、中华青年救国团等四十余团体，共组六十余队。演讲队所用旗帜已制好，演讲大纲亦由总务处印发。二、前日代表大会议决各种通电，已交由文书起草。（二）讨论全体大会问题。一、地点已决定两处，接洽后再通告。二、游行示威，推唐豪、郭景仁二君担任总指挥。三、主席决定赵南公君。四、请孙科、张继、袁履登、叶楚伧、恽代英等演讲。（三）大会特刊推冷隽君编辑。（四）对于善后会议之表示。一、电中山先生坚持预备会议，明白表示反对善后会议。二、通电全国一致力争预备会议，主张取消善后会议。（五）再电各省征求对于全国国民会议促成会之意见。（六）派定宣传员。无锡董亦湘、糜文溶，六合王绍虞、王立权，绍兴周萼芳，松阳徐江左，南汇、川沙林钧。（七）临时动议。致函本埠各学校、各团体准赴全体大会，备函各委员请未加入之各团体从速加入；致函全国学生总会，请通告全国各校学生，在寒假中尽力为国民会议宣传；编辑小册子，详细解释国民会议之真意及吾人所要求之国民会议，限十日内先出一种，第一种请邵力子君编辑。

1924 年 12 月 29 日第十三版

1925 年

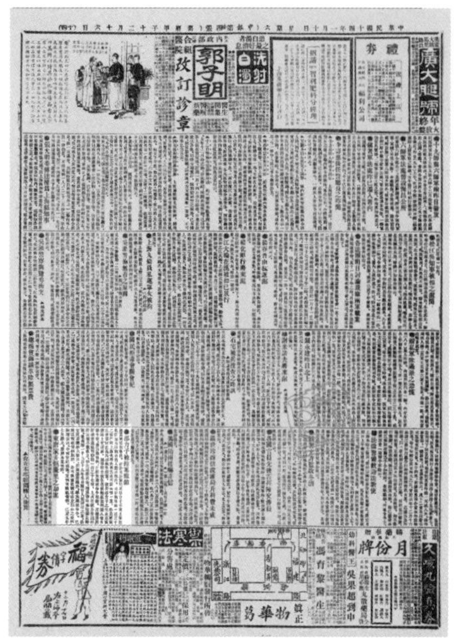

邵力子被控案撤銷

總巡捕房刑事科、在公共公廨狀訴邵力子不將主筆姓名住址及印刷者刋入嚮導報內、並在西摩路一百三十二號門牌上海大學出售共產書籍等情一案、昨晨經關正會審官與英馬副領事續審、被告邵力子之代表克威律師上堂譯稱、捕房控告被告違犯報紙條例第八條及第十條、查該項條例、已經大總統命令取銷、況捕房所控被告違犯刑律第一百二十七條、上次亦經公堂以所控該條不能成立、判決註銷云云、捕房律師梅脫蘭氏即稱、查西曆一千九百十九年五月間有人犯同樣之案、公堂將其懲辦六個月、期滿逐出租界、雖大總統命令、已將該報紙條例取銷、亦可根據民國未成立以前之條例辦理云云、中西官磋商後、宣判查報紙條例、已於五年七月廢止、應將本案撤銷、

邵力子被控案撤销

总巡捕房刑事科，在公共公廨状诉邵力子不将主笔姓名、地址及印刷者刊入《向导》报内，并在西摩路一百三十二号门牌上海大学出售共产书籍等情一案，昨晨经关正会审官与英马副领事续审，被告邵力子之代表克威律师上堂译称，捕房控告被告违犯报纸条例第八条及第十条，查该项条例，已经大总统命令取销，况捕房所控被告违犯刑律第一百二十七条，上次亦经公堂以所控该条不能成立，判决注销云云。捕房律师梅脱兰氏即称，查西历一千九百十九年五月间有人犯同样之案，公堂将其惩办六个月，期满逐出租界，虽大总统命令已将该报纸条例取销，亦可根据民国未成立以前之条例办理云云。中西官磋商后，宣判查报纸条例，已于五年七月废止，应将本案撤销。

1925 年 1 月 10 日第十四版

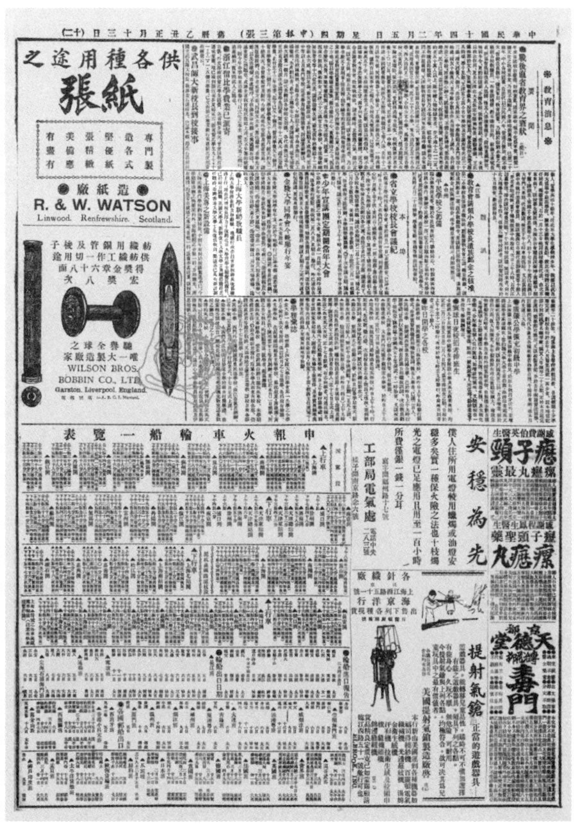

◉上海大學新聘教職員

上海大學校務長劉含初辭職、現經行政委員會將校務長改爲總務主任、現由代理校長邵力子改聘北京大學理學士韓覺民擔任、已於前日就職、英國文學系、新聘復旦大學文學士周越然擔任主任職務、並聘香港大學文學士朱復爲教員、聞該系已具有新計劃

上海大学新聘教职员

上海大学校务长刘含初辞职，现经行政委员会将校务长改为总务主任，现由代理校长邵力子改聘北京大学理学士韩觉民担任，已于前日就职。英国文学系新聘复旦大学文学士周越然担任主任职务，并聘香港大学文学士朱复为教员。闻该系已具有新计划。

1925 年 2 月 5 日第十二版

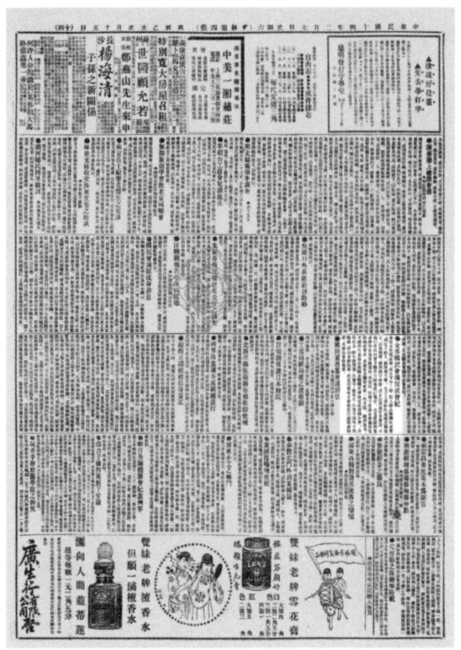

女界國民會議促成會紀

本埠女界促成會、前日下午二時、假上海大學開代表會、到五十餘人、劉清揚主席、女子工業社代表趙友蘭發言、以後開會、務須嚴守時間、決定由會通告各會員、次執行委員向警予報告月餘來進行事宜、次主席說明要求參加善後會議理由、衆贊成、向警予提議本會應致電段執政要求、並通電全國促成會一致主張、議決通過、又議派代表赴京組織全國國民會議促成會聯合會、決派代表、推定劉清揚、向警予、鍾復光、向警予因事不能離滬、決以李劍秋補、赴京川資由各會員自行認捐或勸募、次修改章程散會、

女界国民会议促成会纪

本埠女界促成会，前日下午二时假上海大学开代表会。到五十余人，刘清扬主席。女子工业社代表赵友兰发言，以后开会，务须严守时间，决定由会通告各会员。次执行委员向警予报告月余来进行事宜。次主席说明要求参加善后会议理由，众赞成。向警予提议本会应致电段执政要求，并通电全国促成会一致主张，议决通过。又议派代表赴京组织全国国民会议促成会联合会，决派代表，推定刘清扬、向警予、钟复光，向警予因事不能离沪，决以李剑秋补，赴京川资由各会员自行认捐或劝募。次修改章程散会。

1925 年 2 月 7 日第十四版

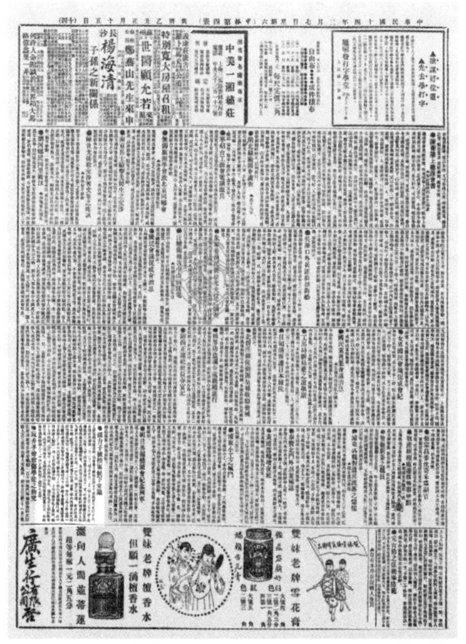

邵力子被控案候下堂諭

工部局刑事稽查科、向會審公廨控告邵力子在租界內有碍治安、並請將西摩路一百三十二號及五百二十二號・五百二十六號・慕爾鳴路三百零七號・所抄獲之書籍充公一案、昨晨由關讞員會同英領馬爾定氏繼續開審、先由捕房律師梅脫來氏將捕房在上海大學抄出之書籍像片多種、一併呈案、謂此項書籍、對於租界治安有關、應請充公、並將被告逐出租界、言畢、即向西探長祁文司詰問搜查情形、又據繙譯顧來清上堂供稱、前往上海大學以洋一元購得過激書籍嚮導報・共產黨禮拜六・前鋒・等數種、惟該書我不在邵力子手中所買等語、被告邵力子仍由克威律師代表、向中西兩證人盤詰一過、並向邵詰據供稱、上海大學係私立學校、由于右任組織、迄已兩年、于前任陝西省長、現往北京正欲向教育部立案、我係代理校長、其職務爲聘任教授・籌畫經費云云、末由兩造律師辯論之下、中西官諭改期下禮拜五宣判、

邵力子被控案候下堂谕

工部局刑事稽查科，向会审公廨控告邵力子在租界内有碍治安，并请将西摩路一百三十二号及五百二是二号、五百二十六号，慕尔鸣路三百零七号所抄获之书籍充公一案，昨晨由关谳员会同英领马尔定氏继续开审。先由捕房律师梅脱来氏将捕房在上海大学抄出之书籍、像片多种，一并呈案，谓此项书籍，对于租界治安有关，应请充公，并将被告逐出租界。言毕，即向西探长祁文司诘问搜查情形，又据翻译顾来清上堂供称，前往上海大学以洋一元购得过激书籍《向导》报、《共产党礼拜六》、《前锋》等数种，唯该书我不在邵力子手中所买得等语。被告邵力子仍由克威律师代表，向中西两证人盘诘一过，并向邵诘据供称，上海大学系私立学校，由于右任组织，迄已两年，于前任陕西省长，现往北京正欲向教育部立案，我系代理校长，其职务为聘任教授、筹画［划］经费云云。末由两造律师辩论之下，中西官谕改期下礼拜五宣判。

1925 年 2 月 7 日第十四版

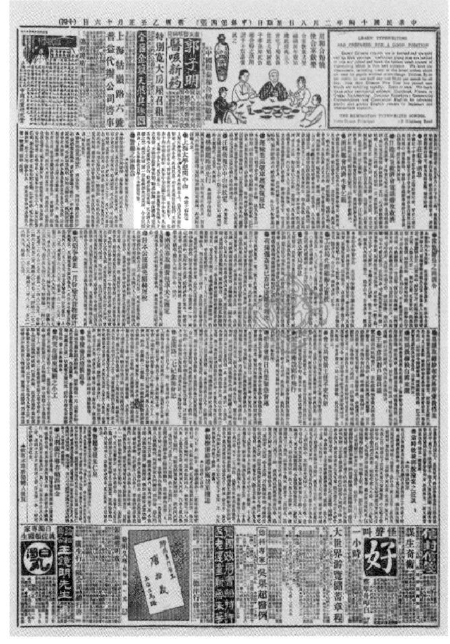

上海大學慰問中山 ▲致于右任電

上海大學因孫中山先生此次抱病北上、自進協和醫院割治、迄未全愈、甚爲注意、前日決議致電慰問、又因校長于右任現在北京、即請其就近代達、電文如下、北京于右任校長鈞鑒、創造中華民國之孫中山先生、久病未痊、凡屬中華人民、莫不憂念、本校負養成建國人才之重任、尤渴望此革命領袖、戰退病魔、早復健康、完成其領導人民建國之目的、敬請公就近晋謁、代達同人企禱之忱、燕雲在望、謹一致遙祝孫先生萬歲、中華民國萬歲、上海大學職敎員學生全體同叩陽、

上海大学慰问中山·致于右任电

上海大学因孙中山先生此次抱病北上，自进协和医院割治，迄未全愈，甚为注意，前日决议致电慰问。又因校长于右任现在北京，即请其就近代达。电文如下：

北京于右任校长均鉴： 创造中华民国之孙中山先生久病未痊，凡属中华人民，莫不忧念。本校负养成建国人才之重任，尤渴望此革命领袖战退病魔，早复健康，完成其领导人民建国之目的。敬请公就近晋谒，代达同人企祷之忱，燕云在望，谨一致遥祝孙先生万岁！中华民国万岁！上海大学教职员学生全体同叩阳。

1925 年 2 月 8 日第十四版

四川旅滬各校學生代表會議紀

▲要求借貸川漢鐵路儲欵利息

▲組織委員會及選派代表赴京

四川旅滬同學於(前日)八日午後二時、由上海大學四川同學會發起邀集淞滬浦東各校四川同學會代表、在上大開會、到會者二十二校、共約代表四十人、公推余澤鴻爲臨時主席、繼由上大四川同學會代表楊國輔君報告邀集緣由、略謂接南京四川同學來函、稱探得北京四川同學會、舉行借貸川漢鐵路儲欵利息、邀請一致行動、當由各代表議決加入進行、並組織委員會負責辦理、另選派代表赴京接洽、用票選法生產委員九人、余模・萬瓊如・胡維・黃幼雲・羅世群・何良璧・朱履之・蔣自泉・梁新貴當選、代表二人楊國輔・余澤鴻當選、繼續議決進行手續、電京四川同學會、詢問詳情、並電川政府批准指撥、至於善後辦法、尚須合淞滬四川學會、召集全體大會、討論一切、當時委員會亦議事、傍晚散會

四川旅沪各校学生代表会议纪·要求借贷川汉铁路储款利息·组织委员会及选派代表赴京

四川旅沪同学于（前日）八日午后二时，由上海大学四川同学会发起邀集淞沪浦东各校四川同学会代表在上大开会。到会者二十二校，共约代表四十人。公推余泽鸿为临时主席，继由上大四川同学会代表杨国辅君报告邀集缘由，略谓接南京四川同学来函，称探得北京四川同学会举行借贷川汉铁路储款利息，邀请一致行动，当由各代表议决加入进行并组织委员会负责办理，另选派代表赴京接洽。用票选法生产委员九人：余模、万琼如、胡维、黄幼云、罗世群、何良璧、朱履之、蒋自泉、梁新贵当选。代表二人：杨国辅、余泽鸿当选。继续议决进行手续，电京四川同学会询问详情并电川政府批准指拨。至于善后办法，尚须合淞沪四川同学会召集全体大会讨论一切，当时委员会亦议事。傍晚散会。

1925 年 2 月 10 日第十一版

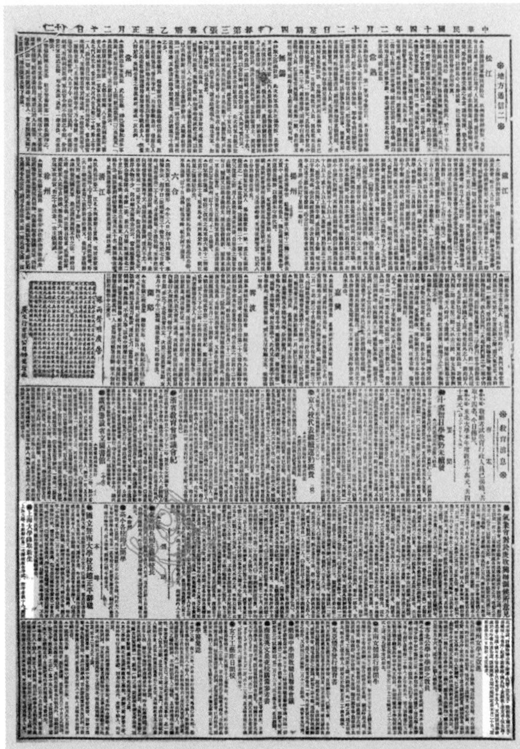

上海大學錄取新生

上海大學、日前舉行第二次插班新生考試、投考者數十人、玆聞此次考試、計錄取楊志英·游騫·吳磐·沈見戈·陸恒生·廖世光·孫維垣·李善舟·紀威·葉學純·陳孔鴻·黃紹耿·李元杰·張先梅·楊思盛·楊達·錢有光·張兆昶·呂全貞等十九人、又聞該校學務處於日昨發出通告謂、該校開學日期仍照原定爲本月二十日、望新舊學生早日到校、免荒學業、

上海大学录取新生

上海大学，日前举行第二次插班新生考试，投考者数十人。兹闻此次考试计录取杨志英、游骞、吴磐、沈见戈、陆恒生、廖世光、孙维垣、李善舟、纪威、叶学纯、陈孔鸿、黄绍耿、李元杰、张先梅、杨思盛、杨达、钱有光、张兆昶、吕全贞等十九人。又闻该校学务处于日昨发出通告谓，该校开学日期仍照原定为本月二十日，望新旧学生早日到校，免荒学业。

1925 年 2 月 12 日第十二版

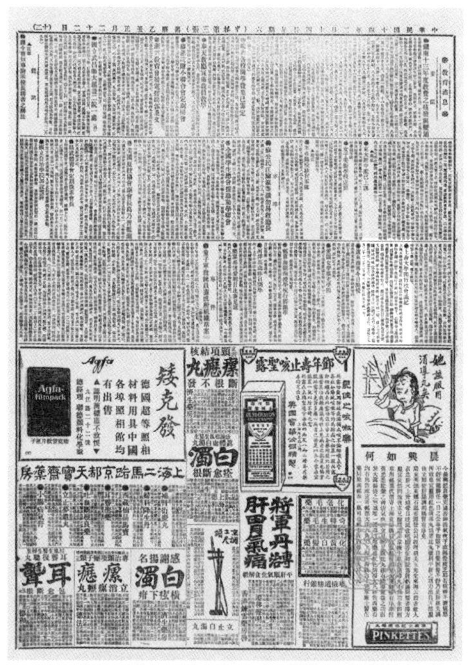

上海大學開行政會議紀

上海大學因開學期近、該校最高行政機關行政委員會、特於日昨舉行會議、討論今後進行方針、討論事件如下、㈠報告上學期決算、㈡審查本學期預算、㈢規定開課日期、㈣辦理伙食方法、㈤整理圖書館組織圖書委員會、推定周越然陳望道施存統三主任爲委員、㈥議定學校徽章形式、職員學生校役以三種顏色爲分別、又該校組織、原分學務校務兩部、管理全校一切、自上次行政會議、將校務處、改爲總務處後、總務主任、已聘定北京大學學士韓覺民担任、各系主任、公推陳望道爲學務處學務主任、該校定本月二十一二十二日兩日、再舉行新生考試一次、

上海大学开行政会议纪

上海大学因开学期近，该校最高行政机关行政委员会特于日昨举行会议，讨论今后进行方针。讨论事件如下：（一）报告上学期决算；（二）审查本学期预算；（三）规定开课日期；（四）办理伙食方法；（五）整理图书馆，组织图书委员会，推定周越然、陈望道、施存统三主任为委员；（六）议定学校徽章形式，职员、学生、校役以三种颜色为分别。又该校组织原分学务、校务两部，管理全校一切，自上次行政会议将校务处改为总务处后，总务主任已聘定北京大学学士韩觉民担任，各系主任公推陈望道为学务处学务主任。该校定本月二十一、二十二日两日再举行新生考试一次。

1925 年 2 月 14 日第十二版

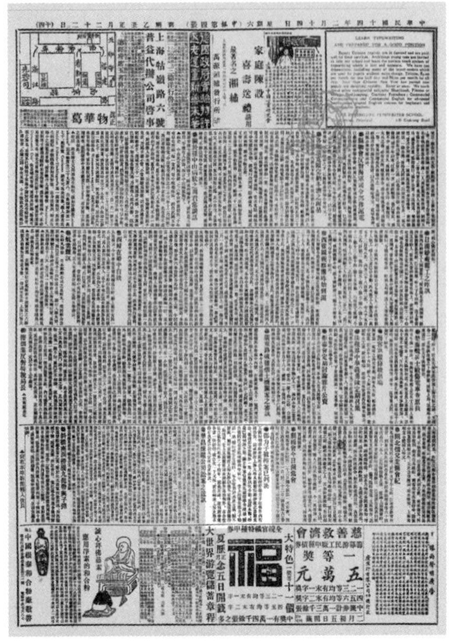

邵力子被控案已判決

工部局刑事檢查處在公共公廨指控邵力子在租界內有礙治安、請求將在上海大學及慕爾鳴路抄獲之書籍充公、並將邵逐出租界一案、由廨訊供各節、迭詳本報、昨晨已屆判決之期、關正會審官偕英馬副領事升座後、被告偕同代表克威律師到堂候示、堂上向被告邵力子略詰一過、即向被告宣諭曰、本公堂對於共產主義、頗不贊成、爾可交保擔任上海大學以後不宣傳是項書籍否、邵答可、堂上又諭捕房請求將被告逐出租界、本公堂姑念被告居住租界二十餘年、應免置議、遂判將抄獲各書一併銷燬、被告交一千元保、擔任嗣後上海大學不得有共產計劃及宣傳共產學說、

邵力子被控案已判决

工部局刑事检查处在公共公廨指控邵力子在租界内有碍治安、请求将在上海大学及慕尔鸣路抄获之书籍充公并将邵逐出租界一案，由廨讯供各节，迭详本报。昨晨已届判决之期，关正会审官偕英马副领事升座后，被告偕同代表克威律师到堂候示。堂上向被告邵力子略诘一过，即向被告宣谕曰：本公堂对于共产主义，颇不赞成，尔可交保担任上海大学以后不宣传是项书籍否？邵答：可。堂上又谕捕房请求将被告逐出租界，本公堂姑念被告居住租界二十余年，应免置议。遂判将抄获各书一并销毁，被告交一千元保，担任嗣后上海大学不得有共产计划及宣传共产学说。

1925 年 2 月 14 日第十四版

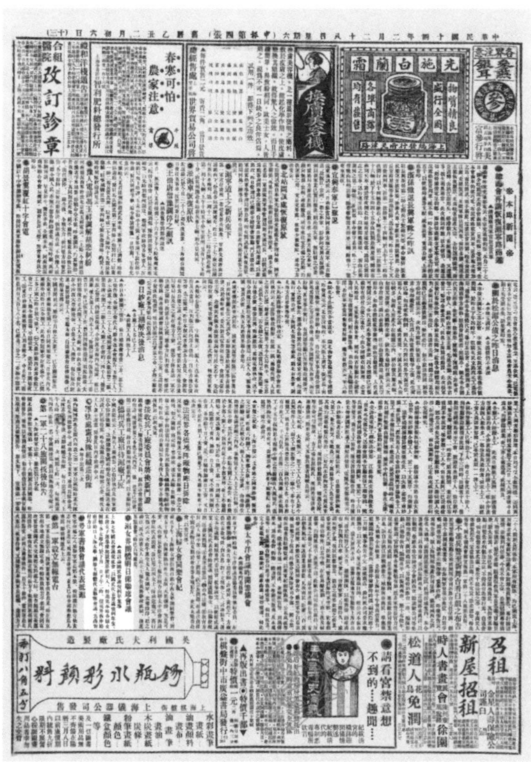

滬女界團體明日開聯席會議

▲為討論國民會議條例草案事

上海女界國民會議促成會、以國民代表會議條例草案、未將女子選舉權與被選舉權列入、特邀集本埠各婦女團體·各女學校、於下月一日下午二時、借英界西摩路南洋路口上海大學、開婦女團體代表聯席會議、共商對付方法、

沪女界团体明日开联席会议 · 为讨论国民会议条例草案事

上海女界国民会议促成会以国民代表会议条例草案未将女子选举权与被选举权列入，特邀集本埠各妇女团体、各女学校于下月一日下午二时，借英界西摩路南洋路口上海大学，开妇女团体代表联席会议，共商对付方法。

1925 年 2 月 28 日第十三版

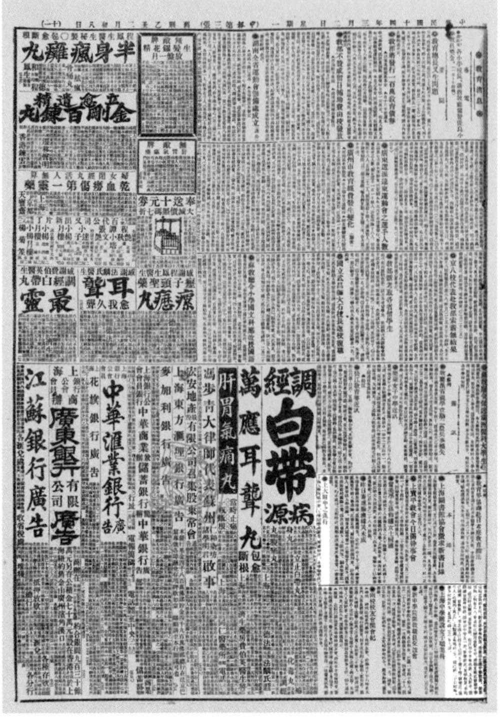

上大附中之進行

上海大學附屬中學、上學期慘淡經營、幾遭頓挫、本學期仍決定奮力進行、維持到底、并更事整頓及發展、已聘定劉薰宇爲主任、侯紹裘爲副主任、劉君係春暉教員、現兼任立達中學教員、侯君係熱心教育之人、曾在松江辦理景賢女中、并創立松江初級中學校、茲因時局關係、景賢移滬、松江初中亦有此意、上大附中、因即請彼襄理校務、即將初中學生一班、寄學於此、其他教員、亦均已請齊、如曹聚仁·季忠琢·汪馥泉·沈仲九·豐子愷·韓覺民·張作人·高爾柏·黃正厂·沈觀瀾·黃鳴祥·等、現已於二十日開學、連日招收新生、甚爲忙碌、定今日上課、

上大附中之进行

上海大学附属中学上学期惨淡经营，几遭顿挫。本学期仍决定奋力进行、维持到底，并更事整顿及发展，已聘定刘薰宇为主任，侯绍裘为副主任。刘君系春晖教员，现兼任立达中学教员。侯君系热心教育之人，曾在松江办理景贤女中，并创立松江初级中学校。兹因时局关系，景贤移沪，松江初中亦有此意，上大附中因即请彼襄理校务，即将初中学生一班寄学于此。其他教员亦均已请齐，如曹聚仁、季忠琢、汪馥泉、沈仲九、丰子恺、韩觉民、张作人、高尔柏、黄正厂、沈观澜、黄鸣祥等。现已于二十日开学，连日招收新生，甚为忙碌，定今日上课。

1925 年 3 月 2 日第十一版

上海女界聯席會紀

上海女界國民會議促成會、暨上海各女校各婦女團體、爲促成女界加入國民會議起見、特於昨日下午三時、假西摩路上海大學開聯席會議、到有上海女界國民會議促成會・上海大學女子部・中國女子體操學校・家庭革新社・上大平校・楊樹浦平校校友會・等十餘團體、代表十餘人、公推向警予主席、首由主席報告開會宗旨、略謂、此次段執政所發表之國民代表會議之條例、對於女國民之人格與職權、完全消滅、凡吾女界同胞、應急起力爭、要求修正條例、加入國民會議、今日開會、專以討論此事、認定堅決之主張、切實之辦法、代表二萬萬女同胞、爭回人格與職權云云、報告畢、請各代表發表意見、各代表相繼發言、討論甚久、議決四案如下、㈠發表反對國民代表會議條例之宣言、當即推定上海女界國民會議促成會擔任起草、㈡定於三月十日(即下禮拜二)召集上海女國民大會、地點未定、㈢本日到會各代表、准於三月三日携帶宣言及召集女國民大會通告、分赴各女校及婦女團體、徵求同意、幷隨帶演講、藉以喚醒女界同胞、一致力爭、㈣用各團體名義致電段祺瑞、暨列席善後會議之進步份子、要求修正原定國民代表會議之條例、電文仍由上海女界國民會議促成會起草、五時半散會、

上海女界联席会纪

上海女界国民会议促成会暨上海各女校各妇女团体为促成女界加入国民会议起见，特于昨日下午三时假西摩路上海大学开联席会议。到有上海女界国民会议促成会、上海大学女子部、中国女子体操学校、家庭革新社、上大平校、杨树浦平校校友会等十余团体代表十余人。公推向警予主席。首由主席报告开会宗旨，略谓此次段执政所发表之国民代表会议之条例，对于女国民之人格与职权完全消灭，凡吾女界同胞，应急起力争，要求修正条例、加入国民会议。今日开会，专以讨论此事，认定坚决之主张、切实之办法，代表二万万女同胞争回人格与职权云云。报告毕，请各代表发表意见，各代表相继发言，讨论甚久，议决四案如下：（一）发表反对国民代表会议条例之宣言，当即推定上海女界国民会议促成会担任起草。（二）定于三月十日（即下礼拜二）召集上海女国民大会，地点未定。（三）本日到会各代表准于三月三日携带宣言及召集女国民大会通告，分赴各女校及妇女团体征求同意，并随带演讲，借以唤醒女界同胞，一致力争。（四）用各团体名义致电段祺瑞暨列席善后会议之进步分子，要求修正原定国民代表会议之条例，电文仍由上海女界国民会议促成会起草。五时半散会。

1925年3月2日第十四版

◉貴州留滬學生會定期開會

貴州留滬學生會、現又屆常會之期、已定於本月八日、起假西摩路上海大學開會、討論會務、并改選職員云、

贵州留沪学生会定期开会

贵州留沪学生会现又届常会之期，已定于本月八日起假西摩路上海大学开会，讨论会务并改选职员云。

1925 年 3 月 5 日本埠增刊第一版

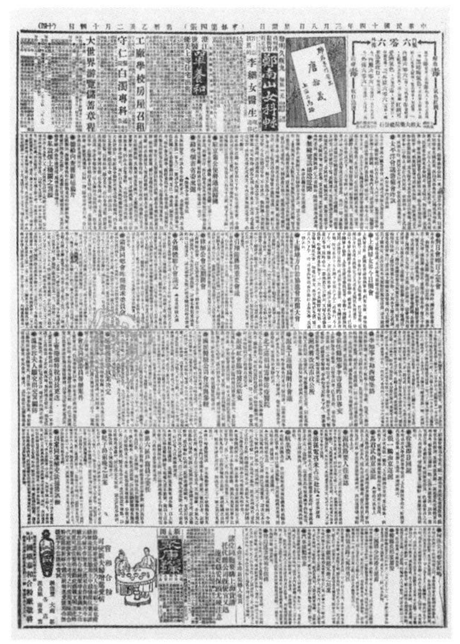

上海婦女界今日開會

上海婦女界、爲國民會議條例草案、剝奪女權、羣情憤激、故於三月一日舉行婦女代表聯席會、已誌各報、茲聞該女代表連日携帶宣言及召集女國民大會通告、分途向各婦女團體各女學校接洽聯絡、截至昨日止、已得中國婦女協會·上海女權運動同盟會·等數十團體熱烈贊同、决將宣言付印、并遵照各方意見、將女國民大會日期、改至本月十五日即下星期日下午二時舉行、今日下午三時、開第二次代表聯席會、商决女國民大會一切進行事宜、届時必有一番熱烈之討論云、又婦女運動委員會、昨發開會通告如下、三月八日爲國際婦女節、且籌備女國民大會一切進行事宜、務望姊妹於本週「即三月八日下午一時」齊集西摩路南洋路口上海大學、共商一切云云、

上海妇女界今日开会

上海妇女界，为国民会议条例草案剥夺女权，群情愤激，故于三月一日举行妇女代表联席会，已志各报。兹闻该女代表连日携带宣言及召集女国民大会通告，分途向各妇女团体、各女学校接洽联络。截至昨日止，已得中国妇女协会、上海女权运动同盟会等数十团体热烈赞同，决将宣言付印，并遵照各方意见，将女国民大会日期改至本月十五日即下星期日下午二时举行。今日下午三时开第二次代表联席会，商决女国民大会一切进行事宜，届时必有一番热烈之讨论云。又妇女运动委员会昨发开会通知如下：三月八日为国际妇女节，且筹备女国民大会一切进行事宜，务望姊妹于本周（即三月八日下午一时）齐集西摩路南洋路口上海大学，共商一切云云。

1925 年 3 月 8 日第十四版

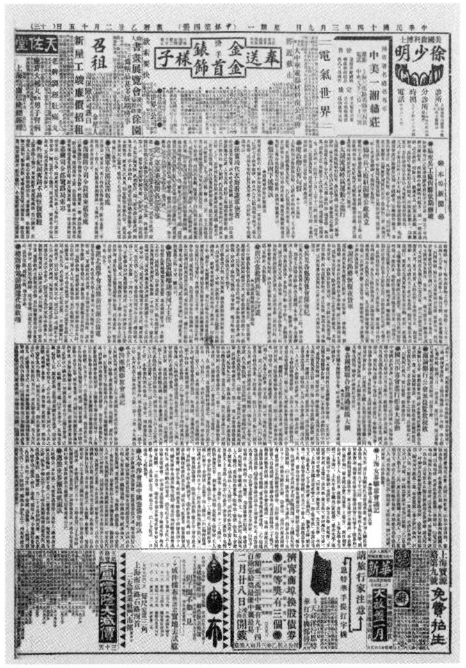

上海女界聯席會議記

▲籌備上海女國民大會

上海女界、爲反對國民代表會議草案、要求加入國民會議起見、特於昨日下午三時、假座西摩路上海大學、開聯席會議、到會者有婦女運動委員會(向警予·張惠如)女權運動同盟會(陳芸芳)、東方專校(李潔冰)、平民學校(蔣松如)、婦女同志會(馬瑞英·王瑞芳)、南洋烟草公司失業工人(杜筠貞·陳倩如·唐景)、上海大學女生團(王秀清)、上大平教女職員(黃淑馨)、羣治大學(張懿)、楊樹浦平民學校(吳問渠)、南方大學(賀敬揮)、家庭革新社(孔德沚·胡墨林·黃玉衡)、新中學院(沈濂)、楊樹浦平民學校(何葆珍·鍾雙成)、大夏大學(李劍秋)、上海女界國民促成會(王一知·張琴秋)、華商公司女工(詹惠文)、女子參政會(朱劍霞)、勤業女師(劉寄塵)、戰士慰勞會等團體、代表三十餘人、公推陳芸芳女士主席、首由向警予報告開會宗旨、暨經過情形、報告畢、由到會各代表討論下列各項問題、(甲)女國民大會籌備問題、㈠日期、議決根據上次議決、仍在本月十五日下午二時開女國民大會、㈡會場、議決在寧波同鄉會、當即推定朱劍霞擔任接洽、㈢經費、議決由各團體暨個人自由認捐、當場即由各代表自由捐出二十餘元、㈣要求報界援助、議決由本會名義擬一通函、並推定代表携帶該函、赴各報館、要求各報著論援助、(乙)組織籌備委員會、㈠委員會議決以本日到會各代表、爲籌備大會之委員、㈡大會主席團當即推定李劍秋·向警予·程婉珍·朱劍霞·四人擔任、㈢籌備會之組織、分演講股、由張琴秋·賀敬揮·李劍秋·王一知·朱劍霞·范振華·六人擔任、庶務股由黃胤·張琴秋·張懿·張惠如·李潔冰·鍾雙成·胡墨林·六人擔任、招待股由沈琪·黃玉衡·詹惠文·王秀清·孔得志·何藻貞·唐景星·陳倩如·吳問渠·蔣松如·馬瑞英·王瑞芳·杜筠貞·十三人擔任、交際股由陳芸芳·劉寄塵·朱劍霞·賀敬揮·張琴秋·五人擔任、會計股由黃胤·張志如·二人擔任、文牘股由李一純·向警予·李劍秋·范振華·四人擔任、(丙)臨時提議、㈠議決本星期四日下午二時在蒲柏路明德里第三弄二十一號再開籌備會、㈡推定朱劍霞·陳芸芳·等分赴各校、屆時請各女校全體到會、㈢由本會名義、擬一電北京全國促成會代表大會、請代表人民意見、與善後會議開聯席會、修正草案、并須請其修改第十四條及四十八條、㈣電孫中山請其極力援助、㈤電段執政暨善後會議各代表、請其容納此種要求、㈥電駐京各地女代表·北京婦女促成會·中華婦女協進會·女子師範大學·轉各地婦女團體、一致力爭、㈦電各省女界促成會各婦女團體·各女校·及各校女生、羣起力爭、以上各提議、一致通過、七時散會、

上海女界联席会议记·筹备上海女国民大会

上海女界，为反对国民代表会议草案，要求加入国民会议起见，特于昨日下午三时假座西摩路上海大学开联席会议，到会者有妇女运动委员会（向警予、张惠如）、女权运动同盟会（陈芸芳）、东方专校（李洁冰）、平民学校（蒋松如）、妇女同志会（马瑞英、王瑞芳）、南洋烟草公司失业工人（杜筠贞、陈倩如、唐景）、上海大学女生团（王秀清）、上大平

教女职员（黄淑声）、群治大学（张懿）、杨树浦平民学校（吴问渠）、南方大学（贺敬挥）、家庭革新社（孔德沚、胡墨林、黄玉衡）、新申学院（沈祺）、杨树浦平民学校（何葆珍、瞿双成）、大夏大学（李剑秋）、上海女界国民促成会（王一知、张琴秋）、华商公司女工（詹惠文）、女子参政会（朱剑霞）、勤业女师（刘寄尘）、战士慰劳会等团体代表三十余人。公推陈芸芳女士主席。首由向警予报告开会宗旨暨经过情形，报告毕，由到会各代表讨论下列各项问题：（甲）女国民大会筹备问题。（一）日期。议决根据上次议决，仍在本月十五日下午二时开女国民大会。（二）会场。议决在宁波同乡会，当即推定朱剑霞担任接洽。（三）经费。议决由各团体暨个人自由认捐，当场即由各代表自由捐出二十余元。（四）要求报界援助。议决由本会名义拟一通函，并推定代表携带该函赴各报馆，要求各报著论援助。（乙）组织筹备委员会。（一）委员会。议决以本日到会各代表为筹备大会之委员。（二）大会主席团。当即推定李剑秋、向警予、程婉珍、朱剑霞四人担任。（三）筹备会之组织。分演讲股，由张琴秋、贺敬挥、李剑秋、王一知、朱剑霞、范振华六人担任；庶务股由黄胤、张琴秋、张懿、张惠如、李洁冰、瞿双成、胡墨林六人担任；招待股由沈琪、黄玉衡、詹惠文、王秀清、孔得志［德沚］、何藻贞、唐景星、陈倩如、吴问渠、蒋松如、马瑞英、王瑞芳、杜筠贞十三人担任；交际股由陈芸芳、刘寄尘、朱剑霞、贺敬挥、张琴秋五人担任；会计股由黄胤、张志如二人担任；文牍股由李一纯、向警予、李剑秋、范振华四人担任。（丙）临时提议。（一）议决本星期四下午二时在蒲柏路明德里第三弄二十一号再开筹备会。（二）推定朱剑霞、陈芸芳等分赴各校，届时请各女校全体到会。（三）由本会名义，拟一电北京全国促成会代表大会，请代表人民意见，与善后会议开联席会修正草案，并须请其修改第十四条及四十八条。（四）电孙中山，请其极力援助。（五）电段执政暨善后会议各代表，请其容纳此种要求。（六）电驻京各地女代表、北京妇女促成会、中华妇女协进会、女子师范大学转各妇女团体，一致力争。（七）电各省女界促成会各妇女团体、各女校及各校女生群起力争。以上各提议，一致通过。七时散会。

1925 年 3 月 9 日第十三版

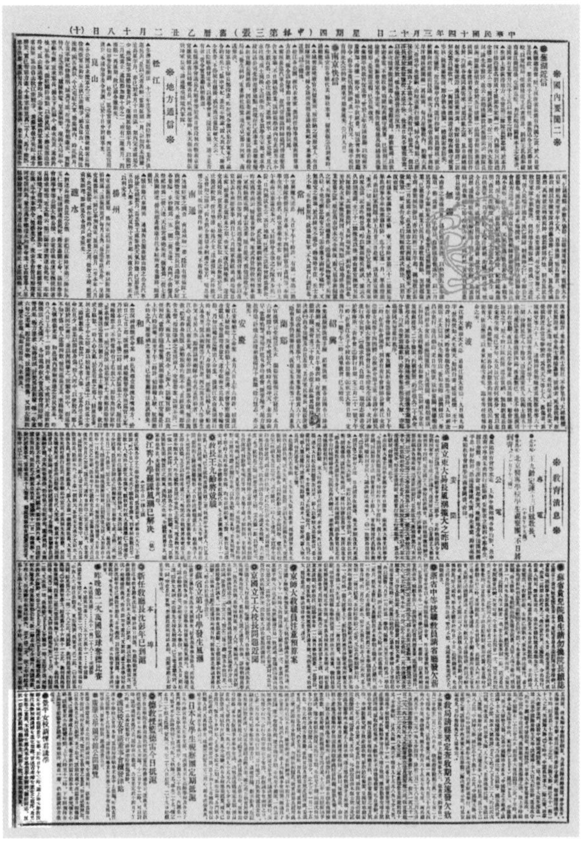

景平女校請惲君講學

靜安寺極司非而路景平女學、於昨日下午三時、請上海大學教授惲代英蒞校演講婦女進化問題、首述古來婦女進化之程序、及男女並等之重要、末述婦女應具革命思想革命精神、團結同志、反抗一切外界之壓迫、議論風生、鞭辟入裡、聽衆咸極滿意、

景平女校请恽君讲学

静安寺极司非而路景平女学于昨日下午三时请上海大学教授恽代英莅校演讲妇女进化问题。首述古来妇女进化之程序及男女并等之重要，末述妇女应具革命思想、革命精神，团结同志，反抗一切外界之压迫。议论风生，鞭辟入里，听众咸极满意。

1925年3月12日第十版

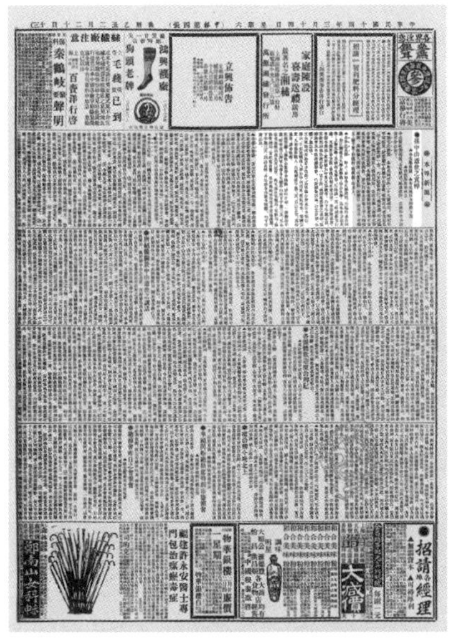

◉孫中山逝世之哀悼

▲各界之哀悼　昨日、本埠各大學聞耗、均臨時通告休課、如江灣復旦大學大學部·持志大學·及本埠法政大學·上海大學、及神州女學等、均休課一天、并到孫宅行禮、又商界各方面·各商店如永安公司·華僑陳嘉庚·粵帮各商店·東新橋大中華電器廠等、均下半旗誌哀、其餘則以尚未規定有一定日期、尚須候商會之通知、聞總商會及各路商總聯會、均將開會討論、訂定日期、全體下旗誌悼、

又山東路河南路愛多亞路三商界聯合會通告各商店、略云、手創民國偉人孫公中山逝世、噩耗傳來、舉國震驚、凡我商界同人、均應懸掛半旗三天、以誌哀忱、爲特通告、諸希鑒察、

淞滬警廳上海縣公署等各機關、於昨日起、一律懸掛半旗、所有浦江海軍水警各兵艦亦均齊下半旗三天、又北京交通部以孫先生逝世、特電滬埠電報局·電料局·兩路管理局·電政監督署·吳淞無線電局等各交通機關、下半旗三天、以誌哀悼、各馬路各商號各團體、均下半旗誌哀、

孙中山逝世之哀悼·各界之哀悼

昨日，本埠各大学闻耗，均临时通告休课，如江湾复旦大学大学部、持志大学及本埠法政大学、上海大学及神州女学等，均休课一天，并到孙宅行礼。又商界各方面，各商店如永安公司、华侨陈嘉庚、粤帮各商店、东新桥大中华电器厂等，均下半旗志哀。其余则以尚未规定有一定日期，尚须候商会之通知。闻总商会及各路商总联会均将开会讨论，订定日期，全体下旗志悼。

又山东路、河南路、爱多亚路三商界联合会通告各商店，略云手创民国伟人孙公中山逝世，噩耗传来，举国震惊，凡我商界同人，均应悬挂半旗三天，以志哀忱。为特通告，诸希鉴察。

淞沪警厅上海县公署等各机关，于昨日起，一律悬挂半旗，所有浦江海军水警各兵舰亦均齐下半旗三天。又北京交通部以孙先生逝世，特电沪埠电报局、电料局、两路管理局、电政监督署、吴淞无线电局等各交通机关下半旗三天，以志哀悼。各马路各商号各团体，均下半旗志哀。

1925年3月14日第十三版

背痛者腎弱也
兜安氏秘製保腎丸

◉平教成績展覽會行將開幕

平民教育、去年各地籌辦、頗有可觀、南京上海、尤爲發達、自江浙戰起、不特經費無着、就學貧民、困苦流離、亦無暇及此、識者憂之、商務印書館發行所、自三月十五日起、開辦平民教育成績展覽會、聞本埠曾辦平教之學校、已將成績送往者、有崇正·貧民·閘北五區第一第二·尙公·縣立第三·坤範·農壇·敬業·寰球·省立二師等校、此外如飛虹·民國公學·上海大學·南區女學等、亦正在檢送、並有種種促進平敎之彩色圖畫、懸掛四壁、頗足促人猛省、屆期極願大衆前往參觀云、

平教成绩展览会行将开幕

平民教育，去年各地筹办，颇有可观，南京、上海尤为发达。自江浙战起，不特经费无着，就学贫民困苦流离，亦无暇及此，识者忧之。商务印书馆发行所自三月十五日起，开办平民教育成绩展览会。闻本埠曾办平教之学校，已将成绩送往者，有崇正、贫民、闸北五区第一第二、尚公、县立第三、坤范、农坛、敬业、寰球、省立二师等校，此外如飞虹、民国公学、上海大学、南区女学等，亦正在检送。并有种种促进平教之彩色图画，悬挂四壁，颇足促人猛省，届期极愿大众前往参观云。

1925 年 3 月 15 日第十二版

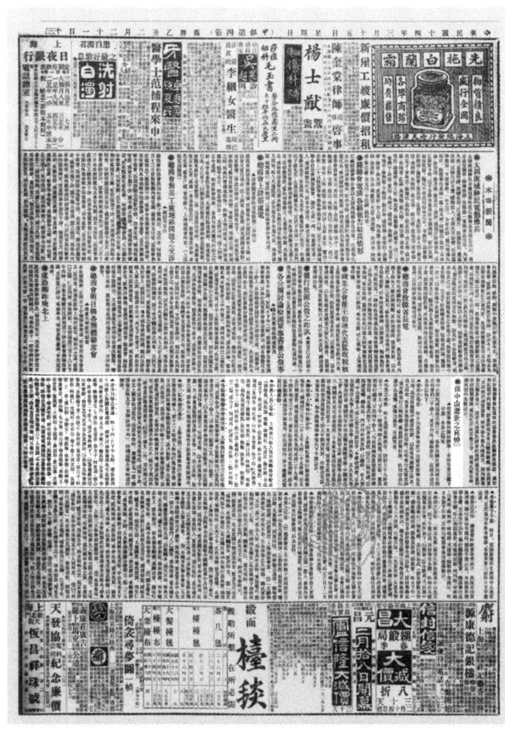

孫中山逝世之哀悼（二）

▲治喪人員之分配　上海執行部人員治喪職務分配表、（招待員）張廷灝·鄭觀·韓覺民·沈澤民·施存統·李成·邵力子·周頌西·何世楨·張惠如·鄧中夏·蕭飛烈、（文牘員）葉紉芳·惲代英·向崑·葉楚傖·徐子培·（庶務員）孫鏡·周麗生·陳德徵·曾繁應、（會計員）林煥廷·周雍煬、（招待員值班鐘點）張廷灝·鄭觀·張惠如·韓覺民·十點至十二點、何世楨·鄧中夏·蕭飛烈·李成·十二點至二點、邵力子·周頌西·沈澤民·施存統·二點至四點、

▲唐少川等之會議　昨（十四）口下午五時、環龍路四十四號上海國民黨總部、開會討論籌備孫先生追悼事宜、到會有唐少川·章太炎·李徵五·顧忠琛·常芝英·李祖夔·歐陽棨之·王廣廷·葉楚傖·邵力子·何世楨·張心撫·沈卓吾等二十餘人、議決案件錄下、㈠籌備處擬借山東會館、由常芝英沈卓吾負責接洽、㈡推舉追悼會辦事員、公推楊千里·但植之·徐朗西·葉楚傖·邵力子·何世楨·何葆仁·沈儀彬·沈卓吾·等十餘人爲文牘、袁履登·王一亭·虞洽卿·李徵五·傅筱庵·謝蘅牕·周佩箴·等爲會計、張心撫·朱少屏·鄔志豪·等爲庶務、李徵五·常芝英·陳震東·王廣廷·李祖夔·蔣百器·黃宗漢·沈儀彬·應季審·等爲交際、尙有招待員、俟開會時推舉、㈢地點、擬借公共體育場、由籌備處函請縣公署警察廳轉知體育場、㈣經費由籌備員六十人自認、不足再設法募集、㈤日期、待北京電報到後、同日舉行、㈥所推辦事員、概由籌備處通函徵求同意、議畢、六時許散會、

孙中山逝世之哀悼（二）

治丧人员之分配。上海执行部人员治丧职务分配表：（招待员）张廷灏、郑观、韩觉民、沈泽民、施存统、李成、邵力子、周颂西、何世桢、张惠如、邓中夏、萧飞烈；（文牍员）叶纫芳、恽代英、向昆、叶楚伧、徐子培；（庶务员）孙镜、周丽生、陈德徵、曾繁庶；（会计员）林焕廷、周雍炀；（招待员值班钟点）张廷灏、郑观、张惠如、韩觉民，十点至十二点；何世桢、邓中夏、萧飞烈、李成，十二点至二点；邵力子、周颂西、沈泽民、施存统，二点至四点。

唐少川等之会议。昨（十四）日下午五时，环龙路四十四号上海国民党总部开会讨论筹备孙先生追悼事宜。到会有唐少川、章太炎、李徵五、顾忠琛、常芝英、李祖夔、欧阳荣之、王赓廷、叶楚伧、邵力子、何世桢、张心抚、沈卓吾等二十余人。议决案件录下：（一）筹备处拟借山东会馆，由常芝英、沈卓吾负责接洽。（二）推举追悼会办事员。公推杨千里、但植之、徐朗西、叶楚伧、邵力子、何世桢、何葆仁、沈仪彬、沈卓吾等十余人为文牍，袁履登、王一亭、虞洽卿、李徵五、傅筱庵、谢蘅牕、周佩箴等为会计，张心抚、朱少屏、邬志豪等为庶务，李徵五、常芝英、陈震东、王赓廷、李祖夔、蒋百器、黄宗汉、沈仪彬、应季审等为交际。尚有招待员，俟开会时推举。（三）地点拟借公共体育场，由筹备处函请县 公署警察厅转知体育场。（四）经费由筹备员六十人自认，不足再设法募集。（五）日期待北京电报到后，同日举行。（六）所推办事员概由筹备处通函征求同意。议毕，六时许散会。

1925 年 3 月 15 日第十三版

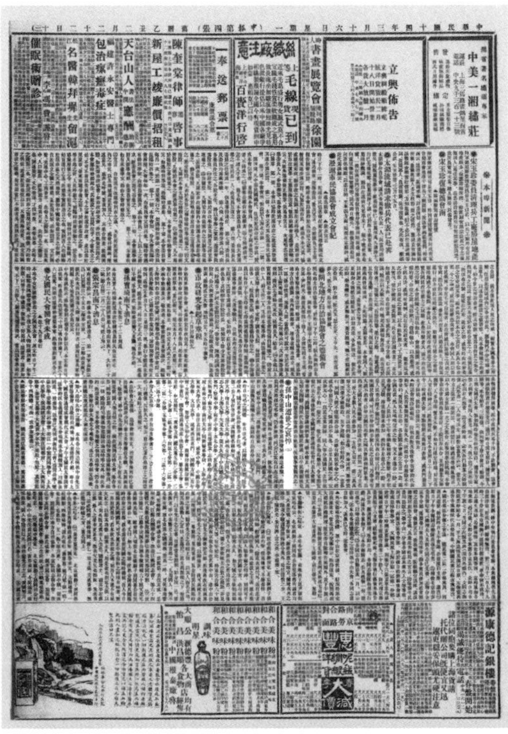

孫中山逝世之哀悼（三）

▲昨日往弔之團體　昨日往弔者、以團體佔多數、除各學校外、國民黨各區分部亦多往弔、來賓則由孫哲生之第二公子强在旁致謝、其團體名稱如下、「學校方面」南洋大學・復旦大學・滬江大學・神州女學・大同大學・持志大學・上海大學・大夏大學・震旦大學・中法國立工業專門・暨南中學・南洋中學・市北公學・惠靈英文專校・美術專門・南方大學・南洋高等商業・志明學校・[illegible]嘉義校・東南女師範・商科大學・同濟醫專學校・上海中學・東南大學代表・南洋高級商校・浦東中學・中國公學大學部・文治大學・遠東商業專門、「團體方面」青年會・女青年會・粵僑工界聯合會・商務印書館印刷所・中華書局・國會議員通訊處・機器工會・雕花工會・孤星社・申江醫院、「黨部方面」國民黨五區三分部・三區十七十八分部・二區五分部・四區七分部・二區一分部・二區二分部・五區五分部・六分部・三區十六分部・第三區十分部、

▲加入追悼大會之踴躍　本埠各公團追悼孫中山先生大會籌備會、自發出公函後、加入者絡繹不絕、昨日上午、國民會議促成會開代表大會、下午女國民大會開會、該會特派朱義權董星五分頭徵求各團體加入、均極表同意、一致參加、該會已先接到海員工會・啓賢公學・樂益公學・愛華學術討論會・浙江一中旅滬同學會・上大平民學校・演說練習會・上大浙江同鄉會・上大陝西同鄉會・春雷文藝社・大夏新少年社・進社・勉社・亥育社等十四團體、來函一致參加籌備云、

孙中山逝世之哀悼（三）

昨日往吊之团体。昨日往吊者，以团体占多数。除各学校外，国民党各区分部亦多往吊。来宾则由孙哲生之第二公子强在旁致谢。其团体名称如下："学校方面"，南洋大学、复旦大学、沪江大学、神州女学、大同大学、持志大学、上海大学、大夏大学、震旦大学、中法国立工业专门、暨南中学、南洋中学、市北公学、惠灵英文专校、美术专门、南方大学、南洋高等商业、志明学校、肇嘉义校、东南女师范、商科大学、同济医专学校、上海中学、东南大学代表、南洋高级商校、浦东中学、中国公学大学部、文治大学、远东商业专门。"团体方面"，青年会、女青年会、粤侨工界联合会、商务印书馆印刷所、中华书局、国会议员通讯处、机器工会、雕花工会、孤星社、申江医院。"党部方面"，国民党五区三分部、三区十七十八分部、二区五分部、四区七分部、二区一分部、二区二分部、五区五分部、六分部、三区十六分部、第三区十分部。

加入追悼大会之踊跃。本埠各公团追悼孙中山先生大会筹备会，自发出公函后，加入者络绎不绝。昨日上午，国民会议促成会开代表大会，下午女国民大会开会。该会特派朱义权、董星五分头征求各团体加入，均极表同意，一致参加。该会已先接到海员工会、启贤公学、乐益公学、爱群学术讨论会、浙江一中旅沪同学会、上大平民学校、演说练习会、上大浙江同乡会、上大陕西同乡会、春雷文艺社、大夏新少年社、进社、旭社、亥育社等十四团体来函一致参加筹备云。

1925 年 3 月 16 日第十三版

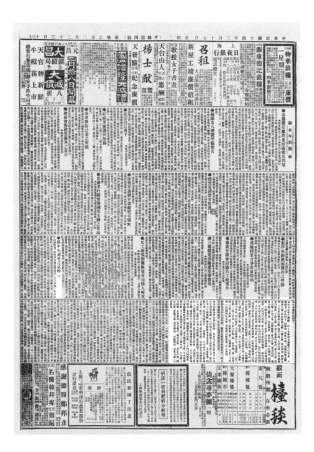

孫中山逝世之哀悼（四）

▲昨日往弔之團體　昨日各學校各團體之往弔者、人數頗多、分誌於下、㈠學校、浦東中學、啓賢公學全體、暨南大學、尚公學校全體、中國公學、敏求學校、同濟大學、人和產科學校全體、商科大學、大同大學、東方藝術專門學校、上海大學、中華工業專門學校、東方大學、震旦大學、中法工專、亞東醫學、群治大學、東吳法科、樂益中學全體、第二師範學校、南市第一平民學校、㈡團體、中國社會民主黨上海部、自由黨總部、江陰旅滬同鄉會、淞滬四川學會、南大非基督教同盟會、南大科學社、南大湖北同鄉會、南大四川同鄉會、南大陝西同鄉會、上大山東同鄉會、湖畔詩社、青年文藝社、甲子詩社、旅滬棠館公會、愛多亞路商聯會、山東路商聯會、崇明同鄉會、福建自治促進會、金銀工人互助會、聯義社、旅滬山東同志會、南大湖南同鄉會、川沙農場、江海關圖書館、河南省銀行代表、徽社、貴州旅滬學生會、中國青年工讀社、履業工會、糧食會、對日外交會、三五學會、浦東少年社、滬西醫院、美亞保險公司、㈢黨部、一區六分部、二區七分部、五區十分部、第一區分部、第二區分部、五區三分部、第三區黨部、第二區黨部、五區十八分部、江陰臨時區黨部、安徽潛山縣黨部、松江黨部、

▲各公團追悼大會之籌備　本埠各公團追悼孫中山先生大會籌備會、昨日接到各公團加入籌備者尤多、統計已有六十餘團體、聞該會務求多多益善、共襄盛舉、地點日期、以及悼禮秩序、一切佈置、均須待代表大會議決施行、約在二三天後、即擬召集、屆期請各公團推派代表出席、茲將昨日加入者錄後、盧景測繪工程專科學院、上大瓊崖新青年社、黃治旅滬友誼會、共進社上海地方團、福建青年大同盟、留滬興化學會、女子文學專門學校、華英中學、旅滬廣東自治會、上大四川同學會、天潼福德兩路商界聯合會、漣水旅滬學友會、中華勞働聯合會、牛羊肉同業公會、印刷工人聯合會、中華學工互助團、光華學校、尚文學校、肇成公學、澤民中學、國民公學、惠風公學、肇新學校、育德學校、遠東公學、志新學校、

孙中山逝世之哀悼（四）

昨日往吊之团体。昨日各学校各团体之往吊者，人数颇多，分志于下：（一）学校。浦东中学、启贤公学全体、暨南大学、尚公学校全体、中国公学、敏求学校、同济大学、人和产科学校全体、商科大学、大同大学、东方艺术专门学校、上海大学、中华工业专门学校、东方大学、震旦大学、中法工专、亚东医学、群治大学、东吴法科、乐益中学全体、第二师范学校、南市第一平民学校。（二）团体。中国社会民主党上海部、自由党总部、江阴旅沪同乡会、淞沪四川学会、南大非基督教同盟会、南大科学社、南大湖北同乡会、南大四川同乡会、南大陕西同乡会、上大山东同乡会、湖畔诗社、青年文艺社、甲子诗社、旅沪菜馆公会、爱多亚路商联会、山东路商联会、崇明同乡会、福建自治促进会、金银工人互助会、联义社、旅沪山东同志会、南大湖南同乡会、川沙农场、江海关图书馆、河南省银行代表、徽社、贵州旅沪学生会、中国青年工读社、履业工会、粮食会、对日外交会、三五学会、浦东少年社、沪西医院、美亚保险公司。（三）党部。一区六分部、二区七分部、五区十分部、第一区分部、第二区分部、五区三分部、第三区党部、第二区党部、五区十八分部、江阴临时区党部、安徽潜山县党部、松江党部。

各公团追悼大会之筹备。本埠各公团追悼孙中山先生大会筹备会，昨日接到各公团加入筹备者尤多，统计已有六十余团体。闻该会务求多多益善，共襄盛举，地点日期以及悼礼秩序、一切布置，均须待代表大会议决施行，约在二三天后，即拟召集，届期请各公团推派代表出席。兹将昨日加入者录后：卢景测绘工程专科学院、上大琼崖新青年社、黄冶旅沪友谊会、共进社上海地方团、福建青年大同盟、留沪兴化学会、女子文学专门学校、华英中学、旅沪广东自治会、上大四川同学会、天潼福德两路商界联合会、涟水旅沪学友会、中华劳动联合会、牛羊肉同业公会、印刷工人联合会、中华学工互助团、光华学校、尚文学校、肇成公学、泽民中学、国民公学、惠风公学、肇新学校、育德学校、远东公学、志新学校。

1925 年 3 月 17 日第十三版

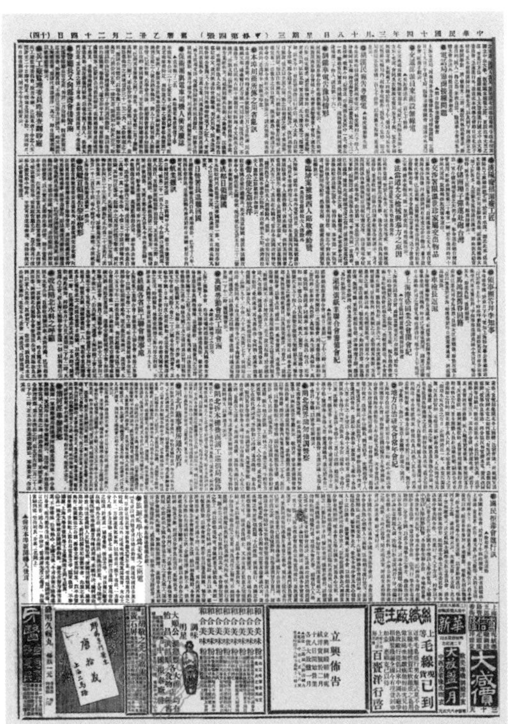

旅滬皖學生爲姜案之兩電

(一)北京段執政暨章司法總長鈞鑒、倪道烺確係姜案正犯、早經江西高審地檢兩廳訊實在案、惟道烺席乃叔之餘威、以致逍遙法外、近復乘機攫取鳳陽監督、貪心尤不足、一方擁護舊部軍閥、包圍省長、橫干省政、一方輦金入都、多方運動、案移北京、冀圖打消通緝、實現督皖之陰謀、詎爲高一涵等覺察、按法力爭、司法部反斷章取義、節外生枝、欲藉此羅陷、而混淆控案、尤可疑者、該案既經京地檢廳票拘傳訊到案、未經判決、緣何理由釋放、司法者視殺人正犯如兒戲、損國法若敝屣、緣情罔法、若此之甚、將何以振法紀而懲來者、此案之成立與否、攸關國法之存廢、務懇立即票拘歸案、以平公憤而維國法、否則皖人蹈白刃誓與力爭、臨電迫切、不勝憤激、上海大學安徽同學王立權陶淮王蔚王紹虞、

(二)高一涵先生轉旅京諸同鄉鈞鑒、諸先生努力伸雪姜案、不憚權威、壯氣熱心、全國共佩、今司法部不積極進行姜案、而乃節外生枝、冀圖陷諸先生於罪、荒謬絕倫、言之疾首、同人等一息尚存、誓爲諸先生之後盾、尚望奮鬭到底、堅持初衷、幸甚、(名同上)

旅沪皖学生为姜案之两电

（一）北京段执政暨章司法总长钧鉴：倪道烺确系姜案正犯，早经江西高审地检两厅讯实在案。惟道烺席乃叔之余威，以致逍遥法外。近复乘机攫取凤阳监督，贪心尤不足。一方拥护旧部军阀，包围省长，横干省政；一方辇金入都，多方运动，案移北京，冀图打消通缉，实现督皖之阴谋。计为高一涵等觉察，按法力争，司法部反断章取义、节外生枝，欲借此罹陷，而混消控案。尤可疑者，该案既经京地检厅票拘传讯到案，未经判决，缘何理由释放？司法者视杀人正犯如儿戏，摈国法若敝屣，缘情罔法，若此之甚，将何以振法纪而惩来者？此案之成立与否，攸关国法之存废，务恳立即票拘归案，以平公愤而维国法，否则皖人蹈白刃誓与力争。临电迫切，不胜愤激。上海大学安徽同学王立权、陶淮、王弼、王绍虞。

（二）高一涵先生转旅京诸同乡钧鉴：诸先生努力伸雪姜案，不惮权威，壮气热心，全国共佩。今司法部不积极进行姜案，而乃节外生枝，冀图陷诸先生于罪，荒谬绝伦，言之疾首。同人等一息尚存，誓为诸先生之后盾。尚望奋斗到底，坚持初衷，幸甚。（名同上）

1925 年 3 月 18 日第十四版

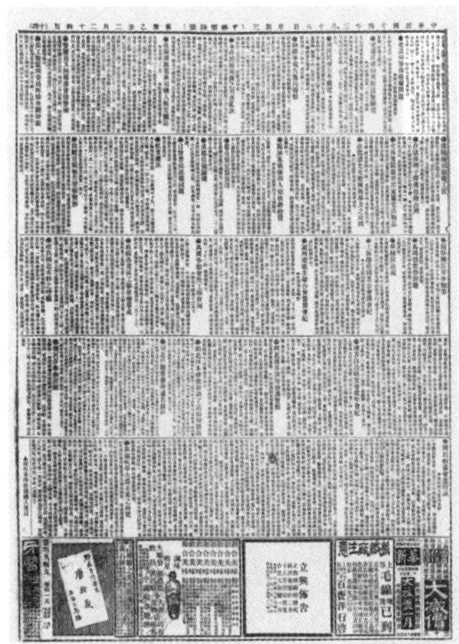

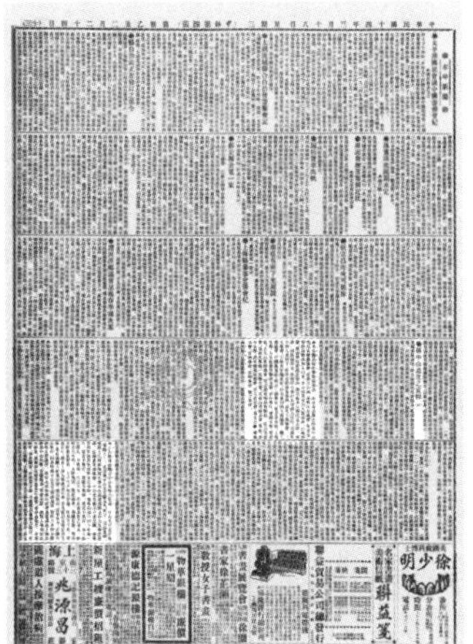

◉孫中山逝世之哀悼（五）

▲各公團追悼大會籌備會訊　本埠各公團追悼孫中山先生大會籌備會、自發出公函、並特派朱義權·董星五·等分頭徵求加入以來、各公團要求加入籌備會、均極踴躍、聞該會擬於最近期內、即召集各公團代表大會、商議一切籌備事宜、俾得早日舉行大規模之追悼、茲將昨日加入者列下、南洋高級商業學校、滬北工商學會、三五學會、雲南青年勵進社、中華書局同人進德會、職工進德會、中國孤星社。南京二商學社、東方青年社、上海大學、上大社會科學研究會、新中學院、愛國女學、蜀新社、上大山東同鄉會、同志勸戒嗜好閱報社、民治協進會、法政大學第一院學生會、江西自治同志會、羣社、景平女學、武平旅滬同鄉會、川人自治會、滬北公學、健德公學、汝南學校、啓明學校、競立學校、

▲上大擬請改國立中山大學之提議　中山先生逝世後、舉國人士、咸思爲中山先生留永久紀念、以誌景仰、頃聞上大同學陶同杰等有改該校爲國立中山大學之提議、茲將意見書錄後、中山先生締造中華民國、爲東方被壓迫民族求解放之導師、盤根錯節中四十年如一日、富貴不能淫、貧賤不能移、威武不能屈、其人格之偉大、不僅爲一代之元良、亦且爲萬世之師表、孰料昊天不弔、竟降鞠凶、噩耗傳來、舉國震驚、惟吾人既盡哀於前、尤不可不紀念於後、庶先生不死、其道長存、溯吾上海大學建設以來、首先標以宣傳民治主義·養成建國人材爲宗旨、遠追既往、近察來今、在國內大學中、以吾校與中山先生關係最深、故昨日本校全體同學大會議決、擬向本校教務行政會議建議改上海大學爲中山大學、崇德報功、用意至深、但同人等對於此次議案、認爲尙有補充意見之必要、考中山先生、身爲國父、功在國家、在政府方面、不應僅以儀葬之隆崇、作飾終之酬報、尤應設法將先生學術思想永遠保存、甚至更從而光大發揚、務使餘芬永存、萬古常新、方符隆崇之至意、故同人意見、應呈請北京執政府明令改本校爲國立中山大學、既彰國家酬報之隆、更顯追懷先烈之深、至進行方法、應即組織上大籌備進行國立中山大學委員會、急速進行外、並責成本校學生會即日電北京于校長、及本校前講師汪精衛先生、以及剡下四公滯京之本校同學劉一清·鍾復光·二君、就近向執政府要求、藉達目的、同人一得之愚、未敢自信、除請學生會招集全體大會公決外、特提出意見書如右、

孙中山逝世之哀悼（五）

各公团追悼大会筹备会讯。本埠各公团追悼孙中山先生大会筹备会，自发出公函，并特派朱义权、董星五等分头征求加入以来，各公团要求加

入筹备会，均极踊跃。闻该会拟于最近期内，即召集各公团代表大会，商议一切筹备事宜，俾得早日举行大规模之追悼。兹将昨日加入者列下：南洋高级商业学校、沪北工商学会、三五学会、云南青年励进社、中华书局同人进德会、职工进德会、中国孤星社、南京二商学社、东方青年社、上海大学、上大社会科学研究会、新申学院、爱国女学、蜀新社、上大山东同乡会、同志劝戒嗜好阅报社、民治协进会、法政大学第一院学生会、江西自治同志会、群社、景平女学、武平旅沪同乡会、川人自治会、沪北公学、健德公学、汝南学校、启明学校、竟立学校。

上大拟请改国立中山大学之提议。中山先生逝世后，举国人士，咸思为中山先生留永久纪念，以志景仰。顷闻上大同学陶同杰等有改该校为国立中山大学之提议、兹将意见书录后：中山先生缔造中华民国，为东方被压迫民族求解放之导师，盘根错节中四十年如一日，富贵不能淫，贫贱不能移，威武不能屈，其人格之伟大，不仅为一代之元良，亦且为万世之师表。孰料昊天不吊，竟降鞠凶，噩耗传来，举国震惊。惟吾人既尽衷于前，尤不可不纪念于后。庶先生不死，其道长存。溯吾上海大学建设以来，首先标以宣传民治主义、养成建国人材为宗旨，远追既往，近鉴来今，在国内大学中，以吾校与中山先生关系最深，故昨日本校全体同学大会议决，拟向本校教务行政会议建议改上海大学为中山大学，崇德报功，用意至深。但同人等对于此次议案，认为尚有补充意见之必要。考中山先生身为国父，功在国家。在政府方面，不应仅以仪葬之隆崇，作饰终之酬报，尤应设法将先生学术思想永远保存，甚至更从而光大发扬，务使余芬永在，万古常新，方符隆崇之至意。故同人意见，应呈请北京执政府明令改本校为国立中山大学，既彰国家酬报之隆，更显追怀先烈之深。至进行方法，应即组织上大筹备进行国立中山大学委员会，急速进行外，并责成本校学生会即日电北京于校长及本校前讲师汪精卫先生，以及刻下因公滞京之本校同学刘一清、钟复光二君，就近向执政府要求，借达目的。同人一得之愚，未敢自信，除请学生会召集全体大会公决外，特提出意见书如右。

1925年3月18日第十三、第十四版

▲籌備國立中山大學消息　本埠上海大學、自由同學陶同杰等根據該校學生會議決案、增加意見、提出改該校爲國立中山大學意見書後、同學中對於此議、多表贊同、聞該校學生會定於今日召集全體同學大會、討論進行方法、以便組織上大籌備進行國立中山大學委員會、積極進行、聞國民黨方面、亦多願協助、但對進行手續上意見稍有不同、大約此舉不久當能成爲事實云、

筹备国立中山大学消息

本埠上海大学，自由同学陶同杰等根据该校学生会议决案，增加意见，提出改该校为国立中山大学意见书后，同学中对于此议，多表赞同。闻该校学生会定于今日召集全体同学大会，讨论进行方法，以便组织上大筹备进行国立中山大学委员会，积极进行。闻国民党方面亦多愿协助，但对进行手续上意见稍有不同。大约此举不久当能成为事实云。

1925 年 3 月 19 日第十四版

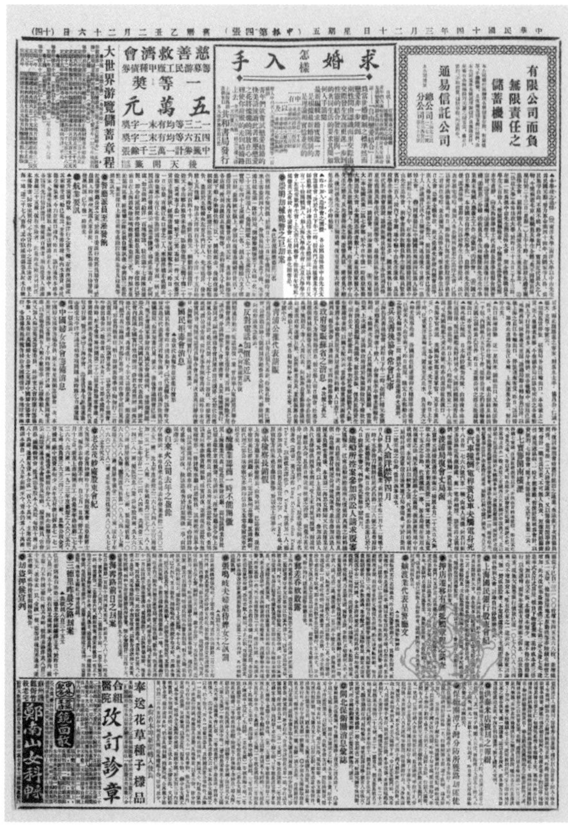

▲昨日加入追悼會之團體　各公團追悼孫中山先生大會籌備會、決於今日下午二時、假西門方板橋勤業女子師範學校開會、討論追悼大會之具體辦法、該會昨日又有二十餘團體加入、如上海大學學生會・大夏大學學生會・淞滬安徽學生會・上大浙江同鄉會・餘姚青年協社・健德英文夜校・青年讀書會・紅星社・羣化團等是、

昨日加入追悼会之团体

各公团追悼孙中山先生大会筹备会，决于今日下午二时，假西门方板桥勤业女子师范学校开会，讨论追悼大会之具体办法。该会昨日又有二十余团体加入，如上海大学学生会、大夏大学学生会、淞沪安徽学生会、上大浙江同乡会、余姚青年协社、健德英文夜校、青年读书会、红星社、群化团等是。

1925 年 3 月 20 日第十四版

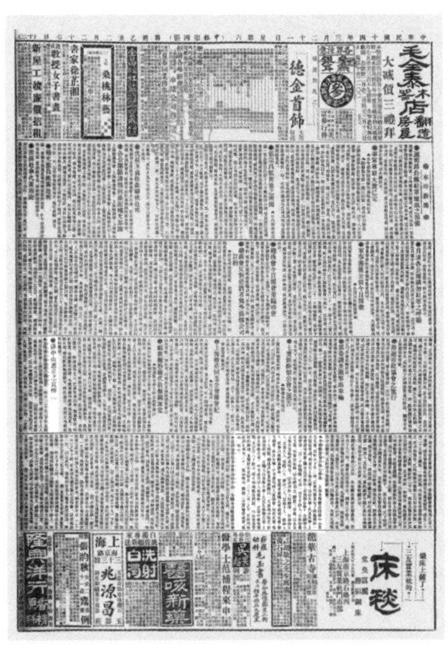

孫中山逝世之哀悼（八）

▲各團體籌備追悼之會議　上海各團體追悼孫中山先生大會、於昨日下午二時、假西門勤業女子師範開第一次籌備會議、到者有上海大學・法政大學・大夏大學・上海會議促成會・國立自治學院・店員聯合會・全國學生總會等一百二十餘團體、代表一百五十餘人、公推韓覺民主席、郭肇唐記錄、㈠全體起立、靜默三分鐘、㈡董星五報告籌備經過情形、㈢議決分六股辦事、計總務五人、文書五人、交際八人、會計二人、宣傳十人、庶務九人、推舉以團體爲標準、當選者爲國民會議促成會・學生總會・南洋大學・中華書局同人進德會・法政大學・等三十九團體、㈣議決經費每團體以一元爲最少限度、計當塲認捐者、有國立自治學生會・大夏大學學生會・上海大學學生會・中華書局同人進德會・立達中學等團體、共計洋八十餘元、㈤日期地點等問題、均由委員會商酌辦理、並聞於本星期日（二十二日）上午、在西門林蔭路正興里二十三號該會所、開第二次籌備委員會、商議一切云、

孙中山逝世之哀悼（八）·各团体筹备追悼之会议

上海各团体追悼孙中山先生大会于昨日下午二时，假西门勤业女子师范开第一次筹备会议。到者有上海大学、法政大学、大夏大学、上海会议促成会、国立自治学院、店员联合会、全国学生总会等一百二十余团体，代表一百五十余人。公推韩觉民主席，郭肇唐记录。（一）全体起立，静默三分钟。（二）董星五报告筹备经过情形。（三）议决分六股办事，计总务五人、文书五人、交际八人、会计二人、宣传十人、庶务九人。推举以团体为标准，当选者为国民会议促成会、学生总会、南洋大学、中华书局同人进德会、法政大学等三十九团体。（四）议决经费每团体以一元为最少限度。计当场认捐者，有国立自治学生会、大夏大学学生会、上海大学学生会、中华书局同人进德会、立达中学等团体，共计洋八十余元。（五）日期地点等问题，均由委员会商酌办理。并闻于本星期日（二十二日）上午，在西门林荫路正兴里二十三号该会所开第二次筹备委员会，商议一切云。

1925 年 3 月 21 日第十三版

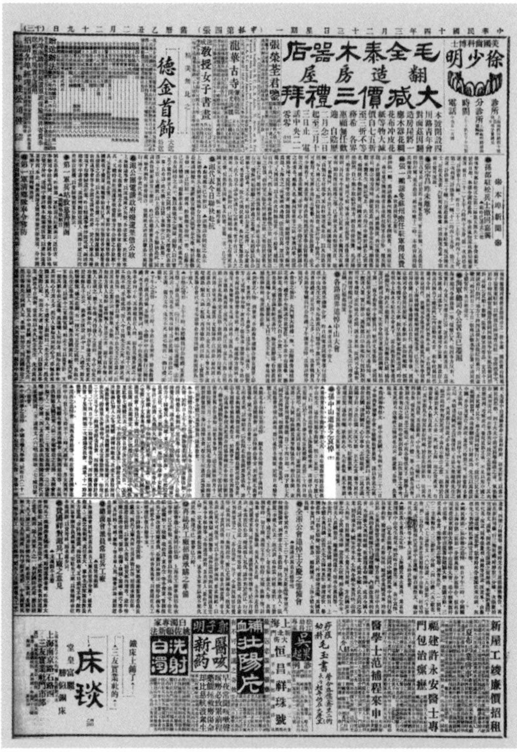

孫中山逝世之哀悼（十）

▲各團體追悼大會之籌備會　上海各公團追悼孫中山大會、於昨日上午九時、開籌備委員會、到者陳倩如・王挹清・韓覺民・鄭則龍・賀威聖・邵華等二十六人、公推韓覺民主席、議決案如下、㈠各股職務之分配、（總務）邵力子・韓覺民・朱義權・董亦五・陳廣海・並互推韓覺民爲主任、（文書）劉稻薪・邵華・梅鼎・鄒榮唐・裘聚英、（會計）王挹清・及商科大學代表、（宣傳）高秀松・麥子英・王振猷・黃假聲・李炳祥・賀威聖・秦蒂康・陸德華（交際）女子文學專門學校・勤業女子師範・女界國民會議促成會・海員工會・國立自治學院等五團體代表、（庶務）[illegible]・[illegible]・及中國孤星社等七團體代表、因未出席、故未能推定、㈡大會日期、決定四月五日、㈢預算經費暫定四百元、不足時再行籌集、㈣徵求加入、公決通函已加入之各團體、請轉相徵求、決交文書股辦理、㈤徵收會費、公決函請各團體將認定捐款儘三月底以前交到、㈥傳單及會場特刊、決交宣傳股辦理、㈦規定二十三日下午二時開交際委員會、四時開文書會計委員會、二十四日下午二時開宣傳委員會、四時開庶務委員會、下星期日開第二次籌備委員會、議畢、十一時許散會、

孙中山逝世之哀悼（十）·各团体追悼大会之筹备会

上海各公团追悼孙中山大会于昨日上午九时开筹备委员会。到者陈倩如、王抱清、韩觉民、郑则龙、贺威圣、邵华等二十六人，公推韩觉民主席。议决案如下：（一）各股职务之分配。总务：邵力子、韩觉民、朱义权、董星五、陈广海，并互推韩觉民为主任。文书：刘稻薪、邵华、梅鼎、郭肇唐、袁聚英。会计：王抱清及商科大学代表。宣传：俞秀松、蒋子英、王振猷、黄俶声、李炳祥、贺威圣、梁芾康、陆德华。交际：女子文学专门学校、勤业女子师范、女界国民会议促成会、海员工会、国立自治学院等八团体代表因未出席，故未能推定。庶务：郑覆太、李敬泰及中国孤星社等七团体代表。（二）大会日期，决定四月五日。（三）预算经费暂定四百元，不足时再行筹集。（四）征求加入，公决通函已加入之各团体，请转相征求，决交文书股办理。（五）征收会费，公决函请各团体将认定捐款尽三月底以前交到。（六）传单及会场特刊，决交宣传股办理。（七）规定二十三日下午二时开交际委员会，四时开文书会计委员会，二十四日下午二时开宣传委员会，四时开庶务委员会，下星期日开第二次筹备委员会。议毕，十一时许散会。

1925 年 3 月 23 日第十三版

◉孫中山逝世之哀悼(十一)

▲國民黨區分部之追悼

又國民黨上海市第四區黨部各區分部代表、於昨日下午二時、開追悼總理籌備會、朱義權主席、首由主席報告本區黨部除參加各方面之追悼會外、應單獨舉行一追悼會之理由畢、當議決㈠開追悼會日期、本月二十九日、㈡地點、西摩路上海大學、㈢經費、由各分部各認一元、餘則由區黨部擔任、㈣各分部至少須備輓聯一副、祭文備否聽便、㈤是日除散發總理遺像及遺囑外、並出一刊物、當推定由區黨部徵稿編輯、次推定朱義權·林鈞·張曉柳·施乃鑄·王人路·郭伯和·李炳祥·黃昌煒等八人爲籌備委員、招待則臨時於每區分部中指定一人或二人擔任云、

孙中山逝世之哀悼（十一）·国民党区分部之追悼

又国民党上海市第四区党部各区分部代表于昨日下午二时，开追悼总理筹备会，朱义权主席。首由主席报告本区党部除参加各方面之追悼会外，应单独举行一追悼会之理由毕，当议决：（一）开追悼会日期，本月二十九日。（二）地点，西摩路上海大学。（三）经费，由各分部各认一元，余则由区党部担任。（四）各分部至少须备挽联一副，祭文备否听便。（五）是日除散发总理遗像及遗嘱外，并出一刊物，当推定由区党部征稿编辑。次推定朱义权、林钧、张晓柳、施乃铸、王人路、郭伯和、李炳祥、黄昌炜等八人为筹备委员，招待则临时于每区分部中指定一人或二人担任云。

1925 年 3 月 24 日第十三版

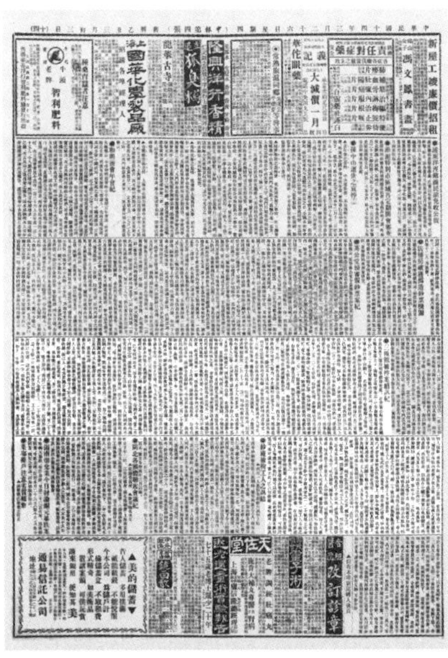

三報館被控案續訊紀

公共租界工部局刑事總稽查處、在會審公廨控告民國日報主筆邵力子・商報主筆陳布雷・中華新報主筆孫瓘㛹・於二月二十號登載擾亂治安文詞、並不將該三報之主筆・發行者・印刷人・名姓及住址・登載報上等情、昨日下午、由陸仲良襄讞會同日副領事田島君升座第一刑庭研訊、先由克威律師起立聲稱、敝律師代表三家報館、惟中華新報主筆係張近吾、並非孫瓘㛹、現張氏本人已到堂、捕房代表梅脫蘭律師聲稱、當西探長煞拉文赴該報館查詢時、據人稱、主筆係孫瓘㛹、遂由煞氏上堂證明二月二十號往中華新報館、詢據杭姓云、孫係主筆、堂上即傳該報館杭石君訊據供稱、照中國習慣編輯即係主筆、中華新報總主筆名張季鸞即張一萃、因事赴京、由其弟張近吾代理、遂傳張近吾訊問、據稱、乃兄於去年十二月二三日往京、由伊代理、孫瓘㛹係其兄請來幫忙、專做論說、不管編輯之事、梅律師稱、孫既係請來幫忙、當不能脫離關係、敝律師意應將張孫同處被告地位、堂上乃問二月二十號誰爲總主筆、張答由渠爲總主筆、如發生事故、應負責任、問官遂將孫瓘㛹被控案註銷、並將張近吾加入被告地位、梅律師遂陳述案情、謂控告三報館所登論說擾亂治安、違犯出版法第十一條第二款、又控三被告違犯出版法第三條、因其不將主筆等姓名住址登入報內、今先審控告邵力子一案、邵係民國日報主筆、除控其上述兩項外、並請求將其逐出租界、因其住於租界與治安有礙、前會控告經判決着邵交一千元保、並不准宣傳過激主義、蓋租界係爲外人居住、邵在租界著論、擾亂治安、故此種過激黨人、不應使其住於租界、並不應予以保護、假使過激主義成功、則富者將轉而爲貧、二月二十號、該三報論紗廠罷工事、內列有數項要求、此種要求、非工人所要求、係過激黨人激動工人之舉、言詞甚烈、謂東洋資本家待工人如牛馬、末並謂中國將亡、同胞速起自救、此語乃最足激動人心者、克威律師聲稱、所控三案、性質相同、今捕房律師對於邵案格外注意、竟欲將其逐出租界、並提及英馬副領事所判之案、查當時馬領事對於捕房請求將邵逐出租界駁回不准、如捕房欲提起逐出租界一層、則應於傳票內載明、既未載明此節、今日祇能審傳票內所載之控案、而逐出租界一層、既經馬領事判決不准、今不應再提、梅律師稱、上次控告、請將邵逐出租界、公堂以其住居多年、故諭令交保歸正、今因其猶未歸正、故再提出此項請求、繼由西探長煞拉文將二月二十號之民國日報・商報・中華新報・各一份呈案禀稱、往民國日報傳邵力子時、調查該報館之賬簿內、有數項收入之欵、來歷不明、嗣經查得該報館與上海大學有關、捕房前在該大學抄出之俄國書籍、業已奉諭充公、而邵亦因其事諭令交保、並禁止宣傳、但上次禁止被告登載之諭發給後、彼又於三月四號登大康紗廠之楊姓編譯辭退事、楊姓並非因罷工風潮被歇、克威律師復向該探長問曰、爾謂邵之論說有鼓勵工潮、擾亂治安之意、所謂擾亂治安、已至何種程度、答幸有捕房防範、否則不堪、當二月十四號之間、鼓動甚烈、以致日人受及損傷、問賬內調查究竟有無俄過激黨之津貼、答無、但其入欵則來路不明、問爾知國民黨內部分幾派、答不知、問控告報館違犯第三條、前曾有過幾家、答以前控告報館、係用違犯刑律條文、問上海報館最有名者幾家、答申報・新聞報・民國日報等、問他家曾否違犯第三條、答不應如此問、應問調查過幾家、然現在所論者、爲登罷工之事、不當言及其他、又由翻譯經生英上堂、稟明三家報紙所載文詞、係照所譯、煞氏復稟稱、邵在民國日報已久、前曾數次控告、梅脫蘭律師則以邵力子不應於諭論之後、仍登該項文詞、請求將其所交保洋充公、又由大康紗廠日人上堂、證明該廠之楊姓編譯、係自行告辭、並非爲工潮停歇、克威律師命邵力子站入證欄、向其詰問、據邵供稱、浙江人、本爲民國日報經理、而主筆則係葉楚傖、控告時、葉已赴京、由我代理、現在葉已回滬、仍爲主筆、我每晚六時進館、至二時始出、日間擔任復旦・大夏、兩學校教課、罷工風潮起自二月十號、至二十五號平息、罷工期內、我於二十四五六等日、在商界總聯合會參加調和、結果、工人全體上工、二十號我著論文一篇、主張中日兩國商會出而調停、工人曾寄來一信、內附泣告書、請求我們登載、故編輯人遂爲之列登、照來稿並未加添一字、我所主張之調和方法、商會亦表贊成、如王一亭等、均由我相邀加入調和者、至於罷工係何人鼓動、我殊不知、而其罷工原因、當係待遇不好所致、捕房所指賬內來歷不明之欵、係國民黨之廣東總部匯來津貼之欵、並無過激黨或蘇聯政府之貼欵、共產主義書籍、我曾看過、以現在中國不能實行此種制度、故不贊成、我見某日報所記罷工之內容、殊非真相、日領事即問曰、爾適言罷工事、事前不知、又供某日報所載罷工內容、並非真相、言詞先後矛盾、然則爾當知真相、邵謂因見某日報載工潮係某團體鼓動、故云非真相、仍由克威律師向邵繼續詰據供稱、我既未鼓動罷工、亦未有帮助其罷工之行爲、而二十號以後、更無擾亂治安之事、所登工人泣告書、完全係工人方面意思、如克威律師來信、能正式代表其意見者、我亦爲之登載、申新兩報均不登主筆姓名住址於報上、即全中國報紙、我亦未見其有登載者、蓋照現在情形、登載主筆姓名於報上、主筆甚爲危險、民國日報日銷九千份、購閱者大概爲學生與國民黨員、工人既無錢、又多不識字、焉能買報、梅脫蘭律師向邵反覆駁詰所登工人泣告書內之詞句良久、經邵一一解答畢、田島副領事遂訊邵曰、此段詞句、與罷工却無甚關係、頗有點仇視外人之意、爾知之否、邵答、當有一點、問爾當登報係表示工人意見、但此泣告書、恐非其意見、答我因見係工會送來、故爲刊登、問信內並無工人名字、祇有圖章、圖章人人可刻、負責之人爲誰、答我想工會當有人、且中國習慣、信函蓋章者多、個人簽名者少、問工人代表姓名、爾當知悉、答工人雖舉代表出來調和、但其姓名已不記得、問爾既不知投稿人之姓名、焉能將稿登載、答曾經說過、習慣以蓋章者爲多、總之我是主張中日親善者之一、二十號報上之論文、可以概見、且登載此稿、係我報告一種工人方面之事實、故登出後、如字林西報亦爲譯載、在該報則係認民國日報所報告之一種事實、日領謂字林西報係英商、不在本公廨管轄範圍、今所登之原稿安在、邵答要閱當可以取來、問爾言欵項係由粵寄來、如何寄法、可能證明、答上海國民黨執行部可以證明、且欵係從廣東銀行匯滬、亦可調查、審至此、已六句餘鐘、諭候禮拜六續訊

三报馆被控案续讯纪

公共租界工部局刑事总稽查处，在会审公廨控告《民国日报》主笔邵力子、《商报》主笔陈布雷、《中华新报》主笔孙癯蝯，于二月二十号登载扰乱治安文词，并不将该三报之主笔、发行者、印刷人名姓及住址登载报上等情，昨日下午，由陆仲良襄谳会同日副领事田岛君升座第二刑庭研讯。先由克威律师起立声称，敝律师代表三家报馆，惟《中华新报》主笔系张近吾，并非孙癯蝯，现张氏本人已到堂。捕房代表梅脱兰律师声称，当西探长煞拉文赴该报馆查询时，据人称，主笔系孙癯蝯。遂由煞氏上堂证明二月二十号往《中华新报》馆，询据杭姓云，孙系主笔。堂上即传该报馆杭石君讯据供称，照中国习惯编辑即系主笔。《中华新报》总主笔名张季鸾即张一苇，因事赴京，由其弟张近吾代理，遂传张近吾讯问。据称，乃兄于去年十二月二三日往京，由伊代理，孙癯蝯系其兄请来帮忙，专做论说，不管编辑之事。梅律师称，孙既系请来帮忙，当不能脱离关系，敝律师意应将张、孙同处被告地位。堂上乃问二月二十号谁为总主笔，张答由渠为总主笔，如发生事故，应负责任。问官遂将孙癯蝯被控案注销，并将张近吾加入被告地位。梅律师遂陈述案情，谓控告三报馆所登论说扰乱治安，违犯出版法第十一条第二款，又控三被告违犯出版法第三条，因其不将主笔等姓名、住址登入报内。今先审控告邵力子一案。邵系《民国日报》主笔，除控其上述两项外，并请求将其逐出租界，因其住于租界与治安有碍。前曾控告经判决着邵交一千元保，并不准宣传过激主义。盖租界系为外人居住，邵在租界著论，扰乱治安，故此种过激党人，不应使其住于租界，并不应予以保护。假使过激主义成功，则富者将转而为贫。二月二十号，该三报论纱厂罢工事，内列有数项要求。此种要求，非工人所要求，系过激党人激动工人之举，言词甚烈。谓东洋资本家待工人如牛马，末并谓中国将亡，同胞速起自救，此语乃最足激动人心者。克威律师声称，所控三案，性质相同。今捕房律师对于邵案格外注意，竟欲将其逐出租界，并提及英马副领事所判之案。查当时马领事对于捕房请求将邵逐出租界驳回不准，如捕房欲提起逐出租界一层，则应于传票内载明。既未载明此节，今日只能审传票内所载之控案，而逐出租界一层，既经马领事判决不准，今不应再提。梅律师称，上次控告，请将邵逐出租界，公堂以其住居多年，故谕令交保归正。今因其犹未归正，故再提出此项请求。继由西探长煞拉文将二月二十号之《民国日报》、《商报》、《中华新报》各一份呈案禀称，往民国日报传邵力子时，调查该报馆之账簿内有数项收入之款来历不明。嗣经查得该报馆与上海大学有关，捕房前在该大学抄出之俄国书籍，业已奉谕充公，而邵亦因其事谕令交保并禁止宣传。但上次禁止被告登载之谕发给后，彼又于三月四号登大康纱厂之杨姓翻译辞退事，杨姓并非因罢工风潮被歇。克威律师复向该探长问曰：尔谓邵之论说有鼓励工潮、扰乱治安之意，所谓扰乱治安，已至何种程度？答幸有捕房防范，否则不堪。当二月十四号之间，鼓动甚烈，以致日人受及损伤。问账内调查究竟有无俄过激党之津贴？答无，但其入款则来路不明。问尔知国民党内部分几派？答不知。问控告报馆违犯第三条，前曾有过几家？答以前控告报馆，系用违犯刑律条文。问上海报馆最有名者几家？答《申报》《新闻报》《民国日报》等。问他家曾否违犯第三条？答不应如此问，应问调查过几家。然现在所论者，为登罢工之事，不当言及其他。又由翻译经士英上堂，禀明三家报纸所载文词，系渠所译。煞氏复禀称，邵在《民国日报》已久，前曾数次控告。梅脱兰律师则以邵力子不应于禁谕之后，仍登该项文词，请求将其所交保洋充公。又由大康纱厂日人上堂，证明该厂之杨姓翻译系自行告辞，并非为工潮停歇。克威律师命邵力子站入证栏，向其诘问。据邵供称：“浙江人，本为《民国日报》经理，而主笔则系叶楚伧。控告时，叶已赴京，由我代理。现在叶已回沪，仍为主笔。我每晚六时进馆，至二时始出。日间担任复旦、大夏两学校教职。罢工风潮起自二月十号，至二十五号平息。罢工期内，我于二十四、五、六等日，在商界总联合会参加调和，结果，工人全体上工。二十号我著论文一篇，主张中日两国商会出而调停。工人曾寄来一信，内附泣告书，请求我们登载，故编辑人遂为之刊登，照来稿并未加添一字。我所主张之调和方法，商会亦表赞成，如王一亭等均由我相邀加入调和者。至于罢工系何人鼓励，我殊不知，而其罢工原因，当系待遇不好所致。捕房所指账内来历不明之款，系国民党之广东总部汇来津贴之款，并无过激党或苏联政府之贴款。共产主义书籍，我尝看过，以现在中国不能实行此种制度，故不赞成。我见某日报所记罢工之内容，殊非真相。”日领事即问曰："尔适言罢工事，事前不知，又供某日报所载罢工内容，并非真相，言词先后矛盾，然则尔当知真相。"邵谓因见某日报载工潮系某团体鼓励，故云非真相。仍由克威律师向邵继续诘据供称："我既未鼓励罢工，亦未有帮助其罢工之行为。而二十号以后，更无扰乱治安之事。所登工人泣告书，完全系工人方面意思。如克威律师来信，能正式代表其意见者，我亦为之登载。申、新两报均不登主笔姓名、住址于报上，即全中国报纸，我亦未见其有登载者。盖照现在情形，登载主笔姓名于报上，主笔甚为危险。《民国日报》日销九千份，购阅者大概为学生与国民党员。工人既无钱，又多不识字，焉能买报？"梅脱兰律师向邵反复驳诘所登工人泣告书内之词句良久，经邵一一解答毕。田岛副领事遂讯邵曰："此段词句与罢工却无甚关系，颇有点仇视外人之意，尔知之否？"邵答："当有一点。"问："尔言登报系表示工人意见，但此泣告书恐非其意见。"答："我因见系工会送来，故为刊登。"问："信内并无工人名字，只有图章。图章人人可刻，负责之人为谁？"答："我想工会当有人。且中国习惯，信函盖章者多，个人签名者少。"问："工人代表姓名，尔当知悉。"答："工人虽举代表出来调和，但其姓名已不记得。"问："尔既不知投稿人之姓名，焉能将稿登载？"答："曾经说过，习惯以盖章者为多。总之我是主张中日亲善者之一，二十号报上之论文，可以概见。且登载此稿，系我报告一种工人方面之事实，故登出后，如《字林西报》亦为译载，在该报则系认《民国日报》所报告之一种事实。"日领谓："《字林西报》系英商，不在本公廨管辖范围。今所登之原稿安在？"邵答："要阅当可以取来。"问："尔言款项系由粤寄来，如何寄法，可能证明？"答："上海国民党执行部可以证明，且款系从广东银行汇沪，亦可调查。"审至此，已六句余钟，谕候礼拜六续讯。

1925年3月26日第十四版

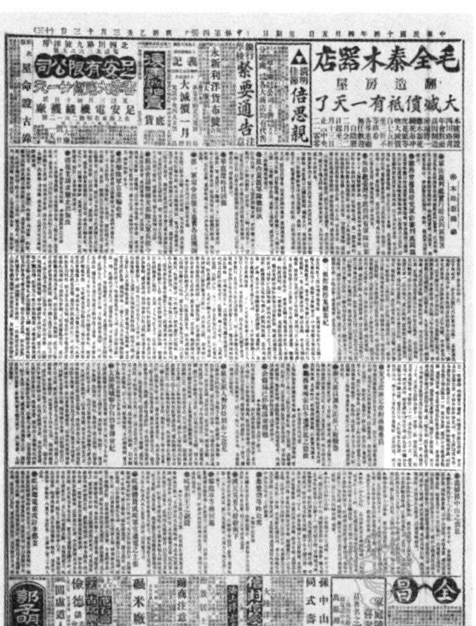
毛全泰木器店
大減價祗有一天了

三報館被控案續審紀

公共租界工部局刑事稽查處、在會審公堂控告民國日報主筆邵力子·商報主筆陳布雷·中華新報主筆張競吾、登載擾亂文詞、並不將主筆發行者印刷人之名姓住址登載報上一案、迭經審訊情形、歷詳本報、昨晨又開庭續審、據西探長煞拉文上堂禀稱、星期三往上海大學調查、見貼有邵力子之通告、禁止學生閱共產書籍、陪審之日副領事田島君、復將民國日報賬簿今年收入各欵逐一向邵詰問、邵一一聲明來歷、並將匯欵證據呈案請核、繼由克威律師向陳布雷詰據供稱、報紙記載罷工事件甚多、所登泣告同胞書、係內外棉廠工人之工會用信送來、經將原稿末尾兩句删去、餘照稿登載、是日我並著一評論、希望中日兩國商會出而調停、從速解決、素未登載關於共產主義之文詞、二十二日所登係勸工人勿受共產黨煽惑、二十三日又登安徽勞工會勸告工人從早上工之文詞、至於出版法、因未經正式國會通過、不曾實行、且現有人在京請求廢止、而上海各報及北京報紙、皆未將主筆等姓名登於報上云云、捕房律師梅脫蘭氏即檢一信函與陳閱看、該函係審判廳答復捕房者、內容言出版法應有效力、陳閱畢、轉呈於堂上、克威律師遂稱、出版法自二月十三日公堂始行引用、以前實未承認、陸襄讞論曰、凡係中國有效之法律、公堂均承認、梅律師復以報館應遵出版法一再向陳詰問、詢其願否將主筆等姓名載於報上、嗣陳答稱、此事應由經理決定然公堂如有正式命令、應着各報一致登載、梅律師又將所登泣告同胞書之詞句、向陳盤問良久、陸襄讞論陳曰凡得到有關係之稿件、應先審查其有無負責者、以定登載與否、依照出版法、不但經理人姓名應登於報紙、著作人姓名亦須刊入、其他各報之未將經理人等姓名刊入、因其尚未登載有關係之文字、故捕房猶未予干涉云云、旋傳張競吾上堂、由克威律師向其詰據供稱、登載泣告同胞書之後約一星期、工人均已上工、迨接公堂傳票、以所登擾亂治安、但當時因時間關係、故未將該稿詳加審察、應請原諒、梅律師即向張詰問願否將主筆等姓名登載報上、張亦答以須有公堂正式命令、嗣日領復向邵陳張三人訊問泣告同胞書從何得到、邵等均稱、係工會派人送至報館收發處、由收發處送交編輯部、至是雙方證供俱畢、開始辯論、(三被告之代表克威律師辯稱、捕房控告邵力子登載擾亂治安文詞、違犯出版法第一條一節、此應由主筆負責、而邵係經理、況登載之後、未幾工人上工、實無擾亂治安之意、且捕房所譯泣告同胞書、未譯全文、再邵所著評論、主張由商會調停一段、亦未譯出、捕房亦不能證明邵有附和罷工等事、至於發布工人之意見、主筆向不負責、不但中國報紙如此、即東西洋報紙亦然、又控邵違犯出版法第三條不將主筆等姓名登載報上一節、查最有名之申報新聞報等、均未將主筆人等之姓名登報、捕房何故祇提出此三家、邵曾證明如登出姓名、則主筆甚爲危險、竊意新申各報或亦係根據此項理由、不將姓名登載、又控邵擾亂治安、並以警察廳指邵抱共產主義、但邵當即去函聲明、邵嘗言彼昔確曾研究共產問題、嗣因中國不適用此制、故已不贊成、今邵已將其報館之賬簿呈堂、證明欵項來歷、民國日報爲國民黨機關報、即中國政府承認之報、當不致違犯中國法律、假使其不登泣告同胞書、不發表由商會調停之主張、恐商會未必出面調停工潮、敝律師曾於外報閱見所登孫文發表之意見、確有共產意義、排外思想、不聞捕房干涉、須知國民黨分兩派、一派確贊成共產、上海大學或有幾個小孩贊成共產、其經費大概由贊成之一派補助、然邵實不贊成、故捕房所提之證據、皆不足以定邵之罪、至被告等所登文詞、堂上若以爲有咎、各被告願向道歉云云、捕房代表梅律師繼起辯稱、所控違犯第三條出版法一欵、最爲重要、應請公堂傳諭各報館、遵照該案、將主筆等姓名住址登載報上、並請求將邵逐出租界、因其係共產黨主腦、捕房不應保護、末又將民國日報以前被控各案、逐一報告畢、問官磋商之下、宣判陳布雷張競吾違反出版法第三條第一欵、各罰洋三十元、又違反出版法第十一條第二欵、應處徒刑、姑從寬改爲罰金、各罰洋六十元、共各罰洋九十元、邵案展期十四天再核、陸襄讞復口頭宣諭、謂此係中國公堂依照該法、將主筆人等姓名登載報紙、論畢閉庭、時已逾午矣、

三报馆被控案续审纪

公共租界工部局刑事稽查处，在会审公堂控告《民国日报》主笔邵力子、《商报》主笔陈布雷、《中华新报》主笔张竞吾登载扰乱文词，并不将主笔、发行者、印刷人之名姓住址登载报上一案，迭经审讯情形，历详本报。昨晨又开庭续审，据西探长煞拉文上堂禀称，星期三往上海大学调查，见贴有邵力子之通告，禁止学生阅共产书籍。陪审之日副领事田岛君，复将《民国日报》账簿今年收入各款逐一向邵诘问。邵一一声明来历，并将汇款证据呈案请核。继由克威律师向陈布雷诘据供称，报纸记载罢工事件甚多，所登泣告同胞书，系内外棉厂工人之工会用信送来。经将原稿末尾两句删去，余照稿登载。是日我并著一评论，希望中日两国商会出而调停，从速解决。素未登载关于共产主义之文词，二十二日所登系劝工人勿受共产党煽惑，二十三日又登安徽劳工会劝告工人从早上工之文词。至于出版法，因未经正式国会通过，不曾实行，且现有人在京请求废止。而上海各报及北京报纸，皆未将主笔等姓名登于报上云云。捕房律师梅脱兰氏即检一信函与陈阅看，该函系审判厅答复捕房者，内容言出版法应有效力。陈阅毕，转呈于堂上。克威律师遂称，出版法自二月十三日公堂始行引用，以前实未承认。陆襄谳谕曰：凡系中国有效之法律，公堂均承认。梅律师复以报馆应遵出版法一再向陈诘问，询其愿否将主笔等姓名载于报上。嗣陈答称：此事应由经理决定，然公堂如有正式命令，应着各报一致登载。梅律师又将所登泣告同胞书之词句，向陈盘问良久。陆襄谳谕陈曰：凡得到有关系之稿件，应先审查其有无负责者，以定登载与否。依照出版法，不但经理人姓名应登于报纸，著作人姓名亦须刊入。其他各报之未将经理人等姓名刊入，因其尚未登载有关系之文字，故捕房犹未予干涉云云。旋传张竞吾上堂，由克威律师向其诘据供称：登载泣告同胞书之后约一星期，工人均已上工。迨接公堂传票，以所登扰乱治安，但当时因时间关系，故未将该稿详加审察，应请原谅。梅律师即向张诘问愿否将主笔等姓名登载报上，张亦答以须有公堂正式命令。嗣日领复向邵、陈、张三人讯问泣告同胞书从何得到。邵等均称，系工会派人送至报馆收发处，由收发处送交编辑部。至是双方证供俱毕，开始辩论。三被告之代表克威律师辩称，捕房控告邵力子登载扰乱治安文词，违犯出版法第一条一节，此应由主笔负责，而邵系经理。况登载之后，未几工人上工，实无扰乱治安之意。且捕房所译泣告同胞书，未译全文，再邵所著评论，主张由商会调停一段亦未译出，捕房亦不能证明邵有附和罢工等事。至于发布工人之意见，主笔向不负责，不但中国报纸如此，即东西洋报纸亦然。又控邵违犯出版法第三条不将主笔等姓名登载报上一节，查最有名之《申报》《新闻报》等，均未将主笔人等之姓名登报，捕房何故只提出此三家？邵曾证明如登出姓名，则主笔甚为危险。窃意新、申各报或亦系根据此项理由，不将姓名登载。又控邵扰乱治安并以警察厅指邵抱共产主义。但邵当即去函声明，邵尝言彼昔确曾研究共产问题，嗣因中国不适用此制，故已不赞成。今邵已将其报馆之账簿呈堂，证明款项来历。《民国日报》为国民党机关报，即中国政府承认之报，当不致违犯中国法律。假使其不登泣告同胞书，不发表由商会调停之主张，恐商会未必出而调停工潮。敝律师尝于外报阅见所登孙文发表之意见，确有共产意义、排外思想，不闻捕房干涉。须知国民党分两派，一派确赞成共产，上海大学或有几个小孩赞成共产，其经费大概由赞成之一派补助。然邵实不赞成，故捕房所提之证据，皆不足以定邵之罪。至被告等所登文词，堂上若以为有咎，各被告愿向道歉云云。捕房代表梅律师继起声称，所控违犯第三条出版法一款，最为重要，应请公堂传谕各报馆，遵照该案，将主笔等姓名、住址登载报上，并请求将邵逐出租界，因其系共产党主脑，捕房不应保护，末又将《民国日报》以前被控各案，逐一报告毕。问官磋商之下，宣判陈布雷、张竞吾违反出版法第三条第一款，各罚洋三十元，又违反出版法第十一条第二款，应处徒刑，姑从宽改为罚金，各罚洋六十元，共各罚洋九十元。邵案展期十四天再核。陆襄谳复口头宣谕，谓此系中国公堂，出版法为中国法律，应当有效。凡在租界之报馆，均应依照该法，将主笔人等姓名登载报纸。谕毕闭庭，时已逾午矣。

1925 年 4 月 5 日第十三版

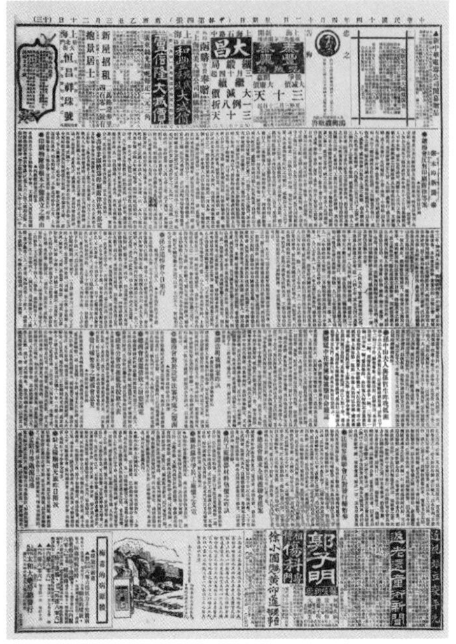

◉孫中山夫人與孫哲生昨晚抵滬

孫中山之夫人及孫哲生等、在寗察視墳墓畢、於昨日下午二時三十分、乘坐專車、由寗啓程、直駛來滬、專車計掛花車一輛、頭等臥車及頭等餐車各一輛、三等車一輛、行李車一輛、當出發時、由駐寗大陸報記者羅維思拍電通知滬上民黨要人唐紹儀君、至站迎慰者、有中國國民黨上海市第一區第一分部·及第四區分部·國民黨總部·全國國民同志會·上海大學·商界聯合會等、齊集在第四號月台迎候、及專車抵滬、時已九點十分、孫夫人當即下車、與迎慰各團體略事道謝、後由駐站衛隊及路警導出大門、旋乘汽車、赴南京路東亞旅館云、

孙中山夫人与孙哲生昨晚抵沪

孙中山之夫人及孙哲生等，在宁察视坟墓毕，于昨日下午二时三十分，乘坐专车，由宁启程，直驶来沪。专车计挂花车一辆、头等卧车及头等餐车各一辆、三等车一辆、行李车一辆。当出发时，由驻宁《大陆报》记者罗维思拍电通知沪上民党要人唐绍仪君。至站迎慰者，有中国国民党上海市第一区第一分部及第四区分部、国民党总部、全国国民同志会、上海大学、商界联合会等，齐集在第四号月台迎候。及专车抵沪，时已九点十分。孙夫人当即下车，与迎慰各团体略事道谢，后由驻站卫队及路警导出大门，旋乘汽车，赴南京路东亚旅馆云。

1925年4月12日第十三版

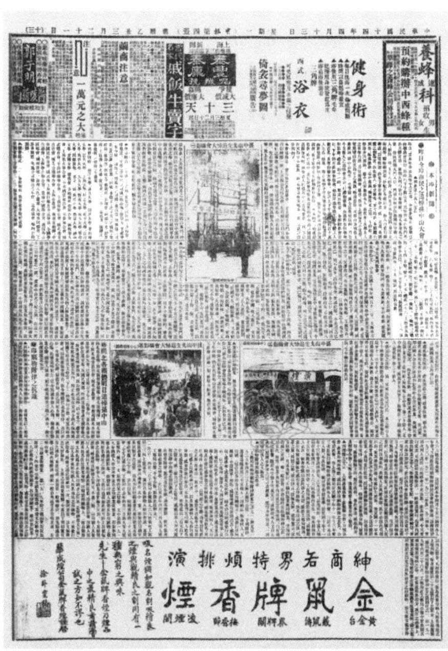

❋本埠新聞❋

昨日全埠市民之追悼孫中山大會

▲到者達十萬人左右

昨日、爲本埠市民追悼中山之期、全埠各商店、預期已由總商會通知、屆時均下半旗誌哀、追悼會場在西門外公共體育場、兩側大門均紮白布牌樓、因北來車馬之便、改由西側大門入口、門前由南市保衛團派守衛八人、照料一切、上午八時許、各校童子軍如愛國・兩江女師範等、即陸續到場、分配在各處站立、由入口處白線兩道、以達祭壇、由童子軍在兩旁分立、成一甬道、各團體之到場者、由此道入、分立兩旁、至十時許、各團體均到齊、極爲擁擠、場中爲滿、幾無插足之地、十時餘、主祭唐少川到場、繼中山家屬孫夫人・孫哲生・及孫夫人之母等均到、乃宣佈開會、幕啓、祭壇上燃綠色小電燈、壁間標以青天白日之黨旗、極爲悲壯、次即由方椒伯主席致詞、謂中山先生一生事蹟、爲全民衆所信仰、乃有今日盛大之追悼會云云、行禮如儀後、由孫哲生向衆鞠躬致謝、禮成、約十一時、即退出祭場、各團體集會游行、下午仍有排隊來祭者、如南洋烟草職工會全體工人數百名、及聖約翰大學等、合計上下午到者約在十萬人左右、祭畢、即在東側茅亭及健身房分頭自由講演、由葉楚傖・何世楨・等分任主席、旋亦有在場內自由演說者、童子軍亦竟日在場維持秩序、至五時半、始搖鈴散會、昨日場中、並有分發傳單及出售孫中山遺言國聞週報等刊物、到會者人綴廷質中山遺像徽章一枚、手持青天白日小紙旗一面、並附遺像遺囑各一紙、茲將詳情分列如下、

▲會場職員 (主席)王芸孫・葉楚傖・何世楨・方椒伯・韓覺民、(主祭)唐少川、(司儀)張心撫・張亞光・李祖夔・朱少屏、(讀祭文)周霽光、(司爵)蔣百器・周佩箴、(司花)黃宗漢・徐寄廎、(糾儀)李徵五・沈卓吾・沈儀彬・徐時梯・徐功溥・但植之・鍾紫垣・袁履登・歐陽榮光・舒惠楨・王壯飛・查光佛・陳蔭東・王一亭・高伯淼・張靜江・徐建侯、(招待)不備載、

▲到會團體 南洋大學、復旦大學、同濟大學、聖約翰大學、震旦大學、上海大學、持志大學、東華大學、法政大學、商科大學、大夏大學、暨南大學、南方大學、擊治大學、同德醫學、省立二師、南洋中學、樂益大學、神州女學、愛國女學、總商會、各路商界總聯合會、納稅華人會、上海救火聯合會、中華國貨維持會、華僑聯合會、精武體育會、華商紗廠聯合會、華商保險公會、閘北地方自治會、閘北公團聯合會、上海市農會、南市保衛團、中華國民拒毒會、國民黨上海執行部及各區分部、全國學生總會、上海學生聯合會、寰球中國學生會、旅滬香山同鄉會、湖州會館、徐州八邑・徽寧・大埔等同鄉會、工界各團體、先施公司職員青年會、道路協會、等四百餘團體、

▲開會儀式 (一)振鈴開會、與會者各脫帽就席、(二)致開會辭(方椒伯)、(三)報告孫公事史及被狀(何香凝)、(四)宣讀遺囑(葉楚傖)、(五)行追祭禮、執事者各司其事、(六)奏樂、樂止、(七)主祭者就位、與祭者各就位、(八)初獻爵、獻花、主祭者一鞠躬、(九)讀祭文、(十)再獻爵、主祭者一鞠躬、(十一)三獻爵、主祭者一鞠躬、(十二)奏樂、樂止、唱哀悼歌(兩江女子體育師範學校)、(十三)全體脫帽行三鞠躬禮、一鞠躬、二鞠躬、三鞠躬、(十四)奏樂、樂止、(十五)禮成、(十六)主祭者及與祭者各退位、(十七)至下午六時、振鈴閉會、(十八)演說、另設演壇、(十九)攝影、用活動寫真、

昨日全埠市民之追悼孙中山大会·到者达十万人左右

昨日为本埠市民追悼中山之期，全埠各商店，预期已由总商会通知，届时均下半旗志哀。追悼会场在西门外公共体育场，两侧大门均扎白布牌楼。因北来车马之便，改由西侧大门入口。门前由南市保卫团派守卫八人，照料一切。上午八时许，各校童子军如爱国、两江女师范等，即陆续到场，分配在各处站立。由入口画白线两道，以达祭坛，由童子军在两旁分立，成一甬道。各团体之到场者，由此道入，分立两旁。至十时许，各团体均到齐，极为拥挤，场中为满，几无插足之地。十时余，主祭唐少川到场，继中山家属孙夫人、孙哲生及孙夫人之母等均到，乃宣布开会。幕启，祭坛上燃绿色小电灯，壁间衬以青天白日之党旗，极为悲壮。次即由方椒伯主席致词，谓中山先生一生事迹，为全民众所信仰，乃有今日盛大之追悼会云云。行礼如仪后，由孙哲生向众鞠躬致谢。礼成，约十一时，即退出祭场，各团体集会游行。下午仍有排队来祭者，如南洋烟草职工会全体工人数百名及圣约翰大学等，合计上下午到者，约在十万人左右。祭毕，即在东侧茅亭及健身房分头自由讲演，由叶楚伧、何世桢等分任主席。旋亦有在场内自由演说者，童子军亦竟日在场维持秩序。至五时半，始摇铃散会。昨日场中，并有分发传单及出售孙中山遗言、国闻周报等刊物。到会者人缀磁［瓷］质中山遗像徽章一枚，手持青天白日小纸旗一面，并赠遗像、遗嘱各一纸。兹将详情分列如下：

会场职员。主席：王芷飏、叶楚伧、何世桢、方椒伯、韩觉民。主祭：唐少川。司仪：张心抚、张亚光、李祖夔、朱少屏。读祭文：周霁光。司爵：蒋百器、周佩箴。司花：黄宗汉、徐寄尘。纠仪：李徵五、沈卓吾、沈仪彬、徐时崧、徐功溥、但植之、钟紫垣、袁履登、欧阳荣光、舒惠桢、王壮飞、查光佛、陈震东、王一亭、高伯谦、张静江、徐建侯。招待：不备载。

到会团体。南洋大学、复旦大学、同济大学、圣约翰大学、震旦大学、上海大学、持志大学、东华大学、法政大学、商科大学、大夏大学、暨南大学、南方大学、群治大学、同德医学、省立二师、南洋中学、乐益大学、神州女学、爱国女学、总商会、各路商界总联合会、纳税华人会、上海救火联合会、中华国货维持会、华侨联合会、精武体育会、华商纱厂联合会、华商保险公会、闸北地方自治会、闸北公团联合会、上海市农会、南市保卫团、中华国民拒毒会、国民党上海执行部及各区分部、全国学生总会、上海学生联合会、寰球中国学生会、旅沪香山同乡会、潮州会馆、徐州八邑、徽宁大埔等同乡会、工界各团体、先施公司职员青年会、道路协会等四百余团体。

开会仪式。（一）振铃开会，与会者各脱帽就席。（二）致开会辞（方椒伯）。（三）报告孙公历史及勋绩（何香凝）。（四）宣读遗嘱（叶楚伧）。（五）行追祭礼，执事者各司其事。（六）奏乐，乐止。（七）主祭者就位，与祭者各就位。（八）初献爵，献花，主祭者一鞠躬。（九）读祭文。（十）再献爵，主祭者一鞠躬。（十一）三献爵，主祭者一鞠躬。（十二）奏乐，乐止，唱哀悼歌（两江女子体育师范学校）。（十三）全体脱帽行三鞠躬礼：一鞠躬，二鞠躬，三鞠躬。（十四）奏乐，乐止。（十五）礼成。（十六）主祭者及与祭者各退位。（十七）至下午六时，振铃闭会。（十八）演说，另设演坛。（十九）摄影，用活动写真。

1925 年 4 月 13 日第十三版

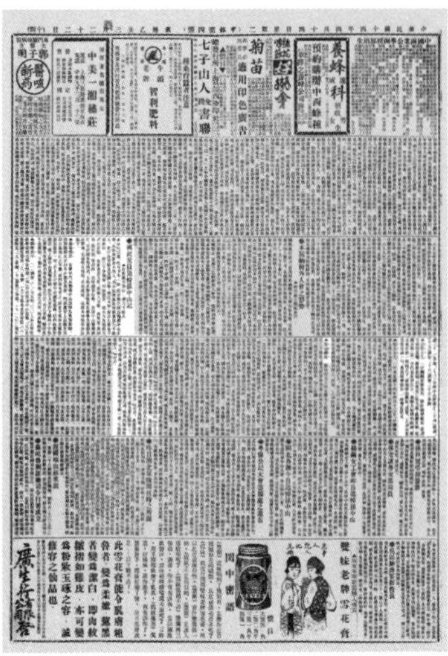

國民黨員追悼孫中山記

▲在新舞台舉行…到六千餘人

本埠國民黨、昨日下午一時、假新舞台開追悼孫中山大會、未領黨徽者不得入、到各區黨部區分部黨員六千餘人、秩序由警察及愛國女學·南江女師·南洋大學童子軍維持、一時三十分開會、四時散會、孫夫人及孫哲生君均蒞臨、由葉楚傖主席、孫鐵人司儀、周佩箴·周頌西·張廷灝·等招待、追悼禮舉行畢、放演中山留聲機片、有何凝香等演說、上海大學及暨南大學學生並於奏哀樂後、先後唱哀悼歌、甚爲淒惋、茲將各種情形分誌如下、

▲會場佈置　新舞台門前懸孫中山追悼大會等旗幟、四周圍繞青天白日小旗及素彩、門頂旗台上高懸青天白日滿地紅之半旗、由門前至台上、由童子軍分立兩旁劃出道路一條、台上正中懸中山禮服遺像、以白枝素彩繞之、像上懸中山遺囑橫額、由台上至台下懸斜十字形之黨旗及紫黃綠白四色相間之白彩、台之對樓、懸凜烈千古橫額、下懸中山便服肖像、場之四周、則滿懸輓聯、

▲開會秩序　(一)開會、(二)奏哀樂、(三)上海大學暨南學校校生唱哀悼歌、(四)惲代英讀中山遺囑、(五)葉楚傖讀宣誓文、(六)奏樂、(七)主席葉楚傖就位、(八)讀祭文、(九)奏樂、(十)靜默三分鐘、(十一)行三鞠躬禮、(十二)奏樂、(十三)放演中山演說片、(十四)演說、(十五)攝影、(十六)閉會、(十七)奏樂、

▲宣誓全文　「中國國民黨黨員、謹在總理靈前、誓遵守總理遺囑、繼續奮鬬、以實現三民主義·建國大綱·建國方略·第一次代表大會宣言、並願本紀律的精神、使本黨在統一組織之下、益得強固擴展、謹誓、」上詞由葉楚傖宣讀一句、黨員同聲應和、一時聲震屋瓦、

▲演詞摘錄　惲代英演說云、『吾人不僅向上爬、尙須提携身後之人、使同趨峯巔、先生雖撒手而去、但先生所遺留之著作、實爲指引吾人向上之明燈、故先生雖死、而先生的精神、仍繼續力挽同胞、使得前進、同志仰體此意、仍應格外努力、』云云、葉楚傖演說云、『吾人繼續向上爬、須有定力、其主要之點有二、㈠勿毀誹謗、㈡勿信敵黨離間挑撥之詞、故對內無論何事、均可商量、各抱撝謙之忱、對外則主張一致、不能屈服於人、』云云、

国民党员追悼孙中山记·在新舞台举行　到六千余人

本埠国民党昨日下午一时，假新舞台开追悼孙中山大会，未领党徽者不得入，到各区党部区分部党员六千余人。秩序由警察及爱国女学、两江女师、南洋大学童子军维持。一时三十分开会，四时散会。孙夫人及孙哲生君均莅临，由叶楚伧主席，孙铁人司仪，周佩箴、周颂西、张廷灏等招待。追悼礼举行毕，放演中山留声机片，有何凝香［香凝］等演说。上海大学及暨南大学学生并于奏哀乐后，先后唱哀悼歌，甚为凄惋。兹将各种情形分志如下：

会场布置。新舞台门前悬孙中山追悼大会等旗帜，四周围绕青天白日小旗及素彩，门顶旗台上高悬青天白日满地红之半旗。由门前至台上，由童子军分立两旁，划出道路一条。台上正中悬中山礼服遗像，以白枝素彩绕之，像上悬中山遗嘱横额。由台上至台下悬斜十字形之党旗及紫黄绿白四色相间之白彩。台之对楼，悬“凛烈千古”横额，下悬中山便服肖像，场之四周，则满悬挽联。

开会秩序。（一）开会。（二）奏哀乐。（三）上海大学、暨南学校校生唱哀悼歌。（四）恽代英读中山遗嘱。（五）叶楚伧读宣誓文。（六）奏乐。（七）主席叶楚伧就位。（八）读祭文。（九）奏乐。（十）静默三分钟。（十一）行三鞠躬礼。（十二）秦乐。（十三）放演中山演说片。（十四）演说。（十五）摄影。（十六）闭会。（十七）奏乐。

宣誓全文。“中国国民党党员，谨在总理灵前，誓遵守总理遗嘱，继续奋斗，以实现三民主义、建国大纲、建国方略、第一次代表大会宣言，并愿本纪律的精神，使本党在统一组织之下，益得强固扩展。谨誓。”上词由叶楚伧宣读一句，党员同声应和，一时声震屋瓦。

演词撷录。恽代英演说云“吾人不仅向上爬，尚须提携身后之人，使同趋峰巅。先生虽撒手而去，但先生所遗留之著作，实为指引吾人向上之明灯。故先生虽死，而先生的精神，仍继续力挽同胞，使得前进。同志仰体此意，仍应格外努力”云云。叶楚伧演说云“吾人继续向上爬，须有定力，其主要之点有二：（一）勿畏诽谤，（二）勿信敌党离间挑拨之词。故对内无论何事，均可商量，各抱为谦之忱；对外则主张一致，不能屈服于人”云云。

1925 年 4 月 14 日第十四版

邵力子被控案之判詞
▲違反出版法共罰三百三十元
▲宣傳過激主義一節無據註銷
工部局刑事總稽查處在公共公廨控告民國日報主筆邵力子、登載擾亂治安文詞、並不將主筆發行者印刷人之姓名住址登載報上一案、迭次開庭研訊情形、備詳本報、昨屆此案宣判之期、上午九時、原告代表梅脫蘭律師、被告及其代表克威律師均至第二刑庭候示、須臾、陸襄讞會同日副領事田島君升座、宣布判詞云、被告邵力子違反出版法第三條第一款應罰洋三十元、又違反出版法第十一條第二款應罰洋三百元、共罰洋三百三十元充公、至宣傳過激主義擾亂治安一節、訊無充分證據、應予註銷、

邵力子被控案之判词·违反出版法共罚三百三十元·宣传过激主义一节无据注销

工部局刑事总稽查处在公共公廨控告《民国日报》主笔邵力子，登载扰乱治安文词，并不将主笔、发行者、印刷人之姓名、住址登载报上一案，迭次开庭研讯情形，备详本报。昨届此案宣判之期，上午九时，原告代表梅脱兰律师、被告及其代表克威律师均至第二刑庭候示。须臾，陆襄谳会同日副领事田岛君开座，宣布判词云：被告邵力子违反出版法第三条第一款，应罚洋三十元，又违反出版法第十一条第二款，应罚洋三百元，共罚三百三十元充公；至宣传过激主义，扰乱治安一节，讯无充分证据，应予注销。

1925 年 4 月 19 日第十四版

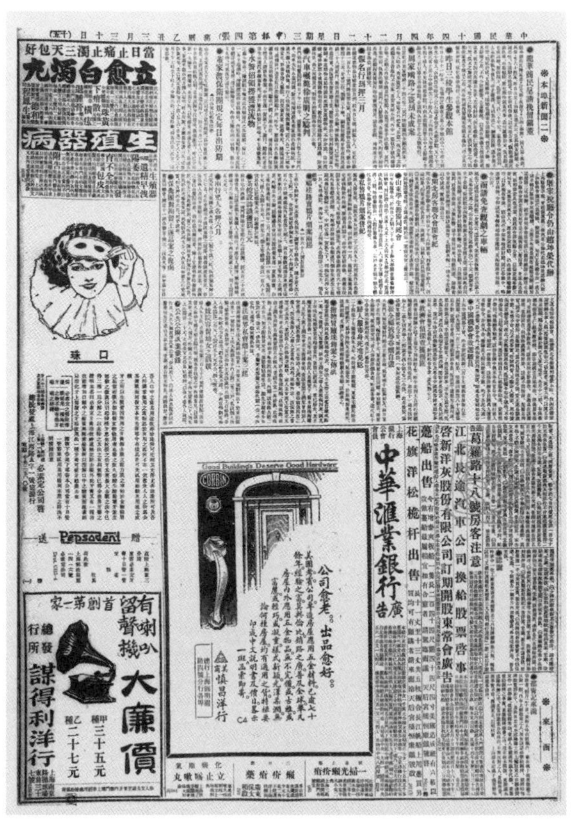

◉山東學生籌備同鄉會

山東旅滬學生、於前日（星期日）下午、在上海大學開會籌備辦理同鄉會、到同濟・同德・美專・大夏・上大・同文・各學校代表、當議決先組織一發起委員會、舉臨時委員長一人、並分文牘・經濟・庶務・三股、每股舉股長一人擔任籌備各事、定於本星期日開全體代表大會、各學校已均專函通知矣、

山东学生筹备同乡会

山东旅沪学生于前日（星期日）下午在上海大学开会筹备办理同乡会。到同济、同德、美专、大夏、上大、同文各学校代表。当议决先组织一发起委员会，举临时委员长一人，并分文牍、经济、庶务三股，每股举股长一人担任筹备各事。定于本星期日开全体代表大会，各学校已均专函通知矣。

1925 年 4 月 22 日第十五版

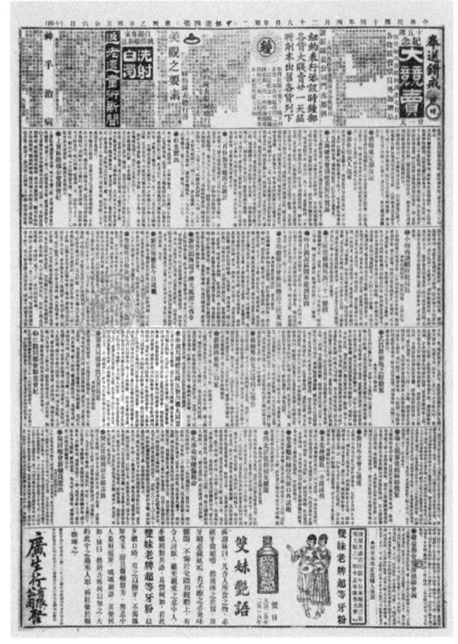

淞滬川團體組織反對川戰大同盟

近來川省又發生戰事、旅居淞滬各川團體、聯合發起反對川戰大同盟、已於昨日在上海大學第二院開會籌備、計到會者有蜀評社・蜀新社・富順旅滬學會・郫縣旅滬學會・彭縣旅滬學會・法政大學四川同鄉會・南方大學四川同學會・同濟大學四川同學會・東方青年社內四川同鄉會・浦東中學四川同學會・岳池旅滬學會・上海大學四川同學會・涪陵縣省外學會上海分會・南川旅滬學會・上海商科大學四川同學會・民團促進會・南洋高級商業專門學校四川同學會・兩江女體師四川同學會・大夏大學四川同學會・等二十餘團體、首由葉學純主席、報告發起反對川戰大同盟之原因與宗旨、嗣議决名稱爲淞滬四川各團體反對川戰大同盟、當即票選籌備委員五人、當選者石榮廷・李元傑・郭季霖・劉矩・章香墀、當即開籌備委員會、討論開成立大會一切籌備事宜、聞定於五月二日（即禮拜六）在中央大會堂開成立大會云

淞沪川团体组织反对川战大同盟

近来川省又发生战事，旅居淞沪各川团体联合发起反对川战大同盟，已于昨日在上海大学第二院开会筹备。计到会者有蜀评社、蜀新社、富顺旅沪学会、郫县旅沪学会、彭县旅沪学会、法政大学四川同乡会、南方大学四川同学会、同济大学四川同学会、东方青年社内四川同乡会、浦东中学四川同学会、岳池旅沪学会、上海大学四川同学会、涪陵县省外学会上海分会、南川旅沪学会、上海商科大学四川同学会、民团促进会、南洋高级商业专门学校四川同学会、两江女体师四川同学会、大夏大学四川同学会等二十余团体。首由叶学纯主席，报告发起反对川战大同盟之原因与宗旨。嗣议决名称为淞沪四川各团体反对川战大同盟，当即票选筹备委员五人。当选者石荣廷、李元杰、郭季霖、刘矩、章香墀。当即开筹备委员会，讨论开成立大会一切筹备事宜。闻定于五月二日（即礼拜六）在中央大会堂开成立大会云。

1925 年 4 月 28 日第十四版

◉安徽南陵旅滬同鄉會開會

安徽南陵旅滬同鄉會、前日假上海大學開本學期第一次常會、到者數十人、首由上屆職員報告已往手續、並選出新委員如下、(總務)夏藩、(文書)牧文農、(會庶)俞鼎傳、(交際)王振宇・胡大觀、最後對於該縣平民教育運動有所討論云、

安徽南陵旅沪同乡会开会

安徽南陵旅沪同乡会，前日假上海大学开本学期第一次常会，到者数十人。首由上届职员报告已往手续并选出新委员如下：（总务）夏藩，（文书）牧文农，（会庶）俞鼎传，（交际）王振宇、胡大观。最后对于该县平民教育运动有所讨论云。

1925年4月30日第十五版

上大平民校消息

西摩路上海大學附設平民學校、本學期繼續開辦以來、學生達三百五十名、課程編制、國語·談話·唱歌、按照學生年齡分成年班、初中·高三級·童年班·初中兩級·英語算術、則採用彈性制、各級學生、可以自由升降、計英文分四班、算術分五班、各科敎員三十餘人、其敎材祇初級國語、用平民千字課、餘均由各敎員自己選編講義、油印發給、如遇重大時事、或紀念日等、尤特別注意、授以應有知識、前日爲五一勞動節、先期由諸敎員編選五一敎材、詳爲解釋、復於昨晚七時、在校中舉行紀念大會、到會者、除原有學生外、尙有各學生家屬、前來與會、爲數頗衆、總計約達五百餘人、座中擁擠不堪、其開會順序、㈠振鈴開會、㈡主席朱義權報告開會宗旨、并約略說明五一節之意義、㈢惲代英·侯紹裘·楊洵·向警予·林鈞·丁顯等相繼演說、辭意警闢、聽者均頗感動、㈣餘興開唱留聲機數片、㈤齊呼「工作八小時」·「敎育八小時」·「休息八小時」、㈥振鈴散會、

上大平民校消息

西摩路上海大学附设平民学校，本学期继续开办以来，学生达三百五十名。课程编制：国语、谈话、唱歌。按照学生年龄分成年班、初中、高三级、童年班。初中两级英语算术，则采用弹性制，各级学生，可以自由升降。计英文分四班，算术分五班，各科教员三十余人。其教材只初级国语用平民千字课，余均由各教员自己选编讲义，油印发给。如遇重大时事或纪念日等，尤特别注意授以应有知识。前日为五一劳动节，先期由诸教员编选五一教材，详为解释。复于昨晚七时，在校中举行纪念大会。到会者，除原有学生外，尚有各学生家属前来与会，为数颇众，总计约达五百余人，座中拥挤不堪。其开会顺序：（一）振铃开会。（二）主席朱义权报告开会宗旨，并约略说明五一节之意义。（三）恽代英、侯绍裘、杨洵、向警予、林钧、丁显等相继演说，辞意警辟，听者均颇感动。（四）余兴开唱留声机数片。（五）齐呼“工作八小时”“教育八小时”“休息八小时”。（六）振铃散会。

1925 年 5 月 3 日第十二版

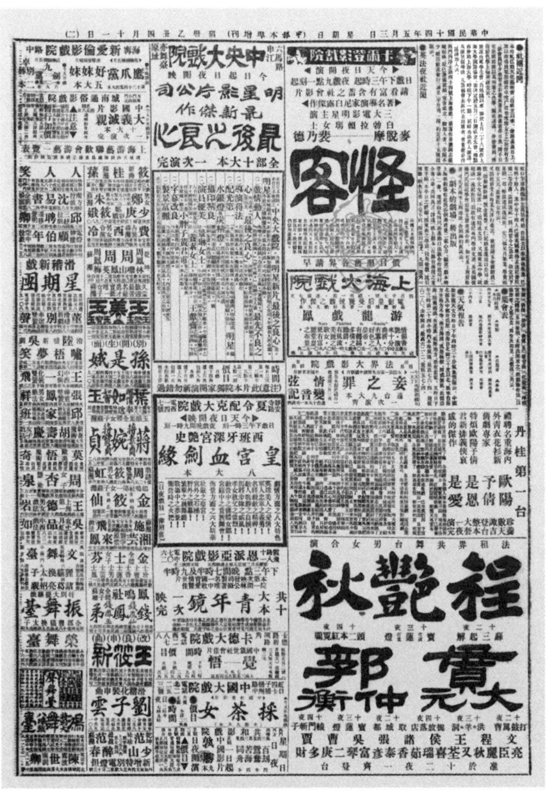

社團近聞

旅滬山東學生會、自組織以來、即於上月二十六號在上海大學開籌備會、並決定於五月三日開成立大會、地點西摩路上海大學、時間下午一點、屆時並請名人演講、及演放留聲機、凡籌備會未派代表出席者、皆重發公啓、延請加入云、

社团近闻

旅沪山东学生会，自组织以来，即于上月二十六号在上海大学开筹备会，并决定于五月三日开成立大会，地点西摩路上海大学，时间下午一点，届时并请名人演讲及演放留声机。凡筹备会未派代表出席者，皆重发公启，延请加入云。

1925 年 5 月 3 日本埠增刊第二版

上海綢緞大同業
大廉價祇有三天
北市 大綸 老九和 老介福 老九綸 大盛 老九章
南市 大昌 何恆昌 大成
人老咳聲深

◉各方紀念國恥之續訊

「上大平校」本埠西摩路上海大學平民學校、於前日（五月九日）晚間七時、在校內舉行國恥紀念會、到者除全體學生教師三百數十人外、尚有來賓數十人、其開會順序、㈠振鈴開會、㈡唱國民革命歌、㈢教務主任韓步先報告開會宗旨、㈣來賓及職教員學生等相繼講演等等、

各方纪念国耻之续讯·上大平校

本埠西摩路上海大学平民学校于前日（五月九日）晚间七时，在校内举行国耻纪念会，到者除全体学生教师三百数十人外，尚有来宾数十人。其开会顺序：（一）振铃开会。（二）唱国民革命歌。（三）教务主任韩步先报告开会宗旨。（四）来宾及职教员学生等相继演讲等等。

1925 年 5 月 11 日第十四版

上海

綢緞大同業

大廉價祇有二天

北市 大綸 老九和 大綸 老九綸 老介福 老九章 大盛

南市 大昌 何恆昌 大成

雙妹艷顏水

雙妹艷語

廣生行有限公司謹啓

◉上海大學追悼胡景翼紀

上海大學於前日(十日)下午、在第二院舉行追悼胡笠僧君大會、到三百餘人、二時振鈴開會、邵力子主席、報告開會宗旨、略謂、本校已定加入上海各團體籌備之追悼胡公大會、今日又先單獨舉行、一因胡公對於本校深表同情、二因胡公足爲青年學生模範、三因上海方面對胡公尙多誤解、吾人固反對軍閥、但同時亦需要有主義之革命軍人、胡公實爲軍人之有主義而又能實行主義者、今日將請深知胡公之周道腴先生詳述胡公言行、使社會亦間接得眞確的認識云、報告畢、全體起立、向遺像行三鞠躬禮、次丁顯讀胡氏略傳、周道腴講演、略謂、胡公以非常之人、成非常之功、半由天才、半由努力、天才難學、而努力易學、其天資甚高、記憶力極强、讀書過目成誦、與友人談、亦久而不忘、十餘歲便奔走革命、實少讀書機會、然史漢各書、能對答如流、作數十行之函件、數分鐘便成、早年、中山先生及其他友朋之談話、至今皆能記憶、此固出於天資、然亦由暇時手不釋卷及勤作日記、又能耐苦奮鬬、與將士共甘苦、秦俗本尙武善戰、從事者多讀書人、重以胡愛才好士、故極團結親愛、昔有父子兵、今之陝軍則可謂之兄弟兵、其能以少勝多、實由於此、胡又能忍辱負重、卒集大功、吾人今日欲救國難、禦外侮、皆不能無兵、青年應注意於此、胡又極愛護教育、甫抵河南、即確定教育基金獨立、豫省收入千餘萬、今確定教育經費每年三百六十餘萬、歸教育廳等獨立經營、此爲全國軍民長官所不能辦者、生平以國家與主義爲前提、不治家產、嘗有言曰、現在有兵的人、就要爭地盤、我却不然、我是以主義爲地盤、有人阻礙三民主義之進行、我便要打他、此種精神、最可爲青年模範云云、

上海大学追悼胡景翼纪

上海大学于前日（十日）下午，在第二院举行追悼胡笠僧君大会，到三百余人。二时振铃开会。邵力子主席，报告开会宗旨，略谓本校已定加入上海各团体筹备之追悼胡公大会，今日又先单独举行，一因胡公对于本校深表同情，二因胡公足为青年学生模范，三因上海方面对胡公尚多误解，吾人固反对军阀，但同时亦需要有主义之革命军人，胡公实为军人之有主义而又能实行主义者。今日将请深知胡公之周道腴先生详述胡公言行，使社会亦间接得真确的认识云。报告毕，全体起立，向遗像行三鞠躬礼。次丁显读胡氏略传，周道腴讲演，略谓胡公以非常之人，成非常之功，半由天才，半由努力。天才难学，而努力易学，其天资甚高，记忆力极强，读书过目成诵，与友人谈亦久而不忘，十余岁便奔走革命，实少读书机会，然史汉各书，能对答如流，作数十行之函件，数分钟便成。早年，中山先生及其他友朋之谈话，至今皆能记忆。此固出于天资，然亦由暇时手不释卷及勤作日记，又能耐苦奋斗，与将士共甘苦。秦俗本尚武善战，从事者多读书人。重以胡爱才好士，故极团结亲爱，昔有父子兵，今之陕军则可谓之兄弟兵，其能以少胜多，实由于此。胡又能忍辱负重，卒集大功。吾人今日欲救国难、御外侮，皆不能无兵，青年应注意于此。胡又极爱护教育，甫抵河南即确定教育基金独立，豫省收入千余万，今确定教育经费每年三百六十余万，归教育厅等独立经管，此为全国军民长官所不能办者。生平以国家与主义为前提，不治家产，尝有言曰：现在有兵的人就要争地盘，我却不然，我是以主义为地盘，有人阻碍三民主义之进行，我便要打他。此种精神，最可为青年模范云云。

1925 年 5 月 12 日第十四版

◉上海學生會第一屆執行委員會紀

上海學生聯合會、根據第四次代表會之議决案、於昨日下午三時、在西門大吉路會所、開第一屆執行委員會、計到會執行委員十六人、首由代表大會主席邵華報告代表大會經過、次由執行委員會代表張永和、報告半年間會務經過及經濟情形、次選舉常務委員、結果南洋・大夏・滬江・東華・勸業・復旦中學・上海大學・第二師範・法政大學等校當選、次分配職務、南洋・滬江當選爲正副主任、上大爲文書委員、大夏爲編輯委員、勸業爲交際委員、第二師範爲庶務委員、法政大學爲會計委員、東華大學爲宣傳委員、復旦中校爲組織委員、即由正主任張永和主席、討論進行、（一）討論創辦夏令講習會問題、議决由常務委員會擬具辦法、交代表大會討論、（二）討論援助日人慘殺華工問題、由提議人文治大學代表、報告慘殺情形、當議决五項辦法、（甲）參加日人慘殺華工後援會、（乙）電請執政提出抗議、（丙）募捐援助、（丁）向外宣傳禁米出口、斷絕日人飯源、喚起全國、一致反日、（三）討論經費問題、至下午六時散會、

上海学生会第一届执行委员会纪

上海学生联合会，根据第四次代表会之议决案，于昨日下午三时在西门大吉路会所，开第一届执行委员会，计到会执行委员十六人。首由代表大会主席邵华报告代表大会经过，次由执行委员会代表张永和报告半年间会务经过及经济情形。次选举常务委员，结果南洋、大夏、沪江、东华、勤业、复旦中学、上海大学、第二师范、法政大学等校当选。次分配职务，南洋、沪江当选为正副主任，上大为文书委员，大夏为编辑委员，勤业为交际委员，第二师范为庶务委员，法政大学为会计委员，东华大学为宣传委员，复旦中校为组织委员。即由正主任张永和主席，讨论进行：（一）讨论创办夏令讲习会问题，议决由常务委员会拟具办法，交代表大会讨论。（二）讨论援助日人惨杀华工问题。由提议人文治大学代表报告惨杀情形，当议决五项办法：（甲）参加日人惨杀华工后援会；（乙）电请执政提出抗议；（丙）募捐援助；（丁）向外宣传禁米出口，断绝日人饭源，唤起全国，一致反日。（三）讨论经费问题。至下午六时散会。

1925年5月18日第十二版

上大平校學生會成立紀

西摩路上海大學附設平民學校、於五九國恥紀念會中、由一部份學生爲謀團結同學精神、歷練辦事才能、輔助學校發達起見、提議組織學生會、經衆贊成、當推出籌備員十人、從事籌備、嗣於十一十四等日、各開籌備會一次、於前晚（十六）七時、即在校內開成立大會、到會學生及教員約三百數十人、由學生葉仁芳主席、陶垂彰王文祥書記、其開會順序（一）振鈴開會、（二）主席報告開會宗旨、（三）討論章程、（四）選舉職員、計當選正式委員者十人、葉仁芳、姜則望、陶垂彰、黃鳳祥、王金德、朱春心、姚月華、李崙元、湯金寶、姚志成、候補委員五人、馬祥興、朱雲香、唐產根、郭性良、談金文、（五）演講、由教員林鈞、朱義權、丁顯、學生黃鳳祥、王金德等相繼講演、（六）餘興、有學生陶賢林湯金寶之奏演國樂、清純可聽、（七）振鈴散會時已九句半鐘矣、

上大平校学生会成立纪

西摩路上海大学附设平民学校于五九国耻纪念会中，由一部分学生为谋团结同学精神、历练办事才能、辅助学校发达起见，提议组织学生会。经众赞成，当推出筹备员十人，从事筹备。嗣于十一、十四等日，各开筹备会一次。于前晚（十六）七时，即在校内开成立大会，到会学生及教员约三百数十人，由学生叶仁芳主席，陶垂彰、王文祥书记。其开会顺序：（一）振铃开会。（二）主席报告开会宗旨。（三）讨论章程。（四）选举职员。计当选正式委员者十人：叶仁芳、姜则望、陶垂彰、黄凤祥、王金德、朱春心、姚月华、李仑元、汤金宝、姚志成，候补委员五人：马祥兴、朱云香、唐产根、郭性良、谈金文。（五）演讲。由教员林钧、朱义权、丁显，学生黄凤祥、王金德等相继讲演。（六）余兴。有学生陶贤林、汤金宝之奏演国乐，清纯可听。（七）振铃散会。时已九句半钟矣。

1925年5月18日第十二版

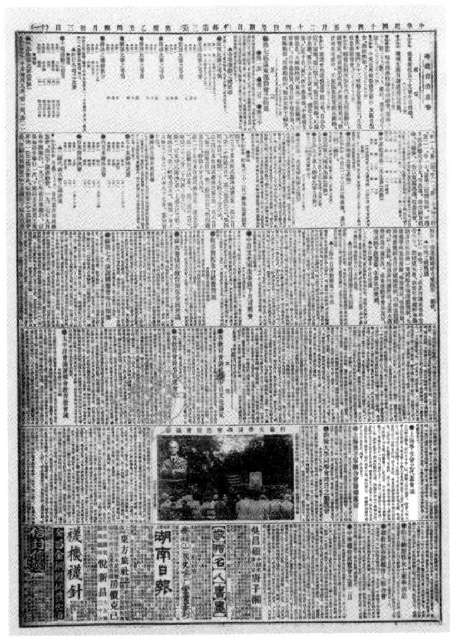

上海學生會之代表會議

上海學生聯會、於昨日下午二時、開第三次代表者、到者上海大學・同文書院・東華大學・中華工業專門學校等九校代表、不足法定人數、同文代表提議今日人數雖不足、然各校考期在邇、勢難展期、儘不妨開會討論、而不表決、將重要議案送請各校代表函復、以憑取決、多數贊同、當推劉一清主席、郭伯和報告上屆紀錄、次討論下列各案、㈠籌備六三紀念案、由學生會徵求各團體組織六三籌備會進行一切、并擬於是日大游行、㈡援助日紗廠罷工工人案、請交涉署呈請政府嚴提抗議、㈢援助浦東中學學生案、由執行委員會調査眞相再議、㈣籌備夏會講學會案、由執行委員先擬意見書、提交下屆代表會討論、㈤捐募案、由執行委員會會同各校代表進行、議畢三時許散會、

上海学生会之代表会议

上海学生联会于昨日下午二时，开第三次代表者［会］。到者上海大学、同文书院、东华大学、中华工业专门学校等九校代表，不足法定人数。同文代表提议今日人数虽不足，然各校考期在迩，势难展期，尽不妨开会讨论，而不表决，将重要议案送请各校代表函复，以凭取决，多数赞同。当推刘一清主席，郭伯和报告上届纪录。次讨论下列各案：（一）筹备六三纪念案，由学生会征求各团体组织六三筹备会进行一切，并拟于是日大游行。（二）援助日纱厂罢工工人案，请交涉署呈请政府严提抗议。（三）援助浦东中学学生案，由执行委员会调查真相再议。（四）筹备夏会［令］讲学会案，由执行委员先拟意见书，提交下届代表会讨论。（五）捐募案，由执行委员会会同各校代表进行。议毕三时许散会。

1925年5月24日第十一版

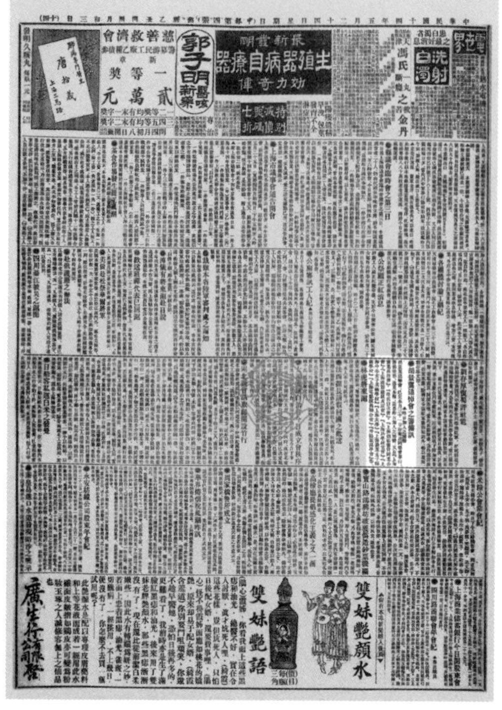

胡景翼追悼會之籌備訊

▲昨日加入之團體

胡景翼追悼會、已定本月三十一日在寧波同鄉會舉行、籌備情形、迭見本報、茲悉昨日加入之團體、又有『上海實業維持會』·『浙民自決會』·『上海烟紙雜貨同業公會』·『上海機器縫級友誼會』·『上海科學研究會』·『上海中華女子美術學校』『上海大學』·『上海勤業女子師範學校』·『上海電影演員聯合會』·『丹陽旅滬學會』等、

胡景翼追悼会之筹备讯·昨日加入之团体

胡景翼追悼会已定本月三十一日在宁波同乡会举行，筹备情形，迭见本报。兹悉昨日加入之团体，又有上海实业维持会、浙民自决会、上海烟纸杂货同业公会、上海机器缝纫友谊会、上海科学研究会、上海中华女子美术学校、上海大学、上海勤业女子师范学校、上海电影演员联合会、丹阳旅沪学会等。

1925 年 5 月 24 日第十四版

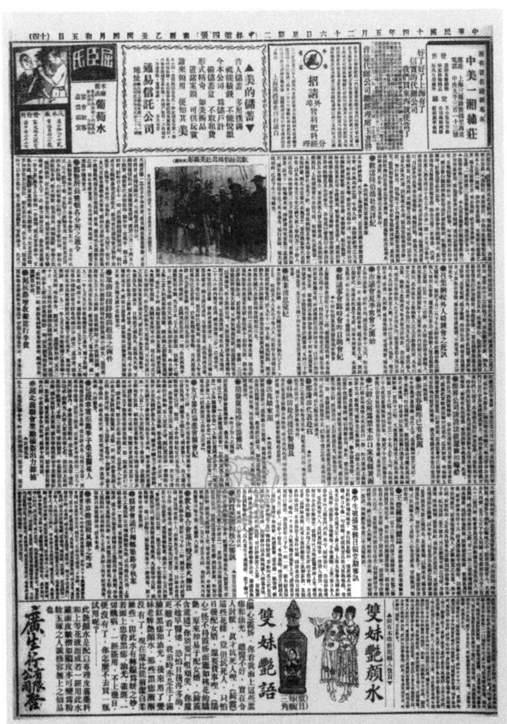

●學生被捕案候日領堂期審訊

普陀路西捕頭福來・與包探崔順扣・陳廣義及中西探捕、前日午後一句餘鐘、在滬西宜昌路戈登路等處、查見文治大學學生施文定・謝玉樹・上海大學學生韓步鮮・江錦維・趙振寰・朱義權等、手執旗幟、上書「要日本人償命奪回工廠奮鬥到底」等字、結隊游行、沿途分發傳單、當將施等六人、連同旗幟傳單一併帶入捕房、昨晨解送公共公廨請究、據捕房代表梅脫蘭律師上堂、聲明被告等結隊游行、並未得工部局允許給予照會、有違定章、該律師並稱、近來日商紗廠罷工風潮甚烈、且損壞紗廠機器、本案與罷工事件有關、故請求改由日領陪審云云、繼由一千另另八號華捕唐振東上堂、證明渠目覩游行情狀、謂渠於昨日下午一時一刻、便衣經過該處、見有三排人、每排十餘名、各執旗幟、獲案之韓趙朱三被告、當時手執傳單、由趙散發、渠亦得一紙等語、被告內之施謝兩名、延中國律師辯護、其餘四名之代表克威律師、到堂譯稱、此案被告以其同胞被人槍傷身死、昨日公祭、路過租界被捕、對於紗廠罷工之事、毫無關係、請求准予交保、或將被告從輕發落云云、關讞員與英馬副領事磋商良久、以此案有日商關係、遂下諭云、應否交保、候禮拜一八解案復核、

学生被捕案候日领堂期审讯

普陀路西捕头福来，与包探崔顺扣、陈广义及中西探捕，前日午后一句余钟，在沪西宜昌路戈登路等处，查见文治大学学生施文定、谢玉树，上海大学学生韩步鲜、江锦维、赵振寰、朱义权等，手执旗帜，上书“要日本人偿命夺回工厂奋斗到底”等字，结队游行，沿途分发传单。当将施等六人连同旗帜传单一并带入捕房，昨晨解送公共公廨请究。据捕房代表梅脱兰律师上堂，声明被告等结队游行，并未得工部局允许给予照会，有违定章。该律师并称，近来日商纱厂罢工风潮甚烈，且损坏纱厂机器。本案与罢工事件有关，故请求改由日领陪审云云。继由一千另另［〇〇］八号华捕唐振东上堂，证明渠目睹游行情状。谓渠于昨日下午一时一刻，便衣经过该处，见有三排人，每排十余名，各执旗帜。获案之韩、赵、朱三被告，当时手执传单，由赵散发，渠亦得一纸等语。被告内之施、谢两名，延中国律师辩护。其余四名之代表克威律师到堂译称，此案被告以其同胞被人枪伤身死，昨日公祭，路过租界被捕，对于纱厂罢工之事，毫无关系。请求准予交保，或将被告从轻发落云云。关谳员与英马副领事磋商良久，以此案有日商关系，遂下谕云，应否交保，候礼拜六解案复核。

1925年5月26日第十四版

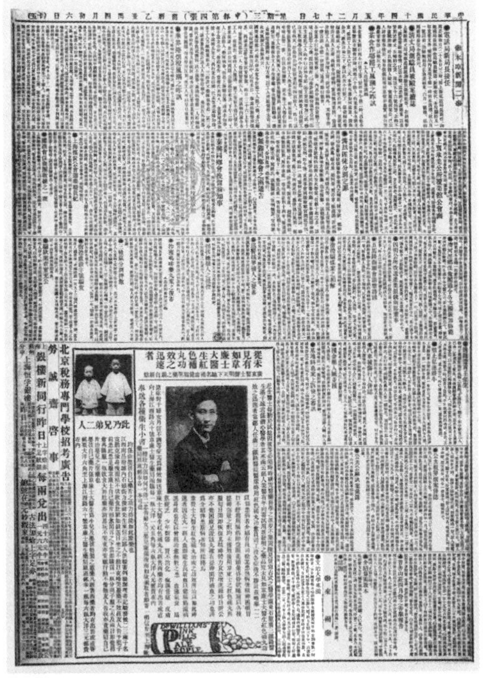

來函

●文治大學來函

敬啟者、本日閱貴報本埠新聞學生被捕案候日領堂期審訊一則與事實不符、敝校學生施文定謝玉樹、於上星期六下午、以課餘自由離校、在附近爲失業工人募捐救濟、當時手持捐啟捐册、在東京路某店募得小洋二角欣然外出、適爲西捕瞥見、認其散發傳單、無照募捐、有干捕章、遂即帶入普陀路捕房扣留、敝校立時派員交涉、請其一面保釋、捕房堅持不准、但允加以優待、由敝校日送三餐、隨時探望、至第二日、方有上海大學學生四人經過普陀捕房、因嫌疑被捕、顯屬兩事、至希貴報更正爲荷、　文治大學啟

文治大学来函

敬启者：本日阅贵报本埠新闻《学生被捕案候日领堂期审讯》一则与事实不符。敝校学生施文定、谢玉树于上星期六下午，以课余自由离校，在附近为失业工人募捐救济。当时手持捐启捐册，在东京路某店募得小洋二角欣然外出，适为西捕瞥见，认其散发传单，无照募捐，有干捕章，遂即带入普陀路捕房扣留。敝校立时派员交涉，请其一面保释。捕房坚持不准，但允加以优待，由敝校日送三餐，随时探望。至第二日，方有上海大学学生四人经过普陀捕房，因嫌疑被捕。显属两事，至希贵报更正为荷。 文治大学启

1925年5月27日第十五版

胡景翼追悼會今日開籌備會
▲明晚招待新聞界
胡景翼追悼會籌備處、定今日下午開籌備會、明晚招待新聞界、昨已發柬、通函籌備員云、逕啓者、追悼胡上將軍大會、開會期邇、請先生於明日(二十九)下午三時至五時、開第三次籌備會議、時務祈賁臨、討論一切、至以爲盼、又昨日加入之團體如下、法政大學·紫霞仙館·華洋博濟醫院·甲子友誼會·浙江自治期成會·江蘇全民公會·改造江蘇同志會·房客聯合總會·海昌旅滬同鄉會·旅滬廣東自治會·上海工團聯合會·全國各界聯合會·上海大學·國民對日外交會·江蘇自治期成會·江蘇勞工會儉德會·河南路商界聯合會·湖北路商界聯合會·九江路商界聯合會·天津路商界聯合會·寗波路商界聯合會·南陽橋商界聯合會·電氣工業聯合會·旅滬江西自治同志會·浣花軒詩文社·蘇民自治會·

胡景翼追悼会今日开筹备会·明晚招待新闻界

胡景翼追悼会筹备处，定今日下午开筹备会，明晚招待新闻界，昨已发柬。通函筹备员云：径启者：追悼胡上将军大会，开会期迩，请先生于明日（二十九）下午三时至五时，开第三次筹备会议。时务祈贲临，讨论一切，至以为盼。又昨日加入之团体如下：法政大学、紫霞仙馆、华洋博济医院、甲子友谊会、浙江自治期成会、江苏全民公会、改造江苏同志会、房客联合总会、海昌旅沪同乡会、旅沪广东自治会、上海工团联合会、全国各界联合会、上海大学、国民对日外交会、江苏自治期成会、江苏劳工会俭德会、河南路商界联合会、湖北路商界联合会、九江路商界联合会、天津路商界联合会、宁波路商界联合会、南阳桥商界联合会、电气工业联合会、旅沪江西自治同志会、浣花轩诗文社、苏民自治会。

1925 年 5 月 29 日第十四版

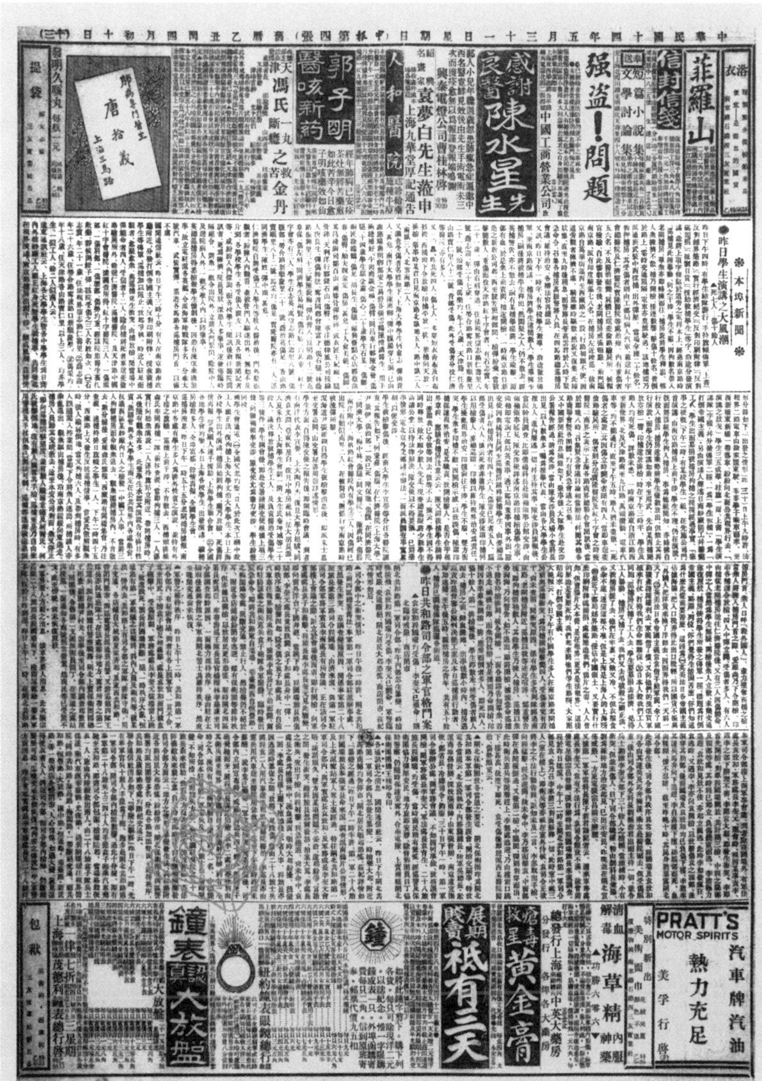

中華民國十四年五月三十一日 星期日 （申報第四張） 舊曆乙丑閏四月初十日 （十三）

浴衣

菲羅山

信封信箋

短篇小說集 文學討論集

强盗！問題

中國工商營業公司

感謝良醫陳水星先生

興泰電燈公司

袁夢白先生蒞申 上海九華堂厚記通告

人和醫院

郭子明醫咳新葯

天津馮氏一丸斷癮之苦救金丹

唐拾義

提袋

本埠新聞

昨日學生演講之大風潮

昨日共和路司令部之軍官格鬥案

PRATT'S MOTOR SPIRITS

汽車牌汽油

熱力充足

美孚行啓

清血解毒 海草精 內服神藥

瘡毒救星 黃金膏

總發行上海中英大藥房

展期賤賣 祇有三天

鐘

鐘表 認真大放盤

上海 茂德利鐘表總行啓

包袱

本埠新聞

昨日學生演講之大風潮

▲死七人…傷十餘人

昨日下午四時、有學生結隊游行、手持旗幟傳單、上書「反對越界築路」「實行經濟絕交」「反對印刷附律」「反對碼頭捐」「抵制日貨」「援助被捕學生」等字、沿途分發演講、並將上項字條貼於道旁之電桿木上、經過南京路時、巡捕見此種舉動、向之干涉、學生不服、因拘數名帶入老閘捕房、羣衆亦即蜂擁而往、捕房旋將學生釋出、惟人衆擁擠不散、捕乃開槍、接連數響、擊傷十餘名、皆倒於路上、霎時交通阻隔、電車亦莫能駛過、該地捕頭乃派通班武裝中西探捕、出外彈壓、當場拿獲二十餘名、暫押捕房、其受傷者則由工部局病人汽車、載送紅十字會總醫院及仁濟醫院寶隆醫院等處治療、內有重傷者五六名、不及醫治而斃、屍體已送斐倫路驗屍所、候報官檢驗、自此慘劇發生後、老閘捕房戒備嚴厲、前門臨南京路、派有印度騎巡七八名、在捕房左近梭巡、故南京路自英華街迤西至西藏路之一段、行路初頗不便、因道旁觀者擁擠不堪、騎巡雖時驅散、然旋又復集、此種狀態、直至九時後稍息、而警務長麥高雲君於六時下緊急命令、召集各捕房高級警務人員、在四馬路總巡捕房會議、維持治安、各辦法容再續誌、

又訊、昨日下午一時半、有各校學生數羣、沿途散放傳單、至南京路演講、捕房將學生逮捕數人、學生羣擁至捕房、嗣後將被捕學生釋出、然圍聚之人、仍不散去、經英捕警告、亦不散去、嗣有某捕舉槍將一學生毆斃、而部有血、於是衆上前責問、捕遂開槍、一時南京路自新造之新新公司起、西至競芳照相館間、槍彈紛飛、當被擊斃數人、重傷而投天津路紅十字會者、有石志實、年二十一歲、彈由右肩穿過、住法租界望志路仁壽里八號、喬志迦、年二十七歲、住勞合路寧波路口新順慶里二十一號、頭部受傷、馮樂均、年十八歲、天津籍、住香山路寶仁里八十二號、背部受傷、此外受傷者分投仁濟等醫院、亦有多人、

又一消息、昨共死四人、傷七人、多穿短衣青布及白布衫褲、西捕頭下令放槍、印捕率放一排、華捕向天放一排槍、肇事時某君目見南京路北隊地五人、路中隊二人、南隊三人、北雲南路二人、

又調查受傷者名姓如下、上海大學學生何念志、彈由背入、甚危、南洋大學學生陳廣卿、彈中腹腸穿七洞、已由謝應瑞蔣明卿鄭安之易舒芬張雲鶴陳澄諸醫生、用手術縫補好、牛肉商談金福、傷臂、同昌車行夥陳金發、傷腿、十四歲學生郎金富、傷心、二十歲學生石某、傷腰、銅匠徐端鶴、傷足、胡長生、傷腿、福興齋點心店夥蔡洪春、傷臂、船夫魏金定、傷肺、甚危、工人俞美範、傷腳、其昌棧廚司鄒百山、兩膝骨彈炸碎、成衣匠王紀福、腿骨碎、天利洋行夥饒石山、傷臂、華洋德律風公司接線人唐良生、彈傷膀胱、寧波同鄉會陳富才、傷右腿、林蔭路振興里三十三號陳銳梅、彈由背入、崑明路十二號范章保、傷左肩、同濟學生易州賢、傷右脇、均甚重、紅十字會亦有三人、學生石志英、寓望志路仁壽里八號、傷腹部、勞合路新順慶里二十一號、喬治英傷足、香山路寶順里八十二號、馮采均、傷足、寶隆醫院亦有一人、係同濟學生、陳姓、彈中頭、甚危、

仁濟醫院自將受傷工人學生等收入醫治後、門外聚而觀者、紛擁入內觀看、盡被管門人驅逐出外、無如不及片刻、各學校學生、各受傷人親友、以及各報新聞記者等、咸紛紛入內探詢、而各校學生、聞訊後前往醫院問訊者、更爲擁擠、院長見狀、深恐人多肇事、遂發佈臨時隔絕令、將衆一概令出院外、立將大門緊閉、除院中人及送院病人外、一概不准入內、以防肇事、

英總巡捕房得悉槍殺學生慘劇後、因恐有流氓乘機滋事、故立電駐滬各英艦、令派海軍陸戰隊多名、分乘大號汽車、武裝實彈、巡遊各馬路各巡捕房門首、以備不虞、

國聞通信社云、昨日下午三時十分、有人在南京路市政廳附近、分發打倒帝國主義·反對印刷附律·援救被捕學生等傳單、巡捕加以阻止、致起爭執、時途人駐足而觀者、愈聚愈衆、與巡捕竟生衝突、由捕放槍、聞當場中彈斃命者四人、受傷者十二人、除由捕將死者車送斐倫路驗屍所外、餘送仁濟醫院·巡捕醫院·及天津路中國紅十字會醫院、據調查所得、紅十字醫院三人、一傷頭部、一傷肩部、一傷腹部、傷勢均重、經該院焦醫生臺扎救藥、靜候開鉗子彈、該院受傷之三人名姓如次、㊀石志實、年二十一歲、住法租界望志路仁壽里、㊁喬志迦、年二十六歲、住勞合路寧波路口新順慶里、㊂馮采均、年十八歲、住天津路香山路寶仁里、以上三人、均非學生、一似工人、餘二人似商人云、

學生被槍擊傷後、經南大學學生李宜學等分往各醫院調查、其報告如下、何秉彝、傷腦、在仁濟醫院（上海大學）、尹景伊、傷頭部、一說已死、陳保聰、傷腹、在同濟醫院、（同濟大學）、梅中林、傷腿（同文醫院）、陳廣欽、傷腸（南洋附中）、海格路紅會醫院內有學生三人、因傷輕已出院、有類似商界二人、在被醫治、聞係行至南京路時被流彈所擊、

滬海道尹張維鏞自得學生被槍擊消息後、即派朱士嘉至交署訪問、由交署秘書周鼎詳述情形、

學生方面、自得陳交使之報告後、即開臨時會議、到者有南洋代表李宜學、上大陶月杰、復旦大學方超驥、同濟袁文淵、亞東侯星白、復旦中學房苑林、法大胡長源、大夏朱作人、上海學生會劉一清、文生氏秦坤城等二十餘人、議決釋放被捕學生工人、及負責醫治受傷學生等三條件、學生開會後、即赴交署請陳交使根據上項三條、向領袖領事交涉、陳交使允爲盡力交涉、學生始散回校、

兩學生會通電、㊀全國父老均鑒、日人於此次工潮中殺工人顧正洪、復拘捕上海大學文治大學學生、本日上海各校學生出外演講、捕房始則拘捕、繼乃放槍、死傷詳情再報、望我國人速予援助、上海學生聯合會、㊁全國各地學生會均鑒、本日上海各校學生、出發演講、被捕房槍殺多人、全埠震搖、餘情再報、全國學生會、

巡捕房消息、昨日下午一時五十五分老閘捕房據報、南京路中各處有學生多人爲排外性質之演說、並持有外字樣之旗幟、巡捕上前干涉、不肯散去、西捕頭愛維森氏率同西捕一隊、前往查視、當即拘捕三人、一人係實行向聽衆演說、二人係持旗站立附近、帶回捕房時、其後隨有觀衆甚多、此輩學生承認其演說含有排日性質、並稱曾與各大學學生商定在公共租界內各處集會、抗議西區某紗廠內日人之槍殺一中國工人事、當將三人拘留捕房而命觀衆退去、觀衆圍繞捕房內、不肯散去、數分鐘後、愛維森氏據報、西藏路有同樣集會、乃往查視、並捕持排日旗幟之學生一人、下午二時四十五分、西藏路上又發生反抗巡捕情事、當愛氏散解觀衆時、被人毆辱倒地、當又拘捕六人、及帶到捕房時、有多人跟隨闖入控案間、當即下令將衆人逐出、所捕諸人亦乘亂逃出、觀衆驅出捕房後、沿南京路緩緩向東退走、捕房人員勸其安靖散去、迨至永安公司對面、衆又停止、即向巡捕恫嚇態度、並有數人毆辱愛維森及柯爾氏、柯氏被擊倒地、復有數人圖奪其手槍、巡捕至是乃自由使用警棍及手杖、但衆已無法可制、巡捕等遂漸被迫退回捕房門首、衆人口呼「殺外國人」、盡力攫奪西捕之槍、當衆人將擁入捕房門首之際、愛維森乃下令開槍、印委各捕遵令放槍、四人中彈立斃、受傷者多人、有六人由捕從老閘捕房送往仁濟醫院後、又有三人因傷斃命、中彈之人當然爲學生無疑、開槍後衆人立散、未幾交通遂復原狀、捕房接得學生所發之傳單一種、標題爲打倒帝國主義、略謂、列位、你們覺得生活困苦麼、你們知道爲什麼比從前要苦麼、這因爲㊀英美法日各帝國主義佔據海關、把入口稅弄得比出口稅輕、所以國貨不振興、外國人把洋貨來換了洋錢去、因而弄得我們一天窮一天了、㊁英美法日各帝國主義常常借手給軍閥、拿了鐵路礦產種種權利去、軍閥借了債、又向他們的流氓買軍械來打仗、打得我們生命都難保、㊂日本人殺我們工人同胞、巡捕房反捕了工人去、學生要募捐去接濟、免得工人暴動、捕房又捕了去、我們又去弔被殺之顧正洪、又被捕房捉了去、他們在牢裏、又餓又冷、不但衣服食品拿不進、連望望都不准、但是上海是上海人的上海呀、㊃最近工部局越界築路、侵佔中國領土、又要實行什麼印刷附律碼頭捐、處處壓迫我們、鴉片之毒、人人皆知、但實鴉片大本營、是在租界（更其是法租界）、這樣的壓迫是要壓死的、我們起來同他們爭生路呀、大家團結起來、打倒帝國主義、

昨日学生演讲之大风潮·死七人　伤十余人

昨日下午四时，有学生结队游行，手持旗帜传单，上书“反对越界筑路”“实行经济绝交”“反对印刷附律”“反对码头捐”“抵制日货”“援助被捕学生”等字，沿途分发演讲，并将上项字条贴于道旁之电杆木上。经过南京路时，巡捕见此种举动，向之干涉。学生不服，因拘数名带入老闸捕房。群众亦即蜂拥而往，捕房旋将学生释出。惟人众拥挤不散，捕乃开枪，接连数响，击伤十余名，皆倒于路上。霎时交通阻隔，电车亦莫能驶过。该地捕头乃派通班武装中西探捕，出外弹压，当场拿获二十余名。暂押捕房。其受伤者则由工部局病人汽车载送红十字会总医院及仁济医院、宝隆医院等处治疗。内有重伤者五六名，不及医治而毙，尸体已送斐伦路验尸所，候报官检验。自此惨剧发生后，老闸捕房戒备顿严，前门临南京路，派有印度骑巡七八名，在捕房左近梭巡。故南京路自英华街迤西至西藏路之一段，行路初颇不便，因道旁观者拥挤不堪，骑巡虽时驱散，然旋又复集。此种状态，直至九时后稍息。而警务长麦高云君于六时下紧急命令，召集各捕房高级警务人员，在四马路总巡捕房会议，维持治安。各办法容再续志。

又讯：昨日下午一时半，有各校学生数群，沿途散放传单，至南京路演讲，捕房将学生逮捕数人。学生群拥至捕房，嗣后将被捕学生释出，然围聚之人，仍不散去，经英捕警告，亦不散去。嗣有某捕举棍将一学生殴击，面部有血，于是众上前责问，捕遂开枪。一时南京路自新造之新新公司起，西至竞芳照相馆间，枪弹纷飞，当被击毙数人。重伤而投天津路红十字会者，有石志宝，年二十一岁，弹由右肩穿过，住法租界望志路仁寿里八号；乔志迎，年二十七岁，住劳合路宁波路口新顺庆里二十一号，头部受伤；冯乐均，年十八岁，天津籍，住香山路宝仁里八十二号，背部受伤。此外受伤者分投仁济等医院亦有多人。

又一消息：昨共死四人、伤七人，多穿短衣青布及白布衫袴。西捕头下令放枪，印捕平放一排，华捕向天放一排枪。肇事时某君见南京路北卧地五人，路中卧二人，南卧三人，北云南路二人。

又调查受伤者名姓如下：上海大学学生何愈志，弹由背入，甚危；南洋大学学生陈虞卿，弹中腹肠穿七洞，已由谢应瑞、蒋明卿、郑安之、易舒芬、张云鹤、陈澄诸医生，用手术缝补好；牛肉商谈金福，伤臂；同昌车行伙陈金发，伤腿；十四岁学生邬金萧，伤心；二十岁学生石某，伤腰；铜匠徐端鹤伤足，胡长生伤腿；福兴斋点心店伙蔡洪春，伤臀；船夫魏金定伤肺，甚危；工人俞美范，伤脚；其昌栈厨司邹百山，两膝骨弹炸碎；成衣匠王纪福，腿骨碎；天利洋行伙钱石山，伤臀；华洋德律风公司接线人唐良生，弹伤膀胱；宁波同乡会陈富才，伤右腿；林荫路振兴里三十三号陈锐梅，弹由背入；昆明路十二号范章保，伤左肩；同济学生易州贤，伤右肺，均甚重。红十字会亦有三人：学生石志英，寓望志路仁寿里八号，伤腹部；劳合路新顺庆里二十一号，乔治英，伤足；香山路宝顺里八十二号，马采均，伤足。宝隆医院亦有一人，系同济学生，陈姓，弹中头，甚危。

仁济医院自将受伤工人学生等收入医治后，门外聚而观者纷拥入内观看，尽被管门人驱逐出外。无如不及片刻，各学校学生、各受伤人亲友以及各报新闻记者等，咸纷纷入内探询。而各校学生闻讯后前往医院问讯者，更为拥挤。院长见状，深恐人多肇事，遂发布临时隔绝令，将众一概令出院外，立将大门紧闭。除院中人及送院病人外，一概不准入内，以防肇事。

英总巡捕房得悉枪杀学生惨剧后，因恐有流氓乘机滋事，故立电驻沪各英舰，令派海军陆战队多名，分乘大号汽车，武装实弹，巡游各马路各巡捕房门首，以备不虞。

国闻通信社云：昨日下午三时十分，有人在南京路市政厅附近，分发打倒帝国主义、反对印刷附律、援救被捕学生等传单。巡捕加以阻止，致起争执，时途人驻足而观者，愈聚愈众，与巡捕竟生冲突，由捕放枪，闻当场中弹毙命者四人，受伤者十二人。除由捕将死者车送斐伦路验尸所外，余送仁济医院、巡捕医院及天津路中国红十字会医院。据调查所得，红十字医院三人，一伤头部，一伤肩部，一伤腰部，伤势均重。经该院焦医生裹扎敷药，静候开钳子弹。该院受伤之三人名姓如次：（一）石志宝［英］，年二十一岁，住法租界望志路仁寿里。（二）乔志迎［治英］，年二十六岁，住劳合路宁波路口新顺庆里。（三）冯采均，年十八岁，住天津路香山路宝仁里。以上三人均非学生，一似工人，余二人似商人云。

学生被枪击伤后，经南大学生李宣誉等分往各医院调查，其报告如下：何秉彝，伤脑，在仁济医院（上海大学）；尹景伊，伤头部，一说已死；

陈保聪，伤腹，在同济医院（同济大学）；梅中林，伤腿（同文医院）；陈虞钦，伤肠（南洋附中）。海格路红会医院内有学生三人，因伤轻已出院。有类似商界二人在彼医治，闻系行至南京路时被流弹所击。

沪海道尹张维镛自得学生被枪击消息后，即派朱士嘉至交署访问，由交署秘书周鼎详述情形。

学生方面，自得陈交使之报告后，即开临时会议。到者有南洋代表李宣誉、上大陶月［同］杰、复旦大学方超骥、同济袁文渊、亚东侯星白、复旦中学房苑林、法大胡长源、大夏朱作人、上海学生会刘一清、文生氏秦坤城等二十余人，议决释放被捕学生、工人及负责医治受伤学生等三条件。学生开会后，即赴交署请陈交使根据上项三条，向领袖领事交涉。陈交使允为尽力交涉，学生纷散回校。

两学生会通电。（一）全国父老均鉴：日人于此次工潮中杀工人顾正洪，复拘捕上海大学、文治大学学生。本日上海各校学生出外演讲，捕房始则拘捕，继乃放枪，死伤详情再报。望我国人速予援助。上海学生联合会。（二）全国各地学生会均鉴：本日上海各校学生出发演讲，被捕房枪杀多人，全埠震摇，余情再报。全国学生会。

巡捕房消息。昨日下午一时五十五分老闸捕房据报，南京路中各处有学生多人为排外性质之演说，并持有外字样之旗帜。巡捕上前干涉，不肯散去。西捕头排维森氏率同西捕一队前往查视，当即拘捕三人。一人系实行向听众演说，二人系持旗站立附近。带回捕房时，其后随有观众甚多。此辈学生承认其演说含有排日性质，并称曾与各大学学生商定在公共租界内各处集会，抗议西区某纱厂内日人之枪杀一中国工人事。当将三人拘留捕房而命观众退去，观众围绕捕房内不肯散去。数分钟后，爱维森氏据报，西藏路有同样集会，乃往查视，逮捕持排日旗帜之学生一人。下午二时四十五分，西藏路上又发生反抗巡捕情事，当爱氏散解观众时，被人殴辱倒地，当又拘捕六人。及带到捕房时，有多人跟随闯入控案间，当即下令将众人逐出，所捕诸人亦乘乱逸出。观众驱出捕房后，沿南京路缓缓向东退走，捕房人员劝其安靖散去。迨至永安公司对面，众又停止，即向巡捕恫吓态度，并有数人殴辱韦德及柯尔氏。柯氏被击倒地，复有数人图夺其手枪，巡捕至是乃自由使用警棍及手杖，但众已无法可制。巡捕等逐渐被迫退回捕房门首，众人口呼“杀外国人”，尽力攫夺西捕之枪。当众人将拥入捕房门首之际，爱维森乃下令开枪，印华各捕遵令放枪，四人中弹立毙，受伤者多人。有六人由捕从老闸捕房送往仁济医院后，又有三人因伤毙命。中弹之人当然为学生无疑。开枪后众人立散，未几交通遂复原状。捕房接得学生所发之传单一种，标题为“打倒帝国主义”。略谓：列位，你们觉得生活困苦么？你们知道为什么比从前要苦么？这因为：（一）英美法日各帝国主义占据海关，把入口税弄得比出口税轻，所以国货不振兴，外国人把洋货来换了洋钿去，因而弄得我们一天穷一天了。（二）英美法日各帝国主义常常借手给军阀，拿了铁路矿产种种权利去，军阀借了债，又向他们的流氓买军械来打仗，打得我们生命都难保。（三）日本人杀我们工人同胞，巡捕房反捕了工人去。学生要募捐去接济，免得工人暴动，捕房又捕了去。我们又去吊被杀之顾正洪［红］，又被捕房捉了去。他们在牢里，又饿又冷，不但衣服食品拿不进，连望望都不准，但是上海是上海人的上海呀。（四）最近工部局越界筑路，侵占中国领土，又要实行什么印刷附律码头捐，处处压迫我们。鸦片之毒，人人皆知，但卖鸦片大本营，是在租界（更其是法租界）。这样的压迫是要压死的，我们起来同他们争生路呀，大家团结起来，打倒帝国主义！

1925年5月31日第十三版

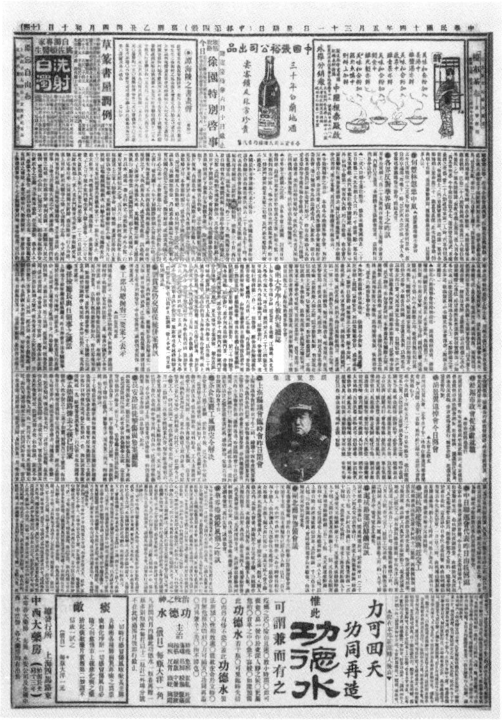

兩大學學生被拘案續誌

上海大學學生韓步鮮、趙振寰、朱義權、江錦維、及文治大學學生施文定、謝玉樹、被控於五月二十三四號在戈登路宜昌路內外棉紗廠門首、結隊游行、分發傳單、違犯現行刑律第二百二十一條等情、經公共公廨諭被告應否交保、候禮拜六再核、已誌本報、昨晨屆期、普陀路捕房將韓等解廨、由陸襄讞會同日副領事田島君升座第二刑庭集訊、據捕頭禀稱・探目沈崇禮・包探崔順扣・陳[illegible]義等、上堂禀稱、韓趙朱江四被告、於二十四號手執各種旗幟、結隊游行、並在內外棉紗廠門首、分發傳單、同時施謝兩被告、亦在宜昌路十四號內外棉紗廠門首分發傳單、並將旗幟一束及傳單呈案請察、繼由克威律師起而譯稱、渠代表上海大學四學生、該生等二十四號所發之傳單、係自動的用上海學生聯合會名義、故上海大學教員、事前並未知覺、現該生等已認過、對於貴公堂及日本人暨該校師長三方面、均甚抱歉、請求堂上格外從寬、將該生等交給上海大學教員領回、嚴加管束云云、並據江錦維供稱年十五歲、浦東人、在上海大學附中肄業、傳單非我所發等語、施謝兩生亦延律師辯護、問官詰問後、判江錦維具結開釋、餘人各交一百元保、候併案訊辦、

两大学学生被拘案续志

上海大学学生韩步鲜、赵振寰、朱义权、江锦维及文治大学学生施文定、谢玉树被控于五月二十三、四号在戈登路宜昌路内外棉纱厂门首，结队游行，分发传单，违犯现行刑律第二百二十一条等情，经公共公廨谕被告应否交保，候礼拜六再核，已志本报。昨晨届期，普陀路捕房将韩等解廨，由陆襄谳会同日副领事田岛君升座第二刑庭集讯。据捕头福来，探目沈崇礼，包探崔顺扣、陈广义等上堂禀称，韩、赵、朱、江四被告，于二十四号手执各种旗帜结队游行，并在内外棉纱厂门首分发传单，而施、谢两被告亦在宜昌路十四号内外棉纱厂门首分发传单，随将旗帜一束及传单呈案请察。继由克威律师起而译称，渠代表上海大学四学生，该生等二十四号所发之传单，系自动的用上海学生联合会名义，故上海大学教员事前并未知觉，现该生等已认过，对于贵公堂及日本人暨该校师长三方面，均甚抱歉，请求堂上格外成全，将该生等交给上海大学教员领回，严加管束云云。并据江锦维供称年十五岁，浦东人，在上海大学附中读书，传单非我所发等语，施、谢两生亦延律师辩护。问官磋商后，判江锦维具结开释，余人各交一百元保，候并案讯办。

1925年5月31日第十四版

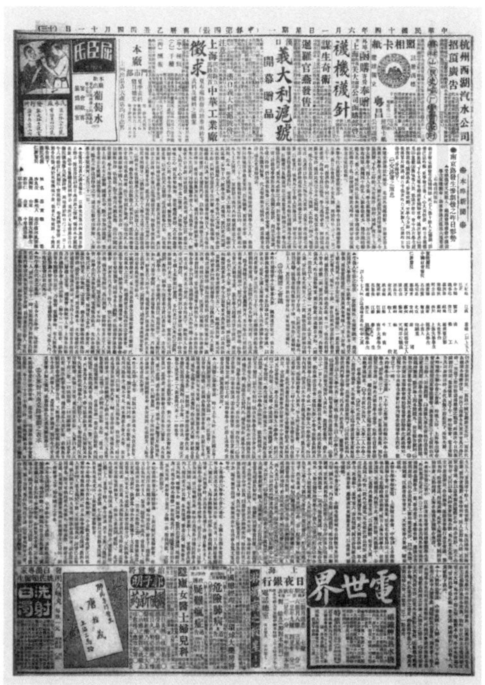
杭州西湖汽水公司
招頂廣告
義大利混號
電世界

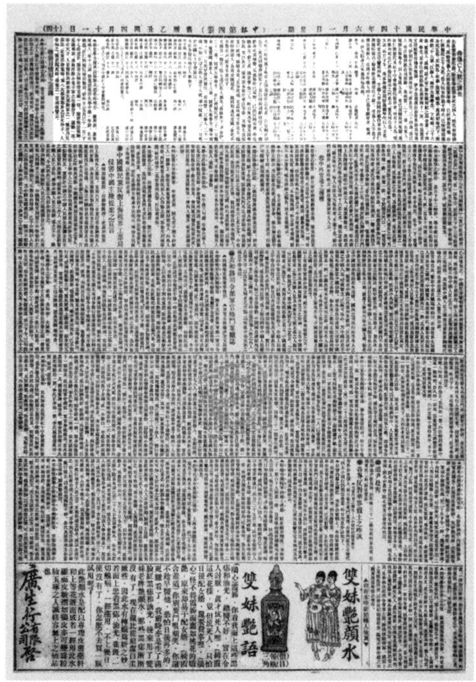
雙妹艷顏水
雙妹艷語
廣生行有限公司啓

◉南京路發生慘劇後之昨日形勢

前日南京路發生巡捕開槍、死七人傷十餘人之慘劇、詳情已誌昨報、此事發生後、人心大爲憤激、昨日各團體紛紛集議、下午又羣至總商會開聯席會、議決要求㈠懲兇㈡道歉㈢撫恤等六欵、並議決罷市、會中且有學生趙姓演說後、憤激過甚、昏暈致斃、至學生方面、仍四出散發傳單并演講、前日受傷者昨日又死數人、兹將昨日所得消息、分錄於下、

㈠交涉署之消息

▲交署周秘書之調查報告　江蘇交涉署向例星期日停止辦公、陳交涉使以前日南京路之慘劇、關係外交問題甚鉅、因命在署職員破例辦公、並派洋文秘書周鼎往各醫院調查學生死傷詳情、周秘書於昨日（三十一日）上午八時餘往仁濟醫院・寶隆醫院・等處調查實情、周氏到各院後、對於死者撫痛不置、傷者大加慰語、今將其報告錄下、

醫院名稱	姓名	籍貫	職業
仁濟醫院	唐良生	蘇州人	華洋德律風接線
	易洲賢	山東	同濟大學學生
	石松仁	山東	中華機器廠
	鄒金華	江蘇	商人
寶隆醫院			
中國紅會醫院			
仁濟醫院			
	王紀福	江蘇	裁縫（以上五人已死）
	徐全鶴	寧波	商人
	魏春廷	淸江	船工
	蔡洪春	紹興	福興番店夥
	陳韻秋	蘇州	大世界伶
	何念茲	四川	上海大學學生
	陳寶聰	廣東	同濟大學學生
	石珠寶	寧波	小商人
	馬采忠	北京	印刷業
	鄒鑫甫	常州	廚司
	陳富才	蘇州	寧波同鄉會工人
	錢石山	蘇州	天利洋行職員
	胡長生	蘇州	銅匠
	俞美萬	皖人	工役
	談金福	江蘇	牛肉商
	陳廣欽	江蘇	南洋大學學生
	范章保	江蘇	學生
	陳鐵樓	浙江	同[illegible]學學生

以上十七人何念茲傷極重恐有性命之虞

㈣傷亡人數之調查

此慕慘劇發生後、除當場飲彈身死之四人、姓名尙待調查外、其餘受傷人之姓名籍貫等等、已經披露昨報、在仁濟醫院之十九名、自入院至昨晨十時止、已陸續因傷身死五名、其姓名·年歲·籍貫·職業·再爲記錄於下、陳虞欽、十六歲、江蘇人、南洋大學學生、王紀福、三十六歲、寗波人、裁縫、鄔正華（即昨報所紀之鄔金華）、十四歲、學生、其家住於林蔭路正興里四十一號、昨晨據其父鄔順寶投捕房報稱、伊子生前係在新世界游戲場爲西崽、伊則在大世界爲西崽云、唐良生、二十四歲、浙江人、華洋德律風公司接線、易州賢、二十一歲、山東人、同濟大學學生、以上男屍九具、皆已送驗屍所候驗、現在仁濟醫院及紅十字會等醫院醫治者、尙有十八名、惟昨報所紀在仁濟醫院醫治之何愈志、實名何念慈、又訊、前日下午、南京路捕房開槍傷斃學生行人多名、除死者逕送驗屍所外、受傷人皆由同伴或自雇車投仁濟醫院醫治（報載經巡捕送往不確）、受傷人大半係子彈自背射入、茲將至昨晚九時止已傷重斃命者、簡列一表、俾失蹤者之家屬得知其概、

姓名	籍貫	年歲	職業	所傷	治療經過	死時
鄔金華		十四	小學生豫大世界西崽	子彈由近背脇部射入肺	未遑施手術	三十日下午五時半
易洲賢	山東	廿一	同濟大學學生	彈由背射入肺	未遑施手術	三十日下午七時十分
石松仁			大中華電器公司夥	彈由背腰入穿破兩腎	曾施手術取去一壞腎	三十日下午七時半
王紀福	寗波	卅六	裁縫	彈由胯骨穿破大腸	未遑施手術	三十日下午八時
唐良生	江蘇	廿四	華洋電話局八七八接線	彈由脊射入膀胱	曾施手術	三十日下午八時十五分
何念慈			上海大學學生	彈由背射入穿過肺肝	經施手術割去二脇骨	三十一日下午二點二十分
陳虞欽			南洋大學附中學生	彈由背入穿破小腸七洞	曾用手術割去壞腸四寸	三十一日下午六時半

又昨日經醫施手術鋸去彈傷腿骨之足者、計有銅匠胡長生·寗波同鄉會陳富才·其昌棧廚司鄒百山三人、將終身成爲殘廢、其傷勢昨已減輕、已出院歸家者、亦有魏春定·俞美萬·陳金發·等三人、昨日死者家屬及同學得耗、哭泣甚哀、陳虞欽本南洋羣島華僑、其姊夫爲滬某行經理、姊聞弟死、哀痛欲絕、電話接線生唐良生、臨死時猶語人、余爲愛國而死、願同胞速起愛國、余死亦不怨云云、聞者多爲泣下、

又據另一報告、除上述已死人數外、再錄如下、尹京伊、二十一歲、同濟大學學生、在仁濟醫院於三十一日斃命、陳寶聰、廣東人、二十八歲、同濟大學學生、彈中頭部、三十一日死於寶隆醫院、石珠寶、江蘇人、二十一歲、小販、住望志路人壽里八號、彈中腹部、三十一日死於中國紅十字會醫院、

又在各醫院療治人數如下、

徐全鎬	寗波	十九	銅匠	虹口	彈傷足骨
魏春庭	淸江	卅四	船工	蘇州河	彈中右脇
蔡洪春	紹興	廿二	福興點心店夥	浙江路	彈傷臂部
陳韻秋	蘇州	廿六	大世界戲伶		
鄒金甫	常州	卅二	其昌棧廚司	麥家圈	腓骨擊碎
陳富才	浙江	廿一	寗波同鄉會工人	西藏路	彈中右眼
錢石山	蘇州	廿八	天利洋行職員	法租界	彈中右臂
胡長生	蘇州	卅一	銅匠	閘北	彈穿右腿
俞美利	安徽	廿四	工役	閘北	彈中足骨
陳金發	江蘇	廿八	同昌車行夥	大馬路	彈傷腿骨
談金福	江蘇	廿六	牛肉莊	城內	
范璋保	蘇州	廿九	商人	宣明路十二號	彈傷右肩
陳鐵梅	浙江	廿七	同濟大學學生		彈中背部

以上十三人、現在仁濟醫院醫治、

易采忠	北京	廿六	印刷		彈傷右臂
喬治英	江蘇	廿一	商		足部受傷
馬米均	浙江	十八	學生	香山路	足部受傷

以上三人、現在中國紅十字會醫院療治、

▲被害學生陳虞欽略歷及逝世時情形　陳虞欽、廣東增城人、年十六歲、肄業於南洋大學中學一年級、此次被傷、在仁濟醫院療治無效、於昨日（五月三十一日）下午七時逝世、陳君大姊在旁看視一切、陳君性活氣剛、見義勇爲、爲南洋附小童子軍之有數分子、運動一項、亦有天才、人常預料其將來爲大運動家之一、陳君乃兄虞滔、在南洋肄業時、爲八大學運動界之巨大分子、人皆知之、陳君臨死時、最後之一言爲復讐云、

南京路发生惨剧后之昨日形势

前日南京路发生巡捕开枪，死七人伤十余人之惨剧，详情已志昨报。此事发生后，人心大为愤激。昨日各团体纷纷集议，下午又群至总商会开联席会，议决要求：（一）惩凶；（二）道歉；（三）抚恤等六款，并议决罢市。会中且有学生赵姓演说后，愤激过甚，昏晕致毙。至学生方面，仍四出散发传单并演讲。前日受伤者昨日又死数人。兹将昨日所得消息，分录于下：

（一）交涉署之消息

交署周秘书之调查报告。江苏交涉署向例星期日停止办公，陈交涉使以前日南京路之惨剧关系外交问题甚巨，因命在署职员破例办公，并派洋文秘书周鼎往各医院调查学生死伤详情。周秘书于昨日（三十一日）上午八时余往仁济医院、宝隆医院等处调查实情。周氏到各院后，对于死者抚痛不置，伤者大加慰语。今将其报告录下：

医院名称	姓名	籍贯	职业
仁济医院	唐良生	苏州人	华洋德律风接线
	易洲贤	山东	同济大学学生
	石松仁	山东	中华机器厂
	邬金华	江苏	商人
	王纪福	江苏	裁缝
	（以上五人已死）		
	徐全鹤	宁波	商人
	魏春廷	清江	船工
	蔡洪春	绍兴	福兴斋店伙
	陈韵秋	苏州	大世界伶
	何念兹	四川	上海大学学生
宝隆医院	陈宝聪	广东	同济大学生
中国红会医院	石珠宝	宁波	小商人
	马采忠	北京	印刷业
仁济医院	邹益甫	常州	厨司
	陈富才	苏州	宁波同乡会工人
	钱石山	苏州	天利洋行职员
	胡长生	苏州	铜匠
	俞美万	皖人	工役
	谈金福	江苏	牛肉商
	陈虞钦	江苏	南洋大学学生
	范章保	江苏	学生
	陈铁楼	浙江	同济大学学生
以上十七人何念兹伤重，恐有性命之虞			

（四）伤亡人数之调查

此幕惨剧发生后，除当场饮弹身死之四人姓名尚待调查外，其余受伤人之姓名籍贯等等，已经披露昨报。在仁济医院之十九名，自入院至昨晨十时止，已陆续因伤身死五名。其姓名、年岁、籍贯、职业再为记录于下：陈虞钦，十六岁，江苏人，南洋大学学生。王纪福，三十六岁，宁波人，裁缝。邬正华（即昨报所纪之邬金萧），十四岁，学生，其家住于林荫路正兴里四十一号。昨晨据其父邬顺宝投捕房报称，伊子生前系在新世界游戏场为西崽，伊则在大世界为西崽云。唐良生，二十四岁，浙江人，华洋德律风公司接线。易洲贤，二十一岁，山东人，同济大学学生。以上男尸九具，皆已送验尸所候验。现在仁济医院及红十字会等医院医治者尚有十八名，惟昨报所纪在仁济医院医治之何愈志，实名何念慈。

又讯：前日下午，南京路捕房开枪伤毙学生、行人多名，除死者径送验尸所外，受伤人皆由同伴或自雇车投仁济医院医治（报载经巡捕送往不确）。受伤人大半系子弹自背射入，兹将至昨晚九时止已伤重毙命者，简列一表，俾失踪者之家属得知其概。

姓名	籍贯	年岁	职业	所伤	治疗经过	死时
邬金华		十四	小学生兼大世界西崽	子弹由近背胁部射入肺	未遑施手术	三十日下午五时半
易洲贤	山东	廿一	同济大学学生	弹由背射入肺	未遑施手术	三十日下午七时十分
石松仁			大中华电器公司伙	弹由背腰入穿破两肾	曾施手术取去一坏肾	三十日下午七时半
王纪福	宁波	卅六	裁缝	弹由胯骨穿破大肠	未遑施手术	三十日下午八时
唐良生	江苏	廿四	华洋电话局八七八接线	弹由背射入膀胱	曾施手术	三十日下午八时十五分
何念慈			上海大学学生	弹由背射入穿过肺肝	经施手术割去二骿骨	三十一日下午二点二十分
陈虞钦			南洋大学附中学生	弹由背入穿破小肠七洞	曾用手术割去坏肠四寸	三十一日下午六时半

1925 年 6 月 1 日第十三版

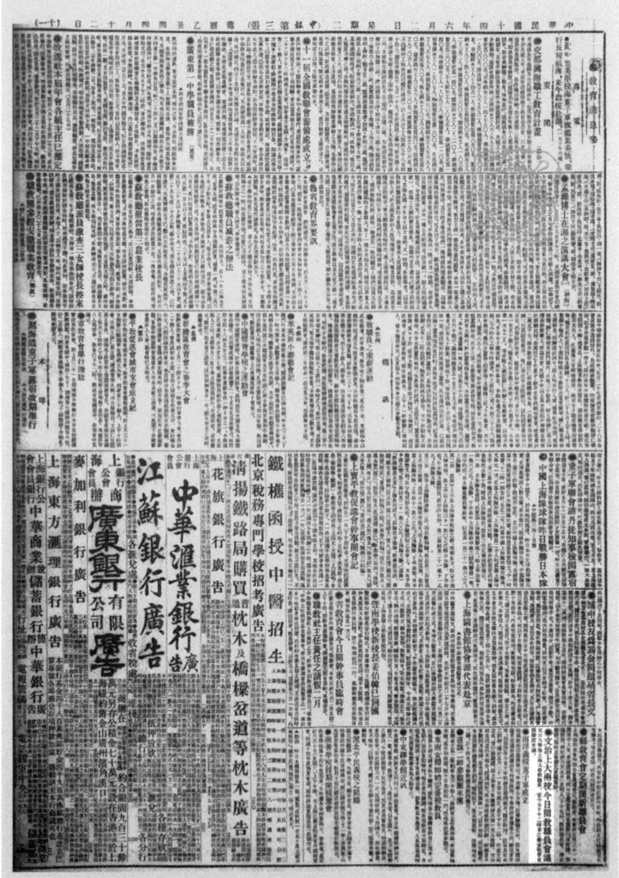

◉文治上大兩校今日開教職員會議

文治大學與上海大學教職員、定今日下午二時在江蘇省教育會開聯席會議、

文治上大两校今日开教职员会议

文治大学与上海大学教职员定今日下午二时在江苏省教育会开联席会议。

1925年6月2日第十一版

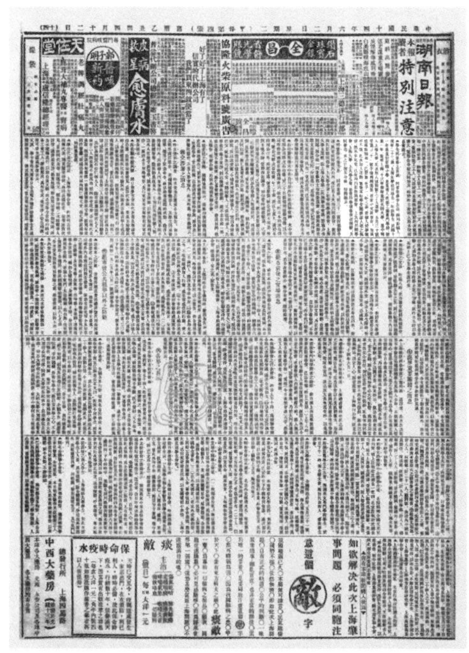

▲學生何秉彝之哀訊 何君秉彝字念茲、四川彭縣人、現年二十三歲、上海大學社會學系一年級學生、民國十一年畢業於彭縣中學、是夏考入成都工業專門學校、肄業一年、旋來上海、十三年春肄業於大同大學、暑中轉入上海大學、此次加入援助罷工工人運動、五月三十號受傷、三十一號午後兩鐘逝世、君家中父母皆存、有兩姐兩妹弱弟一、已娶妻、有子一、年三歲、君個人於學無所不窺、此次加入運動、實秉其好學愛國擁護人道之熱情、然不幸死矣、已有四川彭縣同鄉會、上大四川同學會、上海大學、上大學生會、社會科學讀書會諸團體、共同發起、爲之管理其身後一切問題云、

学生何秉彝之哀讯

何君秉彝，字念兹，四川彭县人，现年二十三岁，上海大学社会学系一年级学生，民国十一年毕业于彭县中学，是夏考入成都工业专门学校，肄业一年，旋来上海，十三年春肄业于大同大学，暑中转入上海大学。此次加入援助罢工工人运动，五月三十号受伤，三十一号午后两钟逝世。君家中父母皆存，有两姐两妹弱弟一，已娶妻，有子一，年三岁。君个人于学无所不窥。此次加入运动，实秉其好学爱国、拥护人道之热情，然不幸死矣。已有四川彭县同乡会、上大四川同学会、上海大学、上大学生会、社会科学读书会诸团体共同发起，为之管理其身后一切问题云。

1925年6月2日第十四版

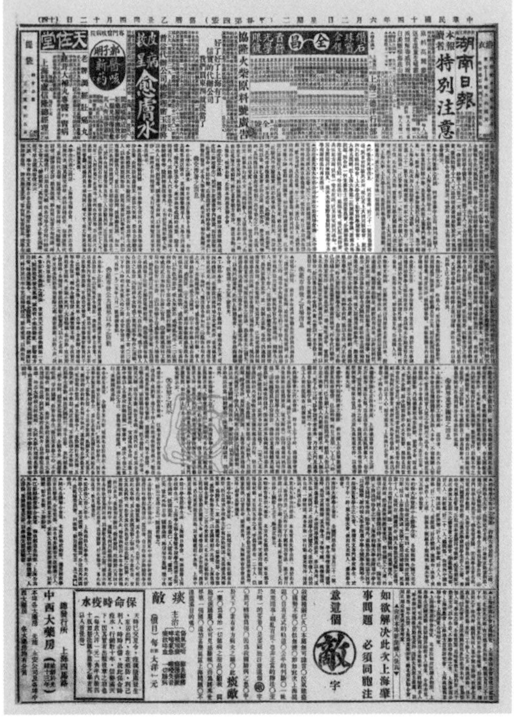

▲何秉彝死後消息　何君秉彝、於三十一號因傷斃命後、屍首尙停驗屍公所、現已有上大四川同鄉會・旅滬四川彭縣同鄉會・上大學生會・社會科學讀書會・上海大學五團體、假上海大學第二院開聯席會議、籌商身後問題、因合組一何秉彝烈士治喪委員會、分總務庶務交際文書募捐五股、分頭進行、募捐通啓、現已擬就待發、其家屬方面、只有一堂弟在滬、已另致電回川通知、惟屍身問題討論頗久、現決先由交際委員同死者學生各學校聯絡進行再定辦法、

何秉彝死后消息

何君秉彝于三十一号因伤毙命后，尸首尚停验尸公所。现已有上大四川同乡会、旅沪四川彭县同乡会、上大学生会、社会科学读书会、上海大学五团体，假上海大学第二院开联席会议，筹商身后问题，因合组一何秉彝烈士治丧委员会，分总务、庶务、交际、文书、募捐五股，分头进行，募捐通启现已拟就待发。其家属方面，只有一堂弟在沪，已另致电回川通知，惟尸身问题讨论颇久，现决先由交际委员同死者学生各学校联络进行再定办法。

1925年6月2日第十四版

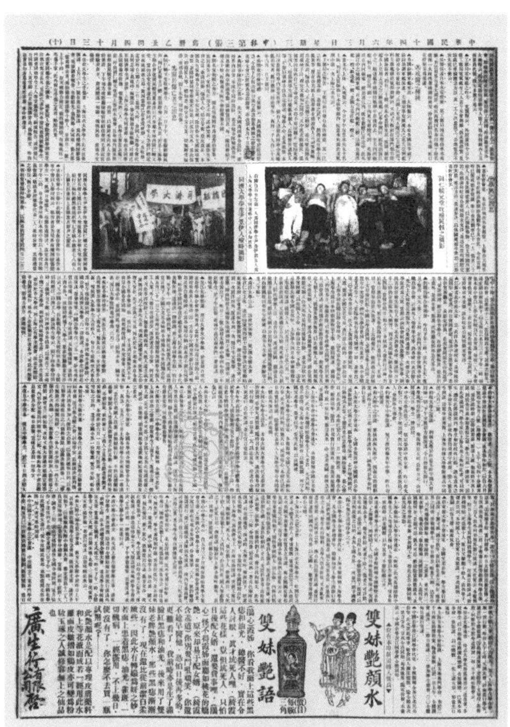

雙妹艷顏水

雙妹艷語

同仁輔元堂收殮屍骸之攝影

右圖自右至左第一人爲同濟學生尹景伊第五人爲上海大學學生何秉彝中三人不知姓名

同仁辅元堂收殓尸骸之摄影

右图自右至左第一人为统计学生尹景伊，第五人为上海大学学生何秉彝，中三人不知姓名。

1925年6月3日第十版

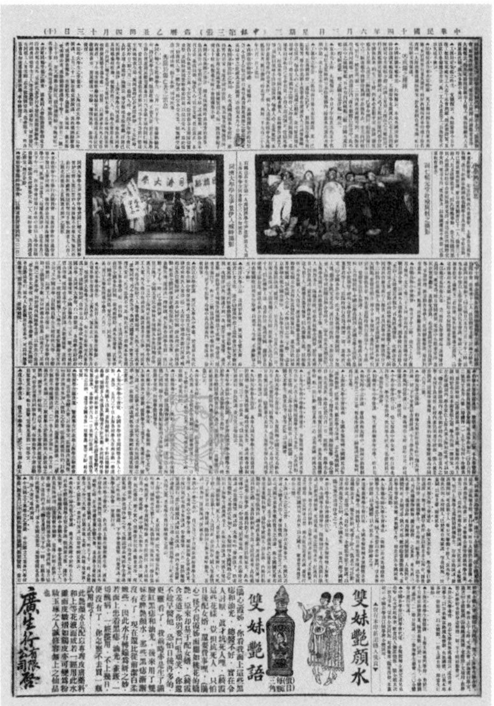

▲上海大學學生會電　全國各學校各團體暨各界人士鑒、萬急、五月三十日上海各校學生在南京路一帶講演、意在引起國人注意、並無越軌行動、不料巡捕開槍轟擊、慘斃多人受傷及被捕者不計其數、本校同學何秉彝、亦被槍死、前昨兩日、工商人士及學生續遭慘斃者、爲數益衆、本校亦於六月一日起實行罷課、誓達懲兇雪恥之目的、還望全國各界一致響應、實所至盼、特此電聞、

上海大学学生会电

全国各学校各团体暨各界人士鉴：万急！五月三十日，上海各校学生在南京路一带讲演，意在引起国人注意，并无越轨行动，不料巡捕开枪轰击，惨毙多人，受伤及被捕者不计其数，本校同学何秉彝，亦被枪死。前昨两日，工商人士及学生续遭惨毙者，为数益多，本校亦于六月一日起实行罢课，誓达惩凶雪耻之目的。还望全国各界一致响应，实所至盼。特此电闻。

1925年6月3日第十版

▲上海大學昨日之消息　上海大學、自六月一日實行罷課後、即組有臨時委員會、分股辦事、校內秩序甚佳、連日全體學生分往華界各處演講、自前日起、該校全體一致蔬食、節省膳費、並臂纒黑紗、表示哀悼、昨日爲六三紀念、該校學生一律前往滬軍營、參加紀念大會、並備有喚醒同胞標語之旗幟及傳單多種、沿途散發云、再昨日午後三時、蘇省教實兩廳及寧交涉員等代表周挺初到校慰問一切、

上海大学昨日之消息

上海大学自六月一日实行罢课后，即组有临时委员会分股办事，校内秩序甚佳。连日全体学生分往华界各处演讲。自前日起，该校全体一致蔬食，节省膳费，并臂缠黑纱，表示哀悼。昨日为六三纪念，该校学生一律前往沪军营参加纪念大会，并备有唤醒同胞标语之旗帜及传单多种，沿途散发云。再昨日午后三时，苏省教实两厅及宁交涉员等代表周挺初到校慰问一切。

1925年6月4日第十四版

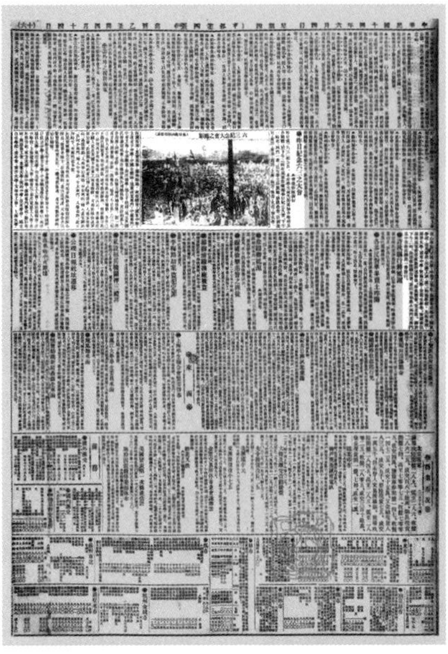

昨日紀念六三之大會

▲會後排隊游行

六三紀念大會之攝影　（虹口靈山照相館攝）

昨日爲「六三」紀念日、本埠學生會先期通知各學校及各團體、於下午二時在滬軍營曠場舉行紀念大會、下午一時起、四門一帶、已有學生持旗幟、絡繹赴會、計到復旦・南洋・東華・商科・上海・南方・羣治・文治・等大學、海瀾英專・惠靈英專・藝術師範・東亞體育・浦東中學・立達女子中學・中國女體師・遠東商業專門・中醫專門・中華工專・中華職業・南洋醫學・等七十餘校、及女界國民會議促成會・華洋德律風公司職員等、共計約萬人、分指揮・糾察・交際・各部、由駱美輪爲總指揮、劉一清爲主席、開會後、由劉一清報告、略謂、今日爲「六三」紀念、吾人追念過去、而目前南京路又發生慘劇、各界已不得已而罷業、堅持到底、終可得到勝利、倘祈嚴守秩序、并勿再至租界集隊、以免無謂犧牲云云、次通過致各國人民及英國各政黨工商業團體、次即排隊由護軍營出發、由滬閔南柘路東段轉入護軍營路、入陳家橋橫街、過煤屑路、入南車站後路、至大興街、轉入黃家闕路、折向小西門、轉入中華路、至大東門、入肇嘉路、直至四時半、至西門始各散、

淞滬警察廳長常之英特派本所保安隊游巡隊偵緝隊各隊長、督帶各隊士、在場照料、並沿途保護、又通令各該管警區署所警正佐、一體遵照保護、直至四點餘鐘時、始行歸隊、

又訊、昨日上午十二時各學校及各工會等五十餘團體、計民立中學・勤立女學・中華職業學院・新申學院・南洋醫科大學・東亞大學・公共電車工人會・海店員聯會・達立學校・上海建築工人會・體育院・華洋電話工人會・青年努力社・東方大學・上海中學・藝術專門學校・醫科專校・商店員工會・惠靈大學・商科中學・亞東學校・國立自治學院・青年會・南洋大學・安徽市工會・上海大學・清心學院・大同大學・中華工業社・海瀾專科學校・國民學校・遠東學校・美藝工派・第二師範學校・美術專校・同濟大學・浦東中學・暨南大學・宏偉女學等、陸續前往滬南滬軍營亞東醫科運動場、齊集開會、宣言畢、即於下午二時、由該處陸續出發、前往車站路小西門老西門及中華路民國路一帶游行、

昨日纪念六三之大会·会后排队游行

昨日为“六三”纪念日，本埠学生会先期通知各学校及各团体，于下午二时在沪军营旷场举行纪念大会。下午一时起，四门一带，已有学生持旗帜络绎赴会，计到复旦、南洋、东华、商科、上海、南方、群治、文治等大学，海澜英专、惠灵英专、艺术师范、东亚体育、浦东中学、立达女子中学、中国女体师、远东商业专门、中医专门、中华工专、中华职业、南洋医学等七十余校及女界国民会议促成会、华洋德律风公司职员等，共计约万人。分指挥、纠察、交际各部，由骆美轮为总指挥，刘一清为主席。开会后，由刘一清报告，略谓今日为“六三”纪念，吾人追念过去，而目前南京路又发生惨剧，各界已不得已而罢业。坚持到底，终可得到胜利。尚祈严守秩序，并勿再至租界集队，以免无谓牺牲云云。次通过致各国人民及英国各政党工商业团体，次即排队由护军营出发，由沪闵南柘路东段转入护军营路，入陈家桥横街，过煤屑路，入南车站后路，至大兴街，转入黄家阙路，折向小西门，转入中华路，至大东门，入肇嘉路，直至四时半，至西门始各散。

淞沪警察厅长常芝英特派本所保安队、游巡队、侦缉队各队长，督带各队士在场照料，并沿途保护。又通令各该管警区署所警正佐，一体遵照保护，直至四点余钟时，始行归队。

又讯：昨日上午十二时各学校及各工会等五十余团体，计民立中学、勤立女学、中华职业学院、新申学院、南洋医科大学、东亚大学、公共电车工人会、海店员联会、达立学校、上海建筑工人会、体育院、华洋电话工人会、青年努力社、东方大学、上海中学、艺术专门学校、医科专校、商店员工会、惠灵大学、商科中学、亚东学校、国立自治学院、青年会、南洋大学、安徽市工会、上海大学、清心学院、大同大学、中华工业社、海澜专科学校、国民学校、远东学校、美艺工厂、第二师范学校、美术专校、同济大学、浦东中学、暨南大学、宏伟女学等，陆续前往沪南沪军营亚东医科运动场，齐集开会。宣言毕，即于下午二时，由该处陆续出发，前往车站路、小西门、老西门及中华路、民国路一带游行。

1925 年 6 月 4 日第十六版

㈥捕房搜捕案兩起

▲上海大學被捕房解散　工部局警務處麥總巡司於昨晨九時、下令調集特別巡捕·萬國商團·海軍兵士·合組一大隊、武裝密往西摩路上海大學校內查抄、行抵該處、首將學校包圍、然後分一半人數携軍械入校、時校內男女生徒六七十人、均被圍住、逐一檢查、並令全體立即出校、巡捕商團當將在校內抄獲之各種認爲有關係之書籍等物、帶回捕房、同往之海軍兵士、則奉長官命令暫行駐紮校內云、

昨日(四日)上午十時許、西摩路突來西捕及商團海軍共一百餘名、將上海大學之時應總里及西摩路口南洋路一帶團團圍住、由西捕頭率領西捕多人、直入上大、將學生驅至宿舍外空場中、次第搜檢身體、搜畢、復入宿舍搜查、舉凡學生箱籠衣物、均被拋棄於地、書籍報章、則携帶而去、幷限學生於十分鐘內、將所有物件移往他處、不得逗留、該校學生以「五卅」事變、尚無端倪、而本校今更遭遇如此、羣情憤激、然亦莫可如何、只得將鋪被等物取出、亦有不及取去者、至該校附中及大學第一二院、固已遍遭搜查、即時應里人家住有學生者、亦未幸免、十一時後、西捕乃分乘汽車而去、另由海軍陸戰隊佔據該校、及梭巡時應里一帶、武裝戒備、如臨大敵、聞該校現已一面報告交涉署、請爲提出抗議、迅速撤軍、恢復學校、一面擬請該校常年法律顧問、向捕房詰問云、(遠東通訊社)

本埠上海大學、被搜查佔領後、該校學生均分投戚友處借住、茲聞該校已設臨時辦事處於西門方浜橋勤業女子師範學校、幷登報通告該校敎職員學生、定於五日下午一時在辦事處開敎職員會、及六日下午一時、在小西門少年宣講團(高昌廟電車直達)召集全校大會、討論一切處理方法云、

捕房搜捕案两起·上海大学被捕房解散

工部局警务处麦总巡司于昨晨九时，下令调集特别巡捕、万国商团、海军兵士合组一大队，武装密往西摩路上海大学校内查抄。行抵该处，首将学校包围，然后分一半人数携军械入校。时校内男女生徒六七十人均被围住，逐一检查，并令全体立即出校。巡捕商团当将在校内抄获之各种认为有关系之书籍等物带回捕房。同往之海军兵士则奉长官命令暂行驻扎校内云。

日昨（四日）上午十时许，西摩路突来西捕及商团、海军共一百余名，将上海大学之时应总里及西摩路口南洋路一带团团围住，由西捕头率领西捕多人，直入上大，将学生驱至宿舍外空场中，次第搜检身体，搜毕，复入宿舍搜查。举凡学生箱笼衣物均被抛弃于地，书籍报章则携带而去，并限学生于十分钟内将所有物件移往他处，不得逗留。该校学生以“五卅”事变尚无端倪，而本校今更遭遇如此，群情愤激，然亦竟莫可如何，只得将铺被等物取出，亦有不及取去者。至该校附中及大学第一、二院，固已遍遭搜查，即时应里人家住有学生者，亦未幸免。十一时后，西捕乃分乘汽车而去，另由海军陆战队占据该校及梭巡时应里一带，武装戒备，如临大敌。闻该校现已一面报告交涉署，请为提出抗议、迅速撤军、恢复学校；一面拟请该校常年法律顾问，向捕房诘问云（远东通讯社）。

本埠上海大学被搜查占领后，该校学生均分投戚友处借住。兹闻该校已设临时办事处于西门方浜桥勤业女子师范学校，并登报通告该校教职员学生，定于五日下午一时在办事处开教职员会，及六日下午一时在小西门少年宣讲团（高昌庙电车直达）召集全校大会，讨论一切处理方法云。

1925年6月5日第十版

上大學生何秉彝君遺影

何君四川彭縣人上海大學社會系一年級生

上大学生何秉彝君遗影

何君四川彭县人，上海大学社会学系一年级生。

1925 年 6 月 5 日第十版

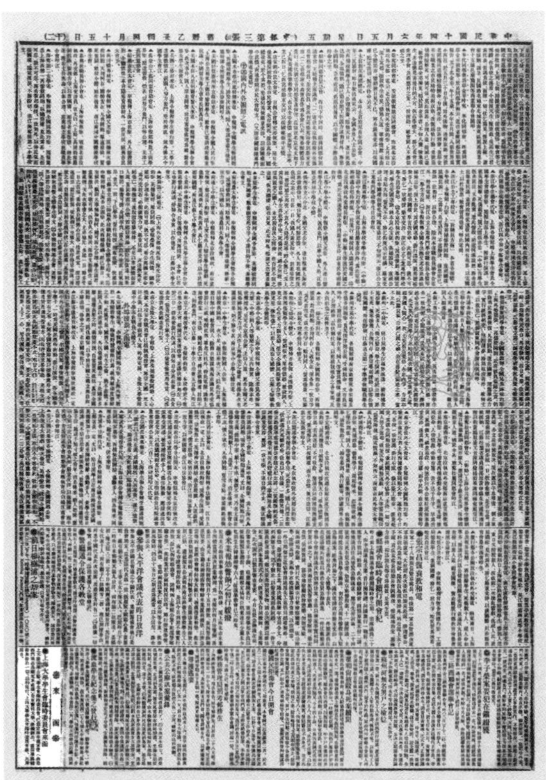

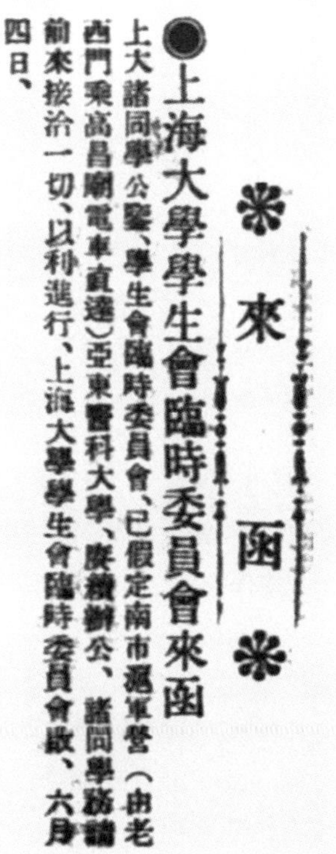

來　函

上海大學學生會臨時委員會來函

上大諸同學公鑒、學生會臨時委員會、已假定南市滬軍營（由老西門乘高昌廟電車直達）亞東醫科大學、賡續辦公、諸同學務請前來接洽一切、以利進行、上海大學學生會臨時委員會啟、六月四日、

上海大学学生会临时委员会来函

上大诸同学公鉴：学生会临时委员会已假定南市沪军营（由老西门乘高昌庙电车直达）亚东医科大学，赓续办公。诸同学务请前来接洽一切，以利进行。上海大学学生会临时委员会启　六月四日

1925 年 6 月 5 日第十二版

ESTABLISHED 1872, NO. 18773. THE SHUN PAO SHANGHAI, SATURDAY JUNE 6 1925.

申報

上海總商會緊要通告

警告各界

華法兩界公民均鑒

江蘇省教育會

法比瑞同學公鑒

上海大學通告

上海學生聯合會善後科啟事

上海學生聯合會善後科啟事

本埠各界注意

中國鐵工廠職工啟事

天廚味精

吳文輝緊要啟事

曾患梅毒者值此夏令有無下列諸象

上海銀行錢業公會通告

鄭標啟事

步稷承啟事

下雲生啟事

警告各界

失票聲明作廢

倉聖宮興工建造啟事

告白

利和有限公司啟事

第一軍補充旅參謀長章復仁啟事

趙祖慰律師代表楊錦瑞啟事

上海公共會審公廨

上寶區捲烟營業稅徵收總局通告

愛國者請吸各種國貨香煙

白金龍 雙喜牌 紅金龍 七星牌 大長城 銀行牌 小長城 大鑽石 大聯珠 九如牌 大愛國 畫眉牌 金字牌 寶塔牌

中國南洋兄弟烟草公司謹啓

上海大學通告

本大學現暫借華界西門方浜橋勤業女子師範爲臨時辦事處並定於六號下午一點鐘在小西門少年宣講團（由五路電車盡頭乘華商高昌廟小東門電車直達本處）開教職員學生全校大會討論一切處理方法特此通告

上海大学通告

本大学现暂借华界西门方浜桥勤业女子师范为临时办事处，并定于六号下午一点钟在小西门少年宣讲团（由五路电车尽头乘华商高昌庙小东门电车直达本处）开教职员学生全校大会，讨论一切处理方法。特此通告。

1925 年 6 月 6 日第一版

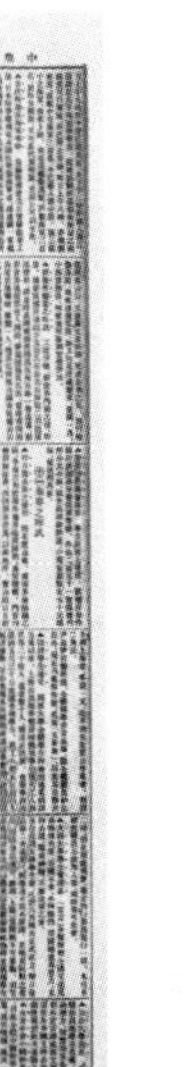

㊈捕房迫遷學校訊

▲上海大學被封之昨訊　本埠西摩路上海大學、被英捕房解散、已誌昨報、現悉該校兩院房屋、統由英海軍居住、對面時應里口、亦有海軍把守、有人入內、須受嚴重搜查、現聞該校教職員已借定西門勤業女子師範學校爲臨時辦事處、昨日曾開會一次、已擬發表此次被迫宣言、并一面另找房屋、以使暫時容納學生、學生會亦已暫借南市滬軍營亞東醫科大學爲辦事地點、籌備一切善後事宜、并擬本日下午二時、在小西門少年宣講團開教職員學生全體大會、討論對付此次被封及今後進行事項、本埠復旦及東吳法大等校、因該校被封、當派代表到該校學生會慰問、該校學生會、已通電全國、報告被封情形、并向交涉使報告、請其提出嚴重抗議、并要求賠償損失云、

捕房迫迁学校讯·上海大学被封之昨讯

本埠西摩路上海大学，被英捕房解散，已志昨报。现悉该校两院房屋统由英海军居住，对面时应里口亦有海军把守，有人入内，须受严重搜查。现闻该校教职员已借定西门勤业女子师范学校为临时办事处，昨日曾开会一次，已拟发表此次被迫宣言，并一面另找房屋，以使暂时容纳学生。学生会亦已暂借南市沪军营亚东医科大学为办事地点，筹备一切善后事宜。并拟本日下午二时在小西门少年宣讲团开教职员、学生全体大会，讨论对付此次被封及今后进行事项。本埠复旦及东吴、法大等校因该校被封，当派代表到该校学生会慰问。该校学生会已通电全国，报告被封情形并向交涉使报告，请其提出严重抗议，并要求赔偿损失云。

1925 年 6 月 6 日第十版

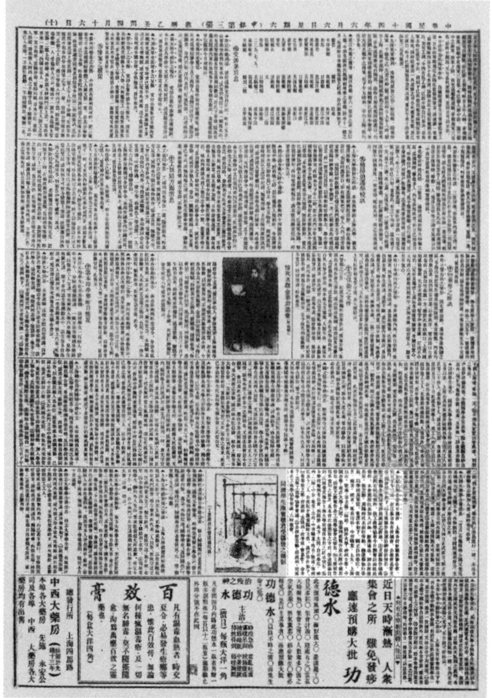

▲教職員聯合會昨日開會　上海各校教職員聯合會、昨日下午三時、在江蘇省教育會開會、公推曹慕管主席、開會情形如下、㈠主席報告與虞洽卿接洽情形、㈡殷芝齡報告與陳交涉員談話之經過、㈢主席報告總商會詢問有何項條件、故工商學協會今日開會討論提出條件、本會應推代表加入討論、經衆通過、即公推潘公展・殷芝齡・爲臨時代表前往旁聽、㈣選舉執行委員、以學校爲單位、當選者如下、國立自治學院・復旦・南方・澄衷・東吳法科・中華職業・上大・上海法政・暨南・省立第二師範・同濟大學・神州女學・中國公學・南洋大學・大同・㈤張四維報告南大附中被封情形、㈥殷芝齡報告赴工商學協會之情形、㈦主席報告租界當局之態度、及本會此後應取之方針、俾達圓滿目的、㈧韓覺民報告上海大學被捕房查封之經過情形、㈨各學校繼開委員會、到同濟・南方・大同・自治學院・神州・二師・中公・東吳・法政・中華職業・復旦・暨南・等校代表十二人、公推阮介蕃爲臨時主席、議決事件如下、㈠推舉殷芝齡・舒蕙楨・高踐四・徐季龍・曹慕管・金井羊・出席工商學協會會議、㈡公推殷芝齡・舒蕙楨・出席本埠工商學協會會議、六時散會、

教职员联合会昨日开会

上海各校教职员联合会，昨日下午三时，在江苏省教育会开会，公推曹慕管主席，开会情形如下：（一）主席报告与虞洽卿接洽情形；（二）殷芝龄报告与陈交涉员谈话之经过；（三）主席报告总商会询问有何项条件，故工商学协会今日开会讨论提出条件，本会应推代表加入讨论，经众通过，即公推潘公展、殷芝龄为临时代表前往旁听；（四）选举执行委员，以学校为单位，当选者如下：国立自治学院、复旦、南方、澄衷、东吴法科、中华职业、上大、上海法政、暨南、省立第二师范、同济大学、神州女学、中国公学、南洋大学、大同；（五）张四维报告南大附中被封情形；（六）殷芝龄报告赴工商学协会之情形；（七）主席报告租界当局之态度，及本会此后应取之方针，俾达圆满目的；（八）韩觉民报告上海大学被捕房查封之经过情形；（九）各学校继开委员会，到同济、南方、大同、自治学院、神州、二师、中公、东吴、法政、中华职业、复旦、暨南等校代表十三人，公推阮介藩为临时主席，议决事件如下：（一）推举殷芝龄、舒蕙桢、高践四、徐季龙、曹慕管、金井羊出席工商学协会会议；（二）公推殷芝龄、舒蕙桢出席本埠工商学协会会议。六时散会。

1925 年 6 月 6 日第十版

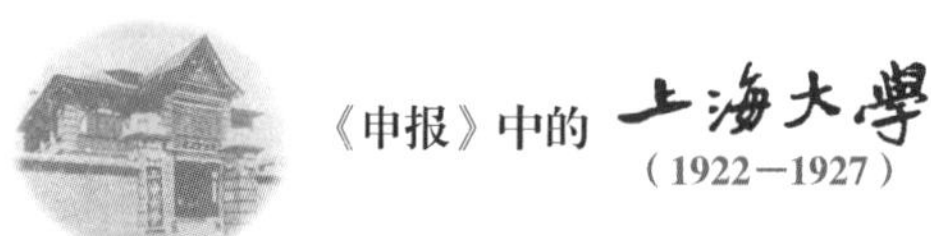

▲上海大學被封後之會議　上海大學被捕房解散後、現因水兵駐守、內架大砲、形勢極爲嚴重、該校教職員昨在西門開會、學生會亦派代表二人出席、推陳望道主席、決議㊀發表宣言、報告經過、推陳望道・施存統・起草、㊁公函交涉員、推季忠琢・韓陽初・起草、㊂租屋安頓學生、㊃向外人交涉、要求賠償損失幷道歉、幷定今日下午一時、在小西門少年宣講團開教職員學生全校大會、討論一切云、

上海大学被封后之会议

上海大学被捕房解散后，现因水兵驻守，内架大炮，形势极为严重。该校教职员昨在西门开会，学生会亦派代表二人出席，推陈望道主席。决议：（一）发表宣言，报告经过，推陈望道、施存统起草；（二）公函交涉员，推季忠琢、韩阳初起草；（三）租屋安顿学生；（四）向外人交涉，要求赔偿损失并道歉。并定今日下午一时，在小西门少年宣讲团开教职员、学生全校大会，讨论一切云。

1925 年 6 月 6 日第十版

雙妹艷顏水

雙妹艷語

廣生行

▲于右任函報解散上大情形　上海大學校長于右任、昨致函新任江蘇特派許交涉員云、逕啓者、本月四日上午九時許、突來中西巡捕暨武裝英國兵士一大隊、約六七十人、將敝校包圍、旋入校內、强迫全校員生聚集校內空場、高舉兩臂、不許稍動、當時事起倉猝、校內人士莫明其故、偶詢來意、輒遭凶毆、後由英兵向各人身畔逐一檢搜、一無所得、復至校內各處、及校外宿舍、搜查殆遍、更由英兵持槍挾令職員學生、將行李箱籠、搬至空地翻查良久、亦未獲有任何違禁物件、旋兵捕均舉槍作射擊狀、迫令校中寄宿員生百餘人、於十分鐘內一律出校、不許復入、衣服用品、則狼藉地上、未及檢携、當時曾目擊便服者多人、携去人物書籍甚多、是否探捕、不得而知、敝校損失、當不在少、後又捕去職員韓陽初一人、拘留六小時之久、復行釋出、此當日經過之實情也、因思此次五月三十日之風潮、敝校學生、祇與滬上各校同抱愛國心切、和平講演、以期喚醒國民、始終嚴守秩序、絕無越軌行爲、不意捕房妄施摧殘、釀成公憤、此事尚在交涉之中、乃捕房猶不悔禍、頑强到底、復遷怒本校、任意搜檢、逮捕職員、毆辱學生、并强佔校舍、身體居住之自由、橫加侵犯、置公理法律於不顧、實屬無理已極、用請執事迅向領團交涉、轉飭捕房、立將駐兵撤退、賠償一切損失、并向敝校道歉、以張公理、而維主權、是所至禱、再敝校損失、究有若干、候英兵退出後、始能詳查續陳、合併聲明、專此即請外交部江蘇交涉使許台鑒、上海大學于右任、

于右任函报解散上大情形

上海大学校长于右任昨致函新任江苏特派许交涉员云：

径启者，本月四日上午九时许，突来中西巡捕暨武装英国兵士一大队约六七十人，将敝校包围，旋入校内，强迫全校员生聚集校内空场，高举两臂，不许稍动。当时事起仓猝，校内人士莫明其故，偶询来意，辄遭凶殴。后由英兵向各人身畔逐一检搜，一无所得。复至校内各处，及校外宿舍，搜查殆遍。更由英兵持枪挟令职员学生将行李箱笼搬至空地翻查良久，亦未获有任何违禁物件。旋兵捕均举枪作射击状，迫令校中寄宿员生百余人于十分钟内一律出校，不许复入。衣服用品则狼藉地上，未及检携。当时曾目击便服者多人，携去衣服书籍甚多，是否探捕，不得而知。敝校损失，当不在少。后又捕去职员韩阳初一人，拘留六小时之久，复行释出。此当日经过之实情也。因思此次五月三十日之风潮，敝校学生只与沪上各校同出于爱国心切，和平讲演，以期唤醒国民。始终严守秩序，绝无越轨行为。不意捕房妄施摧残，酿成公愤。此事尚在交涉之中，乃捕房犹不悔祸，顽强到底，复迁怒本校，任意搜检，逮捕职员，殴辱学生，并强占校舍。身体居住之自由，横加侵犯，置公理法律于不顾，实属无理已极。用请执事迅向领团交涉，转饬捕房，立将驻兵撤退，赔偿一切损失，并向敝校道歉，以张公理，而维主权，是所至祷。再敝校损失究有若干，候英兵退出后，始能详查续陈，合并声明。专此即请外交部江苏交涉使许台鉴。上海大学于右任。

1925 年 6 月 7 日第十四版

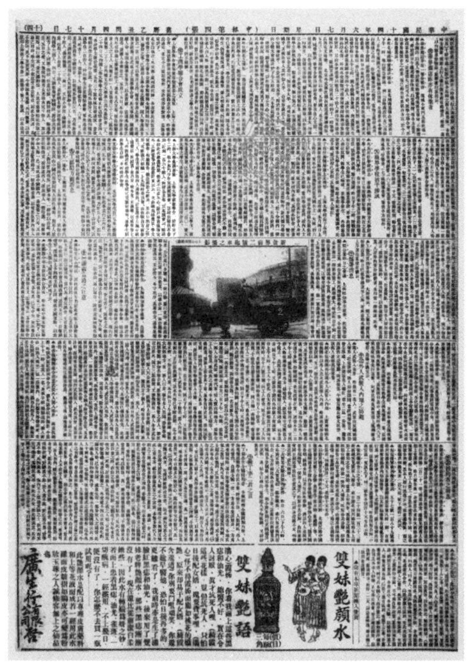

◆上海大學集議善後　上海大學被難學生、於昨日下午二時、假小西門少年宣講團開會、該校教職員亦參加、計到一百六十餘人、由校長主席、宣布開會詞、略謂本校此次雖遭解散、然並不以茲灰心、除討論善後事宜外、且將從事於進展計畫云云、次由職員韓覺民·學生賀威聖·相繼報告、被迫解散之經過、及前日開會之情形、次經議決組織一上大臨時委員會、由教職員方面推出三人、學生方面推出四人爲委員、計當選者有施存統·韓覺民·侯紹裘·秦治安·韓步先·米義權·賀威聖等七人、并經議決住校學生由學校代覓膳宿場所、通學生則由學生自辦、至四時許散會、

上海大学集议善后

上海大学被难学生，于昨日下午二时，假小西门少年宣讲团开会。该校教职员亦参加，计到一百六十余人。由校长主席，宣布开会词，略谓本校此次虽遭解散，然并不以兹灰心，除讨论善后事宜外，且将从事于进展计划云云。次由职员韩觉民、学生贺威圣相继报告被迫解散之经过及前日开会之情形。次经议决组织一上大临时委员会，由教职员方面推出三人、学生方面推出四人为委员。计当选者有施存统、韩觉民、侯绍裘、秦治安、韩步先、米［朱］义权、贺威圣等七人。并经议决，住校学生由学校代觅膳宿场所，通学生则由学生自办。至四时许散会。

1925 年 6 月 7 日第十四版

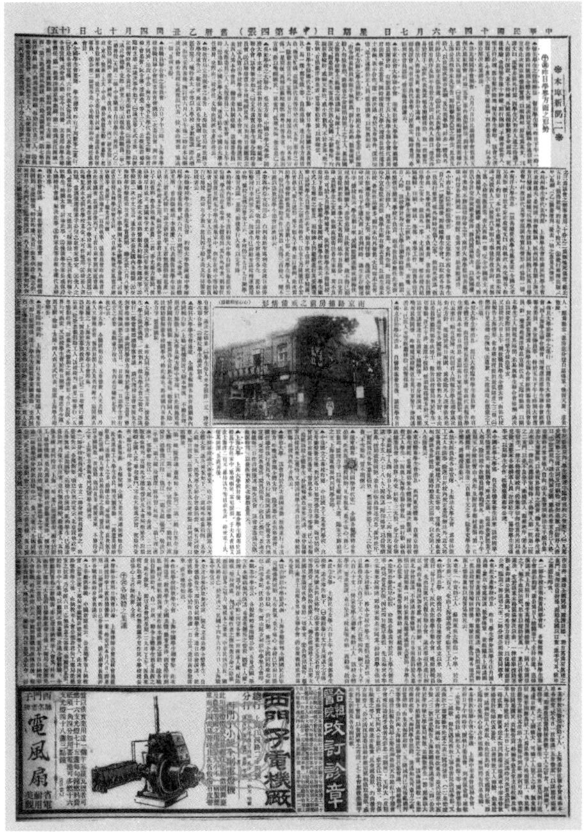

⑮昨日學界方面之形勢

▲上海大學　上海大學被封後、一部分學生即遷住該校長于右任家中、席地而居、其形狼狽、于夫人黃紉艾女士籌洋二百元、維持該生等目前生計、并致電于氏、促其回滬、共商善後、

昨日学界方面之形勢·上海大学

上海大学被封后，一部分学生即迁住该校长于右任家中，席地而居，其形狼狈。于夫人黄纫艾女士筹洋二百元，维持该生等目前生计，并致电于氏，促其回沪，共商善后。

1925 年 6 月 7 日第十五版

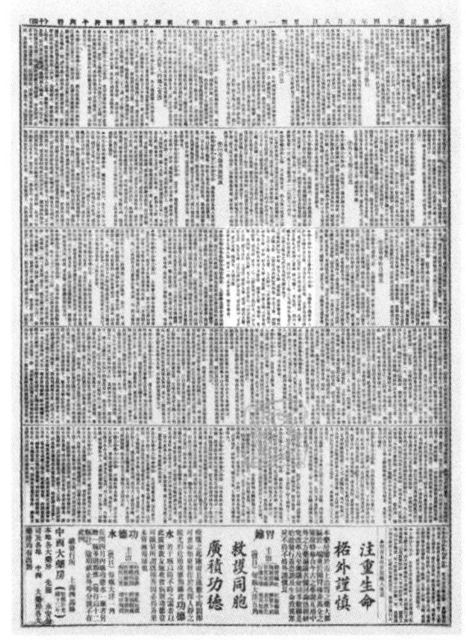

▲學生總會各省宣傳員昨日出發　全國學生總會分八路向全國各省宣傳、其消息已誌昨報、玆悉該項宣傳員、業經派定、并已於昨日分頭出發、據該會稱、此舉一則宣傳此次風潮之眞相、喚起國人一致抵抗、一則向全國各界同胞募捐、藉以援助工人學生及撫恤死傷者之用、玆將宣傳員之姓名及校名調查如下、

『滬寗路綫』孫伯池、復旦大學、張從同、亞東醫專、陳桂卿、愛國女學、『滬杭甬路綫』虞兆蔓、中法工專、周慧仙、宏偉女學、朱宜權、上大附中、『京漢路綫』吳庭芳、神州女學、梁棟、南方大學、蕭伯嚴、約翰大學、『西北路綫』(即山西陝西兩省)李寶樑、同濟大學、李毓潔、東亞體專、趙邦鑠、東吳二中、『閩廣兩省』劉紹先、法政大學、蔡鴻幹、大同大學、葉文龍、自治學院、『京津路綫』沈育貧、同文分院、王信吾、南洋大學、趙澍、商科大學、倪文亞、大夏大學、『長江流域』曾克家、南洋附中、王友林、羣治大學、鍾復光、上海大學、

該會本定爲八路、尚有一路、未曾定奪、暫不發表、

学生总会各省宣传员昨日出发

全国学生总会分八路向全国各省宣传，其消息已志昨报。兹悉该项宣传员业经派定，并已于昨日分头出发。据该会称，此举一则宣传此次风潮之真相，唤起国人一致抵抗；一则向全国各界同胞募捐，借以援助工人学生及抚恤死伤者之用。兹将宣传员之姓名及校名调查如下：

“沪宁路线”：孙伯池，复旦大学；张从同，亚东医专；陈桂卿，爱国女学。“沪杭甬路线”：虞兆蔓，中法工专；周慧仙，宏伟女学；朱宜权，上大附中。“京汉路线”：吴庭芳，神州女学；梁栋，南方大学；萧伯严，约翰大学。“西北路线”（即山西、陕西两省）：李宝樑，同济大学；李毓洁，东亚体专；赵邦铄，东吴二中。“闽广两省”：刘绍先，法政大学；蔡鸿干，大同大学；叶文龙，自治学院。“京津路线”沈育贫，同文分院；王信吾，南洋大学；赵澍，商科大学；倪文亚，大夏大学。“长江流域”：曾克家，南洋附中；王友林，群治大学；钟复光，上海大学。该会本定为八路，尚有一路未曾定夺，暂不发表。

1925 年 6 月 8 日第十四版

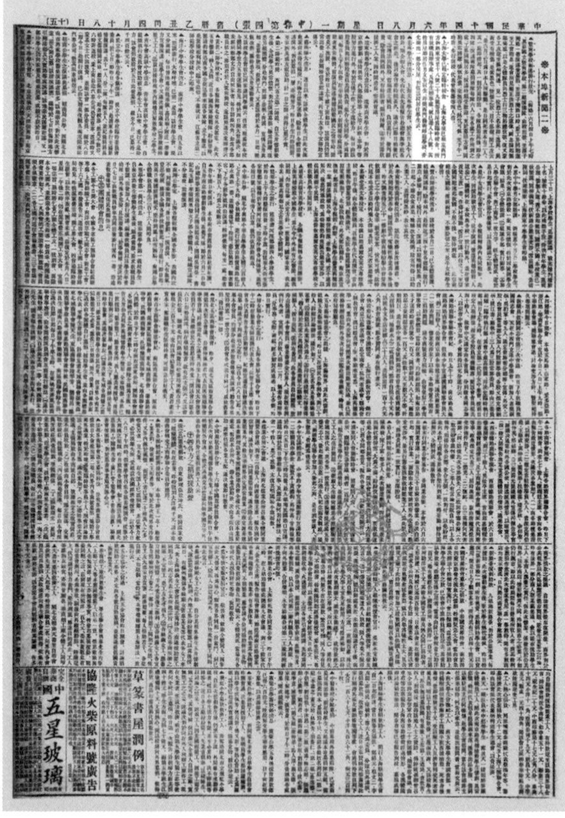

▲上海大學已租定臨時校舍　上海大學現已租定西門方斜路東安里十八號二十九號等房屋爲臨時校舍、所有敎職員辦事處、及學生辦事處、統已遷入十八號、其餘房屋即居住男女寄宿生、幷聞西門藝術師範學校、亦允騰出一部分房屋、暫假該校居住學生云、

上海大学已租定临时校舍

上海大学现已租定西门方斜路东安里十八号、二十九号等房屋为临时校舍，所有教职员办事处及学生办事处统已迁入十八号，其余房屋即居住男女寄宿生。并闻西门艺术师范学校亦允腾出一部分房屋，暂假该校居住学生云。

1925 年 6 月 8 日第十五版

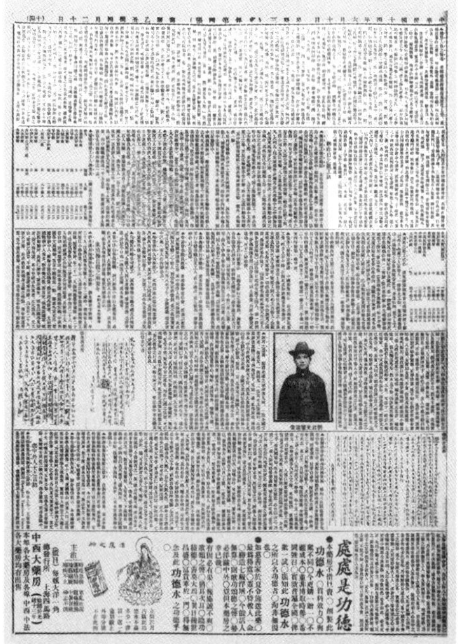

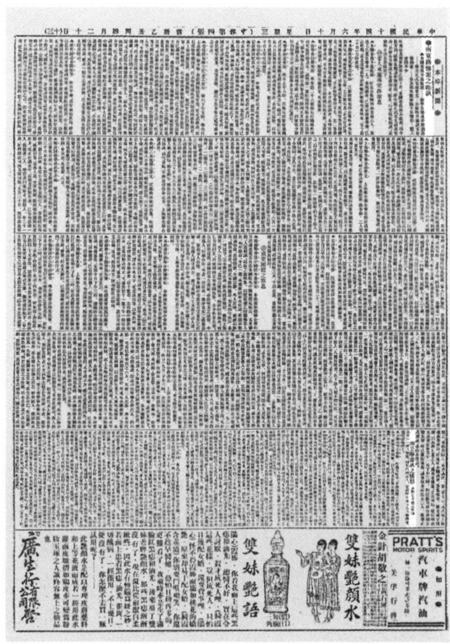

●南京路慘案之昨訊

㈢公廨審訊之情形

▲捕房人員之陳述　老閘捕房西捕頭愛活生上堂、重明出事時之情形、所言除有與星期二在驗尸所之詞相仿者、已誌前報、茲不再贅外、並稱、當時所聚人衆約有二千、並非皆屬學生、一大部份實係流氓、瞿景白一名、係於未開槍前六分鐘、在貴州路逮捕、因其在途專以鼓動風潮爲事、實爲此中首領云云、時已邁午、遂閉庭、二時半、繼續開審、梅華銓律師聲明渠代表全體學生、捕房律師繼向愛捕頭詰據供稱、初次拘入捕房及相隨至捕房者共十八名、均稱、係上海大學學生、嗣在西藏路拘獲者、亦稱係該校學生、何律師問愛氏、「此次學生在租界游行、總巡有無電你開槍、」答「有令阻止學生入租界、」問、「學生當時有無拒捕行爲、」答「無、」問「瞿景白是否於開槍六分鐘前逮捕、」答「然、」問「你於開槍前曾否向大衆警告、」答「我係用手槍向人叢中一揚、」問、「你揚槍之舉、則二千人中祇有少數人可見、」答「然、」問「你是否於警告後、隔十秒鐘即開槍、」答「然、」問「你用何國語言警告、」答「用英華兩國之語、」該律師向愛氏稱、你是否定要開槍打死他們、事前捕房應出告示、俾學生不聽命令、再用嚴厲手段對付、亦猶未晚、關君問愛捕頭、「被槍擊死者爾見否、尸距捕房若干地、」答「一尸離捕房六尺、一尸離八尺、」問擊死者是否人叢之前排抑係後面之人、」答「不能證明、」問學生到捕房是否要求釋放被捕同學、」答「末次羣衆則欲刦奪捕房、」問「刦奪捕房有無證據、抑係爾理想」、愛氏未答、問「爾警告後、羣衆向前冲抑係向後退、」答「羣衆仍上前不退、」問「所開爲何種槍、」答「長槍」(即來福槍)、問「槍子是否一齊放出、」答「一支槍裝一排子、計五粒、扳機一次、出彈一粒、」問「共放幾排、」答「其數不知、但係我命令巡捕開槍、」問警告後十秒鐘即開槍、在此十秒鐘內二千人能否退出、」答「不能退」、雅領事亦向該捕頭詰問數語、梅華銓律師請求堂上諭令各見證迴避、隔別研訊、旋由西副捕頭梟上堂、陳述當時情狀、所言與驗尸所之詞略同、何律師問該捕頭、「愛捕頭警告羣衆時、立於後面者能否聞知、」答「我不能悉、」問「開槍係連開抑陸續開、」答「祇開三四槍、」問「因何死許多人、」答「先開三四槍、再開三四槍、共開四十餘槍、」問「是否捕頭命令、」答「然、」問「兪茂高是否當場拿獲、」答「否、愈於傷後自投仁濟醫院、醫愈後、該院通知捕房、將其帶入捕房、認明係持竹桿向我行兇者、」問「兪無犯罪證據、被你們槍傷、則證據確實、既云向爾行兇、當時何不將他拿住、」答我已捕一人、當時無法再拿、」並稱、被告係機匠、當時在人叢中煽動大衆游行演講、擾亂治安云云、梅華銓律師問梟副捕頭、「爾在捕房辦事長官何稱訓令、」答「關於本身生命及捕房財產、如有危險時可以開槍、」問「副捕頭階級甚高、」答「然、」問「爾曾否讀過捕房章程、」答「讀過、」問「內有一條於未開槍之前、須先警告讀否、」答「未、」問「爾爲英人耶」、答「然、」問「爾來滬以前、對於警察一門有何經驗與閱歷、」答「無、」問「學生手執旗幟之竹桿、當非危險兇器、」答「我想若許多竹桿戳來、則亦係危險兇器、」問「誰曾直接被此項竹桿毆傷者、」答「聞有兩西捕皆係被竹桿毆傷後入醫院、」問「誰向爾言、」答「是晚西捕柯而等所言、」問「傷狀若何、」答「我不能說、」問「兇器安在、」答「不知、」問關君問該捕頭「所稱二千餘人、除學生外、餘係觀衆、抑屬流氓、」答「此中學生工人流氓觀衆皆有、」問「是日曾否放空槍、」答「以我所知未放空槍、」繼由十一號西捕司蒂芬上堂述當時情狀、亦與在驗尸所所言略同、旋由梅華銓律師詰據該捕答稱、在捕房服務已有十二個月、獲案諸人、祇楊思盛・王宇春・兩名認得、王係愛捕頭拘獲交由我帶回捕房者、學生所執旗幟之竹桿外、更見有比竹桿尙粗之物、問「何物、何時所見、」答「三點二十分鐘、我見有形同扛棒四根、在學生之手、」問「曾否將執此物之人拘拿、」答「未、」且尙有其他四西捕亦見、但皆未拘拿、問「曾否欲試行拘拿、」答「因試行拘拿、以致肩甲被擊、」梅華銓氏旋將法政大學演講團旗幟及各種小旗逐件取與該西捕閱看、謂此皆爲危險器具耶、又詰據該西捕答稱、我未開槍、我站在印捕後面、印捕則在捕房門首站立、成半月形、愛捕頭在印捕前面朝東而立、我與愛捕頭相離約十碼至八碼之間、中隔印捕、故愛捕頭警告之言、我祇聞得停停兩字、嗣見愛捕頭執手槍、問「爾適言不能看見捕頭、何以又言見其執手槍、」答「因捕頭之手舉過印捕之肩」、並稱捕頭警告停停兩字之後、約隔十秒至十二秒之間、乃開槍、迨槍聲止後、見地上臥有死者傷者、救火車之皮帶我未曾用、關君問該西捕「爾所言竹棍是否即係鄉人之扁担、」答「是」問「其物是否置在肩上、」答「持在手中、」問「何以知持此物者係學生、爲何不拘拿、」答「本欲拘拿、因恐被打傷、」問「究竟有無被毆傷者、」答「我不能說、」又由七十四號西捕柯而上堂譯稱、是日我被毆、次日往醫院醫治（隨將傷單呈堂）、尙有一西捕之鼻、當時亦受傷、我之被毆、係在議事廳門首、額角並被竹桿毆傷、今已全愈、故無傷痕、西醫當時以係輕微傷害、故診斷單內並未述及、開槍時我與司蒂芬同立於印捕後面、愛捕頭開槍、我未看見、大約因其立在印捕前面所致、我初在捕房樓上、迨聞警鐘乃下樓、三道頭西捕命我往南京路、行至捕房門口、愛捕頭諭令我如見有人聚集、即行解散、其散後聚集者、則逮捕、當未開槍之前、愛捕頭操華語警告、我祇懂一停字、並聞羣衆呼喊聲、衆人既執旗幟外、我未更見他物、獲案之瑞鼻頭者(即瞿景白)、我見其在議事廳門前時、狀如發狂、但不知彼於何時被捕、又據西探柏浦上堂譯稱、拘進捕房及自願至捕房之學生、內有在同德醫學肄業者、不諳英語、操德語稱、彼等奉北京學生聯合會命令開會、預聞開會者有三千餘名、又據八十四號西探長利扶司上堂譯稱、解散上海大學、係六月三號、由我同往、校舍已由水兵駐紮、當時將該校學生搜檢一過、命其攜帶行李離校、在該校內抄出煽動巡捕罷工之傳單二十五張、並信函、觀其五月二十七日一信之內容、已表明預先有所計劃、又一信係從德國寄來、信內首稱俠僧吾弟同志、亦可表明該校學生係過激黨人、隨將所譯該兩信之英文誦讀畢、並與原信呈堂請察、梅華銓律師以收信人及寄信人均不在案、反對將信呈堂、與捕房律師略辯數語、時已六句四十分鐘、中西官諭楊思盛・王宇春・瞿景白・三人、各交一百元保、餘人仍各交原保、定於今晨續審、迨閉庭後、在新衙內外防衛之商團海軍等、遂撤退、

南京路惨案之昨讯·公廨审讯之情形·捕房人员之陈述

老闸捕房西捕头爱活生上堂，禀明出事时之情形。所言除有与星期二在验尸所之词相仿者，已志前报，兹不再赘外，并称：当时所聚人众约有二千，并非皆属学生，一大部分实系流氓。瞿景白一名，系于未开枪前六分钟，在贵州路逮捕，因其在途专以鼓动风潮为事，实为此中首领云云。时已逾午，遂闭庭。二时半，继续开审。梅华铨律师声明渠代表全体学生。捕房律师续向爱捕头诘据供称，初次拘入捕房及相随至捕房者共十八名，均称系上海大学学生。嗣在西藏路拘获者，亦称系该校学生。何律师问爱氏："此次学生在租界游行，总巡有无电你开枪？"答："有令阻止学生入租界。"问："学生当时有无拒捕行为？"答："无。"问："瞿景白是否于开枪六分钟前逮捕？"答："然。"问："你于开枪前曾否向大众警告？"答："我系用手枪向人丛中一扬。"问："你扬枪之举，则二千人中只有少数人可见。"答："然。"问："你是否于警告后，隔十秒钟即开枪？"答："然。"问："你用何国语言警告？"答："用英华两国之语。"该律师向爱氏称："你是否定要开枪打死他们？事前捕房应出告示，倘学生不听命令，再用严厉手段对付，亦犹未晚。"关君问爱捕头："被枪击死者尔见否？尸距捕房若干地？"答："一尸离捕房六尺，一尸离八尺。"问："击死者是否人从之前排抑系后面之人？"答："不能证明。"问："学生到捕房是否要求释放被捕同学。"答："末次群众则欲劫夺捕房。"问："劫夺捕房有无证据，抑系尔理想？"爱氏未答。问："尔警告后，群众向前冲抑系向后退？"答："群众仍上前不退。"问："所开为何种枪？"答："长枪。"（即来福枪）问："枪子是否一齐放出？"答："一支枪装一排子，计五粒，扳机一次，出弹一粒。"问："共放几排？"答："其数不知，但系我命令巡捕开枪。"问："警告后十秒钟即开枪，在此十秒钟内二千人能否退出？"答："不能退。"雅领事亦向该捕头诘问数语，梅华铨律师请求堂上谕令各见证回避，隔别研讯。旋由西副捕头枭上堂，陈述当时情状，所言与在验尸所之词略同。何律师问该捕头："爱捕头警群众时，立于后面者能否闻知？"答："我不能悉。"问："开枪系连开抑陆续开？"答："只开三四枪。"问："因何死许多人？"答："先开三四枪，再开三四枪，共开四十余枪。”问：“是否捕头命令？”答：“然。”问：“俞茂万是否当场拿获？”答：“否。俞于伤后自投仁济医院，医愈后，该院通知捕房，将其带入捕房，认明系持竹杆向我行凶者。”问：“俞无犯罪证据，被你们枪伤，则证据确实。既云向尔行凶，当时何不将他拿住？”答：“我已捕一人，当时无法再拿。”并称被告系机匠，当时在人丛中煽动大众游行演讲，扰乱治安云云。梅华铨律师问枭副捕头：“尔在捕房办事奉长官何种训令？”答：“关于本身生命及捕房财产，如有危险时可以开枪。”问：“副捕头阶级甚高？”答：“然。”问：“尔曾否读过捕房章程？”答：“读过。”问：“内有一条于未开枪之前，须先警告读否？”答：“未。”问：“尔为英人耶？”答：“然。”问：“尔来沪以前，对于警察一门有何经验与阅历？”答：“无。”问：“学生手执旗帜之竹杆，当非危险凶器。”答：“我想若许多竹杆戳来，则亦系危险凶器。”问：“谁曾直接被此项竹杆殴伤者？”答：“闻有两西捕皆系被竹杆殴伤后入医院。”问：“谁向尔言？”答：“是晚西捕柯而等所言。”问：“伤状若何？”答：“我不能说。”问：“凶器安在？”答：“不知。”关君问该捕头：“所称二千余人，除学生外，余系观众，抑属流氓？”答：“此中学生、工人、流氓、观众皆有。”问：“是日曾否放空枪？”答：“以我所知未放空枪。”继由十一号西捕司蒂芬上堂述当时情状，亦与在验尸所所言略同。旋由梅华铨律师诘据该捕答称：“在捕房服务已有十二个月，获案诸人，只杨思盛、王宇春两名认得，王系爱捕头拘获交由我带回捕房者。学生所执旗帜之竹杆外，更见有比竹杆尚粗之物。”问：“何物？何时所见？”答：“三点二十分钟，我见有形同扛棒四根，在学生之手。”问：“曾否将执此物之人拘拿？”答：“未。”且尚有其他四巡捕亦见，但皆未拘拿。问：“曾否欲试行拘拿？”答：“因试行拘拿，以致肩甲被击。”梅华铨氏旋将法政大学演讲团旗帜及各种小旗逐件取与该西捕阅看，谓此岂为危险器具耶？又诘据该西捕答称：“我未开枪，我站在印捕后面，印捕则在捕房门首站立，成半月形。爱捕头在印捕前面朝东南立，我与爱捕头相离约十码至八码之间，中隔印捕。故爱捕头警告之言，我只闻得‘停停’两字。嗣见爱捕头执手枪。”问：“尔适言不能看见捕头，何以又言见其执手枪？”答：“因捕头之手举过印捕之肩。”并称捕头警告“停停”两字之后，约隔十秒至十二秒之间，乃开枪。迨枪声止后，见地上卧有死者伤者，救火车之皮带我未动用。关君问该西捕："尔所言竹棍是否即系乡人之扁担？"答："是。"问："其物是否置在肩上？"答："持在手中。"问："何以知持此物者系学生，为何不拘拿？"答："本欲拘拿，因恐被打伤。"问："究竟有无被殴伤者？"答："我不能说。"又由七十四号西捕柯而上堂译称："是日我被踢伤，次日往医院医治（随将伤单呈堂）。尚有一西捕之鼻当时亦受伤。我之被踢，系在议事厅门首。额角并被竹杆击伤，今已全愈，故无伤痕，西医当时以系轻微伤害，故诊断单内并未述及。开枪时我与司蒂芬同立于印捕后面，爱捕头开枪，我未看见，大约因其立在印捕前面所致。我初在捕房楼上，迨闻警笛乃下楼。三道头西捕命我往南京路，行至捕房门口，爱捕头谕令我如见有人聚集，即行解散，其教唆聚集者，则逮捕。当未开枪之前，爱捕头操华语警告，我只懂一'停'字，并闻群众呼喊声。众人既执旗帜外，我未更见他物。获案之塌鼻头者（即瞿景白），我见其在议事厅门前时，状如发狂，但不知彼于何时被捕。"又据西探柏浦上堂译称："拘进捕房及自愿至捕房之学生，内有在同德医学肄业者，不谙英语，操德语称彼等奉北京学生联合会命令开会，预闻开会者有三千余名。"又据八十四号西探长利扶司上堂译称："解散上海大学，系六月三号，由我同往，校舍已由水兵驻扎。当时将该校学生搜检一过，命其携带行李离校。在该校内抄出煽助巡捕罢工之传单二十五张并信函。观其五月二十七日一信之内容，已表明预先有所计划。又一信系从德国寄来，信内首称侠僧吾弟同志，亦可表明该校学生系过激党人。随将所译该两信之英文诵读毕，并与原信呈堂请察。梅华铨律师以收信人及寄信人均不在案，反对将信呈堂，与捕房律师略辩数语，时已六句四十分钟。中西官谕杨思盛、王宇春、瞿景白三人各交一百元保，余人仍各交原保。定于今晨续审，迨闭庭后，在新署内外防卫之商团海军等遂撤退。

1925年6月10日第十三、第十四版

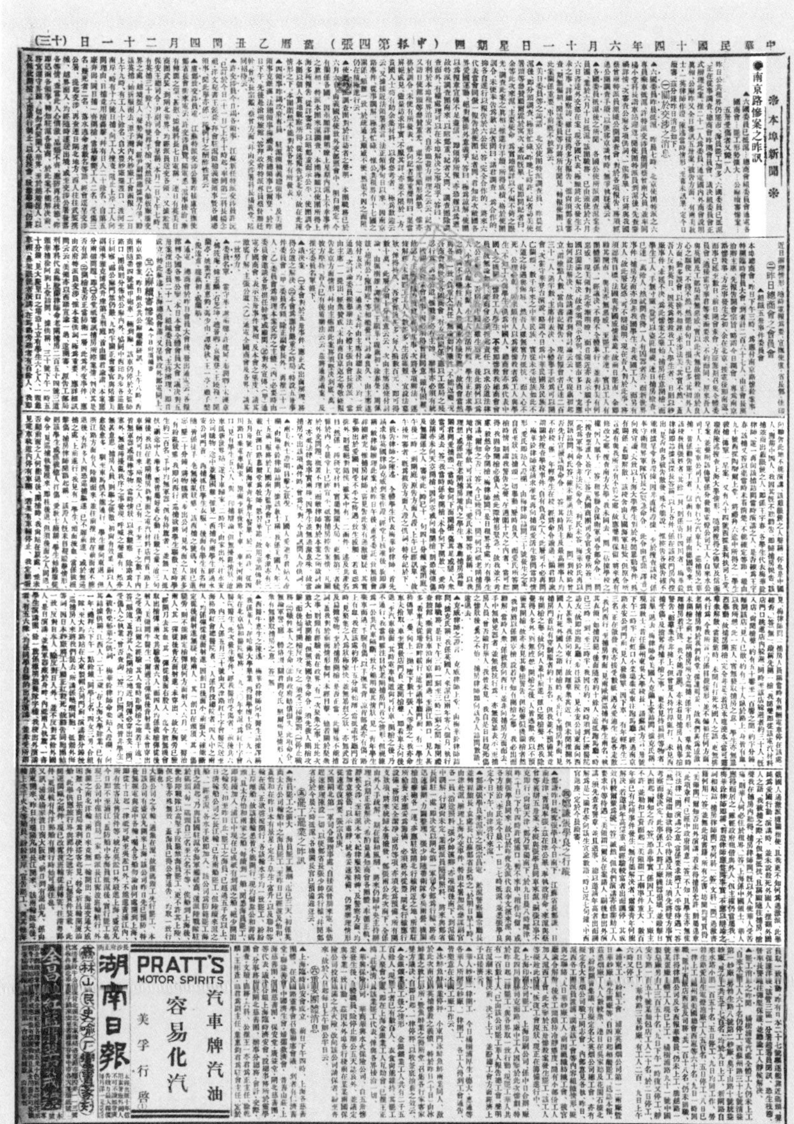

中華民國十四年六月十一日 星期四 （申報第四張） 舊曆乙丑閏四月二十一日 （十三）

本埠新聞

南京路慘案之昨訊

▲六國委員已抵滬 ▲總商會組委員會通電各國商會 ▲罷工形勢擴大 ▲公廨宣布慘案 ▲五卅受傷者又斃一人

昨日公共租界仍罷市、各業罷工加多、六國委員已抵滬、正在從事調查、總商會昨開會員會、議決組委員會正式辦理此案、推二十一人爲委員、通電國內外商會說明真相、公廨昨又全日審訊五卅案、被告方面、有律師多人……

（一）關於交涉之消息

（二）昨日總商會之會員會

PRATT'S MOTOR SPIRITS

汽車牌汽油

容易化汽

美孚行啟

湖南日報

南京路慘案之昨訊

(三)公廨續審慘案 ▲今日尚須續審

南京路慘案、昨日由公共公廨繼續研訊、上午八時、西商團隨帶四號鐵甲砲車一輛到廨、該車仍停於文監師路口、團員則分佈於公廨內外、協同中西印馬步各巡嚴行糾察、而公廨門禁仍嚴、九時半關正會審官與陪審美副領事雅克博氏升座第五刑庭、首由關君諭謂、本案應分兩個問題、即(一)公堂祇審訊捕房所控案情、判決其是否有罪、(二)開槍是否正當防衛一層、此爲外交事件、應由政府特派員交涉、惟本案供詞、極爲重要、應詳細訊問云云、美領亦以西語宣諭一遍、遂開審、原告工部局刑事科代表梅脫蘭律師命老閘捕房二百五十四號三道頭華捕徐阿狗上堂詰問、據供稱、三十號下午一時五十分鐘、見大慶里口之塘沿上立有學生六七人、一頭戴草帽、鼻架眼鏡者演講、在馬路旁聽者有百餘人、我即向聽告此地不能演講、該戴眼鏡之人聲稱、你也是中國人、應幫中國人、我因其既不聽勸告、即歸捕房報告、該捕並指出戴眼鏡之人、即係王字春、各學生代表梅華銓律師、遂一再向該捕詰問當時演講之人、是否確爲王字春、該捕又答以渠當時未看清楚、不能確定等語、繼由九十號西探陶耐爾上堂、將禮拜六途中所得之「學生被搶」傳單一呈案、又有八十四號西探長利扶司上堂、繼續陳述搜查上海大學情形、隨將搜得之傳單及信函呈案、並聲明該傳單係分發與電燈公司工人、自來水公司工人、電車公司工人、汽車行之汽車夫、巡捕房之華捕、皆係勸告罷工者、信函有一封、係由德國寄來、致該校教員張姓者、其餘一封、則係寄往四川者、梅華銓律師即詰據該探長答稱、以上各件、係在該校門房內搜出、是否由各被告散發、殊不能說、惟控告各被告確不能根據呈堂各證據、因非直接證據、至於搜查該校、係奉守衛租界軍隊官長之緊急命令、此令由毛鼎(譯音)向我宣讀、大致以上海大學學生對於外間暴動事件、殊有關係、着即解散、該校舍由美國海軍駐紮、但原令所言或有與我所言有不符之處、故應聲明保留、將來或有修改之處、搜查南方大學、我未同去、問「佔據學校之權、何人賦予、」答「租界聯合保衛軍司令部命令、」問「搜查票誰人簽字、」答「萬國商團司令官戈登所簽、」問「此爲軍事命令非法院命令、」利氏未答、梅華銓氏再以原語詰問、利氏答「確未經過法院手續、」問「到校時曾否先行宣讀該項命令、」答「其時房主及最高辦事人均不在校、僅一年輕學生在校、經將命令讀過、」關君即諭謂關於搜查學校事件、自有負責之人、此層可不必再問、梅華銓律師遂請求准其再向捕頭愛活生詰問當時情形、愛氏即站入證欄、由梅律師詰問三十號發生之案、自首至狀、該捕頭一切舉動、歷時良久、而愛氏所答關槍時情、則謂我警告之聲、在週圍十尺之內者、當可聽得、我固知開槍必傷人、然此際情形緊急、故我並不考慮、毅然命令開槍、梅律師問「是日租界各處、均有學生演講、爾知之否」、答「今已曉得」、問「何以祇老閘捕房境內發生事故、可言其理由」、愛氏未即答、旋稱、以我理想、或係派在老閘捕房境內之學生、專與捕房爲難、關君問愛捕頭、「當時如向下面開槍、傷其足或腿、人衆當可退去、」答「我當時係命開槍、未令向下開放」、愛時並稱亦未向天空開槍、因向空或向地開槍、則恐流彈傷及無關係之人、審至此、時已十一句四十分鐘、遂閉庭、午後二時一刻開庭、原告方面人證、上午已經訊畢、故午後所審者、概爲被告方面人證之供詞、特分記於下、

▲**被告律師之陳述**　全體學生代表梅華銓律師、首先請求傳英國律師克威到案作證、經堂上核准後、旋即聲稱、敝律師辦理此案、於昨日午後、甫受委託、致無機會詳細研究、惟捕房律師、嘗見告此案有過激嫌疑、其實舉動出於愛國、因受不平之待遇、致生感觸、若竟認爲排外、則屬絕對錯誤、蓋其中有一二函件、述及共產名目、然係一種研究材料、實屬無關大局、更無第三者羼雜於內、今晨堂上已經宣示、祇審捕房控告案情、凡關於外交問題、概置不理、而敝律師對於本案之所欲討論者、亦祇法律與事實兩種、因學生並無過激意味、故當捕房呈出該項函件時、曾爲反對、今請訊兩人證供詞、

▲**兩美教士證明目擊之狀況**　美國人愛迪生君站入證欄、由梅華銓律師詰問、據該教士稱、我係美國人、年三十五歲、服務於美國南方監理會已十一年、來滬亦有三載、在漢口路慕爾堂爲牧師、甚習華語、故用華語傳教、五月卅號、在美國海軍青年會午餐畢、於二時許、從四川路口乘電車歸家、原擬至新世界下車、車至河南路口、見有學生五六人、與一印捕辯論、但無擾亂情狀、迨車抵新世界站、遂下車歸家、二時半、由家出外、往永安公司購物、途中並無困難、惟見一西捕拘兩學生經過永安公司門首、西捕抓住學生衣服、後面有學生五名相隨、皆係徒手、毫無擾亂狀態、該西捕之號碼、則已遺忘、歷二十分鐘、購物既竣、步出公司、見外面之人甚多、有紛亂狀態、我即向西行、巡捕欲將學生驅散、是時學生約二百名、手中均無軍器、但有持旗者、並無一人抵抗、詎途中人漸多、要者爲好奇心動、往觀之輩、迨三句鐘後、我站在老閘捕房斜對面之電汽材料店門首、路上車輛、仍可往來、所聚之人、已有一千至二千之數、手內皆無軍器或棍棒等物、當時情狀、以我觀察、除路爲人塞外、無他種擾亂秩序之事發現、呼喊之聲雖有、然亦無甚意思、捕房人員、則驅之使散、初尚有效果、嗣以人愈聚愈多、馴至車馬俱不能通行、學生雖向東退、但浙江路方面有人陸續而來、並往前推、致在前面者不能退後、有許多人因恐巡捕驅逐、已不願前進、或於無退捕之處、上前進行、我見有一學生、頭面流血、當係被棍擊傷、捕房律師聞語起稱、該證人既未目睹毆擊情形、則該學生或係被他人打傷、愛教士續稱、學生始終服從命令、見巡捕執警棍來、即往後退、但須後面之人同退、否則前面之人何能退後、開槍時、我尚站在原處、並未見電車軌道內停有車輛、若果有車輛停止、我定能看見、梅律師問、「捕房人員稱當時有兩輛電車停在該處、確否、」答「無」、繼稱先聞一槍、我聞聲即從該電汽材料店門口跳進店內躲避、同時至該店躲避者約三十人、既入店、尚聞槍聲、約有五十響至一百響之間、約半分鐘、離開該店、見人已散、約有二十人臥於路上、身皆有血、以我所想、此一班人、實無奪取捕房之意、學生亦無暴烈舉動、故捕房開槍、完全非是、若以水龍澆水、當可驅羣衆解散、當聚集時、未聞有打死外國人之語、更無排外行爲、今我所言、均係目覩情形、並不偏袒任何方面、老閘捕房對於我們教堂、保護周安、故我們甚爲感激、未開槍之前、老閘捕房所立巡捕、係半月形、羣衆其時離捕房若干遠、我不能證明、亦未看見捕房人員舉槍警告、而羣衆亦非擁上、但曾見人持竹桿亂打、未見西捕受傷、及搶奪西捕手槍之事、更未見持扁担等物者、言畢、退去、梅律師命美國人克蘭上堂詰問、據克氏稱、現爲教士、昔任蘇州東吳大學校長、諳蘇滬方言、卅號下午二時半、在虹口小菜場乘電車往跑馬廳、經過南京路永安公司門前、見人發傳單、因下車、有年輕學生二三名、正在散發、我亦接受數紙、遇友愛迪生、旋各走散、我向西行、至捕房對面、見兩歐洲巡捕拘學生兩名、執其衣領、如捕囚犯、後面隨者約十餘人、迨抵跑馬廳、時已三時一刻、至三時半、我因有約、四時須到仁濟醫院訪友、故即出跑馬廳、步往該院、見永安公司東面向西之人甚衆、我係向東行、故離羣衆甚近、但未聞推翻外國人、打死外國人之語、開槍時、我正行至捕房對面、見捕房門首站有穿制服者約十五名、但我並不預備其覺有開槍之舉、故仍向人叢中前進、雖已聞槍聲、然我除覺得人多外、別無感想、開槍之後、人皆逃散、我以不預備其開槍、故亦未見其舉槍警告、但槍聲似機關槍者然、我初猶以係開空槍、設若早知有開槍之舉、我必出而勸解、當時人衆、係被推向西行、並非向捕房方面而去、手中無執兇器者、並無抵抗行爲、亦無強暴表示、至捕房人員、曾否毆打華人、我皆未見、我自是日目覩死傷之慘狀後、爲之不怡、捕房律師即向該證人詰問數語、遂退去、

▲**克威律師之證言**　克威律師上堂、由梅華銓律師詰問、據克氏稱、我係英國人、來滬已兩年零八個月、執行律師職務、是日下午三時一刻至三時二刻之間、離開禮查旅館、乘黃包車沿南京路而過、至浙江路口、見人甚多、看車夫從堵沿畔緩行、迨至議事廳門前、有一學生持傳單一疊、向上一拋、墮下數十張、人爭拾之、我亦命車夫拾取、車至寶發店門首、遂聞槍聲、即着車夫向後退、至汽車後面、其時電車軌道尚可行車、開槍之後、乃不通行、我當時雖注目於老閘捕房門首之情形、但視線爲一公共汽車隔斷、致不能明瞭其情狀、見一青年學生乘車而過、手腕有傷、以手撫其背、諒背部或亦有傷、路上有血、我在該處約停十五分鐘始離、當抵議事廳門首時、見聚集之人爲狀極愉快、並無暴烈之狀、亦無武器及扁擔等物、至於捕房開槍、是否正當、此層殊不能措詞、蓋我對於前面情形如何、未經目擊、他若關於聚衆之事、則顯有經驗、昔在政界、有一次聚衆之事、比此次猶大、如欲開槍、但照英國皇帝命令、須先被人開槍之擊、而後始可開槍反攻、反之、須受三種懲罰、(一)停止職務、(二)犧牲本人之生命、(三)由政府賠償損失、此項命令、無論軍警、應一體恪遵、關君問克氏「照爾所見情形、人衆有無襲取捕房之意、」答「無」、

南京路惨案之昨讯·公廨续审惨案·今日尚须续审

南京路惨案昨日由公共公廨继续研讯。上午八时，西商团随带四号铁甲炮车一辆到廨，该车仍停于文监师路口，团员则分布于公廨内外，协同中西印马步各巡严行纠察，而公廨门禁仍严。九时半关正会审官与陪审美副领事雅克博氏升座第五刑庭、首由关君谕谓：本案应分两个问题，即：（一）公堂只审讯捕房所控案情，判决其是否有罪；（二）开枪是否正当防卫一层，此为外交事件，应由政府特派员交涉。惟本案供词，极为重要，应详细讯问云云。美领亦以西语宣谕一过，遂开审。原告工部局刑事科代表梅脱兰律师命老闸捕房二百五十四号三道头华捕徐阿狗上堂诘问。据供称，三十号下午一时五十分钟，见大庆里口之阶沿上立有学生六七人，一头戴草帽、鼻架眼镜者演讲，在马路旁听者有百余人。我即向劝告此地不能演讲，该戴眼镜之人声称："你也是中国人，应帮中国人。"我因其既不听劝告，即归捕房报告。该捕并指出戴眼镜之人即系王宇春。各学生代表梅华铨律师遂一再向该捕诘问当时演讲之人，是否确为王宇春。该捕又答以渠当时未看清楚、不能确定等语。继由九十号西探陶搿尔上堂，将礼拜六途中所得之"学生被捕"传单一呈案。又有八十四号西探长利扶司上堂，继续陈述搜查上海大学情形，随将搜得之传单及信函呈案，并声明该传单系分发与电灯公司工人、自来水公司工人、电车公司工人、汽车行之汽车夫、巡捕房之华捕，皆系劝告罢工者。信函有一封，系由德国寄来，致该校教员张姓者，其余一封，则系寄往四川者。梅华铨律师即诘据该探长答称："以上各件系在该校门房内搜出，是否由各被告散发，殊不能说。惟控告各被告确不能根据呈堂各证据，因非直接证据。至于搜查该校，系奉守卫租界军队官长之紧急命令，此令由毛鼎（译音）向我宣读，大致以上海大学学生对于外间暴动事件，殊有关系，着即解散，该校舍由美国海军驻扎。但原令所言或有与我所言有不符之处，故应声明保留，将来或有修改之处。搜查南方大学，我未同去。"问："占据学校之权，何人赋予？"答："租界联合保卫军司令部命令。"问："搜查票谁人签字？"答："万国商团司令宫戈登所签。"问："此为军事命令非法院命令。"利氏未答，梅华铨氏再以原语诘问，利氏答："确未经过法院手续。"问："到校时曾否先行宣读该项命令？"答："其时房主及最高办事人均不在校，仅一年轻学生在校，经将命令读过。”关君即谕谓关于搜查学校事件，自有负责之人，此层可不必再问。梅华铨律师遂请求准其再向捕头爱活生盘问当时情形，爱氏即站入证栏，由梅律师诘问三十号发生之案。自首至状，该捕头一切举动，历时良久，而爱氏所答开枪时情，则谓：“我警告之声，在周围十尺之内者当可听得。我固知开枪必伤人，然此际情形紧急，故我并不考虑，毅然命令开枪。”梅律师问：“是日租界各处均有学生演讲，尔知之否？”答：“今已晓得。”问：“何以只老闸捕房境内发生事故，可言其理由。”爱氏未即答，旋称：“以我理想，或系派在老闸捕房境内之学生，专与捕房为难。”关君问爱捕头：“当时如向下面开枪，伤其足或腿，人众当可退去。”答：“我当时系命开枪，未令向下开放。”爱时并称亦未向天空开枪，因向空或向地开枪，则恐流弹伤及无关系之人。审至此，时已十一句四十分钟，遂闭庭。午后二时一刻开庭，原告方面人证上午已经讯毕，故午后所审者，概为被告方面人证之供词，特分记于下：

被告律师之陈述。全体学生代表梅华铨律师，首先请求传英国律师克威到案作证。经堂上核准后，旋即译称：“敝律师办理此案，于昨日午后甫受委托，致无机会详细研究。惟捕房律师尝见告此案有过激嫌疑，其实举动出于爱国，因受不平之待遇，致生感触。若竟认为排外，则属绝对错误。虽其中有一二函件述及共产名目，然系一种研究材料，实属无关大局，更无第三者糅杂于内。今晨堂上已经宣示，只审捕房控告案情，凡关于外交问题，概置不理。而敝律师对于本案之所欲讨论者，亦只法律与事实两种。因学生并无过激意味，故当捕房呈出该项函件时，曾为反对。今请讯问人证供词。”

两美教士证明目击之状况。美国人爱迪生君站入证栏，由梅华铨律师诘问。据该教士称：“我系美国人，年三十五岁，服务于美国南方监理会已十一年。来沪亦有三载，在汉口路慕尔堂为牧师，熟习华语，故用华语传教。五月卅号，在美国海军青年会午餐毕，于二时许，从四川路口乘电车归家。原拟至新世界下车，车至河南路口，见有学生五六人与一印捕辩论，但无扰乱情状。迨车抵新世界站，遂下车归家。二时半，由家出外，往永安公司购物，途中并无困难。惟见一西捕拘两学生经过永安公司门首，西捕抓住学生衣服，后面有学生五名相随，皆系徒手，毫无扰乱状态。该西捕之号码，则已遗忘。历二十分钟，将物购就，步出公司，见外面之人甚多，有纷乱状态。我即向西行，巡捕欲将学生驱散。是时学生约二百名，手中均无军器，但有持旗者，并无一人抵抗。嗣途中人渐多，要皆属好奇心动，往观之辈。迨三句钟后，我站在老闸捕房斜对面之电汽材料店门首，路上车辆，仍可往来，所聚之人，已有一千至二千之数，手内皆无军器或棍棒等物。当时情状以我观察，除路为人塞外，无他种扰乱秩序之事发现，呼喊之声虽有，然亦无甚意思。捕房人员则驱之使散，初尚有效果，嗣以人愈聚愈多，驯至车马俱不能通行。学生虽向东退，但浙江路方面有人陆续而来，并往前推，致在前面者不能退后。有许多人因恐巡捕驱逐，已不愿前进，或于无巡捕之处，上前进行。我见有一学生，头面流血，当系被棍击伤。"捕房律师闻语起称，该证人既未目睹殴击情形，则该学生或系被他人打伤。爱教士续称："学生始终服从命令，见巡捕执警棍来，即往后退，但须后面之人同退，否则前面之人何能退后。开枪时，我尚站在原处，并未见电车轨道内停有车辆，若果有车辆停止，我定能看见。"梅律师问："捕房人员称当时有两辆电车停在该处，确否？"答："无。"续称："先开一枪，我闻声即从该电汽材料店门口跳进店内躲避，同时至该店躲避者约三十人。既入店，尚闻枪声，约有五十响至一百响之间。约半分钟，离开该店，见人已散，约有二十人卧于路上，身皆有血。以我所想，此一班人实无袭取捕房之意，学生亦无暴烈举动。故捕房开枪，完全非是。若以水龙浇水当可将群众解散。当聚集时，未闻有打死外国人之语，更无排外行为。今我所言，均系目睹情形，并不偏袒任何方面。老闸捕房对于我们教堂，保护周妥，故我们甚为感激。未开枪之前，老闸捕房所立巡捕系半月形，群众其时离捕房若干远，我不能证明，亦未看见捕房人员举枪警告。而群众亦非拥上，但曾见人持竹杆乱打，未见西捕受伤及抢夺西捕手枪之事，更未见持扁担等物者。"言毕，退去。梅律师命美国人克兰上堂诘问，据克氏称："现为教士，昔任苏州东吴大学校长，谙苏沪方言。卅号下午二时半，在虹口小菜场乘电车往跑马厅，经过南京路永安公司门前，见人发传单，因下车。有年轻学生二三名，正在散发，我亦接受数纸。遇友爱迪生，旋各走散。我向西行，至捕房对面，见两欧洲巡捕拘学生两名，执其衣领，如捕囚犯，后面随者约十余人。迨抵跑马厅，时已三时一刻。至三时半，我因有约，四时须到仁济医院访友，故即出跑马厅，步往该院。见永安公司东面向西之人甚众，我系向东行，故离群众甚近，但未闻'推翻外国人、打死外国人'之语。闻枪时，我正行至捕房对面，见捕房门首站有穿制服者约十五名，但我并不预备其竟有开枪之举，故仍向人丛中前进。虽已闻枪声，然我除觉得人多外，别无感想。开枪之后，人皆逃散，我以不预备其开枪，故亦未见其举枪警告，但枪声似机关枪者然。我初犹以系开空枪，设若早知有开枪之举，我必出而劝解。当时人众系被推向西行，并非向捕房方面而去，手中无执凶器者，并无抵抗行为，亦无强暴表示。至捕房人员曾否殴打华人，我皆未见。我自是日目睹死伤之惨状后为之不怡。"捕房律师即向该证人诘问数语，遂退去。

克威律师之证言。克威律师上堂，由梅华铨律师诘问。据克氏称："我系英国人，来沪已两年零八个月，执行律师职务。是日下午三日一刻至三时二刻之间，离开礼查旅馆，乘黄包车沿南京路而过。至浙江路口，见人甚多，着车夫从阶沿畔缓行。迨至议事厅门前，有一学生持传单一叠，向上一抛，堕下数十张，人争拾之，我亦命车夫拾取。车至宝发店门首，遂闻枪声，即着车夫向后退，至汽车后面。其时电车轨道尚可行车，开枪之后，乃不通行。我当时虽注目于老闸捕房门首之情形，但视线为一公共汽车隔断，致不能明了其情状。见一青年学生乘车而过，手腕有伤，以手抚其背，谅背部或亦有伤。路上有血，我在该处约停十五分钟始离。当抵议事厅门首时，见聚集之人为状极愉快，并无暴烈之状，亦无武器及扁担等物。至於捕房开枪是否正当，此层殊不能措词。盖我对于前面情形如何，未经目击。他若关于聚众之事，则颇有经验。昔在政界，有一次聚众之事，比此次犹大。如欲开枪，但照英国皇帝命令，须先被人开枪攻击，而后始可开枪反攻。反之，须受三种惩罚：（一）停止职务；（二）牺牲本人之生命；（三）由政府赔偿损失。此项命令，无论军警，应一体恪遵。"关君问克氏："照尔所见情形，人众有无袭取捕房之意？"答："无。"

西医牛惠生之陈述。梅华铨律师向牛医生诘据译称："我系华人，在哈佛大学毕业，得医学博士位，一九一八年在北京协和医院服务，一九二〇年来沪，为红十字会医院医生。此次发生事件，经我医治受伤者，前后共六人，内三人系五月三十号由天津路红十字会医院送至海格路红会总医院者，一人系自投总院者。四人中之两人，均系弹从后面射进，因创口后面小，前面大，确能断定从后面射进无疑。余两人，其一创口在头顶，其一伤腿旁，则不能断定枪弹从何方面射入。六月一号，医治两人，其一弹从后背左面射进，未穿出，故左胸旁已肿，经开刀去其血；其一弹从后面右股入，迄今犹无机会取出枪弹。两次共验伤者六人，而四人均系被枪弹从后射入。”美领问牛医生：“尔适言弹从后背射进，未曾穿出之受伤者，以尔之经验，其人当时距开枪之地若干远？”答：“颇远，盖若其人距开枪之地近，则弹必穿出矣。”问：“受伤人之执业，曾否查询？”答：“均已问过，但皆非学生。”

被告梁郁华之供词。梅华铨律师命梁站入证栏，向其诘据供称：“江西人，二十二岁，在上海大学肄业，已有一年。礼拜六下午一点余钟，同学七名，四女三男，合组一队，至大马路站在大东制帽公司门前，演讲数分钟后，巡捕房人来将我们捉去。所讲系唤醒同胞、抵御外侮等词，因日本纱厂将工人顾正红杀死，故劝告同胞团结一致，反对日本人。除反对日人外，并不反对其余外国人。是日演讲，并无军器藏于身畔，内只两人执旗，一书‘学生演讲团’，余一旗系标明第几队字样。我校出外演讲者，有五六队，均系同学自动的出外演讲，并非受所谓俄国人过激派机关指使，且我更不知何为过激派，此举纯为爱国行动。演讲时，并未说‘杀死外国人、推翻外国人’之语。我被捕之际，不但无抵抗，且称愿随往捕房，枪声我在捕房内听得。”捕房律师问：“既以外人使华人受苦痛，则华人何必住于租界？”答：“上海系中国领土，华人应得而居之。虽经政府租借与外人，但主权仍当属我。”梅华铨律师即称，对造律师应盘问事实，不应以辩论之词相驳诘。捕房律师问：“习何科？”答：“文科。”问：“过激书籍何用？”答：“并无此项书籍。所有之书，坊间均可买得。”美领问：“尔知否出外演讲，若未得捕房允许，则属违章，此项章程，已经中政府同意？”答：“不知。且学生亦无从找法律。”问：“演讲之意，当系要求将工人平等待遇？”答：“然。”美领谓：“如欲得公平待遇及办法，须先将双方事实考察而后决定，此事系工人将工厂机器损坏，并殴击日人而起，尔知之否？”答：“恐非事实。系因工人上工，厂主不许，并勒扣工资而起。”美领谓：“工潮事件重大，数百年前已有此种事件发生，无有能解决者，尔辈青年何能解决？若邀请年高望重而经验较富者出而调停，其成效自较尔辈为优。”答：“诚然，但我们演讲亦系帮助工人要求平等待遇。”美领谓：“尔及在案诸人，嗣后如出外演讲，须先查考警章，并且遇事。总以邀请年高者出而调解为是。”关君亦向该生宣谕数语。时已近七句钟，中西官退座，定于今晨续审。

1925 年 6 月 11 日第十三版

中華民國十四年六月十二日星期五 （申報第四張） 舊曆乙丑閏四月二十二日 （十三）

※本埠新聞※

南京路慘案之昨訊

（一）十萬市民之集會游行

（二）五卅慘案公廨昨日訊結

南京路慘案之昨訊

(一)十萬市民之集會游行

▲到會之團體 「學界」復旦大學・上海大學・南洋大學・招商局公學・復旦附中・景平女學・中法工專・震旦大學・南方大學・亞東醫專・國立自治學院・海瀾英專・文治大學・宏才大學・普惠學校・惠靈學校・景賢女學・南洋高商・持志大學・清心中學・商科中學・務本女學・上海中醫專校・南市商科中學・青年會・中國女子體育學校・民立中學・東華大學・青年會高級中學・寶山路務本學校・重慶路崇德學校・上海學生會法律委員會・上海法政大學・上海商科大學・民智宣傳團・上寶小學教職員聯合會・美術專門・武學院・東亞體育專門・公立商專・簡捷學校・中華工專・三江學校・兩江女體師・勤業女師・滬江五區義務學校・上海縣立敬業初級中學・上海藝術師大・貴州留滬學會・安徽旅滬同學會・新華學校・鄭海專門・女子文專・尚賢中學・紹興旅滬公學・餘姚青年協社・東亞同文書院・同德醫專・引翔鄉立胡家橋小學・胡家橋商聯會義務小學・澄衷中學・浦河涇鄉立第一小學・大同大學・文生氏英專・滬江女子體育專校・民生女學・中華職業學校自治會・南洋中學・江南英文專修學院・新申學院・省立第二師範・聖芳濟學生會・立達中學・江南學院・遠東商專・東方藝術・民國公學・國語傳習所上寶第一校・浦東中學・東吳二中・紹興學生代表團・滬江大學・法比瑞同學會・慧賢女學・三山小學・中法學校・中華救國學生同志會・報關業義務學校・滬[illegible]附中・南洋醫大・啟賢救國團・九如學校・工部局四公學學生聯合會・海屬淞滬學友會・[illegible]國公學・神州女學・珠玉學校・人和產科學校・[illegible]國女學・廣肇義務學校・山西旅滬學界同鄉會・[illegible]同濟大學・暨南大學「工界」上海總工會・上海電話工會・[illegible]絲工會・楊樹浦電工委員會・內外棉工會・公共租界[illegible]方紗廠工會・中華海員工會上海支部・振中牙刷工會・[illegible]美最時牛皮工會・祥生鐵廠工會・字林西報全體印刷工[illegible]福建運輸工會・雕花業工會・大豐紗廠工會・上海工部局[illegible]怡和紗廠工會・洋務職業協會・粵僑工界聯合會・[illegible]同人・實業研究會・印刷工會・雙輪牙刷廠・上海牙刷[illegible]聯合總會・嶺南茶點工業會・織襪友誼會・同興工會・[illegible]紗廠工人互濟會・大康紗廠工會・裕豐紗廠工會・新怡和[illegible]會・滬南紗廠工會・楊樹浦英商肥皂廠工會・申新紗廠・楊樹浦[illegible]廠工人聯會・上海印刷公司工會・廣東工界同志會・溥益紗廠工會・工部局總機廠工會・南方製革廠・馬燈廠工會・福興麵粉廠工會・大英烟草公司職工同志會・勞工青年會・上海職工青年會・上海船務棧房工會・紙業同人會・海寧旅滬協會・織襪總工會・北區織工會・安徽駐滬勞工會・上海工團聯合會・洋務職業工會・中華勞動會・洋務工會・華商自來水工程同業會・冠生園工廠・織襪友誼會・中華勞工會・雙輪牙刷公司職員會・浦東日商紗廠・同興紗廠・別發印刷廠・振泰紗廠・金銀工人互助會・裕和紗廠工會・電氣工業聯合會「商界」滬東商聯會・工商友誼會・福建路商界聯合會・九路商界聯合會・民國路商界聯合會・百新公司・寶山縣店商會・山西路商界聯合會・浙江路商聯會・山東路商聯會・愛多亞路商聯會・文監師路商聯會・民國路聯合會・河南路商聯會・滬西四路商界聯合會・南京路商界聯合會・滬北五區商業聯合會・閘北商會・南市東北城商會・五馬路商界聯合會・漢口路商界聯合會・北四川路崇明路商界聯合會・廣西貴州勞合三路商聯會・滬南六路商聯會・虹口六路商聯會・滬南東區商業聯合會・寧波路商界聯合會・西華德路商界聯合會・滬東商聯會・北山西唐家弄兩路商聯會・各省旅滬商幫聯合會・呢絨同業會・天潼福德商聯會・滬南商業工會・百老滙路商聯會・滬北六路商聯會・物華天寶路商聯會・滬西九路商聯會・閘北商聯會・海寧路商聯會・法租界商業會・引翔港工商聯合會・浙江路商聯會・胡家橋商聯會・閘北十一路商聯會・上寶大場工商協助會・旅滬漢冶協商公會「其他團體」少年宣講團・全國國民同志會・三友社・丹陽旅滬協會・中華國民宣講團・溫州同鄉會・寧波會館衛隊・市民演講團・基督教行傳道團・導社・壬戌友誼社・上海古玩公會・中華書局總廠・寶山各界聯合會・廣帮同業相扶社・廣東自治會・[illegible]家護保衛團・[illegible]醫社・上海對日外交市民大會・中華全國國民同志會・旅滬全皖各界聯合會・旅滬江陰同鄉會・上海羣社・蘇皖公民友誼會・國民黨區二分部・三區十七分部・三區六分部・亞東醫院・中華愛國工藝社・[illegible]保存會・北京民報社・晨光美術會・北山西路[illegible]公會・同志服務團・中華五卅救國團・同業相扶社・商專和平促進會・精武體育會・友聯影片公司・江陰各界聯合會・地方維持會・葵溪旅滬同志會・青年救國團・青年服務團・國民天職會・浦東同人會・萬國道德會・華商烟草公司・華僑聯合會・公立上海醫院救護隊・商務印書館後援會・浦西自治策進會・南通學生上海五卅血案後援會・文明書局同人進德會・合羣社・救亡同志會・勵志宣講團(昨日到會團體甚多、匆促之間、難以盡錄、其以個人或商店名義到會者、一概從略)

南京路惨案之昨讯・十万市民之集会游行・到会之团体

学界：复旦大学、上海大学、南洋大学、招商局公学、复旦附中、景平女学、中法工专、震旦大学、南方大学、亚东医专、国立自治学院、海澜英专、文治大学、宏才大学、普惠学校、惠灵学校、景贤女学、南洋高商、持志大学、清心中学、商科中学、务本女学、上海中医专校、南市商科中学、青年会、中国女子体育学校、民立中学、东华大学、青年会高级中学、宝山路务本学校、重庆路崇德学校、上海学生会法律委员会、上海法政大学、上海商科大学、民智宣传团、上宝小学教职员联合会、美术专门、武学院、东亚体育专门、公立商专、简捷学校、中华工专、三江学校、两江女体师、勤业女师、沪江五区义务学校、上海县立敬业初级中学、上海艺术师大、贵州留沪学会、安徽旅沪同学会、新华学校、邮海专门、女子文专、尚贤中学、绍兴旅沪公学、余姚青年协社、东亚同文书院、同德医专、引翔乡立胡家桥小学、胡家桥商联会义务小学、澄衷中学、漕河泾乡立第一小学、大同大学、文生氏英专、沪江女子体育专校、民生女学、中华职业学校自治会、南洋中学、江南英文专修学院、新申学院、省立第二师范、圣芳济学生会、立达中学、江南学院、远东商专、东方艺术、民国公学、国语传习所上宝第一校、浦东中学、东吴二中、绍兴学生代表团、沪江大学、法比瑞同学会、群贤女学、三山小学、中法学校、中华救国学生同志会、报关业义务学校、沪江附中、南洋医大、启贤救国团、九如学校、工部局四公学学生联合会、海属淞沪学友会、吴淞中国公学、神州女学、珠玉学校、人和产科学校、民国工艺女学、爱国女学、广济义务学校、山西旅沪学界同乡会、苏州旅沪学生会、同济大学、暨南大学。工界：上海总工会、上海电话工会、上海绢丝工会、杨树浦罢工委员会、内外棉工会、公共租界电车工会、东方纱厂工会、中华海员工会上海支部、振中牙刷工会、浦东工会、美最时牛皮工会、祥生铁厂工会、《字林西报》全体印刷工人、上海福建运输工会、雕花业工会、大丰纱厂工会、上海工部局总厂、老怡和纱厂工会、洋务职业协会、粤侨工界联合会、《汇文西报》全体同人、实业研究会、印刷工会、双轮牙刷厂、上海牙刷工会、印刷联会总会、岭南茶点工业会、织袜友谊会、同兴工会、杨树浦恒丰纱厂工人互济会、大康纱厂工会、裕丰纱厂工会、新怡和布厂工会、源通纱厂工会、杨树浦英商肥皂厂工会、申新纱厂、杨树浦铁厂工人联会、上海印刷公司工会、广东工界同志会、溥益纱厂工会、工部局总铁厂工会、南方制革厂、马灯厂工会、福兴面粉厂工会、大英烟草公司职工同志会、劳工青年会、上海职工青年会、上海船务栈房工会、纸业同人会、海盐旅沪协会、织袜总工会、北区袜工会、安徽驻沪劳工会、上海工团联合会、洋务职业工会、中华劳动会、洋务工会、华商自来水工程同业会、冠生园工厂、织袜友谊会、中华劳工会、双轮牙刷公司职员会、浦东日商纱厂、同兴纱厂、别发印刷厂、振泰纱厂、金银工人互助会、喜和纱厂工会、电气工业联合会。商界：沪东商联会、工商友谊会、福建路商界联合会、九路商界联合会、民国路商界联合会、百新公司、宝山罗店商会、山西路商界联合会、浙江路商联会、山东路商联会、爱多亚路商联会、文监师路商联会、民国路联合会、河南路商联会、沪西四路商界联合会、南京路商界联合会、沪北五区商业联合会、关北商会、南市东北城商会、五马路商界联合会、汉口路商界联合会、北四川路崇明路商界联合会、广西贵州劳合三路商联会、沪南六路商联会、虹口六路商联会、沪南东区商业联合会、肇嘉路商界联合会、西华德路商界联合会、沪东商联会、北山西唐家衖两路商联会、各省旅沪商帮联合会、呢绒同益会、天潼福德商联会、沪南商业工会、百老汇路商联会、沪北六路商联会、物华天宝路商联会、沪西九路商联会、闸北商联会、海宁路商联会、法租界商业会、引翔港工商联合会、浙江路商联会、胡家桥商联会、闸北十一路商联会、上宝太嘉工商协助会、旅沪汉帮棉商公会。其他团体：少年宣讲团、全国国民同志会、三友社、丹阳旅沪协会、中华国民宣讲团、温州同乡会、宁波会馆南厂、市民演讲团、基督教行布道团、导社、壬戌友谊社、上海古玩公会、中华书局总厂、宝山各界联合会、广帮同业相扶社、广东自治会、董家渡保卫团、联筹社、上海对日外交市民大会、中华全国民同志会、旅沪全皖各界联合会、旅沪江阴同乡会、上海群社、苏皖公民友谊会、国民党区二分部、三区十七分部、三区六分部、亚东医院、中华爱国工艺社、书业保存会、北京民报社、晨光美术会、北山西路商学社机器公会、同志服务团、中华五卅救国团、同业相扶社、南粤和平促进会、精武体育会、友联影片公司、江阴各界联合会、地方维持会、菉溪旅沪同志会、青年救国团、青年服务团、国民天职会、浦东同人会、万国通德会、华商烟草公司、华侨联合会、公立上海医院救护队、商务印书馆后援会、浦西自治策进会、南通学生上海五卅血案后援会、文明书局同人进德会、合群社、救亡同志会、励志宣讲团。（昨日到会团体甚多，匆促之间，难以尽录，其以个人或商店名义到会者，一概从略）

1925 年 6 月 12 日第十三版

中華民國十四年六月十二日星期五　申報第四張　舊曆乙丑閏四月二十日（十三）

本埠新聞

南京路慘案之昨訊

南京路慘案之昨訊

㈡五卅慘案公廨昨日訊結

▲被告一律具結開釋

▲上午之審訊　五卅慘劇、老閘捕房逮捕諸人、昨由公共公廨第三次研訊、公廨內外警備如前、上午九時半、關正會審官與美國副領事升座第五刑庭、首由被告方面代表梅華銓律師、命見證寶隆醫院西醫華人曾立羣上堂、證明渠所驗受傷兩人之傷狀、據曾氏稱、此次事件、投該院醫治者兩人、㈠陳寶璁、傷在耳旁、彈從前面抑後射進、不能斷定、此人現已治愈、㈡陳鶴年、背後左面有一洞、彈未穿出、經開刀取出槍彈、創口現尚有膿、熱度業已壓平、惟不能保其熱度能否不高、言畢退去、梅華銓律師起稱、尚有五屍、並經檢察廳檢驗、槍彈皆從後背射入、攝影留存、堂上可函檢察廳吊取該項證據、到案證明、蓋因捕房否認彈從背入、故敝律師提出此項請求、關君謂此屬於外交上之調查、對於本案被告、無調查此項證據之必要、遂傳被告蔡鴻立上堂、由梅律師詰問、據蔡供稱、廣東人、年二十二歲、在上海大學英文科肄業、已有兩年、卅號下午一句餘鐘、與同學男生十二名出外、至西藏路、正欲擇地演講日人慘殺華工顧正紅事、被西捕頭率兩華捕來拘捕、我及另一同學遂與同去、並未抵抗、其餘十人則隨往、被捕時捕頭詢我等知否租界法律、答以不知、時我祇執有學生演講團小旗一面、此外無別種武器、本團及其餘演講團、是日皆無暴動之意、此舉亦非受過激黨指使或利用、更不知何爲過激黨、當時未說打殺外國人及推翻外國人之語、檢察我在捕房聽得、蔡並答復捕房律師所詰之言、謂上大有中文·英文·美術·社會四科、其餘科目、雖有其名、尚未設備、我不知校內有共產書籍被捕房抄去之事、邵力子係代理校長、被涉訟之事、我於報上閱悉、我係大學學生、無論任何書籍、均可研究、關君問該生「演講發傳單等事、中國向來有無此項習慣」、答「有」、梅律師繼向老閘捕房坐寫字間之六十八號三道頭惠爾格司詰問老閘捕房建設之形勢一過、隨詢以當時巡捕若退至鐵門口、則人衆當不能擁進捕房、或竟將鐵門關閉、人衆亦不能衝進之語、該西捕答稱、隔壁有矮墻、可以扒進、若人多可踏肩上而進、然在門內之巡捕、可以開槍制止、又詢以各學生拘到捕房時之情形、該捕答稱、各學生有係拘進者、有係隨進者、在寫字間內並無抵抗、[illegible]之[illegible]、亦無其他兇器、救火車之皮帶、係於開槍之後用過、梅律師詰「若巡捕與退至後面、或將鐵門關閉、是否有[illegible]對付」答「然」問開槍之後、是否又拘獲人五六名」答「是」、梅律師問「所拘獲人、是否與[illegible]有關」、「答[illegible]無關係」、內祇一名因係過犯拘押、餘即釋放、繼傳被告俞茂[illegible]上堂、由其代表何律師詰問、據俞供稱、[illegible]人、業[illegible]器匠、家住老縣前、是日下午[illegible]由家出外、先至十六鋪、再至外灘、乘一路電車經過南京路、[illegible]天茶館門首、在車內見途中有二三百人、學生僅十餘名、有被巡捕抓住衣領者、我遂下車觀看、並隨人衆向西行、蓋我欲知學生究因何事被捕、迨至新新公司處、人已逾千、我站於該處約二三分鐘、見前面之人向後退、並聞喊哭呼救聲、因有人被巡捕毆打、故向後退者復前進、時我已捲入人叢、隨之而進、至同昌車行門首、站於堦沿上、人甚擁擠、詢其故、以尚有學生在捕房欲要求釋放耳、旋即聞槍聲無數、我驚而逃、被人從後面抓住衣領、我因槍聲、魂已嚇散、故拘我者不知係何人、並被毆擊腰背、又將我批頰一下、我遂倒地、口出鮮血、後由紅會病車送往醫院、醫生驗無有傷、我以驗不痛、痛在腰間、次日稍愈、欲歸、被捕房將我拘去、我與學生游行演講分發傳單等事、概無關係、我係局外人、以我所見情形、憑良心主張、學生極安分、並無暴動、我尚見有一人推外國人、被學生阻止、蓋其人係欲上前觀看者云云、繼傳被告瞿景白上堂、由梅律師詰問、據瞿供稱、年二十歲、常州人、在上海大學社會科肄業、朋友中素無俄人、不知過激黨之事、是日下午係放假、故我出外至先施公司門前、見有同學演講、我未參加、因巡捕拘拿學生、旁人詢問學生今日何事演講、我答以不知、並隨羣衆至捕房門前、見有巡捕列隊立於捕房門口、羣衆並未沖進捕房、時有一穿便衣形似包探者、指令一巡捕將我拘去、人衆並不因我被捕、發生抵抗、或擁上之事、而我亦並未抵抗、槍聲我在捕房所聞、羣衆之往也、係欲明捕房將學生拘去之如何辦法、美領問「爾係提倡、已研究社會學、四書五經曾否讀過」、答「已經讀過」、問「孔子曰、三十而立、四十而不惑一章、爾能解其言否」、答「此爲二千年以前學說、今不適用矣」、合座大笑、美領亦[illegible]、本領事與關正會審官猶服膺孔子之學、關君亦詢以「四書內少之時一章、血氣方剛、戒之在鬥、爾知之乎」、答「我並不來鬥」、關君再問「以中國現狀而論、爾以爲宜建設乎、抑破壞乎」、答「我主張破壞舊的、同時建設新的」、美領謂「治世如治病、譬如人病重、先當設法醫治使愈、不能使其死後另求爲少年、新劇所需急進者矣、中外感情素洽、因爾等[illegible]舉動、以致感情大壞、我欲爾成宜戰之勢」、繼傳楊思盛上堂、詰據供稱、四川人、年十八歲、在上海大學中文科肄業、是日我執小旗、預備演講日人打死勞工之事、被捕時、並未抵抗、並不知係違犯租界章程、捕房律師亦向楊駁詰數語、美領論之曰、「在案諸人、爾年最幼、宜與父母家居爲是」、關君亦論之曰、「爾爲蜀人、余係鄂籍、彼此鄉音相似、余今以數語相勗、爾之愛國舉動、固屬不錯、且凡屬國人、均應具愛國心、惟愛國須先辨定途徑、擇其有益而舍其有損者爲之、爾其勉旃」、該生唯唯、時已十二句半鐘、遂閉庭、

▲午後之審訊　午後二句半鐘、繼續開審、先由被告代表梅華銓律師聲稱、被告中有許多人受傷、現經醫愈、站立公堂、步力不足、要求准坐、堂上准之、遂由何飛律師向被告王宇春詰據供稱、湖州人、二十歲、在上海大學讀文科、五卅星期六一句三刻鐘、與同學出校、爲良心自動、至南京路演講日人慘殺我中國同胞、因我中華人內容不甚明瞭、故演講與人聽聽、並非激動人心、仇視日人、更無排外思想、祇有五分鐘時、捕房之人到來、將我奪拘去、當時並無抵拒、既被拘捕、由捕頭略問數語、將我等管押、迨至三句多鐘、聞外面有槍聲、連續開放、覺得甚悽慘、對於演講、係我國民良心發現、不知違犯租界章程、而捕房律師梅脫蘭亦向王磐詰一過、並據蔣明卿上堂、由梅華銓律師詰據供稱、英國大同醫學校畢業、在山東路仁濟醫院擔任外科醫生有十四年、五卅下午、此案發生、適我在醫院服務、當時見車來醫院醫治受傷之中國人、約有二十人、其時與樣醫生等五人、擔任用手術醫治、我經治六人、(其一)槍彈由後背而進、至前胸而出、此人未幾身死、(其二)背上受槍彈擦傷、此人已出院、(其三)槍彈從右邊橫面大腿旁進、洞穿左邊而出、當日即死、(其四)傷右臂、彈從後面進、已於九號身死、(其五)傷左腿、彈從後進、此人尚在醫院醫治、(其六)下頦微傷、以上各傷者、若距離槍處近、則皮膚當有火藥色、但我未見有此色、凡距開槍愈近者、其射進之創口愈小、遠者則大、捕房律師問「爾所治之人、有傷臂者、當時若其人將手舉起、槍彈當可從該處射進」」答「照醫理上查驗、手臂下垂」、問「爾既爲見證、應當實說」、答「我係教會中人、所言係公道話」、並稱、所治六人、內有兩名彈從旁邊、四名彈從後面射入、又由仁濟醫院醫生謝應瑞上堂、經梅律師詰以醫治情狀、謝氏稱、共治三人、(其一)左右股對穿、(其二)彈傷左腿、(其三)右手臂彈傷、以上三名、當時均因急於救治、不暇詳細研究、其彈從何方面射入、繼傳被告陳鐵梅上堂、由何律師詰據供稱、寓浜人、在廣濟義務小學校爲教員、禮拜六學生運動、我校並不參加、是日下午一時、往靜安寺路訪友、嗣乘電車回、車至新世界、見人甚多、乃下車朝東步行、至新新公司處、見學生或商人被捕、途人約千餘、互相擠推、我心竊想救被捕學生、然未有動作、當走過捕房門前時、印捕執槍守於該捕房門首、在途中拘人之巡捕、則執警棍、學生兩手伸出向下掀、表示欲和平之意、開槍時、我已至先施公司門前、共聽得槍聲兩排、約四十餘響、槍聲止後、我仍緩行、被人擠跌、巡捕擊我四下、受傷肇去、經先施公司後面之小烟紙店中人、將我扶上黃包車、送歸家內、由家人送仁濟醫院、住院四天、將傷治愈、因欲回家、該院以電話通知捕房、派人到院、將我逮捕、陳並答復捕房律師之詰問、謂我與上海大學素不相識、從無往來云云、又傳被告黃儒京上堂、由梅華銓律師詰據供稱、廣東人年二十二歲、在上海大學肄業、以下所言、其預備演講及被捕情形、與蔡鴻立之供詞相仿、(黃蔡係同一演講團並同時被捕)、梅律師又向被告陳福秋詰據供稱、在大世界爲伶、串文旦、我非暴動者、家住七浦路、是日下午三時、由大世界歸家、經過大馬路口、見巡捕打學生、我與同行之一人、立於捕房斜對面之照相館門首、見捕房門口印捕皆執槍、我以其地極危險、正欲舉步行、不料槍聲已響、流彈從我後面右脚掠過、嗣赴仁濟醫院、經醫生將彈破之肉皮一塊割去、次日欲出院、該院以電話通知捕房、派兩外人來、將我逮捕、當時我未聞有打死外國人之呼聲、羣衆並非欲擁進捕房、係欲向新世界方面而去、但被巡捕阻住、巡捕與羣衆相隔兩條電車軌道、未曾看見捕頭舉槍、向羣衆警告等語、梅律師又向仁濟醫院醫生英國人台立爾詰問醫治傷者情狀、據台氏稱、卅號夜被共查驗傷者十五人、內有兩人當時身死、此十五名、計分彈從前面擊傷者八、彈從旁邊擊傷者四、餘三人可以定其彈從背後擊進、捕房律師命仁濟醫院院長台文下上堂、報告卅號該院共醫治十七人之傷狀、台氏首先聲明、各傷者均非彼本人醫治、皆由主治之各醫生向其報告、據彼十七張傷單逐一講述、其傷單號碼、五八一傷背、五八二傷胸、彈從前進、五八三下部受傷、五八四傷胸、彈從前進、五八五傷胸、彈從前進、五八六傷腿、彈從前進、五八七傷腿、彈從前進、五八八傷腿、彈從前進、五八九傷兩足、彈從前進、五九〇傷右臂、彈從前進、五九一傷足、彈從前進、五九二傷足、彈從前進、五九三傷股、槍彈前後皆可進、不能斷定、五九四胸部微傷、槍彈前後皆可進、不能斷定、五九五·五九六均祇皮膚青色、係擊傷、五九七傷腹、彈從前進、五九八傷足、彈從前進、五百九十九號槍彈擦過皮膚微傷、彈由何方而來、不能斷定、六百號之傷者到院即死、未塡傷狀、台氏並答復梅華銓律師之詰問、謂我對於手槍傷、已有經驗、中彈處創口小、出彈處創口大、對於快槍擊傷、極少經驗、故快槍之創口、前後不致決定云云、又傳被告魏春廷上堂、由關君訊據供稱、是日下午三時、我由勞合路行至南京路捕房對面之雲南路口、見人聚集、因佇足面觀、先施公司門首有人圍聚、西捕三四名從人多之處、向捕房來、其後相隨學生及平民甚多、捕房門口、前列者爲印捕、後列者爲華捕、其時人衆在前面者欲向後退、而在後面者則欲上前看、但並無暴動情狀、若有暴烈舉動、我亦不能站於該地、亦未聞高呼之聲、初我對捕房門口之視線甚切、後因人多遂看不淸、未見巡捕舉槍警告、更未聞停停之聲、我以爲學生演講、乃一種文明舉動、捕房不致開槍、及既開槍、我身中流彈、彈穿夾襖小褂、肌肉被擊一圓洞、又向被告范張寶訊據供稱、在英美烟公司電影部爲演員、是日下午、約三句鐘後、經過先施公司門首、見人甚多、迨至新新公司門首、人乃更多、有執旗者、我並於途中拾得傳單、嗣行至同昌車行門首、見巡捕拘一學生往捕房、其時後面之人欲擁上、而前面者欲退下、致我亦被擠、迨聞槍聲、我即臥地、後因手向背部一摸、手上有血、遂投仁濟醫院、經醫生驗明背部被流彈擦過、受微傷等語、至此、雙方人證均已訊畢、關君宣諭原被兩造之各律師、進行辯論、惟所辯祇限於捕房控告之案情、不能牽及關於外交問題、辯論時間、各以十分鐘爲度、遂先由被告代表何律師辯護一過、惟被告方面、尚有梅華銓·江一平·陳霆銳三律師、則推梅律師辯護、由江律師傳譯、辯畢、捕房律師略辯數語、乃告終結、

▲中西官之判詞　時已七句鐘、中西官退入休息室、磋商良久、升座、先由關君宣佈本案判詞云、本案應分兩個問題、㈠對於捕房拘解被告人等、是否有犯罪行爲、應由本公堂訊判、㈡對於捕房開槍行爲之是否正當、應俟外交當局調查解決、茲本公堂訊得被告人等、大多數係屬青年學子、因日人工廠內工人被殺、在租界內結隊演講、散發傳單、本公堂認爲無欲暴動之意、且其拘入捕房時間、均在發生開槍事件以前、尚有少數被告、訊係馬路駐看閑人、被告等着一律具結開釋、保洋發還、本埠發生此不幸重案、本公堂甚爲惋惜、汝等青年學子、具有愛國思想、宜爲國珍重、力持鎮靜、聽候解決、是所厚望、繼美領雅君亦宣諭西文判詞、由江一平律師譯其大意、謂本領事任公堂陪審之職、已歷七載、與中外感情極爲和洽、今不幸發生此重大案件、殊爲惋惜、汝等今具結出外、靜候解決可也云云、判畢閉庭、各人即道謝赴交保處具結、迨一切手續終了、已八句鐘、公廨內外之警備、亦於同時撤退、而五卅案內之關於法律部份、遂告結束矣、

南京路惨案之昨讯·五卅惨案公廨昨日讯结·被告一律具结开释

上午之审讯。五卅惨剧，老闸捕房逮捕诸人，昨由公共公廨第三次研讯，公廨内外警备如前。上午九时半，关正会审官与美雅副领事升座第五刑庭。首由被告方面代表梅华铨律师命见证宝隆医院西医华人曾立群上堂，证明渠所验受伤两人之伤状。据曾氏称，此次事件投该院医治者两人：（一）陈宝聪，伤在耳旁，弹从前面抑后射进，不能断定。此人现已治愈。（二）陈鹤群，背后左面有一洞，弹未穿出，经开刀取出枪弹，创口现尚有脓，热度虽已压平，惟不能保其热度能否不高。言毕退去。梅华铨律师起称："尚有五尸并经检察厅检验，枪弹皆从后背射入，摄影留存。堂上可函检厅吊取该项证据，到案证明。盖因捕房否认弹从背入，故敝律师提出此项请求。"关君谓此属于外交上之调查，对于本案被告，无调查此项证据之必要。遂传被告蔡鸿立上堂，由梅律师诘问。据蔡供称："广东人，二十二岁，在上海大学英文科肄业已有两年。卅号下午一句余钟，与同学男生十二名出外，至西藏路，正欲择地演讲日人惨杀华工顾正红事，被西捕头率两华捕来拘捕。我及另一同学遂与同去，并未抵抗，其余十人则随往。被捕时捕头询我等知否租界法律，答以不知。时我只执有学生演讲团小旗一面，此外无别种武器。本团及其余演讲团，是日皆无暴动之意。此举亦非受过激党指使或利用，更不知何为过激党。当时未说打杀外国人及推翻外国人之语，枪声我在捕房听得。"蔡并答复捕房律师所诘之言，谓："上大有中文、英文、美术、社会四科，其余科目，虽有其名，尚未设备。我不知校内有共产书籍被捕房抄去之事，邵力子系代理校长，彼涉讼之事，我于报上阅悉。我系大学学生，无论任何书籍，均可研究。"关君问该生："演讲发传单等事，中国向来有无此项习惯？"答："有。"梅律师继向老闸捕房坐写字间之六十八号三道头惠尔格司诘问老闸捕房建设之形势一过，随询以当时巡捕若退至铁门口，则人众当不能拥进捕房，或竟将铁门关闭，人众亦不能冲进之语。该西捕房答谓，隔壁有矮墙，可以扒进，若人多更可踏肩上而进，然在门内之巡捕，可以开枪制止。又询以各学生拘到捕房时之情形。该捕答称："各生有系拘进者，有系随进者，在写字间内并无抵抗，除所执之旗外，亦无其他凶器。救火车之皮带，系于开枪之后用过。"捕房律师诘："若巡捕真退至后面，或将铁门关闭，是否有亏职责？"答："然。"问："开枪之后，是否又拘获俄人五六名？"答："是。"梅律师问："所拘俄人，是否与此事有关？"答："皆无关系，内只一名因系过犯拘押，余即释放。"继传被告俞茂怀上堂，由其代表何律师诘问。据俞供称：徽州人，业机器匠，家住老县前。是日下午二时，由家出外。先至十六铺，再至外滩，乘一路电车经过南京路一乐天茶馆门首。在车内见途中有二三百人，学生仅十余名，有被巡捕抓住衣领者。我遂下车观看，并随人众向西行。盖我欲知学生究因何事被捕。追至新新公司处，人已逾千。我站于该处约二三分钟，见前面之人向后退，并闻号哭呼救声。因有人被巡捕殴打，故向后退者复前进，时我已卷入人丛，随之而进，至同昌车行门首，站于阶沿上。人甚拥挤，询其故，以尚有学生在捕房欲要求释放耳。旋即闻枪声无数，我惊而逃，被人从后面抓住衣领，我因枪声，魂已吓散，故拘我者不知系何人。并被殴击腰背，又将我批颊一下，我遂倒地，口出鲜血。后由红会病车送往医院，医生验腿有伤，我以腿不痛，痛在腰间。次日稍愈，欲归，被捕房将我拘去。我与学生游行演讲分发传单等事，概无关系。我系局外人，以我所见情形，凭良心主张，学生极安分，并无暴动。我尚见有一人推外国人，被学生阻止，盖其人系欲上前观看者云云。继传被告瞿景白上堂，由梅律师诘问。据瞿供称：年二十岁，常州人，在上海大学社会科肄业。朋友中素无俄人，不知过激党之事。是日下午系放假，故我出外至先施公司门前，见有同学演讲，我未参加。因巡捕拘拿学生，旁人询问学生今日何事演讲，我答以不知，并随群众至捕房门前。见有巡捕列队立于捕房门口，群众并未冲进捕房。时有一穿便衣形似包探者，指令一巡捕将我拘去。人众并不因我被捕发生抵抗或拥上之事，而我亦并未抵抗。枪声我在捕房所闻。群众之往也，系欲明捕房将学生拘去之如何办法。美领问："尔仅才弱冠，已研究社会学，四书五经曾否读过？"答："已经读过。"问："孔子曰三十而立、四十而不惑一章，尔服膺其言否？"答："此为二千年以前学说，今不适用矣。"合座大笑，美领亦莞尔而言，本领事与关正会审官犹服膺孔子之学。关君亦询以"四书内少之时一章，血气方刚，戒之在斗，尔知之乎？"答："我并不来斗。”关君再问：“以中国现状而论，尔以为宜建设乎，抑破坏乎？”答：“我主张破坏旧的，同时建设新的。”美领谓：“治世如治病，譬如人病重，先当设法医治使愈，不能使其死后另成为少年。斯则所谓急进者矣。中外感情素洽，因尔等急进举动，以致感情大坏，几欲酿成宣战之势。”继传杨思盛上堂，诘据供称：四川人，年十八岁，在上海大学中文科肄业。是日我执小旗，预备演讲日人打死劳工之事。被捕时并未抵抗，并不知系违犯租界章程。捕房律师亦向杨驳诘数语。美领谕之曰：“在案诸人，尔年最幼，宜与父母家居为是。”关君亦谕之曰：“尔为蜀人，余系鄂籍，彼此乡音相似，余今以数语相勖。尔之爱国举动，固属不错，且凡属国人，均应具爱国心。惟爱国须先辨定途径，择其有益而舍其有损者为之，尔其勉旃。”该生唯唯。时已十二句半钟，遂闭庭。

午后之审讯。午后二句半钟，继续开审。先由被告代表梅华铨律师声称，被告中有许多人受伤，现虽医愈，站立公堂，步力不足，要求准坐，堂上准之。遂由何飞律师向被告王宇春诘据供称：湖州人，二十岁，在上海大学汉文科。五卅星期六一句三刻钟，与同学出校，为良心自动，至南京路演讲日人惨杀我中国同胞。因我中华人内容不甚明了，故演讲与人听听，并非激动人心、仇视日人，更无排外思想。只有五分钟时，捕房之人到来，将我辈拘去，当时并无抗拒。既被拘捕，由捕头略问数语，将我等管押。迨至三句多钟，闻外面有枪声，连续开放，觉得甚凄惨。对于演讲，系我国民良心发现，不知违犯租界章程。而捕房律师梅脱兰亦向王盘诘一过，并据蒋明卿上堂，由梅华铨律师诘据供称：英国大同医学校毕业，在山东路仁济医院任外科医生有十四年。五卅下午此案发生，适我在医院服务。当时见车来医院医治受伤之中国人，约有二十人。其时与缪医生等五人，担任用手术医治，我经治六人，（其一）枪弹由后背而进，至前胸而出，此人未几身死。（其二）背上受枪弹擦伤，此人已出院。（其三）枪弹从右边横面大腿旁进，洞穿左边而出，当日即死。（其四）伤右臂，弹从后面进，已于九号身死。（其五）伤左腿，弹从后进，此人尚在医院医治。（其六）下颏微伤。以上各伤者，若距开枪处近，则皮肤当有火药色，但我未见有此色。凡距开枪愈近者，其射进之创口愈小，远者则大。捕房律师问：“尔所治之人，有伤臂者，当时若其人将手举起，枪弹当可从该处射进。”答：“照医理上查验，手应下垂。”问：“尔既为见证，应当实说。”答：“我系教会中人，所言系公道语。”并称所治六人，内有两名弹从旁过，四名弹从后面射入。又由仁济医院医生谢应瑞上堂，经梅律师诘以医治情状。谢氏称：共治三人，（其一）左右股对穿，（其二）弹伤左腿，（其三）右手臂弹伤。以上三名，当时均因急于救治，不暇详细研究其弹从何方面射入。继传被告陈铁梅上堂，由何律师诘据供称：宁波人，在广济义务小学校为教员。礼拜六学生运动，我校并不参加。是日下午一时，往静安寺路访友，嗣乘电车回。车至新世界，见人甚多，乃下车朝东步行。至新新公司处，见学生或商人被捕，途人约千余，互相挤推。我心虽想救被捕学生，然未有动作。当走过捕房门前时，印捕执枪守于该捕房门首，在途中拘人之巡捕则执警棍。学生两手伸出向下掀，表示欲和平之意。开枪时，我已至先施公司门前，共听得枪声两排，约四十余响。枪声止后，我仍缓行，被人挤跌，巡捕击我四下，受伤晕去。经先施公司后面之小烟纸店中人将我扶上黄包车，送归家内。由家人送仁济医院，住院四天，将伤治愈。因欲回家，该院以电话通知捕房派人到院，将我逮捕。陈并答复捕房律师之诘问谓“我与上海大学素不相识、从无往来”云云。又传被告黄儒京上堂，由梅华铨律师诘据供称：广东人，年二十二岁，在上海大学肄业。以下所言，其预备演讲及被捕情形，与蔡鸿立之供词相仿。（黄、蔡系同一演讲团并同时被捕）梅律师又向被告陈韵秋诘据供称：在大世界为伶，串文旦。我非暴动者，家住七浦路。是日下午三时，由大世界归家，经过大马路口，见巡捕打学生。我与同行之一人立于捕房斜对面之照相馆门首，见捕房门口印捕皆执枪。我以其地极危险，正欲举步行，不料枪声已响，流弹从我后面右脚掠过。嗣赴仁济医院，经医生将弹破之肉皮一块割去。次日欲出院，该院以电话通知捕房，派两外人来，将我逮捕。当时我未闻有打死外国人之呼声，群众并非欲拥进捕房，系欲向新世界方面而去，但被巡捕阻住。巡捕与群众相隔两条电车轨道，未曾看见捕头举枪、向群众警告等语。梅律师又向仁济医院医生英国人台立尔诘问医治伤者情状。据台氏称：卅号夜彼共查验伤者十五人，内有两人当时身死。此十五名，计分弹从前面击伤者八，弹从旁边击伤者四，余三人可以定其弹从背后击进。捕房律师命仁济医院院长台文卜上堂，报告卅号该院共医治十七人之伤状。台氏首先声明，各伤者均非彼本人医治，皆由主治之各医生向渠报告。

继将十七张伤单逐一诵读，其伤单号码：五八一伤背，五八二伤胸、弹从前进，五八三下部受伤，五八四伤胸、弹从前进，五八五伤胸、弹从前进，五八六伤腿、弹从前进，五八七伤腿、弹从前进，五八八伤腹、弹从前进，五八九伤两足、弹从前进，五九〇伤右臂、弹从前进，五九一伤足、弹从前进，五九二伤足、弹从前进，五九三伤股、枪弹前后皆可进、不能断定，五九四胸微伤、枪弹前后皆可进、不能断定，五九五、五九六均只皮肤青色、系击伤，五九七伤腹、弹从前进，五九八伤足、弹从前进，五百九十九号枪弹擦过皮肤微伤、弹由何方面来不能断定，六百号之伤者到院即死，未填伤状。台氏并答复梅华铨律师之诘问谓：我对于手枪伤，已有经验，中弹处创口小，出弹处创口大。对于快枪击伤，极少经验，故快枪之创口，前后不敢决定云云。又传被告魏春廷上堂，由关君讯据供称：是日下午三时，我由劳合路行至南京路捕房对面之云南路口，见人聚集，因伫足而观。先施公司门首有人围聚，西捕三四名从人多之处向捕房来，其后相随学生及平民甚多。捕房门口，前列者为印捕，后列者为华捕。其时人众在前面者欲向后退，而在后面者则欲上前看，但并无暴动情状。若有暴烈举动，我亦不能站于该地，亦未闻高呼之声。初我对捕房门口之视线甚切，后因人多遂看不清，未见巡捕举枪警告，更未闻“停停”之声。我以为学生演讲，乃一种文明举动，捕房不致开枪，及既开枪，我身中流弹，击穿夹袄小褂，肌肉被击一圆洞。又向被告范张宝讯据供称：在英美烟公司电影部为演员。是日下午约三句钟后，经过先施公司门首，见人甚多。迨至新新公司门首，人乃更多，有执旗者。我并于途中拾得传单，嗣行至同昌车行门首，见巡捕拘一学生往捕房。其时后面之人欲拥上，而前面者欲退下，致我亦被挤。迨闻枪声，我即卧地，后因手向背部一摸，手上有血，遂投仁济医院，经医生验明背部被流弹擦过、受微伤等语。至此，双方人证均已讯毕。关君宣谕原被两造之各律师进行辩论，惟所辩只限于捕房控告之案情，不能牵及关于外交问题，辩论时间各以十分钟为度。遂先由被告代表何律师辩护一过，惟被告方面尚有梅华铨、江一平、陈霆锐三律师，则推梅律师辨［辩］护，由江律师传译。辩毕，捕房律师略辩数语，乃告终结。

中西官之判词。时已七句钟，中西官退入休息室，磋商良久。升座，先由关君宣布本案判词云：本案应分两个问题：（一）对于捕房拘解被告人等是否有犯罪行为，应由本公堂讯判。（二）对于捕房开枪行为之是否正当，应俟外交当局调查解决。兹本公堂讯得被告人等，大多数系属青年学子。因日人工厂内工人被杀，在租界内结队演讲、散发传单，本公堂认为无欲暴动之意，且其拘入捕房时间，均在发生开枪事件以前。尚有少数被告，讯系马路驻看闲人。被告等着一律具结开释，保洋发还。本埠发生此不幸重案，本公堂甚为惋惜。汝等青年学子具有爱国思想，宜为国珍重，力持镇静，听候解决，是所厚望。继美领雅君亦宣谕西文判词，由江一平律师译其大意，谓本领事任公堂陪审之职，已历七载，与中外感情极为和洽。今不幸发生此重大案件，殊为惋惜。汝等今具结出外，静候解决可也云云。判毕闭庭，各人即遵谕赴交保处具结。迨一切手续终了，已八句钟。公廨内外之警备亦于同时撤退，而五卅案内之关于法律部分，遂告结束矣。

1925年6月12日第十三版

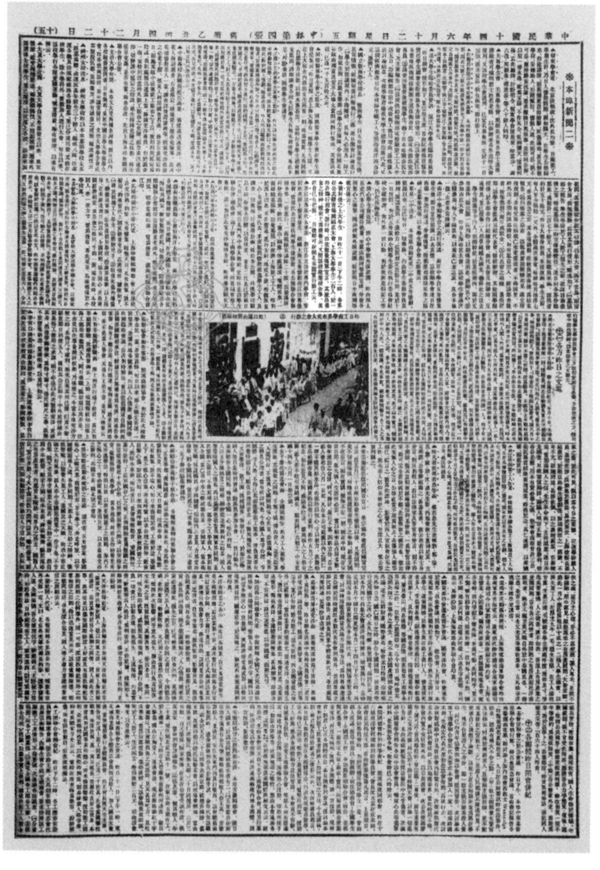

▲被封後之上大學生　日昨（十一日）下午二時、各界在公共體育塲開國民大會、上海大學學生二百人、於一時許即行到會、游行時、沿途散發傳單宣言、其激昂勇奮之精神、較前尤爲煥發云、又聞該校建築校舍事、其經費已有把握、一月後即可在閘北宋園實行動工云、

被封后之上大学生

日昨（十一日）下午二时，各界在公共体育场开国民大会，上海大学学生二百人，于一时许即行到会。游行时，沿途散发传单宣言，其激昂勇奋之精神，较前尤为焕发云。又闻该校建筑校舍事，其经费已有把握，一月后即可在闸北宋园实行动工云。

1925年6月12日第十五版

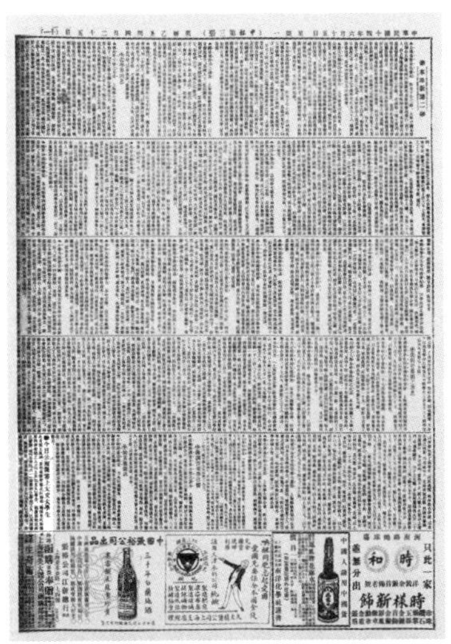

今日公廨開審上大文大學生

此次滬上風潮、最初爲慘殺顧正紅而起、繼因普陀路捕房拘押救助工人之「上大」「文大」學生、而激成南京路之慘劇、現「五卅」「六一」諸被押之學生工人、已次第審決、無罪釋放、而最初被捕之「上大」「文大」五學生、亦由公廨通知、於今日及十七十九三日開審、聞各該校已聘定律師、預備到堂辯護、而上海學生聯合會、亦請有律師出爲義務辯護云、

今日公廨开审上大文大学生

此次沪上风潮，最初为惨杀顾正红而起，继因普陀路捕房拘押救助工人之“上大”“文大”学生，而激成南京路之惨剧。现“五卅”“六一”诸被押之学生工人，已次第审决，无罪释放。而最初被捕之“上大”“文大”五学生，亦由公廨通知，于今日及十七、十九三日开审。闻各该校已聘定律师，预备到堂辩护，而上海学生联合会，亦请有律师出为义务辩护云。

1925年6月15日第十一版、第十二版

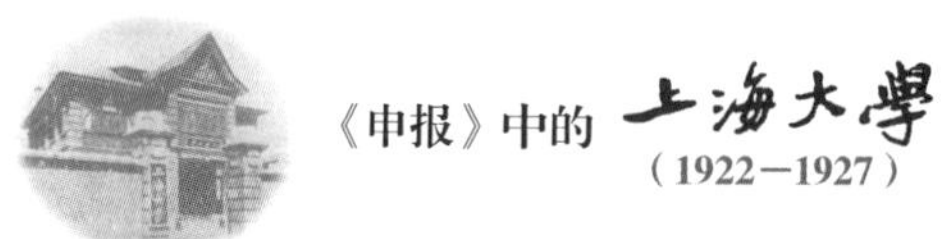

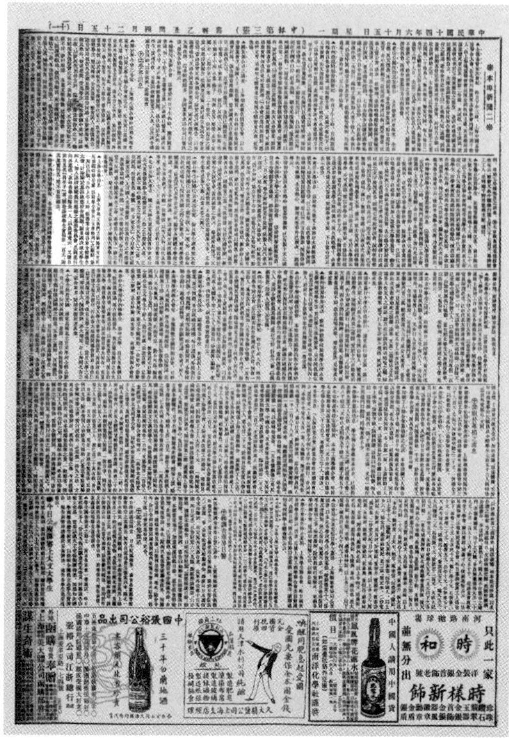

▲上海大學消息　上海大學租定西門方斜路東安里房屋爲臨時辦公處、該校學生會有『五卅特刊』之編輯、第一期已出版、日昨上午九時、假勤業女師召集全體學生大會、討論關於募捐建築校舍問題、結果議決推定學生四人、加入該校教職員所組織之募捐委員會、共同進行向外募捐、並每省舉出隊長一人、以負專責云、　又聞日前有具名『自平子』者、親赴該校學生會捐洋一百元、詢其眞實姓名、堅不肯答而去、

上海大学消息

上海大学租定西门方斜路东安里房屋为临时办公处。该校学生会有《五卅特刊》之编辑，第一期已出版。日昨上午九时假勤业女师召集全体学生大会，讨论关于募捐建筑校舍问题。结果议决推定学生四人加入该校教职员所组织之募捐委员会，共同进行向外募捐，并每省举出队长一人，以负专责云。又闻日前有具名“自平子”者，亲赴该校学生会捐洋一百元，询其真实姓名，坚不肯答而去。

1925年6月15日第十二版

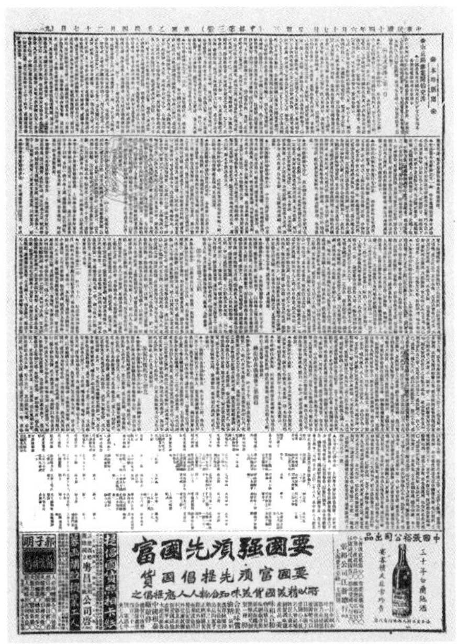
要國強須先國富
要國富須先提倡國貨

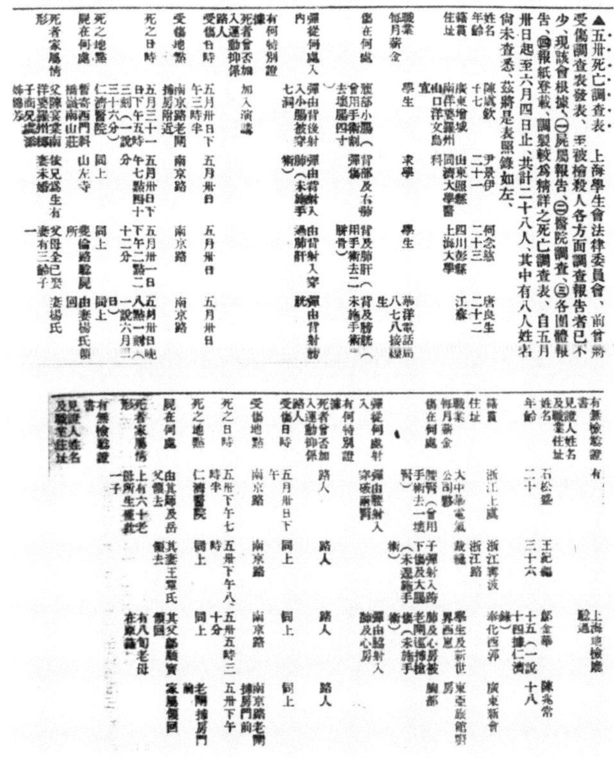

▲五卅死亡調查表　上海學生會法律委員會、前曾將受傷調查表發表、至被槍殺人各方面調查報告者已不少、現該會根據、㈠屍屬報告、㈡醫院調查、㈢各團體報告、㈣報紙登載、調製較爲精詳之死亡調查表、自五月卅日起至六月四日止、共計二十八人、其中有八人姓名尚未查悉、茲將是表照錄如左、

姓名	陳虞欽	尹景伊	何念慈	唐良生
年齡	十七	二十一	二十三	二十二
籍貫住址	廣東增城南洋婆羅州山口洋文島宜	山東照縣同濟大學醫科	四川彭縣上海大學	江蘇
職業每月薪金	學生	求學	學生	華洋電話局八七八接線生
傷在何處	腹部小腸(曾用手術割去壞腸四寸)	背部及右肺彈傷	背及肺肝(用手術去二脅骨)	背及膀胱(未施手術)
彈從何處入內	彈由背後射入小腸被穿七洞	彈由背射入肺(未施手術)	由背射入穿過肺肝	彈由背射膀胱
有何特別證據死者曾否加入運動抑係路人	加入演講			
受傷日時	五月卅日下午三時半	五月卅日	五月卅日	五月卅日
受傷地點	南京路老閘捕房附近	南京路	南京路	南京路
死之日時	五月三十一日下午五時三刻(一說三十六分)	五月卅日下午七點四十分	五月卅一日下午二點二十二分	五月卅日晚八點一刻(一說六月二日)
死之地點	仁濟醫院	同上	同上	同上
屍在何處	暫寄西門斜橋湖南山莊	山左寺	愛倫路驗屍所	由妻楊氏領回
死者家屬情形	父陳宴棠南洋婆羅州[illegible]子商兄[illegible]姊妹[illegible]	依兄爲生有妻未婚	父母全已娶妻有三齡子一	妻楊氏
有無檢驗書	有		上海東檢廳驗過	
見證人姓名及職業住址				

姓名	石松盛	王紀福	鄔金華	陳兆常
年齡	二十	三十六	十五(一說十四)	十八
籍貫	浙江上虞	浙江寧波	奉化西郭	廣東新會
住址		浙江路		
職業每月薪金	大中華電氣公司夥	裁縫	學生及新世界西崽	東亞旅館茶房
傷在何處	腰腎(曾用手術去一壞腎)	子彈射入胯下傷及大腸(未遑施手術)	肺及心房被老閘巡捕槍傷(未施手術)	胸部
彈從何處射入	彈由腰射入穿破兩腎		彈由脇射入肺及心房	
有何特別證據死者曾否加入運動抑係路人	路人	路人	路人	路人
受傷日時	五月卅日下午	同上	同上	同上
受傷地點	南京路	南京路	南京路	南京路老閘捕房門前
死之日時	五卅下午七時半	五卅下午八、[illegible]時	五卅五時三十分	五卅下午
死之地點	仁濟醫院	同上	同上	老閘捕房門前
屍在何處	由其姊及岳父領去	其妻王氏領去	其父鄔順寶領回	家屬領回
死者家屬情形	上有六十老母所生僅此一子	有八旬老母在原籍		
有無檢驗書				
見證人姓名及職業住址				

五卅死亡调查表

上海学生会法律委员会前曾将受伤调查表发表，至被枪杀人各方面调查报告者已不少，现该会根据：（一）尸属报告，（二）医院调查，（三）各团体报告，（四）报纸登载，调制较为精详之死亡调查表。自五月卅日起至六月四日止，共计二十八人，其中有八人姓名尚未查悉。兹将是表照录如左：

姓名	陈虞钦	尹景伊	何念慈	唐良生	石松盛	王纪福	邬金华	陈兆常
年龄	十七	二十一	二十三	二十二	二十	三十六	十五（一说十四据仁济录）	十八
籍贯	广东增城	山东照县	四川彭县	江苏	浙江上虞	浙江宁波	奉化西郭	广东新会
住址	南洋婆罗州山口洋文岛宜	同济大学医科	上海大学			浙江路		
职业	学生	求学	学生	华洋电话局八七八接线生	大中华电气公司伙	裁缝	学生及新世界西崽	东亚旅馆厨房
每月薪金								
伤在何处	腹部小肠（曾用手术割去坏肠四寸）	背部及右肺弹伤	背及肺肝（用手术去二胼骨）	背及膀胱（未施手术）	腰肾（曾用手术去一坏肾）	子弹射入胯下伤及大肠（未遑施手术）	肺及心房被老闸巡捕枪伤（未施手术）	胸部
弹从何处入内	弹由背后射入小肠被穿七洞	弹由背射入肺（未施手术）	由背射入穿过肺肝	弹由背射膀胱	弹由腰射入穿破两肾		弹由胁射入肺及心房	
有何特别证据								
死者曾否加入运动抑系路人	加入演讲				路人	路人	路人	路人

（续表）

受伤日时	五月卅日下午三时半	五月卅日	五月卅日	五月卅日	五月卅日下午	同上	同上	同上
受伤地点	南京路老闸捕房附近	南京路	南京路	南京路	南京路	南京路	南京路	南京路老闸捕房门前
死之日时	五月三十一日下午五时三刻（一说三十六分）	五月卅日下午七点四十分	五月卅一日下午二点二十二分	五月卅日晚八点一刻（一说六月三日）	五卅下午七时半	五卅下午八时	五卅五时三十分	五卅下午
死之地点	仁济医院	同上	同上	同上	仁济医院	同上	同上	老闸捕房门前
尸在何处	暂寄西门斜桥岭南山庄	山左寺	斐伦路验尸所	由妻杨氏领回	由其师及岳父领去	其妻王单氏领去	其父邬顺宝领回	家属领回
死者家属情形	父陈宴棠，南洋婆罗州椰子商，兄虞添，姊锦芳	依兄为生，有妻未婚	父母全，已娶妻，有三龄子一	妻杨氏	上有六十老母，所生仅此一子		有八旬老母在原籍	
有无检验证书	有		上海地检厅验过					
见证人姓名及职业住址								

1925年6月17日第九版

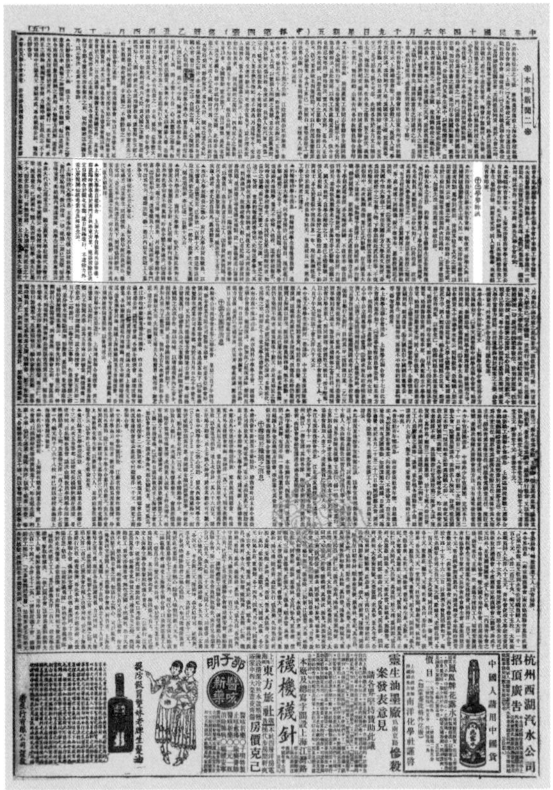

㈩㈡學界昨訊

▲上海大學將自建校舍　上海大學自被英兵佔領後、即設臨時辦事處於西門方斜路東安里、現該校除已決定自建校舍於閘北宋園、逐日積極進行、不遺餘力外、並已登報開始招考新生及插班生云、

学界昨讯·上海大学将自建校舍

上海大学自被英兵占领后，即设临时办事处于西门方斜路东安里。现该校除已决定自建校舍于闸北宋园，逐日积极进行、不遗余力外，并已登报开始招考新生及插班生云。

1925年6月19日第十五版

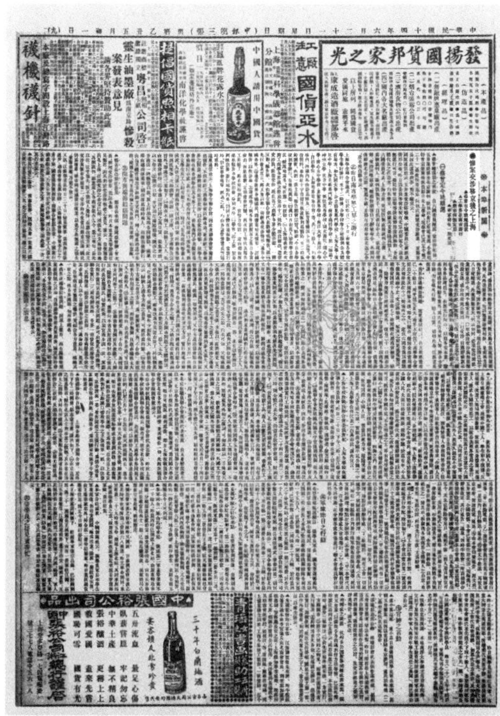

慘案交涉移京後之上海

(二)昨日南市學界工界之游行

上海學生聯合會議決、訂於昨日(二十日)齊集各學校學生舉行游行、至十二時後、各學校學生陸續到公共體育場者、如大同大學・公立商業專門學校・上海大學・復旦中學・上海美術專門學校・南市商科學校・第二師範・神州女學・民立中學・簡捷英專學校・同文書院・清心中學・清心女中學校・惠靈英專學校・南洋大學・南洋中學・自治學院・上海租界電車公會・等、共三千餘人、均集場內、四週內外由游巡隊及二區警署撥派全班長警、分投照料、並由紅十字會醫生救護隊到場預防、至二時振鈴開會、由劉一清主席、報告開會宗旨、略謂、今日各學校到會游行、有幾種問題、(一)漢口日前英人槍殺學生市民、較滬地爲多、現在應一致援助、(二)上海總商會此次將工商學各界議決提出交涉十三條件、擅自修改、還逕交涉員、提出交涉、現在吾工商學各界全體否認、一律反對、報告畢、次由學生聯合會代表劉鐘鳴報告、謂(一)先行發表宣言、將五卅以來一切經過交涉情形、通告全國各界、(二)通電世界各國國民、將慘案始末情形、詳細報告、以俟公論、(三)請滬地工商各界將原有之英日各貨檢出、齊集成數、定期當衆焚燬、再次由工界代表報告工界罷工、務希堅持到底、一致努力等語、遂由總指揮邵華報告各學校出發、分列次序、(一)學界、(二)工界、於是列隊出發、游行城廂內外、仍回至體育場而散、當游行時、沿途散發傳單、經過之處、均由各該管警署長警隨時照料、

惨案交涉移京后之上海·昨日南市学界工界之游行

上海学生联合会议决，订于昨日（二十日）齐集各学校学生举行游行。至十二时后，各学校学生陆续到公共体育场者，如大同大学、公立商业专门学校、上海大学、复旦中学、上海美术专门学校、南市商科学校、第二师范、神州女学、民立中学、简捷英专学校、同文书院、清心中学、清心女中学校、惠灵英专学校、南洋大学、南洋中学、自治学院、上海租界电车公会等，共三千余人，均集场内。四周内外由游巡队及二区警署拨派全班长警分投照料，并由红十字会医生救护队到场预防。至二时振铃开会，由刘一清主席，报告开会宗旨，略谓：今日各学校到会游行，有几种问题：（一）汉口日前英人枪杀学生市民较沪地为多，现在应一致援助。（二）上海总商会此次将工商学各界议决提出交涉十三条件擅自修改，径送交涉员提出交涉，现在吾工商学各界全体否认，一律反对。报告毕，次由学生联合会代表刘钟鸣报告，谓：（一）先行发表宣言，将五卅以来一切经过交涉情形通告全国各界。（二）通电世界各国国民，将惨案始末情形，详细报告，以俟公论。（三）请沪地工商各界将原有之英日各货检出，齐集成数，定期当众焚毁。再次由工界代表报告工界罢工，务希坚持到底，一致努力等语。遂由总指挥邵华报告各学校出发，分列次序：（一）学界，（二）工界。于是列队出发，游行城厢内外，仍回至体育场而散。当游行时，沿途散发传单，经过之处，均由各该管警署长警随时照料。

1925年6月21日第九版

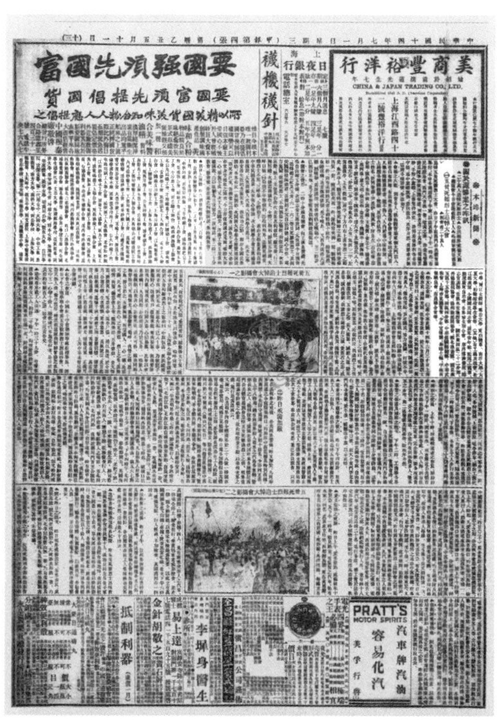

㊀五卅死難烈士追悼大會 ▲到會者二十萬人

▲到會之團體 昨日到會團體約達三百餘、工界占其半數、茲將各團體分記如下、（工界）工界方面、有上海總工會、安利羊皮棧工會、嶺南工聯會、商務印書館工會、申新紗廠、新怡和紗廠、日華紗廠工會、楊樹浦肥皂工會、華捕聯合會、絹絲工會、電氣工人聯合會、廣幫木業工會、小沙渡工會、祥生職工聯會、碼頭棧務職工聯會、老公茂紡織工會、洋務職業工會、紡織總工會、湖南勞工會、安徽勞工會、旅滬湖北工人聯合會、電車工人聯合會、中國橡皮印刷工會、上海印刷工會、江南製革廠、上海工團聯會、日華工會、上海木器總工會、裕豐紗廠工會、滬西洋務工會、公茂紗廠工會、浦東烟草工會、上海彫花工會、上海木器工會、公益紗廠工會、阜豐麵粉工會、工部局鐵廠工人聯合會、大英烟公司職員同志會、內外棉紗廠工會、工部局電汽職工會、滬寧松滬鐵路總機廠、溥益紗廠工會、東華紗廠工會、白禮氏洋燭廠、曹家渡公益工會、大豐紗廠工會、運輸工會、海員工會、楊樹浦自來水廠、浦東搬運棧務工會、公大紗廠工會、華商印刷工人聯合會、楊樹浦工人進德會、老怡和紗廠、江西路自來水工會、浦東工人協會、東方工會、電氣工會、浦東碼頭工人聯合會、滬西油廠工人聯合會、上海洗衣工會、振泰工會、上海電話工會等、（商界）商界方面、有總商會、各路商界總聯合會、滬西各路商聯會、滬南煙紙商聯會、錢業同業會、滬南東區商聯會、法租界商聯會、福建路商聯會、四川路商聯會、浙江路商聯會、河南路商聯會、滬北六路商聯會、虹口六路聯合會、北城商業聯合會、閘北商會等、（學界）學校方面、有全國學生總會代表、文治大學、海關郵務學校、亞東醫專、同濟大學、聖芳濟學生會、坤範女學、粉本女學、海瀾英專、華東體專、廣肇女學、招商局公學、暨南大學、自治學院、安徽女學、第二代用女中、大同大學、中華工專、惠靈英專、南方大學、商科大學、尚公學校、上海大學、同德醫專、上大附中、復旦中學、同文書院、上海中醫專校、普志學校、勤業女師、南離公學、上海職業中學、浦東中學、兩江女體師、華治大學、東亞體專、南洋大學、大夏大學、約翰離校學生會等、（其他）有工商友誼會、松江縣黨部、全國國民同志會、浦東青年社、松滬工商會、旅滬廣東自治會、各界婦女聯合會、華洋博濟醫院、鷗志宣講團、常熟外交後援會、國民黨四區二十二分部、丹陽旅滬協會、揚州旅滬同鄉會、閘北慈善團、國民黨五區十五分部、四區四分部、中華僑務團總部、中華武術會、上海市民國貨會、少年宣傳團、泰晤士報、字林西報職員會、店員聯合會等、

五卅死难烈士追悼大会·到会者二十万人

到会之团体。昨日到会团体约达三百余，工界占其半数，兹将各团体分记如下：（工界）工界方面，有上海总工会、安利羊皮栈工会、岭南工联会、商务印书馆工会、申新纱厂、新怡和纱厂、日华纱厂工会、杨树浦肥皂工会、华捕联合会、绢丝工会、电气工人联合会、广帮木业工会、小

沙渡工会、祥生职工联会、码头栈务职工联会、老公茂纺织工会、洋务职业工会、纺织总工会、湖南劳工会、安徽劳工会、旅沪湖北工人联合会、电车工人联合会、中国橡皮印刷工会、上海印刷工会、江南制革厂、上海工团联会、日华工会、上海木器总工会、裕丰纱厂工会、沪西洋务工会、公茂纱厂工会、浦东烟草工会、上海雕花工会、上海木器工会、公益纱厂工会、阜丰面粉工会、工部局铁厂工人联合会、大英烟公司职员同志会、内外棉纱厂工会、工部局电汽职工会、沪宁淞沪铁路总机厂、溥益纱厂工会、东华纱厂工会、白礼氏洋烛厂、曹家渡公益工会、大丰纱厂工会、运输工会、海员工会、杨树浦自来水厂、浦东搬运栈务工会、公大纱厂工会、华商印刷工人联合会、杨树浦工人进德会、老怡和纱厂、江西路自来水工会、浦东工人协会、东方工会、电气工会、浦东码头工人联合会、沪西油厂工人联合会、上海洗衣工会、振秦工会、上海电话工会等。（商界）商界方面，有总商会、各路商界总联合会、沪西各路商联会、沪南烟纸商联会、织机同业会、沪南东区商联会、法租界商联会、福建路商联会、四川路商联会、浙江路商联会、河南路商联会、沪北六路商联会、虹口六路联合会、北城商业联合会、闸北商会等。（学界）学校方面，有全国学生总会代表、文浩大学、海关邮务学校、亚东医专、同济大学、圣芳济学生会、坤绣女学、务本女学、海澜英专、华东体专、广肇女学、招商局公学、暨南大学、自治学院、宏伟女学、第二代用女中、大同大学、中华工专、惠灵英专、南方大学、商科大学、尚公学校、上海大学、同德医专、上大附中、复旦中学、同文书院、上海中医专校、普志学校、勤业女师、南离公学、上海职业中学、浦东中学、两江女体师、群治大学、东亚体专、南洋大学、大夏大学、约翰离校学生会等。（其他）有工商友谊会、松江县党部、全国国民同志会、浦东青年社、淞沪工商会、旅沪广东自治会、各界妇女联合会、华洋博济医院、励志宣讲团、常熟外交后援会、国民党四区二十二分部、丹阳旅沪协会、扬州旅沪同乡会、阐北慈善团、国民党五区十五分部、四区四分部、中华保国团总部、中华武术会、上海市民国货会、少年宣传团、泰晤士报、字林西报职员会、店员联合会等。

1925 年 7 月 1 日第十三版

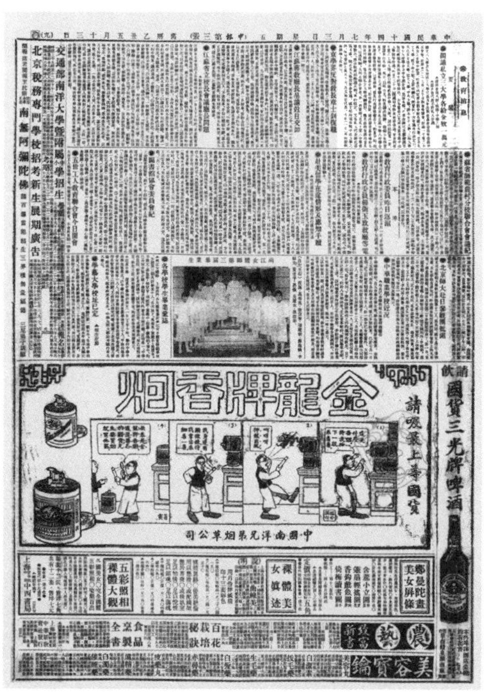

教育消息

要聞

●閣議私立三大學各給金欵一萬元

國立八大學及各地國立大學代表及中法教育基金委員會委員李石曾等、於前日(二十九日)正午在教育會開會、討論一千零三十萬元之金欵分配案、結果已決定將全數分配各國立大學、至各私立大學、則不得分配、其詳細辦法、聞留俟下次會議再行決定云、又北京文法大學、郁文大學、中央大學、務本女子大學、上海大學等十五校聯合力爭分潤金欵、迭誌本報、日來由總代表鄺摩漢等與段祺瑞李思浩章士釗等接洽、由各當局已允將其要求與中法大學同等待遇、昨日(三十日)閣議財政教育兩部提議、曾在教部立案之上海大同、漢口明德武昌中華三大學、請核給經費一案、擬請先行各給一萬元、以昭公允、結果議決照辦、茲錄公布例案如下、財敎部提議私立大學聯合會及北京私立案中學八校聯合會請求撥發欵項、以資補助、擬先行由部借撥若干、酌量分給、俟將來關稅增加後撥還基金時、即照數扣除、議決撥借基金補助各校自可照辦、惟全國私立大學現辦情形、應先由教育部迅查具復、以憑核辦、未列名聯合會者、亦一并查報、至私立案八中學借撥數目、應由教育部酌議具報、再行核定、又各私大代表對此認爲不滿、隨在某大學開緊急會議、咸主堅持須依照中法大學之例、每校撥給七萬五千元、乃又推定代表、今日(一日)再向財敎兩部極力交涉云、

教育消息·要闻·阁议私立三大学各给金款一万元

国立八大学及各地国立大学代表及中法教育基金委员会委员李石曾等，于前日（二十九日）正午在教育会开会，讨论一千零三十万元之金款分配案。结果已决定将全数分配各国立大学，至各私立大学则不得分配。其详细办法，闻留俟下次会议再行决定云。又北京文法大学、郁文大学、中央大学、务本女子大学、上海大学等十五校联合力争分润金款，迭志本报。日来由总代表邝摩汉等与段祺瑞、李思浩、章士钊等接洽，由各当局已允将其要求与中法大学同等待遇。昨日（三十日）阁议财政、教育两部提议，曾在教部立案之上海大同、汉口明德、武昌中华三大学请核给经费一案，拟请先行各给一万元，以昭公允，结果议决照办。兹录公布例案如下：财政部提议私立大学联合会及北京私立案中学八校联合会请求拨发款项，以资补助，拟先行由部借拨若干，酌量分给，俟将来关税增加后拨还基金时，即照数扣除。议决拨借基金补助各校自可照办，惟全国私立大学现办情形，应先由教育部迅查具复，以凭核办。未列名联合会者，亦一并查报。至私立案八中学借拨数目，应由教育部酌议具报，再行核定。又各私大代表对此认为不满，随在某大学开紧急会议，咸主坚持须依照中法大学之例，每校拨给七万五千元。乃又推定代表，今日（一日）再向财教两部极力交涉云。

1925 年 7 月 3 日第九版

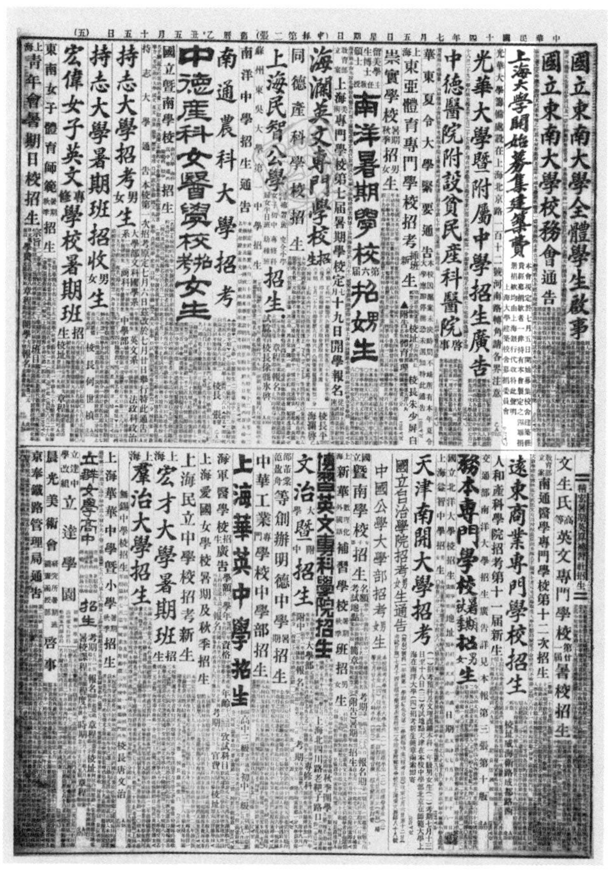

上海大學開始募集建築費

本會現定於七月五日開始募集校舍建築經費經募捐欵者一律持有本會製定之四聯捐冊捐欵均由上海銀行代收特此聲明

上海大學建築校舍募捐委員會

上海大学开始募集建筑费

本会现定于七月五日开始募集校舍建筑经费，经募捐款者一律持有本会制定之四联捐册，捐款均由上海银行代收。特此声明。

上海大学建筑校舍募捐委员会

1925年7月5日第五版

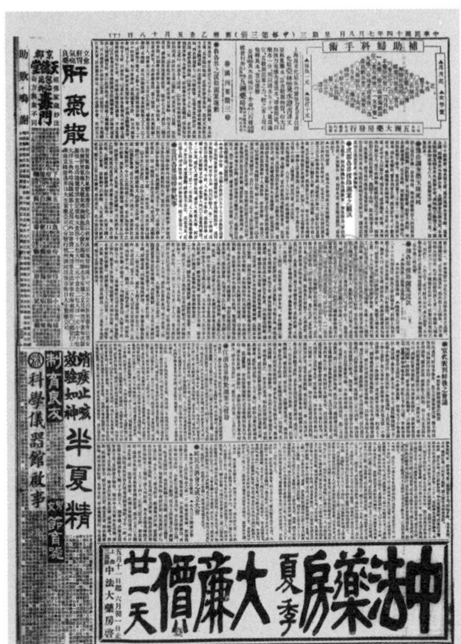
中法藥房 夏季 大廉價 廿一天

肝氣散

半夏精

◎成都各界援助滬案之續訊

▲學生聯合會 學生聯合會於六月十七日召集緊急會議、宣布何秉彝君在滬慘殺情形、會員歐陽熙君、述何君略歷如下、何君字念初、四川彭縣人、年二十四歲、其先世以經商爲業、少時、入本縣高小學校、聰穎好學、民國七年入彭縣縣立中學、卒業後入四川工業專門學校、十二年夏、偕邑人蕭澄君赴滬、蕭君入東南大學、何君與邑人張松如女士、於十三年夏間、入上海大學社會學系、五卅之役、竟遭慘斃、聞者莫不哀之、其從弟某、近在滬上料理身後事務、何君椿萱並茂、膝下僅遺有一子

成都各界援助沪案之续讯·学生联合会

学生联合会于六月十七日召集紧急会议，宣布何秉彝君在沪惨杀情形，会员欧阳熙君述何君略历如下：何君字念初，四川彭县人，年二十四岁，其先世以经商为业，少时，入本县高小学校，聪颖好学。民国七年入彭县县立中学，卒业后入四川工业专门学校。十二年夏，偕邑人萧澄君赴沪，萧君入东南大学，何君与邑人张松如女士于十三年夏间入上海大学社会学系。五卅之役，竟遭惨毙，闻者莫不哀之。其从弟某，近在沪上料理身后事务。何君椿萱并茂，膝下仅遗有一子。

1925 年 7 月 8 日第十版

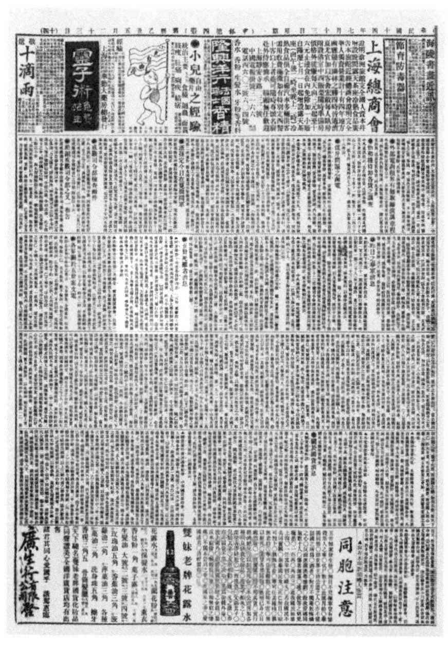

◉五卅死難者消息

▲何秉彝烈士治喪委員會消息　「五卅」死難烈士何秉彝遺體、現尙停在南碼頭救生局、上海大學彭縣同鄉會、上大學生會合組之治喪委員會、昨日午後開第三次委員會、討論安置遺體事項、㈠何君遺體、決於最短期中暫爲移置於四川會館、並於遷移之日、舉行公祭、㈡成都外交後援會迭次來電、要求將何君遺體移回四川公葬、該會以未得死者家屬同意、未便遽允、決函復、並通知死者家屬、由兩方協商定奪、㈢募捐委員刻尙未將捐款捐册收齊、決由委員與庶務員趕速結束、繕造清册、㈣岳維峻匯款千元、交上海學生聯合會、作爲撫恤死難各校學生之用、曾派代表前去領取、學聯會未予撥發、擬再函學聯會請求發給、

五卅死难者消息·何秉彝烈士治丧委员会消息

“五卅”死难烈士何秉彝遗体，现尚停在南码头救生局，上海大学彭县同乡会、上大学生会合组之治丧委员会，昨日午后开第三次委员会，讨论安置遗体事项：（一）何君遗体决于最短期中暂为移置于四川会馆，并于迁移之日举行公祭。（二）成都外交后援会迭次来电，要求将何君遗体移回四川公葬，该会以未得死者家属同意，未便遽允，决函复并通知死者家属，由两方协商定夺。（三）募捐委员刻尚未将捐款捐册收齐，决由委员与庶务员赶速结束，缮造清册。（四）岳维峻汇款千元，交上海学生联合会，作为抚恤死难各校学生之用，曾派代表前去领取，学联会未予拨发，拟再函学联会请求发给。

1925 年 7 月 13 日第十四版

英外相對於滬案質問之吞吐辭

▲十五日倫敦電　外相張伯倫今日在下院答工黨議員之問、謂渠尚未接到上海會審公堂開槍案供詞之完全報告、亞當森稱、華人報紙已到英倫、據其譯文觀之、捕頭供詞中已自認不知開槍以前必須警告、張伯倫稱、此殆係開始檢驗被殺人時之報告、今報告之開始固已由郵件傳來、但報告之結果、尚未傳到、故渠以爲渠須閱全部供詞後、始可發表意見、貝克特稱、弋登大佐諭令上海捕房佔領上海大學、敢問軍官在其自己權力上是否有資格可未得民政長官之命令、遽佔據私人房屋、張伯倫答稱、此問題係根據於渠現所不能承認亦不能否認之假定的事實、張伯倫又答瑪金德之問、謂渠甚願將關於此事之完全消息告知下院、但在渠尚未得此消息、或尚未能對於未全聞知之事件表示意見時、渠希望議員勿逼渠答覆各問題、須知此非英殖民地內發生之事件、但係發生於公共租界、故渠須與他國一致行動云、張伯倫又答貝克特氏另一問話、謂法使退出北京外交團之討論、其討論中意見歧異之實在性質、渠未知之、張伯倫又答戴大佐之問、謂中國關稅會議之英代表尚未派定、此會何時可開、渠尚未能言之、但華會公約規定此會應於批准後三個月內集議、其日期與地點由中政府指定之、某議員問外相知否美政府業已派去關稅會議之代表、張伯倫答稱、此非由本問題而發、張伯倫又答其他問話、謂關於調查滬案委員會之報告、而當採行之方法、現在考慮中、渠目前不準備發表報告書之內容、某議員稱、報紙苟登載其梗概、外相於此、尚以爲報告書不應從速發來否、張伯倫答稱、政府因報紙推測而可披露之消息、有一定之範圍、某議員問他國政府得不公佈此報告否、張伯倫答稱、渠希望如須發表、各國同時發表云、

英外相对于沪案质问之吞吐辞

十五日伦敦电。外相张伯伦今日在下院答工党议员之问，谓渠尚未接到上海会审公堂开枪案供词之完全报告。亚当森称，华人报纸已到英伦，据其译文观之，捕头供词中已自认不知开枪以前必须警告。张伯伦称，此殆系开始检验被杀人时之报告。今报告之开始固已由邮件传来，但报告之结果，尚未传到，故渠以为渠须阅全部供词后，始可发表意见。贝克特称，戈登大佐谕令上海捕房占领上海大学，敢问军官在其自己权力上是否有资格可未得民政长官之命令，遽占据私人房屋？张伯伦答称，此问题系根据于渠现所不能承认亦不能否认之假定的事实。张伯伦又答玛金德之问，谓渠甚愿将关于此事之完全消息告知下院，但在渠尚未得此消息或尚未能对于未全闻知之事件表示意见时，渠希望议员勿逼渠答复各问题，须知此非英殖民地内发生之事件，但系发生于公共租界，故渠须与他国一致行动云。张伯伦又答贝克特氏另一个问话，谓法使退出北京外交团之讨论，其讨论中意见歧异之实在性质，渠未知之。张伯伦又答戴大佐之问，谓中国关税会议之英代表尚未派定，此会何时可开。渠尚未能言之，但华会公约规定此会应于批准后三个月内集议，其日期与地点由中政府指定之。某议员问外相知否美政府业已派去关税会议之代表，张伯伦答称，此非由本问题而发。张伯伦又答其他问话，谓关于调查沪案委员会之报告而当采行之方法，现在考虑中，渠目前不准备发表报告书之内容。某议员称，报纸苟登载其梗概，外相于此尚以为报告书不应从速发表否。张伯伦答称，政府因报纸推测而可披露之消息，有一定之范围。某议员问他国政府得不公布此报告否，张伯伦答称，渠希望如须发表，各国同时发表云。

1925 年 7 月 17 日第五版

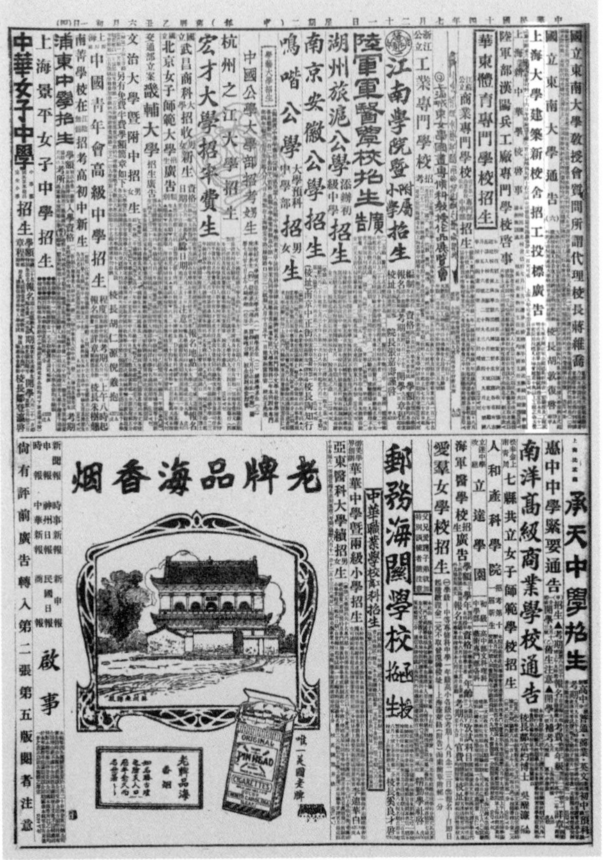

國立東南大學教授會質問所謂代理校長蔣維喬

國立東南大學通告

上海大學建築新校舍招工投標廣告

陸軍部漢陽兵工廠專門學校啓事

華東體育專門學校招生

商業專門學校

工業專門學校

江南學院暨附屬小學招生

陸軍軍醫學校招生廣告

湖州旅滬公學招生

南京安徽公學招生

鳴嗜公學

中國公學大學部招考婦生

杭州之江大學招生

宏才大學招考費生

北京女子師範大學招生廣告

國立武昌商科大學招收新生

文治大學暨附中招生

識輔大學

中國青年會高級中學招生

南菁學校在滬招考高初中新生

浦東中學招生

上海景平女子中學招生

中華女子中學

承天中學招生

暨中中學緊要通告

南洋高級商業學校通告

七縣共立女子師範學校招生

人和產科學院

立達學園

海軍醫學校招生廣告

愛羣女學校招生

郵務海關學校招生

中華職業學校商科招生

華華中學暨兩級小學招生

亞東醫科大學續招生

新聞報　時事新報　申報　時報　神州日報　中華新報　民國日報

啟事

尚有評前廣告轉入第二張第五版閱者注意

上海大學建築新校舍招工投標廣告

本大學在閘北宋公園建築新校舍一切圖樣及工程說明書業由凱泰建築公司製繪就緒茲定自本月二十二日起開始投標凡本埠曾建造十萬以上工程之各大營造廠有願承造是項工程者可於二十六日午時前逕至閘北寶山路鴻興坊四十四號該公司領取圖樣隨繳保證金一百元可也

上海大學建築委員會啟

上海大学建筑新校舍招工投标广告

本大学在闸北宋公园建筑新校舍，一切图样及工程说明书业由凯泰建筑公司制绘就绪。兹定自本月二十二日起开始投标，凡本埠曾建造十万以上工程之各大营造厂有愿承造是项工程者，可于二十六日午时前径至闸北宝山路鸿兴坊四十四号该公司领取图样，随缴保证金一百元可也。

上海大学建筑委员会启

1925 年 7 月 21 日第四版

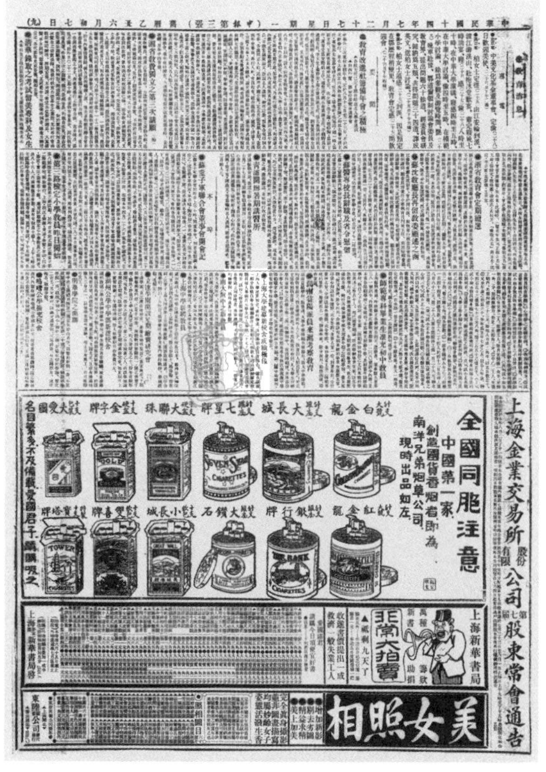
上海金業交易所股份有限公司第七屆股東常會通告

全國同胞注意

美女照相

●上海大學建募新校舍成績極佳

上海大學建築校舍、進行極速、該校募捐委員會報告、近日該校一部分敎職員學生繼續繳往上海銀行之捐欵多超過該校原定敎職員每人募捐百元學生每人募捐二十元之標準、而建築委員會報告、該校之校舍精細圖樣、已由凱泰建築公司製成、審查通過、各營造公司投標者、異常踴躍、不日開標、即可動工、一切進行、均極順利、故前途甚可樂觀、

上海大学建募新校舍成绩极佳

上海大学建筑校舍进行极速，该校募捐委员会报告，近日该校一部分教职员学生继续缴往上海银行之捐款多超过该校原定教职员每人募捐百元、学生每人募捐二十元之标准。而建筑委员会报告，该校之校舍精细图样已由凯泰建筑公司制成审查通过，各营造公司投标者异常踊跃，不日开标，即可动工。一切进行均极顺利，故前途甚可乐观。

1925 年 7 月 27 日第九版

上海大學校舍定期開工

上海大學自五卅被封後、因鑒於鐵蹄之下、難復弦歌、因決定籌募鉅欵、聘凱泰建築公司爲工程顧問、興建校舍於閘北宋公園、屢誌本報、現聞最近該校建築委員會議決、採用凱泰公司工程師楊右辛君之計劃、先建校舍之一部分、約值七萬餘元、備暑假後開課之用、其餘最初計劃之十二萬元、則陸續興建、玆悉第一部校舍圖樣、已由該公司於三星期內趕製完備、即日興工、預定於九月二十日、即能在新校舍内正式上課、該項工程於上星期投標、現已擇定勞資公司承攬、已於昨日開始工作、

上海大学校舍定期开工

上海大学自五卅被封后，因鉴于铁蹄之下难复弦歌，因决定筹募巨款，聘凯泰建筑公司为工程顾问，兴建校舍于闸北宋公园，屡志本报。现闻最近该校建筑委员会议决，采用凯泰建筑公司工程师杨右辛君之计划，先建校舍之一部分约值七万余元，备暑假后开课之用，其余最初计划之十二万元则陆续兴建。兹悉第一部校舍图样已由该公司于三星期内赶制完备，即日兴工，预定于九月二十日即能在新校舍内正式上课。该项工程于上星期投标，现已择定劳资公司承揽，已于昨日开始工作。

1925 年 8 月 2 日第九版

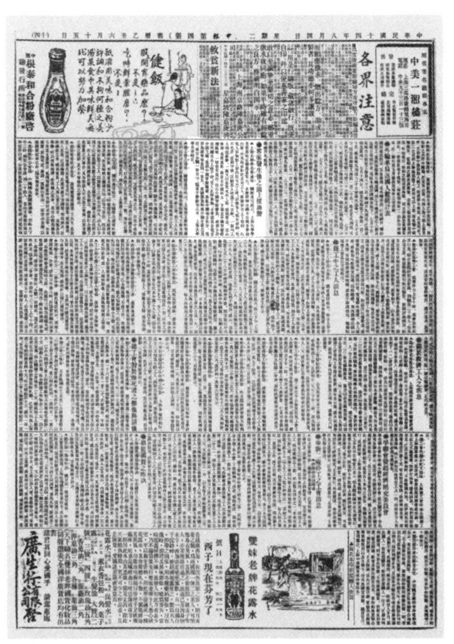

●寧案發生後之滬上援助聲

▲上海大學學生會通電　國聞通信社云、上海大學學生會爲南京慘案通電云、各報館轉全國各公團各學校均鑒、此次南京和記公司工人、根據前次上工條約、向英人領取罷工期內積欠之工錢、該廠英人頓反前約、堅不允許、遂起爭執、該廠英人欲逐工人出廠、一面向工人開槍轟擊、一面又招集英水兵上陸、協同壓迫、忍心害理、莫此爲甚、南京是中國領土、下關是中國警察管理區域、一切治安責任、自有中國警察擔負、絕對不許任何國水兵上陸干涉、英人此種暴動、本會認爲是損害中國主權、蔑視中國警察職權、紊亂中國地方秩序、情形與漢粵等案同一重大、英國應負侮蔑中國主權之責任、務望全國一致力爭、臨電不勝盼切之至、上海大學學生會叩江、

宁案发生后之沪上援助声·上海大学学生会通电

国闻通信社云，上海大学学生会为南京惨案通电云。各报馆转全国各公团、各学校均鉴：此次南京和记公司工人，根据前次上工条约，向英人领取罢工期内积欠之工钱，该厂英人顿反前约，坚不允许，遂起争执。该厂英人欲逐工人出厂，一面向工人开枪轰击，一面又召集英水兵上陆，协同压迫，忍心害理，莫此为甚。南京是中国领土，下关是中国警察管理区域，一切治安责任，自有中国警察担负，绝对不许任何国水兵上陆干涉。英人此种暴动，本会认为是损害中国主权、蔑视中国警察职权、紊乱中国地方秩序，情形与汉粤等案同一重大，英国应负侮蔑中国主权之责任，务望全国一致力争，临电不胜盼切之至。上海大学学生会叩江。

1925年8月4日第十四版

上海大学附属中学迁入新校舍收受转学生通告

本校为应南通、英化、南陵、乐育等教会学校为爱国运动被迫离校学生之请，议决扩充学额，印有特别转学章程，业已登报通告。乃近日来函询问该项转学办法者仍络绎不绝，兹特再郑重通告：凡上项学生欲转学者，务须先来索取“入学调查表”，填注后寄还本校。由本校核准，即得免试入学。本校现已租定闸北青云路师寿坊十五幢房屋为临时校舍（索章报名即可向该处或向中兴路德润坊大学部）。在新校舍未建成前，即在该处暂行上课。再本学期另租女生宿舍二幢，女生亦得在校寄宿。

1925 年 8 月 12 日第四版

上海大學附屬中學

遷入新校舍收受轉學生

通告

本校爲應南通英化南陵樂育等教會學校爲愛國運動被迫離校學生之請議決擴充學額印有特別轉學章程業已登報通告乃近日來函詢問該項轉學辦法者仍絡繹不絕茲特再鄭重通告凡上項學生欲轉學者務須先來索取「入學調查表」填註後寄還本校由本校核准即得免試入學本校現已租定閘北青雲路師壽坊十五幢房屋爲臨時校舍（索章報名即可向該處或向中興路德潤坊大學部）在新校舍未建成前即在該處暫行上課再本學期另租女生宿舍二幢女生亦得在校寄宿

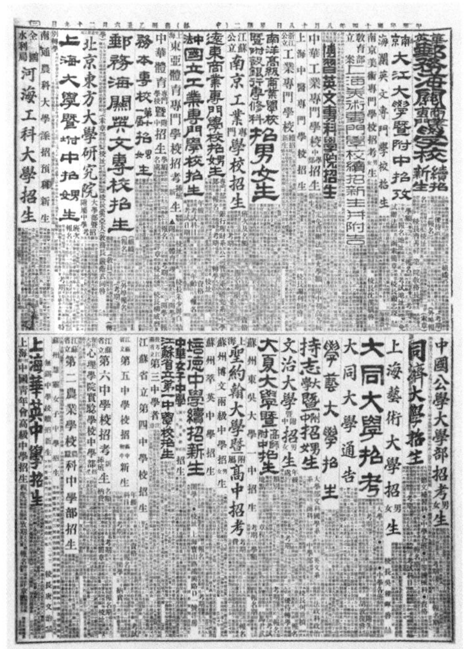

上海大學暨附中招男女生

郵務海關英文專校招生

河海工科大學招生

中國公學大學部招考男女生

同濟大學招生

大同大學招考

上海藝術大學招生

學藝大學招生

大夏大學暨附中招生

聖約翰大學暨高中招考

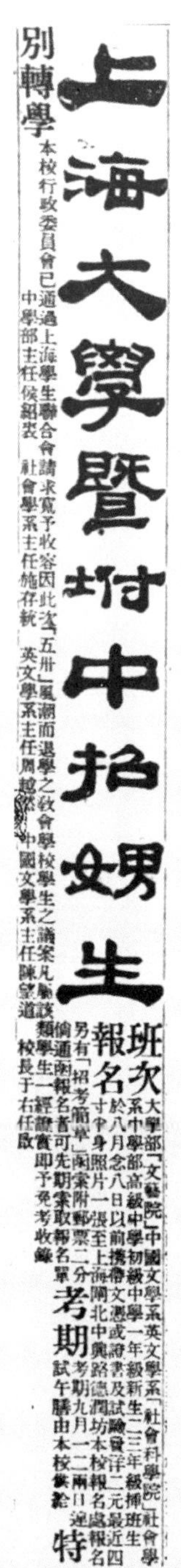

上海大學暨附中招男女生

班次 大學部「文藝院」中國文學系「英文學系」「社會科學院」社會學系 中學部高級中學初級中學一年級新生二三年級插班生

報名 於八月念八日以前携帶文憑或證書及試驗費洋二元最近四寸半身照片一張至上海閘北中興路德潤坊本校報名處報名 另有「招考簡章」函索附郵票二分 倘通函報名者可先期索取報名單

考期 九月一二兩日連試午膳由本校供給

特別轉學 本校行政委員會已通過上海學生聯合會請求寬予收容因此次「五卅」風潮而退學之教會學校學生之議案凡屬該類學生一經證實即予免考收錄

中學部主任侯紹裘 社會學系主任施存統 英文學系主任周越然 中國文學系主任陳望道 校長于右任啟

上海大学暨附中招男女生

班次：大学部文艺院中国文学系、英文学系，社会科学院社会学系；中学部高级中学、初级中学一年级新生，二、三年级插班生。报名于八月念［廿］八日以前，携带文凭或证书及试验费洋二元、最近四寸半身照片一张，至上海闸北中兴路德润坊本校报名处报名。另有招考简章，函索附邮票二分。倘通函报名者，可先期索取报名单。考期：考期九月一、二两日连试，午膳由本校供给。特别转学：本校行政委员会已通过上海学生联合会请求宽予收容因此次“五卅”风潮而退学之教会学校学生之议案，凡属该类学生一经证实，即予免考收录。

中学部主任侯绍裘、社会学系主任施存统、英文学系主任周越然、中国文学系主任陈望道、校长于右任启

1925 年 8 月 18 日第三版

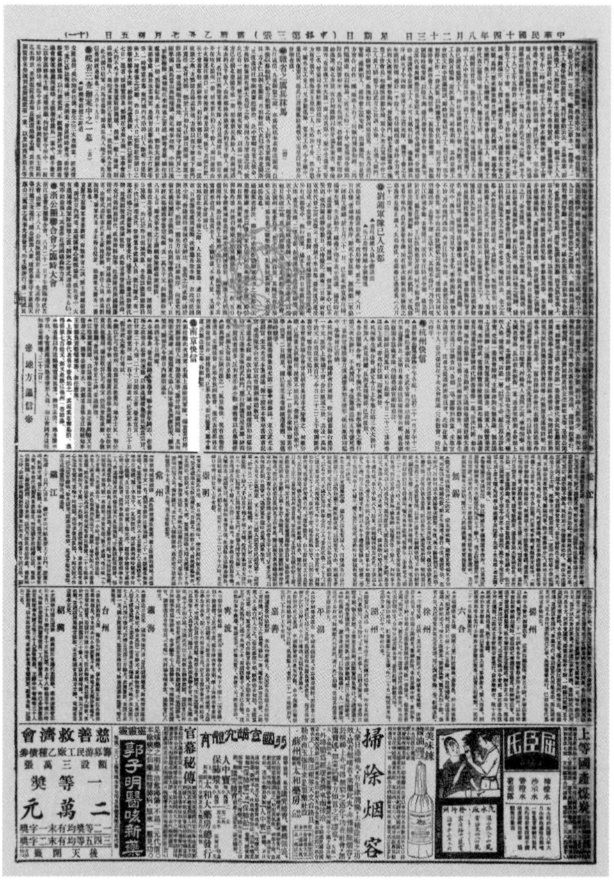

南京快信

▲上海大學代表吳卓齋仇培之、爲滬案在寧募捐、募得捐款七百餘元、刻又赴鎮江揚州一帶勸募、

南京快信

上海大学代表吴卓斋、仇培之，为沪案在宁募捐，募得捐款七百余元，刻又赴镇江、扬州一带劝募。

1925年8月23日第十一版

各學校消息彙誌

▲上海大學 上海大學因募捐成績頗佳、學生募欵在預算中、爲每人二十元、乃所得報告募得百元至数百元者甚多、有高伯定君已募得現欵二千五百元、由津滙滬、

各学校消息汇志·上海大学

上海大学因募捐成绩颇佳，学生募款在预算中，为每人二十元，乃所得报告募得百元至数百元者甚多，有高伯定君已募得现款二千五百元，由津汇沪。

1925年8月29日第九版

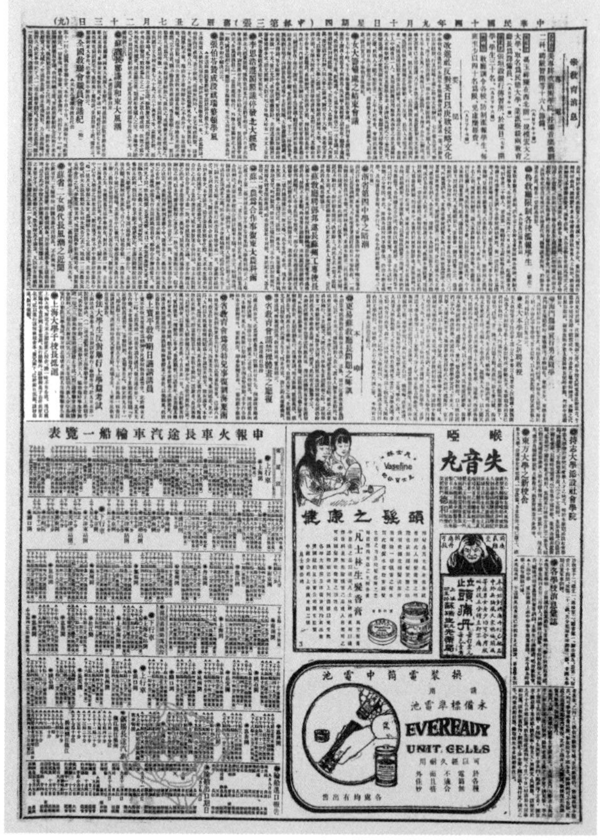

上海大學于校長抵滬

上海大學、原定在宋公園建築之校舍、因一時不克告成、現已租定臨時校舍於閘北青雲路、先行開學外、該校校長于右任氏原在北京、近以進行該校新校舍事、撥冗南下、已於前日抵滬、該校前途、頗可樂觀、

上海大学于校长抵沪

上海大学原定在宋公园建筑之校舍，因一时不克告成，现已租定临时校舍于闸北青云路先行开学外，该校校长于右任氏原在北京，近以进行该校新校舍事，拨冗南下，已于前日抵沪。该校前途，颇可乐观。

1925 年 9 月 10 日第九版

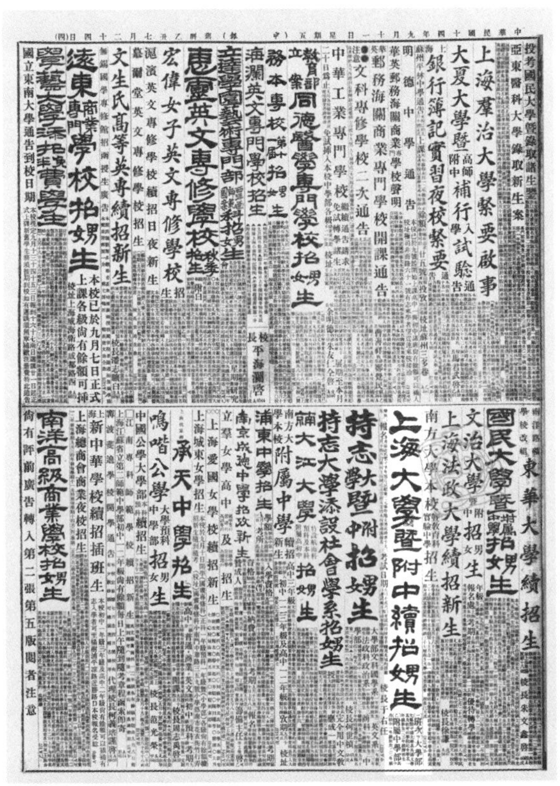

上海羣治大學緊要啟事

大夏大學暨附中補行入學試驗通告

銀行簿記實習夜校緊要

郵務海關商業專門學校開課通告

文科專修學校二次通告

中華工業專門學校

同德醫學專門學校招女男生

務本專校招女生

滬瀾英文專門學校招生

上海藝術專門部

惠靈英文專修學校招生

宏偉女子英文專修學校

滬濱英文專修學校續招日夜新生

文生氏高等英專續招新生

遠東商業專門學校招女男生

國立東南大學通告到校日期

東華大學續招生

國民大學暨附中招女男生

文治大學附中招男女生

上海法政大學續招新生

上海大學暨附中續招女男生

持志大學暨附中招女男生

持志大學添設社會學系招女男生

南方大學附屬中學招女男生

浦東中學招生

上海愛國女學校續招新生

承天中學招生

鳴啃公學招生

新中華學校續招插班生

南洋高級商業學校招女男生

上海大學暨附中續招女男生

（一）班次（甲）大學部文藝院中國文學系英國文學系及社會科學院社會學系一年級新生二三年級插班生（乙）附屬中學部高中及初中一年級新生二三年級插班生（二）報名及最近四寸半身照片試驗費二元畢帶文憑或證書于九月十四日以前向上海閘北青雲路青雲橋本校學務處報名（三）考試日期九月十五六日連試兩日（四）考試科目投考手續及其他均詳載招考簡章函索簡章附郵票二分

校長于右任

上海大学暨附中续招女男生

（一）班次：（甲）大学部文艺院中国文学系、英国文学系及社会科学院社会学系一年级新生，二、三年级插班生；（乙）附属中学部高中及初中一年级新生，二、三年级插班生。（二）报名：及最近四寸半身照片、试验费二元毕带［随带毕业］文凭或证书，于九月十四日以前向上海闸北青云路青云桥本校学务处报名。（三）考试日期：九月十五、六日连试两日。（四）考试科目、投考手续及其他均详载招考简章。函索简章附邮票二分。

校长于右任

1925年9月11日第四版

上海英文專修學校招日夜新生

郵務海關學校

天福綢緞局

八月初一起 八折大減價 廿一天

敬告普天下之患惡痔者

◉孫爲雨君今日放洋留學

孫君爲雨、安徽鳳陽人、係安徽省立第五師範畢業、後卒業於上海大學美術科、曾任本省第三師範・暨第六中學敎員、學術優良、志願深宏、現由該縣各界、呈請省長敎育廳立案、以該縣公費選送赴日留學、俾將來回國造福桑梓、準定今日東渡云、

孙为雨君今日放洋留学

孙君为雨，安徽凤阳人，系安徽省立第五师范毕业，后卒业于上海大学美术科。曾任本省第三师范暨第六中学教员，学术优良，志愿深宏。现由该县各界呈请省长、教育厅立案，以该县公费选送赴日留学，俾将来回国造福桑梓。准定今日东渡云。

1925 年 9 月 18 日第七版

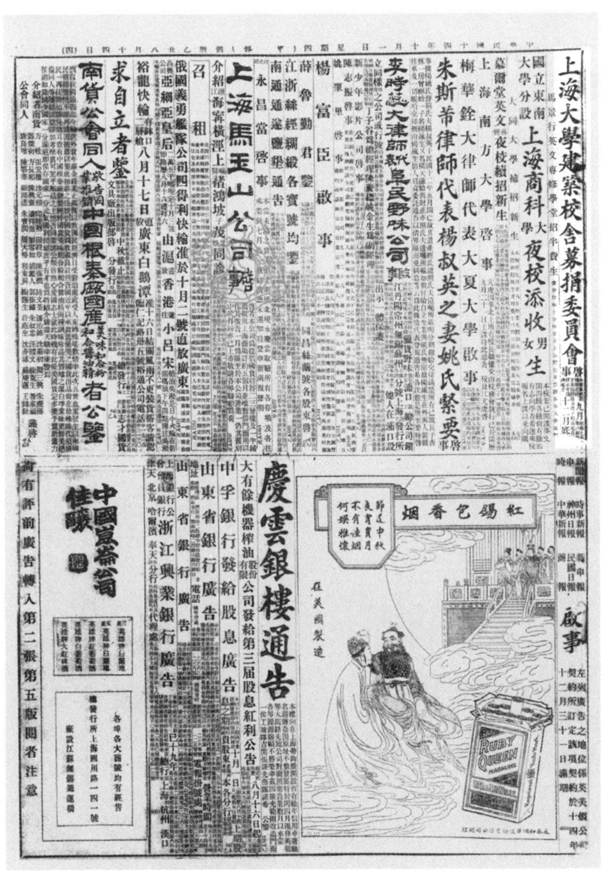

上海大學建築校舍募捐委員會啓事

本校募捐期限原定於九月底截止現因建築計劃略有變更募捐期限不得不稍爲延遲……經本會議決延至十二月底……

上海大学建筑校舍募捐委员会启事

本校募捐期限原定于九月底截止，现因建筑计划略有变更，募捐期限不得不稍为延迟时日。兹经本会议决，延至十二月底截止。特此通告。

1925年10月1日第四版

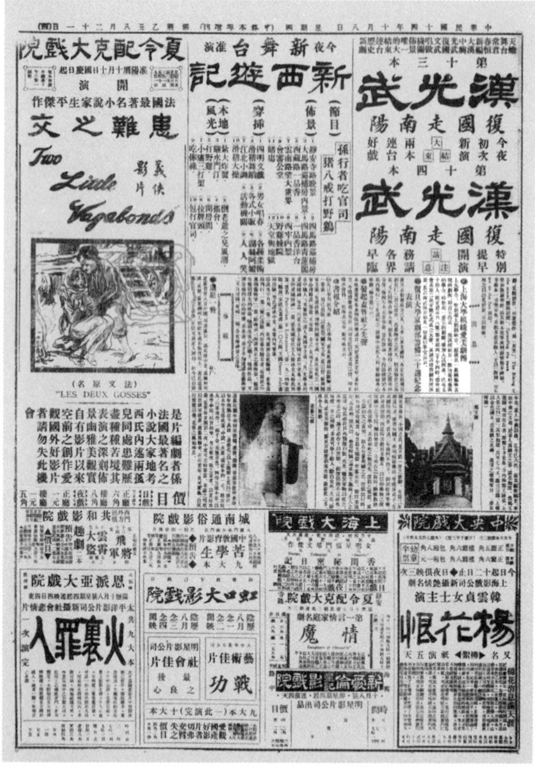

上海大學組織愛美劇團

上大學生、鑒於滬上劇團林立、而欲求一真純藝術表現的劇團、却百不得其一、故該校前日一部份喜好藝術的學生、特發起一愛美的劇團、現加入該團者、已有五十餘人、聞定於本月八號（即星期四）下午四時、借座社會系第二教室開正式成立大會、並請該校戲劇教授演說、且討論試演日期及一切進行事宜云云、

上海大学组织爱美剧团

上大学生鉴于沪上剧团林立，而欲求一真纯艺术表现的剧团却百不得其一，故该校前日一部分喜好艺术的学生，特发起一爱美的剧团，现加入该团者，已有五十余人。闻定于本月八号（即星期四）下午四时，借座社会系第二教室开正式成立大会，并请该校戏剧教授演说，且讨论试演日期及一切进行事宜云云。

1925 年 10 月 8 日第四版

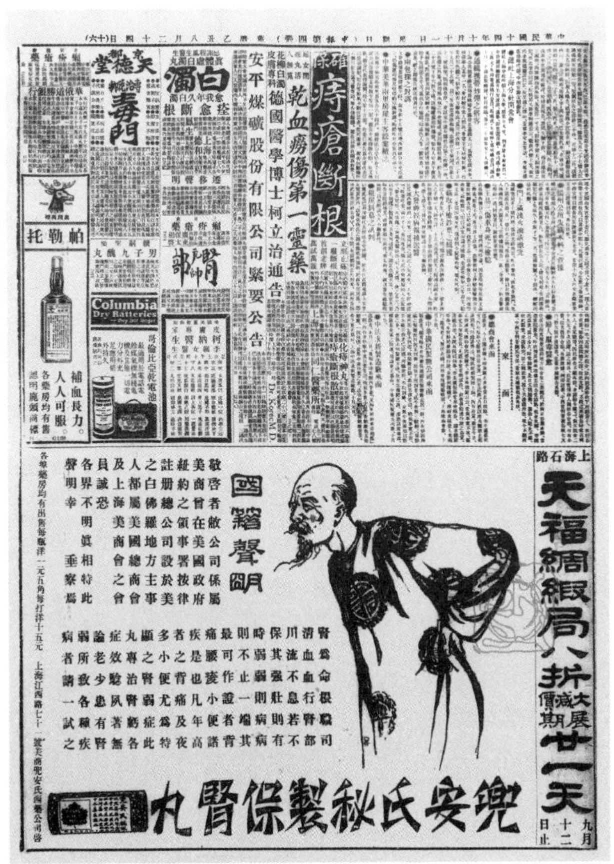
痔瘡斷根
乾血痨傷第一靈藥
德國醫學博士柯立治通告
安平煤礦股份有限公司緊要公告
白濁
天德堂
毒門
帕勒托
Columbia Dry Batteries
補血長力 人人可服 各藥房均有售
上海石路
天福綢緞局八折 大減價 大展期廿一天 九月十二日止
國籍聲明
敬啟者敝公司係美商註冊於美國政府經註冊為美國藥律之總會佛羅國之商會所屬，美國上海領事署設方公司總主於美商之會，人員之及各界明誠恐不明真相特此垂察為聲明幸
兜安氏秘製保腎丸

蓮社上海分社開常會

蓮社上海分社昨假上海大學、開常年大會、到者除本社社員外、並敦請同鄉嵇翥青先生講演、講畢、即票選孫羲・潘鴻藻・薛震、王啟元・朱仰菴爲執行委員、馬樹成・朱延桓・爲候補委員、議決十月三十前出版醒漣、社員投稿、須在二十前寄交上大孫羲云、

涟社上海分社开常会

涟社上海分社昨假上海大学，开常年大会，到者除本社社员外，并敦请同乡嵇翥青先生讲演。讲毕即票选孙羲、潘鸿藻、薛震、王启元、朱仰庵为执行委员，马树成、朱延桓为候补委员，议决十月三十前出版《醒涟》，社员投稿须在二十前寄交上大孙羲云。

1925 年 10 月 11 日第十六版

團體消息

上大劇團成立會

上大劇團消息、已誌前報、玆悉該團於八號開正式成立大會、到會者有五十餘人、先由主席報告宗旨、次由各名人相繼演說、皆略謂戲劇乃有聲有色之文學、與人生、與社會、均有密切之關係、演說後、即討論會章、並議決自下星期起每晚七時至九時在社二教室實行練習、至正式開演期、約在兩星期後云云、

团体消息·上大剧团成立会

上大剧团消息，已志前报。兹悉该团于八号开正式大会。到会者有五十余人，先由主席报告宗旨，次由各名人相继演说，皆略谓戏剧乃有声有色之文学，与人生、与社会均有密切之关系。演说后，即讨论会章，并议决自下星期起每晚七时至九时在社二教室实行练习。至正式开演期，约在两星期后云云。

1925 年 10 月 11 日本埠增刊第一版

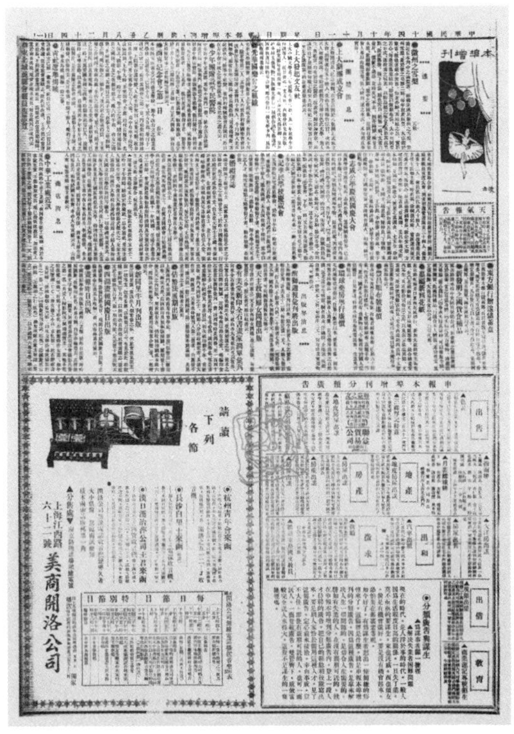

上大發起文友社

上大中國文學系三年級學生曹雪松、及一年級學生陳仲謨等人、近日發起一文友社、內部分研究與出版二項、研究部每星期開會一次、討論近代文藝思潮、及批評各種文藝刊物、出版部先發行一種創作的文藝週刊、將來與書局接約妥洽後、即當發行一種文學季刊、且擬出版種種叢書云、

上大发起文友社

上大中国文学系三年级学生曹雪松及一年级学生陈仲谟等人，今日发起一文友社，内部分研究与出版二项。研究部每星期开会一次，讨论近代文艺思潮，及批评各种文艺刊物。出版部先发行一种创作的文艺周刊，将来与书局接约妥洽后，即当发行一种文学季刊，且拟出版种种丛书云。

1925 年 10 月 11 日本埠增刊第一版

出版界消息

「民衆」第三期出版

本埠民衆社、曾出版民衆半月刊一種、現第三期已於十月十七日出版、要目有「赤色帝國主義」、「最近之俄羅斯與意大利」、「上海各工會被封以後」、「答醒獅週報問」、每册大洋二分、預定全年連郵四角、通信購買爲上海大學毛尹若轉、代售處爲上海西門方斜路出版合作社、及本埠各大書坊、

出版界消息·《民众》第三期出版

本埠民众社曾出版《民众》半月刊一种，现第三期已于十月十七日出版。要目有《赤色帝国主义》《最近之俄罗斯与意大利》《上海各工会被封以后》《答醒狮周报问》。每册大洋二分，预定全年连邮四角。通信购买为上海大学毛尹若转，代售处为上海西门方斜路出版合作社及本埠各大书坊。

1925 年 10 月 18 日本埠增刊第二版

上大劇團近訊

上大劇團、本定上星期一開會、玆因是日罷課游行、故改上星期二午後五時在社二教室開會、討論一切進行事宜及試演的劇本問題、到會者、除舊團員外、有新加入之同學十餘人、先由主席報告數日來所經過之籌備情形、次由全體團員討論劇本問題、議決趣劇爲趙景深先生在最近小說月報上所發表之「天鵝」、幷請其爲導演、正劇爲文學研究會叢書「山河淚」、幷請該校教授田漢爲導演、聞該劇頗富有革命精神云云、

上大剧团近讯

上大剧团本定上星期一开会，兹因是日罢课游行，故改上星期二午后五时在社二教室开会，讨论一切进行事宜及试演的剧本问题。到会者，除旧团员外，有新加入之同学十余人。先由主席报告数日来所经过之筹备情形；次由全体团员讨论剧本问题，议决趣剧为赵景深先生在最近《小说月报》上所发表之《天鹅》，并请其为导演；正剧为文学研究会丛书《山河泪》，并请该校教授田汉为导演，闻该剧颇富有革命精神云云。

1925 年 10 月 18 日本埠增刊第四版

昨日閘北之市民大會

國民通訊社云、上海學生聯合會·上海工人代表會·全國學生總會·反帝國主義大同盟·等團體所發起之上海市民大會、昨日下午、在閘北天通庵路止園對面空場內舉行、到會人數達八萬餘、散會後、並經寶興路·寶山路·作大規模之游行·會中議決一通電、演講人數甚衆、其主旨則在反對滬案重查、反對關稅會議、啓封愛國團體、尤注重於組織國民自衛軍、游行至共和路時、羣衆並要求自行啓封總工會、淅軍郝營長已允轉呈孫督辦核辦、並表示愛國團體、此後自當盡保護扶植、茲將昨日所得詳情、彙誌如下、

▲會場之布置　會場在天通庵路止園對面空場內、會場甚大、約可容十餘萬人、場之中央有用方桌拼成之主席臺一處、其旁併有自由演講臺、以備到會者自由演講之用、門首由總工會糾察隊及閘北保衛團多名、到會維持秩序、

▲會前之自由演講　未開會前、到會團體、如上海大學學生會·及各工會·均派人在演講臺自由演講、計演講者有傅冠雄·韓光權·陳竹山·賀威聖·等十餘人、各人均慷慨激昂、聽者鼓掌不絕、其意則謂前此上海市民因反對滬案重查、在西門公共體育塲曾召集大會一次、奈以奉系軍閥之壓迫、未得盛大羣衆之參加、故有今日之會、吾人從今日起、應一致繼續愛國運動、並啓封愛國團體云云、

▲到會之團體及人數　到會團體甚衆、工會方面計有浦東日華紗廠工會・內外棉紗廠工會・喜和工會・上海蛋廠工人聯合會・廣幫木業工會・鋸木工會・中華工業廠工會・商務印書館工會・中華書局工會・印刷總工會・上海縣工會・上海工人代表會・公共租界電車工會・電話工會・木器總工會・隆茂工會・上海總工會各辦事處・大英烟廠工會・厚生紗廠工人・祥生鐵路工會・滬西油廠工人聯合會・白禮氏洋燭廠工會・洋琴工會・等八十餘工會、學生方面、則有上海大學・大厦大學・法政大學・春申大學・文治大學・江南學院・清心中學・景平女中・上海大學附中・等三十餘學校學生會、連各界市民絡繹到會者總計約達八萬餘人、

昨日闸北之市民大会

国民通讯社云：上海学生联合会、上海工人代表会、全国学生总会、反帝国主义大同盟等团体所发起之上海市民大会，昨日下午在闸北天通庵路止园对面空场内举行，到会人数达八万余。散会后，并经宝兴路、宝山路作大规模之游行。会中议决一通电。演讲人数甚众，其主旨则在反对沪案重查、反对关税会议、启封爱国团体，尤注重于组织国民自卫军。游行至共和路时，群众并要求自行启封总工会，浙军郝营长已允转呈孙督办核办，并表示爱国团体，此后自当尽保护扶植。兹将昨日所得详情，汇志如下：

会场之布置。会场在天通庵路止园对面空场内，空场甚大，约可容十余万人。场之中央有用方桌搭成之主席台一处，其旁并有自由演讲台，以备到会者自由演讲之用。门首由总工会纠察队及闸北保卫团多名到会维持秩序。

会前之自由演讲。未开会前，到会团体如上海大学学生会及各工会，均派人在演讲台自由演讲。计演讲者有傅冠雄、韩光权、陈竹山、贺威圣等十余人，各人均慷慨激昂，听者鼓掌不绝。其意则谓前此上海市民因反对沪案重查，在西门公共体育场曾召集大会一次，奈以奉系军阀之压迫，未得盛大群众之参加，故有今日之会。吾人从今日起，应一致继续爱国运动，并启封爱国团体云云。

到会之团体及人数。到会团体甚众，工会方面计有浦东日华纱厂工会、内外棉纱厂工会、喜和工会、上海蛋厂工人联合会、广帮木业工会、锯木工会、中华工业厂工会、商务印书馆工会、中华书局工会、印刷总工会、上海县工会、上海工人代表会、公共租界电车工会、电话工会、木器总工会、隆茂工会、上海总工会各办事处、大英烟厂工会、厚生纱厂工会、祥生铁路工会、沪西油厂工人联合会、白礼氏洋烛厂工会、洋琴工会等八十余工会。学生方面，则有上海大学、大厦大学、法政大学、春申大学、文治大学、江南学院、清心中学、景平女中、上海大学附中等三十余学校学生会，连各界市民络续到会者，总计约达八万余人。

1925年10月19日第十一版、第十二版

◎上大附中非基督教同盟成立會

上海大學此季由教會學校轉來男女學生頗多、上星期日、該生等聯名發起非基督教同盟、徵求會員、同學加入者、亦形踴躍、并悉該同盟已於日前(二十八日)下午開成立大會、通過簡章、選舉五人爲執行委員、辦理一切事宜、不日將發表宣言云、

上大附中非基督教同盟成立会

上海大学此季由教会学校转来男女学生颇多，上星期日该生等联名发起非基督教同盟，征求会员，同学加入者，亦形踊跃。并悉该同盟已于日前（二十八日）下午开成立大会，通过简章，选举五人为执行委员，办理一切事宜，不日将发表宣言云。

1925 年 10 月 31 日本埠增刊第一版

◉上大台州同學會成立

該會在數日前開成立會、通過簡章、選出職員、幷議決㈠講演、每週二人輪流講演、講題由演員自由命題、㈡編輯、暫發行月刊、將來於能力充裕時、改爲半月刊、或週刊、定名台州評論、不日出版、㈢調查、責成調查員限半月內調查台州旅滬學界人數、預備組織台州旅滬同學會、

上大台州同学会成立

该会在数日前开成立会，通过简章，选出职员。并议决：（一）讲演：每周二人轮流讲演，讲题由演员自由命题；（二）编辑：暂发行月刊，将来于能力充裕时改为半月刊或周刊，定名《台州评论》，不日出版；（三）调查：责成调查员限半月内调查台州旅沪学界人数，预备组织台州旅沪同学会。

1925 年 11 月 16 日本埠增刊第一版

上海 第一國貨公司 新到 大批國產 特別廉價

上海 民國路 鴻大綢緞洋貨局 展期七天 大減價

社會科學會進行計劃

上海大學社會科學研究會、於日前開全體大會、高爾柏主席、討論該會執行委員會所擬定之本學期進行大綱、議決下列各項、

(一)會期 本學期擬定開會十二次、以十二星期計算、每星期開會一次、(此外關於各種紀念會等、由委員會臨時籌備招集、)

(二)會期分配 請人演講六次、互相辨論三次、互相討論二次、輪流舉行、(如講演一次、辯論一次、講演一次、討論一次、)

(三)社會現象調查 由委員會指定五人爲社會科學研究會社會現象調查委員會委員、管理本會會員社會現象調查事宜、並以「上海市之第四階級」爲調查之對象、詳細調查方法、由調查委員協同指導員規定、執行委員通過後施行、調查時並協同學校方面共同辦理、

(四)讀書報告 由委員會指定三人爲社會科學研究會讀書委員會委員、管理本會會員讀書報告事宜、至於讀什麽書、怎樣讀法、由讀書委員協同指導員規定執行委員會通過後施行、

(五)會員講演 除上定之十二次會期外、會員講演期由各會員先將所擬講之題目報告委員會、由委員會編定次序分組舉行、

又聞該會定於本月十六日開講演會、請劉仁靜君演講云、

社会科学会进行计划

上海大学社会科学研究会于日前开全体大会，高尔柏主席，讨论该会执行委员会所拟定之本学期进行大纲，议决下列各项：

（一）会期。本学期拟定开会十二次，以十二星期计算，每星期开会一次。（此外关于各种纪念会等，由委员会临时筹备招［召］集。）

（二）会期分配。请人演讲六次，互相辩论三次，互相讨论二次，轮流举行。（如讲演一次，辩论一次，讲演一次，讨论一次。）

（三）社会现象调查。由委员会指定五人为社会科学研究会社会现象调查委员会委员，管理本会会员社会现象调查事宜，并以“上海市之第四阶级”为调查之对象，详细调查方法由调查委员协同指导员规定、执行委员通过后施行，调查时并协同学校方面共同办理。

（四）读书报告。由委员会指定三人为社会科学研究会读书委员会委员，管理本会会员读书报告事宜。至于读什么书、怎样读法，由读书委员协同指导员规定，执行委员会通过后施行。

（五）会员讲演。除上定之十二次会期外，会员讲演期由各会员先将所拟讲之题目报告委员会，由委员会编定次序分组举行。

又闻该会定于本月十六日开讲演会，请刘仁静君演讲云。

1925 年 11 月 17 日本埠增刊第一版

◉上大劇團公開表演

上大劇團、自成立以來、一切事宜、均積極進行、前該校開三週紀念大會、曾加入表現、近聞定於本星期日（二十二號）七時在該校作第二次之公演、劇本爲「可憐閨裡月」、曹雪松君飾女主角婉仙、陳懷璞君飾婉仙之夫、該劇團爲絕對公開起見、不用入場券、無論何人、均歡迎參觀云、

上大剧团公开表演

上大剧团自成立以来，一切事宜均积极进行。前该校开三周纪念大会，曾加入表现。近闻定于本星期日（二十二号）七时在该校作第二次之公演，剧本为《可怜闺里月》，曹雪松君饰女主角婉仙，陈怀璞君饰婉仙之夫。该剧团为绝对公开起见，不用入场券，无论何人，均欢迎参观云。

1925年11月19日本埠增刊第一版

●上大附中濟難會分部之成立會
上大附中、昨日（十八日）晚上七時、在該校大敎室開濟難會分部成立大會、校內外會員到會者約二百餘人、首由主席報告開會宗旨、及總會代表報告組織法、次由蕭樸生・華鄂揚・蕭楚女・諸先生相繼演說、末選舉委員、結果選得呂全眞・朱懷德・俞昌準・王心恒・沈羣仙・鄒慧珊・胡警紅・徐德有・唐棣華・樊警吾・等十人爲幹事會委員、周文在・瞿江・姚麗文・陳彭・張際鏞・等五人爲審查會委員、袁文新・江錦維・周愼梓・等三人爲兒童團委員云、

上大附中济难会分部之成立会

上大附中昨日（十八日）晚上七时，在该校大教室开济难会分部成立大会。校内外会员到会者约二百余人。首由主席报告开会宗旨及总会代表报告组织法；次由萧朴生、华鄂扬、萧楚女诸先生相继演说；末选举委员，结果选得吕全真、朱怀德、俞昌准、王心恒、沈群仙、邹慧珊、胡警红、徐德有、唐棣华、樊警吾等十人为干事会委员，周文在、瞿江、姚丽文、陈彭、张际镛等五人为审查会委员，袁文新、江锦维、周慎梓等三人为儿童团委员云。

1925 年 11 月 20 日本埠增刊第一版

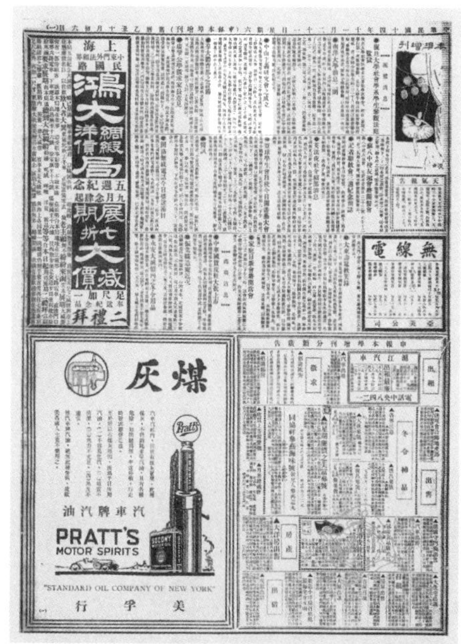

●中山主義研究會之成立

上海大學張效翼等所發起之中山主義研究會、於昨晚七時開成立大會、到會員二百餘人、首由發起人代表張君報告經過情形、並推舉高爾柏爲主席、次即討論章程、選舉職員、高爾柏·馬凌山·崔小立·江士祥·吳稽天五君當選爲執行委員、張效翼·胡警紅兩君爲候補、後即由國民黨上海執行部宣傳部代表劉重民·四川中法大學校長吳玉章·上海大學教授蕭楚女施存統四君講演、蕭楚女講替中山先生及國民黨伸寃、因爲中山先生與國民黨都被人誤指爲赤化、施存統以爲現在須找求一個眞正的中山主義云、

中山主义研究会之成立

上海大学张效翼等所发起之中山主义研究会，于昨晚七时开成立大会，到会员二百余人。首由发起人代表张君报告经过情形，并推举高尔柏为主席；次即讨论章程、选举职员，高尔柏、马凌山、崔小立、江士祥、吴稽天五君当选为执行委员，张效翼、胡警红两君为候补。后即由国民党上海执行部宣传部代表刘重民，四川中法大学校长吴玉章，上海大学教授萧楚女、施存统四君讲演。萧楚女讲替中山先生及国民党伸冤，因为中山先生与国民党都被人误指为赤化。施存统以为现在须找求一个真正的中山主义云。

1925年11月21日本埠增刊第一版

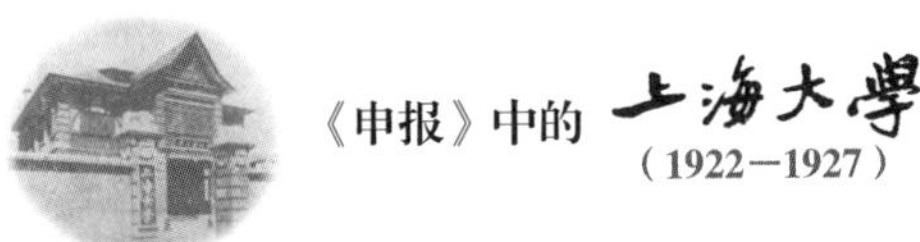

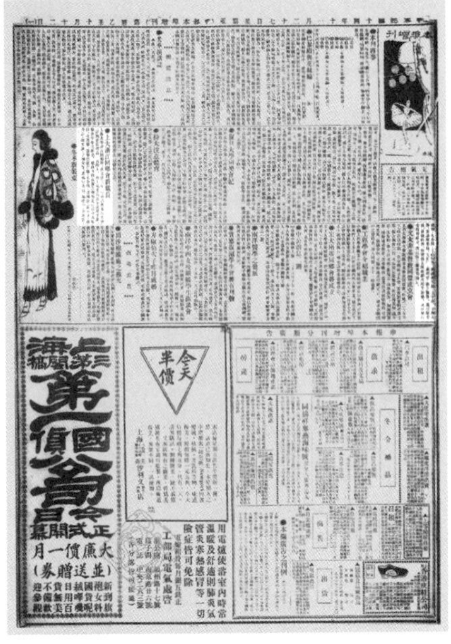

上大浙江同鄉會新職員

上海大學浙江同鄉會、成立已二年、日前該會舉行常會、計到新舊會員一百餘人、由上屆委員長朱義權主席、報告半年之經過、繼由各股長報告會務進行狀况及賬目、次選舉、當舉出張崇德·孔令俊·潘楓淦·崔小立·孫乃銓·韓光漢·于翔青等、爲執行委員、施建中·余世凱·潘懷·孔令俊·王心恒等、爲調查委員、王宇春、于翔青等、爲講演委員、王正厂·戴邦定·張崇德等、爲出版委員、最後餘興、由會員表演新劇火棍等游藝、次日執行委員會成立、選出張崇德爲委員長、

上大浙江同乡会新职员

上海大学浙江同乡会成立已二年，日前该会举行常会，计到新旧会员一百余人。由上届委员长朱义权主席，报告半年之经过。继由各股长报告会务进行状况及账目，次选举，当举出张崇德、孔令俊、潘枫淦、崔小立、孙乃铨、韩光汉、干翔青等为执行委员，施建中、余世凯、潘怀、孔令俊、王心恒等为调查委员，王宇春、干翔青等为讲演委员，王正厂、戴邦定、张崇德等为出版委员。最后余兴，由会员表演新剧、火棍等游艺。次日执行委员会成立，选出张崇德为委员长。

1925 年 11 月 27 日本埠增刊第一版

中華民國十四年十一月三十日 星期一 申報第四號 夏曆乙丑十月十五日 (二十)

本埠新聞

● 變化中之時局觀

● 蘇省宣告解嚴

● 孫傳芳裁減蘇軍之計畫

● 孫傳芳禁止各屬招兵

● 蘇軍第二師恢復未成

● 北站車輛昨日奉令放還

● 北站運輸司令撤銷

● 浙官紳代表迎孫回杭

● 蘇人反對改設民政司

● 嚴春陽兼任警察廳長

● 沈同午對於淞滬商埠督辦之態度

● 皖人電勉鄧如琢

● 宋子文昨晚赴寧

● 花車迎接孫夫人

● 褚慧僧由杭返滬

● 張孝若昨日來滬

● 杜錫珪今日由漢抵滬

● 李俊義昨晚赴松

● 學聯會赴京代表返滬

● 昨日五卅半週紀念紀

● 海員公會昨發救濟費

● 總商會代與華商道契

昨日五卅半週紀念紀

▲開會時之情形　昨日爲五卅慘案半週年紀念、全國學生總會·上海學生聯合會·各界婦女聯合會·上海市民協會·上海反帝國主義大同盟等團體、發起假西門公共體育場開會紀念、下午一時許到會者紛至、羣入會場、警廳聞訊、突派警察二十餘名到場、把守右首大門、准出不准入、經市民方面屢向解釋、謂今日乃五卅半週紀念、開會演講、乃人民之自由、要求入場無效、兩學生會乃派陳葉兩君至戒嚴司令部懇請准予集會、時已二時許、赴會者愈聚愈多、計有各校學生各工會工人及其他市民一萬餘人、時有各界婦女聯合會會員三百餘人、亦執旗集會、衆聞不准集會均大憤、羣至左邊一小木門、將門衝破、蜂擁而入、一時歡呼之聲大起、把守大門之警察、聞聲趕至、意欲加以攔阻、經被勸阻、幸免衝突、羣衆既俱入場、即宣布開會、一面推出代表與在場警官談話、說明今日開會之意義、並要求保護、會場內當由阮仲一主席報告、謂六月前正當五卅慘案發生之際、奉系駐滬軍隊、以戒嚴爲名、禁止人民集會、今戒嚴已經取消、而阻止集會猶如昔日、人民之自由剝奪如此、此到會同胞所應深思者、但我人民仍當繼續愛國運動、並爲表示愛國決心起見、今日應舉行游行、次齊呼口號、㊀繼續愛國運動、㊁啓封愛國團體、㊂無條件關稅自主、㊃無條件收回海關、㊄廢除一切不平等條約、㊅打倒段政府、㊆解除奉系武裝、㊇擁護北京國民行政委員會、㊈廢除苛稅苛法、㊉還我人民自由、繼通過兩通電、一致北京國民行政委員會、一致南京孫總司令、後爲演講、蕭初遇略謂、今日正國民肉搏血鬬之時、我全國同胞、應繼續五月卅日諸先烈流血之精神、奮起應戰、奪還政權、實現真正的民主政治、鄒觀松略謂、北京擧行之關稅會議、乃軍閥政客之關稅會議、我人民絕對否認、惟有決然宣布關稅自主、收回海關、李女士略謂、軍閥亦人民之敵、欲求人民之真正自由、非打倒軍閥政治不可、張君謂據報載北京政局起絕大變化、北京市民、組織國民行政委員會、此乃吾人民實現民主政治之唯一機會、我全國人民應爲此奮鬬、而絕對擁戴、此時場上散發各種傳單及大會特別號外、演講畢、再呼口號如前、至三時半散會游行、文治大學先行、繼以各工會及各學校及其他市民、自會場排隊出發、經西大吉路民國路、沿途大呼口號、工人中有高呼救濟失業工人者、至小東門、復全體停止、高呼口號、乃散、時已四時半矣

▲開會前之波折　昨日下午二時、西門外公共體育場、開五卅烈士追悼大會、事前未曾報告警廳、爲淞滬戒嚴司令部查悉、特飭警廳禁止、彼處爲二區總署轄境、經孟署長立派李巡官帶領長警二十名、協同淞滬游巡第二隊鄒隊長、及巡官魏潔忱等、到場解散、阻止入內、各工團工人見大門嚴密看守、遂轉向西南隅、將小門擠破、一擁而入、李巡官趕往阻止、時已不及、衆工人羣起不服、聲勢洶湧、李巡官見勢不佳、深恐發生事端、急電二區孟署長到場、與臨時主席面商辦法、一面飛報戒嚴司令部維持保護、旋奉戒嚴司令從寬允許、始得正式開會、計到各工團各學校約一千餘人、由主席報告開會宗旨、分發印刷品、高唱國歌、行三鞠躬追悼禮、即於三時整隊出發游行、經西林路·中華路·民國路·達大東門·至老西門散隊、秩序尚佳、

▲警廳之照料　代理淞滬警察廳長江政卿、昨據二區警察署長報告、今日有工廠聯合會男女工人、聯絡學生等、在該管境內西門外一帶集合游行之舉、遥達城內外各處等情、當飭所屬一二兩區並該屬各分駐所、各派長警、分投在各要口彈壓外、又撥派本廳保安游巡等隊、由隊長督率隊士、在民國路中華路等華法接壤之區、妥爲照料、

▲到會之團體　文治大學·上海大學·上海大學附中·清心中學·商務印書館工會·楊樹浦培林蛋廠工會·中華第一針織廠工會·各界婦女聯合會·喜和工會·楊樹浦工人代表會·老怡和紗廠工會·上海五卅愛國失業工人團·申新工廠工會·浦東第一平民學校·印刷總工會·上海濟生會·瑞鎔鐵廠運輸部·上海木器總工會·上海市民協會·上海學生聯合會·全國學生聯合會·反帝國主義大同盟·各團體聯合會·上海電話工會·旭社·平民導社·上海店員聯合會、

▲發表之文件　㊀市民大會特別號外·㊁致北京國民行政委員會電·㊂致孫傳芳電、以及各種傳單、文長不備錄、

昨日五卅半周纪念纪

开会时之情形。昨日为五卅惨案半周年纪念，全国学生总会、上海学生联合会、各界妇女联合会、上海市民协会、上海反帝国主义大同盟等团体，发起假西门公共体育场开会纪念。下午一时许到会者纷至，群入会场。警厅闻讯，突派警察二十余名到场，把守右首大门，准出不准入。经市民方面屡向解释，谓今日乃五卅半周纪念，开会演讲乃人民之自由。要求入场无效，两学生会乃派陈、叶两君至戒严司令部恳请准予集会，时已二时许，赴会者愈聚愈多，计有各校学生、各工会工人及其他市民一万余人。时有各界妇女联合会会员三百余人亦执旗集会。众闻不准集会均大愤，群至左边一小木门，将门冲破，蜂拥而入，一时欢呼之声大起。把守大门之警察闻声赶至，意欲加以拦阻，经被劝阻，幸免冲突。群众既俱入场，即宣布开会。一面推出代表与在场警官谈话，说明今日开会之意义，并要求保护。会场内当由阮仲一主席报告，谓六月前正当五卅惨案发生之际，奉系驻沪军队以戒严为名，禁止人民集会。今戒严已经取消，而阻止集会犹如昔日，人民之自由剥夺如此，此到会同胞所应深思者。但我人民仍当继续爱国运动，并为表示爱国决心起见，今日应举行游行。次齐呼口号：（一）继续爱国运动；（二）启封爱国团体；（三）无条件关税自主；（四）无条件收回海关；（五）废除一切不平等条约；（六）打倒段政府；（七）解除奉系武装；（八）拥护北京国民行政委员会；（九）废除苛税苛法；（十）还我人民自由。继通过两通电，一致北京国民行政委员会，一致南京孙总司令。后为演讲，萧初遇略谓，今日正国民肉搏血斗之时，我全国同胞应继续五月卅日诸先烈流血之精神，奋起应战，夺还政权，实现真正的民主政治。郑观松略谓，北京举行之关税会议，乃军阀政客之关税会议，我人民绝对否认。惟有决然宣布关税自主，收回海关。李女士略谓，军阀亦人民之敌，欲求人民之真正自由，非打倒军阀政治不可。张君谓，据报载北京政局起绝大变化，北京市民组织国民行政委员会，此乃吾人民实现民主政治之唯一机会，我全国人民应为此奋斗，而绝对拥戴。此时场上散发各种传单及大会特别号外。演讲毕，再呼口号如前，至三时半散会游行。文治大学先行，继以各工会及各学校及其他市民。自会场排队出发，经西大吉路、民国路，沿途大呼口号，工人中有高呼救济失业工人者。至小东门，复全体停止，高呼口号，乃散。时已四时半矣。

开会前之波折。昨日下午二时，西门外公共体育场开五卅烈士追悼大会，事前未曾报告警厅。为淞沪戒严司令部查悉，特饬警厅禁止。彼处为二区总署辖境，经孟署长立派李巡官带领长警二十名，协同淞沪游巡第二队邹队长及巡官魏洁忱等，到场解散，阻止入内。各工团工人见大门严密看守，遂转向西南隅，将小门撞破，一拥而入。李巡官赶往阻止，时已不及。众工人群起不服，声势汹涌，李巡官见势不佳，深恐发生事端，急电二区孟署长到场，与临时主席面商办法，一面飞报戒严司令部维持保护。旋奉戒严司令从宽允许，始得正式开会。计到各工团、各学校约一千余人，由主席报告开会宗旨，分发印刷品，高唱国歌，行三鞠躬追悼礼。即于三时整队出发游行，经西林路、中华路、民国路，进大东门，至老西门散队，秩序尚佳。

警厅之照料。代理淞沪警察厅长江政卿，昨据二区警察署长报告，今日有工厂联合会男女工人联络学生等，在该管境内西门外一带集合游行之举，径达城内外各处等情，当饬所属一、二两区并该属各分驻所，各派长警，分投在各要口弹压外，又拨派本厅保安、游巡等队，由队长督率队士，在民国路、中华路等华法接壤之区妥为照料。

到会之团体。文治大学、上海大学、上海大学附中、清心中学、商务印书馆工会、杨树浦培林蛋厂工会、中华第一针织厂工会、各界妇女联合会、喜和工会、杨树浦工人代表会、老怡和纱厂工会、上海五卅爱国失业工人团、申新工厂工会、浦东第一平民学校、印刷总工会、上海济生会、瑞镕铁厂运输部、上海木器总工会、上海市民协会、上海学生联合会、全国学生联合会、反帝国主义大同盟、各团体联合会、上海电话工会、旭社、平民导社、上海店员联合会。

发表之文件。（一）市民大会特别号外；（二）致北京国民行政委员会电；（三）致孙传芳电以及各种传单。文长不备录。

1925 年 11 月 30 日第十三版

◉上大女同學會演講練習會成立

昨日下午七時、上大女同學會在該校開演講練習會成立大會、到會會員三十餘人、來賓百餘人、七時主席宣佈開會、㈠主席報告開會宗旨、㈡修改細則、㈢施存統・蕭楚女・陳望道諸君演講、㈣茶點、㈤餘興、分英文歌・跳舞・京戲・漢調老漁翁・學習交際舞・概古吟・崑曲・火棍・十種、十時半散會、

上大女同学会演讲练习会成立

昨日下午七时，上大女同学会在该校开演讲练习会成立大会。到会会员三十余人，来宾百余人，七时主席宣布开会：（一）主席报告开会宗旨；（二）修改细则；（三）施存统、萧楚女、陈望道诸君演讲；（四）茶点；（五）余兴，分英文歌、跳舞、京戏、汉调老渔翁、学习交际舞、概古吟、昆曲、火棍十种。十时半散会。

1925 年 12 月 3 日本埠增刊第一版

◉上大附中之新團體
上大附中國民革命青年團、於日昨下午三時、開成立大會、蒞會者男女團員六十餘人、首由主席報告開會宗旨、報告畢由蕭楚女先生演講、末通過簡章、選舉委員、結果鄒慧珊・姚麗文・高國文・周文在・覃澤漢・五人爲執行委員、胡警紅・朱懷德・二人爲候補委員、

上大附中之新团体

上大附中国民革命青年团，于日昨下午三时开成立大会，莅会者男女团员六十余人。首由主席报告开会宗旨；报告毕由萧楚女先生演讲；末通过简章，选举委员，结果邹慧珊、姚丽文、高国文、周文在、覃泽汉五人为执行委员，胡警红、朱怀德二人为候补委员。

1925 年 12 月 5 日本埠增刊第一版

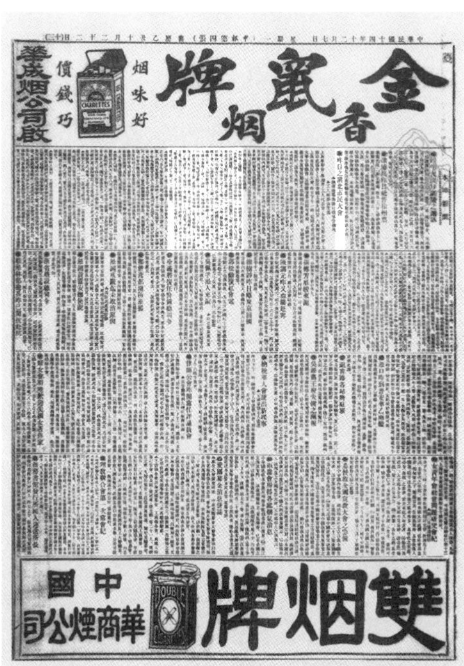

昨日之閘北市民大會

▲到會之團體　有全國學生總會、中國濟難會、上海學生聯合會、各界婦女聯合會、上海市民協會、上海反帝國主義大同盟、上海市民演講團、上海非基督教同盟、同濟醫科大學、亞東醫科大學、東亞同文書院、國民大學、景賢女中、景平女學、神州女學、上海大學、上海大學附中、宏才大學、復旦大學、藝徒學校、楊樹浦平民學校、引翔港平民學校、尚公學校、中國國民黨江蘇省黨部、金銀工會、五卅愛國失業工人團、崇信工會、東華紗廠工會、上海運輸總工會、上海紗廠總工會、上海印刷總工會、上海鐵廠總工會、上海木器總工會、上海總工會、楊樹浦火柴工會、繅絲廠工會、內外棉工會、班達蛋廠工會、商務印書館工會、公共租界電車工會、工部局電氣處工會、喜和工會、老怡和工會、新怡和工會、浦東隆茂工會、申新工會、豐田工會、公益工會、祥生鐵廠工會、同興紗廠工會、洋拳工會、培林工會、滬東工人代表會、中華第一針織廠工會、海員工會、海員工會駁船部、厚生紗廠工會、中華書局工會、華通太古碼頭工會、上海大學附設平民學校、店員聯合會、平民導社、韓國少年團、等一百餘團體、

昨日之闸北市民大会·到会之团体

有全国学生总会、中国济难会、上海学生联合会、各界妇女联合会、上海市民协会、上海反帝国主义大同盟、上海市民演讲团、上海非基督教同盟、同济医科大学、亚东医科大学、东亚同文书院、国民大学、景贤女中、景平女学、神州女学、上海大学、上海大学附中、宏才大学、复旦大学、艺徒学校、杨树浦平民学校、引翔港平民学校、尚公学校、中国国民党江苏省党部、金银工会、五卅爱国失业工人团、崇信工会、东华纱厂工会、上海运输总工会、上海纱厂总工会、上海印刷总工会、上海铁厂总工会、上海木器总工会、上海总工会、杨树浦大康工会、缫丝厂工会、内外棉工会、班达蛋厂工会、商务印书馆工会、公共租界电车工会、工部局电气处工会、喜和工会、老怡和工会、新怡和工会、浦东隆茂工会、申新工会、丰田工会、公益工会、祥生铁厂工会、同兴纱厂工会、洋琴工会、培林工会、沪东工人代表会、中华第一针织厂工会、海员工会、海员工会驳船部、厚生纱厂工会、中华书局工会、华通太古码头工会、上海大学附设平民学校、店员联合会、平民导社、韩国少年团等一百余团体。

1925 年 12 月 7 日第十三版

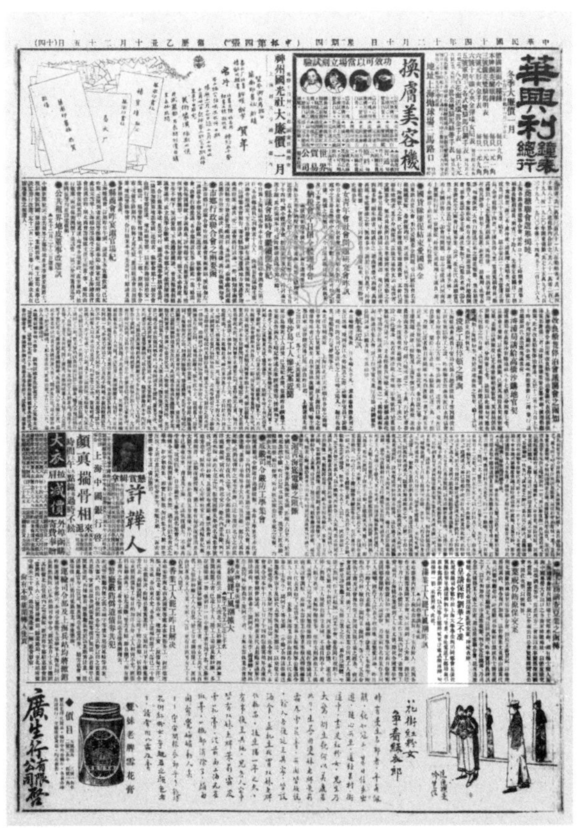

●呈請保釋劉華之不准

淞滬戒嚴司令部昨批上海大學學生四川同鄉會長張效翼陳伯華呈請保釋劉華由、呈悉、查此案係工部局與引渡本部訊辦之件、該生等自應靜候軍法處訊明核辦、所請保釋一節、未便照准、此批、

呈请保释刘华之不准

淞沪戒严司令部昨批上海大学学生四川同乡会长张效翼、陈伯华呈请保释刘华由，呈悉，查此案系工部局与引渡本部讯办之件，该生等自应静候军法处讯明核办，所请保释一节，未便照准。此批。

1925年12月10日第十四版

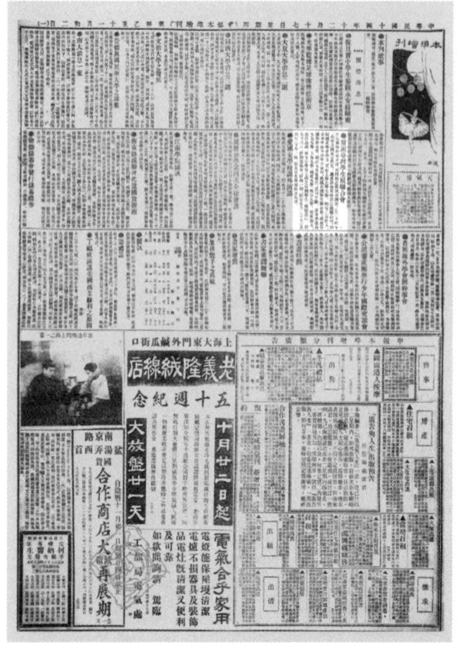

留滬臺灣學生組聯合會

自馬關條約成立後、我同胞之僑寓台灣者、已三十餘年、未與吾國通音問矣、邇者該地青年思念祖國心切、而歸國求學者漸多、其在上海之學生數、約有二百餘人、前季曾由各校學生發起、組織台灣學生聯合會、藉與吾國聯絡感情、嗣以五卅案發生、進口中斷、迨本季復由大夏大學、上海大學、國民大學、南方大學、亞東醫大、南洋高商、南光中學等七校之台灣學生、繼續進行、於本月六日、經開籌備會、磋商一切、擬定本月二十日(星期日)下午一時、假大夏大學開成立大會、

留沪台湾学生组联合会

自马关条约成立后，我同胞之侨寓台湾者，已三十余年未与吾国通音问矣。迩者该地青年思念祖国心切，而归国求学者渐多，其在上海之学生数约有二百余人。前季曾由各校学生发起组织台湾学生联合会，借与吾国联络感情。嗣以五卅案发生，进口中断。迨本季复由大夏大学、上海大学、国民大学、南方大学、亚东医大、南洋高商、南光中学等七校之台湾学生继续进行。于本月六日，经开筹备会，磋商一切。拟定本月二十日（星期日）下午一时，假大夏大学开成立大会。

1925 年 12 月 17 日本埠增刊第一版

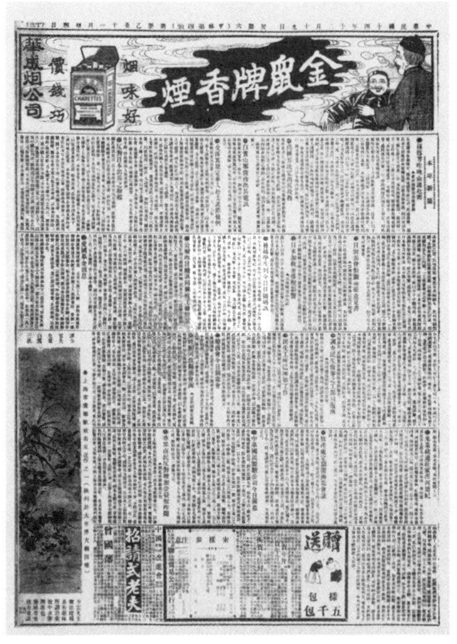

被捕學生判今日日領研訊

前日下午、普陀路捕房、派出中西探捕、在小沙渡・宜昌路・西蘇州路等處、拘拿沿途散發激烈言詞傳單之學生、已誌昨報、茲悉所拘學生、共計有十七名、屬於上海大學者七名、爲女生沈方中・男生孫金鑑・張天明・蕭琴笙・周慶白・向大・李雲・屬於大夏大學者四名、爲曹子仁(即趾仁)蒲克敏・李善寶・党伯孤、屬於國民大學者六名、爲來一大・(即來燕堂)殷伯恒・王心恒・年正國・金國光・郭習芝等、昨晨連同傳單、併解公共公廨、由關讞員會同英馬副領事、升座第一庭審訊、而到堂旁聽之學生男女、計有十餘人、據工部局刑事科代表梅特蘭律師上堂譯稱、控告被告等在普陀路捕房轄境內、分發傳單、擾亂治安、該傳單內容、均係反對日本人之事、請求將此案改由日本領事堂期訊理云云、中西官磋商後、諭被告等各交二百元保、候(今晨)日領堂期研訊

被捕学生判今日日领研讯

前日下午，普陀路捕房派出中西探捕，在小沙渡、宜昌路、西苏州路等处，拘拿沿途散发激烈言词传单之学生，已志昨报。兹悉所拘学生共计有十七名，属于上海大学者七名，为女生沈方中，男生孙金鉴、张天明、萧琴笙、周庆白、向大、李云；属于大夏大学者四名，为曹子仁（即趾仁）、蒲克敏、李善宝、党伯孤，属于国民大学者六名，为来一大（即来燕堂）、殷伯恒、王心恒、年正国、金国光、郭习芝等，昨晨连同传单，并解公共公廨。由关谳员会同英马副领事，升座第一庭审讯，而到堂旁听之学生男女，计有十余人。据工部局刑事科代表梅特兰律师上堂译称，控告被告等在普陀路捕房辖境内，分发传单，扰乱治安。该传单内容均系反对日本人之事，请求将此案改由日本领事堂期讯理云云。中西官磋商后，谕被告等各交二百元保，候（今晨）日领堂期研讯。

1925年12月19日第十三版

無錫

▲警察所查封錫社之反響　無錫縣公署、日前奉省令內開、據錫人彭鼎勳呈稱、本邑「錫社」、爲共產黨機關、始爲青年學生組合、旋有共產黨徒安劍平等加入、宣傳過激主義、推翻家庭、滅絕理敎、其刊布之「無錫評論」、立論尤爲背謬、請求飭縣查封、拘提該社首領安劍平、從嚴究辦、幷其出版物一律銷毀云云、飭即查明究辦、楊知事奉令、除將原文抄錄、令行錫社外、並轉令警察所查明核辦、警察所長宋鐵濤奉令、立派法警高子光、前往該社發封、幷將印存之「無錫評論」銷毀、惟該社平時僅假縣議會爲通信機關、並無其他會所、因是實無從查封、至安劍平係上海大學學生、刻在上海、亦無法拘捕、而該社自奉到縣署訓令後、以彭鼎勳所控各節、完全出於捏詞誣衊、特分呈省長、縣公署警察所、以類於匿名誣陷、請求拘提原告彭鼎勳到案質訊、以明眞相、查錫社係旅外學子、及邑中青年所組織、爲民衆團體之一、成立於上年一月、曾擬具章程、呈准官廳立案、其宗旨以改良社會、研究學術、曾舉行學術演講多次、所延者皆一時名流、開辦平民學校、成績亦佳、其發行之「無錫評論」、於邑事多所指摘、一以眞理爲歸、絕不袒護、再近出版之兩期、尤爲人所注意、而原告彭鼎勳、歷查全邑選民册中、並無其人、或係出於反對者之中傷、

无锡·警察所查封锡社之反响

无锡县公署日前奉省令内开，据锡人彭鼎勋呈称，本邑“锡社”为共产党机关，始为青年学生组合，旋有共产党徒安剑平等加入，宣传过激主义，推翻家庭，灭绝理教。其刊布之《无锡评论》，立论尤为背谬，请求饬县查封，拘提该社首领安剑平，从严究办，并其出版物一律销毁云云。饬即查明究办。杨知事奉令除将原文抄录，令行锡社外，并转令警察所查明核办。警察所长宋镇涛奉令，立派法警高子光前往该社发封，并将印存之《无锡评论》销毁。惟该社平时仅假县议会为通信机关，并无其他会所，因是实无从查封。至安剑平系上海大学学生，刻在上海，亦无法拘捕。而该社自奉到县署训令后，以彭鼎勋所控各节，完全出于捏词诬蔑，特分呈省长、县公署警察所，以类于匿名诬陷，请求拘提原告彭鼎勋到案质讯，以明真相。查锡社系旅外学子及邑中青年所组织，为民众团体之一，成立于上年一月。曾拟具章程呈准官厅立案，其宗旨以改良社会、研究学术，曾举行学术演讲多次，所延者皆一时名流，开办平民学校，成绩亦佳，其发行之《无锡评论》，于邑事多所指摘，一以真理为归，绝不袒护。再近出版之两期，尤为人所注意。而原告彭鼎勋，历查全邑选民册中，并无其人，或系出于反对者之中伤。

1925 年 12 月 20 日第九版

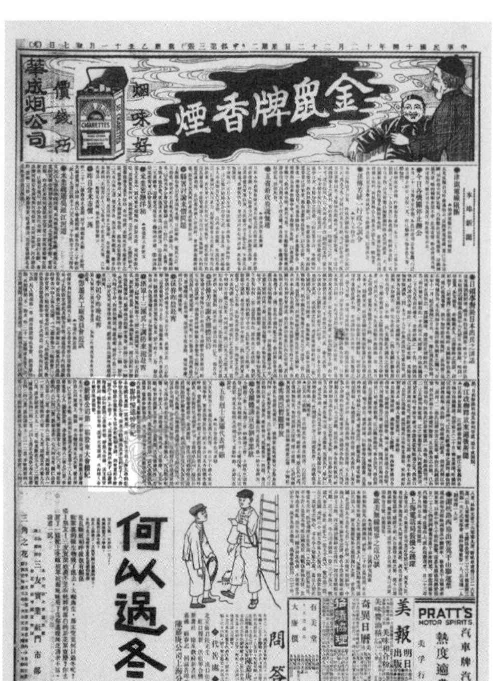

●廖仲愷追悼會紀
本埠國民黨第一區黨部、昨日假青雲路上海大學開廖仲愷先生追悼大會、到者全體黨員及來賓約近千人、會場中懸廖公遺像及各區分部輓聯多副、到會者并各贈「廖公不死」小冊子一本、茲錄其開會秩序如下、㈠讀總理遺囑、㈡向廖同志遺像致敬、靜默五分鐘、㈢主席宣開會詞、㈣報告廖公事略、㈤惲代英演說、次由韓人金日耀君演說而散、

廖仲恺追悼会纪

本埠国民党第一区党部，昨日假青云路上海大学开廖仲恺先生追悼大会，到者全体党员及来宾约近千人。会场中悬廖公遗像及各区分部挽联多副，到会者并各赠《廖公不死》小册子一本。兹录其开会秩序如下：（一）读总理遗嘱。（二）向廖同志遗像致敬，静默五分钟。（三）主席宣开会词。（四）报告廖公事略。（五）恽代英演说，次由韩人金日耀君演说而散。

1925 年 12 月 22 日第九版

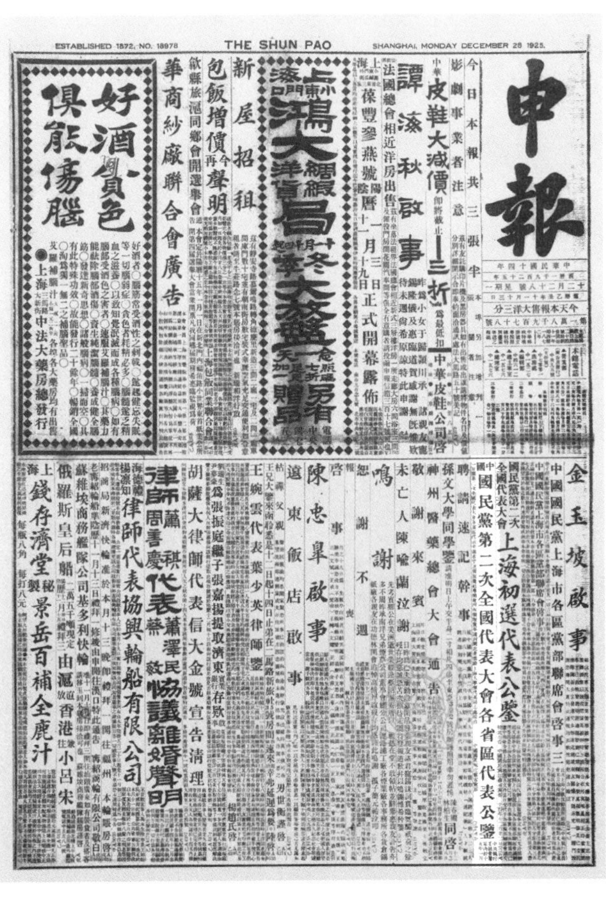
ESTABLISHED 1872, NO. 18978　THE SHUN PAO　SHANGHAI, MONDAY DECEMBER 28 1925.

申報

中國國民黨第二次全國代表大會各省區代表公鑒

中央執行委員會歷電決於十五年一月一日開第二次全國代表大會各省區代表來滬者望速領旅費赴粵開會所有領旅費事請到閘北青雲路上海大學惲代英同志處接洽

中國國民黨江蘇省黨部

中国国民党第二次全国代表大会各省区代表公鉴

中央执行委员会屡电，决于十五年一月一日开第二次全国代表大会，各省区代表来沪者，望速领旅费赴粤开会。所有领旅费事请到闸北青云路上海大学恽代英同志处接洽。

中国国民党江苏省党部

1925 年 12 月 28 日第一版

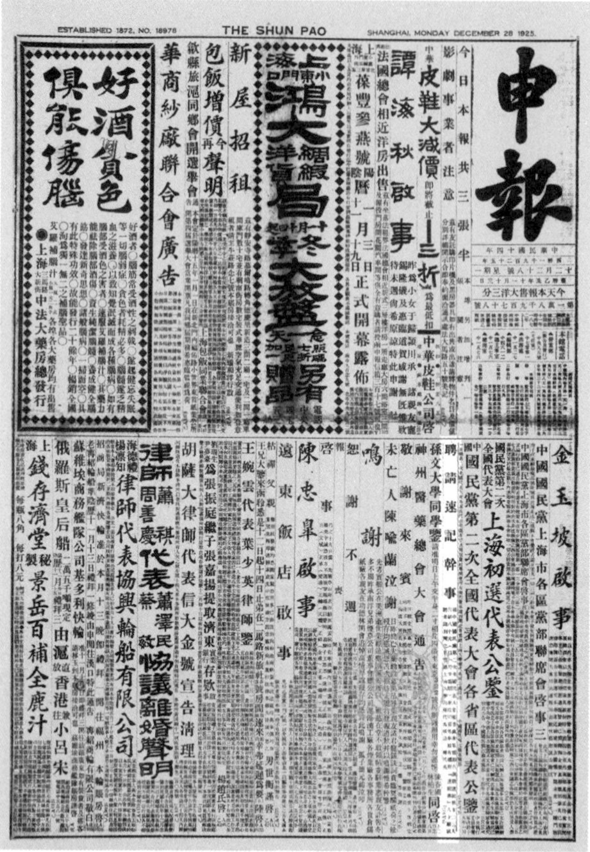
ESTABLISHED 1872, NO. 18978 THE SHUN PAO SHANGHAI, MONDAY DECEMBER 28 1925.

申報

金玉坡啟事

中國國民黨上海市各區黨部聯席會啓事

國民黨第二次全國代表大會 上海初選代表公鑒

中國國民黨第二次全國代表大會各省區代表公鑒

聘請速記幹事

孫文大學同學鑒

神州醫藥總會大會通告

鳴謝

陳忠臯啟事

遠東飯店啟事

胡蘿大律師代表信大金號宣告清理

律師代表協興輪船有限公司

俄羅斯皇后船

錢存濟堂秘製景岳百補全鹿汁

譚滌秋啟事

皮鞋大減價

好酒貨色 俱能傷脳

新屋招租

華商紗廠聯合會廣告

聘請速記幹事

接中國國民黨第二次全國代表大會秘書處來電需即在滬聘速記幹事二三人月薪八十元（以一月半爲期）來往川資另奉如有嫻熟「速記術」人才願就聘者請到閘北青雲路上海大學向惲代英接洽

惲代英

聘请速记干事

接中国国民党第二次全国代表大会秘书处来电，需即在沪聘速记干事二三人，月薪八十元（以一月半为期），来往川资另奉。如有娴熟“速记术”人才愿就聘者，请到闸北青云路上海大学向恽代英接洽。

恽代英

1925 年 12 月 28 日第一版

MORRIS
Cars
MORRIS MOTORS LIMITED,
COWLEY, OXFORD, ENGLAND.

團體消息

●上海大學募捐隊赴粵

上海大學自西摩路校舍被封、遷入臨時校舍以後、即極積籌備自建校舍、聞現已覓定地點、一俟各地捐欵收齊、即預備開工、茲更由該校建築校舍募捐委員會、組織募捐隊、赴粵募捐、其内容分文書·會計·宣傳·交際四組、已於昨晚搭新華輪船起程矣、

团体消息·上海大学募捐队赴粤

上海大学自西摩路校舍被封、迁入临时校舍以后，即积极筹备自建校舍。闻现已觅定地点，一俟各地捐款收齐，即预备开工。兹更由该校建筑校舍募捐委员会，组织募捐队，赴粤募捐，其内容分文书、会计、宣传、交际四组，已于昨晚搭新华轮船起程矣。

1925年12月29日本埠增刊第一版

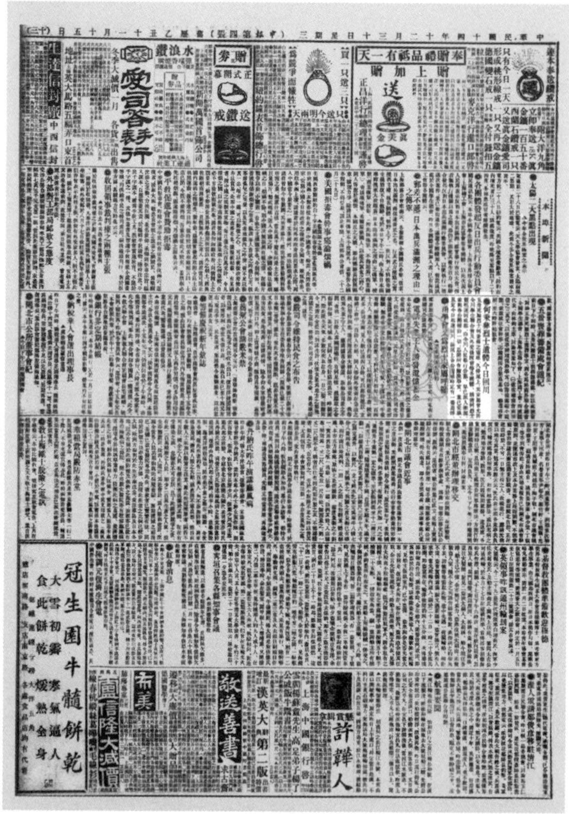

何秉彝烈士遺體今日回川

五卅死難烈士何秉彝之靈柩、久停滬上、其家屬曾允許全川學生聯合會及外交後援會等各團體、請將何烈士靈柩運回成都、由全川人民舉行公葬、早已派人來滬、並與各公團接洽一切、茲聞所有搬喪事宜、業已完竣、且定今日起運回川、諒滬上各公團届時定有一番追悼、

何秉彝烈士遗体今日回川

五卅死难烈士何秉彝之灵柩，久停沪上，其家属曾允许全川学生联合会及外交后援会等各团体，请将何烈士灵柩运回成都，由全川人民举行公墓，早已派人来沪，并与各公团接洽一切。兹闻所有搬丧事宜，业已完竣，且定今日起运回川，谅沪上各公团届时定有一番追悼。

1925 年 12 月 30 日第十三版

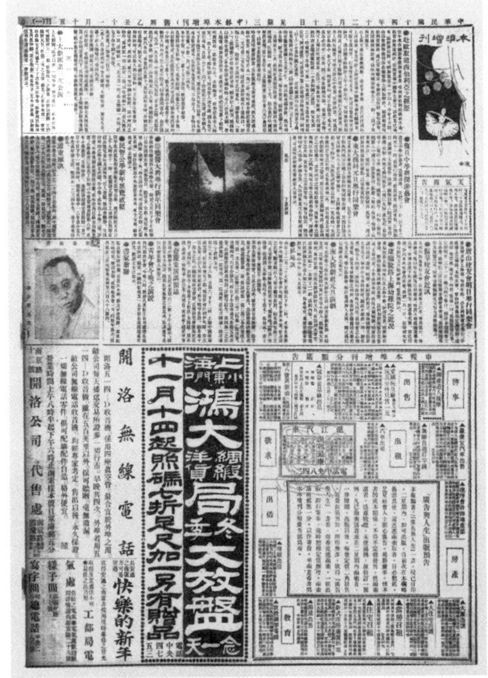

團體消息

◉上大劇團第三次公演

上大劇團、成立以來、一切事宜、努力進行、前次公演「可憐閨裡月」一劇、頗得時人之讚賞、茲聞該劇團、定於陽曆元旦、作第三次之公演、劇名「孔雀東南飛」、曹雪松君飾女主角蘭芝、丁丁君飾其姑季香、陳慶瀚君飾男主角焦仲卿、並有歌劇「葡萄柚子」及各種游藝、該劇團絕對公開、參觀者一律歡迎云、

团体消息·上大剧团第三次公演

上大剧团成立以来，一切事宜努力进行。前次公演《可怜闺里月》一剧，颇得时人之赞赏。兹闻该剧团定于阳历元旦作第三次之公演，剧名《孔雀东南飞》，曹雪松君饰女主角兰芝，丁丁君饰其姑季香，陈庆瀚君饰男主角焦仲卿。并有歌剧《葡萄柚子》及各种游艺。该剧团绝对公开，参观者一律欢迎云。

1925年12月30日本埠增刊第一版

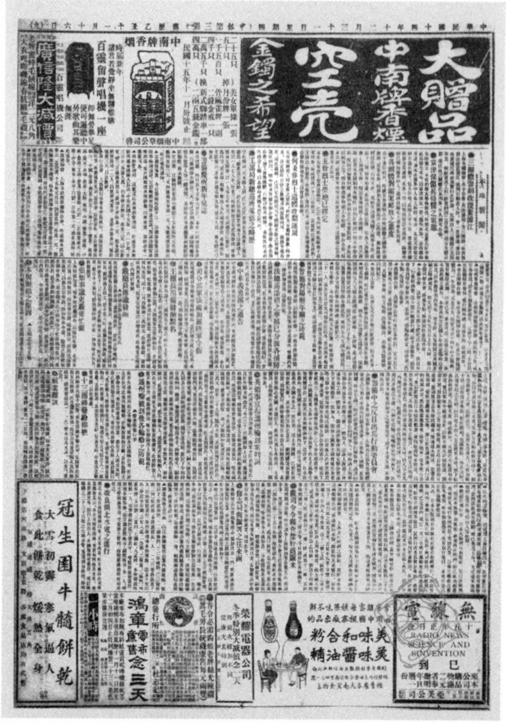
大贈品
中南牌香煙
空殼
金鑰之希望

何秉彝烈士遺體改期運川

五卅死難烈士何秉彝之靈柩、前經其家屬何庸康·何少文、決定於昨日搭吉慶輪運回原籍四川、後因各項布置、尙未就緒、已決定改搭於元旦開駛重慶之蜀輿輪、運往四川、聞本埠各界婦女聯合會·學生總會·學生聯合會·總工會等團體、均贈送祭葬輓聯、並擬派代表前往親送上輪、以表敬仰爱國先烈之忱云、

何秉彝烈士遗体改期运川

五卅死难烈士何秉彝之灵柩，前经其家属何庸康、何少文决定于昨日搭吉庆轮运回原籍四川。后因各项布置，尚未就绪，已决定改搭于元旦开驶重庆之蜀兴轮，运往四川。闻本埠各界妇女联合会、学生总会、学生联合会、总工会等团体，均赠送祭葬挽联，并拟派代表前往亲送上轮，以表敬仰爱国先烈之忱云。

1925年12月31日第九版

1926 年

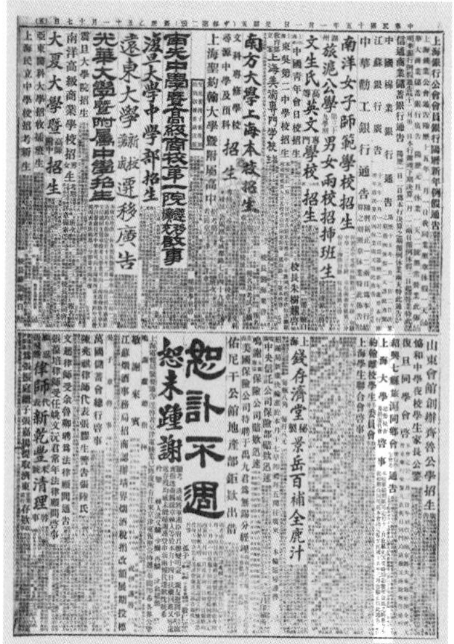

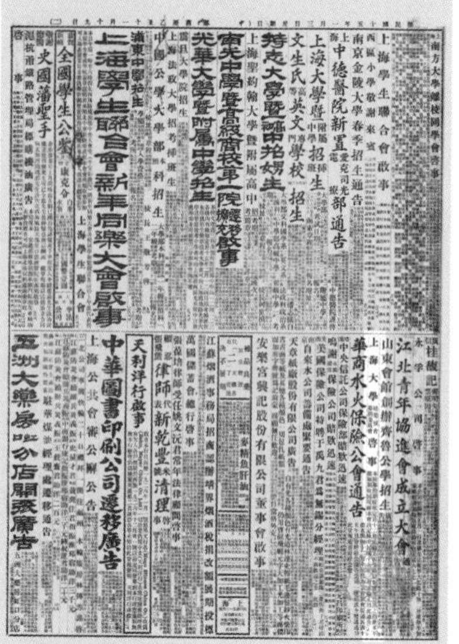

上海大學建築校舍募捐委員會啓事

本校募捐期限原定於十二月底截止因受時局影響所發出之捐册多不能如期收回現經本會決定延至民國十五年三月底截止特此通告

上海大学建筑校舍募捐委员会启事

本校募捐期限原定于十二月底截止，因受时局影响，所发出之捐册多不能如期收回。现经本会决定，延至民国十五年三月底截止。特此通告。

1926 年 1 月 1 日第五版、1 月 3 日第二版

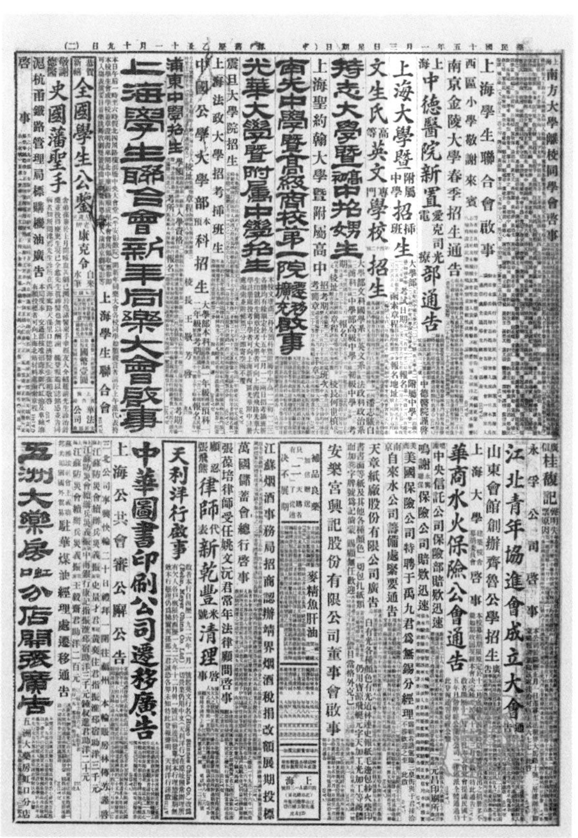

上海大學暨附屬中學招插班生

大學部（文藝院中國文學系一二三年級 英文學系一二三年級 社會科學院社會學系一二三年級）附屬中學（高級中學一年級 初級中學一二三年級）考試日期第一次一月廿一廿二日 第二次二月廿六廿七日 報名第一次自一月一日起至一月二十日止 第二次自一月廿五日起至二月廿五日止 函索章程詳章附郵票六分 簡章附郵票一分 報名地址上海閘北青雲路本校 校長于右任

上海大学暨附属中学招插班生

大学部：文艺院中国文学系一、二、三年级，英文学系一、二、三年级，社会科学院社会学系一、二、三年级；附属中学：高级中学一年级，初级中学一、二、三年级。考试日期：第一次一月廿一、廿二日，第二次二月廿六、廿七日。报名：第一次自一月一日起至一月二十日止，第二次自一月廿五日起至二月廿五日止。函索章程：详章附邮票六分，简章附邮票一分。报名地址：上海闸北青云路本校。

校长于右任

1926 年 1 月 3 日第二版

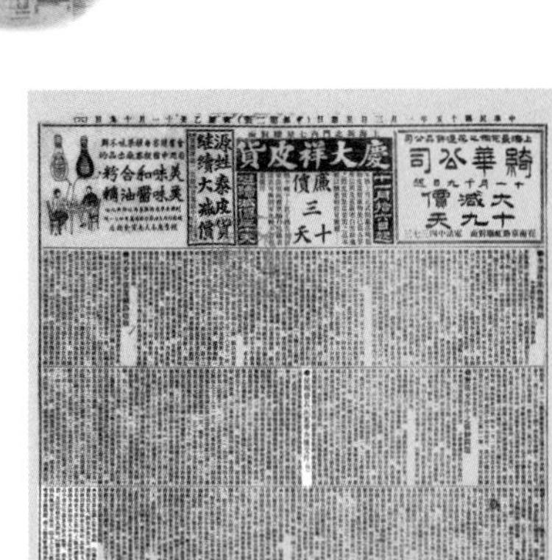

◉使團發表滬案重查後文件（續）

▲英委員高蘭之報告節略　㈠騷亂之由來及其性質、據委員意見、調查本案目光、須察及本日經過以外、又須辨別激動爆發之原由、及使華人心中發生該項狀態、致有爆發可能之原由、工部局總董費信惇（及他人？）、雖稱事前固知華人中有某種情形及原因存在、足令其心中發生不滿意及排外感情、但亦頗駭華人感情之熱烈、至該項情形及原因、㈠國家政治狀況之不定、人民因內亂所受之痛苦、㈡華人在工部局未有代表、㈢收回會審公廨問題、㈣工部局管理租界外所築馬路事、㈤撤廢治外法權及取消不平等條約事、格蘭醫生於陳述證辭時稱、五月三十日在南京路中有學生給伊傳單一紙、內有對於某項附律之抗議、此項附律、即曾擬於一九二五年六月二日提出納稅人會議者、（子）印刷品、（丑）碼頭捐、（寅）工廠內童工、以上各原因爲私人及報紙上評論之目標、此外於費信惇天賜德麥高雲及奇文斯之證辭中並稱、過激黨人曾紛紛從事於激起工人心中之惡感尤以上海大學之學生及教員活動最甚、於是一九二四年十二月內某某日廠內發生罷工風潮數次、致雙方感情極惡、而於財產方面亦有鉅大之損失、廠內日雇員數人因此受傷、其中一人因傷斃命、（未完）

使团发表沪案重查后文件（续）·英委员高兰之报告节略

骚乱之由来及其性质。据委员意见，调查本案目光须察及本日经过以外，又须辨别激动爆发之原由，及使华人心中发生该项状态致有爆发可能之原由。工部局总董费信惇（及他人？）虽称事前固知华人中有某种情形及原因存在，足令其心中发生不满意及排外感情，但亦颇骇华人感情之热烈。至该项情形及原因：（一）国家政治状况之不定，人民因内乱所受之痛苦。（二）华人在工部局未有代表。（三）收回会审公廨问题。（四）工部局管理租界外所筑马路事。（五）撤废治外法权及取消不平等条约事。格兰医生于陈述证辞时称，五月三十日在南京路中有学生给伊传单一纸，内有对于某项附律之抗议。此项附律，即曾拟于一九二五年六月二日提出纳税人会议者：（子）印刷品，（丑）码头捐，（寅）工厂内童工。以上各原因为私人及报纸上评论之目标。此外于费信惇、天赐德、麦高云及奇文斯之证辞中并称，过激党人曾纷纷从事于激起工人心中之恶感，尤以上海大学之学生及教员活动最甚。于是一九二四年十二月内某某日厂内发生罢工风潮数次，致双方感情极恶，而于财产方面亦有巨大之损失。厂内日雇员数人因此受伤，其中一人因伤毙命。（未完）

1926 年 1 月 3 日第六版

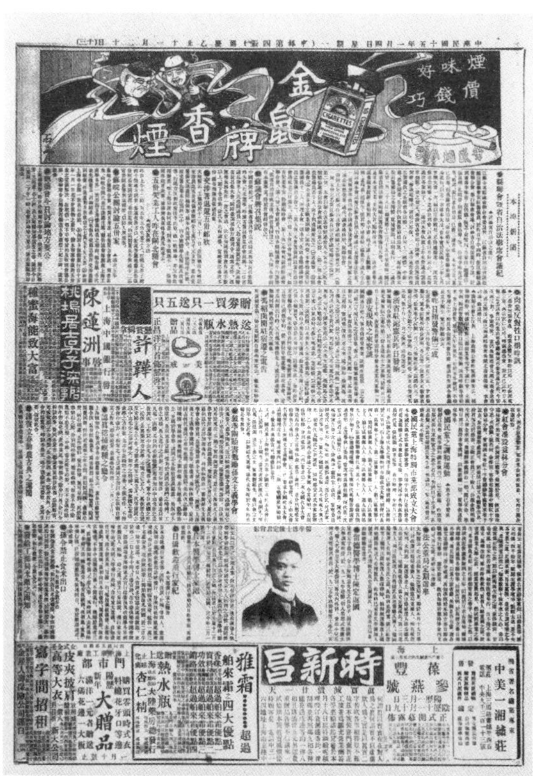

國民黨上海特別市黨部成立大會

本埠國民黨各區黨部聯席會、自接中央執行委員會委任從速組織正式市黨部文電後、即會同中央特派籌備員惲代英・張廷灝・劉重民等、着力辦理、至前月三十日、各區部之市代表之複選手續、已辦理就緒、該會特於元旦日、假上海大學開特別市部成立大會、到會代表第一區黨部十五人・第二區黨部十一人・第三區黨部十四人・第四區黨部九人・第五區黨部二人・第六區黨部七人・第七區黨部六人・第八區黨部九人・第九區黨部九人・合各區黨部聯席會代表、共八十一人、茲錄其開會秩序如下、㈠讀總理遺囑、㈡主席惲代英報告籌備經過情形、㈢選舉執行委員、當選者爲張廷灝・惲代英・沈雁冰・張君謀・楊賢江・楊之華・林鈞・王漢良・陳杏林、候補陳比難・沈百先・徐梅坤・顧穀宜・洪鼎、監察委員韓覺民・張永和・梅電龍、候補鄧通偉・潘作民・任雷軍、㈢議決事項、(甲)擴大中國國民篇幅、且不僅載本黨消息、而爲代表國民之新聞紙、同時移交正式市黨部辦理、(乙)本市擁護西山會議之各黨部令其聲明、否則按照紀律、分別處罰、(丙)要求第二次全國代表大會開除西山會議之首領林森・鄒魯・謝持、並分別懲戒其他參與之黨員、(丁)組織三民主義研究會、(戊)由大會名義警告上海孫文主義學會、(己)要求全國代表大會、請照總理政策、解決黨內糾紛、(庚)電勉國民軍領袖、(辛)發表市黨部宣言、㈣攝影散會、

又訊、國民黨上海特別市出席全國第二次代表大會代表、已於前月三十日開票、當選者爲沈雁冰・吳開先・惲代英・張廷灝・洪鼎・蔣宗文、候補劉紹先、後以蔣宗文因事不克赴粵、以劉紹先遞補、該代表等擬於今年頭班輪赴粵與會、

国民党上海特别市党部成立大会

本埠国民党各区党部联席会，自接中央执行委员会委任从速组织正式市党部文电后，即会同中央特派筹备员恽代英、张廷灏、刘重民等，着力办理。至前月三十日，各区部之市代表之复选手续，已办理就绪。该会特于元旦日，假上海大学开特别市部成立大会。到会代表：第一区党部十五人，第二区党部十一人，第三区党部十四人，第四区党部九人，第五区党部二人，第六区党部七人，第七区党部六人，第八区党部九人，第九区党部九人，合各区党部联席会代表共八十一人。兹录其开会秩序如下：（一）读总理遗嘱。（二）主席恽代英报告筹备经过情形。（三）选举执行委员。当选者为张廷灏、恽代英、沈雁冰、张君谋、杨贤江、杨之华、林钧、王汉良、陈杏林，候补陈比难、沈百先、徐梅坤、顾谷宜、洪鼎，监察委员韩觉民、张永和、梅电龙，候补邓通伟、潘作民、任雷军。（四）议决事项：（甲）扩大《中国国民》篇幅，且不仅载本党消息，而为代表国民之新闻纸，同时移交正式市党部办理。（乙）本市拥护西山会议之各党部，令其声明，否则按照纪律，分别处罚。（丙）要求第二次全国代表大会开除西山会议之首领林森、邹鲁、谢持，并分别惩戒其他参与之党员。（丁）组织三民主义研究会。（戊）由大会名义警告上海孙文主义学会。（己）要求全国代表大会，请照总理政策，解决党内纠纷。（庚）电勉国民军领袖。（辛）发表市党部宣言。（五）摄影散会。

又讯：国民党上海特别市出席全国第二次代表大会代表，已于前月三十日开票，当选者为沈雁冰、吴开先、恽代英、张廷灏、洪鼎、蒋宗文，候补刘绍先。后以蒋宗文因事不克赴粤，以刘绍先递补。该代表等拟于今年头班轮赴粤与会。

1926 年 1 月 4 日第十三版

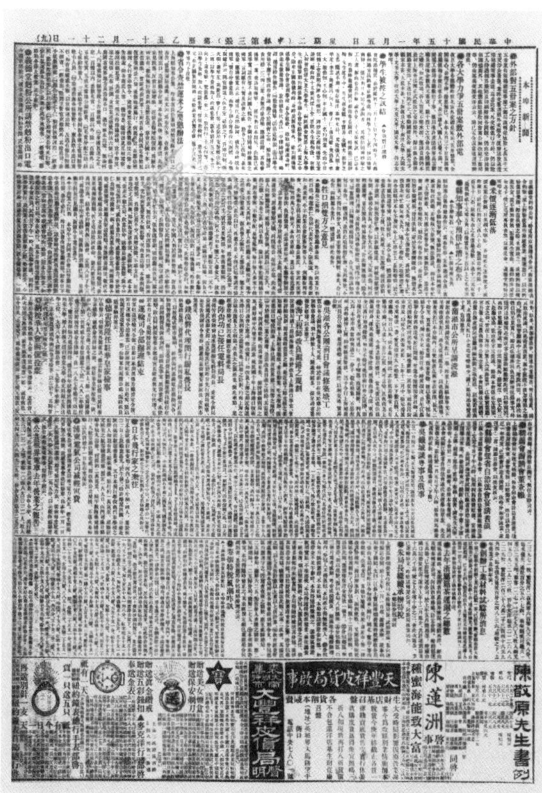

學生被控之訊結

▲分別罰洋開釋

普陀路捕房、前於陽曆十二月十七日下午四時半、在西蘇州路宜昌路東京路等處、拘獲學生十七名、抄出傳單兩種、一係反對日本出兵滿洲者、一爲援助同興紗廠之工人者、解由公共公廨、諭各交三十元保候訊、已誌本報、昨晨陸襄讞會同日副領事長岡君、特開第三庭研鞫、女生沈方中・男生孫金鑑・李寶善・金國光・郭智芝五名、臨訊不到、所存保洋、奉判充公、其餘張天明・蕭琴笙・李雲・周慶昌・向上・曹子仁・蒲克敏・党伯孤・來一大・殷伯恒・王心恒・牟正國十二名均到案、先由中日探捕上堂、禀明拘獲各生情形、將抄出之兩種傳單呈案請察、繼由四十五號西探上堂、禀明各生被拘後、有數人初皆供係人夏大學學生、嗣經調查實係上海大學學生、而傳單則均稱係學生聯合會交給散發云云、質之各生、除牟正國供被拘時、身畔並無傳單外、餘均稱傳單係學生聯合會送到學校、着令散發、故取而藏諸身畔、但並未散發等語、旋由被告代表江一平律師辯護、略謂、捕房控告被告、㈠散發傳單、㈡沿途演說、㈢以學生資格不應干預政治會議、㈣不於開會之前、報告捕房、查所控二三四三案、並無證據證明、應請註銷、其散發傳單一案、查該項傳單、一係反對日本出兵、此點已成爲事實、該生等不過向國人報告、至關於同興紗廠案之傳單、言詞雖有失實及誤會之處、然各生已供明、並未散發、應請從寬云云、捕房代表律師稱、被告身畔既有傳單、實有分發意思、而學生聯合會爲政治團體、亦應取締云云、問官即退入休息室、磋商之下、升座宣判、張天明・蕭琴笙・周慶昌・曹子仁等、違犯治安警察法第十二條、以學生資格加入政談集會、應各罰洋五元、李雲・向上・蒲克敏・党伯孤・來一大・殷伯恒・王心恒等、亦以學生資格、加入政談集會、惟情節較輕、應各罰洋二元、牟正國無罪開釋、其餘訴案訊無證據、應予註銷、傳單等均予沒收、

学生被控之讯结·分别罚洋开释

普陀路捕房前于阳历十二月十七日下午四时半，在西苏州路、宜昌路、东京路等处拘获学生十七名，抄出传单两种，一系反对日本出兵满洲者，一为援助同兴纱厂之工人者，解由公共公廨，谕各交三十元保候讯，已志本报。昨晨陆襄谳会同日副领事长冈君，特开第三庭研鞫。女生沈方中，男生孙金鉴、李宝善、金国光、郭习芝五名，临讯不到，所存保洋，奉判充公。其余张天明、萧琴笙、李云、周庆昌、向上、曹子仁、蒲克敏、党伯孤、来一大、殷伯恒、王心恒、牟正国十二名均到案。先由中日探捕上堂禀明拘获各生情形，将抄出之两种传单呈案请察。继由四十五号西探上堂，禀明各生被拘后，有数人初皆供系大夏大学学生，嗣经调查实系上海大学学生，而传单则均称系学生联合会交给散发云云。质之各生，除牟正国供被拘时，身畔并无传单外，余均称传单系学生联合会送到学校，着令散发，故取而藏诸身畔，但并未散发等语。旋由被告代表江一平律师辩护，略谓捕房控告被告：（一）散发传单；（二）沿途演说；（三）以学生资格不应干预政治会议；（四）不于开会之前报告捕房。查所控二、三、四三案，并无证据证明，应请注销。其散发传单一案，查该项传单，一系反对日本出兵，此点已成为事实，该生等不过向国人报告。至关于同兴纱厂案之传单，言词虽有失实及误会之处，然各生已供明并未散发，应请从宽云云。捕房代表律师称，被告身畔既有传单，实有分发意思，而学生联合会为政治团体，亦应取缔云云。问官即退入休息室，磋商之下，升座宣判：张天明、萧琴笙、周庆昌、曹子仁等，违犯治安警察法第十二条，以学生资格加入政谈集会，应各罚洋五元；李云、向上、蒲克敏、党伯孤、来一大、殷伯恒、王心恒等，亦以学生资格加入政谈集会，惟情节较轻，应各罚洋三元；牟正国无罪开释。其余诉案讯无证据，应予注销，传单等均予没收。

1926 年 1 月 5 日第九版

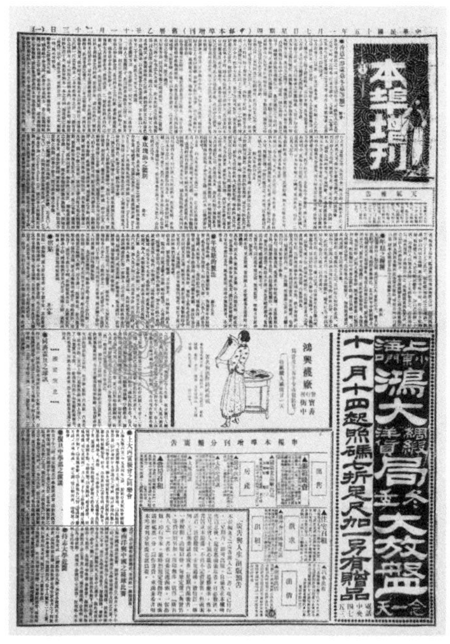

◉上大丙寅級會之同樂會

上海大學丙寅(中文系四年)級、於前日星期四曾開臨時會一次、當推周學文君主席、其開會要項、㈠改組級會委員、㈡討論明年本級課程之增減、㈢討論校內應行改良之點、向學校要求、㈣本級將屆畢業對於明年課程應如何組織協進、結果、改組產出之新委員、爲王振華、陳蔭南、周學文、蔣抱一、吳卓齋等五人、又後補委員陳子英、黃讓之二人、又臨時提議主張將年終大會、改爲同樂會、並購茶點、全體聚樂、以資團結、而重感情、經通過後、規定星期四(一月六號)下午七時舉行、預定開會秩序如下、㈠致開會辭、㈡主席報告宗旨、㈢講演、㈣茶話、(討論·動議)、㈤京調、㈥自動游戲、㈦唱歌、㈧散會、

上大丙寅级会之同乐会

上海大学丙寅（中文系四年）级于前日星期四曾开临时会一次，当推周学文君主席，其开会要项：（一）改组级会委员。（二）讨论明年本级课程之增减。（三）讨论校内应行改良之点，向学校要求。（四）本级将届毕业，对于明年课程应如何组织协进。结果，改组产出之新委员为王振华、陈荫南、周学文、蒋抱一、吴卓斋等五人，又候补委员陈子英、黄让之二人，又临时提议主张将年终大会改为同乐会，并购茶点，全体聚乐，以资团结而重感情。经通过后，规定星期四（一月六号）下午七时举行。预定开会秩序如下：（一）致开会辞；（二）主席报告宗旨；（三）讲演；（四）茶话讨论、动议；（五）京调；（六）自动游戏；（七）唱歌；（八）散会。

1926 年 1 月 7 日本埠增刊第一版

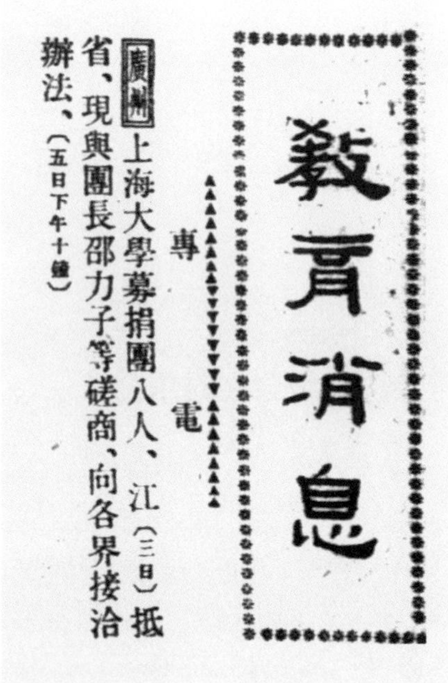

教育消息

專電

廣州　上海大學募捐團八人、江（三日）抵省、現與團長邵力子等磋商、向各界接洽辦法、（五日下午十鐘）

教育消息·专电·广州

上海大学募捐团八人，江（三日）抵省，现与团长邵力子等磋商，向各界接洽办法。（五日下午十钟）

1926年1月9日第十版

ESTABLISHED 1872, NO. 18995 THE SHUN PAO SHANGHAI, FRIDAY JANUARY 15, 1926

申報

今日本報共四大張

紫羅蘭

參與萬國足球預選比賽諸君公鑒

余棨文為壽平中丞徵壽事

中國濟難會遊藝大會歡迎各界

中央信託公司堆棧廣告

上海四馬路中西藥房總號

冬季廉價已過三之一了

康成造酒廠罐頭食物部冬季大廉價

新人的家庭

久記社遊藝會

上海南市新普育堂收養嬰孩廣告

詹紀鳳大律師代表啟事

王曉籟啟事

中國濟難會遊藝大會歡迎各界

(甲)時間一月十七日下午一時至六時　(乙)地點　北四川路中央大會堂　(丙)內容　㈠名人講演㈡唱歌（上大附中・啟賢公學・滬北公學女生部）㈢鋼琴獨奏（上海藝術大學歸荷生仟鉞編兩君）㈣大套琵琶（復旦大學程午嘉君）㈤雙簧（明星公司演員鄭小秋張敏吾兩君滬北公學甘衡伯李則仁兩君）㈥跳舞（景平女學）㈦四簧—衛衛仙子（復旦實驗中學濟難分會）㈧歌劇—月明之夜（啟學公學分會）㈨國樂（復旦大學）㈩七姊妹遊花園（啟賢公學）㈩㈠新劇—獲虎之夜（上海藝術大學及第二師範）㈩㈡火棍（上大分會項富春女士）㈩㈢新劇—孤軍（復旦中學）（丁）票價樓上一元　樓下五角　(戊)售票處各學校・各濟難會分會・小北門上海書店・棋盤街民智書局・寶山路寶山書店・北四川路徵徵大司・天通庵路三豐里三十一號中國濟難會

中國濟難會籌備委員會　上海大學中國濟難會分會　復旦中學中國濟難會分會　文治大學中國濟難會分會　上海藝術大學中國濟難會分會　中華藝術大學濟難會分會　啟賢公學中國濟難會兒童團　東亞同文書院中國濟難會分會　復旦大學中國濟難會分會　上海大學附中中國濟難會分會　東華大學中國濟難會分會　暨上海各界各團體濟難會同人啟

申A374

中国济难会游艺大会欢迎各界

（甲）时间：一月十七日下午一时至六时。（乙）地点：北四川路中央大会堂。（丙）内容：（一）名人演讲；（二）唱歌（上大附中、启贤公学、沪北公学女生部）；（三）钢琴独奏（上海艺术大学韩荷生、任广福两君）；（四）大套琵琶（复旦大学程午嘉君）；（五）双簧（明星公司演员郑小秋、张敏吾两君，沪北公学甘衡伯、李则仁两君）；（六）跳舞（景平女学）；（七）四簧——葡萄仙子（复旦实验中学济难分会）；（八）歌剧——月明之夜（启学公学分会）；（九）国乐（复旦大学）；（十）七姊妹游花园（启贤公学）；（十一）新剧——获虎之夜（上海艺术大学及第二师范）；（十二）火棍（上大分会项富春女士）；（十三）新剧——孤单（复旦中学）。（丁）票价楼上一元，楼下五角。（戊）售票处各学校、各济难会分会、小北门上海书店、棋盘街民智书局、宝山路宝山书店、北四川路微微六司、天通庵路三丰里三十一号中国济难会。

中国济难会筹备委员会、上海大学中国济难会分会、复旦中学中国济难会分会、文治大学中国济难会分会、上海艺术大学中国济难会分会、中华艺术大学济难会分会、启贤公学中国济难会儿童团、东亚同文书院中国济难会分会、复旦大学中国济难会分会、上海大学附中中国济难会分会、东华大学中国济难会分会暨上海各界各团体济难会同人启。

1926 年 1 月 15 日第一版

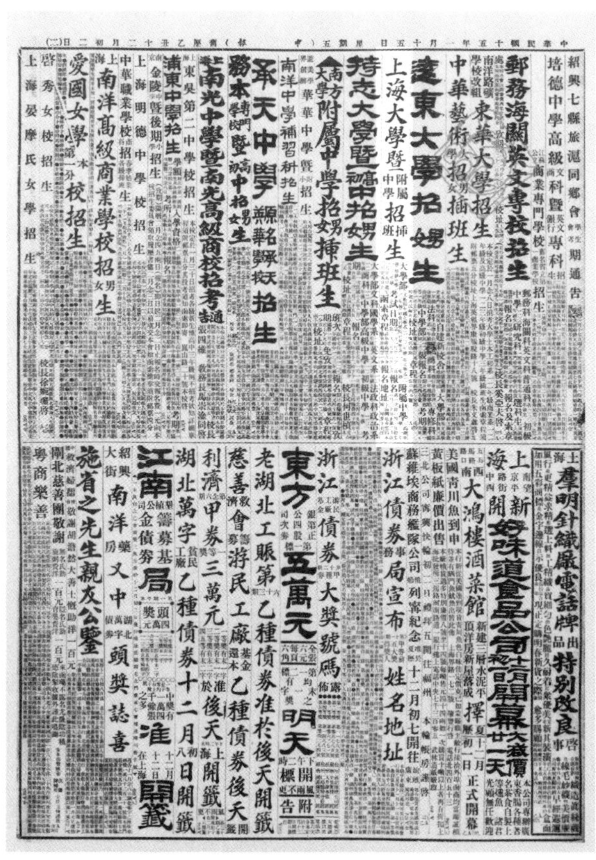
中華民國十五年一月十五日 星期五
紹興七縣旅滬同鄉會期通告
培德中學高級文科暨英文專科
郵務海關英文專校招生
中華藝術大學招插班生
上海東華大學招生
建東大學招男女生
上海大學暨附屬中學招插班生
持志大學暨附中招男女生
南方大學附屬中學招男女插班生
南洋中學補習科招生
華中學暨小學招生
承天中學招生
務本女學暨小學招男女生
南光中學暨南光高級商校招考通告
上海南洋高級商業學校招男女生
上海明德中學校招生
金陵中學暨後期小學招生
浦東中學招生
中華職業學校招生
愛國女學第一分校招生
啓秀女校招生
上海晏摩氏女學招生
上海羣明針織廠電話牌出品特別改良
上海新開大鴻樓酒菜館
美國青川魚到申
黃板紙廉價出售
蘇維埃商務艦隊公司
浙江債券局宣布姓名地址
浙江債券大獎號碼
東方五萬元明天開
老湖北工賑第乙種債券准於後天開籤
慈善游民工廠乙種債券後天開
利濟甲券三萬元後天開籤
湖北萬字乙種債券十二月初八日開籤
江南籌募基金債券局
紹興南洋文中頭獎誌喜
施省之先生親友公鑒

上海大學暨附屬中學招插班生

大學部（文藝院中國文學系）一二三年級（英文學系）一二三年級（社會科學院社會學系）一二三年級 附屬中學（高級中學）一年級（初級中學）一二三年級 考試日期 第一次一月廿一廿二日 第二次二月廿六廿七日 報名 第一次自一月一日起至一月二十日止 第二次自一月廿五日起至二月廿五日止 函索章程 詳章附郵票六分 簡章附郵票一分 報名地址 上海閘北青雲路本校 校長于右任

上海大学暨附属中学招插班生

大学部：文艺院中国文学系一、二、三年级，英文学系一、二、三年级，社会科学院社会学系一、二、三年级；附属中学：高级中学一年级，初级中学一、二、三年级。考试日期：第一次一月廿一、廿二日，第二次二月廿六、廿七日。报名：第一次自一月一日起至一月二十日止，第二次自一月廿五日起至二月廿五日止。函索章程：详章附邮票六分，简章附邮票一分。报名地址：上海闸北青云路本校。

校长于右任

1926 年 1 月 15 日第二版

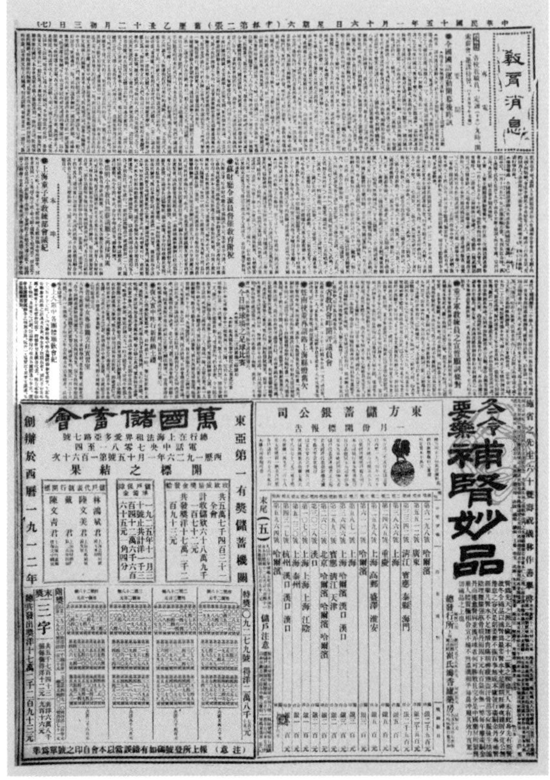

上大附中各團體聯歡會紀

十三日下午七時、上海大學附屬中學各團體聯歡會開會、主席報告聯歡會組織之經過及意義、學生會·教職員會·國民革命青年團·濟難會·非基督教同盟·濟難會兒童團各代表、報告本學期工作情形、及將來之計劃、討論學校行政及各團體進行事宜、選舉各團體留滬辦事之特別委員、阮仲一·楊賢江·葉楚女演講、末茶點餘興而散、

上大附中各团体联欢会纪

十三日下午七时，上海大学附属中学各团体联欢会开会，主席报告联欢会组织之经过及意义。学生会、教职员会、国民革命青年团、济难会、非基督教同盟、济难会儿童团各代表报告本学期工作情形及将来之计划，讨论学校行政及各团体进行事宜，选举各团体留沪办事之特别委员，阮仲一、杨贤江、叶楚女演讲。末茶点余兴而散。

1926年1月16日第七版

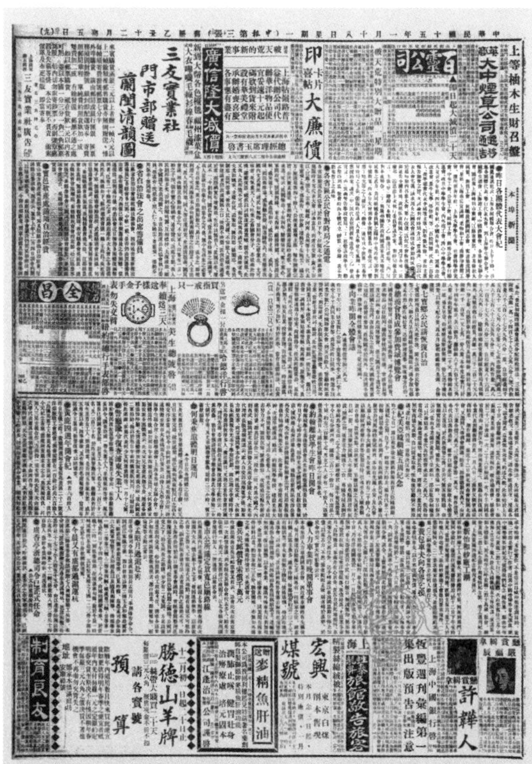

●昨日各團體代表大會紀

國民通訊社云、上海各團體聯合會、昨日上午十時、召集各團體代表、舉行代表大會、到上海學生聯合會、全國學生總會、上海總工會、中國濟難會、各界婦女聯合會、國民黨上海特別市黨部、江蘇省黨部、非基督教大同盟、海員工會、致職員救國同志會、寧波旅滬同學會、星社、上海市民宣講團、老怡和工會、商務印書館工會、瓊崖新青年社、上海大學學生會、社會科學研究會、中華工會、公益工會、絹絲工會、郵務公會、學行勵進會、復旦中學學生會、內外棉工會、濟心中學學生會、大夏新少年社、四川青年社、中國青年過社、滬南市政改進會、景平女學、悟悟社、等一百餘團體、代表二百餘人、推學總會代表李碩壎主席、劉榮簡紀錄、首由主席報告開會宗旨、次討論對付時局方法、當議決、㈠以代表大會名義、請求原有之國民會議促成會即時恢復、於最短期內召集大會、舉行改選、該促成會恢復後、即通告全國各地、說明恢復組織之意義、為望各地一致繼起、㈡追認上次執行委員會議決案、對時局發表宣言、主張(甲)繼續反奉戰爭、(乙)驅逐段祺瑞、(丙)反對奉直聯合、(丁)與廣州國民政府國民軍及其他接近民衆之武力、共同組織委員制之臨時中央政府、㈢對劉華慘殺案、由本日大會到會各團體署名、發表宣言、響應丁曉先等之人權宣言、㈣發一通電致全世界、宣布對付時局之主張、㈤臨時提議、大夏大學發生風潮、本會應援助案、議決(甲)派代表慰問被壓迫學生、(乙)發表宣言、(丙)致函警告學校當局、(丁)慰勉該校學生、勸其堅持到底、散會時由全體起立、靜默三分鐘、表示對劉華烈士之哀悼、

昨日各团体代表大会纪

国民通讯社云：上海各团体联合会，昨日上午十时，召集各团体代表举行代表大会，到上海学生联合会、全国学生总会、上海总工会、中国济难会、各界妇女联合会、国民党上海特别市党部、江苏省党部、非基督教大同盟、海员工会、教职员救国同志会、宁波旅沪同学会、星社、上海市民宣讲团、老怡和工会、商务印书馆工会、琼崖新青年社、上海大学学生会、社会科学研究会、中华工会、公益工会、绢丝工会、邮务公会、学行励进会、复旦中学学生会、内外棉工会、清心中学学生会、大夏新少年社、四川青年社、中国青年导社、沪南市政改进会、景平女学、悟悟社等一百余团体，代表二百余人。推学总会代表李硕勋主席，刘荣简纪录。首由主席报告开会宗旨，次讨论对付时局方法。当议决：（一）以代表大会名义，请求原有之国民会议促成会即时恢复，并于最短期内召集大会、举行改选。该促成会恢复后，应即通告全国各地，说明恢复组织之意义，为望各地一致继起。（二）追认上次执行委员会议决案，对时局发表宣言，主张：（甲）继续反奉战争；（乙）驱逐段祺瑞；（丙）反对奉直联合；（丁）与广州国民政府国民军及其他接近民众之武力，共同组织委员制之临时中央政府；（三）对刘华惨杀案，由本日大会到会各团体署名，发表宣言，响应丁晓先等之人权宣言。（四）发一通电致全世界，宣布对付时局之主张。（五）临时提议，大夏大学发生风潮，本会应援助案，议决：（甲）派代表慰问被压迫学生；（乙）发表宣言；（丙）致函警告学校当局；（丁）慰勉该校学生，劝其坚持到底。散会时由全体起立，静默三分钟，表示对刘华烈士之哀悼。

1926 年 1 月 18 日第九版

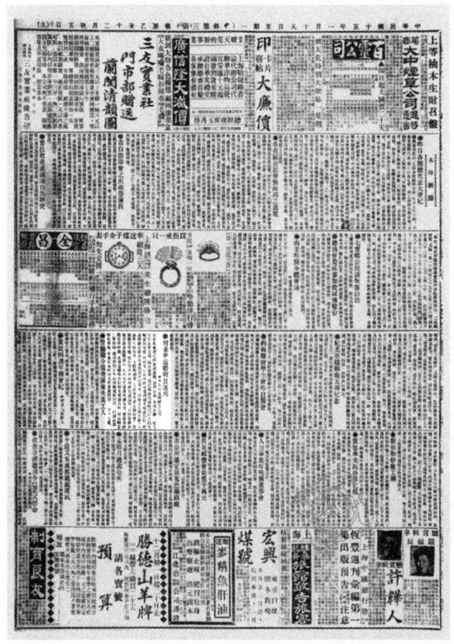

●何秉彝遺體明日運川

▲今日有各團體之追悼

五卅死難烈士何秉彝遺體、運川公葬、各項手續、在元旦日未曾完竣、故致延期、現已與由滬直航川江之昌大輪交涉妥當、并於今日由何君家屬到閘北蜀商公所、將遺體搬至南市大通碼頭先行安放、以待上大學生會·上海學生聯合會·全體學總會·上海各界婦女聯合會·等團體追悼後、即於明日午前四鐘起運返川、又何秉彝家屬致謝各團體函云、此次家兄秉彝死難五卅、屢蒙各團體追悼呼籲、先將遺體停放於閘北蜀商公所、現由國民二軍捐助、得以於明日午前四鐘運柩回川、行期在即、特此銘謝、家屬代表何少文何庸康同啓、一月十七號、

何秉彝遗体明日运川·今日有各公团之追悼

五卅死难烈士何秉彝遗体，运川公葬，各项手续，在元旦日未曾完竣，故致延期，现已与由沪直航川江之昌大轮交涉妥当，并于今日由何君家属到闸北蜀商公所将遗体搬至南市大通码头先行安放，以待上大学生会、上海学生联合会、全体学总会、上海各界妇女联合会等团体追悼后，即于明日午前四钟起运返川。又何秉彝家属致谢各团体函云：

此次家兄秉彝死难五卅，屡蒙各团体追悼呼吁，先将遗体停放于闸北蜀商公所，现由国民二军捐助，得以于明日午前四钟运柩回川。行期在即，特此铭谢。

家属代表何少文、何庸康同启

一月十七号

1926 年 1 月 18 日第九版

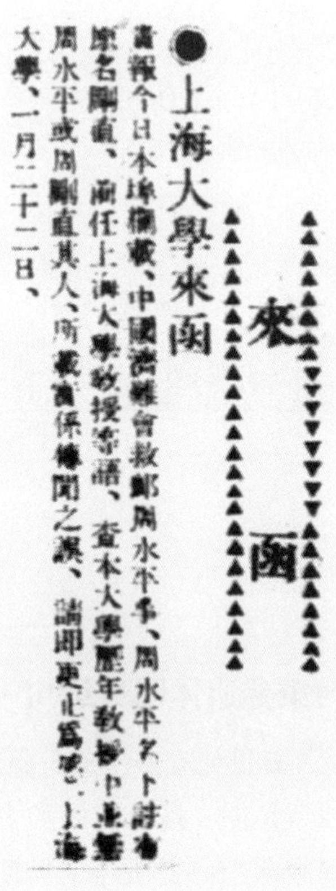
來函

上海大學來函

貴報今日本埠欄載、中國濟難會救卹周水平事、周水平名卜許有原名剛直、前任上海大學教授等語、查本大學歷年教授中並無周水平或周剛直其人、所載實係傳聞之誤、請即更正爲感。上海大學、一月二十二日、

上海大学来函

贵报今日本埠栏载，中国济难会救恤周水平事，周水平名可注，有原名刚直，前任上海大学教授等语，查本大学历年教授中，并无周水平或周刚直其人。所载实系传闻之误，请即更正为感。

上海大学

一月二十二日

1926 年 1 月 23 日第十五版

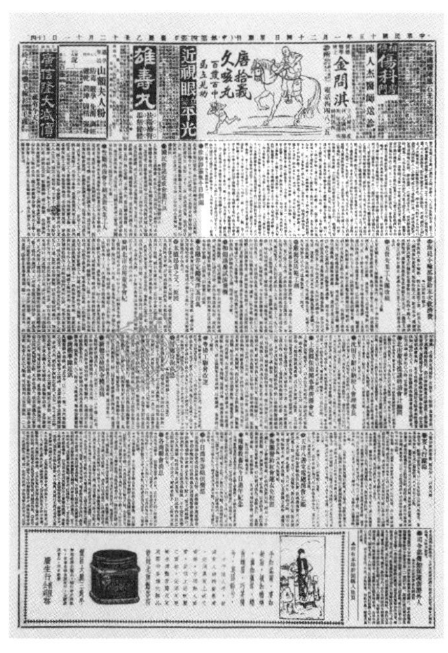

各團體擁護人權保障宣言之宣言

上海各團體昨日發表擁護丁曉先等人權保障宣言之宣言、爲錄如次、

吾中國法紀之蕩然、蓋至今日而已極矣、擁兵攩權者、日日以[illegible]稱爭其私利、莫不藉口曰、某也毀法、某也違法、然而[illegible][illegible]者、則無人不肆無忌憚、爲其所欲爲、舉凡動兵·作戰·委[illegible]·征稅·賦斂·定罪·殺人、一皆高下在心、欲於何時爲之、便何時爲之、欲如何爲之、便如何爲之、始皇專制、尚於事先備有「偶語棄市」之條文、秦檜殺岳飛、亦尚有「莫須有」三字之罪名、乃最近淞滬戒嚴司令部捕殺劉華、竟並「莫須有」三字亦不見宣佈、半夜月黑、秘密執行於營房之中、匪惟瞞人、直并被殺者亦不自知其將爲冤鬼、嗚呼、此其黑闇、蓋不啻暗示吾人、已有一大恐怖時代驟迫吾人而來、嗚呼、其眞所謂亂世之民、賤於螻蟻、等於草菅也哉、當劉華之在公共租界被捕也、上海各報、均曾揭載云、租界當局係徇中國官廳之請、而劉華之罪、則係因彼曾於五卅運動時、

數次赴閘北等處、以激烈言詞、鼓動人心、此項新聞記事、直至今日、劉華被祕密槍斃之訊喧傳後、迄今未見當局若何之聲明與否認、夫五卅運動者、對外爭國家存亡之運動也、所謂「激烈言詞」者、又至無界限、可以隨意爲定者也、即令確有劉華在五卅時以激烈言詞鼓動人心之證據、然此不過愛國行爲、何得成爲犯罪、更何得即執行死刑、據法論理、已屬違法非法、何況劉華被捕時、因爲一久病未瘥之「非現行犯」、乃更不經正式審判、既無犯罪證據、又無一語供詞、又無一字宣佈、其果犯何罪、遂於半夜秘密中執行槍斃、即在袁世凱氏暗無天日之「懲治盜匪條例」、亦尙須於執行判決之時、出一告示、宣佈該匪該盜、曾搶某人竊某物、劉華以愛國而犯罪、竟並盜匪在法律上所應享之保障亦不可得、嗚呼、今後吾四萬萬中國人尙有何地可以措其手足、尙敢自信其不被弁髦法紀者無端捕殺乎、 中國者受帝國主義壓迫欺凌無所不至之國家也、吾人苟有良心、隨時可以激起吾人愛國抗外之言行、然斷愛國同胞劉華、則竟以參與五卅抗外觸犯帝國主義者之盛怒、而受秘密槍斃矣、然則吾人今後、惟有俯首帖耳、敬聽外人宰割、以至於亡國滅種而後已耳、尙何言哉、尙何言哉、此端旣開、悉風斯漸、劉華已矣、更不能起彼於鬼籍中而復活之、特以吾人日處恐怖世界、自身已於任何時可以爲劉華耳、人權之保障不立、吾人尙可一日生活乎、爲此丁曉先先生等所會同提出之四條保障人權最低限度要求、 吾人認爲實係吾四萬萬中國人爭生存之起碼點、亦爲現在黑暗社會中之容容足者、凡我同胞、均應一致興起、仗義聲援、必以達到此四條最低要求爲目的、 敝團等誓率全體羣衆、以爲此人權保障運動之後盾、海枯石爛、此志不移、謹此宣言、上海各界婦女聯合會·全國學生聯合會總會、 四川青年社·國民黨江蘇省黨部· 合作社·上海總工會· 上海學生聯合會· 上海反帝國主義大同盟· 東方紗廠工會· 國民黨上海市黨部婦女部·隴陸新青年社·國民黨上海特別市黨部· 東華大學學生會·三民主義學會·上海碼頭總工會·上海大學非基督教同盟·東華三民主義學會·務本女校·上海青年社· 楊樹浦碼頭第一分會·老怡和紗廠工會·商務印書館工會·楊樹浦恒豐紗廠工會·中國青年導社·陝西青年社·潮州女學· 浦東祥生鐵廠工會· 上海學生公民教育研究會·浦東同華紗廠工會·印刷總工會· 上海大學台灣同學會·學行勵進會·上海分會· 浦東第一平民學校學生會·景賢女校·海員公會·陝西共進社·上海地方團·滬南學社·大夏大學附中·中國女子體育學校·上海大學女同學會· 大夏大學海門旅滬學會·大夏大學閩南學會·景平女學·楊樹浦紗廠工會·東西同文書館·中華學生會·楊樹浦中華紗廠工會·中國濟難會·上海大學學生會· 上海大學三民主義研究會· 大夏大學新少年社·文治大學學生會·文治大學非基督教同盟·上海大學濟難會·文治大學濟難會·寧波旅滬同學會·四川同鄉劉華雪冤會· 文治大學附中非基督教同盟·上海大學附中濟難分會·國民革命青年團·商務工會·上海非基督教大同盟·上海市民宣講團·廣州持平通訊社·大夏大學女同學會·內外棉東工廠工會·十二廠工會·同興紗廠工會·復旦中學學生會·公茂紗廠工會· 中華第一紗廠工會·復旦中學非基督同盟·紹興旅滬工商學會·進社·復旦中學青年社·十五廠工會·十三廠工會· 復旦中學眞社· 瑞鎔運輸部工會·海員工會·厚生工會·申新一廠工會·上海大康工會· 國民黨上海二區黨部·中華職業學校職業市理致聯合會·大夏大學退出本校學生會同學聯合會·上海大學附中非基督教同盟·晨社· 上海新國民社·國民大學濟難分會·上大附學生會等一百三十餘團體叩、（負責者上海各團體聯合會）、

各团体拥护人权保障宣言之宣言

上海各团体昨日发表拥护丁晓先等人权保障宣言之宣言，为录如次：

吾中国法纪之荡然，盖至今日而已极矣。拥兵握权者，日日以电报争其私利，莫不藉口曰，某也毁法，某也违法。然而为此言者，则无人不肆无忌惮、为其所欲为。举凡动兵、作战、委官、立法、征徭、赋敛、定罪、杀人，一皆高下在心，欲于何时为之，便何时为之，欲如何为之，便如何为之。始皇专制，尚于事先布有“偶语弃市”之条文，秦桧杀岳飞，亦尚有“莫须有”三字之罪名。乃最近淞沪戒严司令部枪毙刘华，竟并“莫须有”三字亦不见宣布，半夜月黑，秘密执行于营房之中。匪惟瞒人，实并被杀者亦不自知其将为冤鬼。呜呼！此其黑暗，盖不啻暗示吾人，已有一大恐怖时代压迫吾人而来。呜呼！其真所谓乱世之民，贱于蝼蚁，等于草菅也哉。当刘华之在公共租界被捕也，上海各报均曾揭载云，租界当局系徇中国官厅之请，而刘华之罪，则系因彼曾于五卅运动时，数次在闸北等处，以激烈言词，鼓动人心。此项新闻记事，直至今日刘华被秘密枪毙之讯宣传后，迄今未见当局若何之声明与否认。夫五卅运动者，对外争国家存亡之运动也。所谓“激烈言词”者，又至无界限，可以准确为定者也，即令确有刘华在五卅时以激烈言词鼓动人心之证据，然此不过爱国行为，何得成为犯罪，更何得即执行死刑。据法论理，已属违法非法，何况刘华被捕时，固为一久病未痊之“非现行犯”，乃更不经正式审判，既无犯罪证据，又无一语借词，又无一字宣布，其果犯何罪，遂于半夜秘室中执行枪毙，即在袁世凯氏暗无天日之“惩治盗匪条例”亦尚须于执行之时，出一告示，宣布该匪、该盗曾抢某人、窃某物。刘华以爱国而犯罪，竟并盗匪在法律上所应享之保障亦不可得。呜呼！今后吾四万万中国人尚有何地可以措其手足，尚敢自信其不被弁髦法纪者无端捕杀乎？中国者受帝国主义压迫欺凌无所不至之国家也，吾人苟有良心，随时可以激起吾人爱国抗外之言行，然而爱国同胞刘华，则竟以参与五卅抗外触犯帝国主义者之盛怒而受秘密枪毙矣，然则吾人今后，惟有俯首帖耳，敬听外人宰割，以至于亡国灭种而后已耳。尚何言哉！尚何言哉！此端既开，恶风斯渐。刘华已矣，更不能起彼于鬼籍中而复活之，特以吾人日处恐怖世界，自身已于任何时可以为刘华耳。

人权之保障不立，吾人尚可一日生活乎？前此丁晓先先生等所宣言提出之四条保障人权最低限度要求，吾人认为实系吾四万万中国人争生存之起码点，亦为现在黑暗社会中之空谷足音。凡我同胞，均应一致兴起、仗义拥护，必以达到此四条最低要求为目的，敝团等誓率全体群众以为此人权保障运动之后盾，海枯石烂，此志不移，谨此宣言。

上海各界妇女联合会、全国学生联合会总会、四川青年社、国民党江苏省党部、合作社、上海总工会、上海学生联合会、上海反帝国主义大同盟、东方纱厂工会、国民党上海市党部妇女部、琼崖新青年社、国民党上海特别市党部、东华大学学生会、三民主义学会、上海码头总工会、上海大学非基督教同盟、东华三民主义学会、务本女校、上海青年社、杨树浦码头第一分会、老怡和纱厂工会、商务印书馆工会、杨树浦恒丰纱厂工会、中国青年导社、陕西青年社、神州女学、浦东祥生铁厂工会、上海学生公民教育研究会、浦东同华纱厂工会、印刷总工会、上海大学台属同学会、学行励进会上海分会、浦东第一平民学校学生会、景贤女校、海员公会、陕西共进社、上海地方团、岭南学社、大夏大学附中、中国女子体育学校、上海大学女同学会、大夏大学海门旅沪学会、大夏大学闽南学会、景平女学、杨树浦纱厂工会、东西同文书馆、中华学生会、杨树浦中华纱厂工会、中国济难会、上海大学学生会、上海大学三民主义研究会、大夏大学新少年社、文治大学学生会、文治大学非基督教同盟、上海大学济难会、文治大学济难会、宁波旅沪同学会、四川同乡刘华雪冤会、文治大学附中非基督教同盟、上海大学附中济难分会、国民革命青年团、商务工会、上海非基督教大同盟、上海市民宣讲团、广州持平通讯社、大夏大学女同学会、内外棉车工厂工会、十二厂工会、同兴纱厂工会、复旦中学学生会、公茂纱厂工会、中华第一纱厂工会、复旦中学非基督教同盟、绍兴旅沪工商学会、进社、复旦中学青年社、十五厂工会、十三厂工会、复旦中学真社、瑞镕运输部工会、溥益工会、厚生工会、申新一厂工会、上海大康工会、国民党上海二区党部、中华职业学校职业市理教联合会、大夏大学退出本校学生会同学联合会、上海大学附中非基督教同盟、星社、上海新国民社、国民大学济难分会、上大附学生会等一百三十余团体叩。（负责者上海各团体联合会）

1926年1月24日第十三版、第十四版

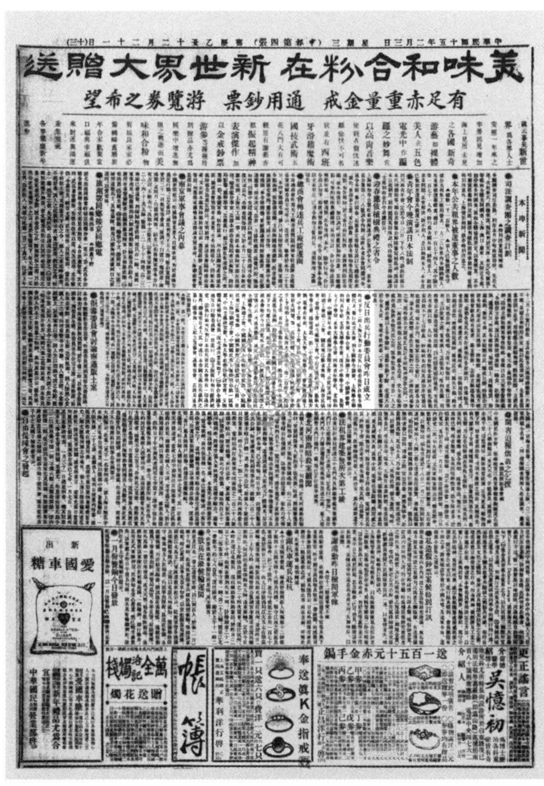
美味和合粉在新世界大贈送
有足赤重量金戒 通用鈔票 游覽券之希望

●反日出兵行動委員會昨日成立

昨日下午二時上海反對日本出兵行動委員會召集各團體代表、舉行成立大會、到全國學生總會、上海學生聯合會、上海各界婦女聯合會、上海總工會、中國濟難會、四川青年社、文治大學學生會、復旦中學學生會、景賢女子中學校、東華大學學生會、河南青年學社、老怡和工會、中國青年導社、商務印書館工會、市民宣講團、印刷總工會第六工會、國民黨江蘇省黨部、上海市民協會、金銀工會、祥生鐵廠工會、中山主義研究會、藝術大學學生會、楊樹浦第一第二平民學校、共進社上海地方團、廣東青年社、大夏大學、滬南學社、曹家渡公益工會、中華工會、振泰工會、喜和[illegible]、[illegible]印刷總工會、非基督教大同盟、等一百餘團體、代表王振錫·何[illegible]·李璐生·李碩勳·余澤鴻·鍾復光·[illegible]生·等二百餘人、推楊之華主席、首由主席報告開會宗旨、略謂此次日本帝國主義進兵滿洲、助段奉[illegible]、致使國內政局發生大變動、刻下日兵雖已撤退、而其影響之禍根、則已根深蒂固、故本會特在今日召集成立大會、以便擴大反日運動之宣傳云云、次通過簡章、通過[illegible]次選舉委員結果選出全國學生總會、上海學生聯合會、上海各界婦女聯合會、上海總工會、中國國民黨上海特別市黨部、中國國民黨江蘇省黨部、中國濟難會上海[illegible]為執行委員、星社、上海印刷總工會·中國國民黨上海特別市第一區黨部、中山主義研究會、上海大學社會科學研究會、五團體為候補執行委員、復次議決要案如下、㈠聯合全國各地反日行動委員會一致進行、㈡主張厲行對日經濟絕交、㈢執行前次反對日本出兵市民大會所有一切議決案件、㈣通電日本人民、申述日本帝國主義出兵滿洲之暴行、㈤參加二七紀念籌備會、議畢散會、

反日出兵行动委员会昨日成立

昨日下午二时，上海反对日本出兵行动委员会召集各团体代表，举行成立大会。到全国学生总会、上海学生联合会、上海各界妇女联合会、上海总工会、中国济难会、四川青年社、文治大学学生会、复旦中学学生会、景贤女子中学校、东华大学学生会、河南青年学社、老怡和工会、中国青年导社、商务印书馆工会、市民宣讲团、印刷总工会第六工会、国民党江苏省党部、上海市民协会、金银工会、祥生铁厂工会、中山主义研究会、艺术大学学生会、杨树浦第一第二平民学校、共进社上海地方团、广东青年社、大夏大学、岭南学社、曹家渡公益工会、中华工会、振泰工会、喜和工会、印刷总工会、非基督教大同盟等一百余团体，代表雷振锡、何澄薪、李瑞生、李硕勋、余泽鸿、钟复光、萧林生等二百余人，推杨之华主席。首由主席报告开会宗旨，略谓此次日本帝国主义进兵满洲，助援奉张，致使国内政局发生大变动。刻下日兵虽已撤退，而其所种之祸根，则已根深蒂固。故本会特在今日召集成立大会，以便扩大反日运动之宣传云云。次通过简章、通电，再次选举委员。结果选出全国学生总会、上海学生联合会、上海各界妇女联合会、上海总工会、中国国民党上海特别市党部、中国国民党江苏省党部、中国济难会七团体为执行委员，星社、上海印刷总工会、中国国民党上海特别市第一区党部、中山主义研究会、上海大学社会科学研究会五团体为候补执行委员。复次议决要案如下：（一）联合全国各地反日行动委员会一致进行；（二）主张厉行对日经济绝交；（三）执行前次反对日本出兵市民大会所有一切议决案件；（四）通电日本人民，申述日本帝国主义出兵满洲之暴行；（五）参加二七纪念筹备会。议毕散会。

1926 年 2 月 3 日第十三版

中華民國十五年二月十九日 星期五 （申報第四張） 舊曆丙寅正月初七日 （十五）

本埠新聞二

滬案重查三國委員報告全文

專件

公共公廨試案彙錄

中國報日內出版

輪途保護水線宣致

十版保洋光公

撫花廠罷工小人之研究

請購復初仁心水

春回大地 恭賀新禧 君有仁心 救人救己

今年夏季 請君注意 施送貧民 最爲便利

銅鋅版關係於印刷業

申報館製版部敬啟

申報火車長途汽車輪船一覽表

下行車

上行車

輪船出口日期

輪船進口報告

全幅大被單

三友實業社有限公司門市部啓

外埠另設郵售部 另有郵售辦法函索即寄

美？

人類皮膚的組織原來是很周密而細膩的，因爲保護得不週到，於是有粗劣妍醜底分別。

一枝白嫩得可愛，牠們底美麗，立刻的判斷出來。

目黎黑的醜孩子呢。

的方法來製造一種自由霜，

地過於濃厚，易於粘翻毛孔，使不能司其排洩作用，於是臉上的皮膚病，如雞皮黑痣等，容易發生。

自由霜是經過長時間的試驗才出世的，所以再經試驗，結果完美

我們敢很大的說，自由霜無須一切鼓吹，將來營銷路一定比任何化製品

來得暢旺，因爲牠實在是有可靠的地方啊。

曾有幼女在上海患是症得慶全愈嬉笑如常

由嬰孩自己藥片治愈其疾

上海寰球學生會會員甘純權先生來函云小女犍順上星期雜賴忽患痰厥一時氣閉手冷內子惶恐萬狀幸宗友人張女醫士給以自備之韋廉士醫生藥局嬰孩自己藥片服後即見奇效今幸全愈嬉笑如常既感張女士又荷貴藥局藥品靈驗之功敬德本敢緘默用函鳴謝並附上騎木馬小照一幀足徵活潑伶俐強壯

泰送小書有益於閣下及合郎之衛生

至上海章廉士醫生藥局原班郵遞一本可也

專件

滬案重查三國委員報告全文

(一)英國委員戈爾之報告　荷蘭公使閣下、余以委員會美國委員受命調查、(一)一九二五年五月三十日上海風潮之起源及性質、(二)有無預行發生之理由存在、(三)制止風潮所已取或可取之先事措置、(四)彈壓之方法、及(五)致死受傷之環境、敬謹報告鈞下、(一)余首先願表惋惜、委員會行使所負職責時、上海中國社會無人出相助理、委員會曾以十月二日通知華人上海發行或流通之華洋報紙、將調查之範圍通告公衆、並邀請一切人士、不問國籍、凡持有關於受命調查事項之事實、出頭作證、(二)委員會第一次公開會議、於十一月七日星期三舉行、當時官議通告、決定調查應取之程序、並載有下列宣詞、「本委員會所不得不表示者、希望有人出面爲必要之助力、使本委員得自致於圓滿完成所負職責之地位、」(三)委員會即改期至十月十日星期一上午十時、自此時起、除星期六及星期日外、繼續公開會議、至十月二十七日止、出席作證者、共證人四十一人、所錄證言、見附錄一、證言中所引文件、見附錄二、附錄三爲會審公廨關於五卅事件之人等審訊記錄、附錄四爲老閘捕房附近發生事故處之地圖、委員會以爲無權使證人宣誓、故所錄證言、均未宣誓、(四)以事實言、除一華捕外、中國社會無人作證、自環境觀之、此項拒絕出席、本無足異、中國商會繼續數日間、在地方華洋報紙刊登啟事、請中國社會人士、勿參加此次調查、其餘教育商業記者各團體、亦取同樣行動、中國報紙從而贊助之、爾皆舉行抗議之集會、種種進行之報告、屢見於中國報紙、強硬反對委員會事務之小册子、亦復廣爲散布、(五)調查之範圍、未嘗直接包括上海工部局之組織及權限、但爲輔助明瞭地方情形計、通常性質之若干觀察、當其有當、(六)工部局在中國領域上行政、係由上海外國租界地皮章程及附律賦以權限、此項章程附律行已多年、屢有修改、此區域內人口約一百萬人、工部局所有收入在一百萬鎊以上、(七)在上海之人民、爲係屬於有治外法權國、所從法律、即係其本國法律、法律之執行、亦即由其本國治外法權之法庭、其本國無此項權利者、或中國市民、所適用之法律、爲中國法律、由會審公廨執行之、(八)依第一號地皮章程、關於行政委員會或董事會（所謂工部局董事會)之選舉、設有規定、此項章程賦與工部局之權限中、有視察或警察權、工部局所以建設並管理現存之巡捕、並爲租界安寧秩序之處置者、即依此項權限而然、又因其代表地方團體、故得擬定其賦有任何地方團體所必有之權力、直接或由其他機關如工部局者、代爲保持其行政所及區域內安寧秩序之處置、(九)關於上海外國租界地位當亦視者尚有一事、租界四圍、均爲中國領土所環繞、所劃界線、並非天然界線、除黃浦江外、均憑擬斷之[illegible]之線、由四圍地域出入租界、無天然或人設之障礙、工部局巡捕、通常僅在其行政區域內執[illegible]馬路上執務、此項情形、[illegible]界、亦得由華界移入租界、又因[illegible]面租界上之警務、益加困難、[illegible]不同)租界內之擾亂、其起因在租界外者、必大增困難、並因聯[illegible]之事也、(十)余現擬論及委員受命調查之事項、[illegible]本報告開首所列之節目、「風潮之起源及性質[illegible]一九二五年五月三十日事件起原及性[illegible]以外、實爲重要、且於激動爆發之原因[illegible]態、致令爆發爲可能之原因、加以分別、亦所必[illegible]工部局董事會主席費信惇及董事甲議陳述、彼等事前雖已知[illegible]民之間、已有某種條件及原因存在、足使其心中發生不滿及排外感情者、有如下述、但在五卅事件發生後、彼等以及其他在[illegible]人、亦頗驚中國人心中所激起感情之熱烈、前項條件及原因者何、(A)國內政治狀況之不定、及人民因內亂所受之痛苦、(B)華人在工部局未出代表、(C)收回會審公廨問題、(D)工部局管理租界外所築馬路之事、(E)撤廢治外法權及取消不平等條約之問題、(十三)克爾博士陳述證言時、謂五月三十日在南京路有學生與以傳單、內有對於某項附律之提議、此項附律、即擬於一九二五年六月二日提出納稅人會議關於下列事項者、(A)印刷規則、(B)碼頭捐、(C)工廠內童工、此項附律、引起中國各界之强烈反對、中國商會在五卅以前數日間、曾登全頁廣告於報紙、以反對其發布、工部局董事天賜徐亦謂、據彼意見、通過此項附律之提議、激動中國人心排外之感情、(十四)此項原因、爲報紙及私人所緊診、除此以外、由費信惇・天賜徐・麥高雲・及總捕頭紀溫士・之證言中、足見布爾黨徒從事於激起勞工階級心中之惡感、其爲忙碌、有學校名上海大學者、學生及講師、關於此事、尤爲活動、該校校舍、曾經兩次搜查、發見有關布爾雪維克主義之書籍多種、於此應述者、關係五卅案件之人、被逮送究於會審公廨者、其中十八人皆係上海大學學生也、(十五)一九二四年十二月某某日本紗廠內、屢次罷工、罷工之中、曾表見雙方最大之惡感、且依內外棉紗廠岡田氏及豐田紗廠經理正木氏證言、財產上之損失、亦復不小、日本雇工頗有受傷、其中一人、因傷致死、內外紗廠風潮、在表面上係由於經濟原因、但豐田紗廠風潮、則勞工方面對於屢議條件、並未有何等非議、內外紗廠位於租界之內、所有風潮以五月十五日爲最烈、其時巡捕及他人開槍射擊罷工工人、受傷者若干、其中一人名顧正洪、於五月十七日致死、(十六)依總捕頭紀溫士證言、學生多以個人對於激發紗廠罷工、居主要之地位、但顧氏之死、始使學生爲團體運動、一九二五年五月二十四日、在閘北舉行追悼會、閘北係在華界、居租界之西北、追悼會中有著名共產黨人及某某中國大學有關係者之演說、同時下午十二時五十分、上海大學學生組織游行約四十人、在上海大學門首、前往追悼會、游行者執旗、並散發有排日性質之小册子、均被拘押、其中四人、並以散發小册子起訴處罰、五月二十七日、學生三十二人、代表二十個學校、開會於同德醫學校、該校在於英于山路廿二號、會議結果、決定將二十四日被捕學生至九月卅日尚未釋放、即應取釋放彼等之辦法、並決定以演說及散發傳單援助日本紗廠罷工工人、(十七)當五月卅日上午、老閘區內並無非常事件發生、該區當時以至今日、係由愛活生捕頭管轄、愛氏爲一有經驗之官員、自一九零六年七月、即入上海市巡捕房任事、五月三十日前半日中、學生活動之惟一表現、即爲下午一時、有一集團、在滬寧車站內集會、該車站係在租界之外、學生等特有旗幟甚多、並唱歷界路上執務之巡捕、(十八)五月三十日、愛活生所率部衆有三百十八人、其中二十五爲西捕、六十五爲印捕、二百二十七爲華捕、其中全日均實行執勤者、約三分之一、此外三分之二、非受明令、即得自由隨宜從事、巡捕均係武裝、老閘捕房內有馬槍六十六支、(·303口徑)手槍四十八支、(·45口徑)手槍八支、(·32口徑)輪機手槍十支、(·45口徑)並有各槍子彈一萬零二百二十發、(十九)五月三十日上午、自十時起至下午一時止、愛活生捕頭方從事發薪與所屬中印巡捕、愛氏並謂、嗣後前往辦公室閱公文簿册、即往意及總巡於十二時一刻所發之傳播各處之消息、因老閘捕房住居各捕房爲城中間、彼謂當時並不以爲此項消息、遂加特別職務於其身、但不過有使其下午內不離職守之意而已、(二十)愛活生第一次聞其所轄區內發生擾亂、係下午一時五十五分、時有二五四號華捕報告南京路勞合路口有一集會、雖經命其解散、仍不解散、愛活生捕頭偕副捕頭桑斯威爾及上述華捕與在辦公室內召集之巡捕數人、前往該處、見有群衆在人行路上、學生中一人方在演說、其餘則持旗、並散發傳單、全下午內、繼續散發、皆係排外口吻、尤屬排日、查閱第四號文件譯語、即可明瞭、(附錄二十)(二十一)愛活生及所率巡捕、見演說皆係排日口吻、該上文字亦皆排日並排外性質、遂捕學生四人、送至老閘捕房、尚有學生十八人跟隨至此、愛活生在辦公室內、曾與學生談話、指示彼等、謂未經工部局允許而在租界內集會、係屬非法、意欲理喻、如彼等願出、並擬釋放使出、彼等拒絕出外、愛活生告以將拘留之、此項學生、應以中國暫行刑律第二百二十一條所定危及公共秩序之行爲・及民國三年十二月四日公布之出版法第十一條二款起訴、而[illegible]被捕內人之學生十八人者、非與被捕者偕、即不出外、故亦拘留、此種事件舉後、依愛活生捕頭之言、爲時已達下午二時一刻或二十分矣、(二十二)依其一己所見、並依其所得報告、謂南京路[illegible]有演說及集會之事、愛活生捕頭、乃令鳴警鐘、[illegible]結果有[illegible]捕五人印捕十六人華捕十二三人前來相助、約在此時、[illegible]捕[illegible]又以電話致總巡、但未能接通、以故於下午二時三十[illegible]派[illegible]道頭塔布降報告馬丁大尉、時馬丁方[illegible]游藝場球戲、塔布降告馬丁、謂事甚顯手、愛活生捕頭已召集所需用之諸人、(二十三)其時巡捕等各奉愛活生捕頭之命、分巡南京路各處、此時群衆人數雖多、愛活生捕頭心中、並無認爲有釀潮危及公安之意、約下午三時、巡捕司蒂芬巡查之後、帶有中國學生二人至老閘捕房、並報告愛活生捕頭、謂因彼等參與南京路西藏路口之集會、故逮捕之、彼曾爲二人以外之學生若干人踢倒、並謂彼等皆有欲奪其手槍之舉、依巡捕等之證言、有五十人至一百人跟隨被捕學生入辦公室內、(二十四)此事以後數分鐘內、南京路情形如何、有性質頗堪注意之證言可據、總巡於下午一時十五分離租界、往江灣俱樂部午餐、該處係在租界以外、下午三時以後片刻、歸途過南京路往跑馬廳、有一友偕行、一爲麥凱爾、一爲威斯頓、三人皆稱此時南京路上惟有尋常星期六下午之人衆、並謂以群衆人數及行動論、並無足資特別注意之事、爲證實此言起見、曾傳喚一人名布里雷作證、據稱、彼於下午三時二十分路過跑馬廳、其時蓋在總巡到此後約五分或十分鐘、彼見跑馬廳門口至老閘捕房街道清淨、捕房東首亦然、及彼既到浙江路、該處有群衆因大批傳單散發於衆人而聚集、(二十五)總巡既到跑馬廳、即打電話於愛活生捕頭、約在三時十五分頃接通、愛氏報告學生擾亂情形、謂已拘押多人、辦公室內現有五十人、並請訓示、以資處置、總巡初命愛氏訓示開釋、及聞其中有人曾毆巡捕、總巡乃命拘押毆擊巡捕者、而釋其餘、總巡詢愛氏轄區之狀況、並問人數敷用否、愛氏答稱敷用、余未見證據中有使余決定愛活生捕頭答總巡語、以其當時所知之事實而論、果係全無理由、（未完）

沪案重查三国委员报告全文・英国委员戈兰之报告

荷兰公使阁下，余以委员会英国委员受命调查：（一）一九二五年五月三十日上海风潮之起源及性质，（二）有无预料发生之理由存在，（三）制止风潮所已取或可取之先事措置，（四）弹压之方法，及（五）致死受伤之环境。敬谨报告如下：（一）余首先愿表惋憾，委员会行使所负职责时，上海中国社会无人出相助理。委员会曾以十月三日通知载入上海发行或流通之华洋报纸，将调查之范围通告公众，并邀请一切人士，不问国籍，如持有关于受命调查事项之事实，出头作证。（二）委员会第一次公开会议于十一月七日星期三举行，当时宣讲通告，决定调查应取之程序，并载有下列言词："本委员会所不得不表示者，希望有人出面为必要之助力，使本委员会得自致于圆满完成所负职责之地位。"（三）委员会即改期至十月十日星期一上午十时，自此时起，除星期六及星期日外，继续公开会议，至十月二十七日止。出席作证者，共证人四十一人，所录证言见附录一，证言中所引文件见附录二，附录三为会审公廨关于五卅事件之人等审讯记录，附录四为老闸捕房邻近发生事故处之地图。委员会以为无权使证人宣誓，故所录证言均未宣誓。（四）以事实言，除一华捕外，中国社会无人作证。自环境观之，此项拒绝出席，本无足异。中国商会继续数日间，在地方华洋报纸登启事，请中国社会人士勿参加此次调查，其余教育、商业、记者、各团体亦取同样行动。中国报纸从而赞助之，而曾举行抗议之集会、种种进行之报告屡见于中国报纸，强硬反对委员会事务之小册子，亦复广为散布。（五）调查之范围，未尝直接包括上海工部局之组织及权限，但为辅助明了地方情形计，通常性质之若干观察，当甚有益。（六）工部局在中国领域上行政，系由上海外国租界地皮章程及附律赋以权限，此项章程附律行已多年，历有修改。此区域内人口约一百万人，工部局所有收入在一百万镑以上。（七）在上海之人民为系属于有治外法权国所从法律，即系其本国法律，法律之执行，亦即由其本国治外法权之法庭，其本国无此项权利者，或中国市民所通用之法律为中国法律，由会审公廨执行之。（八）依第一号地皮章程，关于行政委员会或董事会（所谓工部局董事会）之选举设有规定，此项章程赋与工部局之权限中，有视察或警察权，工部局所以建设并管理现存之巡捕并为租界安宁秩序之处置者，即依此项权限而然。又因其代表地方团体，故得拟定其赋有任何地方团体所必有之权力，直接或由其他机关如工部局者，代为保持其行政所及区划内安宁秩序之处置。（九）关于上海外国租界地位当重视者尚有一事，租界四围均为中国领土所环绕，所划界线并非天然界线，除黄浦江外均仅横断土地之线，由四围地域出入租界，无天然或人设之障碍物。工部局巡捕通常仅在其行政区域内执务，有时并仅在租界外工部局所属马路上执务。此项情形，极属有限。且因犯罪人得由租界移入华界，亦得由华界移入租界，又因中国警察与工部局巡捕缺乏合作而租界上之警务益加困难，此项合作之缺乏，对于遏止（与弹压不同）租界内之扰乱，其起因在租界外者，必大增困难，是故显明之事也。（十）余现拟论及委员会受命调查之事项，一依本报告开首所列之节目——风潮之起因及性质。（十一）为形成一九二五年五月三十日事件起源及性质之意见计，以余所见，察及该日经过以外，实为重要。且于激动爆发之原因与使华人心中发生该项状态致令爆发为可能之原因加以分别，亦所必需。（十二）据工部局董事会主席费信惇及董事里满陈述，彼在事前虽已知中国人民之间已有某种条件及原因存在，足使其心中发生不满及排外感情者有如下述，但在五卅事件发生后，彼等以及其他在沪外人，亦颇骇中国人心中所激起感情之热烈，前项条件及原因者何：（A）国内政治状况之不定及人民因内乱所受之痛苦；（B）华人在工部局未出代表；（C）收回会审公廨问题；（D）工部局管理租界外所筑马路之事；（E）撤废治外法权及取消不平等条约之问题。（十三）克兰博士陈述证言时，谓五月三十日在南京路有学生与以传单，内有对于某项附律之提议，此项附律，即拟于一九二五年六月二日提出纳税人会议关于下列事项者：（A）印刷规则；（B）码头捐；（C）工厂内童工。此项附律引起中国各界之强烈反对，中国商会在五卅以前数日间，曾登全页广告于报纸以反对其发布，工部局董事天赐德亦谓，据彼意见，通过此项附律之提议，激动中国人心排外之感情。（十四）此项原因为报纸及私人所聚讼。除此以外，由费信惇、天赐德、麦高云及总捕头纪温士之证言中，足见布党党徒从事于激起劳工阶级心中之恶感甚为忙碌。有学校名上海大学者，学生及讲师关于此事尤为活动，该校校舍曾经两次搜查，获有辩护布尔雪维主义之书籍多种，于此应述者，关系五卅案件之人，被逮送究于会审公廨者，其中十八人皆系上海大学学生也。（十五）一九二四年十二月某某日本纱厂内屡次罢工，罢工之中曾表见双方最大之恶感，且依内外棉纱厂冈田氏及丰田纱厂经理正木氏证言，财产上之损失亦复不小。日本雇工颇有受伤，其中一人因伤致死。内外纱厂风潮在表面上系由于经济原因，但丰田纱厂风潮，则劳工方面对于雇佣条件并未有何等非难。内外纱厂位于租界之内，所有风潮以五月十五日为最烈，其时巡捕及他人开枪射击罢工工人，受伤者若干，其中一人名顾正洪［红］，于五月十七日致死。（十六）依总捕头纪温士证言，学生多以个人对于激发纱厂罢工居主要地位，但顾氏之死始使学生为团体运动。一九二五年五月二十四日在闸北举行追悼会。闸北系在华界，居租界之西北。追悼会中有著名共产党人及某某中国大学有关系者之演说，同时下午十二时五十分，上海大学学生组织游行约四十人，从上海大学门首前往追悼会，游行者执旗并散发有排日性质之小册子，均被拘押，其中四人并以散发小册子起诉处罚。五月二十七日，学生三十二人代表二十个学校开会于同德医学校，该校住于莫干山路廿二号，会议结果，决定如二十四日被捕学生至五月卅日尚未释放，即应取释放彼等之办法，并决定以演说及散发传单援助日本纱厂罢工工人。（十七）当五月卅日上午，老闸区内并无非常事件发生，该区当时以至今日，系由爱活生捕头管辖。爱氏为一有经验之官员，自一九零六年七月即入上海市巡捕房任事，五月三十日前半日中，学生活动之惟一表现，即为下午一时，有一集团在沪宁车站内集会，该车站系在租界之外，学生等持有旗帜甚多并嘲骂界路上执务之巡捕。（十八）五月三十日，爱活生所率部众有三百十八人，其中二十五人为西捕，六十五人为印捕，二百二十七人为华捕，其中全日内实行执务者约三分之一，此外三分之二非受明令即得自由随宜从事。巡捕均系武装，老闸捕房内有马枪六十六支（303 口径）、手枪四十八支（45 口径）、手枪八支（32 口径）、轮根手枪十支（45 口径），并有各枪子弹一万零二百二十发。（十九）五月三十日上午自十时起至下午一时止，爱活生捕头方从事发薪与所属中印巡捕，爱氏并谓，嗣后前往办公室查阅公文簿册，即注意及总巡于十二时一刻所发之传播各处之消息。因老闸捕房住居各捕房区域中间，彼谓当时并不以为此项消息，遂加特别执务于其身，但不过有使其下午内不离职守之意而已。（二十）爱活生第一次闻其所辖区内发生扰乱，系下午一时五十五分，时有二五四号华捕报告南京路劳合路口有一集会，虽经命其解散，仍不解散。爱活生捕头偕副捕头枭斯威尔及上述华捕与在办公室内召集之巡捕数人前往该处，见有群众在人行路上，学生中一人方在演说，其余则持旗并散发传单。全下午内继续散发，皆系排外口吻，尤属排日，查阅第四号文件译语即可明了。（附录二十）（二十一）爱活生及所率巡捕，见演说皆系排日口吻，旗上文字亦皆排日并排外性质，遂捕学生四人，送至老闸捕房，尚有学生十八人跟随至此。爱活生在办公室内曾与学生谈话，指示彼等谓未经工部局允许而在租界内集会，系属非法，意欲理喻，如彼等愿出，并拟释放使出，彼等拒绝出外。爱活生告以将拘留之，此项学生应以中国暂行刑律第二百二十一条所定危及公共秩序之行为，及民国三年十二月四日公布之出版法第十一条二款起诉。而跟随被捕四人之学生十八人者，非与被捕者偕，即不出外，故亦拘留。此种事件毕后，依爱活生捕头之言，为时已达下午二时一刻或二十分矣。（二十二）依其一已所见并依其所得报告，谓南京路及附近继续有演说及集会之事，爱活生捕头乃令鸣警钟，其结果有西捕五人、印捕十六人、华捕十二三人前来相助。约在此时，爱捕头又以电话致总巡，但未能接通，以故于下午二时三十分，派三道头塔布隆报告情事于代理总巡马丁大尉。时马丁方在游戏场球戏，塔布隆告马丁，谓事甚顺手，爱活生捕头已召集所需之诸人。（二十三）其时巡捕等各奉爱活生捕头之命，分巡南京路各处，此时群众人数虽多，爱活生心中并无认为有风潮危及公安之意。约下午三时，巡捕司蒂芬巡查之后，带有中国学生二人至老闸捕房并报告爱活生捕头，谓因彼等参与南京路西藏路口之集会，故逮捕之，彼曾为二人以外之学生若干人踢倒，并谓彼等曾有欲夺其手枪之举，依巡捕等之证言，有五十人至一百人跟随被捕学生入办公室内。（二十四）此事以后数分钟内，南京路情形如何，有性质颇堪注意之证言可据。总巡于下午一时十五分离租界往江湾俱乐部午餐，该处系在租界以外。下午三时以后片刻，归途过南京路往跑马厅，有二友偕行，一为麦凯尔，一为威斯顿，三人皆称此时南京路上惟有寻常星期六下午之人众，并谓以群众人数及行动论，并无足资特别注意之事。为证实此言起见，曾传唤一人名为布里雷作证。据称，彼于下午三时二十分路过跑马厅，其时盖在总巡到此后约五分或十分钟，彼见跑马厅门口之老闸捕房街道清净，捕房东首亦然。及彼既到浙江路，该处群众因大批传单散发于众人而聚集。（二十五）总巡既到跑马厅，即打电话于爱活生捕头，约在三时十五分顷接通，爱氏报告学生扰乱情形，谓已拘押多人，办公室内现有五十人并请训示，以为处置。总巡初命爱氏训示开释，及闻其中有人曾殴巡捕，总巡乃命拘押殴击巡捕者，而释其余。总巡询爱氏辖区之状况并问人数敷用否，爱氏答称敷用。余未见证据中有使余决定爱活生捕头答总巡语，以其当时所知之事实而论，果系全无理由。（未完）

1926 年 2 月 19 日第十五版

本埠增刊

蜜蜂牌白蘭地

禪臣洋行

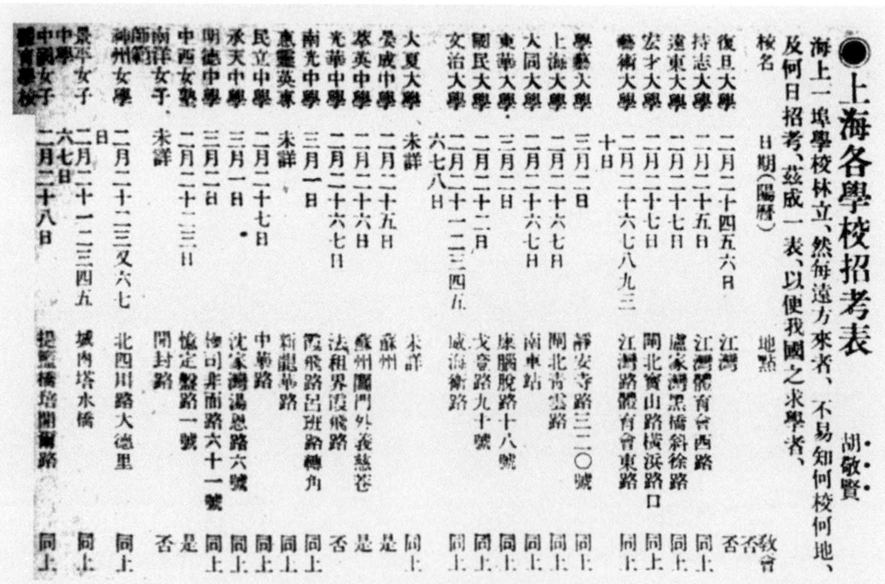

●上海各學校招考表

胡敬賢

海上一埠學校林立、然每遠方來者、不易知何校何地、及何日招考、茲成一表、以便我國之求學者、

校名	日期(陽曆)	地點	致會否
復旦大學	二月二十四五六日	江灣	否
持志大學	二月二十五日	江灣體育會西路	同上
遠東大學	二月二十七日	盧家灣黑橋斜徐路	同上
宏才大學	二月二十七日	閘北寶山路橫浜路口	同上
藝術大學	二月二十六七八九三十日	江灣路體育會東路	同上
學藝大學	三月二日	靜安寺路三二〇號	同上
上海大學	二月二十六七日	閘北青雲路	同上
大同大學	二月二十六七日	南車站	同上
東華大學	三月一日	康腦脫路十八號	同上
國民大學	二月二十二日	戈登路九十號	同上
文治大學	二月二十一二三四五六七八日	威海衛路	同上
大夏大學	未詳	未詳	同上
晏成中學	二月二十五日	蘇州	是
萃英中學	二月二十六日	蘇州閶門外義慈巷	是
光華中學	二月二十六七日	法租界霞飛路	否
南光中學	三月一日	霞飛路呂班路轉角	同上
惠靈英專	未詳	新龍華路	同上
民立中學	二月二十七日	中華路	同上
承天中學	三月一日	沈家灣湯恩路六號	同上
明德中學	三月二日	愷司非而路六十一號	同上
中西女塾	二月二十二三日	憶定盤路一號	是
南洋女子	未詳	閘封路	否
師範神州女學	二月二十二三又六七日	北四川路大德里	同上
景平女子中學	二月二十一二三四五六七日	城內塔水橋	同上
中國女子體育學校	二月二十八日	提籃橋培開爾路	同上

上海各学校招考表（胡敬贤）

海上一埠学校林立，然每远方来者，不易知何校何地及何日招考，兹成一表，以便我国之求学者。

校名	日期（阳历）	地点	教会否
复旦大学	二月二十四、二十五、二十六日	江湾	否
持志大学	二月二十五日	江湾体育会西路	同上
远东大学	二月二十七日	卢家湾黑桥斜徐路	同上
宏才大学	二月二十七日	闸北宝山路横浜路口	同上
艺术大学	二月二十六、二十七、二十八、二十九、三十日	江湾路体育会东路	同上
学艺大学	三月二日	静安寺路三二〇号	同上
上海大学	二月二十六、二十七日	闸北青云路	同上
大同大学	二月二十六、二十七日	南车站	同上
东华大学	三月二日	康脑脱路十八号	同上
国民大学	二月二十二日	戈登路九十号	同上
文治大学	二月二十一、二十二、二十三、二十四、二十五、二十六、二十七、二十八日	威海卫路	同上
大夏大学	未详	未详	同上
晏成中学	二月二十五日	苏州	是
萃英中学	二月二十六日	苏州阊门外义慈巷	是
光华中学	二月二十六、二十七日	法租界霞飞路	否
南光中学	三月一日	霞飞路吕班路转角	同上
惠灵英专	未详	新龙华路	同上
民立中学	二月二十七日	中华路	同上
承天中学	三月一日	沈家湾汤恩路六号	同上
明德中学	三月二日	极司非而路六十一号	同上
中西女塾	二月二十二、二十三日	忆定盘路一号	是

（续表）

南洋女子师范	未详	开封路	否
神州女学	二月二十二、二十三，又二十六、二十七日	北四川路大德里	同上
景平女子中学	二月二十一、二十二、二十三、二十四、二十五、二十六、二十七日	城内塔水桥	同上
中国女子体育学校	二月二十八日	提篮桥培开尔路	同上

1926 年 2 月 24 日本埠增刊第一版

教育消息

泌安氏秘製保腎丸

背痛

此丸專治內腎膀胱虛弱所致之背痛腰痛風濕痛水腫腎筋痛大腳風膀胱炎石淋沙淋小便渣滓小便停住小便頻數小便帶血等患大有奇效男婦老幼服無不宜也

●上海大學將開工建築校舍

上海大學、久著聲譽、上學期已有學生六百餘人、該校爲籌百年大計起見、曾於去歲組織校舍建築募捐委員會、向各界募捐、茲聞該校現已募得捐欵、與原定數目相去無幾、決定本學期開工建築校舍於江灣、預計加工趕造、至久兩個月可以完成、本學期則將於三月一日在原有之靑雲路臨時校舍開學、迨新校舍落成後、即行遷入、

上海大学将开工建筑校舍

上海大学久著声誉，上学期已有学生六百余人。该校为筹百年大计起见，曾于去岁组织校舍建筑募捐委员会，向各界募捐。兹闻该校现已募得捐款，与原定数目相去无几，决定本学期开工建筑校舍于江湾，预计加工赶造，至久两个月可以完成。本学期则将于三月一日原有之青云路临时校舍开学，迨新校舍落成后，即行迁入。

1926 年 2 月 28 日第一版

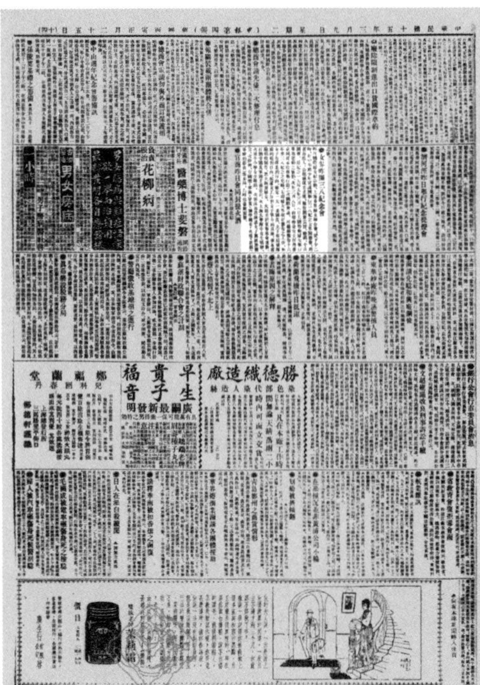

女界昨開三八紀念會

昨日國際婦女紀念節、上海各界婦女聯合會、於下午二時、在中華路少年宣講團舉行三八紀念女界同樂會、到者百餘人、公推鍾復光主席、報告開會宗旨、略謂、今日開會、係紀念一九零九年三月八日美國勞動婦女舉行羣衆運動之盛節、次年三月八日、由蔡特金女士在丹麥京城哥本哈根舉行第二次國際會議、幷繼續報告十六年來三八紀念之史略、末謂婦女界現在應有之工作、如女子有擇業的自由、確定一夫一妻制度、女子有結婚離婚的絕對自由、保護女工反對女子單方的貞操、根本廢除娼妓制度、禁止販賣婦女、大而至於從事革命運動、打倒帝國及軍閥主義云云、次上海大學附中女生唱歌、次景平中學女生舞蹈、次郭沫若君演講女子應經濟獨立、次餘興、有國樂·拳術·雙簧·鋼琴獨奏·火棍·新劇(寡婦的悲哀)等多種、六時始盡歡而散、

女界昨开三八纪念会

昨日国际妇女纪念节，上海各界妇女联合会于下午二时，在中华路少年宣讲团举行三八纪念女界同乐会，到者百余人。公推钟复光主席，报告开会宗旨，略谓今日开会系纪念一九零九年三月八日美国劳动妇女举行群众运动之盛节，次年三月八日由蔡特金女士在丹麦京城哥本哈根举行第二次国际会议；并继续报告十六年来三八纪念之史略；末谓妇女界现在应有之工作，如女子有择业的自由，确定一夫一妻制度，女子有结婚离婚的绝对自由，保护女工，反对女子单方的贞操，根本废除娼妓制度，禁止贩卖妇女，大而至于从事革命运动、打倒帝国及军阀主义云云。次上海大学附中女生唱歌，次景平中学女生舞蹈，次郭沫若君演讲女子应经济独立。次余兴，有国乐、拳术、双簧、钢琴独奏、火棍、新剧《寡妇的悲哀》等多种。六时始尽欢而散。

1926年3月9日第十四版

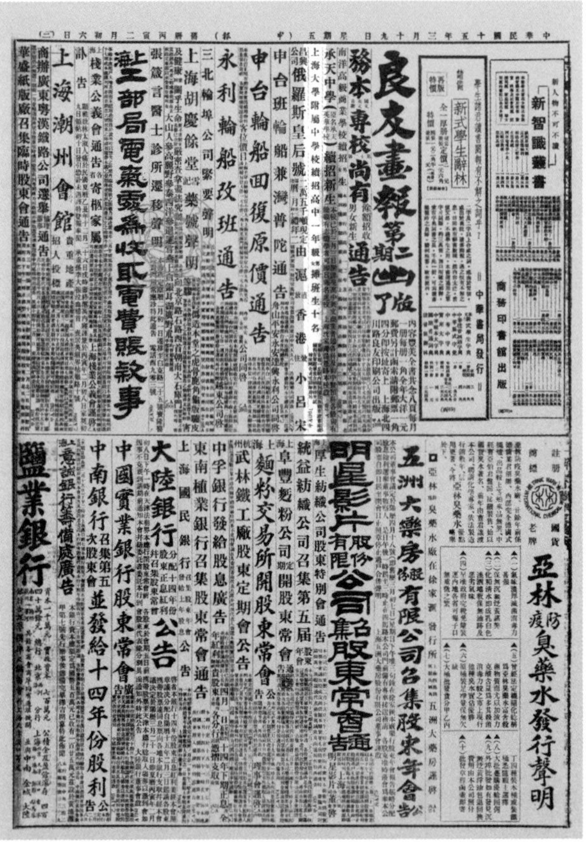

上海大學附屬中學校續招高中一年級男女插班生十名

登報日起一星期內隨到隨考有修業證書或成績報告單經審查合格者得免試 校址閘北青雲路師壽坊

上海大学附属中学校续招高中一年级男女插班生十名

登报日起一星期内，随到随考。有修业证书或成绩报告单经审查合格者得免试。校址：闸北青云路师寿坊。

1926 年 3 月 19 日第三版

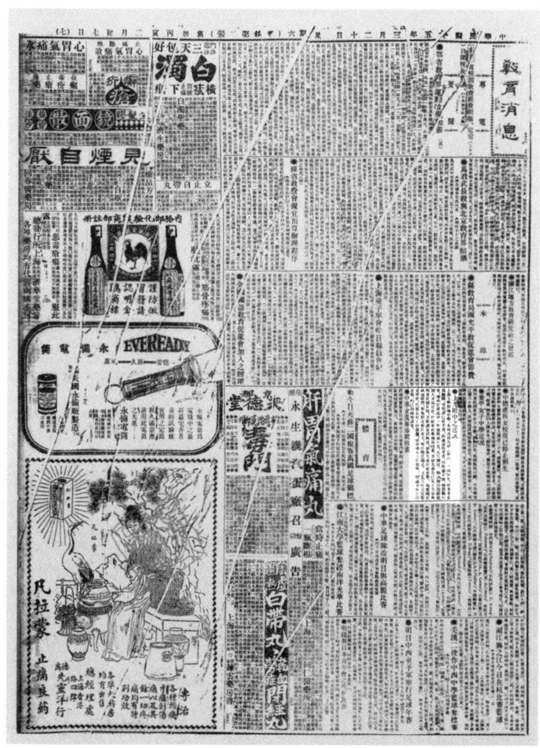

上大附中之近訊

上海大學附屬中學、本屆添招各級（除高三）插班生、投考者甚爲踴躍、現開課已屆半月、而遠道投考者、尙陸續在途、校務執行會、遂決定將高中一年級餘額十名、先行續招、聞該校以造就建國人才爲宗旨、於社會科學極爲注重、其招生廣告已見十九日申報及民國日報、又新請各科教員、如蔣光赤任社會學、梅電龍任政治經濟、朱復劉志新任英文、畢任庸任國文、王芝九任文化史近世史、吳庶五女士任圖畫、張世瑜女士任數學、徐誠美女士任音樂、均已到校授課矣、

上大附中之近讯

上海大学附属中学本届添招各级（除高三）插班生，投考者甚为踊跃。现开课已届半月，而远道投考者尚陆续在途，校务执行会遂决定将高中一年级余额十名先行续招。闻该校以造就建国人才为宗旨，于社会科学极为注重，其招生广告已见十九日《申报》及《民国日报》。又新请各科教员如蒋光赤任社会学，梅电龙任政治经济，朱复、刘志新任英文，毕任庸任国文，王芝九任文化史、近世史，吴庶五女士任图画，张世瑜女士任数学，徐诚美女士任音乐，均已到校授课矣。

1926年3月20日第七版

ESTABLISHED 1872. NO. 19055　THE SHUN PAO　SHANGHAI, TUESDAY MARCH 23, 1926.

申報

全國學生總會 上海學生聯合會緊急啟事

上海老景福綢緞呢絨局 春季大廉價

感謝陳倫會醫生

韓國鈞啟事

上海功德林佛教淨業社講經會通告

讀書者注意

今天五分鐘影片在平安大戲院開映

上海物華絲織第二廠發給官息通告

上海大學為在江灣購買校基通告

惠豐 二月初十日起 大減價

建築材料之明星出現

湖州旅滬同鄉會廣告

新新理髮店開幕露佈

湖社第二屆年會通告

吉盈豐洪江油緊要通告

寧波青年會舉行新會所落成典禮

寧波壽全齋藥號鄰重啟事

上海大學為在江灣購買校基通告

本大學現在江灣鎮南購得校基一方計結號十四圖柰字圩五號一坵同號同圖六號七坵結號十四圖第五號二坵結號十四圖柰字圩五號三坵結字十四圖柰字圩五號四坵同字同圖同圩六號八坵同號同圖同圩六號十坵共地二十餘畝已付定金准於二星期內交割錢契其中如有抵押等情務請於此期內向原主清理本大學概不負責特此通告

1472

上海大学为在江湾购买校基通告

本大学现在江湾镇南购得校基一方，计结号十四图奈字圩五号一坵、同号同图六号七坵，结号十四图第五号二坵，结号十四图奈字圩五号三坵，结字十四图奈字圩五号四坵、同字同图同圩六号八坵、同号同图同圩六号十坵，共地二十余亩。已付定金，准于二星期内交割钱契。其中如有抵押等情务，请于此期内向原主清理，本大学概不负责。特此通告。

1926年3月23日第一版

無線電話
清明時節游西湖
Keds

◉上海大學最近之聚會

上海大學敎職員、昨日下午六時、在四馬路倚虹樓舉行聚餐會、到會者計有李石岑、胡樸安・周由厪・周越然・劉大白・陳望道・韓覺民・謝六逸等六十餘人、席間首由學務主任陳望道報告開會意義、略謂本校大中兩部敎職員不下八十餘人、平時因忙於學務事務、少有接觸機會、特就今日改選行政委員之期、邀請來此一敘云云、繼由總務主任韓覺民報告校舍建築情形、略謂本校籌劃建築校舍、已歷半年、頃已在江灣購定地皮一段、計洋一萬五千元之譜、日內即可簽定、開工在即、希在座諸君將所領捐册早爲結束、報告畢、即選舉行政委員云

上海大学最近之聚会

上海大学教职员昨日下午六时在四马路倚虹楼举行聚餐会，到会者计有李石岑、胡朴安、周由廑、周越然、刘大白、陈望道、韩觉民、谢六逸等六十余人。席间首由学务主任陈望道报告开会意义，略谓本校大中两部教职员不下八十余人，平时因忙于学务事务，少有接触机会，特就今日改选行政委员之期邀请来此一叙云云；继由总务主任韩觉民报告校舍建筑情形，略谓本校筹划建筑校舍已历半年，顷已在江湾购定地皮一段，计洋一万五千元之谱，日内即可签定，开工在即，希在座诸君将所领捐册早为结束。报告毕，即选举行政委员云。

1926 年 3 月 23 日本埠增刊第一版

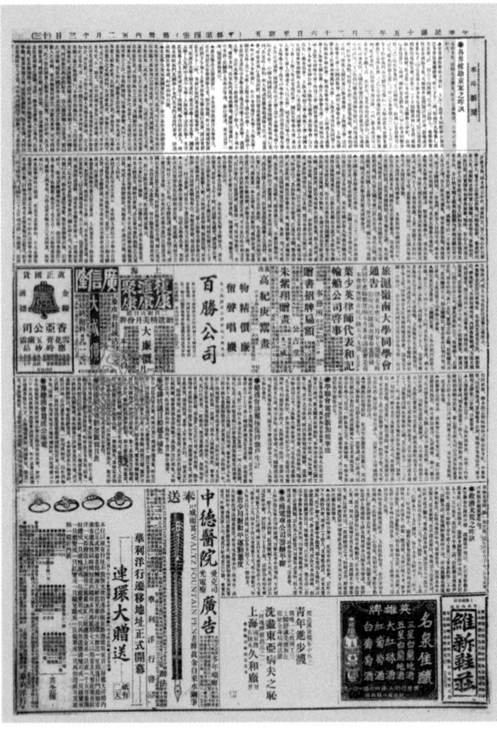

各界援助京案之昨訊

▲京案後援會成立會記　上海工商學各團體聯合發起之各界京案後援會、昨日下午二時、假南洋大學舉行成立大會、計一百六十四團體、代表三百餘人、推學聯會代表余澤鴻主席、次即將各項問題詳加討論、最後議決各案如下、㈠定名爲上海各界京案後援會、㈡宗旨爲廢約驅段保障民權、㈢推定二十五團體爲執行委員、組織執行委員會、負責進行各項會務、其職務之分配、由執行委員會自行辦理、㈣經費大體規定、(甲)由各團體分任、(乙)向外界募捐、其詳細辦法、由執行委員會另行訂定、㈤對於最近進行、(甲)定本星期六(二十七日)上午十時在西門公共體育場舉行「上海市民北京慘案殉難烈士追悼大會」、(乙)電京請速派代表來滬、報告眞相、俟必要時、派員分赴各地宣傳、(丙)發表成立宣言並通電全國人民一致奮起、電北京市民請堅持、電廣州政府請速北伐、電國民軍懲段並維持京畿治安、電孫傳芳請討段、(丁)派員向嚴春陽孫傳芳接洽、請保護追悼會、㈥辦事地點、暫借五卅烈士喪葬籌備處、推林鈞前往接洽、㈦推定國民黨江蘇省黨部・上海總工會・法政大學學生會・中國濟難會・神州女學學生會・上海大學學生會・民黨市黨部婦女部・上海非基督教大同盟・五馬路商界聯合會・暨南大學學生會・上海孫文主義學會・上海學生聯合會・南洋大學學生會・民黨特別市黨部・景賢女校學生會・海員工會・國民會議促成會・商務工會・各界婦女聯合會・全國學生總會・新聞學會・反日

出兵行動委員會・上海運輸總工會、郵務工會・韓國青年同盟會等團體爲正式執行委員會、建國學校・中華書局工會・上海工界京案後援會・國民大學學生會・羣治大學學生會・引翔港工人代表會・同文書院學生會・東華大學學生會・復旦中學學生會・旅滬法屬華僑學生會・華僑教育協會・楊樹浦碼頭工會・景平女學學生會・中國青年社・中國全國國民同志會等團體爲候補執行委員、葛建時・林鈞・南人爲謁見嚴春陽孫傳芳代表、遂散會、惟當選執行委員團體、則仍留該處繼續開會、

▲昨日學生集隊游行　昨日本埠南洋大學・上海大學・國民大學・景平女學・景賢女學・清心中學・上大附中・東亞同文書院中華學生部・復旦中學・文治大學・商科大學・法政大學等二十餘校學生三千餘人、各手執小旗、傳單多種、齊集西門蓬萊路曠場、整隊出發游行、經中華路・民國路・及南市等地、游行演講、並有巡警一隊、隨同維持秩序、

▲南大學生之罷課遊行　本埠徐家匯南洋大學學生、近日對於北京慘殺學生案、頗形憤激、昨日仍繼續罷課、幷於下午加入上海各校學生聯合遊行大會、聞該會於是日下午二時、各校在西門蓬萊路曠場會齊、計到場者、有南洋大學・同文書院・復旦中學・東華大學・國民大學・上大附中・景平女學・上海大學・法政大學・文生氏英專・及上大新瀛社等十餘團體、學生約有萬人、由蓬萊路經西門民國路小東門大東門還西門散會、沿途高唱國民革命歌、幷呼種種口號、

各界援助京案之昨讯

京案后援会成立会记。上海工商学各团体联合发起之各界京案后援会，昨日下午二时假南洋大学举行成立大会，计一百六十四团体、代表三百余人。推学联会代表余泽鸿主席，次即将各项问题详加讨论，最后议决各案如下：（一）定名为上海各界京案后援会。（二）宗旨为废约驱段保障民权。（三）推定二十五团体为执行委员，组织执行委员会，负责进行各项会务。其职务之分配，由执行委员会自行办理。（四）经费大体规定：（甲）由各团体分任；（乙）向外界募捐，其详细办法由执行委员会另行订定。（五）对于最近进行：（甲）定本星期六（二十七日）上午十时在西门公共体育场举行“上海市民北京惨案被难烈士追悼大会”；（乙）电京请速派代表来沪报告真相，俟必要时，派员分赴各地宣传；（丙）发表成立宣言并通电全国人民一致奋起，电北京市民请坚持，电广州政府请速北伐，电国民军惩段并维持京畿治安，电孙传芳请讨段；（丁）派员向严春阳、孙传芳

接洽，请保护追悼会。（六）办事地点，暂借五卅烈士丧葬筹备处，推林钧前往接洽。（七）推定国民党江苏省党部、上海总工会、法政大学学生会、中国济难会、神州女学学生会、上海大学学生会、民党市党部妇女部、上海非基督教大同盟、五马路商界联合会、暨南大学学生会、上海孙文主义学会、上海学生联合会、南洋大学学生会、民党特别市党部、景贤女校学生会、海员工会、国民会议促成会、商务工会、各界妇女联合会、全国学生总会、新闻学会、反日出兵行动委员会、上海运输总工会、邮务工会、韩国青年同盟会等团体为正式执行委员会，建国学校、中华书局工会、上海工界京案后援会、国民大学学生会、群治大学学生会、引翔港工人代表会、同文书院学生会、东华大学学生会、复旦中学学生会、旅沪法属华侨学生会、华侨教育协会、杨树浦码头工会、景平女学学生会、中国青年社、中国全国国民同志会等团体为候补执行委员，葛建时、林钧两人为谒见严春阳、孙传芳代表，遂散会。惟当选执行委员团体，则仍留该处继续开会。

昨日学生集队游行。昨日本埠南洋大学、上海大学、国民大学、景平女学、景贤女学、清心中学、上大附中、东亚同文书院中华学生部、复旦中学、文治大学、商科大学、法政大学等二十余校学生三千余人，各手执小旗、传单多种，齐集西门蓬莱路旷场，整队出发游行。经中华路、民国路及南市等地游行演讲，并有巡警一队随同维持秩序。

南大学生之罢课游行。本埠徐家汇南洋大学学生，近日对于北京惨杀学生案，颇形愤激。昨日仍继续罢课，并于下午加入上海各校学生联合游行大会。闻该会于是日下午二时，各校在西门蓬莱路旷场会齐，计到场者有南洋大学、同文书院、复旦中学、东华大学、国民大学、上大附中、景平女学、上海大学、法政大学、文生氏英专及上大新滇社等十余团体，学生约有万人。由蓬莱路经西门、民国路、小东门、大东门还西门散会。沿途高唱国民革命歌，并呼种种口号。

1926年3月26日第十三版

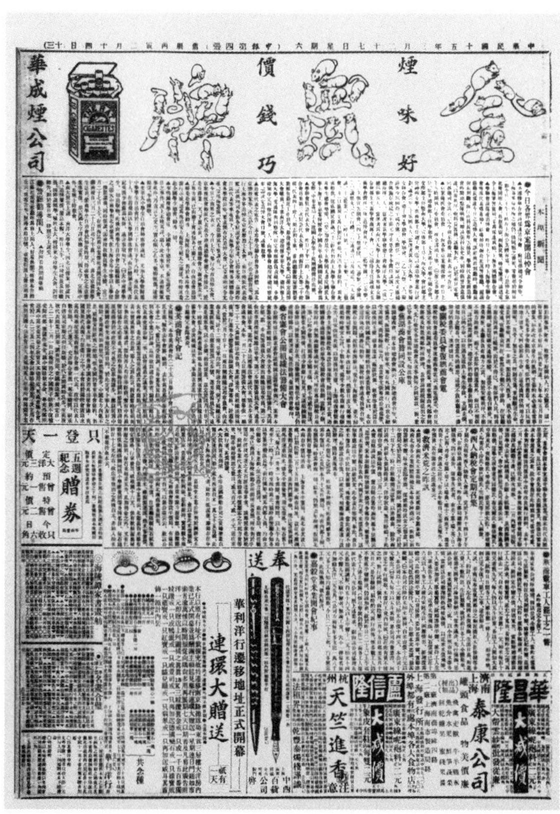

●今日各界爲京案開追悼會

▲京案後援會委員會　上海各界京案後援會、昨日上午九時開執行委員會、推余澤鴻主席、㈠推定各部主任、結果總務部主任學總會、文書部主任學生聯合會、交際部主任暨南大學、宣傳部主任上海大學、會計部主任神州女學、庶務部主任總工會、㈡討論追悼會進行計劃、議決(甲)主席團五人、當選者爲南洋大學·各界婦女聯合會·總工會·學總會·學聯會、(乙)主祭三人、擬請唐少川柳亞子楊杏佛三人擔任、(丙)擬請沈玄廬楊杏佛施存統楊之華邵元冲葉楚傖李季擔任講演、(丁)總指揮三人、當選者爲學聯會總工會南洋大學、(戊)總糾察五人、當選者爲南洋大學上海大學各界婦女聯合會孫文主義學會商務工會、(己)招待主任請孫文主義學會擔任、(庚)追悼會秩序、(一)鳴警鐘、(二)奏樂、(三)主席宣告開會、(四)主祭就位、(五)靜默三分鐘、(六)讀祭文、(七)行禮、(八)通過宣言及通電、(九)演講、(十)提案、(十一)呼口號、(十二)奏樂、(十三)散會、(辛)口號規定爲打倒段祺瑞、取消辛丑條約、爲死者報仇、促成國民會議、(壬)經費暫由上海學生聯合會及學生總會墊用、(癸)加推景平女學同文書院國民大學上海工界京案後援會中國青年社全國國民同志會爲交際、中華書局工人建國大學等十餘團體擔任庶務、

▲學聯會緊急代表大會　昨日下午二時、上海學生聯合會召集第三次緊急代表大會、到南洋上大等二十餘校、代表四十餘人、周志初主席、首由總務部秘書劉榮簡報告最近工作狀況、最後通過下列各案、㈠推定追悼大會職員、主席南洋大學、總指揮東華大學、總糾察上海大學、交通隊與糾察隊、指定查察部負責組織、各學校須指定糾察指揮各一人、由學聯會總指揮總糾察統率、㈡決定追悼大會口號、議畢散會、

今日各界为京案开追悼会

京案后援会委员会。上海各界京案后援会昨日上午九时开执行委员会，推余泽鸿主席。（一）推定各部主任。结果：总务部主任学总会，文书部主任学生联合会，交际部主任暨南大学，宣传部主任上海大学，会计部主任神州女学，庶务部主任总工会。（二）讨论追悼会进行计划。议决：（甲）主席团五人，当选者为南洋大学、各界妇女联合会、总工会、学总会、学联会；（乙）主祭三人，拟请唐少川、柳亚子、杨杏佛三人担任；（丙）拟请沈玄庐、杨杏佛、施存统、杨之华、邵元冲、叶楚伧、李季担任讲演；（丁）总指挥三人，当选者为学联会、总工会、南洋大学；（戊）总纠察五人，当选者为南洋大学、上海大学、各界妇女联合会、孙文主义学会、商务工会；（己）招待主任请孙文主义学会担任；（庚）追悼会秩序：（一）鸣警钟，（二）奏乐，（三）主席宣告开会，（四）主祭就位，（五）静默三分钟，（六）读祭文，（七）行礼，（八）通过宣言及通电，（九）演讲，（十）提案，（十一）呼口号，（十二）奏乐，（十三）散会；（辛）口号规定为打倒段祺瑞、取消辛丑条约、为死者报仇、促成国民会议；（壬）经费暂由上海学生联合会及学生总会垫用；（癸）加推景平女学、同文书院、国民大学、上海工界京案后援会、中国青年社、全国国民同志会为交际，中华书局、工人建国大学等十余团体担任庶务。

学联会紧急代表大会。昨日下午二时，上海学生联合会召集第三次紧急代表大会，到南洋、上大等二十余校，代表四十余人，周志初主席。首由总务部秘书刘荣简报告最近工作状况，最后通过下列各案：（一）推定追悼大会职员，主席南洋大学、总指挥东华大学、总纠察上海大学、交通队与纠察队指定查察部负责组织。各学校须指定纠察指挥各一人，由学联会总指挥、总纠察统率。（二）决定追悼大会口号。议毕散会。

1926 年 3 月 27 日第十三版

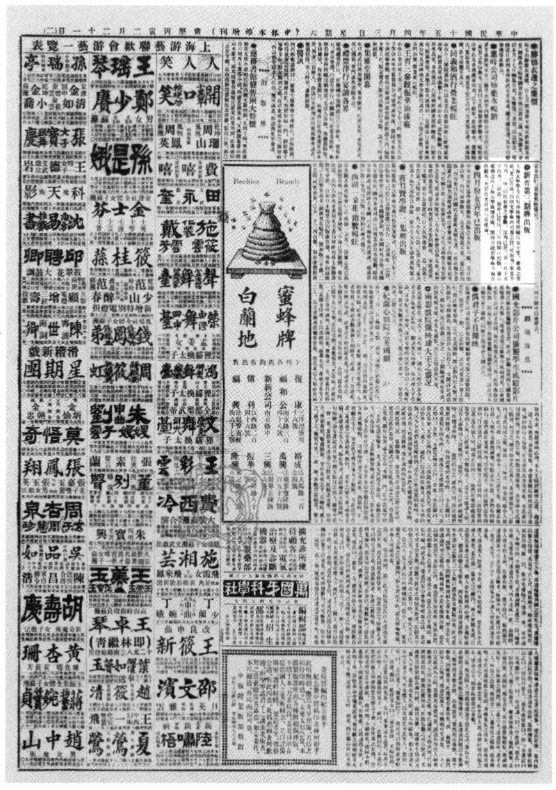

●新晉第三期將出版

上海大學學生焦有功陳懷璞閻毓珍女士等、發起之晉社、業已告成、以研究學術政治爲宗旨、幷出刋「新晉半月刋」一種、以供社會之參觀、該刋已於三月一日十五日出刋、二期第三期亦已付印、三日內即行出版、發行處即設在上海大學陳懷璞處、聞內容除於學術方面有供獻外、對於晉省政治均有建論、

新晋第三期将出版

上海大学学生焦有功、陈怀璞、阎毓珍女士等发起之晋社业已告成，以研究学术、政治为宗旨，并出刊《新晋半月刊》一种，以供社会之参观。该刊已于三月一日、十五日出刊二期，第三期亦已付印，三日内即行出版，发行处即设在上海大学陈怀璞处。闻内容除于学术方面有供［贡］献外，对于晋省政治均有建论。

1926 年 4 月 3 日本埠增刊第二版

上大台州同鄉會新訊

該會自上學期成立以來、對於會務進行、非常熱心、本學期會員驟增三十左右、前晚開大會、選出執行委員會職員、議決進行事項、分對內對外兩種、對內有學術研究和講演、對外繼續出版台州評論、

上大台州同乡会新讯

该会自上学期成立以来，对于会务进行非常热心。本学期会员骤增三十左右。前晚开大会，选出执行委员会职员，议决进行事项，分对内对外两种，对内由学术研究和讲演，对外继续出版《台州评论》。

1926 年 4 月 4 日本埠增刊第一版

●漣水旅滬學友會開常年會

漣水旅滬學友會、前日假上海大學、開常年大會、到者數十人、由蔣同節主席、張鑄康速記、當票選蔣同節・王師孟・張鑄康・王啟元・孫羲・五人爲執行委員、朱延桓・朱道南・朱寰仁・爲候補委員、並議决刊印會員通信錄、進行反對本縣大學貸資條例等項、茶點畢散會、

涟水旅沪学友会开常年会

涟水旅沪学友会，前日假上海大学开常年大会，到者数十人。由蒋同节主席、张铸康速记。当票选蒋同节、王师孟、张铸康、王启元、孙羲五人为执行委员，朱延桓、朱道南、朱寰仁为候补委员，并议决刊印会员通信录，进行反对本县大学贷资条例等项。茶点毕，散会。

1926 年 4 月 7 日第七版

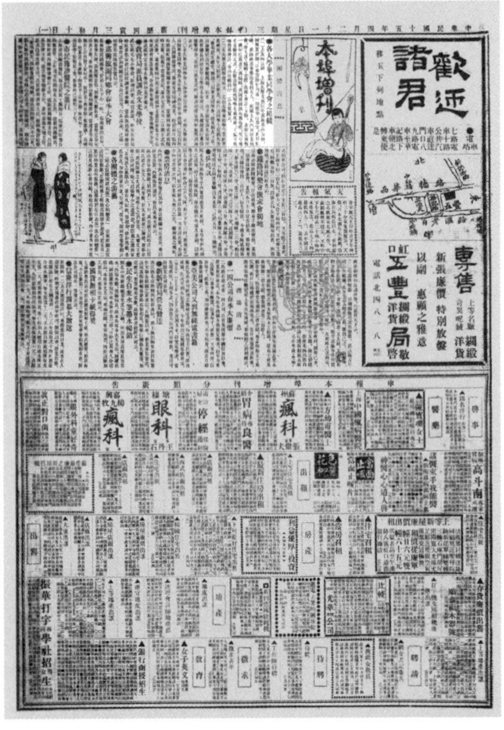

●各大學畢業同學會之組織

（二）上大丙寅級　上海大學文藝院中英兩系丙寅級、因畢業在即、日來籌辦年刊及一切應舉行事宜、甚形忙碌、前由兩系各舉出委員五人、組織上大丙寅級委員會、分文書・編輯・交際・庶務・會計・五股、並推定蔣抱一蔣如琮黃讓之爲編輯、蔣同節楊洛如爲交際、吳卓齋王友倫爲文書、孔慶波陳蔭南周學文爲庶務、王振華蔡鴻烈爲會計、並請教職員在一品香聚餐云、

各大学毕业同学会之组织·上大丙寅级

上海大学文艺院中、英两系丙寅级，因毕业在即，日来筹办年刊及一切应举行事宜，甚形忙碌。前由两系各举出委员五人，组织上大丙寅级委员会，分文书、编辑、交际、庶务、会计五股，并推定蒋抱一、蒋如琮、黄让之为编辑，蒋同节、杨洛如为交际，吴卓斋、王友伦为文书，孔庆波、陈荫南、周学文为庶务，王振华、蔡鸿烈为会计，并请教职员在一品香聚餐云。

1926 年 4 月 21 日本埠增刊第一版

教育消息

咳嗽即肺癆之先兆

同善分社

漢口第一紡織股份有限公司召集第十二届股東常會公告

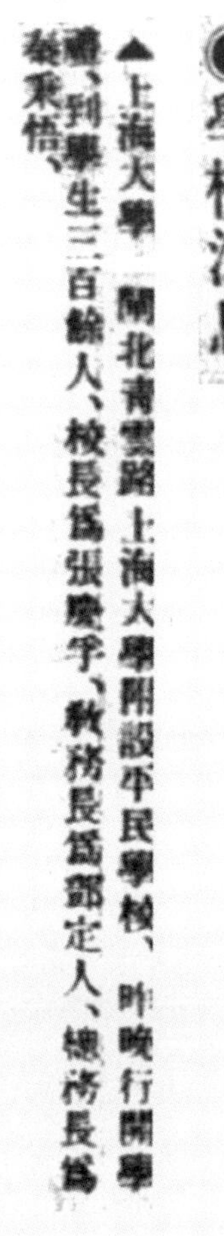
●學校消息

▲上海大學　閘北青雲路上海大學附設平民學校、昨晚行開學禮、到學生三百餘人、校長爲張慶孚、教務長爲鄧定人、總務長爲秦秉悟、

学校消息 · 上海大学

闸北青云路上海大学附设平民学校昨晚行开学礼，到学生三百余人。校长为张庆孚，教务长为邓定人，总务长为秦秉悟。

1926 年 4 月 26 日第十版

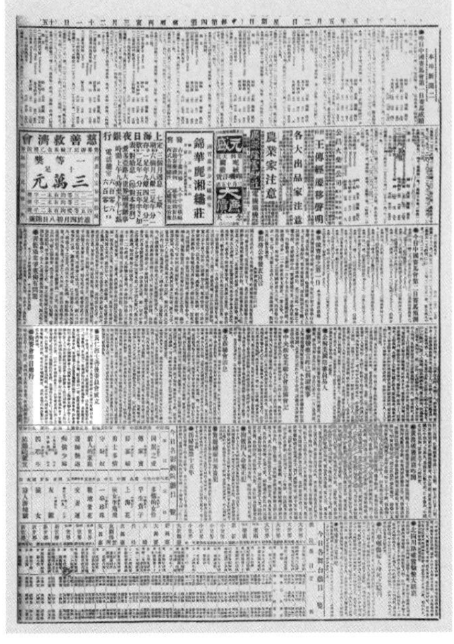

黃仁烈士善後委員會成立

黃仁烈士、於十三年國慶日上海市民慶祝大會場中死難以來、迄今已一年除矣、家屬經濟困難、不能運棺歸葬、以致暴棺蜀商公所、安葬無地、日前烈士家屬請四川富順旅滬學會・及富順青年社・代表家屬、向滬上各公團、就近接洽一切、玆聞富順旅滬學會及富順青年社、柬請滬上各重要團體討論烈士善後事宜、到會者四川青年社・中國濟難會・全國學生總會・上海學生聯合會・上大學生會・上大非基督教同盟會・南洋醫大・四川同學會・上大四川同鄉會・中國國民黨第三區第二分部・四川富順旅滬學會・富順青年社代表出席、已於昨日假明德里三十五號成立黃仁烈士善後委員會、當即定五團體担任會務、當場指定基金外、另發募捐册、向各界勸募、關於撫恤家屬問題、由委員會向國民黨請照原案撫恤、其他問題、由委員會繼續辦理、通訊處預定南洋醫科大學李潤祥轉、

黄仁烈士善后委员会成立

黄仁烈士于十三年国庆日上海市民庆祝大会场中死难以来，迄今已一年除矣，家属经济困难，不能运棺归葬，以致暴棺蜀商公所，安葬无地。日前，烈士家属屡请四川富顺旅沪学会及富顺青年社，代表家属向沪上各公团就近接洽一切。兹闻富顺旅沪学会及富顺青年社柬请沪上各重要团体讨论烈士善后事宜，到会者四川青年社、中国济难会、全国学生总会、上海学生联合会、上大学生会、上大非基督教同盟会、南洋医大、四川同学会、上大四川同乡会、中国国民党第三区第二分部、四川富顺旅沪学会、富顺青年社代表出席。已于昨日假明德里三十五号成立黄仁烈士善后委员会，当即定五团体担任会务，当场指定基金外，另发募捐册，向各界劝募。关于抚恤家属问题，由委员会向国民党请照原案抚恤，其他问题由委员会继续办理，通讯处预定南洋医科大学李润祥转。

1926年5月2日第十五版

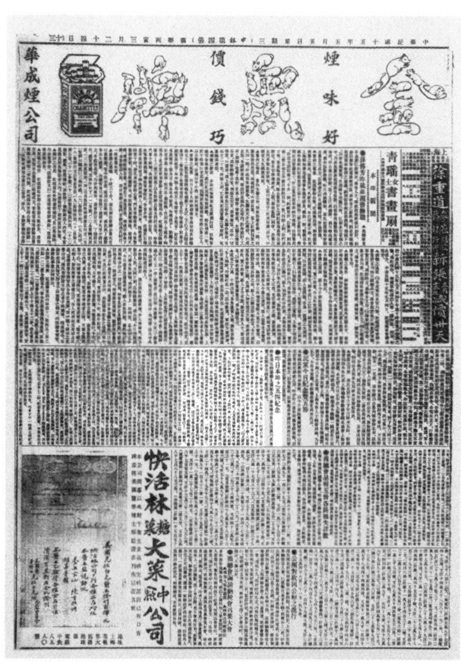

●昨日本埠之五四紀念

▲上海學生會　上海學生聯合會、於昨日上午十時舉行第七屆紀念會、到法政大學・南洋大學・神州女學・東華大學・遠東大學・大夏大學・惠靈英專・景平女學・暨南方大學・上海大學・ 務本女學・復旦中學・文治大學・同文學院・景賢女學・南光中學・大夏附中・文治附中・等各學校代表一百餘人、開會秩序如下、㈠主席法政大學代表唐豪、報告開會宗旨、略謂、五四運動、是中國民族解放的第一聲、不特爲中國民衆的光榮史、尤其是爲學生界的光榮史、五四以前的學生、閉門讀書、不問外事、自五四以後、引起廣大普遍的民種運動、促成中國民族自由解放的思潮、故五四運動、有極大的意義、吾人應再接再厲、格外努力向帝國主義進攻、㈡楊杏佛演講、大致謂處軍閥學閥帝國主義反動勢力之下、從事民族獨立運動、須有犧牲一切的决心、五四運動、未曾達到解放目的、而反爲名流學閥造成許多做官發財的機會、一般名流博士、大才小用、自貶身價、搖尾乞憐於有力者之前、從茲以往、學生界應澈底覺悟、勿被學閥名流利用、一方面注意革命數量的增加、一方面特別注意革命質量之清白純潔、㈢北京學生會代表楊信手報告三一八慘案、詞長不備錄、㈣通過宣言、㈤臨時動議、全體赴省教育會要求速決同濟學潮、一致通過、散會已十二時餘矣、

昨日本埠之五四纪念·上海学生会

上海学生联合会，于昨日上午十时举行第七届纪念会，到法政大学、南洋大学、神州女学、东华大学、远东大学、大夏大学、惠灵英专、景平女学、暨南方大学、上海大学、务本女学、复旦中学、文治大学、同文学院、景贤女学、南光中学、大夏附中、文治附中等各学校代表一百余人，开会秩序如下：（一）主席法政大学代表唐豪报告开会宗旨，略谓五四运动是中国民族解放的第一声，不特为中国民众的光荣史，尤其是为学生界的光荣史。五四以前的学生，闭门读书，不问外事。自五四以后，引起广大普遍的民种运动，促成中国民族自由解放的思潮。故五四运动有极大的意义，吾人应再接再厉，格外努力向帝国主义进攻。（二）杨杏佛演讲，大致谓处军阀、学阀、帝国主义反动势力之下，从事民族独立运动，须有牺牲一切的决心。五四运动未曾达到解放目的，而反为名流学阀造成许多做官发财的机会。一般名流博士，大才小用，自贬身价，摇尾乞怜于有力者之前。从兹以往，学生界应彻底觉悟，勿被学阀名流利用。一方面注意革命数量的增加，一方面特别注意革命广量之清白纯洁。（三）北京学生会代表杨信孚报告三一八惨案，词长不备录。（四）通过宣言。（五）临时动议，全体赴省教育会要求速决同济学潮，一致通过。散会已十二时余矣。

1926 年 5 月 5 日第十三版

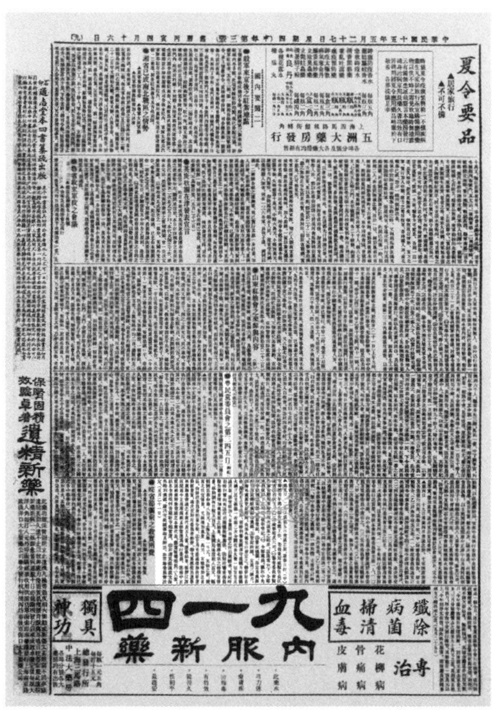

●粵民黨委員會之第三四五日（銅駝）

▲第五日　二十七日爲第五日會議之期、議事日程、（甲）宣傳部青年部均報告本部工作、委員董用威報告長江流域政治狀況、（乙）討論事項共六起、㈠審查委員會報告審查整理黨務第四次議案之結果、該議案如下、全部黨員依以下之規定、從新登記、㈠全部黨員、應在中央命令組織之黨部、從新登記、㈡登記機關、指定省黨部特別市黨部縣黨部市黨部、㈢登記時間、定爲三個月、但海外黨部登記時間、由海外部另行規定之、㈣登記表格、除原有之[illegible]外、須特別聲明願遵守建國方略建國大綱三民主義第一次第二次全國代表大會一切宣言及議決案、㈤曾經加入本黨所否認之政治團體者、登記時須特別聲明與該政治團體脫離關係、㈡財政審查委員報告審查增加黨費案之結果、大概將北京之特種宣傳費、移助湖南日報五百元、上海國民通信社八百元、編輯國民革命書八百元、上海大學一千元、其餘之欵、撥爲北伐宣傳費、又擬增加黨費一萬元、其應增加之省區、由財政委員會酌量分配、㈢甘乃光提議增加青年運動經費案、議決交財政委員會酌辦、㈣主席團提出選舉兩黨聯席會議之本黨代表五人案、選舉結果、張靜江譚延闓蔣中正吳稚輝顧孟餘當選爲執行委員、㈤蔣中正提議兩黨聯席會議之本黨代表、應選候補委員三人案、結果李濟琛何香凝經亨頤當選、㈥彭澤民提議設立海外特別黨部、議決交組織部擬具辦法、由常務委員會決定、（五月二十一日）

粤民党委员会之第三四五日·第五日（铜驼）

二十日为第五日会议之期，议事日程：（甲）宣传部、青年部均报告本部工作，委员董用威报告长江流域政治状况。（乙）讨论事项共六起：一、审查委员会报告审查整理党务第四次议案之结果。该议案如下，全部党员依以下之规定，从新登记：（一）全部党员，应在中央命令组织之党部从新登记；（二）登记机关，指定省党部特别市党部县党部市党部；（三）登记时间，定为三个月，但海外党部登记时间，由海外部另行规定之；（四）登记表格，除原有之各项外，须特别声明愿遵守建国方略、建国大纲、三民主义、第一次第二次全国代表大会一切宣言及议决案；（五）曾经加入本党所否认之政治团体者，登记时须特别声明与该政治团体脱离关系。二、财政审查委员报告审查增加党费案之结果，大概将北京之特种宣传费，移助湖南日报五百元、上海国民通信社八百元、编辑国民革命书八百元、上海大学一千元，其余之款，拨为北伐宣传费。又拟增加党费一万元，其应增加之省区，由财政委员会酌量分配。三、甘乃光提议增加青年运动经费案，议决交财政委员会酌办。四、主席团提出选举两党联席会议之本党代表五人案，选举结果，张静江、谭延闿、蒋中正、吴稚辉、顾孟余当选为执行委员。五、蒋中正提议两党联席会议之本党代表，应选候补委员三人案，结果李济琛、何香凝、经亨颐当选。六、彭泽民提议设立海外特别党部，议决交组织部拟具办法，由常务委员会决定。（五月二十一日）

1926年5月27日第九版

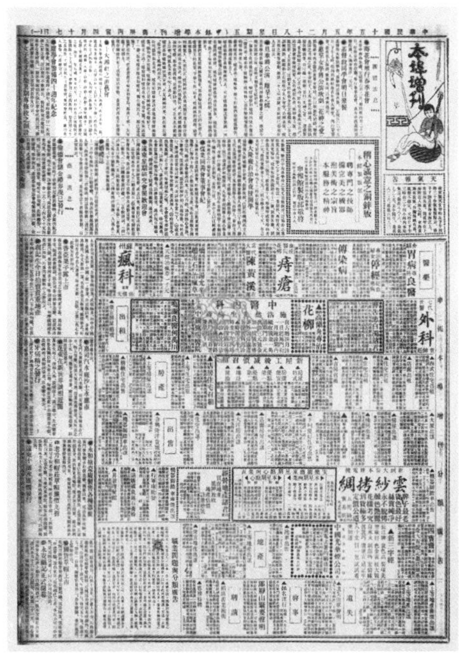

●上大湘社之游藝會

上海大學湖南同鄉所組織之上大湘社、成立未及一載、建設事業極多、玆聞該社又定於本日午後六時假西門少年宣講團會址舉行一大規模之游藝會、其節目除各種武技·跳舞·火棒·京劇·歌劇·猴劇·鋼琴獨奏·法國名歌·愛爾蘭名著Rising of The Moon、中國名劇獲虎之夜·湘累一隻馬蜂、及其他外、尙有社外之湘籍明星黎明暉女士及明月音樂會員之曉霞舞曲、黎清照女士之崑曲等、又聞該社此次游藝會、屬同樂性質、雖印有入場券、均係贈送云、

上大湘社之游艺会

上海大学湖南同乡所组织之上大湘社，成立未及一载，建设事业极多。兹闻该社又定于本日午后六时假西门少年宣讲团会址举行一大规模之游艺会。其节目除各种武技、跳舞、火棒、京剧、歌剧、猴剧、钢琴独奏、法国名歌、爱尔兰名著 *Risingof The Moon*、中国名剧《获虎之夜》《湘累》《一只马蜂》及其他外，尚有社外之湘籍明星黎明晖女士及明月音乐会员之晓霞舞曲、黎清照女士之昆曲等。又闻该社此次游艺会属同乐性质，虽印有入场券，均系赠送云。

1926 年 5 月 28 日本埠增刊第一版

◉上海大學新得粵欵補助

本埠上海大學、係民黨巨子于佑任氏所創辦、近該校以于氏遠離滬瀆、經費維持困難、特於三月間、推該校總務主任韓覺民赴粵、籌募欵項、韓抵粵後、與政府及各界接洽、頗得各方之贊助、國民政府業已允撥特別費二萬元、以後按月給欵一千元、現韓君已於昨晨由粵返滬、携有現欵一萬元、聞該校全體師生、聞此佳音、均甚稱慶、特擬於日内開會歡迎、

上海大学新得粤款补助

本埠上海大学系民党巨子于右任氏所创办，近该校以于氏远离沪渎、经费维持困难，特于三月间推该校总务主任韩觉民赴粤筹募款项。韩抵粤后，与政府及各界接洽，颇得各方之赞助。国民政府业已允拨特别费二万元，以后按月给款一千元。现韩君已于昨晨由粤返沪，携有现款一万元。闻该校全体师生闻此佳音，均甚称庆，特拟于日内开会欢迎。

1926年6月12日第十二版

●喪禮誌

吳芬女士、字次芳、浙江杭縣人、前肄業於上海大學英文學系、天智聰慧、好學過人、尤善研究文學、民國十三年、轉學於持志大學英文學系、今年暑假將屆畢業、詎意天不假年、女士竟於本月二十五日、逝於成都路新樂里寓所、悲耗傳來、該校同學甚爲惋惜、聞持志大學校長何世楨、哀其志、特給予文學士學位云、

丧礼志

吴芬女士，字次芳，浙江杭县人，前肄业于上海大学英文学系。天智聪慧，好学过人，尤善研究文学。民国十三年，转学于持志大学英文学系，今年暑假将届毕业。讵意天不假年，女士竟于本月二十五日，逝于成都路新乐里寓所，悲耗传来，该校同学甚为惋惜。闻持志大学校长何世桢哀其志，特给予文学士学位云。

1926 年 6 月 30 日本埠增刊第二版

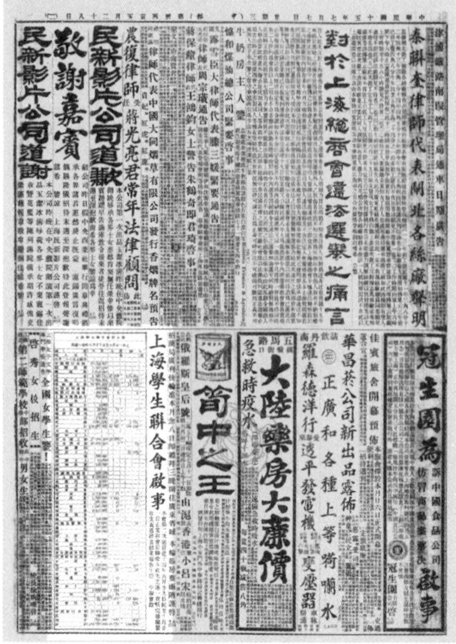

泰興朱律師代表閘北各絲廠聲明

對於上海總商會選舉之痛言

民新影片公司道歉

敬謝嘉賓

民新影片公司道謝

冠生園爲新中國食品公司啟事

大陸藥房大廉價

急救時疫水

簡中之王

華昌菸公司新出品露佈

上海學生聯合會啟事

上海學生聯合會啟事

本會第二次賬目從十四年六月廿九日起至十月廿一日止業經會計師徐永祚先生逐一查核完竣編製收支表玆將其結果報告于后 學聯會啟

上海學生聯合會收支表

民國十四年六月廿九日至十月廿一日止

摘要	大洋			小洋			銅元		
收入項下					角				枚
六月二十八日止結存									
中國銀行存款	42	518	910						
期票莊票	2	167	144						
郵滙票	4	016	080						
現金	8	263	751	27	920	"	115	261	"
捐助工人	75	003	484	5	771	"	1	953	"
捐助學生會	20	904	430	10	828	"	24	712	"
公理日報退還		200	000						
南洋代表退還		169	000		9	"		5	"
上海大學還前欠		300	000						
雜項收入									
賣照片		5	000						
賣五卅實錄		20	000		72	"		47	"
總務科雜項		12	000						
雜益		176	461						
兌換	1	081	140		167	"	2	691	"
合計	154	837	400	44	767	"	144	669	"
支出項下									
援助工人									
交付總工會	27	200	000	26	000	"			
交付濟安會	80	000	000		5	"		32	"
直接發給									
洗衣工人							22	035	"
學捐		300	000						
救濟工人		61	000						
印捐簿費		150	000						
津貼									
全國學生總會		500	000						
工人教育社	4	000	000						
來滬代表		5	000						
熱血日報		20	000						
宣傳用費									
印刷費	5	073	000		35	"		6	"
車馬費	1	353	000	6	565	"		596	"
旅費		986	000		12	"		71	"
郵電費	1	887	000		27	"		57	"
廣告費	2	217	000		72	"		376	"
善後用費									
撫恤費		180	000						
收殮及醫藥費		37	000		40	"		26	"
器具		347	000						
賠償		220	000						
貸出款項									
上海大學		100	000						
朱南英		10	000						
預備費		400	000						
夏令講演會用費	1	358	000						
經濟絕交部用費		30	000						
會外開支									
膳費	1	457	000		669	"		414	"
紙張文具	1	017	000		11	"		28	"
會內開支									
搬運費		49	000		50				
房租	2	381	000						
酬謝工人					456	"			
雜費	2	606	000	1	724	"	2	140	"
雜損失					30	"			
兌換		21	240	7	577	"	117	368	"
兌換損失					6	"		878	"
實存									
中國銀行存款	20	451	160						
莊票		100	000						
現金		321	000	1	488	"		622	"
合計	154	837	400	44	767	"	144	669	"

上海学生联合会启事

本会第二次账目从十四年六月廿九日起至十月廿一日止，业经会计师徐永祚先生逐一查核完竣，编制收支表。兹将其结果报告于后。

学联会启

上海学生联合会收支表									
民国十四年六月廿九日至十月廿一日止									
摘要	大洋			小洋			铜元		
支出项下				角			枚		
六月二十八日结存									
中国银行存款	42	518	910						
期票庄票	2	167	144						
邮汇票	4	016	080						
现金	8	263	751	27	920	"	115	261	"
捐助工人	75	003	484	5	771	"	1	953	"
捐助学生会	20	904	430	10	828	"	24	712	"
公理日报退还		200	000						
南阳代表退还		169	000		9	"		5	"
上海大学还前欠		300	000						
杂项收入									
卖照片		5	000						
卖五卅实录		20	000		72	"		47	"
总务科杂项		12	000						
杂益		176	461						
兑换	1	081	140		167	"	2	691	"
合计	154	837	400	44	767	"	144	669	"
支出项下									
援助工人									
交付总工会	27	200	000	26	000				
交付济安会	80	000	000		5	"		32	"
直接发给									
洗衣工人							22	035	"
华捕		300	000						
救济工人		61	000						
印捕旅费		150	000						
津贴									
全国学生总会		500	000						
工人教育社	4	000	000						
来沪代表		5	000						

上海学生联合会收支表									
民国十四年六月廿九日至十月廿一日止									
摘要	大洋			小洋			铜元		
支出项下				角			枚		
热血日报		20	000						
宣传用费									
印刷费	5	073	000		35	〃		6	〃
车马费	1	353	000	6	565	〃		596	〃
旅费		980	000		12	〃		71	〃
邮电费	1	887	000		27	〃		57	〃
广告费	2	217	000		72	〃		376	〃
善后用费									
抚恤费		180	000						
收殓及医药费		37	000		40	〃		26	〃
器具		347	000						
赔偿		220	000						
贷出款项									
上海大学		100	000						
朱南英		10	000						
预备费		400	000						
夏令讲演会用费	1	358	000						
经济绝交部用费		30	000						
会内开支									
膳费	1	457	000		669	〃		414	〃
纸张文具	1	017	000		11	〃		28	〃
会内开支									
搬运费		49	000		50				
房租	2	381	000						
酬谢工人					456	〃			
杂费	2	606	000	1	724	〃	2	140	〃
杂损失					30	〃			
兑换		21	240	7	577	〃	117	388	〃
兑换损失					6	〃		878	〃
实存									
中国银行存款	20	451	160						
庄票		100	000						
现金		321	000	1	488	〃		622	〃
合计	154	837	400	44	767	〃	144	669	〃

1926 年 7 月 7 日本埠增刊第二版

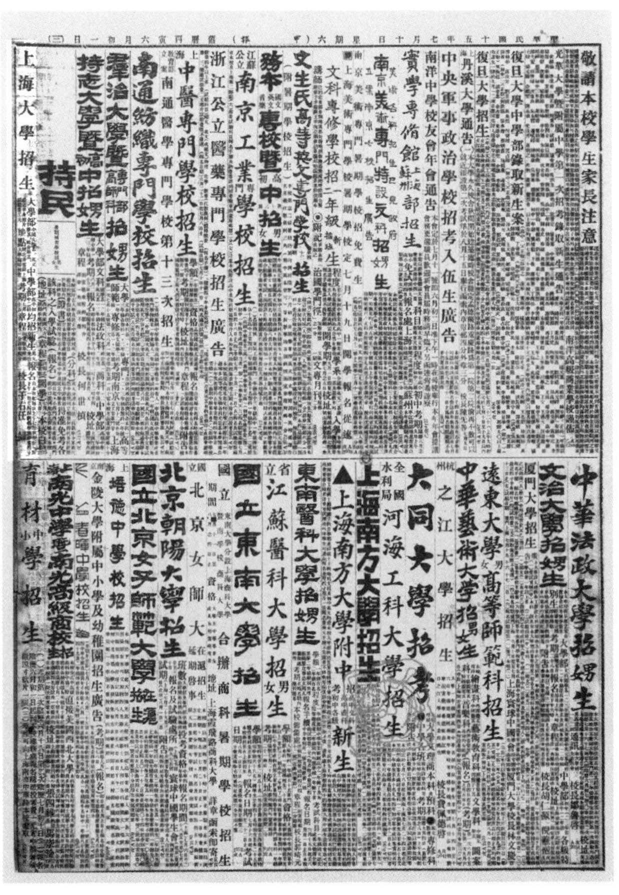

上海大学招生

大学部中国文学系、英文学系、社会学系，中学部高中、初中二级，均招新生，男女兼收。报名：自本日起每日上午七点至十一点、下午一点至四点。随带学历证书、四寸最近半身照片、试验费二元。地点：闸北青云路上海大学临时校舍。考期：七月十五。章程：函索简章附邮一分，详章四分。

校长于右任

《民国日报》1925 年 7 月 10 日第三版

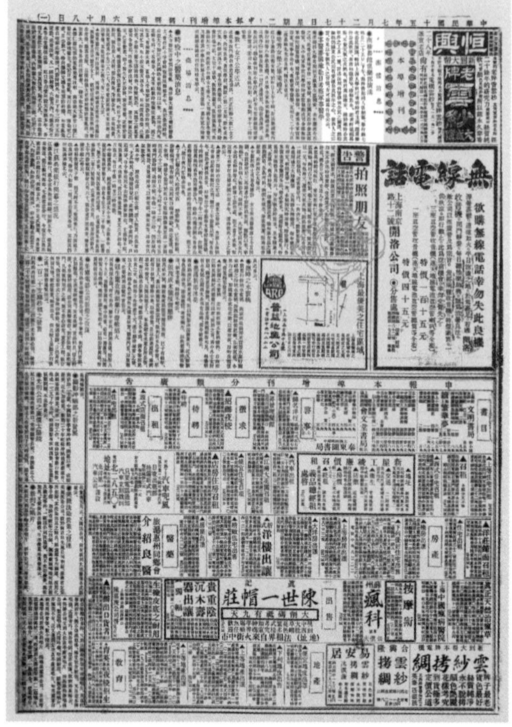

團體消息

商務書館俱樂部演講

昨日(二十五日)下午、商務書館同人俱樂部、舉行第七次公民演講、特請上海大學教授唐鳴時君主講、題爲維持公共秩序、唐君相題設喻、措辭雋永、聽者軒渠而易解、不覺天氣之炎熱也、唐君爲法律家、故於維持公共秩序之工具一層、詳述法規與警律與公民之關係、然結論則仍歸東公民須有愛護公共秩序之心、使我人之宗旨、力足以宰制我人之習慣、方可稱爲自治云云、

团体消息·商务书馆俱乐部演讲

昨日（二十五日）下午，商务书馆同人俱乐部举行第七次公民演讲，特请上海大学教授唐鸣时君主讲，题为“维持公共秩序”。唐君相题设喻，措辞隽永，听者轩渠而易解，不觉天气之炎热也。唐君为法律家，故于维持公共秩序之工具一层，详述法规与警律与公民之关系，然结论则仍归束公民须有爱护公共秩序之心，使我人之宗旨，力足以宰制我人之习惯，方可称为自治云云。

1926 年 7 月 27 日本埠增刊第一版

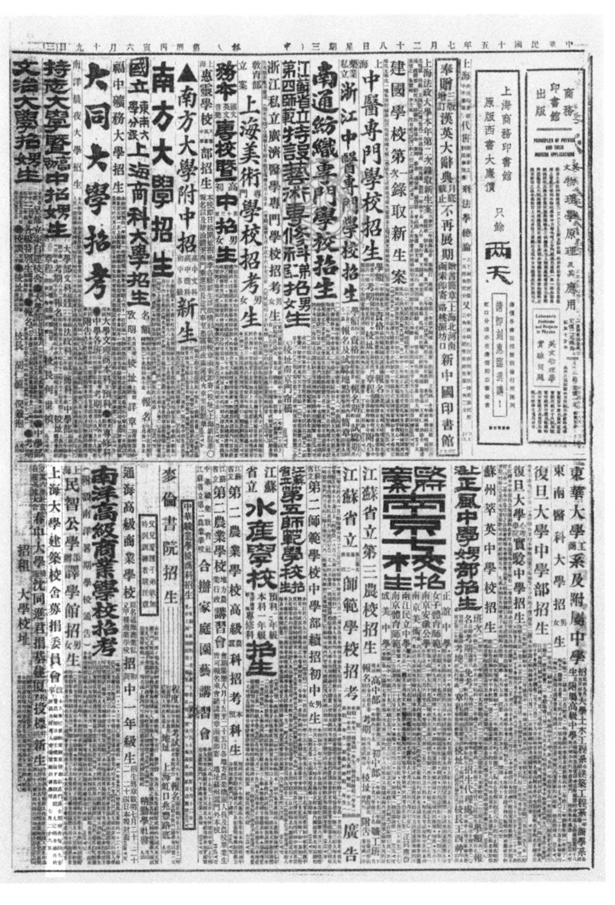
中華民國十五年七月二十八日 星期三 申報

上海商務印書館原版西書大廉價 只餘兩天

奉贈漢英大辭典 不再展期

建國學校第一次錄取新生案

上海中醫專門學校招生

浙江中醫專門學校招生

南通紡織專門學校招生

江蘇省立第四師範特設藝術專修科招生

浙江私立廣濟醫學專門學校招考

上海美術專門學校招考男女生

務本女學校暨中學招生

南方大學附中招新生

南方大學招生

國立東南大學分設上海商科大學招生

大同大學招考

持志大學暨附中招男女生

文治大學招男女生

東南醫科大學招生

復旦大學中學部招生

復旦大學實驗中學招生

蘇州萃英中學校招生

正風中學男女部招生

江蘇省立第三農校招生

江蘇省立第二師範學校招考

江蘇省立水產學校招生

江蘇省立第五師範學校招生

合辦家庭園藝講習會

麥倫書院招生

通海高級商業學校招中一年級生

南洋高級商業學校招考

民智公學譯學館招生

上海大學建築校舍募捐委員會

上海大學建築校舍募捐委員會啟事

本大學已將教室寢室膳廳廚房門房全部校舍包給久泰營造廠即日動工建築目下需款甚殷凡已捐未繳各款務請各經募人從速催繳以便應用

七月二十八日

上海大学建筑校舍募捐委员会启事

本大学已将教室、寝室、膳厅、厨房、门房全部校舍包给久泰营造厂，即日动工建筑。目下需款甚殷，凡已捐未缴各款，务请各经募人从速催缴以便应用。

七月二十八日

1926 年 7 月 28 日第三版

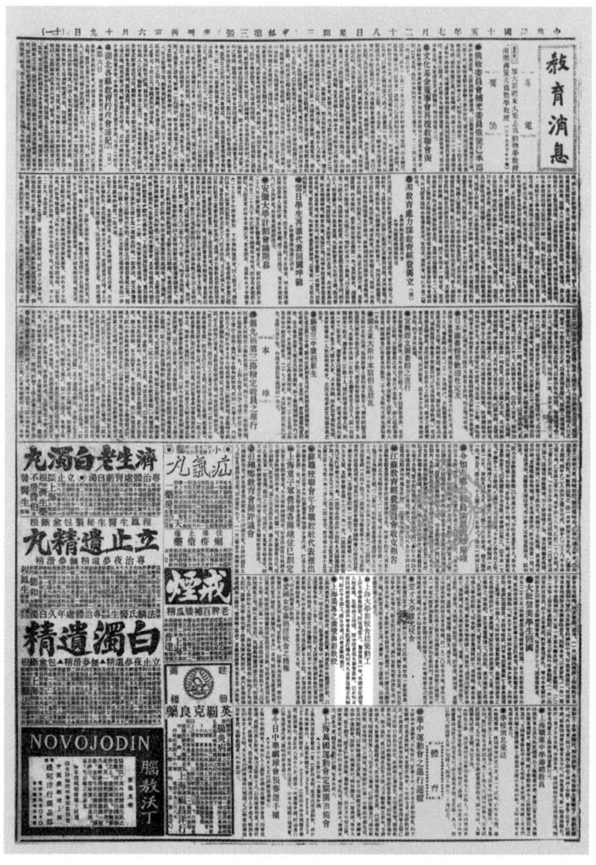

上海大學新校舍建築動工

上海大學建築校舍、因規模宏大、籌備幾及一年、自購定江灣寬大校基後、當即招工投標、聞中標者爲久泰營造廠、已於昨日由該校校舍建築委員會會集凱泰打樣公司及久泰營造廠正式結約、即於今日動工、限日完成、以便來學期應用、

上海大学新校舍建筑动工

上海大学建筑校舍因规模宏大，筹备几及一年。自购定江湾宽大校基后，当即招工投标。闻中标者为久泰营造厂，已于昨日由该校校舍建筑委员会会集凯泰打样公司及久泰营造厂正式结约，即于今日动工，限日完成，以便来学期应用。

1926 年 7 月 28 日第十一版

▲上海大學非基同盟宣言　上大非基同盟昨爲陳案發表宣言、略謂、五卅慘案、週年甫過、而陳阿堂又以遭日水手毆斃聞矣、乃各團體奔走呼號、吾國官廳尚未提出抗議、弁髦民命、喪失國權、惟望各界同胞、一致奮起、督促政府嚴重交涉、務獲懲兇恤死幷取消日本領事裁判權及其他不平等條約、

上海大学非基同盟宣言

上大非基同盟昨为陈案发表宣言，略谓五卅惨案周年甫过，而陈阿堂又以遭日水手殴毙闻矣，乃各团体奔走呼号，吾国官厅尚未提出抗议，弁髦民命，丧失国权，惟望各界同胞一致奋起，督促政府严重交涉，务获惩凶恤死并取消日本领事裁判权及其他不平等条约。

1926年8月16日第十四版

◉陳阿堂案昨訊

▲上大川同學會宣言　上海大學四川同學會昨爲陳案發表宣言略謂、日輪萬里丸水手毆斃小販陳阿堂一案、此案發生、迄已旬餘、死者家境赤貧、老少數口、嗷嗷待哺、傷心慘目、至矣極矣、本會除通告全國同胞外、猶冀滬上各界志士、連袂偕起、羣策羣力、力促交涉、

陈阿堂案昨讯·上大川同学会宣言

上海大学四川同学会昨为陈案发表宣言，略谓：日轮万里丸水手殴毙小贩陈阿堂一案，此案发生，迄已旬余，死者家境赤贫，老少数口，嗷嗷待哺，伤心惨目，至矣极矣。本会除通告全国同胞外，犹冀沪上各界志士，连袂偕起，群策群力，力促交涉。

1926年8月18日第十四版

價廉物美一時無兩

至尊牌香煙

裝璜精緻送禮最宜

精裝鏡箱 每箱陸聽 僅售兩圓

福昌煙公司

復初仁心水

白濁

水蜜桃就要賣完了

冠生園中秋月餅上市

陳阿堂案昨日消息

▲各團體之義憤　昨上海學生聯合會・引翔巷工人代表會・上大學生會等十餘團體・各派代表、陸續至各路商界總聯合會・市民對日外交大會、探詢交涉進行狀況、並謂各該團體對於此案、均甚憤激、工人態度、尤爲激昂、如果遷延不決、則公憤所至、或將發生事故、請陳案委員會注意、並努力進行、務達勝利目的、當由該會職員、告以此案進行情形、請各少安毋躁、轉勸工人勿操切從事云、

陈阿堂案昨日消息・各团体之义愤

昨上海学生联合会、引翔巷［港］工人代表会、上大学生会等十余团体各派代表陆续至各路商界总联合会、市民对日外交大会，探询交涉进行状况。并谓各该团体对于此案均甚愤激，工人态度尤为激昂。如果迁延不决，则公愤所至，或将发生事故，请陈案委员会注意，并努力进行，务达胜利目的。当由该会职员告以此案进行情形，请各少安毋躁，转劝工人勿操切从事云。

1926 年 8 月 21 日第十三版

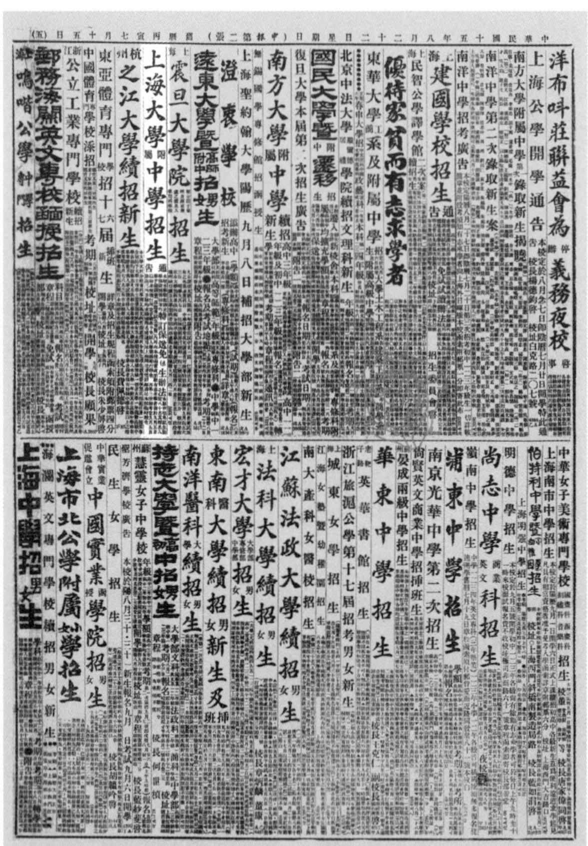

上海大學附屬中學招生通告

本校本學期起擴充學額除照常招考外特訂保送免試生辦法本屆此項免試生額定八十名其報名入學手續詳載「保送免試生章程」內可向本校函索或面取有志來學者須於九月五日以前來校遵行所定手續准予免試入學額滿即行停收再第三次招考定九月五日除高三外各級均有餘額報名從速地址上海閘北青雲路師壽坊本校臨時校舍

上海大学附属中学招生通告

本校本学期起扩充学额，除照常招考外，特订保送免试生办法。本届此项免试生额定八十名，其报名入学手续详载“保送免试生章程”内，可向本校函索或面取。有志来学者，须于九月五日以前来校，遵行所定手续，准予免试入学。额满即行停收。再，第三次招考定九月五日，除高三外，各级均有余额，报名从速。地址：上海闸北青云路师寿坊本校临时校舍。

1926 年 8 月 22 日第五版

ESTABLISHED 1872, NO. 19208 THE SHUN PAO SHANGHAI, MONDAY AUGUST 23, 1926.

申報

晚間要事

請看今日

"KISS ME-AGAIN"
Directed by
Ernst Lubitsch

四馬路石路口

新開維大綢緞局

七月十五日起

大減價三星期

秋季九折大廉價

商務印書館

名祖

今日起

神仙世界

周越然啓事

沈聯芳敬謝江浙皖三省絲繭同業

江蘇省立學校聯合會緊要啟事

安徽全省印花稅處招商

天津大公報設定上海廣告經理處

律師張一鵬

大律師黃禹鼎

輪船公告

周越然啓事

鄙人因體質羸弱所任上海大學英文學系主任職務已向該校行政會辭退其他在該校因主任而兼任及被舉各職當然連帶告退以後概不負責特此聲明

(A8319

周越然启事

鄙人因体质羸弱，所任上海大学英文学系主任职务已向该校行政会辞退，其他在该校因主任而兼任及被举各职当然连带告退，以后概不负责。特此声明。

1926 年 8 月 23 日第一版

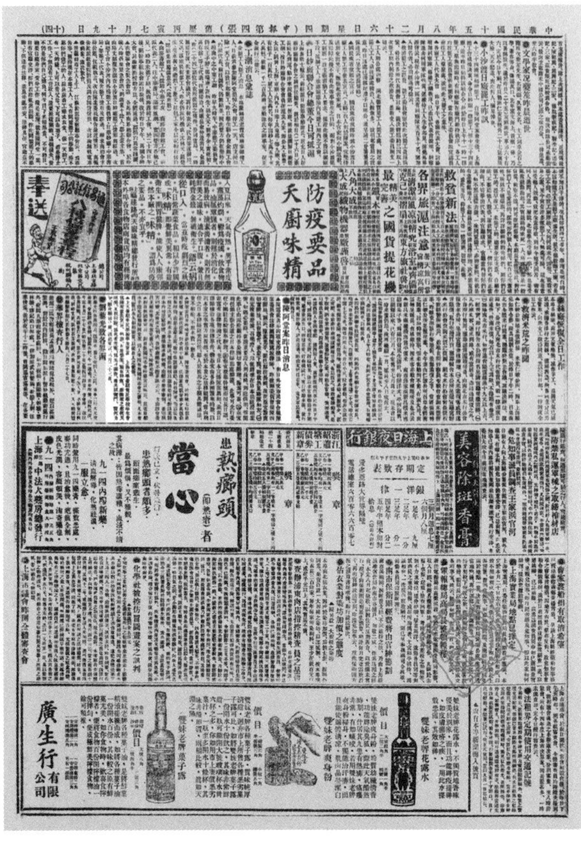

●陳阿堂案昨日消息

▲上大暑期平民學校學生宣言　上海大學暑期貧民學校學生會爲陳案發表宣言、畧謂、五卅慘案、猶有餘痛、而陳案之悲耗又聞矣、凡我同胞、爲死者雪冤、爲生者圖存、希共同奮鬥、誓死力爭、敝會願爲後盾、謹此宣言、八月二十三日、

陈阿堂案昨日消息·上大暑期平民学校学生宣言

上海大学暑期贫［平］民学校学生会为陈案发表宣言，略谓：五卅惨案犹有余痛，而陈案之悲耗又闻矣。凡我同胞，为死者雪冤，为生者图存，希共同奋斗，誓死力争。敝会愿为后盾。谨此宣言。

八月二十三日

1926 年 8 月 26 日第十四版

雷雨聲中之講演

昨日上海各團體聯合會・暨工學各界、爲陳阿堂案、特組織講演團、往華租兩界出發、作大規模之講演、幷歷述陳案之經過情形、羣衆在雷雨聲中、高呼口號、而租界警務當局爲保護治安起見、認爲有加緊防範之必要、爰特通令所屬十二處捕房、着於昨日上午起、將緊要馬路崗位一律增加、凡英法交界及華租交界之處、更爲注意、所派中西探捕較多、其滬西及楊樹浦一帶工廠櫛比、乃工人萃萃之地、尤關重要、設備益周、並諭令探捕、如查有沿途演講散佈傳單、足爲妨碍治安情事、應即妥爲制止、玆將各方面情形錄後、

▲演講時間與地點　下午一時至二時、在華界閘北一帶講演、三時至四時在租界北四川路及河南路一帶演講、

▲演講員之人數　共計組織三百餘隊、約二千餘人、分往劃定區域演講、

▲南京路與山西路之情形　昨日下午二時、南京路羣衆、聚集甚爲擁擠、而以永安先施兩處人數爲尤多、二時十五分見有羣衆數十人、從南而來、手執小旗、齊高呼口號、幷分發傳單、首由山西路口之形似學生之羣衆、開始講演、其餘各處亦相繼演講、惟南京路一帶往來人數甚多、因之一班羣衆口號聲尤爲激烈、有上海大學學生手執小旗、在先施南貨部門前演講時、聲淚俱下、旁觀者莫不黯然痛心、此時忽然先施永安屋頂花園之紅綠傳單、五色紛飛、隨風飄舞、羣衆即前往爭拾傳單、巡捕即上前干涉、而男女學生又高呼口號、悲壯激昂之聲、震動天地、迨至三時二十分、老閘捕房派來中西探捕、維持秩序、幷搜拾各種小旗傳單、其時羣衆並不抵抗、巡捕即用木棍將聽講者驅散、各講演員一路被驅、仍一路演講、徧環周旋於永安公司門前、其時五路電車、亦被阻止、不能開駛、一西捕即猛向羣衆前面撲去、車始得開、當塲被捕女工二人、山西路之講演者、見此情形、甚爲憤激、旁觀之人、一時更爲擁擠、巡捕即向山西路方面、捕去上海大學學生謝佑民等四人、送往老閘捕房、至四時二十分、天忽大雨、羣衆乃冒雨而散、

雷雨声中之讲演

昨日上海各团体联合会暨工学各界，为陈阿堂案特组织讲演团，往华、租两界出发，作大规模之讲演，并历述陈案之经过情形。群众在雷雨声中高呼口号，而租界警务当局为保护治安起见，认为有加紧防范之必要，爰特通令所属十二处捕房，着于昨日上午起，将紧要马路岗位一律增加。凡英、法交界及华、租交界之处更为注意，所派中西探捕较多。其沪西及杨树浦一带工厂栉比，乃工人荟萃之地，尤关重要，设备益周，并谕令探捕，如查有沿途演讲散布传单、足为妨碍治安情事，应即妥为制止。兹将各方面情形录后。

演讲时间与地点。下午一时至二时，在华界闸北一带讲演，三时至四时在租界北四川路及河南路一带演讲。

演讲员之人数。共计组织三百余队，约二千余人，分往划定区域演讲。

南京路与山西路之情形。昨日下午二时，南京路群众聚集甚为拥挤，而以永安、先施两处人数为尤多。二时十五分见有群众数十人从南而来，手执小旗，高呼口号，并分发传单。首由山西路口之形似学生之群众开始讲演，其余各处亦相继演讲。惟南京路一带往来人数甚多，因之一班群众口号声尤为激烈，有上海大学学生手执小旗，在先施南货部门前演讲时，声泪俱下，旁观者莫不黯然痛心。此时忽然先施、永安屋顶花园之红绿传单，五色纷飞，随风飘舞，群众即前往争拾传单，巡捕即上前干涉。而男女学生又高呼口号，悲壮激昂之声，震动天地。迨至三时二十分，老闸捕房派来中西探捕维持秩序，并搜拾各种小旗传单。其时群众并不抵抗，巡捕即用木棍将听讲者驱散。各讲演员一路被驱，仍一路演讲，循环周旋于永安公司门前。其时五路电车亦被阻止，不能开驶。一西捕即猛向群众前面扑去，车始得开，当场被捕女工二人。山西路之讲演者见此情形，甚为愤激，旁观之人，一时更为拥挤，巡捕即向山西路方面，捕去上海大学学生谢佑民等四人，送往老闸捕房。至四时二十分，天忽大雨，群众乃冒雨而散。

1926年8月29日第十四版

▲上海大學　上海大學前在江灣購定地基二十餘畝、準備自建校舍、已誌各報、聞該校已於八月一日動工、開始建築、預計本學期即可落成、現暑假已滿、該校擬於九月十日暫在青雲路臨時校舍開學授課、又該校英文學系主任周越然先生、因病辭職、經行政委員會竭力挽留、惟病尚未痊、一時不能復任、現倩其胞兄周由廑先生(原係該校教授)暫時代理英文學系主任職務、至於該系教授、並無更動云、

上海大学

上海大学前在江湾购定地基二十余亩，准备自建校舍，已志各报。闻该校已于八月一日动工，开始建筑，预计本学期即可落成。现暑假已满，该校拟于九月十日暂在青云路临时校舍开学授课。又该校英文学系主任周越然先生因病辞职，经行政委员会竭力挽留，惟病尚未痊，一时不能复任。现倩其胞兄周由廑先生（原系该校教授）暂时代理英文学系主任职务，至于该系教授，并无更动云。

1926 年 9 月 3 日本埠增刊第二版

◉工學界演講案內郭庭顯判罰百元

上海大學之粵籍學生郭庭顯、前因在滬西東京路澳門路散發傳單、露天演講、被普陀路捕房拘解公共公廨、諭交三百元保候訊等情、曾誌本報、昨晨由陸襄讞會同日副領事長岡氏集訊、即由包探崔誠及四十五號西探一千二百二十五號華捕分別上堂、證明上月二十三號下午集衆在東京路澳門路一帶分發傳單畫報等件、書有打倒帝國主義廢除不平等條約字樣、並登臺演說、故特拘究、被告延律師辯護、謂被告是日向衆工人演說、祇云堅持到底、不要暴動等語、想係巡捕當時悞會、將其拘捕云云、中日官核供、磋商之下、判郭庭顯罰洋一百元、並着具結以後不准再有滋事、起案傳單畫報等、均銷燬、

工学界演讲案内郭庭显判罚百元

上海大学之粤籍学生郭庭显，前因在沪西东京路澳门路散发传单、露天演讲，被普陀路捕房拘解公共公廨，谕交三百元保候讯等情，曾志本报。昨晨由陆襄谳会同日副领事长冈氏集讯，即由包探崔诚及四十五号西探、一千二百二十五号华捕分别上堂，证明上月二十三号下午集众在东京路澳门路一带分发传单、画报等件，书有打倒帝国主义、废除不平等条约字样，并登台演说，故特拘究。被告延律师辩护，谓被告是日向众工人演说，只云坚持到底、不要暴动等语，想系巡捕当时误会，将其拘捕云云。中日官核供，磋商之下，判郭庭显罚洋一百元，并着具结以后不准再有滋事，起案传单、画报等均销毁。

1926年9月12日第十三版

◉黃仁烈士善後會議

黃仁烈士善後委員會、昨假上海大學舉行第三次代表大會、推定四川青年社代表爲臨時主席、次由執行委員會報告會務、㈠交際股報告接洽墓地及勘定墓地經過、㈡會計股報告募捐及第一次募捐代表大會等經過、㈢總務股報告第二次代表大會議決各案、除各團體聯名函請中國國民黨廣東中央黨部執行撫卹烈士家屬議決案 及四川教育廳四川富順教育局備案免費烈士家屬入所屬各校求學二案、尙未執行外、其他如墓地募捐等項、均已由執行委員會執行、其次討論、㈠奠基禮決於雙十節前一日舉行、至於籌備奠基事、須依據第二次代表大會議決案、由執行委員會負責籌備外、並函聘中國濟難會上大非基督同盟・上大四川同學・上海各青年團體聯合會主席團等團體・襄助進行、㈡建築費的多寡、決由交際股與五卅烈士墓建築工程師議定、交本會通過、㈢紀念碑、請中國國民黨上海特別市黨部並轉廣東中央黨部、執行前上海執行部議決案、㈣督促募捐案、發信通知各團體、請其努力募集、并出席第二次募捐代表大會、 報告募捐成績、㈤撫卹家屬案、議決、仍執行第一次代表大會、 議決之家屬教育與家屬卹金、由本會各團體聯會呈請廣州中央黨函請四川教育當局、從優辦理、㈥其他、㈦散會、

黄仁烈士善后会议

黄仁烈士善后委员会，昨假上海大学举行第三次代表大会，推定四川青年社代表为临时主席，次由执行委员会报告会务：（一）交际股报告接洽墓地及勘定墓地经过。（二）会计股报告募捐及第一次募捐代表大会等经过。（三）总务股报告第二次代表大会议决各案。除各团体联名函请中国国民党广东中央党部执行抚恤烈士家属议决案，及四川教育厅四川富顺教育局备案免费烈士家属入所属各校求学二案尚未执行外，其他如墓地、募捐等项均已由执行委员会执行。其次讨论：（一）奠基礼决于双十节前一日举行，至于筹备奠基事，须依据第二次代表大会议决案，由执行委员会负责筹备外，并函聘中国济难会、上大非基督同盟、上大四川同学会、上海各青年团体联合会主席团等团体襄助进行。（二）建筑费的多寡，决由交际股与五卅烈士墓建筑工程师议定，交本会通过。（三）纪念碑请中国国民党上海特别市党部并转广东中央党部执行前上海执行部议决案。（四）督促募捐案，发信通知各团体，请其努力募集，并出席第二次募捐代表大会，报告募捐成绩。（五）抚恤家属案，议决仍执行第一次代表大会议决之家属教育与家属恤金由本会各团体联会呈请广州中央党函请四川教育当局从优办理。（六）其他。（七）散会。

1926年9月20日第十四版

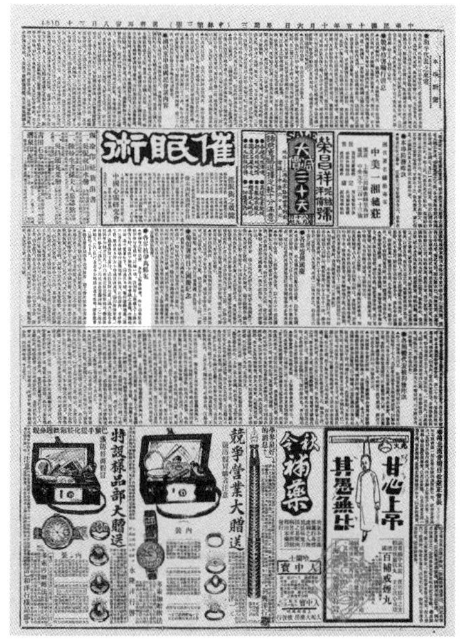

◉各界抗爭萬縣案

▲學聯會之緊急會　本埠上海學聯會、昨日召集緊急特別執行委員會、討論一切、計到有上海藝大•上海大學等五校、首由主席報告召集此次會議之意義、次開始討論、議决要案如下、㈠通告各校、舉行運動週案、（議决）通告各校舉行運動週厲行抵貨、在此期內、各校學生會、應召集各級大小會議宣傳萬案、㈡印發傳單案、（議决）應發傳單五萬份、㈢抵貨辦法案、（議决）除令各校同學勿購劣貨外、幷印發淺近抵貨傳單標語、㈣援救被捕同學案、（議决）（甲）派代表赴警廳請願、（乙）擬呈請願文、（丙）派代表赴各公團請求連名保釋、議畢散會、已鐘鳴五下矣、

各界抗争万县案·学联会之紧急会

本埠上海学联会，昨日召集紧急特别执行委员会讨论一切，计到有上海艺大、上海大学等五校，首由主席报告召集此次会议之意义，次开始讨论、议决要案如下：（一）通告各校举行运动周案，议决：通告各校举行运动周厉行抵货。在此期内，各校学生会应召集各级大小会议宣传万案。（二）印发传单案，议决：印发传单五万份。（三）抵货办法案，议决：除令各校同学勿购劣货外，并印发浅近抵货传单标语。（四）援救被捕同学案，议决：（甲）派代表赴警厅请愿；（乙）拟呈请愿文；（丙）派代表赴各公团请求联名保释。议毕散会，已钟鸣五下矣。

1926年10月6日第五版

昨日又有散發傳單者被捕

▲閘北 昨日下午、閘北四區境內各馬路、又有青年學生分組散發言詞激烈之傳單、被駐防陸軍第三營兵士當場捕獲十餘名、解入司令部收押候訊、又四區崗警亦拘獲上海大學學生陝西人張傳薪・四川人徐和雲・河南人張楠・和縣人任作浦・福建人陳炳炎・上海藝術大學學生汕頭人劉超英・暨南大學學生福建人馮毅夫・馮治平・復旦大學學生寧波人陳成志・天津南開大學學生山西人許畏憲・廣東小學教員王茀川等・等十一人、解經劉署長訊問之下、惟王茀川供初來上海、被崗警誤拘、其餘十人、均承認分發傳單不諱、判押候解送警廳核辦、

昨日又有散发传单者被捕・闸北

昨日下午，闸北四区境内各马路又有青年学生分组散发言词激烈之传单，被驻防陆军第三营兵士当场捕获十余名，解入司令部收押候讯。又四区岗警亦拘获上海大学学生陕西人张传薪、四川人徐和云、河南人张楠、和县人任作浦、福建人陈炳炎，上海艺术大学学生汕头人刘超英，暨南大学学生福建人冯毅夫、冯治平，复旦大学学生宁波人陈成志，天津南开大学学生山西人许畏宪，广东小学教员王茀川等等十一人，解经刘署长讯问之下，惟王茀川供初来上海被岗警误拘，其余十人，均承认分发传单不讳，判押候解送警厅核办。

1926 年 11 月 12 日第九版

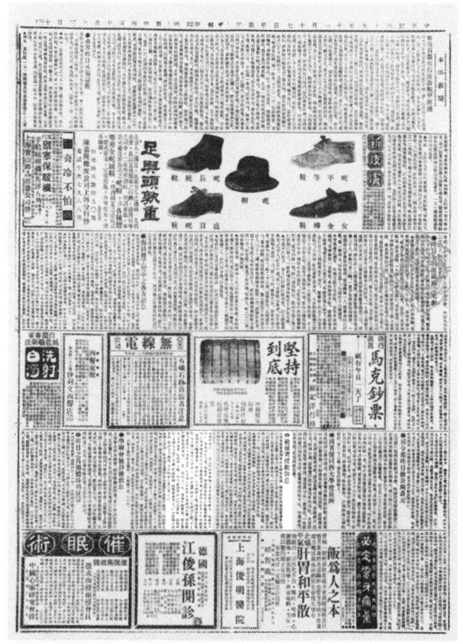

被捕者援救消息

●商總會函　上海各路商界總聯合會營救被捕學生、致總商會函云、筱庵會長大鑒、敬啟者　頃據敝會虹口六路商界聯合會函稱、該會會員可升煤號學徒徐本發、於本月九日下午出外提貨途遇友人囑發傳單、被四區二分所拘押未釋、轉請設法營救等因、又上海大學男生盧忠正、同日被押閘北共和路司令部、又上海大學附中女生張連新　於本月七日被押共和路司令部、次日解押閘北嘉湖會館第三營、查以上三人、俱屬年輕無知、受人愚弄、分發傳單、致被押未釋、今其家屬等函請代爲營救、情殊可憫、素仰先生德高望重、同深欽仰　務懇借重鼎言、代向當局分別營救、如得安全釋放　豈但敝會之幸已哉云云、

被捕者援救消息·商总会函

上海各路商界总联合会营救被捕学生致总商会函云：筱。庵会长大鉴，敬启者：顷据敝会虹口六路商界联合会函称，该会会员可升煤号学徒徐本发，于本月九日下午出外提货，途遇友人嘱发传单，被四区二分所拘押未释，转请设法营救等因。又上海大学男生卢忠正，同日被押闸北共和路司令部。又上海大学附中女生张连新，于本月七日被押共和路司令部，次日解押闸北嘉湖会馆第三营。查以上三人，俱属年轻无知，受人愚弄，分发传单，致被押未释。今其家属等函请代为营救，情殊可悯。素仰先生德高望重，同深钦仰，务恳借重鼎言，代向当局分别营救。如得安全释放，岂但敝会之幸已哉云云。

1926 年 11 月 17 日第十三版

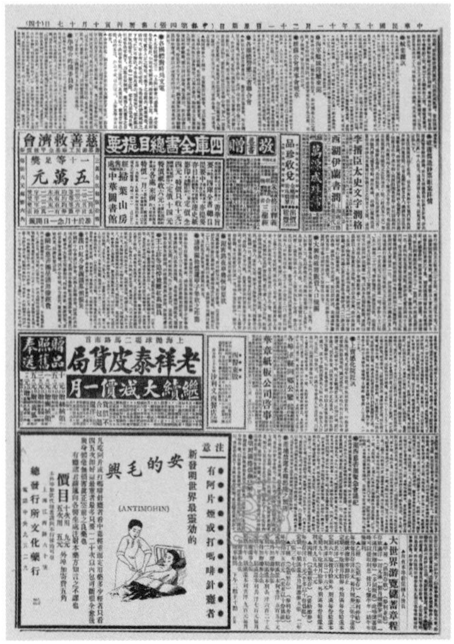

◉各團體對時局文電

▲上大魯同鄉會宣言　（上略）敝會均爲魯籍、身受奉魯軍之暴戾、如摧殘愛國運動、槍殺無辜人民、其種種慘狀、實令人言之髮指、其部下之白俄兵、更爲殘忍、足跡所至、草木皆兵、秋毫必犯、吾魯民犧牲於其鐵蹄之下者、已不可勝計、今竟秣馬厲兵、預備南下、從此蘇民將無噍類矣、當此千鈞一髮之際、惟有人民急起自衛、拒絕奉魯軍南下、乃能自解倒懸、獲得人民應享之自由、前次商總會所提三條辦法、甚爲扼切、敝會誓相追隨、目的未達、此志不渝、敬此宣言、上海大學山東同鄉會、

各团体对时局文电·上大鲁同乡会宣言

（上略）敝会均为鲁籍，身受奉鲁军之暴戾，如摧残爱国运动、枪杀无辜人民，其种种惨状实令人言之发指，其部下之白俄兵更为残忍，足迹所至，草木皆兵，秋毫必犯。吾鲁民牺牲于其铁蹄之下者，已不可胜计，今竟秣马厉兵，预备南下，从此苏民将无噍类矣。当此千钧一发之际，惟有人民急起自卫，拒绝奉鲁军南下，乃能自解倒悬，获得人民应享之自由。前次商总会所提三条办法，甚为扼切，敝会誓相追随，目的未达，此志不渝。敬此宣言。

上海大学山东同乡会

1926年11月21日第十四版

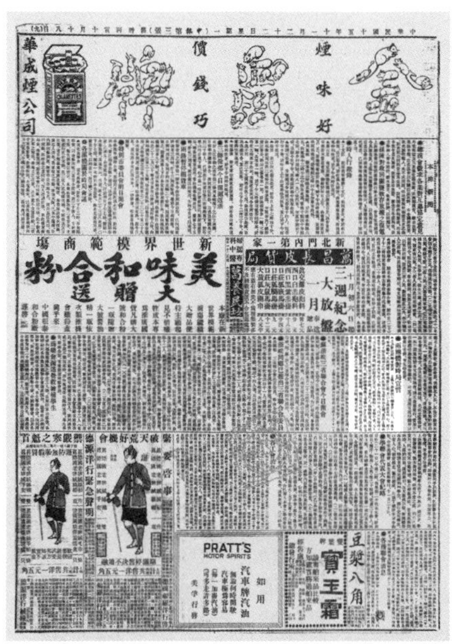

兩團體對時局宣言

▲上大浙江同鄉會宣言　上海大學浙江同鄉會宣言云、奉魯軍閥、乘機蠢動、大局轉移、遂趨重江浙、尤以上海爲其中心、際此南北雙方短兵相接之時、實我民奮起力圖自治之機、是以上海商總會等有主張拒絕奉魯軍南下、劃上海爲特別市、以市民管理市政、召集國民會議、解決國是之宣言、而蘇浙皖三省聯合會、又有根據主權在民之旨、要求三省自治、本會同人、籍隸浙省、份屬國民、愛國愛省、敢後他人、對於商總會與三省聯合會之主張、自是萬分贊成、但欲貫澈主張、空言無補、竊以爲此時欲求民治之實現、必先解除武人之軍權、深望各界同胞、奮起自圖、努力於斯、謹此宣言、

两团体对时局宣言·上大浙江同乡会宣言

上海大学浙江同乡会宣言云：奉鲁军阀乘机蠢动，大局转移，遂趋重江浙，尤以上海为其中心。际此南北双方短兵相接之时，实我民奋起力图自治之机，是以上海商总会等有主张拒绝奉、鲁军南下，划上海为特别市，以市民管理市政，召集国民会议，解决国是之宣言。而苏、浙、皖三省联合会，又有根据主权在民之旨，要求三省自治。本会同人，籍隶浙省，份属国民，爱国爱省，敢后他人？对于商总会与三省联合会之主张，自是万分赞成，但欲贯彻主张，空言无补，窃以为此时欲求民治之实现，必先解除武人之军权，深望各界同胞，奋起自图，努力于斯。谨此宣言。

1926年11月22日第九版

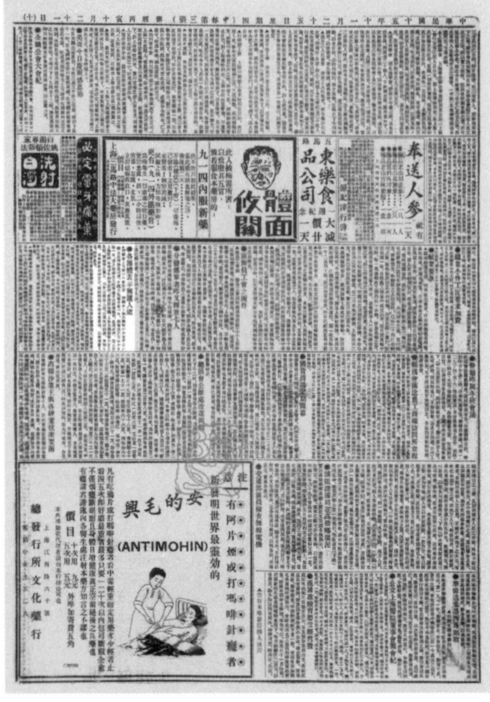

各團體表示擁護人道

◆濟難會上大附中分會宣言　濟難會上海大學附中分會宣言云、溯自民國刱造以還、軍閥之私鬬日甚一日、而吾民之生命亦日賤一日、遠之如南昌九江等處市民橫遭戮殺、血流成河、近之如上海杭州各地青年動受監禁、使囹圄爲滿、上海各團體痛生存之孔艱、慨淪胥之無日、乃宣言擁護人道、以冀挽回刼運、申明正義、本會對於此種宣言、竭誠擁護、所望軍事當局、以後尊重人道、則幸甚矣、

各团体表示拥护人道·济难会上大附中分会宣言

济难会上海大学附中分会宣言云：溯自民国创造以还，军阀之私斗日甚一日，而吾民之生命亦日贱一日，远之如南昌、九江等处市民横遭戮杀，血流成河，近之如上海、杭州各地青年动受监禁，使囹圄为满。上海各团体痛生存之孔艰，慨沦胥之无日，乃宣言拥护人道，以冀挽回劫运，申明正义。本会对于此种宣言竭诚拥护，所望军事当局，以后尊重人道，则幸甚矣。

1926 年 11 月 25 日第十版

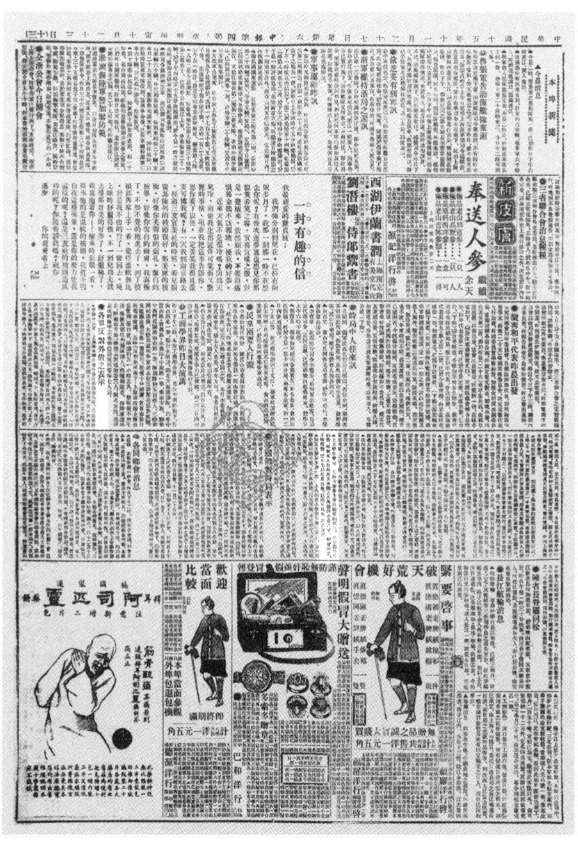

各界反對外債之表示

◀上大學生會電　上海大學學生會致顧維鈞電云、北京顧外長鈞鑒、報載英人有助奉系軍閥五百萬鎊討赤費之舉、敝會聞之、不勝憤慨、望先生以民意為重、以國家為重、拒絕簽字、

各界反对外债之表示·上大学生会电

上海大学学生会致顾维钧电云：北京顾外长均鉴，报载英人有助奉系军阀五百万镑讨赤费之举，敝会闻之，不胜愤慨，望先生以民意为重，以国家为重，拒绝签字。

1926 年 11 月 27 日第十三版

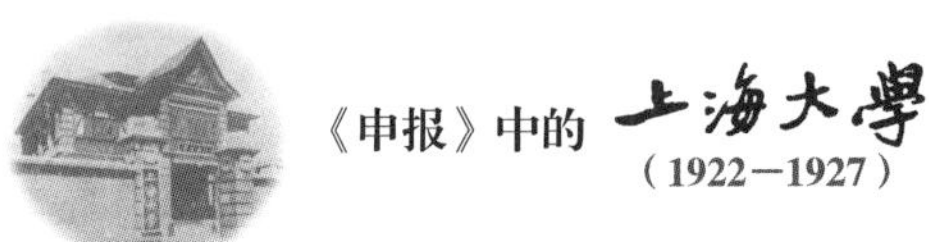

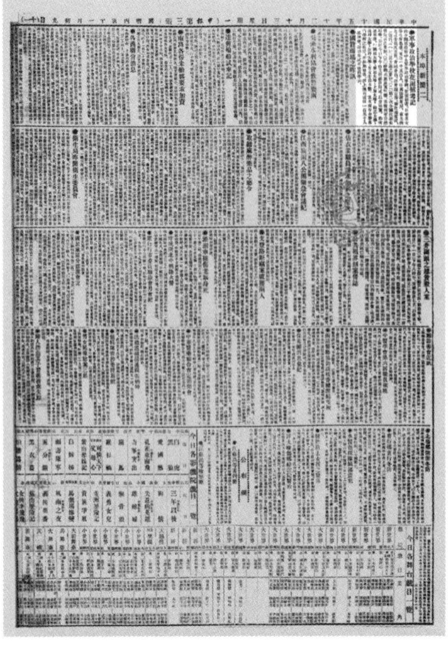

●軍事政治學校在滬招考記

此次國民政府中央軍事政治學校、在滬招考、日來男女學生報名者、竟達一千五百人、昨爲該校考期、首先由考試委員沈主任、會同各員、將考題宣佈、即在場監試、其題目、(一)三民主義之要旨、(二)第二次全國代表大會宣言之要點、(三)歐戰起原及其影響、其餘尚有自然科學、須在今日下午由主任親自口試、以資愼重、此次應考者、以國民大學・羣治大學・上海大學・持志大學・商科大學・法科大學・男女生爲多數、其次尚有中學專門學校之教授、亦參加投考、但上海初試錄一百五十人抵漢後、尚須覆試其他科學云、

军事政治学校在沪招考记

此次国民政府中央军事政治学校在沪招考，日来男女学生报名者，竟达一千五百人。昨为该校考期，首先由考试委员沈主任会同各员将考题宣布，即在场监试。其题目：（一）三民主义之要旨；（二）第二次全国代表大会宣言之要点；（三）欧战起原及其影响。其余尚有自然科学，须在今日下午由主任亲自口试，以资慎重。此次应考者，以国民大学、群治大学、上海大学、持志大学、商科大学、法科大学男女生为多数，其次尚有中学专门学校之教授，亦参加投考。但上海初试录一百五十人，抵汉后，尚须复试其他科学云。

1926 年 12 月 13 日第十一版

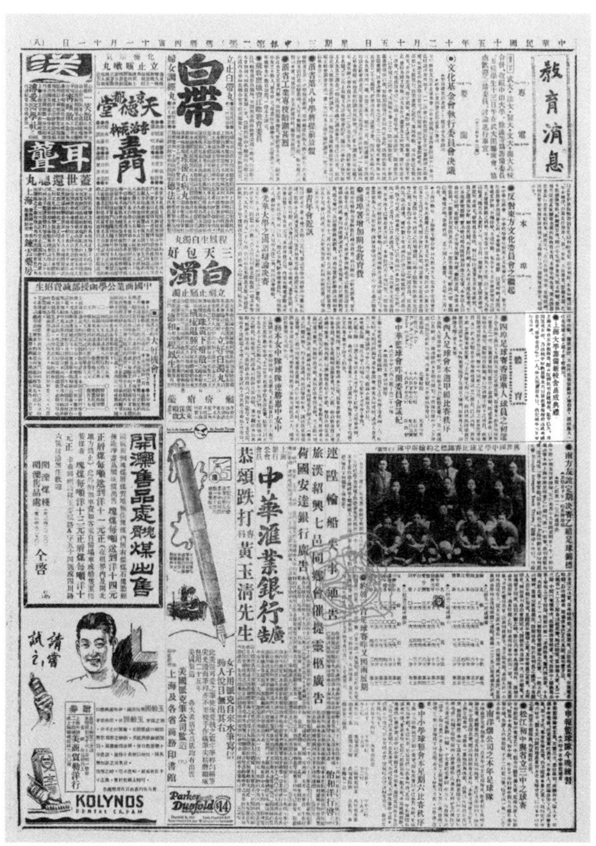

◉上海大學籌備新校舍落成典禮

上海大學自五卅被封後、即在江灣估地自建校舍、迄今已久、現因落成在即、乃由校中職教員學生共同發起籌備校舍落成典禮委員會、推舉委員二十一人、分五部籌劃進行、決定明年元旦舉行落成禮、

上海大学筹备新校舍落成典礼

上海大学自五卅被封后，即在江湾估地自建校舍，迄今已久。现因落成在即，乃由校中职教员学生共同发起筹备校舍落成典礼委员会。惟举委员二十一人，分五部筹划进行，决定明年元旦举行落成礼。

1926 年 12 月 15 日第八版

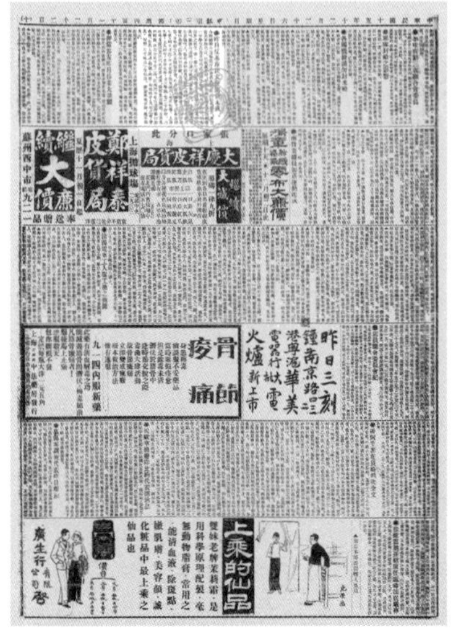

昨日反基市民大会开会未成

各团体联合筹备之反基市民大会，昨因时局严重，军警当局不加允许，致未能举行。惟昨日南北市及英法租界均有学生散发各种形式不同之传单，约有五六种。闸北法界之教堂，亦有学生进内散发非基同盟之“告基督徒书”，并举行讲演，均谨守秩序，并无冲突。各马路之电杆及墙壁上贴有各种颜色不同之标语，如：（一）华人教徒觉悟起来；（二）收回教育权；（三）援助教会学校之自由争斗等。各学校之非基同盟分会，昨亦纷纷开会，计有法科大会、同文书院、复旦大学、复旦附中、南洋大学、上海大学、上大附中、光华大学、立达学园等二十余校，均由非基总同盟派代表出席讲演，情形异常热烈。又非基总同盟决于今日下午二时，在西门少年宣讲团举行游艺会，有名人演讲、唱歌、跳舞、葡萄仙子、月明之夜、双簧、短剧“教堂风波”等节目，欢迎来宾参加，概不取费云。

1926年12月26日第十版

THE SHUN PAO
申報
東方聲明
訃不週
義記洋行遷移通告
大華通信社遷移啓事
先施公司冬季大减價廿一天
上海永安公司冬季大减價廿一天
新新公司一週紀念大减價廿一天

上海大學校舍落成典禮籌備處啓事
復旦大學中學部招生
上海南方大學法科招生
華華學校暨夜校
上海大學招生
南洋高級商業學校招生
大同大學招考
中國公學大學部科招生
上海民立中學校招生
文治學院招考
持志大學暨中學部招生
世界百科全書
鴻基煤
中華煤球公司聲明
古玩贈品廣告
北洋
利濟
義大利慈善券

上海大學校舍落成典禮籌備處啓事

敝校草創之初原係假屋而居五卅案起横遭封閉不忍弦歌聲輟遂籌自建黌宇一年以來邪許交呼醵資鳩工幸覩厥成原定一月一日舉行典禮並開遊藝大會藉娛來賓聊伸慶意嗣以他種關係不得已而延期深恐各界未知屆期轉勞跋涉用特聲告并致歉忱

上海大学校舍落成典礼筹备处启事

敝校草创之初，原系假屋而居，五卅案起，横遭封闭，不忍弦歌声辍，遂筹自建黉宇。一年以来，邪许交呼，醵资鸠工，幸观厥成。原定一月一日举行典礼并开游艺大会，藉娱来宾，聊伸庆意。嗣以他种关系不得已而延期，深恐各界未知，届期转劳跋涉，用特声告并致歉忱。

1926 年 12 月 27 日第一版、29 日第三版

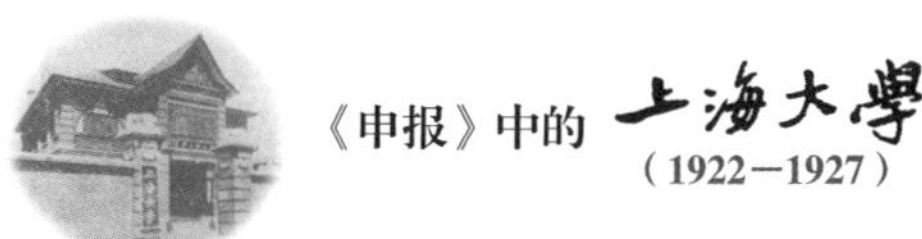

上海大學招生

（級次）本大學文藝院中國文學系英文學系社會科學院社會學系一二三年級均添招插班生（資格）（一）曾在大學年修所考學系滿半年一年半或兩年半者（二）確有相當程度者（報名）自登報日起至考試日止隨帶四寸最近半身照片一張修業證書一紙試驗費兩元向本大學學務處註冊課報名（考期及地點）第一次一月七日上午九時起連試兩日試場在上海閘北青雲路本校臨時校舍第二次二月二十六日上午九時起連試兩日試場在江灣本校新築校舍函索詳章附郵票四分

上海大學

4485A 戌

上海大学招生

级次：本大学文艺院中国文学系、英文学系，社会科学院社会学系一、二、三年级，均添招插班生。资格：（一）曾在大学年修所考学系满半年、一年半或两年半者；（二）确有相当程度者。报名：自登报日起至考试日止。随带四寸最近半身照片一张、修业证书一纸、试验费两元，向本大学学务处注册课报名。考期及地点：第一次，一月七日上午九时起，连试两日，试场在上海闸北青云路本校临时校舍；第二次，二月二十六日上午九时起，连试两日，试场在江湾本校新筑校舍。函索详章，附邮票四分。

上海大学

1926 年 12 月 29 日第三版

1927 年

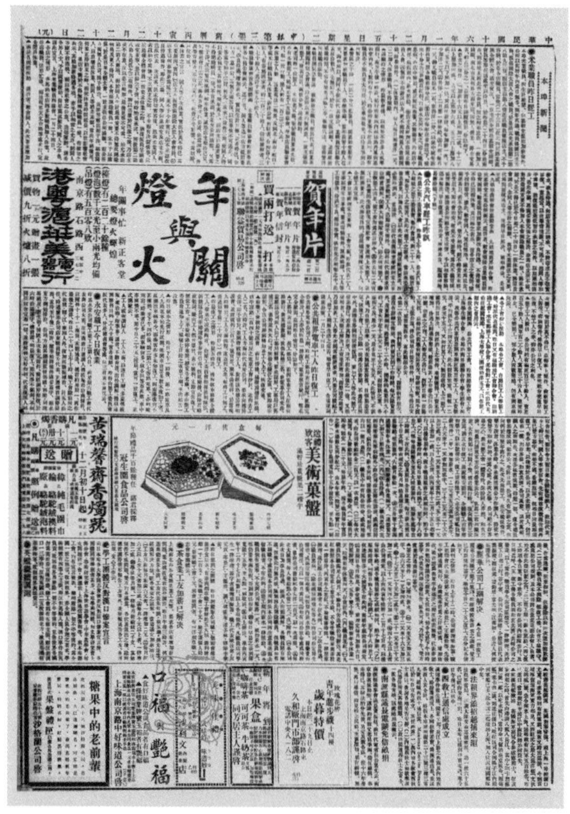

公共汽車罷工昨訊

▲各工會紛紛援助　本埠各工會、自聞該工人等罷工後、紛派代表慰問、昨日又有楊樹浦工會聯合會・印刷總工會・水電郵務工人聯合會・老怡和工會・派出代表、前往慰問勉勵、上海大學校工團援助洋五元、以作罷工期內之費用云、

公共汽车罢工昨讯·各工会纷纷援助

本埠各工会，自闻该工人等罢工后，纷派代表慰问。昨日又有杨树浦工会联合会、印刷总工会、水电邮务工人联合会、老怡和工会派出代表，前往慰问勉励。上海大学校工团援助洋五元，以作罢工期内之费用云。

1927 年 1 月 25 日第九版

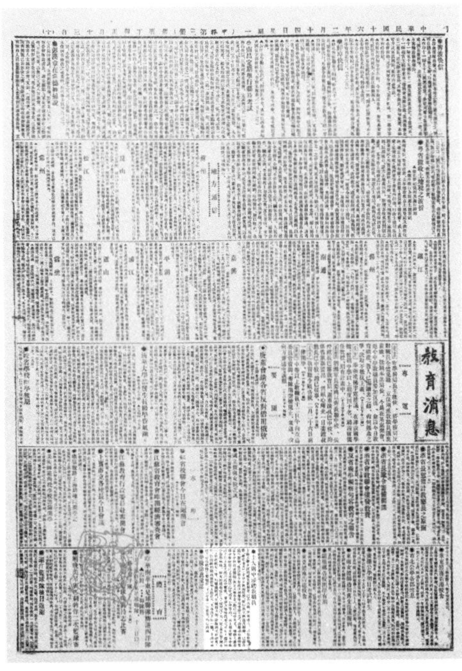

●上大附中添聘教職員

上海大學在江灣建築新校舍、已告落成、準備遷入、該校附屬中學、准定本月二十日在新校開學、原任英文教員沈觀瀾、已派往國外留學、張崇德亦有派往湘粵等地考察之說、故擬請前蘇州樂益女中教員侯紹綸(復旦大學畢業)擔任高中英文、增聘天津南開中學教員汪志青擔任高中國文心理等科、前上海景賢女中教務主任王芝九擔任高中歷史、東南大學學員蔡文星女士擔任初中數學兩班、原有教員如張作人・楊賢江・馮三昧・黃文容・陳貴三・吳庶恬女士等、均繼續聘請、至職員方面、除教務主任訓育主任、仍由鍾伯庸高爾柏兩人擔任外、其事務主任一職、業由侯校務主任改聘陸宗贄繼任、又該中學一切費用、均行酌減

上大附中添聘教职员

上海大学在江湾建筑新校舍，已告落成，准备迁入。该校附属中学准定本月二十日在新校开学，原任英文教员沈观澜已派往国外留学，张崇德亦有派往湘粤等地考察之说，故拟请前苏州乐益女中教员侯绍纶（复旦大学毕业）担任高中英文，增聘天津南开中学教员汪志青担任高中国文、心理等科，前上海景贤女中教务主任王芝九担任高中历史，东南大学学员蔡文星女士担任初中数学两班。原有教员如张作人、杨贤江、冯三昧、黄文容、陈贵三、吴庶恬女士等均继续聘请，至职员方面，除教务主任、训育主任仍由钟伯庸、高尔柏两人担任外，其事务主任一职，业由侯校务主任改聘陆宗贽继任。又该中学一切费用，均行酌减。

1927年2月14日第十版

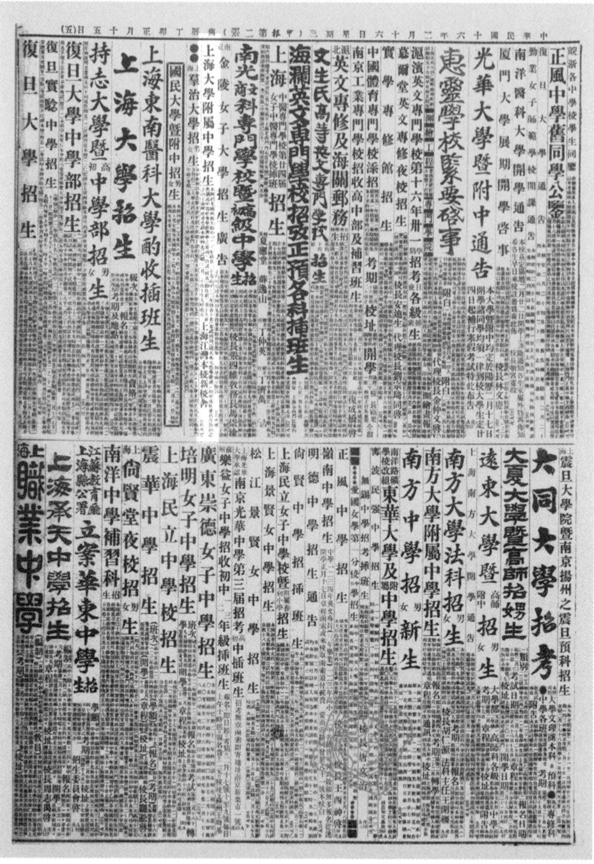

上海大學附屬中學招生

本校招考插班新生初中一二三年級各二十名高中一二年級各十名（考試科目）國文英文數學常識（初中爲社會科自然科之常識高中爲社會學經濟學之常識）口試（報名）即日起二月十九日止向上海閘北青雲路本校報名（試期）二月二十日上午九時起在上海江灣本校新校舍

上海大学附属中学招生

本校招考插班新生。初中一、二、三年级各二十名，高中一、二年级各十名。考试科目：国文、英文、数学、常识（初中为社会科、自然科之常识，高中为社会学、经济学之常识），口试。报名：即日起二月十九日止，向上海闸北青云路本校报名。试期：二月二十日上午九时起在上海江湾本校新校舍。

1927 年 2 月 16 日第五版

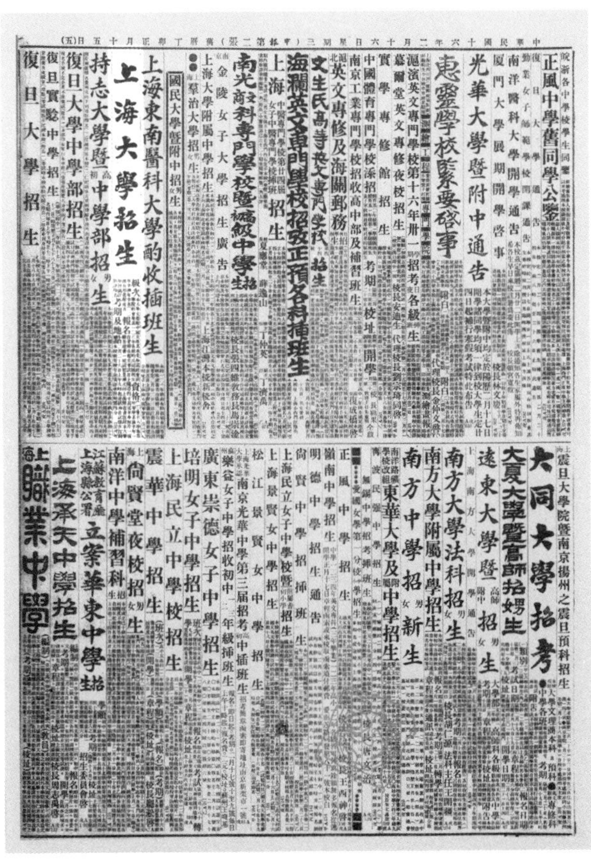

光華大學暨附中通告

惠靈學校緊要啓事

海瀾英文專門學校招考正預各科插班生

南光商科專門學校暨補習中學招生

上海大學招生

持志大學暨中學部招生

復旦大學中學部招生

復旦大學招生

大同大學招考

南方中學招新生

東華大學及附中學招生

上海大學招生

級次 資格 報名 考期及地點

上海大学招生

级次：本大学文艺院中国文学系、英文学系，社会科学院社会学系一、二、三年级，均添招插班生。资格：（一）曾在大学专修所考学系满半年、一年半、两年半者；（二）确有相当程度者。报名：自登报日起至考试日止。随带四寸最近半身照片一张、修业证书一纸、试验费两元，向上海闸北青云路本大学学务处注册课报名。考期及地点：二月二十六日上午九时起，连试两日，试场在江湾本校新筑校舍。函索详章，附邮票四分。

上海大学

1927 年 2 月 16 日第五版

上海大學開學通告

本校大學部定於三月一日中學部定於二月二十日在江灣上士路新築校舍開學凡我同學務於開學日前到學務處註冊課報到

行政委員會

戊A409

上海大學招生

級次 本大學文藝院中國文學系英文學系社會科學院社會學系一二三年各級均添招插班生 **資格**（一）曾在大學專修所考學系滿半年一年半兩年半者（二）確有相當程度者 **報名** 自登報日起至考試日止隨帶四寸最近半身照片一張修業證書一紙試驗費兩元向上海閘北青雲路本大學學務處註冊報名 **考期及地點** 二月二十六日上午九時起連試兩日試場在江灣本校新築校舍函索詳章附郵票四分

戊A931

上海大學附屬中學招生

本校招考插班新生初中一二三年級各二十名高中一二年級各十名（考試科目）國文英文數學常識（初中爲社會科自然科之常識高中爲社會學經濟學之常識）口試（報名）即日起至二月十九日止向上海閘北青雲路本校報名（試期）二月二十日上午九時起在**上海江灣本校新校舍**

戊A202

上海大学开学通告

本校大学部定于三月一日、中学部定于二月二十日，在江湾上士路新筑校舍开学，凡我同学务于开学日前到学务处注册课报到。

行政委员会

1927 年 2 月 18 日第三版

上海大学招生

级次：本大学文艺院中国文学系、英文学系，社会科学院社会学系一、二、三年级，均添招插班生。资格：（一）曾在大学专修所考学系满半年、一年半、两年半者；（二）确有相当程度者。报名：自登报日起至考试日止。随带四寸最近半身照片一张、修业证书一纸、试验费两元，向上海闸北青云路本大学学务处注册课报名。考期及地点：二月二十六日上午九时起，连试两日，试场在江湾本校新筑校舍。函索详章，附邮票四分。

上海大学

1927 年 2 月 18 日第三版

上海大学附属中学招生

本校招考插班新生。初中一、二、三年级各二十名，高中一、二年级各十名。考试科目：国文、英文、数学、常识（初中为社会科、自然科之常识，高中为社会学、经济学之常识），口试。报名：即日起二月十九日止，向上海闸北青云路本校报名。试期：二月二十日上午九时起在上海江湾本校新校舍。

1927 年 2 月 18 日第三版

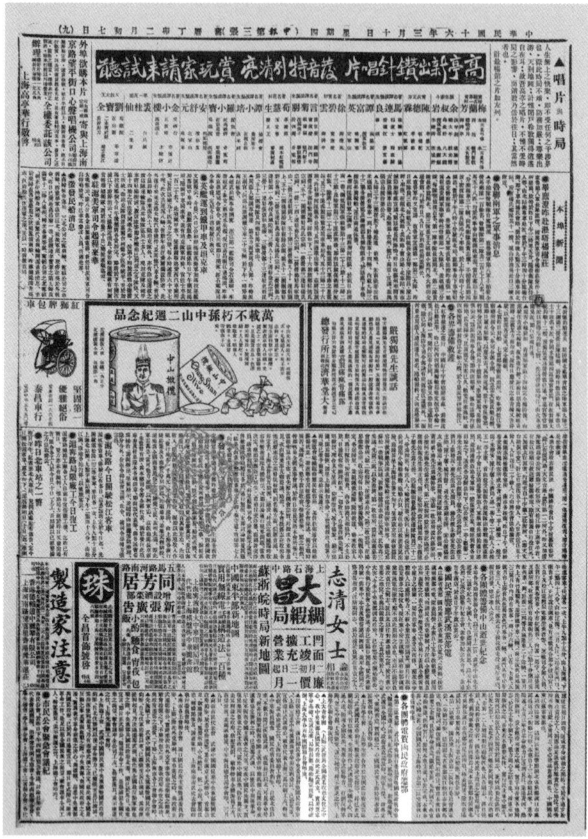

◉各團體電賀國民政府遷鄂

▲上大青年團　（上略）武漢爲全國產業政治文化之中心、我中央黨部及國民政府在此正式成立、實足奠定革命基礎、電訊迭來、曷勝鼓舞、用特馳電致慶、以抒誠悃、上海大學各青年團體聯合會叩庚、

各团体电贺国民政府迁鄂·上大青年团

（上略）武汉为全国产业政治文化之中心，我中央党部及国民政府在此正式成立，实足奠定革命基础。电讯迭来，曷胜鼓舞，用特驰电致庆，以抒诚悃。

上海大学各青年团体联合会叩 庚

1927 年 3 月 10 日第九版

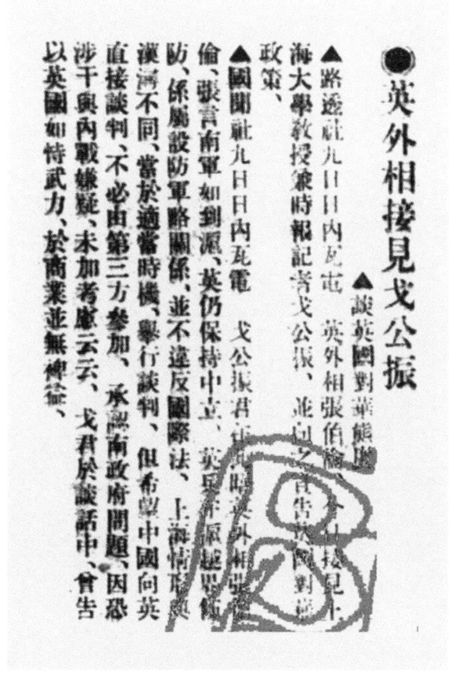

●英外相接見戈公振 ▲談英國對華態度

▲路透社九日日內瓦電　英外相張伯倫、今日接見上海大學教授兼時報記者戈公振、並向之宣告英國對華政策、

▲國聞社九日日內瓦電　戈公振君在此晤英外相張伯倫、張言南軍如到滬、英仍保持中立、英兵在滬越界佈防、係屬設防軍略關係、並不違反國際法、上海情形與漢潯不同、當於適當時機、舉行談判、但希望中國向英直接談判、不必由第三方參加、承認南政府問題、因恐涉干與內戰嫌疑、未加考慮云云、戈君於談話中、曾告以英國如恃武力、於商業並無裨益、

英外相接见戈公振 · 谈英国对华态度

路透社九日日内瓦电　英外相张伯伦，今日接见上海大学教授兼《时报》记者戈公振，并向之宣告英国对华政策。

国闻社九日日内瓦电　戈公振君在此晤英外相张伯伦，张言南军如到沪，英仍保持中立，英兵在沪越界布防，系属设防军略关系，并不违反国际法。上海情形与汉浔不同，当于适当时机举行谈判，但希望中国向英直接谈判，不必由第三方参加，承认南政府问题，因恐涉干与内战嫌疑，未加考虑云云。戈君于谈话中，曾告以英国如恃武力，于商业并无裨益。

1927 年 3 月 11 日第六版

國立政治大學上課通告
上海大學通告
伯特利中學繼續開課
寶山縣立開課通告
國立暨南學校開課通告
南方大學通告
持志大學暨初高中部開課并擴充學額通告
寧波茅氏創譜
中華書局附設函授學校英文科六級全開
四部叢刊
商務印書館發行
教育雜誌
光華大學暨附中緊要通告
南洋高級商業學校通告
中華藝大遷移開學通告
上海美術專門學校開學
國民大學暨附中續招生
三銀行式房屋招租
標賣惠利輪船
博覽會基金證券發行公告
博覽會基金證
江蘇第二監獄敬謝
蕪湖安徽銀行廣告
浙江興業銀行儲蓄部
中華懋業銀行廣告
中南銀行
大陸銀行
金城銀行
鹽業銀行

上海大學通告

本大學行政委員會議決（一）自三月十五日起大學中學新舊學生應一律到江灣新校註册繳費（二）十六日起考試二期新生（三）二十日正式授課此告

上海大学通告

本大学行政委员会议决：（一）自三月十五日起，大学、中学新旧学生应一律到江湾新校注册缴费；（二）十六日起考试二期新生；（三）二十日正式授课。此告。

1927 年 3 月 13 日第三版

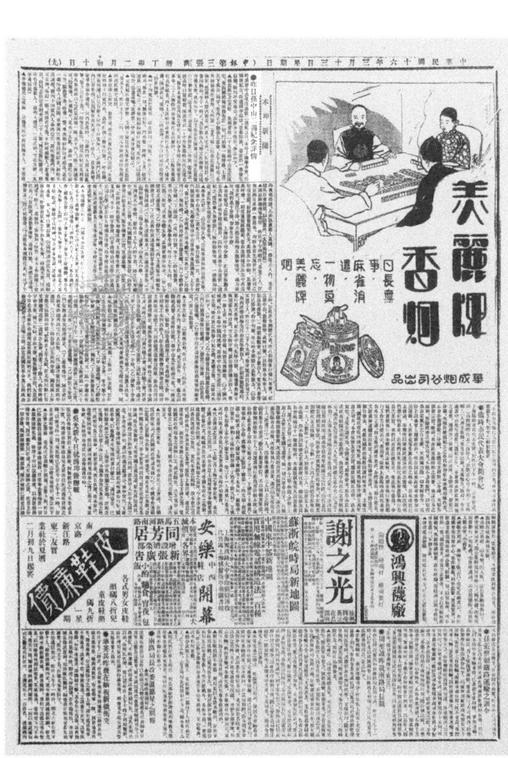

●昨日孫中山二週紀念詳情
▲各地團體之紀念 ㈠閘北市民大會、昨日下午五時、閘北各工商學團體、發起之中山紀念大會、於大雨泞泥中、在青雲路空地舉行、到會約五千人、工界有商務工會・郵務公會・彩印工會・電氣工會等十餘團體、學界有上海大學・上大附中・藝術大學等十餘校、當推某君爲主席、略謂、繼續中山精神、努力革命等語、遂通過宣言與通電一束、大呼口號而散、

昨日孙中山二周纪念详情·各地团体之纪念·闸北市民大会

昨日下午五时，闸北各工商学团体发起之中山纪念大会，于大雨泞泥中，在青云路空地举行，到会约五千人。工界有商务工会、邮务公会、彩印工会、电气工会等十余团体，学界有上海大学、上大附中、艺术大学等十余校。当推某君为主席，略谓：继续中山精神，努力革命等语。遂通过宣言与通电一束，大呼口号而散。

1927 年 3 月 13 日第九版

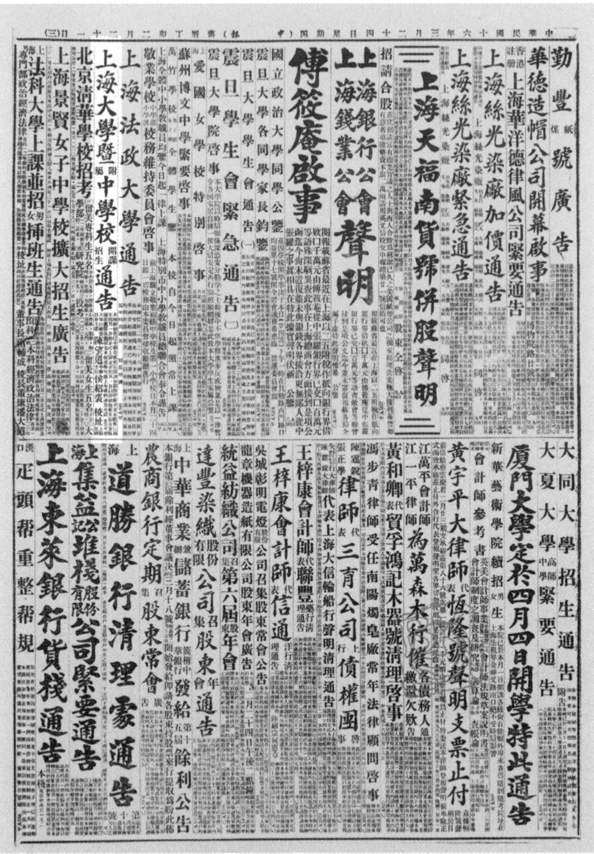
中華民國十六年三月二十四日 星期四 申報 （三）

勤豐號廣告
華德造帽公司開幕啟事
上海華洋德律風公司緊要通告
上海絲光染廠加價通告
上海絲光染廠緊急通告
上海天福南貨鞋併股聲明
上海銀行公會 上海錢業公會 聲明
傅筱庵啟事
國立政治大學同學公鑒
震旦大學各同學家長鈞鑒
震旦大學學生會通告（一）
震旦大學學生會緊急通告（二）
上海愛國女學校特別啟事
蘇州博文中學緊要啟事
敬業學校校務維持委員會啟事
上海法政大學通告
上海大學暨附屬中學校開課招生通告
北京清華學校招考
上海景賢女子中學校擴大招生廣告
上海法科大學上課並招插班生通告
大同大學招生通告
大夏大學中學緊要通告
廈門大學定於四月四日開學特此通告
新華藝術學院續招
黃宇平大律師代表恆隆號聲明支票止付
江一平律師為萬森木行催繳欠款
黃和卿代表賀孚鴻記木器號清理啟事
馮步青律師受任南陽燭皂廠常年法律顧問啟事
陳霆銳律師代表三有公司債權團
王梓康會計師代表聯豐通告
統益紡織公司第六屆年會
達豐染織股份有限公司召股東年會通告
農商銀行定期股東常會
上海道勝銀行清理處通告
上海集益堆棧股份有限公司緊要通告
上海東萊銀行貨棧通告
漢正頭帮重整帮規

上海大學暨附屬中學校開課招生通告

本校新校舍已全部告成前定開課日期因準備不及未能實行刻定四月一日起正式上課並在四月一日以前招收新生如各省縣國民黨部保送同志來校求學可照上年成例准其免試

大學行政委員會主席陳望道 中學主任侯紹裘 校址上海江灣

上海大学暨附属中学校开课招生通告

本校新校舍已全部告成，前定开课日期因准备不及，未能实行。刻定四月一日起正式上课，并在四月一日以前招收新生，如各省县国民党部保送同志来校求学，可照上年成例准其免试。

大学行政委员会主席　陈望道

中学主任　侯绍裘

校址　上海江湾

1927 年 3 月 24 日第三版

●學聯會自動啓封

上海學生聯合會、爲偉大民衆團體之一、去年爲軍閥封閉、現上海政治局面已變、連日各校學生、紛請自動啓封、昨日上午九時、上海大學學生會、率同該校學生軍、會合閘北各校學生數百人、至中華新路順成里該會被封啓地址、自動啓封、啓封後、因學生聯合會辦事職員遠在南市、一時不能到會、清理一切文件、當由啓封時之學生公擁劉竹賢等二人代爲辦理、

学联会自动启封

上海学生联合会为伟大民众团体之一，去年为军阀封闭，现上海政治局面已变，连日各校学生纷请自动启封。昨日上午九时，上海大学学生会率同该校学生军会合闸北各校学生数百人，至中华新路顺成里该会被封启地址，自动启封。启封后，因学生联合会办事职员远在南市，一时不能到会，清理一切文件，当由启封时之学生公拥刘竹贤等二人代为办理。

1927 年 3 月 25 日第九版

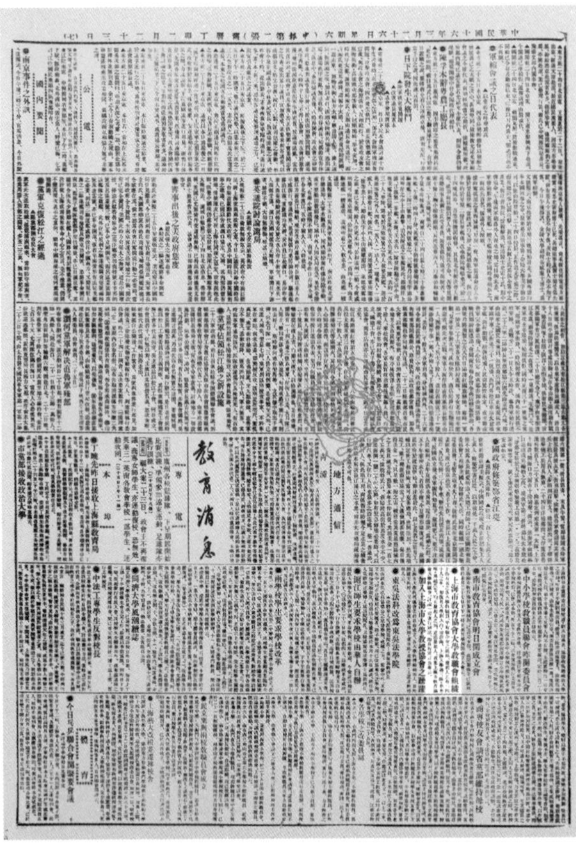

上海市教育協會大學教職會組織

上海有名之各大學教職員、早有聯合會之組織、發起人共有三四十人之多、如復旦大學劉大白·徐蔚南、上海大學馮三昧·蔡慕暉·周越然等、均在發起人之列、近由發起人、召集上海市教育協會大學教職會、討論一切進行辦法、即日有宣言公布云、

上海市教育协会大学教职会组织

上海有名之各大学教职员，早有联合会之组织，发起人共有三四十人之多，如复旦大学刘大白、徐蔚南，上海大学冯三昧、蔡慕晖、周越然等，均在发起人之列。近由发起人召集上海市教育协会大学教职会，讨论一切进行办法，即日有宣言公布云。

1927 年 3 月 26 日第七版

●民衆慰勞北伐軍

▲上海大學　本埠上海大學學生師生慰勞北伐軍詳情、錄之如次、「第一」二次三月二十二日、閘北一帶之魯軍、已完全肅清、該校師生、即於二十三日上午、派陳望道・劉大白・兩君携帶定製之紀念蛋糕等物、前往龍華慰勞北伐軍、當由國民革命軍前敵總指揮參謀接見、相晤之下、甚爲歡洽、同日下午、又派馮三昧・鍾伯庸・兩君携帶水菓、往龍華作第二次之慰勞、兩君以時間已晚、祇與副官晤談片刻而返、「第三次」二十四日該校與景賢女校師生在青雲路開歡迎北伐軍大會後、携帶定製之紀念手帕及食品等物、全體往共和路第一師司令部慰勞、由師長親自出見、態度莊重、話意懇摯、該校師生隨推陳望道・李春暐・兩君致歡迎詞、約經一小時後、離司令部返抵北站而散、「第四次」二十五日下午、該校學生及景賢女中、又全體集合於北站、赴龍華慰勞、後因租界不能通過、遂派代表多人、携帶牛肉餅乾及紀念手帕等物前往、適總指揮因事不能出見、即由副官代達謝意、並相互勗勉嘆勸之辭、

民众慰劳北伐军·上海大学

本埠上海大学学生师生慰劳北伐军详情录之如次。第一、二次：三月二十二日，闸北一带之鲁军已完全肃清，该校师生即于二十三日上午，派陈望道、刘大白两君携带定制之纪念蛋糕等物，前往龙华慰劳北伐军。当由国民革命军前敌总指挥参谋接见。相晤之下，甚为欢洽。同日下午，又派冯三昧、钟伯庸两君携带水果，往龙华作第二次之慰劳。两君以时间已晚，只与副官晤谈片刻而返。第三次：二十四日，该校与景贤女校师生在青云路开欢迎北伐军大会后，携带定制之纪念手帕及食品等物，全体往共和路第一师司令部慰劳。由师长亲自出见，态度庄重，话意恳挚。该校师生随推陈望道、李春鍏两君致欢迎词。约经一小时后，离司令部返抵北站而散。第四次：二十五日下午，该校学生及景贤女中又全体集合于北站，赴龙华慰劳，后因租界不能通过，遂派代表多人，携带牛肉饼干及纪念手帕等物而往。适总指挥因事不能出见，即由副官代达谢意，并相互勖勉奖励之辞。

1927 年 3 月 27 日第十一版

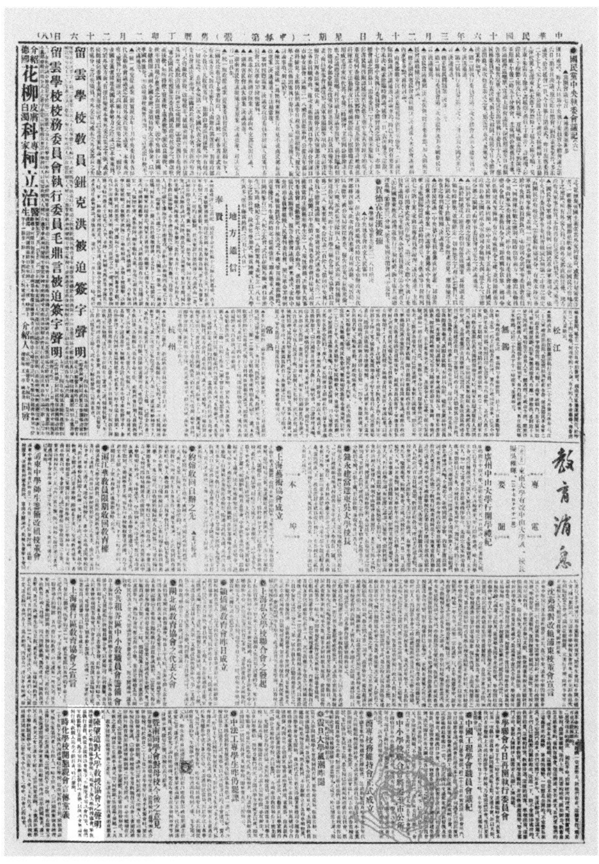

◉陳望道對大學教授協會之聲明

陳望道對於大學教授協會聲明云、報載上海大學教授協會舉我爲執行委員、我從未接得該會隻字、亦絲毫不知該會內容、他們舉我爲執行委員、我不知到底應該執行些甚麽、以後該會無論有何行動、我個人完全不能負責、特此聲明、

陈望道对大学教授协会之声明

陈望道对于大学教授协会声明云：报载上海大学教授协会举我为执行委员，我从未接得该会只字，亦丝毫不知该会内容。他们举我为执行委员，我不知到底应该执行些甚么，以后该会无论有何行动，我个人完全不能负责。特此声明。

1927年3月29日第八版

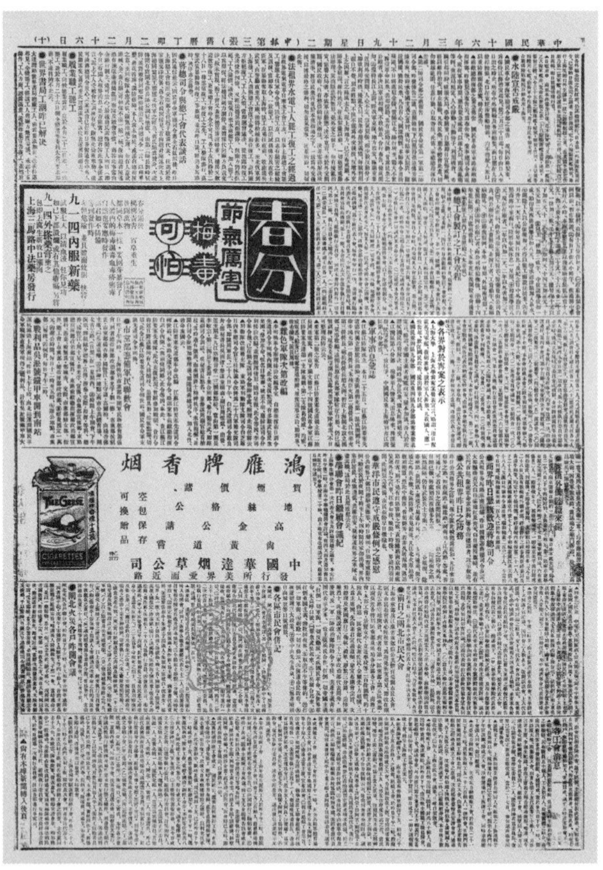

◉各界對於寗案之表示

▲上海大學　上海大學爲寗案發表宣言、略謂、連日報載英美軍艦、發砲轟擊、被殺華人甚衆、凡我國人、應一致奮起、敦促國民政府、提出嚴重抗議、

各界对于宁案之表示·上海大学

上海大学为宁案发表宣言，略谓：连日报载英美军舰发炮轰击，被杀华人甚众，凡我国人，应一致奋起，敦促国民政府，提出严重抗议。

1927 年 3 月 29 日第十版

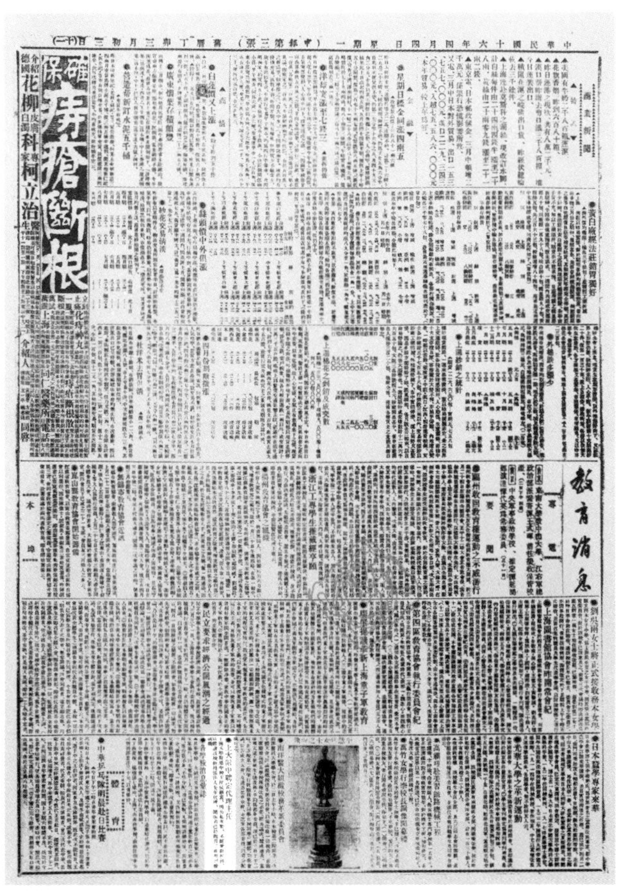

中華民國十六年四月四日 星期一 （申報第三張） 舊曆丁卯三月初三日 （十一）

保證痔瘡斷根

教育消息

●上大附中聘定代理主任

上海大學附屬中校主任侯紹裘、因公私事繁、不能兼顧校務、特聘請該校教員張作人先生代理、聞張君已於四月二日起到校就職

上大附中聘定代理主任

上海大学附属中校主任侯绍裘因公私事繁，不能兼顾校务，特聘请该校教员张作人先生代理。闻张君已于四月二日起到校就职。

1927 年 4 月 4 日第十一版

●市民代表會第五次大會紀

昨日(三日)上午十時、上海臨時市民代表會議在新舞台開第五次大會、到會者商界有總商會・縣商會・各路商界總聯會・閘北商會等、工界有上海總工會・手工業總工會・店員總會・等、學界有學生聯合會・南洋大學・中法學校・大夏大學・上海大學・等、共八百餘職業團體代表出席者三千餘人、十時宣佈開會、㈠公推主席團、公推工界汪壽華、商界王曉籟・學界何洛・三人爲主席團、㈡全體起立、恭讀遺囑、㈢主席請市政府秘書長林鈞報告、略謂、市政府委員就職以來、民衆自動接收機關之呈報、及呈請派員接收機關之公文、請求懲戒劣紳土豪、解決學校糾紛等等、紛至沓來、而市政府各委員因就職時接了蔣總司令暫緩辦公的信後、未能積極進行云云、㈣市政府行使職權問題、全體表示擁護市政府、促政府委員即日行使職權、誓爲後盾、討論結果、(甲)用代表大會名義、電國民政府、請其即日電飭上海市政府委員、立即實行辦公、(乙)函請蔣總司令擁護民主的市政府、(丙)通電全國、㈤政府委員辭職問題、全體代表一致主張楊委員因病辭職挽留、謝鄭二委員辭職、無正當理由、准予辭職、㈥市政府委員補選案、由市政府秘書長報告、由執行委員提出之候選人王一亭・顧馨一・趙南公・王延松・孟心史・宋子文・陳友仁・葉惠鈞・等八人、並介紹八人歷史、由主席用反正表决法、先行推出葉惠鈞・王延松・趙南公・孟心史・四人爲决選人、付表决、結果、葉惠鈞・趙南公・二人當選、葉得三百六十二票、趙得一百九十五票、㈦臨時動議、先王曉籟李泊之發言、略謂吾人處茲時代、當大家選了三民主義奮力進行、尤希望各界同志、極力擁護民主的市政府、用打走直魯匪軍的精神、打倒一切反動份子、全場歡呼拍掌、各代表復紛紛提出問題討論、結果、㈠市政府委員不准請假及辭職、㈡杭州總工會事件、須電請國民政府懲辦搗亂份子、且請蔣總司令報告杭州總工會事件的經過情形、㈢反動派之機關報江南晚報造謠挑撥、離間黨務、除宣告民衆不閱外、應請市政府轉飭臨時法院立予封閉、㈣市政府須速立自衛團、㈤用代表會議名義、請北伐軍速北渡殲滅直魯軍及孫逆殘部、㈥租界當局嚴重交涉、請速撤海陸外兵拆除鐵絲網、㈦房租減價、須由市政府負責辦理云云、迨主席宣告散會、已十二點鐘矣、

市民代表会第五次大会纪

昨日（三日）上午十时，上海临时市民代表会议在新舞台开第五次大会，到会者商界有总商会、县商会、各路商界总联会、闸北商会等，工界有上海总工会、手工业总工会、店员总会等，学界有学生联合会、南洋大学、

中法学校、大夏大学、上海大学等，共八百余职业团体代表出席者三千余人。十时宣布开会。（一）公推主席团。公推工界汪寿华、商界王晓籁、学界何洛三人为主席团。（二）全体起立，恭读遗嘱。（三）主席请市政府秘书长林钧报告。略谓：市政府委员就职以来，民众自动接收机关之呈报，及呈请派员接收机关之公文，请求惩戒劣绅土豪，解决学校纠纷等等，纷至沓来。而市政府各委员因就职时接了蒋总司令暂缓办公的信后，未能积极进行云云。（四）市政府行使职权问题。全体表示拥护市政府，促政府委员即日行使职权，誓为后盾。讨论结果：（甲）用代表大会名义，电国民政府，请其即日电饬上海市政府委员，立即实行办公；（乙）函请蒋总司令拥护民主的市政府；（丙）通电全国。（五）政府委员辞职问题。全体代表一致主张杨委员因病辞职挽留，谢、郑二委员辞职，无正当理由，准予辞职。（六）市政府委员补选案。由市政府秘书长报告，由执行委员提出之候选人王一亭、顾馨一、赵南公、王延松、孟心史、宋子文、陈友仁、叶惠钧等八人，并介绍八人历史，由主席用反正表决法，先行推出叶惠钧、王延松、赵南公、孟心史四人为决选人，付表决。结果叶惠钧、赵南公二人当选，叶得三百六十二票，赵得一百九十五票。（七）临时动议。先王晓籁、李泊之发言，略谓吾人处兹时代，当大家凭了三民主义奋力进行。尤希望各界同志，极力拥护民主的市政府，用打走直鲁匪军的精神，打倒一切反动分子。全场欢呼拍掌，各代表复纷纷提出问题讨论。结果：（一）市政府委员不准请假及辞职。（二）杭州总工会事件，须电请国民政府惩办捣乱分子，且请蒋总司令报告杭州总工会事件的经过情形。（三）反动派之机关报《江南晚报》造谣挑拨、离间党务，除宣告民众不阅外，应请市政府转饬临时法院立予封闭。（四）市政府须速立自卫团。（五）用代表会议名义，请北伐军速北渡歼灭直鲁军及孙逆残部。（六）租界当局严重交涉，请速撤海陆外兵、拆除铁丝网。（七）房租减价，须由市政府负责办理云云。迨主席宣告散会，已十二点钟矣。

1927 年 4 月 4 日第十三版

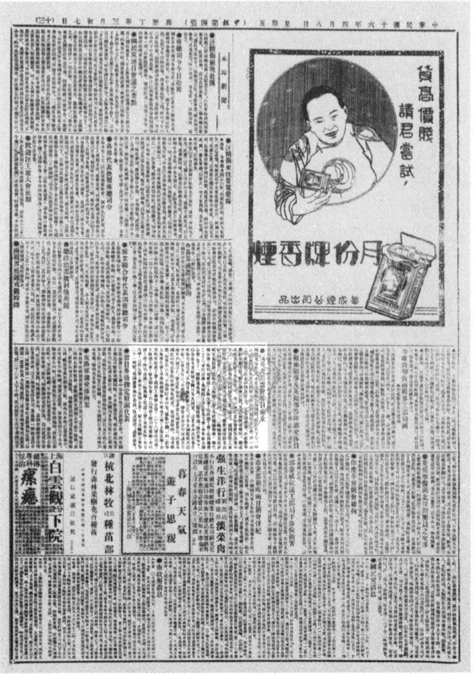

反英大同盟會昨日成立

國聞通信社云、本埠工商學兵各團體、於昨日下午一時許、假西門少年宣講團開反英大同盟代表大會、到一百七十餘團體、代表約四百餘人、宣佈開會後、公推學聯會劉榮簡主席、報告開會宗旨、及各團體經過情形、繼通過成立大會、對外宣言、次討論代表大會提出議案如下、（一）全國對英總同盟罷工案、議決 總同盟罷工爲政府外交後盾、應大陳外交部長劉湄 應俟交涉結果若何、相機實行、務達到最後目的、（二）組織對英經濟絕交委員會、當舉出上海總工會、各路商總聯會・學生聯合會・特別市黨部・上海大學・市政總工會・店員總會・二十六軍政治部・商務職工會・電氣工會・各界婦女聯合會・等十一團體爲委員、（二）臨時動議、議決案如下、㊀分電各省組織全國反英大同盟、㊁要求市政府警告外報及通信社、不得宣傳不確消息、並令本國報紙不得登載、㊂發表宣言、不用[illegible]、㊃要求市政府抗議英兵越界拘捕印人、㊄沒收華界逆產爲大同盟會址、㊅要求國民政府必要時宣佈對英絕交、並頒布條例、違者嚴懲、㊆警告日本、不得用陰柔政策、擾亂中國、（四）推舉上海學生會・各路商總聯會・自來水工會・上海大學・公共租界電車工會・浦西工會聯合會・二十六軍政治部・上海總工會・婦女聯合會・店員總會・特別市黨部・市政總工會・特別市第三區黨部・電話工會・東吳大學・光華大學・法科大學・南市工界聯合會・婦女救職聯合會等二十一團體、爲同盟會執行委員、負責辦理、議畢散會、

反英大同盟会昨日成立

国闻通信社云：本埠工商学兵各团体，于昨日下午一时许，假西门少年宣讲团开反英大同盟代表大会，到一百七十余团体、代表约四百余人。宣布开会后，公推学联会刘荣简主席，报告开会宗旨及筹备经过情形，继通过成立大会，对外宣言。次讨论代表大会提出议案如下：一、定期对英总同盟罢工案，议决：总同盟罢工为政府外交后盾，此次陈外交部长到沪，应俟交涉结果若何，相机举行，务期达到反英目的。二、组织对英经济绝交委员会，当举出上海总工会、各路商总联会、学生联合会、特别市党部、上海大学、市政总工会、店员总会、二十六军政治部、商务职工会、电气工会、各界妇女联合会等十一团体为委员。三、临时动议。议决案如下：（一）分电各省组织全国反英大同盟；（二）要求市政府警告外报及通信社，不得宣传不确消息，并令本国报纸不得登载；（三）发表宣告，不用英货；（四）要求市政府抗议英兵越界拘捕印人；（五）没收华界逆产为大同盟会址；（六）要求国民政府必要时宣布对英绝交，并颁布条例，违者严惩；（七）警告日本，不得用阴柔政策，扰乱中国。四、推举上海学生会、各路商总联会、自来水工会、上海大学、公共租界电车工会、浦西工会联合会、二十六军政治部、上海总工会、妇女联合会、店员总会、特别市党部、市政总工会、特别市第三区党部、电话工会、东吴大学、光华大学、法科大学、南市工界联合会、妇女教职联合会等二十一团体，为同盟会执行委员，负责办理。议毕散会。

1927 年 4 月 8 日第十三版

●反英大同盟昨日開會

反英帝國主義大同盟、昨日下午二時、開第一次執行委員會、到者特別市黨部・婦女聯合會・公共租界電車工會・電話工會・學生聯合會・法科大學・上海大學・光華大學・總工會・第一區黨部・店員總會・東吳法科大學・女教職員聯合會・第十四團體、代表二十餘人、公推劉榮簡主席、㈠報告本會由學生聯合會發起、經五團體之籌備、由各團體產生二十團體爲執行委員、㈡總工會提議發表宣言、公决通過、㈢徵求各界聯合加入、公决登報徵求、㈣由執行委員會通告各團體對英大演講、並發傳單、時間以下星期一開始、㈤內部組織、公推學生聯合會・總工會・市黨部・各路商總聯合會・各界婦女聯合會・五團體爲常務委員、並互選秘書長・宣傳・[illegible]・組織主任、其餘十六團體、分配爲財政・計劃・[illegible]・總務・青年等部、一致通過、並即推定李治之・[illegible]爲財政委員、㈥經濟問題、公决、(甲)請各團體自由捐助、(乙)向市黨部暫借一百元應用、㈦會址、公决請市政府指撥、在未指定前、暫借學生聯合會、㈧審查英貨案、公决下星期起實行、㈨本星期三上午十時、開對英經濟絕交委員會、㈩虹口六路商聯會來函、報告兩要案、公决交常務委員查明真相、再行籌商對付方法、議畢四時許散會、

反英大同盟昨日开会

反英帝国主义大同盟昨日下午二时，开第一次执行委员会。到者特别市党部、妇女联合会、公共租界电车工会、电话工会、学生联合会、法科大学、上海大学、光华大学、总工会、第一区党部、店员总会、东吴法科大学、女教职员联合会等十四团体、代表二十余人。公推刘荣简主席。（一）报告本会由学生联合会发起，经五团体之筹备，由各团体产生二十团体为执行委员；（二）总工会提议发表宣言，公决通过；（三）征求各界联合加入，公决登报征求；（四）由执行委员会通告各团体对英大演讲，并发传单，时间以下星期一开始；（五）内部组织，公推学生联合会、总工会、市党部、各路商总联合会、各界妇女联合会五团体为常务委员，并互选秘书长、宣传主任、组织主任，其余十六团体分配为财政、计划、农工、总务、青年等部，一致通过，并即推定李泊之、向洛、冯先为财政委员；（六）经济问题，公决：（甲）请各团体自由捐助，（乙）向市党部暂借一百元应用；（七）会址。公决请市政府指拨，在未指定前，暂借学生联合会；（八）检查英货案，公决下星期起实行；（九）本星期三上午十时，开对英经济绝交委员会；（十）虹口六路商联会来函，报告两要案，公决交常务委员查明真相再行筹商对付方法。议毕四时许散会。

1927 年 4 月 12 日第十四版

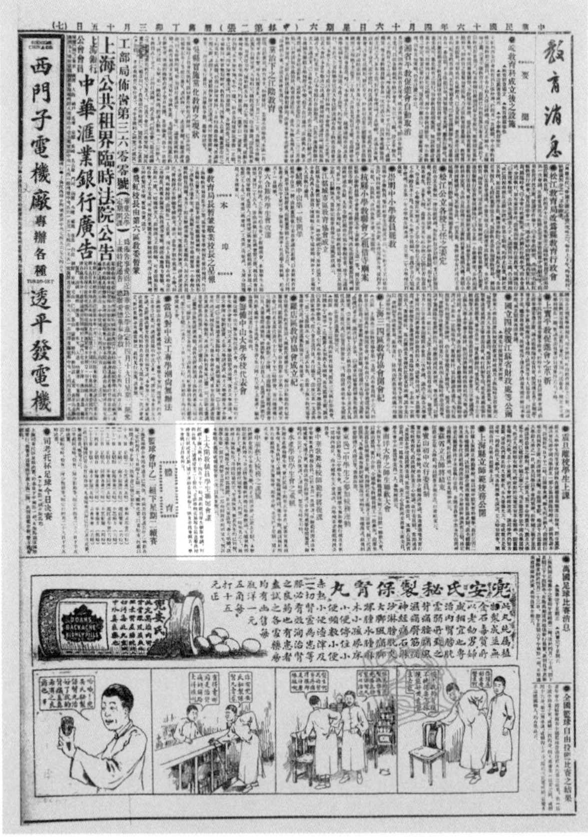

◉上大開教職員學生聯席會議

江灣上海大學、於十四日下午一時、開教職員學生聯席會議、到四百餘人、計通過提案二十餘件、並由學校當局報告最近學務校務進行狀況及計劃、國立運動委員會報告、膳食委員會報告、學生會執行委員會報告、

上大开教职员学生联席会议

江湾上海大学于十四日下午一时开教职员学生联席会议，到四百余人。计通过提案二十余件，并由学校当局报告最近学务、校务进行状况及计划，国立运动委员会报告，膳食委员会报告，学生会执行委员会报告。

1927 年 4 月 16 日第七版

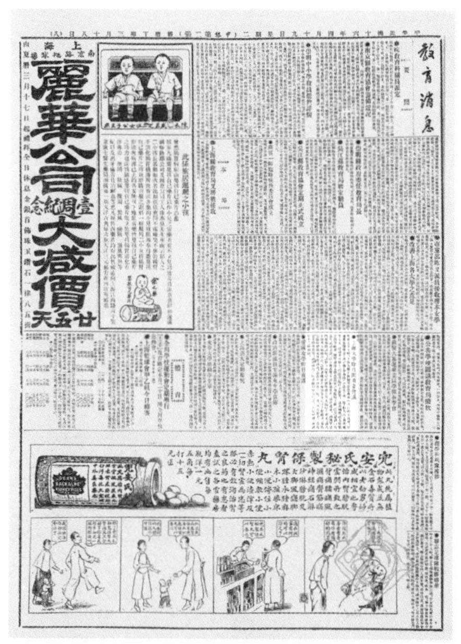

上海大學昨日開重要會議

昨日上午十時、上海大學在新校開改選後第一次行政委員會、到會者有陳望道・謝六逸・李春鍏・金耀光・馮三昧・劉大白・周由廑等七人、討論事項如下、㈠改選臨時主席案、議決用無記名投票法選舉結果、陳望道得五票當選爲該會臨時主席、㈡追認請願代表案、議決追認、㈢向寧漢雙方請願國立案、議決通過、㈣陳望道因赴寧漢請願、請劉大白暫行代理學務主任及臨時主席案、議決在陳君未回校以前、請劉君逐日在校辦公並代行主席職權、㈤推定臨時提欵委員案、議決、請劉大白馮三昧二君、共同簽字、㈥推定事務委員案、議決由馮三昧君協同學生代表、共同辦理、直議至十二時始散、

上海大学昨日开重要会议

昨日上午十时，上海大学在新校开改选后第一次行政委员会，到会者有陈望道、谢六逸、李春鍏、金耀光、冯三昧、刘大白、周由廑等七人。讨论事项如下：（一）改选临时主席案，议决用无记名投票法，选举结果，陈望道得五票当选为该会临时主席；（二）追认请愿代表案，议决追认；（三）向宁汉双方请愿国立案，议决通过；（四）陈望道因赴宁汉请愿，请刘大白暂行代理学务主任及临时主席案，议决在陈君未回校以前，请刘君逐日在校办公并代行主席职权；（五）推定临时提款委员案，议决请刘大白、冯三昧二君共同签字；（六）推定事务委员案，议决由冯三昧君协同学生代表共同办理。直议至十二时始散。

1927 年 4 月 19 日第八版

◎上大丁卯級同學會成立

十八日江灣上海大學丁卯級同學會、召集全體大會、到者九十餘人、當推舉李春鍏方超驥楊國輔丁顯金耀光李聖恩汪濤等七人、組織執行委員會、從事編輯、該級特刊內有廣告欄、由方超驥君擔任接洽、並擬在校内建築鐘樓一座、擇日開歡樂大會、攝影聚餐、以示紀念云、

上大丁卯级同学会成立

十八日江湾上海大学丁卯级同学会，召集全体大会，到者九十余人，当推举李春鍏、方超骥、杨国辅、丁显、金耀光、李圣恩、汪涛等七人组织执行委员会，从事编辑该级特刊。内有广告栏，由方超骥君担任接洽，并拟在校内建筑钟楼一座，择日开欢乐大会，摄影聚餐，以示纪念云。

1927 年 4 月 20 日第七版

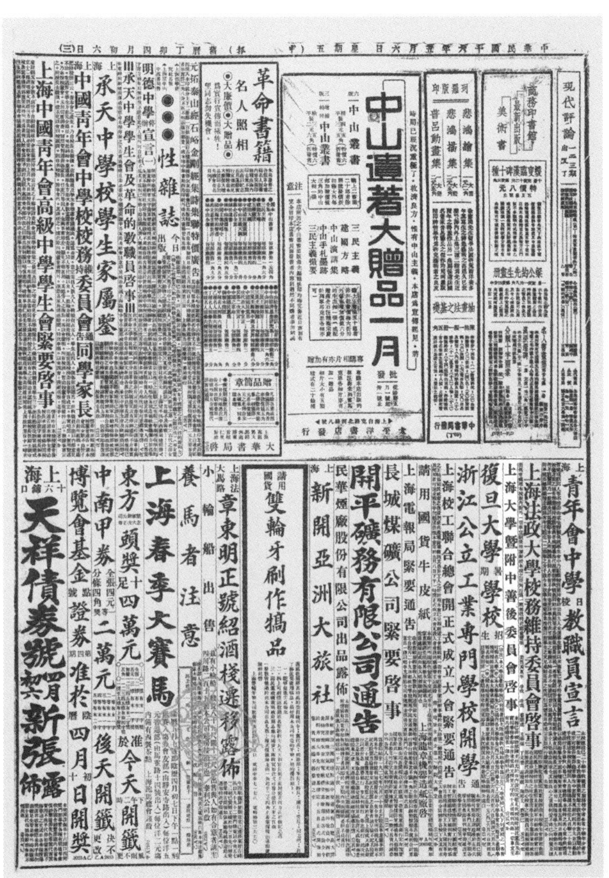
现代評論
商務印書館
中華書局
中山遺著大贈品一月
革命書籍
性雜誌
上海承天中學校學生家屬鑒
上海中國青年會中學校校務委員會告同學家長
上海中國青年會高級中學學生會緊要啓事
青年會中學校教職員宣言
上海法政大學校務維持委員會啓事
上海大學暨附中善後委員會啓事
復旦大學招生
浙江公立工業專門學校開學通告
請用國貨牛皮紙
上海電報局緊要通告
長城煤礦公司緊要啓事
開平礦務有限公司通告
民華煙廠股份有限公司出品露佈
上海新開亞洲大旅社
雙輪牙刷作搞品
章東明正號紹酒棧遷移露佈
小輪船出售
養馬者注意
上海春季大賽馬
東方頭獎十四萬元
中南甲券二萬元
博覽會基金證券
天祥債券號新張露佈

上海大學暨附中善後委員會啓事

本校已得政治部陳主任允於日內設法改組凡我校純粹國民黨員及忠實同學務希即日往青雲路天授里天字四十五號報到共商一切事宜至有共產嫌疑者一律拒絕特此通告

甲A2135

上海大学暨附中善后委员会启事

本校已得政治部陈主任允于日内设法改组，凡我校纯粹国民党员及忠实同学，务希即日往青云路天授里天字四十五号报到，共商一切事宜。至有共产嫌疑者，一律拒绝。特此通告。

1927 年 5 月 6 日第三版

上海教育委員會之會議

上海政治分會教育委員會、於前日下午四時、開第三次會議、列席者七人、(甲)報告事項、照常務委員會第三次議决各條、(乙)討論一項、一、政治分會發交南洋附中小主任沈慶鴻呈請速簡賢能接收續辦案、(議决)函復請與政治分會所派李範一接洽辦理、二、同濟大學校長阮尚介呈報校長經過情形、並請派員接替案、(議决)既據逕呈中央、應俟中央政府核示辦理、三、省立四中離校學生會呈請派員徹查接收該校案、(議决)非本會範圍內事、應逕呈教育廳核辦、四、上海大學全體教職員呈請恢復該校原狀案、(議决)函分會如該校跨黨份子、業已肅清、即請尅日啟封、並定辦法、五、留雲寺主持德浩呈報留雲學校經過情形案、(議决)已派員調查、應俟復到、再行核辦、六、市黨部函關係法政大學案、(議决)函請分函核辦、七、立達學社請撥款接收大同大學案、(議决)不有關於私立學校、請求撥款辦理問題、在公立學校經費未有辦法以前、應暫緩議、八、三民學校四民女校請求改歸公立案、(議决)同上、(丙)提議事項張委員提議、請中央政府從速决定維持各大學方法、並定教育方針案、(通過)、

上海教育委员会之会议

上海政治分会教育委员会于前日下午四时开第三次会议，列席者七人。（甲）报告事项：照常务委员会第三次议决各条。（乙）讨论一项：一、政治分会发交南洋附中小主任沈庆鸿呈请速简贤能接收续办案，议决：函复请与政治分会所派李范一接洽办理。二、同济大学校长阮尚介呈报校长经过情形，并请派员接替案，议决：既据径呈中央，应俟中央政府核示办理。三、省立四中离校学生会呈请派员彻查接收该校案，议决：非本会范围内事，应径呈教育厅核办。四、上海大学全体教职员呈请恢复该校原状案，议决：函分会如该校跨党分子，业已肃清，即请克日启封，并定办法。五、留云寺主［住］持德浩呈报留云学校经过情形案，议决：已派员调查，应俟复到，再行核办。六、市党部函关系法政大学案，议决：函请分函核办。七、立达学社请拨款接收大同大学案，议决：不有关于私立学校，请求拨款办理问题，在公立学校经费未有办法以前，应暂缓议。八、三民学校四民女校请求改归公立案，议决：同上。（丙）提议事项：张委员提议，请中央政府从速决定维持各大学方法，并定教育方针案，通过。

1927 年 5 月 10 日第七版

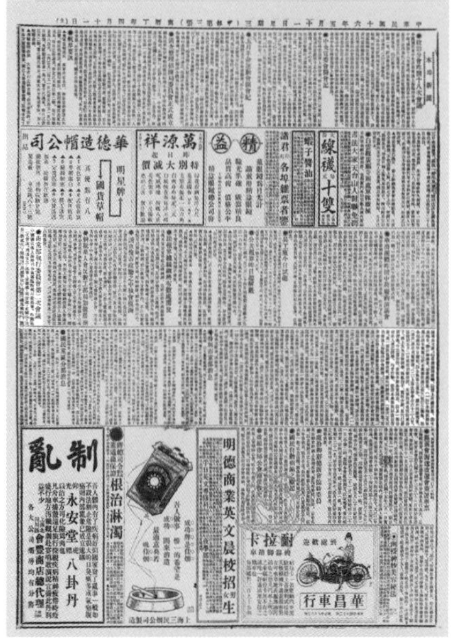

◉市黨部執行委員會第二次會議

中國國民黨上海特別市黨部臨時執行委員會、昨開第二次會議、到潘宜之・陳羣・陳德徵・周致遠・俞國珍・冷欣（劉斌代）・張晴川（呂競新代）・冷雋（凌其翰代）・推陳羣爲主席、㈠恭讀總理遺囑、㈡讀上次議決案、㈢主席報告、㈣討論議案、秘書處提案、（一）江永輪被難家屬呈請本黨部迅於本黨部提議已故三領江之撫恤、限令招商局早日優給、以全無辜之遺族、應如何辦理案、（議決）請政治部辦理、（二）上海大學學生六十三人呈、該校於五月二日被政治部封閉、其原因爲肅清跨黨份子、但上大五百餘同學、搗亂份子、實居少數、且均已畏罪潛逃、今忽遭封閉、致使多數忠實同志、以及一部份尙未入黨之同學、均受打擊、懇請本黨部與以設法啓封、並一面派員到校改組、應如何辦理案、（議決）交政治會議上海臨時分會辦理、

市党部执行委员会第二次会议

中国国民党上海特别市党部临时执行委员会昨开第二次会议，到潘宜之、陈群、陈德徵、周致远、俞国珍、冷欣（刘斌代）、张晴川（吕竞新代）、冷隽（凌其翰代），推陈群为主席。一、恭读总理遗嘱。二、读上次议决案。三、主席报告。四、讨论议案，秘书处提案：（一）江永轮被难家属呈请本党部提议已故三领江之抚恤，限令招商局早日优给，以全无辜之遗族，应如何办理案，议决：请政治部办理；（二）上海大学学生六十三人呈该校于五月二日被政治部封闭，其原因为肃清跨党分子，但上大五百余同学，捣乱分子实居少数，且均已畏罪潜逃，今忽遭封闭，致使多数忠实同志以及一部分尚未入党之同学均受打击，恳请本党部与以设法启封，并一面派员到校改组，应如何办理案，议决：交政治会议上海临时分会办理。

1927 年 5 月 11 日第九版

●東前總政部各科股消息

▲教育股　日前封閉上海大學之校具各件、昨經該股派員點交中國國民黨上海黨務人員養成所秘書費哲民接收云、

东前总政部各科股消息·教育股

日前封闭上海大学之校具各件，昨经该股派员点交中国国民党上海党务人员养成所秘书费哲民接收云。

1927年5月13日第十版

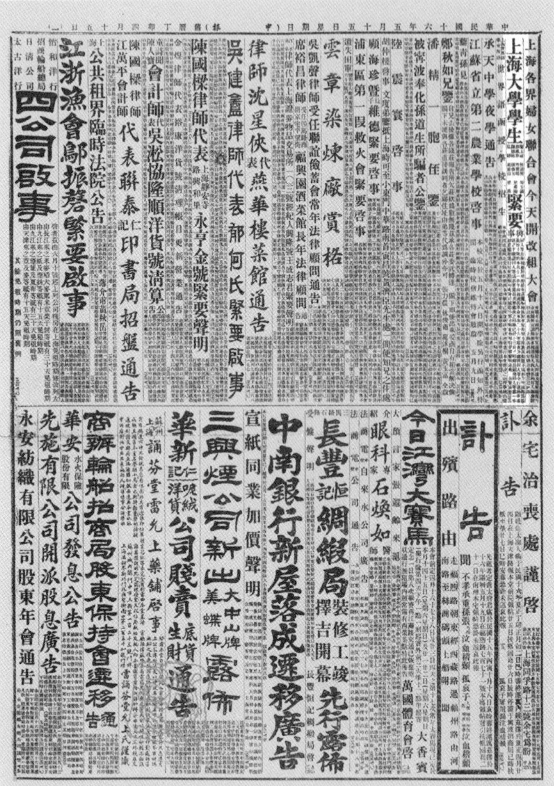
中華民國十六年五月十五日 星期日

上海各界婦女聯合會今天開改組大會

上海大學學生緊要啓事

承天中學夜學通告

江蘇省立第二農業學校啓事

鄭秋如兄鑒

潘精一鑒

被害波奉化係道生所騙者公鑒

陸震寰啓事

顧海珍暨維德緊要啓事

浦東區第一段救火會緊要啓事

雲章染煉廠賞格

律師沈星俠代表燕華樓菜館通告

吳建龕律師代表鄔何氏緊要啟事

陳國樑律師代表永亨金號緊要聲明

陳國樑律師代表吳淞協隆順洋貨號清算

江萬平會計師代表聯泰記印書局招盤通告

上海公共租界臨時法院公告

江浙漁會鄔振磬緊要啟事

四公司啟事

訃告

余宅治喪處謹啓

今日江灣大賽馬

長豐記綢緞局擇吉開幕

眼科石煥如

中南銀行新屋落成遷移廣告

宣紙同業加價聲明

三興煙公司新出大中山牌美蝶牌露佈

華新洋貨公司賤賣底貨通告

蘇州上海誦芬堂雷允上藥舖啟事

商辦輪船招商局股東保持會遷移通告

華安水火保險公司發息公告

先施有限公司開派股息廣告

永安紡織有限公司股東年會通告

上海大学学生廖上璠、薛成章、陈德圻、吴铮、林道兴、佟宝璋、陈伟天、黄义山、符步瀛、梁希陶、梁禹紧要启事

同人等自学校被封后，即从事谋划学校启封事宜，并努力清党运动，乃不为对方所谅，认为捣乱分子，突于本月十一日午前被国民革命军第二十六军稽查分处将同人等全行逮捕，幸省讯之下，确认同人等为忠实党员及无党派之同学，已于十三日三时释出。嗣后同人等当一本初衷，继续进行，任何阻碍所弗胥计，诚恐外界不明真相，用特登报声明。诸希公鉴为幸。

1927 年 5 月 15 日第二版

上海大學學生廖上璠 薛成章 陳德圻 吳錚 林道興 佟寶璋 陳偉天 黃義山 符步瀛 梁希陶 梁禹緊要啓事

同人等自學校被封後即從事謀畫學校啓封事宜并努力清黨運動迺不爲對方所諒認爲搗亂份子突於本月十一日午前被國民革命軍第二十六軍稽查分處將同人等全行逮捕幸省訊之下確認同人等爲忠實黨員及無黨派之同學已於十三日三時釋出嗣後同人等當一本初衷繼續進行任何阻礙所弗胥計誠恐外界不明眞相用特登報聲明諸希公鑒爲幸

中華民國十六年五月十五日 星期日 （申報第三張） 舊曆丁卯四月十五日 （九）

本埠新聞

●政治分會昨開二十二次會議

中央政治會議上海臨時分會昨日（十四）上午十時開第二十二次會議、列席委員蔣尊簋・潘公展・楊樹莊（李景曦代）・褚民誼・陳其采（沈澤春代）・吳忠信・白崇禧（潘宜之代）・郭泰祺・楊杏佛、主席蔣尊簋、紀錄徐佩璜、主席恭讀總理遺囑、全體肅立、（甲）報告事項、㊀上海教育委員會五月十二日常務委員第四次會議、報告議決事項一件、㊁郭委員泰祺轉來駐美使館函稱、美國上下二院議員八人、先後携眷前來吾國游歷、開具名單、請優予照料、妥爲保護由、（乙）討論事項、㊀上海教育委員會函復奉辦上海法政大學同學會等呈請改組國立案一件、又上海特別市黨部介紹高祖蔭等接洽函一件、均經該會議決、事關改組大學、應由本會主辦、請察核、決議與第三案同樣辦理、㊁上海教育委員會函稱、據上海大學全體教職員函稱、該校校舍爲東總政治部派軍封鎖、請設法撤退恢復原狀、又該校學生方超驥等呈稱、清黨殃及全校黌舍、請迅予啓封各等因、經該會議決、請本會轉咨政治部、如該校跨黨份子業已肅清、請剋日啓封、並請决定辦法、决議與第三案同樣辦理、㊂潘同志宜之函稱、前因清黨關係、曾將共黨所舉辦之上海大學及法政大學查封、現聞共產份子之學生數百人、已先後赴漢、該二校留滬學生數百人多係青年篤學之士、自不應聽其失學、爲社會譏評、故特建議、請將該二校合併改組爲上海中山大學、其原有經費、若有不足、希轉致財委會酌撥、並飭教委會於日內派員負責維持、以示本黨愛護人才之至意由、决議上海法政大學及上海大學二校現有學生、合併在上海大學、責成上海教委會派員暫行維持、一面責成該會計劃籌備上海中山大學事宜、並整個的具體辦法、遂呈候本會核議、㊃上海特別市黨部秘書處函交該黨部第三次執行委員會、議決本會侵及該黨部黨權案一件、請查照辦理由、决議由本會常務委員及市黨部之四部（農工商民青年婦女）警察廳宣傳委員會・財政委員會・教育委員會・衛生委員會・工會組織統一委員會各派一人、爲本會團體立案審查委員、租織審查委員會、關於備案事宜、由該委員會審查後、報告本會核准公布、

政治分会昨开二十二次会议

中央政治会议上海临时分会昨日（十四）上午十时开第二十二次会议，列席委员蒋尊簋、潘公展、杨树庄（李景曦代）、褚民谊、陈其采（沈泽春代）、吴忠信、白崇禧（潘宜之代）、郭泰祺、杨杏佛，主席蒋尊簋，纪录徐佩璜。主席恭读总理遗嘱，全体肃立。（甲）报告事项：（一）上海教育委员会五月十二日常务委员第四次会议，报告议决事项一件。（二）郭委员泰祺转来驻美使馆函称，美国上下二院议员八人，先后携眷前来吾国游历，开具名单，请优予照料，妥为保护由。（乙）讨论事项：（一）上海教育委员会函复交办上海法政大学同学会等呈请改组国立案一件，又上海特别市党部介绍高祖荫等接洽函一件，均经该会议决，事关改组大学，应由本会主办，请察核，决议：与第三案同样办理。（二）上海教育委员会函称，据上海大学全体教职员函称，该校舍为东总政治部派军封锁，请设法撤退恢复原状。又该校学生方超骥等呈称，清党殃及全校黉舍，请迅予启封各等因，经该会议决，请本会转咨政治部，如该校跨党分子业已肃清，请克日启封，并请决定办法，决议：与第三案同样办理。（三）潘同志宜之函称，前因清党关系，曾将共党所举办之上海大学及法政大学查封，现闻共产分子之学生数百人，已先后赴汉，该二校留沪学生数百人多系青年向学之士，自不应听其失学，为社会讥评。故特建议，请将该二校合并改组为上海中山大学，其原有经费，若有不足，希转致财委会酌拨，并饬教委会于日内派员负责维持，以示本党爱护人才之至意由。决议：上海法政大学及上海大学二校现有学生，合并在上海大学，责成上海教委会派员暂行维持，一面责成该会计划筹备上海中山大学事宜，并整个的具体办法，速呈候本会核议。（四）上海特别市党部秘书处函交该党部第三次执行委员会，议决：本会侵及该党部党权案一件，请查照办理由。决议由本会常务委员及市党部之四部（农工商民青年妇女）警察厅宣传委员会、财政委员会、教育委员会、卫生委员会、工会组织统一委员会各派一人，为本会团体立案审查委员，组织审查委员会。关于备案事宜，由该委员会审查后，报告本会核准公布。

1927年5月15日第九版

●上海大學被拘學生已釋放

上海大學學生陳德圻·廖上璠·吳錚·薛成章·林道君等十一人、被二十六軍稽查處、誤認爲有跨黨嫌疑、拘捕逮案、茲該處已詢悉明確、業將各生於十三日釋放矣、

上海大学被拘学生已释放

上海大学学生陈德圻、廖上璠、吴铮、薛成章、林道君等十一人被二十六军稽查处误认为有跨党嫌疑，拘捕逮案。兹该处已询悉明确，业将各生于十三日释放矣。

1927 年 5 月 15 日第十版

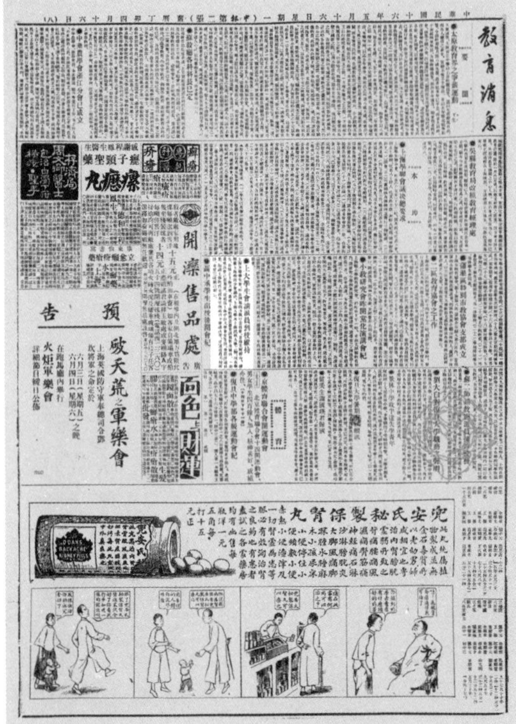

◉上大學生會請派員到校維持

上海大學學生會、昨日開第四次執行委員會、首由主席報告、據報載上海政治分會議決、上海大學及上海法政大學二校、現有學生、合併在上海大學、責成上海教育委員會派員暫來維持、一面責成該會計劃籌備、改組爲上海中山大學事宜等因、後經討論結果、函請上海教育委員會依照政治分會議決案、從速派員來校維持、並促定改組計劃云、

上大学生会请派员到校维持

上海大学学生会昨日开第四次执行委员会，首由主席报告，据报载上海政治分会议决，上海大学及上海法政大学二校现有学生合并在上海大学，责成上海教育委员会派员暂来维持。一面责成该会计划筹备改组为上海中山大学事宜等因，后经讨论结果，函请上海教育委员会依照政治分会议决案，从速派员来校维持并促定改组计划云。

1927 年 5 月 16 日第八版

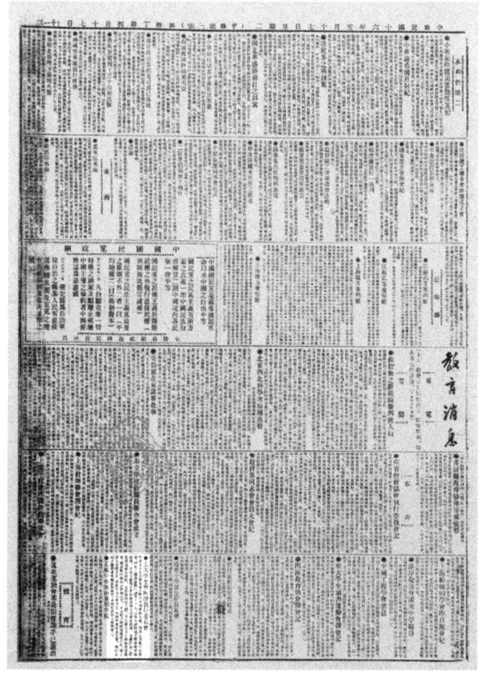

●上大學生會昨開執行委員會

昨日上午上大學生會在閘北天授里辦公處、開第五次執行委員會、到者丁顯林道興汪濤等十一人、公舉方超驥爲主席薛成章爲記錄、首由主席報告營救被誤捕之同學的經過、及應討論之經費和改組各問題、當推楊國輔吳錚二君出席此次上海教育委員會、請求執行政治分會議決案、並分配方超驥爲總務主任、廖上璠爲交際主任、薛成章爲文書主任、加聘佟寶章爲文書、聞已去函市黨部及軍政當局備案、並派代表加入學聯會云、

上大学生会昨开执行委员会

昨日上午上大学生会在闸北天授里办公处开第五次执行委员会，到者丁显、林道兴、汪涛等十一人，公举方超骥为主席、薛成章为记录。首由主席报告营救被误捕之同学的经过，及应讨论之经费和改组各问题，当推杨国辅、吴铮二君出席此次上海教育委员会，请求执行政治分会议决案，并分配方超骥为总务主任、廖上璠为交际主任、薛成章为文书主任，加聘佟宝章为文书。闻已去函市党部及军政当局备案，并派代表加入学联会云。

1927 年 5 月 17 日第十一版

●上海教育委員會常務會議紀

上海教育委員會、十六日下午四時、開第五次常務會議、出席者姜伯韓・朱經農・胡明復、由姜伯韓主席、議決事項如下、㈠政治分會函知本會爲聯合組織團體立案審查委員會由、議決交大會推定代表、㈠分會函知本會法政上海兩大學學生合併於上海大學、責成本會派員維持、並責成本會籌備計劃中山大學事宜、議決交大會議決、㈠分會函知准郭交涉使轉來駐美使館函稱、美國議員八人擬來華遊歷、請予招待等因、議決函復分會、請於美員來華時先期通知本會、以便派員參加歡迎、並通告各學校、㈠通惠小學校來呈案、議決該校係私立學校、並查該校原有董事會主持一切、所有內部糾紛、應歸董事會處理、

上海教育委员会常务会议纪

上海教育委员会十六日下午四时开第五次常务会议，出席者姜伯韩、朱经农、胡明复，由姜伯韩主席。议决事项如下：（一）政治分会函知本会为联合组织团体立案审查委员会由，议决：交大会推定代表；（一）分会函知本会法政、上海两大学学生合并于上海大学，责成本会派员维持，并责成本会筹备计划中山大学事宜，议决：交大会议决；（一）分会函知准郭交涉使转来驻美使馆函称，美国议员八人拟来华游历，请予招待等因，议决：函复分会，请于美员来华时先期通知本会，以便派员参加欢迎，并通告各学校；（一）通惠小学校来呈案，议决：该校系私立学校，并查该校原有董事会主持一切，所有内部纠纷应归董事会处理。

1927 年 5 月 18 日第八版

痔瘡

鮮百勒 多精魚肝油 "KEPLER" COD LIVER OIL with MALT EXTRACT

為人生究美之補食

BURROUGHS WELLCOME & CO.

教育消息

兜安氏秘製保腎丸

此丸專治內腎虛弱之症極其效驗由此丸治愈左列各症者不勝枚舉洵治腎病之聖藥也

背痛累我

◉上海大學學生會消息

上海大學學生會、前日發出宣言、略謂該會係由校中全體忠實國民黨員及一般無黨派之同學組織而成、其目的在運動廳封學校並努力清黨工作、且對於該校以前不良份子、假借公衆名義、把持一切之罪狀、敘述至爲詳盡云、

該會宣言原文云、我上海大學自被封後、外界對於內容一切情形、多未明瞭、或謾爲搗亂機關、或目爲共產黨巢穴、衆說紛紜、甚囂塵上、實則道路傳言、大相刺謬、內容詳情、詎盡如是、用特發表宣言、俾明眞相、幸我同胞、一垂察焉、溯我上大之名、誕降迄今、忽忽六易寒暑、職教員頗稱熱心、諸同事亦若振奮、雍雍濟濟、慘淡經營、唯冀養成建國人材、備爲世用、規畫遠大、實所難能、用是校譽雀起、輿論翕然、五卅以還、疊奏奇績、非特著令名於國內、抑且播聲華於寰海、豈維請願當局、謀畫啟封、幸南中同志、對於我校內裡情形、知者尙多、前呈請願、頗蒙採納、業經政治分會議決、將內容刷新、准予啟封、好音傳來、歡騰莫釋、行見苞桑鞏固、定可預卜於今茲、丹山碧水、總可實現於將來、此又我上大近今進行計畫之狀況也、頻年以來、我上海大學、屢遭奇變、推源禍始、誰爲厲階、彼蒼所賜、顧莫知也、自今以往、我全體忠實同學、當本堅忍不拔之精神、作中流砥柱之事業、清黨勸學、用補阽危、靑天白日、詎能容魑魅以橫行、海底沈寃、或可大白於天下、此又我全體忠實同學所切盼而希望者也、嗟嗟、林空木落、醫國無材、月隳滄高、此心耿耿、年來國家多故、黌舍坵墟、向學之士、不知所出、矚目時艱、用爲隱憂、挽旣倒之狂瀾、支將傾之大厦、非異人任、吾輩之責也、忠愛同胞、其共勉旃、謹此宣言、

上海大学学生会消息

上海大学学生会前日发出宣言，略谓该会系由校中全体忠实国民党员及一般无党派之同学组织而成，其目的在运动应封学校并努力清党工作，且对于该校以前不良分子，假借公众名义，把持一切之罪状，叙述至为详尽云。

该会宣言原文云：我上海大学自被封后，外界对于内容一切情形，多未明了。或讥为捣乱机关，或目为共产党巢穴，聚讼纷纭，甚嚣尘上，实则道路传言，大相剌谬。内容详情，讵尽如是，用特发表宣言，俾明真相，幸我同胞，一垂察焉。溯我上大之名，诞降迄今，忽忽六易寒暑，职教员颇称热心，诸同事亦若振奋，雍雍济济，惨淡经营，唯冀养成建国人材，备为世用，规划远大，实所难能。用是校誉雀起，舆论翕然，五卅以还，叠奏奇绩，非特著令名于国内，抑且播声华于寰海，岂维请愿当局，谋划启封，幸南中同志，对于我校内里情形，知者尚多，前呈请愿，颇蒙采纳，业经政治分会议决，将内容刷新，准予启封。好音传来、欢腾莫释，行见苞桑巩固，定可预卜于今兹，丹山碧水，总可实现于将来，此又我上大近今进行计划之状况也。频年以来，我上海大学，屡遭奇变，推源祸始，谁为厉阶，彼辈所赐，顾莫知也。自今以往，我全体忠实同学，当本坚忍不拔之精神，作中流砥柱之事业，清党勤学，用补阽危，青天白日，讵能容魑魅以横行，海底沉冤，或可大白于天下，此又我全体忠实同学所切盼而希望者也。嗟嗟。林空木落，医国无材，月坠岩高，此心耿耿，年来国家多故，爰舍坵墟，向学之士，不知所出，噃目时艰，用为隐忧，挽既倒之狂澜，支将倾之大厦，非异人任，吾辈之责也。忠爱同胞，其共勉旃。谨此宣言。

1927 年 5 月 21 日第八版

教育消息

上海教育委員會之議決要案

痔瘡至聖水

上海廣東銀行有限公司廣告

江蘇銀行廣告

夏士蓮雪花 "HAZELINE' SNOW"

能令肌膚嬌嫩艷麗

BURROUGHS WELLCOME & CO.

工部局公告

江陰縣周莊鄉徐少奮遺失存摺

公興存聲明被誣啟事

◉上海教育委員會之議決要案

五月二十一日、上海教育委員會開第五次會議、出席者姜伯韓・楊杏佛・朱經農・王世杰・周鯁生・歐元懷・胡明復・周仁・陳德徵・劉大白・黃惠平・桂崇基、當推姜伯韓主席、於下午四時、開會議決事項如下、㊀東吳大學法律學院來函、該院現已改組、呈報正式立案由、議決該校既係大學、應呈請中央教育行政會立案、㊀浦東中學函復、該校校董會所經手之各項賬目、向由財政經理員秦硯畦經管、並不存在校中由、議決致函秦硯畦調取各項賬目由浦東中學轉、㊀上海特別市中小學教職員總聯合會報告受選職員一切、均依法改組由、議決應俟調查員報告後再行核辦、㊀特別市黨部來函、據震旦大學學生會、函請轉知本會重行審議、加委何魯維持該校校務由、議決應向中央教育行政委員會呈請、㊀上海大學學生會、陳述上大內容情形、議決函復該校學生會、請開會會同上大教職員會、推派代表、直接向東前政治部說明原因、陳請啓封、㊀青年會高中商科二三年級全體學生來函、議決函復該校全體學生、遵照董事會議決進行、㊀澄衷中學報告學潮始末並經過情形、請求指示由、議決該校既改爲委員制、仍照改組後之校務委員制辦法進行、㊀上海法政大學來呈、推定張知本等五人爲校務委員、請予加委由、議決該校善後辦法、已由政治分會議決、所請[illegible]無庸置議、㊀政治分會發下上海法政大學學生會、呈圓前由[illegible]本會查照辦理、議決復呈分會、上大法大兩校善後辦法、已奉鈞會議決、無庸加委委員、業已函致該校矣、

上海教育委员会之议决要案

五月二十一日，上海教育委员会开第五次会议，出席者姜伯韩、杨杏佛、朱经农、王世杰、周鲠生、欧元怀、胡明复、周仁、陈德徵、刘大白、黄惠平、桂崇基，当推姜伯韩主席。于下午四时开会，议决事项如下：（一）东吴大学法律学院来函，该院现已改组，呈报正式立案由，议决：该校既系大学，应呈请中央教育行政会立案。（一）浦东中学函复，该校校董会所经手之各项账目，向由财政经理员秦砚畦经管，并不存在校中由，议决：致函秦砚畦调取各项账目，由浦东中学转。（一）上海特别市中小学教职员总联合会报告重选职员一切，均依法改组由，议决：应俟调查员报告后再行核办。（一）特别市党部来函，据震旦大学学生会函请转知本会重行审议、加委何鲁维持该校校务由，议决：应向中央教育行政委员会呈请。（一）上海大学学生会陈述上大内容情形，议决：函复该校学生会，请开会会同上大教职员会，推派代表，直接向东前政治部说明原因，陈请启封。（一）青年会高中商科二三级全体学生来函，议决：函复该校全体学生，遵照董事会议决进行。（一）澄衷中学报告学潮始末并经过情形，请求指示由，议决：该校既改为委员制，仍照改组后之校务委员制办法进行。（一）上海法政大学来呈，推定张知本等五人为校务委员，请予加委由，议决：该校善后办法，已由政治分会议决，所谓加委，无庸置议。（一）政治分会发下上海法政大学学生会，呈同前由，交本会查照办理，议决：复呈分会，上大、法大两校善后办法，已奉钧会议决，无庸加委委员，业已函致该校矣。

（后略）

1927 年 5 月 24 日第七版

●上海大學之重要會議

上海大學、前日下午開行政委員會、到會者有敎員陳望道周由廑謝六逸、學生金耀光丁顯等十餘人、其議决事項如下、㈠陳望道因有要事急須返里、已將政治大學維持委員及各校敎課辭去、要求該會亦將臨時主席一職、另選他人擔負全責、(議决)通過、並擧謝六逸爲該會臨時主席、㈡以後校務進行是否仍由該會負責、議决仍由該會負責維持、並加推朱復謝六逸進行恢復學校事宜、㈢馮三昧因家遭變故、要求辭去經濟委員主席、及註册課主任等職、以便回家料理、(議决)通過、所任註册事宜、改由朱復擔任經濟委員會主席改由周由廑担任、此外尙有提案多種、因爲時已晚、不及議而散、聞該會前主席陳望道已與新選主席謝六逸約定昨日在謝宅點交各種契約文件、以及現洋賬目云、

上海大学之重要会议

上海大学前日下午开行政委员会，到会者有教员陈望道、周由廑、谢六逸；学生金耀光、丁显等十余人。其议决事项如下：（一）陈望道因有要事急须返里，已将政治大学维持委员及各校教课辞去，要求该会亦将临时主席一职，另选他人担负全责，议决通过，并举谢六逸为该会临时主席。（二）以后校务进行是否仍由该会负责？议决仍由该会负责维持，并加推朱复、谢六逸进行恢复学校事宜。（三）冯三昧因家遭变故，要求辞去经济委员主席及注册课主任等职，以便回家料理。议决通过，所任注册事宜，改由朱复担任，经济委员会主席改由周由廑担任。此外尚有提案多种，因为时已晚，不及议而散。闻该会前主席陈望道已与新选主席谢六逸约定，昨日在谢宅点交各种契约文件以及现洋账目云。

1927 年 5 月 28 日第七版

◉五卅二週紀念大會紀詳

▲閘北方面

▲到會之團體 黨務訓練所代表・五區二十八分部代表・愛國女學校・引翔區農民協會各村到者二百餘人・上海對日外交市民大會・上海市民提倡國貨會・引溪學校・虹北學校・東吳法學院・上海市郊農民協會・海軍總政治部宣傳隊第三隊・上海女青年會代表・一區三十四部代表・市黨部行動隊・上海特別市黨部代表・上海大學改組學生會代表・第五區第九分部・立達公學・一區十八分部・閘北商會代表・東吳二中學生會・滬北五區商聯合會代表・持志大學・五區八分部・滬寧鐵路政治部・國立暨南學校・中法藥房・閘北保衛團第四隊・民華學校・嶺南中學・一區二分部・廣東公學・廣肇公學・中華藝大・呂世中學・一區十六分部、

五卅二周纪念大会纪详・闸北方面・到会之团体

党务训练所代表、五区二十八分部代表、爱国女学校、引翔区农民协会各村到者二百余人、上海对日外交市民大会、上海市民提倡国货会、引溪学校、虹北学校、东吴法学院、上海市郊农民协会、海军总政治部宣传队第三队、上海女青年会代表、一区三十四部代表、市党部行动队、上海特别市党部代表、上海大学改组学生会代表、第五区第九分部、立达公学、一区十八分部、闸北商会代表、东吴二中学生会、沪北五区商联合会代表、持志大学、五区八分部、沪宁铁路政治部、国立暨南学校、中法药房、闸北保卫团第四队、民华学校、岭南中学、一区二分部、广东公学、广肇公学、中华艺大、昌世中学、一区十六分部。

1927 年 6 月 1 日第十三版

◉政治分會三十次會議紀

（乙）討論事項、㈠上海大學學生會、呈請飭教育委員會、即日履行本會議決案、將上海法政兩大學、合併改組中山大學、俾該兩校學生、不致永久失學、並請通知東前政治部准予啓封 由本會派員接管由、「決議」交教育委員會、

政治分会三十次会议纪

（上略）（乙）讨论事项：（一）上海大学学生会呈请饬教育委员会，即日履行本会议决案，将上海、法政两大学合并改组中山大学，俾该两校学生不致永久失学，并请通知东前政治部准予启封，由本会派员接管由，决议：交教育委员会。（后略）

1927 年 6 月 3 日第十三版

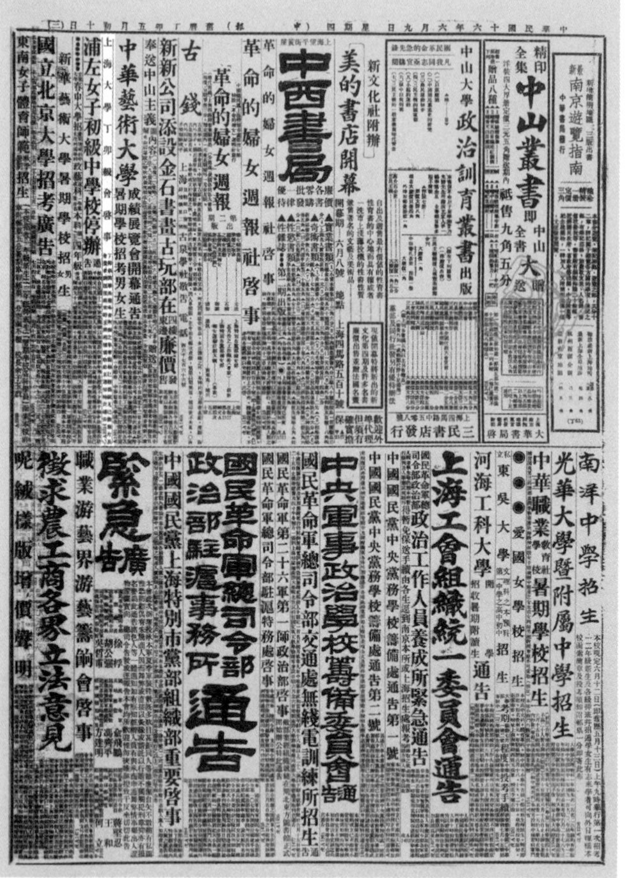
中華民國十六年六月九日 星期四 （申報） 舊曆丁卯五月初十日 （三）

新南京遊覽指南

精印中山叢書全集

中山大學政治訓育叢書出版

新文化社附辦 美的書店開幕

中西書局

革命的婦女週報社啓事

革命的婦女週報

古錢

新新公司添設金石書畫古玩部在……廉價

中華藝術大學成績展覽會開幕通告 暑期學校招考男女生

上海大學丁卯級會啓事

浦左女子初級中學校停辦

新華藝術大學暑期學校招生

國立北京大學招考廣告

東南女子體育師範招生

南洋中學招生

光華大學暨附屬中學招生

中華職業學校暑期學校招生

愛國女學校招生

東吳大學招生

河海工科大學通告

上海工會組織統一委員會通告

政治工作人員養成所緊急通告

中國國民黨中央黨務學校籌備處通告第一號

中國國民黨中央黨務學校籌備處通告第二號

中央軍事政治學校籌備委員會通告

國民革命軍總司令部交通處無線電訓練所招生

國民革命軍第二十六軍第一師政治部啓事

國民革命軍總司令部駐滬特務處啓事

國民革命軍總司令部政治部駐滬事務所通告

中國國民黨上海特別市黨部組織部重要啓事

緊急廣告

職業游藝界游藝籌餉會啓事

徵求農工商各界立法意見

呢絨樣版增價聲明

上海大學丁卯級會啓事

丁卯級同學公鑒本會所做之畢業圖相已經做就凡已繳照片及會費者請逕往南京路王開相樓領取恐未週知特此通告

上海大学丁卯级会启事

丁卯级同学公鉴：本会所做之毕业图相已经做就，凡已缴照片及会费者，请径往南京路王开相楼领取。恐未周知，特此通告。

1927年6月9日第三版

◉上海教育委員會第七次會議

▲議決省教育協會接收省教育會

六月七日、上海教育委員會開第七次會議、出席者姜伯韓・黃東平・楊杏佛・歐元懷・胡明復・桂崇基・朱經農等、於下午四時開會、主席姜伯韓恭讀遺囑畢、議決事項如下、

（十三）寧波同鄉會公學教員聯合會來呈一件、爲組織教員聯合會請備案由、議決存（十四）政治分會發交務本女校呈一件、爲上海市黨部推陳張二員接收該校事、又奉有江蘇教育廳訓令、請示核辦由、議決案據教廳訓令、通知務本及俞慶棠陳德徵張晴川知照、（十五）政治分會發交上海大學學生會呈一件、爲請從速履行政治分會二十二次議決案、將上法兩大學改組中山大學、並將東前政治部准予啟封、議決查政治分會原案、僅云該兩校學生、俟上海中山大學成立設法容納、並無該兩校合組中山大學之主張、所請一節、根本不能成立（十六）留雲學校校長[illegible]耆行白呈報接辦該校、並請備案、議決與十三案同、（十七）敬業學校員生來函、公舉朱教員學倓爲校長、請轉縣委任由、議決俟調查後再辦、（十八）上海大學學生會函陳該校被封懇請本會積極籌備中山大學由、議決與第十六案同樣辦理、（十九）飛虹學校函請、校長問題未決以前、先轉知滬北工巡捐局撥款接濟、議決應俟校長問題解決後、再行核辦、

上海教育委员会第七次会议

六月七日，上海教育委员会开第七次会议，出席者姜伯韩、黄惠平、杨杏佛、欧元怀、胡明复、桂崇基、朱经农等，于下午四时开会。主席姜伯韩恭读遗嘱毕，议决事项如下：

（中略）

（十三）宁波同乡会公学教员联合会来呈一件，为组织教员联合会请备案由，议决：存。（十四）政治分会发交务本女校呈一件，为上海市党部推陈张二员接收该校事，又奉有江苏教育厅训令，请示核办由，议决：案据教厅训令，通知务本及俞庆棠、陈德徵、张晴川知照。（十五）政治分会发交上海大学学生会呈一件，为请从速履行政治分会二十二次议决案，将上、法两大学改组中山大学，并将东前政治部准予启封，议决：查政治分会原案，仅云该两校学生，俟上海中山大学成立设法容纳，并无该两校合组中山大学之主张。所请一节，根本不能成立。（十六）留云学校校长童行白呈报接办该校，并请备案，议决：与十三案同。（十七）敬业学校员生来函，公举朱教育员学俊为校长，请转县委任由，议决俟调查后再办。（十八）上海大学学生会函陈该校被封恳请本会积极筹备中山大学由，议决：与第十六案同样办理。（十九）飞虹学校函请校长问题未决以前，先转知沪北工巡捐局拨款接济，议决：应俟校长问题解决后再行核办。

1927年6月10日第七版

◉上海教育委員會之兩會議

▲第九次　六月十四日、上海教育委員會第九次大會、出席者姜伯韓·朱經農·周鯁生·王世杰·劉大白·歐元懷·楊杏佛·褚民誼、於下午三時半開會、公推楊杏佛爲主席、恭讀總理遺囑畢、議決事項如下、

(八)久泰美記營造廠、呈請俯念該商廠艱難、迅飭上海大學將餘欠造價尅日交付該商廠收取、或將該校舍啓封、俾該廠交付委造人、同時收取殘餘造價由、議決轉呈中央教育行政委員會核辦、

上海教育委员会之两会议·第九次

六月十四日，上海教育委员会第九次大会，出席者姜伯韩、朱经农、周鲠生、王世杰、刘大白、欧元怀、杨杏佛、褚民谊，于下午三时半开会，公推杨杏佛为主席。恭读总理遗嘱毕，议决事项如下：

（中略）

（八）久泰美记营造厂呈请俯念该商厂艰难，迅饬上海大学将余欠造价克日交付该商厂收取，或将该校舍启封，俾该厂交付委造人，同时收取残余造价由，议决：转呈中央教育行政委员会核办。

（后略）

1927 年 6 月 16 日第十一版

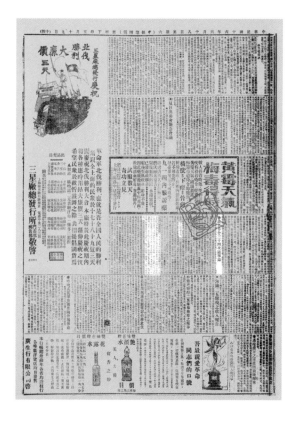

政治分会三十四次议事录

（上略）（乙）讨论事项：……（五）久泰美记营造厂代表杨湘泉呈称，该厂承造江湾上海大学校舍，造价洋七万一千五百元，该校尚欠造价一万零五百元，又欠添造□屋及修路费洋一千一百四十元，连同该厂垫借之款三宗，计共二万一千六百四十元。乃该校被封，该校当局现在无款清偿，请俯念商艰，饬该校将余欠清还，或启封该校，以便委造人设法补偿，祈予示遵由，决议：等候查明核办。

1927 年 6 月 18 日第十四版

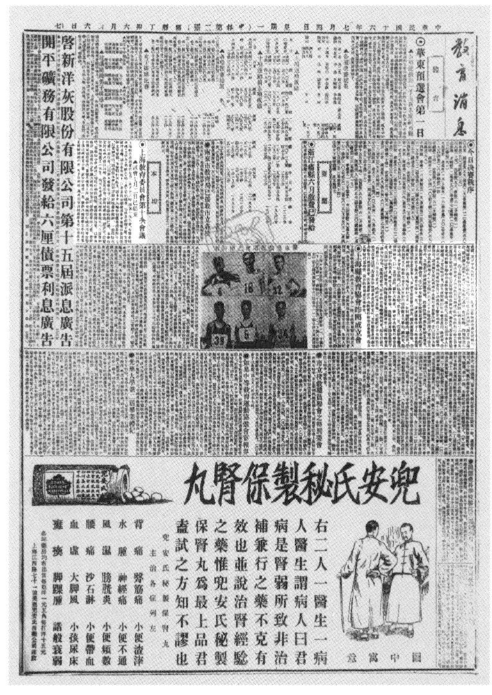
啓新洋灰股份有限公司第十五屆派息廣告
開平礦務有限公司發給六厘債票利息廣告

◎上海教育委員會第十次會議
▲該會七月二日已結束
上海教育委員會於七月二日下午三時、開第十次大會、出席者楊杏佛・王世杰・周鲠生・歐元懷・姜伯韓等、公推姜伯韓主席、宣讀總理遺囑、議決事項如下、
(十二)中央教育行政委員會批覆久泰美記營造廠呈請飭上海大學交付餘欠一案、保錢債事件不入教育範圍應發還原呈着當事人、呈請主管官署核辦由、議決照覆該廠、

上海教育委会员第十次会议

上海教育委员会于七月二日下午三时开第十次大会，出席者杨杏佛、王世杰、周鲠生、欧元怀、姜伯韩等，公推姜伯韩主席。宣读总理遗嘱，议决事项如下：

（中略）

（十二）中央教育行政委员会批复久泰美记营造厂呈请饬上海大学交付余欠一案，系钱债事件不入教育范围应发还原呈着当事人，呈请主管官署核办由，议决：照复该厂。

（后略）

1927 年 7 月 4 日第七版

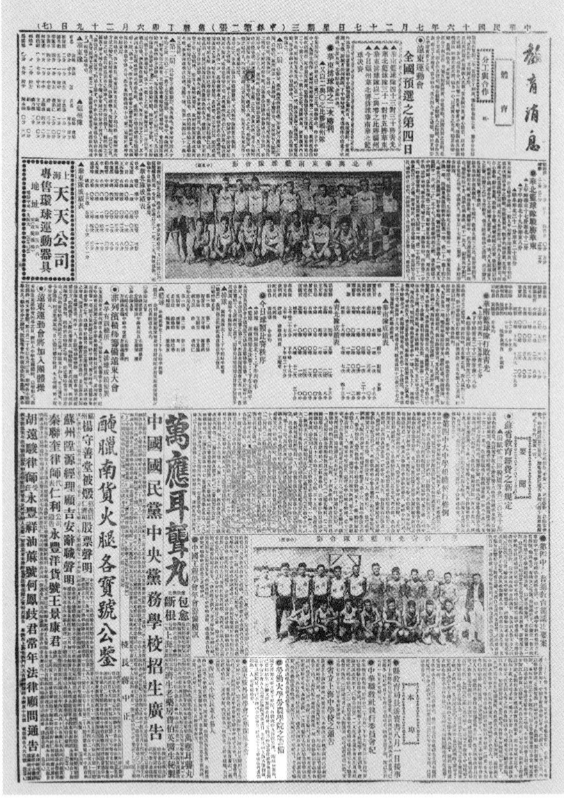

勞働大學勞農學院之籌備

國立勞働大學之勞工學院、自聘沈仲九爲院長後、即積極籌備、已登報招生、勞働大學籌備委員會、又聘譚仲逵郭珍銘蔡無忌何尚平尚宗會五人爲勞農學院籌備委員、並擬將前上海大學校址、改作該院院址、業已奉總司令部命令、於月之十九日由張性書郭頌銘二人前往接收矣、

劳动大学劳农学院之筹备

国立劳动大学之劳工学院，自聘沈仲九为院长后，即积极筹备，已登报招生。劳动大学筹备委员会，又聘谭仲达、郭珍铭、蔡无忌、何尚平、尚宗会五人为劳农学院筹备委员，并拟将前上海大学校址，改作该院院址，业已奉总司令部命令，于月之十九日由张性书、郭颂铭二人，前往接收矣。

1927 年 7 月 27 日第七版

⊙特別市黨部消息

▲工農部　該部昨日致衛戍司令部函云、「逕啓者、案據南貨業職工會第一分會聲稱、悉會員徐少川·馬振球·已由工會組織統一委員會解送貴部、係十五日午後解出等語、據此、貴部接奉後、謂該會未有呈報貴部、係當時尚未解送、現陳詳情、特再備函具保、至祈俯允爲荷、」又致國立勞働大學函云、「逕啓者據江灣區農協會轉來第八第十等處報告、僉謂貴校擬將上海大學校舍擴充勞農學院、即在該處附近圈稻農田二百畝、辦理試驗場、並擬以每畝三元至六七元之租價訂十年等情、又據該處農民協會條陳利害、請予撤銷原案、另覓地址等情前來、據此、查該處農民、多種植菜蔬之自耕農、種戶之有一二畝者居多　其最殷富者亦不滿二三十畝、自不能與大地主相比、一旦悉數出租、則該區農民將何以謀生、此所以不便者一也、該處農田全部耕種成熟土壤

特别市党部消息·工农部

该部昨日致卫戍司令部函云："径启者，案据南货业职工会第一分会声称，悉会员徐少川、马振球已由工会组织统一委员会解送贵部，系十五日午后解出等语，据此，查前接尊复，谓该会未有呈报贵部，系当时尚未解送，现据前情，特再备函具保，至祈俯允为荷。"又致国立劳动大学函云："径启者，据江湾区农协会转来第八、第十等处报告，佥谓贵校拟将上海大学校舍拨充劳农学院，即在该处附近圈稻农田二百亩，办理试验场，并拟以每亩三元至六七元之租价订十年等情，又据该处农民协会条陈利害，请予撤销原案，另觅地址等情前来，据此，查该处农民，多种植菜蔬之自耕农，种户之有一二亩者居多，其最殷实者亦不满二三十亩，自不能与大地主相比，一旦悉数出租，则该区农民将何以谋生。此所以不便者一也。该处农田全部耕种成熟土壤肥，以此开垦已熟获利较厚之地，充斥试验场，用于经济原则与民生主义，亦多有所抵触，此所以不宜者二也。至租价之低廉与否姑可勿论，然以农民谋生之工具，乃经济上之得失而论，似不宜在该圈租划归试验场之用，以明本党保障农民之初旨。贵校为学术渊薮，定必深明农民生活、社会情形，谅不至贯彻局部之主张，置民困于不顾，而敢为革命前途之障碍也。舆情所趋，采取为尚，用特备函奉达，即希查照撤销原案，另觅地址，以维农民生计而重本党党纲，至纫公谊。此致。"又求生铁厂和祥生铁厂工会，派吴家泽指导，旧业职工会昨开改选大会，派周复农指导，客帮资力大会，派沈传珍旁听，三区四十分部，由该部秘书黄燕出席云。

1927 年 12 月 19 日第十三版、十四版

1936 年

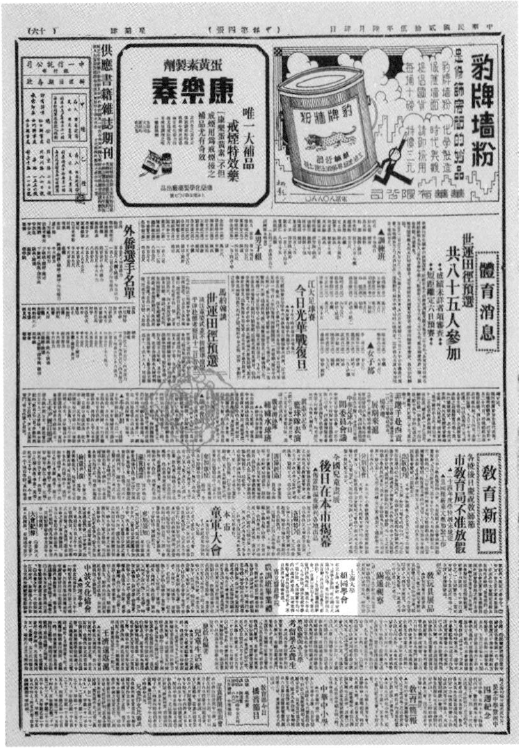

上海大學組同學會

私立上海大學經中常會議決、其學生學籍、准依國立大舉同等待遇、業由教育部呈復遵辦、現該校在滬學生、經林鈞・丁丁等發起籌組同學會、一度舉行發起人會、並在厦門路商報社、閘北九卅公墓、九卅學校、南市君毅中學三處接洽、凡該校學生均可向該處通訊接洽、以便取得學籍、聞日內接洽者頗多、不日即將舉行籌備會議、

上海大学组同学会

私立上海大学经中常会议决，其学生学籍准依国立大举［学］同等待遇，业由教育部呈复遵办。现该校在沪学生经林钧、丁丁等发起筹组同学会，一度举行发起人会，并在厦门路商报社、闸北五卅公墓、五卅学校、南市君毅中学三处接洽。凡该校学生均可向该处通讯接洽，以便取得学籍。闻日内接洽者颇多，不日即将举行筹备会议。

1936 年 6 月 4 日第十六版

體育消息
今日開始訓練
歐遊雜記
教育新聞

前上海大學
同學會籌備會

前私立上海大學、自中央常委會追認其學生學籍、得與國立大學同等待遇後、該校在滬學生、即發起組織同學會、前日下午舉行首次籌備會議、選舉林鈞·丁丁·姚明羽·曹雪松·王秋心等五人爲常務委員、組織常委會、昨日下午、即舉行首次常委會議、由林鈞主席、丁丁記錄、除討論各項會務推行外、並因該校校長于右任氏臥病在滬、決日內前往慰問、至該同學會籌備處現設愛文義路一三四弄七號、凡該校學生、均可通信接洽入會云、

前上海大学同学会筹备会

前私立上海大学自中央常委会追认其学生学籍，得与国立大学同等待遇后，该校在沪学生即发起组织同学会。前日下午举行首次筹备会议，选举林钧、丁丁、姚明羽、曹雪松、王秋心等五人为常务委员，组织常委会。昨日下午，即举行首次常委会议，由林钧主席，丁丁记录，除讨论各项会务进行外，并因该校校长于右任氏卧病在沪，决日内前往慰问。至该同学会筹备处现设爱文义路一三四弄七号，凡该校学生均可通信接洽入会云。

1936 年 6 月 10 日第十六版

上海大學同學

▲昨舉行聯歡會

前私立上海大學留滬同學會、於昨日晚假古渝軒川菜館舉行聚餐聯歡會、到教職員周由廑・周越然・汪馥泉・趙景深・唐鳴時等、及同學左明・朱超然・曹雪松・王秋心・張士歆・吳瑜等五十餘人、席間由丁丁致詞、報告同學會進行、及晉謁校長于右任經過、後有汪馥泉等演說、末由趙景深・唱揚州空城計、講湖南山東寗波等各地方言語、

上海大学同学·昨举行联欢会

前私立上海大学留沪同学会，于昨日晚假古渝轩川菜馆举行聚餐联欢会，到教职员周由廑、周越然、汪馥泉、赵景深、唐鸣时等，及同学左明、朱超然、曹雪松、王秋心、张士歆、吴瑜等五十余人。席间，由丁丁致词，报告同学会进行，及晋谒校长于右任经过。后有汪馥泉等演说。末由赵景深唱扬州空城计，讲湖南、山东、宁波等各地方言语。

1936 年 7 月 5 日第十六版

1940 年

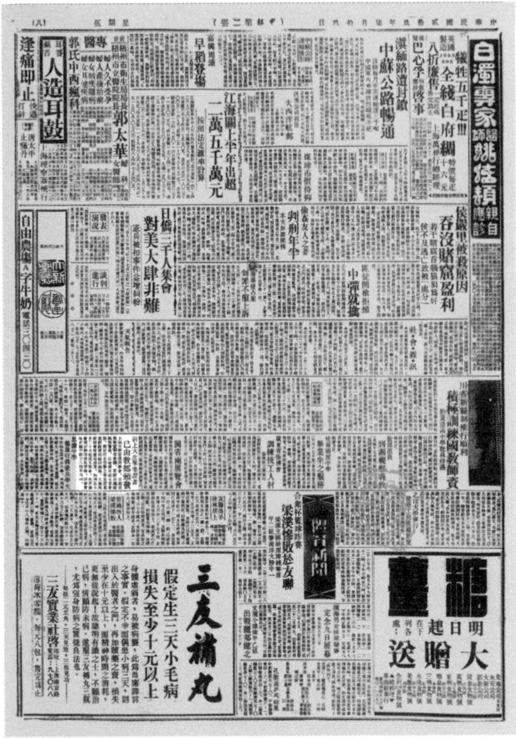

前上大生畢業證書已由教部頒發

上海大學留滬同學會、日前召集執監聯席會議、當經決議組織秘書處、以處理目前日常會務、聞該校各同學之畢業證書業經教育部驗印頒發、凡學籍經該會審查通過者、均得自本月二十日起逕至該會、依照總會規定辦理領取手續、該會會址在福州路三八四弄四號、

前上大生毕业证书已由教部颁发

上海大学留沪同学会，日前召集执监联席会议，当经决议组织秘书处，以处理目前日常会务。闻该校各同学之毕业证书业经教育部验印颁发，凡学籍经该会审查通过者，均得自本月二十日起径至该会，依照总会规定办理领取手续。该会会址在福州路三八四弄四号。

1940 年 7 月 19 日第八版

1945 年

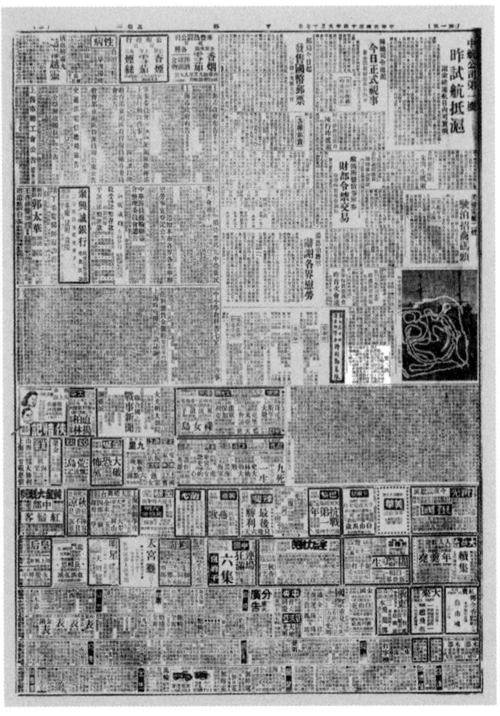

簡訊

◉上海大學復校招生

前由監察院院長于右任氏所長之上海大學，本學期決定在滬復校，分文理法商教育五學院，十四學系，本月二十五日將舉行第一次招生，報名處暫設四馬路三八四弄復興大樓三樓，一俟校址確定，即將遷入辦公。

简讯·上海大学复校招生

前由检察院院长于右任氏所长之上海大学，本学期决定在沪复校，分文、理、法、商、教育五学院，十四学系。本月二十五日将举行第一次招生，报名处暂设四马路三八四弄复兴大楼三楼。一俟校址确定，即将迁入办公。

1945 年 9 月 17 日第一版

1947 年

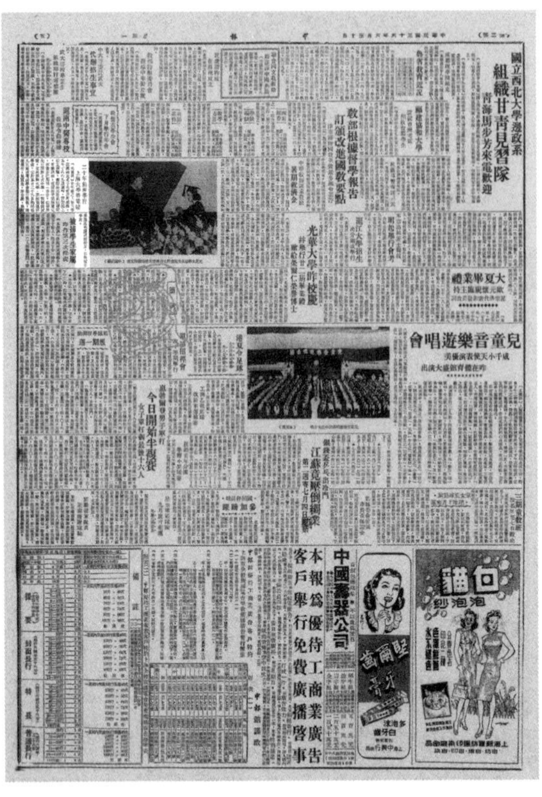

二十年前舊學府
上海大學將重建

〔本報訊〕廿年前之上海大學，爲黨國元老于右任氏所創辦。本年于氏六九壽誕時，曾集滬上校友稱觴，席間決定於最短期間，重建該校。現聞校舍業經覓定，經費亦已集得一部分，假後將先行開辦上大中學，一俟籌備就緒，當再開辦大學。該校留滬同學會，定於本月二十九日晚間假九江路淸華同學會舉行聚餐，藉商進行。吳開先，潘公展，吳紹澍諸氏均爲該校校友，屆時聞亦參加。

二十年前旧学府上海大学将重建

〔本报讯〕廿年前之上海大学，为党国元老于右任氏所创办。本年于氏六九寿诞时，曾集沪上校友称觞，席间决定于最短期间，重建该校。现闻校舍业经觅定，经费亦已集得一部分，假后将先行开办上大中学，一俟筹备就绪，当再开办大学。该校留沪同学会，定于本月二十九日晚间假九江路清华同学会举行聚餐，藉商进行。吴开先、潘公展、吴绍澍诸氏均为该校校友，届时闻亦参加。

1947 年 6 月 30 日第五版

后 记

为迎接上海大学（1922—1927）建校百年，上海大学档案馆在史料收集的基础上，编纂了“民国报业中的上海大学”系列资料汇编，本书是其中的第三本。在本书的编纂过程中，查阅了1922年至1949年间发行的《申报》及增刊近万份，将其中有关上海大学的消息集结成册。

本书的编纂工作受到了上海大学校领导和上海大学档案馆馆领导的大力支持和关心，以及上海大学档案馆同仁和上海大学图书情报档案系的帮助，在此深表谢意。同时，也要感谢上海大学出版社傅玉芳、柯国富、刘强等老师的辛勤工作，才使得本书顺利出版。由于编者水平和编纂时间的辖制，书中必有不少疏漏和错误，也希冀获得读者的批评及指正。

编 者

2022年6月